Kiepenheuer ist ein charaktervoller Name, mit dem Klang nach der norddeutschen Küste. Hat ein Vorfahre im Hafen die Schiffe bestiegen, mit Körben, ganzen Türmen leerer Körbe, die er den ausfahrenden Fischern abtrat? Aus ihren Netzen schütteten sie nachher das Gewimmel der gefangenen Fische in die Kiepen. Ihr Heuer schätzte die Ware und trug sie zum Markt.

Heinrich Mann

Die Bücherkiepe

Hans Christian ANDERSEN

Sämtliche MÄRCHEN und Geschichten

Erster Band

Mit Illustrationen
von Vilhelm Pedersen
und Lorenz Frølich

1986
Gustav Kiepenheuer Verlag
Leipzig und Weimar

Mit einem Essay herausgegeben von Leopold Magon.
Neu durchgesehen und ergänzt von Gisela Perlet, die auch die Zusammenstellung der Auskünfte besorgte.
Mit einem Porträt Andersens nach einem Stich von A. Wegener.

Aus dem Dänischen übertragen von Eva-Maria Blühm (unter Benutzung einer älteren deutschen Ausgabe) und von Gisela Perlet (Die arme Frau und der Kanarienvogel, Die Temperamente, Die Kartoffeln, Urbanus, Der Apfel, Unser alter Schulmeister, Die Bildkarten, Quak, Der Schreiber)

ISBN Sammel-Nr. 3-378-00061-9
Bd. 1 ISBN 3-378-00062-7
Bd. 2 ISBN 3-378-00063-5

Dritte Auflage
Lizenz Nr. 396/265/86/86
LSV 7348
Gesamtherstellung: Karl-Marx-Werk Pößneck V 15/30
Schrift: Garamond-Antiqua
Gesamtgestaltung: Angelika Kuhrt
Printed in the German Democratic Republic
Bestell-Nr. 788 333 0
02500 (I/II)

Das Feuerzeug

Auf der Landstraße kam ein Soldat dahermarschiert: Eins, zwei! Eins, zwei! Er hatte seinen Tornister auf dem Rücken und einen Säbel an der Seite, denn er war im Krieg gewesen und wollte nun nach Hause. Da begegnete er einer alten Hexe auf der Landstraße; sie sah sehr widerlich aus. Ihre Unterlippe hing ihr gerade bis auf die Brust hinab. Sie sagte: »Guten Abend, Soldat! Was hast du für einen feinen Säbel und großen Tornister! Du bist ein richtiger Soldat! Nun sollst du so viel Geld bekommen, wie du haben willst!«

»Ich danke dir, du alte Hexe!« sagte der Soldat.

»Siehst du den großen Baum dort?« sagte die Hexe und zeigte auf den Baum, der neben ihnen stand. »Er ist inwendig ganz hohl. Du mußt in den Gipfel hinaufklettern, dann siehst du ein Loch, da kannst du dich hinablassen und tief in den Baum gelangen! Ich werde dir einen Strick um den Leib binden, damit ich dich wieder heraufziehen kann, wenn du mich rufst.«

»Was soll ich denn da unten im Baum?« fragte der Soldat.

»Geld holen!« sagte die Hexe. »Du mußt wissen, wenn du auf den Boden des Baumes kommst, dann bist du in einem großen

Gang, in dem es ganz hell ist, denn da brennen Hunderte von Lampen. Dann siehst du drei Türen, du kannst sie öffnen, der Schlüssel steckt darin. Gehst du in die erste Kammer hinein, so siehst du mitten auf dem Fußboden eine große Kiste, auf der ein Hund sitzt; er hat ein Paar Augen, so groß wie ein Paar Teetassen, doch daran brauchst du dich nicht zu kehren! Ich gebe dir meine blaukarierte Schürze, die kannst du auf dem Fußboden ausbreiten; geh dann rasch hin und nimm den Hund, setze ihn auf meine Schürze, öffne die Kiste und nimm so viele Schillinge, wie du willst. Sie sind alle aus Kupfer. Willst du aber lieber Silber haben, so mußt du in das nächste Zimmer hineingehen. Aber da sitzt ein Hund, der hat ein Paar Augen, so groß wie ein Paar Mühlräder. Doch daran brauchst du dich nicht zu kehren, setze ihn auf meine Schürze und nimm von dem Geld! Willst du dagegen Gold haben, so kannst du es auch bekommen, und zwar so viel, wie du tragen magst, wenn du in die dritte Kammer hineingehst. Aber der Hund, der dort auf dem Geldkasten sitzt, hat zwei Augen, jedes so groß wie der Runde Turm.* Es ist ein richtiger Hund, das kannst du mir glauben. Aber daran brauchst du dich nicht zu kehren. Setze ihn nur auf meine Schürze, so tut er dir nichts, und nimm aus der Kiste so viel Gold, wie du willst!«

»Das wäre so übel nicht!« sagte der Soldat. »Aber was soll ich dir geben, du alte Hexe? Denn ich kann mir denken, daß du auch etwas haben willst!«

»Nein!« sagte die Hexe. »Nicht einen einzigen Schilling will ich haben! Für mich sollst du nur ein altes Feuerzeug nehmen, das meine Großmutter vergaß, als sie zuletzt unten war.«

»Na, dann binde mir den Strick um den Leib!« sagte der Soldat.

»Hier ist er«, sagte die Hexe, »und hier ist meine blaukarierte Schürze.«

Da kletterte der Soldat auf den Baum hinauf, ließ sich in das Loch hinunterfallen und stand nun, wie die Hexe gesagt hatte, unten in dem großen Gang, wo die vielen hundert Lampen brannten.

* Gilt als ein Wahrzeichen im Stadtbild von Kopenhagen.

Nun schloß er die erste Tür auf. Hu! Da saß der Hund mit den Augen, so groß wie Teetassen, und glotzte ihn an.

»Du bist ein netter Kerl!« sagte der Soldat, setzte ihn auf die Schürze der Hexe und nahm so viele Kupferschillinge, wie seine Tasche fassen konnte, schloß dann die Kiste, setzte den Hund wieder darauf und ging in das zweite Zimmer. Richtig! Da saß der Hund mit den Augen so groß wie ein Paar Mühlräder.

»Du solltest mich lieber nicht so groß ansehen«, sagte der Soldat. »Du bekommst sonst schlimme Augen!«

Und dann setzte er den Hund auf die Schürze der Hexe. Aber als er das viele Silbergeld in der Kiste sah, warf er all das Kupfergeld, was er hatte, fort und füllte die Tasche und seinen Tornister nur mit Silber. Nun ging er in die dritte Kammer. – Nein, das war gräßlich! Der Hund darin hatte wirklich zwei Augen, jedes so groß wie der Runde Turm, die drehten sich im Kopf genau wie Räder.

»Guten Abend!« sagte der Soldat und griff an die Mütze, denn einen solchen Hund hatte er vorher nie gesehen. Als er ihn aber etwas betrachtet hatte, dachte er, nun sei es genug, hob ihn auf den Fußboden und machte die Kiste auf. Gott bewahre! Was war da für eine Menge Gold! Er konnte dafür ganz Kopenhagen und die Zuckerferkel der Kuchenfrauen, alle Zinnsoldaten, Peitschen und Schaukelpferde in der ganzen Welt kaufen. Ja, das war wirklich Gold! Nun warf der Soldat alle Silberschillinge fort, mit denen er seine Tasche und seinen Tornister gefüllt hatte, und nahm dafür Gold; ja, alle Taschen, der Tornister, die Mütze und die Stiefel wurden gefüllt, so daß er kaum gehen konnte. Nun hatte er Geld! Den Hund setzte er auf die Kiste, schlug die Tür zu und rief dann durch den Baum hinauf: »Zieh mich nun hinauf, du alte Hexe!«

»Hast du auch das Feuerzeug?« fragte die Hexe. »Wahrhaftig«, sagte der Soldat, »das hätte ich ganz vergessen!« Und dann ging er und holte es. Die Hexe zog ihn herauf, und da stand er wieder auf der Landstraße, Taschen, Stiefel, Tornister und Mütze voll Gold.

»Was willst du nun mit dem Feuerzeug?« fragte der Soldat.

»Das geht dich nichts an!« sagte die Hexe. »Du hast ja Geld bekommen! Gib mir nur das Feuerzeug!«

»Schnickschnack!« sagte der Soldat. »Wirst du mir gleich sagen, was du damit machen willst, sonst ziehe ich meinen Säbel und schlage dir den Kopf ab!«

»Nein!« sagte die Hexe.

Sogleich schlug der Soldat ihr den Kopf ab. Da lag sie! Er aber band all sein Gold in ihre Schürze, nahm es wie ein Bündel auf seinen Rücken, steckte das Feuerzeug in die Tasche und ging geradewegs zur Stadt.

Das war eine prächtige Stadt! Und in dem prachtvollsten Wirtshaus kehrte er ein, verlangte die allerbesten Zimmer und seine Lieblingsspeisen; denn nun war er ja reich, da er so viel Geld hatte.

Dem Diener, der seine Stiefel putzen sollte, kam es freilich vor, als wären es lächerlich alte Stiefel für so einen reichen Herrn. Aber er hatte sich noch keine neuen gekauft; am nächsten Tag bekam er Stiefel, mit denen er sich sehen lassen konnte, und feine Kleider. Nun war der Soldat ein vornehmer Herr geworden, und die Leute erzählten ihm von all den Herrlichkeiten, die in ihrer Stadt wären, und von ihrem König, und welch niedliche Prinzessin seine Tochter sei.

»Wo kann man sie zu sehen bekommen?« fragte der Soldat.

»Man kann sie gar nicht zu sehen bekommen!« sagten alle; »sie wohnt in einem großen Kupferschloß mit vielen Mauern und Türmen ringsherum! Niemand außer dem König darf bei ihr ein und aus gehen, denn es ist prophezeit, daß sie einen einfachen Soldaten heiraten wird, und das kann der König nicht dulden!«

›Die möchte ich wohl sehen!‹ dachte der Soldat; aber dazu konnte er ja niemals Erlaubnis bekommen!

Nun lebte er lustig und in Freuden, besuchte das Theater, fuhr in des Königs Park und gab den Armen viel Geld, und das war hübsch von ihm; er wußte noch aus alten Tagen, wie schlimm es ist, nicht einen Schilling zu besitzen! Er war nun reich, hatte schöne Kleider und sehr viele Freunde, die alle sagten, er sei ein netter Kerl, ein richtiger Kavalier. Und das hatte der Soldat gern. Aber da er jeden Tag Geld ausgab und nie etwas einnahm, so hatte er zuletzt nicht mehr als zwei Schillinge übrig. Er mußte die schönen Zimmer verlassen, in denen er gewohnt hatte, und oben in einer winzig kleinen Kammer ganz dicht unter dem Dach wohnen, seine Stiefel selbst putzen und sie mit einer Stopfnadel zusammennähen, und keiner seiner Freunde kam zu ihm, denn es waren zu viele Treppen hinaufzusteigen.

Es war ein ganz dunkler Abend, und er konnte sich nicht einmal ein Licht kaufen. Aber da fiel ihm ein, daß ein kleines Endchen in dem Feuerzeug liege, das er aus dem hohlen Baum mitgenommen hatte, in den die Hexe ihm hinuntergeholfen. Er suchte das Feuerzeug und das Lichtendchen hervor; aber als er Feuer schlug und die Funken aus dem Feuerstein flogen, sprang die Tür auf, und der Hund, der Augen, so groß wie ein Paar Teetassen hatte und den er unten im Baum gesehen, stand vor ihm und sagte: »Was befiehlt mein Herr?«

»Was ist das?« sagte der Soldat. »Das ist ja ein lustiges Feuerzeug, wenn ich so bekommen kann, was ich haben will! – Schaff mir etwas Geld!« sagte er zum Hund, und husch! war der Hund fort, husch! war er wieder da und hielt einen großen Beutel voll Schillinge in seiner Schnauze.

Nun wußte der Soldat, was für ein herrliches Feuerzeug das war. Schlug er einmal, so kam der Hund, der auf der Kiste mit Kupfergeld saß, schlug er zweimal, so kam der, welcher das Silbergeld hatte, und schlug er dreimal, so kam der, welcher das Gold bewachte. Da zog der Soldat wieder in die schönen Zimmer hinunter und trug von neuem gute Kleider, und alle seine Freunde erkannten ihn sogleich wieder und hielten große Stücke auf ihn.

Da dachte er einmal, es ist doch etwas Seltsames, daß man die Prinzessin nicht sehen darf. Sie soll sehr schön sein, sagen alle; aber was hilft das, wenn sie immer in dem großen Kupferschloß mit den vielen Türmen sitzen muß! – Kann ich sie denn gar nicht zu sehen bekommen! – Wo ist nur mein Feuerzeug? Und so schlug er Feuer, und husch! da kam der Hund mit den Augen, so groß wie Teetassen.

»Es ist freilich mitten in der Nacht«, sagte der Soldat, »aber ich möchte herzlich gern die Prinzessin nur einen kleinen Augenblick sehen!«

Der Hund war sogleich aus der Tür, und ehe der Soldat sich's versah, kam er mit der Prinzessin zurück. Sie saß auf dem Rükken des Hundes und schlief und war so schön, daß ein jeder sehen konnte, es war eine wirkliche Prinzessin. Der Soldat konnte nicht anders, er mußte sie küssen, denn er war ein richtiger Soldat.

Darauf lief der Hund mit der Prinzessin wieder zurück. Doch als es Morgen wurde und der König und die Königin Tee tranken, sagte die Prinzessin, sie hätte in der Nacht einen wunderlichen Traum von einem Hund und einem Soldaten gehabt; sie wäre auf dem Hund geritten, und der Soldat hätte sie geküßt.

»Das wäre wirklich eine schöne Geschichte!« sagte die Königin.

Nun sollte in der nächsten Nacht eine der alten Hofdamen am Bett der Prinzessin wachen, um zu sehen, ob es wirklich ein Traum wäre, oder was es sonst sein könnte.

Der Soldat sehnte sich so schrecklich danach, die schöne Prinzessin wiederzusehen, und so kam der Hund in der Nacht, holte sie und lief, so schnell er konnte. Aber die alte Hofdame zog Wasserstiefel an und lief ebenso schnell hinterher. Als sie nun sah, daß sie in einen großen Haus verschwanden, dachte sie: »Nun weiß ich, wo es ist und machte mit einem Stück Kreide ein großes Kreuz an die Tür. Dann ging sie nach Hause und legte sich schlafen, und der Hund kam auch mit der Prinzessin wieder. Aber als er sah, daß ein Kreuz an die Tür des Hauses gemacht war, wo der Soldat wohnte, nahm er auch ein Stück Kreide und machte Kreuze an alle Haustüren in der Stadt, und das war klug getan; denn nun konnte ja die Hofdame die richtige Tür nicht finden, da an allen Kreuze waren.

Frühmorgens kamen der König und die Königin, die alte Hofdame und alle Offiziere, um zu sehen, wo die Prinzessin gewesen war.

»Da ist es!« sagte der König, als er die erste Tür mit einem Kreuz daran sah.

»Nein, dort ist es, mein lieber Mann!« sagte die Königin, als sie die zweite Tür mit einem Kreuz sah.

»Aber da ist eins, und dort ist eins!« sagten alle; wohin sie blickten, war ein Kreuz an den Türen. Da begriffen sie wohl, daß ihnen das Suchen nichts helfen würde.

Die Königin war nun eine sehr kluge Frau, die mehr konnte als in einer Kutsche fahren. Sie nahm ihre große goldene Schere, schnitt ein großes Stück Seidenzeug in Stücke und nähte daraus einen kleinen, niedlichen Beutel; den füllte sie mit feiner Buchweizengrütze, band ihn der Prinzessin auf den Rücken, und als das getan war, schnitt sie ein kleines Loch in den Beutel, so daß die Grütze den ganzen Weg bestreuen konnte, den die Prinzessin nahm.

In der Nacht kam nun der Hund wieder, nahm die Prinzessin auf den Rücken und lief mit ihr zum Soldaten, der sie sehr liebhatte und gern ein Prinz gewesen wäre, um sie zur Frau zu bekommen.

Der Hund merkte gar nicht, wie die Grütze den Weg vom Schloß bis zu dem Fenster des Soldaten bestreute, wo er mit der Prinzessin die Mauer hinauflief. Am Morgen sahen der König und die Königin nun wohl, wo ihre Tochter gewesen war. Und sie nahmen den Soldaten und setzten ihn ins Gefängnis.

Da saß er nun. Hu! wie dunkel und langweilig war es dort! Und sie sagten zu ihm: »Morgen wirst du gehängt!« Das hörte sich nicht lustig an, und sein Feuerzeug hatte er im Gasthof vergessen. Am Morgen konnte er durch das Eisengitter vor dem kleinen Fenster sehen, wie das Volk aus der Stadt eilte, um ihn hängen zu sehen. Er hörte die Trommeln und sah die Soldaten marschieren. Alle Menschen liefen hinaus; darunter war auch ein Schusterjunge mit Schurzfell und Pantoffeln; der lief so im Galopp, daß ihm ein Pantoffel wegflog, und gerade gegen die Mauer, wo der Soldat saß und durch das Eisengitter hinausguckte.

»Ei, du Schusterjunge, du brauchst nicht solche Eile zu haben!« sagte der Soldat zu ihm. »Es geht doch nicht los, bevor ich nicht komme! Aber wenn du dahin läufst, wo ich gewohnt habe, und mir mein Feuerzeug holst, dann bekommst du vier Schillinge. Aber du mußt die Beine in die Hand nehmen!« Der Schusterjunge wollte gern die vier Schillinge haben und holte das Feuerzeug, gab es dem Soldaten, und – ja, nun werden wir hören!

Draußen vor der Stadt war ein großer Galgen gebaut, ringsherum standen die Soldaten und viele hunderttausend Menschen. Der König und die Königin saßen auf einem prächtigen Thron, den Richtern und dem ganzen Rat gegenüber.

Der Soldat stand schon oben auf der Leiter, aber als sie ihm den Strick um den Hals legen wollten, sagte er, daß man ja einem armen Sünder, bevor er seine Strafe erleide, immer einen unschuldigen Wunsch gewähre. Er möchte so gern eine Pfeife Tabak rauchen; es wäre ja die letzte Pfeife, die er in dieser Welt bekäme.

Da wollte nun der König nicht nein sagen, und so nahm der Soldat sein Feuerzeug und schlug Feuer, eins, zwei, drei! Und siehe, da standen alle drei Hunde: der mit den Augen so groß wie Teetassen, der mit den Augen so groß wie Mühlräder und der mit Augen, so groß wie der Runde Turm.

»Helft mir nun, daß ich nicht gehängt werde«, sagte der Soldat, und die Hunde fielen über die Richter und den ganzen Rat her, nahmen den einen bei den Beinen und den andern bei der Nase und warfen sie viele Klafter hoch in die Luft, so daß sie niederfielen und in lauter Stücke zersprangen.

»Ich will nicht!« sagte der König, aber der größte Hund nahm ihn und auch die Königin und warf sie den andern nach; da erschraken die Soldaten, und alles Volk rief: »Lieber Soldat, du sollst unser König sein und die schöne Prinzessin haben!«

Dann setzten sie den Soldaten in des Königs Kutsche, alle drei Hunde tanzten voran und riefen: »Hurra!«, die Knaben pfiffen auf den Fingern, und die Soldaten präsentierten das Gewehr. Die Prinzessin kam aus dem Kupferschloß und wurde Königin, und das gefiel ihr gut! Die Hochzeit währte acht Tage, und die Hunde saßen mit bei Tisch und machten große Augen.

Der kleine Klaus und der große Klaus

In einem Dorf wohnten zwei Männer, die beide denselben Namen hatten. Alle beide hießen sie Klaus, aber der eine besaß vier Pferde und der andere nur ein einziges Pferd. Um sie jedoch voneinander unterscheiden zu können, nannte man den, der vier Pferde hatte, den großen Klaus und den, der nur ein einziges Pferd hatte, den kleinen Klaus. Nun werden wir hören, wie es den beiden erging, denn es ist eine wahre Geschichte!

Die ganze Woche hindurch mußte der kleine Klaus für den großen Klaus pflügen und ihm sein einziges Pferd leihen; dann half der große Klaus ihm wieder mit allen seinen vieren, aber nur einmal wöchentlich, und das war sonntags. Hussa! wie knallte der kleine Klaus mit seiner Peitsche über alle fünf Pferde; sie waren ja nun so gut wie sein für den einen Tag. Die Sonne schien so herrlich, und alle Glocken im Kirchturm läuteten zur Kirche; die Leute waren alle so geputzt und gingen mit dem Gesangbuch unter dem Arm, den Pastor predigen zu hören; und sie sahen den kleinen Klaus, der mit fünf Pferden pflügte; und er war so vergnügt, daß er wieder mit der Peitsche knallte und rief: »Hü, alle meine Pferde!«

»Das mußt du nicht sagen«, meinte der große Klaus; »dir gehört ja nur ein Pferd!«

Aber als wieder einer vorbei zur Kirche ging, vergaß der kleine Klaus, daß er es nicht sagen durfte, und rief: »Hü, alle meine Pferde!«

»Nun möchte ich dich doch bitten, das bleibenzulassen!« sagte der große Klaus; »denn sagst du es noch einmal, so schlage ich dein Pferd vor den Kopf, daß es auf der Stelle tot ist; dann ist es aus mit ihm!«

»Ich werde es ganz gewiß nicht mehr sagen!« versprach der kleine Klaus. Aber als dann Leute vorbeikamen und ihm guten Tag zunickten, wurde er so vergnügt und meinte, es sähe doch recht flott aus, daß er fünf Pferde habe, sein Feld zu pflügen; und er knallte mit der Peitsche und rief: »Hü, alle meine Pferde!«

»Ich werde deine Pferde hüen!« sagte der große Klaus, nahm

eine Keule und schlug das einzige Pferd des kleinen Klaus vor den Kopf, so daß es umfiel und ganz tot war.

»Ach, nun habe ich gar kein Pferd mehr!« sagte der kleine Klaus und fing an zu weinen. Danach zog er dem Pferd die Haut ab und ließ sie gut im Wind trocknen, steckte sie dann in einen Sack, den er auf den Rücken nahm, und ging nach der Stadt, um seine Pferdehaut zu verkaufen.

Er hatte einen sehr weiten Weg vor sich und mußte durch einen großen dunklen Wald. Da zog ein furchtbares Unwetter herauf, und er verirrte sich. Ehe er wieder auf den rechten Weg kam, war es Abend und allzu weit, um vor der Nacht zur Stadt oder wieder nach Hause zu gehen.

Dicht am Weg lag ein großer Bauernhof; die Fensterladen vor den Fenstern waren geschlossen, aber das Licht konnte doch oben hindurchscheinen. ›Dort werde ich wohl die Nacht über bleiben dürfen‹, dachte der kleine Klaus und ging hin, um anzuklopfen.

Die Bauersfrau machte auf, aber als sie hörte, was er wollte, sagte sie, er solle seiner Wege gehen; ihr Mann sei nicht zu Hause, und sie nehme keinen Fremden auf.

»Nun, so muß ich draußen liegenbleiben«, sagte der kleine Klaus, und die Bauersfrau schlug ihm die Tür vor der Nase zu. Dicht daneben stand ein großer Heuschober, und zwischen ihm und dem Haus war ein kleiner Schuppen mit einem flachen Strohdach gebaut.

›Da oben kann ich liegen!‹ dachte der kleine Klaus, als er das Dach sah; ›das ist ja ein herrliches Bett. Der Storch fliegt wohl nicht herunter und beißt mich in die Beine.‹ Denn es stand ein lebendiger Storch auf dem Dach, der dort sein Nest hatte.

Nun kroch der kleine Klaus auf den Schuppen hinauf, wo er sich drehte und wendete, um recht gut zu liegen. Die hölzernen Laden vor den Fenstern schlossen oben nicht, umd so konnte er gerade in die Stube hineinblicken.

Da war ein großer Tisch gedeckt, mit Wein und Braten und einem herrlichen Fisch; die Bauersfrau und der Küster tafelten und sonst niemand weiter; sie schenkte ihm ein, und er fiel über den Fisch her, denn das war sein Leibgericht.

›Wer doch etwas davon abbekommen könnte!‹ dachte der

kleine Klaus und reckte den Kopf gegen das Fenster. Gott, welchen herrlichen Kuchen sah er drinnen stehen! Ja, das war ein Fest!

Nun hörte er einen auf der Landstraße auf das Haus zugeritten kommen; das war der Mann der Bauersfrau, der nach Hause kam.

Es war ein sehr guter Mann, aber er hatte die wunderliche Krankheit, daß er keinen Küster sehen konnte; kam ihm ein Küster vor die Augen, so wurde er ganz rasend. Darum war der Küster auch hineingegangen, um der Frau guten Tag zu sagen, denn er wußte, daß der Mann nicht zu Hause war; und die gute Frau setzte ihm deshalb das herrlichste Essen vor, was sie hatte. Als sie aber den Mann kommen hörten, erschraken sie sehr, und die Frau bat den Küster, in eine große leere Kiste hineinzukriechen, die hinten in der Ecke stand. Das tat er, denn er wußte ja, daß der arme Mann keinen Küster sehen konnte. Die Frau versteckte geschwind all das herrliche Essen und den Wein in ihrem Backofen; denn hätte der Mann das zu sehen bekommen, so hätte er sicher gefragt, was es zu bedeuten habe.

»Ach ja!« seufzte der kleine Klaus oben auf dem Schuppen, als er all das Essen verschwinden sah.

»Ist jemand dort oben?« fragte der Bauer und guckte zum kleinen Klaus hinauf. »Warum liegst du dort? Komm lieber mit in die Stube.«

Nun erzählte der kleine Klaus, wie er sich verirrt hatte, und bat, die Nacht über bleiben zu dürfen.

»Ja gewiß!« sagte der Bauer; »aber wir müssen uns zuerst etwas stärken!«

Die Frau empfing beide sehr freundlich, deckte einen langen Tisch und gab ihnen eine große Schüssel voll Grütze.

Der Bauer war hungrig und aß mit richtigem Appetit, aber der kleine Klaus mußte immerzu an den herrlichen Braten, Fisch und Kuchen denken, den er im Ofen stehen wußte.

Unter den Tisch zu seinen Füßen hatte er den Sack mit der Pferdehaut gelegt, denn wir wissen ja, daß er nur ausgegangen war, um sie in der Stadt zu verkaufen. Die Grütze wollte ihm gar nicht schmecken, und da trat er auf seinen Sack, und die trocke Haut darin knarrte ganz laut.

»St!« sagte der kleine Klaus zu seinem Sack, trat aber gleichzeitig wieder drauf, da knarrte es viel lauter als zuvor.

»Na, was hast du denn in deinem Sack?« fragte der Bauer nun.

»Oh, das ist ein Zauberer!« sagte der kleine Klaus. »Er sagt, wir sollen keine Grütze essen, er habe den ganzen Ofen voll Braten, Fisch und Kuchen gehext!«

»Was denn!« sagte der Bauer und machte schnell den Ofen auf, wo er all die herrlichen Speisen erblickte, welche die Frau dort versteckt hatte, die aber, wie er glaubte, der Zauberer im Sack für sie gehext hatte. Die Frau durfte nichts sagen, sondern setzte sogleich die Speisen auf den Tisch, und so aßen sie vom Fisch, vom Braten und vom Kuchen. Nun trat der kleine Klaus wieder auf seinen Sack, daß die Haut knarrte.

»Was sagt er jetzt?« fragte der Bauer.

»Er sagt«, erwiderte der kleine Klaus, »daß er auch drei Flaschen Wein für uns gehext hat; sie stehen da in der Ecke beim Ofen!«

Nun mußte die Frau den Wein hervorholen, den sie versteckt hatte, und der Bauer trank und wurde sehr lustig. Einen solchen Zauberer, wie ihn der kleine Klaus im Sack trug, hätte er doch gar zu gern gehabt!

»Kann er auch den Teufel hervorhexen?« fragte der Bauer; »ich möchte ihn wohl sehen, denn nun bin ich lustig!«

»Ja«, sagte der kleine Klaus, »mein Zauberer kann alles, was ich verlange. Nicht wahr, du?« fragte er und trat auf den Sack, daß es knarrte. »Hörst du, wie er ja sagt? Aber der Teufel sieht so häßlich aus, wir wollen ihn lieber nicht sehen!«

»Oh, mir ist gar nicht bange. Wie mag er wohl aussehen?«

»Ja, er wird ganz leibhaftig als ein Küster erscheinen!«

»Hu!« sagte der Bauer, »daß ist häßlich! Ihr müßt wissen, ich mag keinen Küster sehen! Aber es tut nichts; ich weiß ja, daß es der Teufel ist; so werde ich mich wohl leichter dareinfinden! Nun habe ich Mut! Aber er darf mir nicht zu nahe kommen!«

»Nun, ich werde meinen Zauberer fragen«, sagte der kleine Klaus, trat auf den Sack und hielt sein Ohr hin.

»Was sagt er?«

»Er sagt, Ihr könnt die Kiste aufmachen, die dort in der Ecke steht, dann werdet Ihr den Teufel sehen, wie er darin hockt; aber Ihr müßt den Deckel festhalten, daß er nicht entwischt.«

»Wollt Ihr mir helfen, ihn zu halten?« bat der Bauer und ging zu der Kiste, wo die Frau den wirklichen Küster versteckt hatte, der darin saß und sich sehr fürchtete.

Der Bauer hob den Deckel ein wenig und guckte darunter.

»Hu!« schrie er und sprang zurück. »Ja, nun habe ich ihn gesehen; er sah ganz aus wie unser Küster. Nein, das war schrecklich!«

Darauf mußte getrunken werden, und so tranken sie noch bis in die tiefe Nacht hinein.

»Den Zauberer mußt du mir verkaufen«, sagte der Bauer.

»Verlange dafür, was du willst! Ja, ich gebe dir sogleich einen ganzen Scheffel Geld!«

»Nein, das kann ich nicht!« sagte der kleine Klaus. »Bedenke doch, wieviel Nutzen ich von diesem Zauberer haben kann!«

»Ach, ich möchte ihn schrecklich gern haben!« sagte der Bauer und fuhr fort zu bitten.

»Ja«, sagte der kleine Klaus zuletzt; »da du so gut gewesen bist, mir diese Nacht Obdach zu geben, so mag es darum sein. Du sollst den Zauberer für einen Scheffel Geld haben, aber der Scheffel muß gehäuft voll sein.«

»Das sollst du bekommen«, sagte der Bauer. »Aber die Kiste dort mußt du mit dir nehmen; ich will sie nicht eine Stunde im Haus behalten; man kann nicht wissen, ob er noch darin sitzt.«

Der kleine Klaus gab dem Bauern seinen Sack mit der trocknen Haut und bekam dafür einen ganzen Scheffel Geld, und zwar gehäuft gemessen. Der Bauer schenkte ihm sogar noch einen großen Schubkarren, um das Geld und die Kiste darauf wegzufahren.

»Leb wohl!« sagte der kleine Klaus, und so fuhr er mit seinem Geld und der großen Kiste, worin noch der Küster saß, davon.

Auf der andern Seite des Waldes war ein großer, tiefer Fluß; das Wasser floß so reißend, daß man kaum gegen den Strom schwimmen konnte; man hatte eine große neue Brücke darübergeschlagen, und der kleine Klaus hielt mitten darauf an und sagte ganz laut, damit der Küster in der Kiste es hören konnte:

»Nein, was soll ich nur mit der dummen Kiste? Sie ist so schwer, als ob Steine darin wären! Ich werde nur müde davon, wenn ich sie weiter fahre; ich will sie deshalb in den Fluß werfen; schwimmt sie zu mir nach Hause, so ist es gut, und tut sie es nicht, so macht es auch nichts!«

Nun faßte er die Kiste mit der einen Hand an und hob sie ein wenig, gerade als ob er sie in das Wasser stürzen wollte.

»Nein, laß das sein!« rief der Küster in der Kiste. »Laß mich erst heraus!«

»Hu!« sagte der kleine Klaus und tat, als fürchte er sich. »Er sitzt noch darin! Da muß ich ihn geschwind in den Fluß werfen, damit er ertrinkt!«

»O nein, o nein!« rief der Küster. »Ich will dir einen ganzen Scheffel Geld geben, wenn du es nicht tust!«

»Ja, das ist etwas anderes!« sagte der kleine Klaus und machte die Kiste auf. Der Küster kroch schnell heraus, stieß die leere Kiste ins Wasser und ging zu seinem Haus, wo der kleine Klaus einen ganzen Scheffel Geld bekam; einen hatte er ja schon von dem Bauern bekommen, nun hatte er also seinen ganzen Schubkarren voll Geld.

»Sieh, das Pferd habe ich gut bezahlt bekommen!« sagte er zu sich selbst, als er nach Hause, in seine eigene Stube kam und alles Geld mitten auf den Fußboden auf einen großen Haufen schüttete. »Es wird den großen Klaus ärgern, wenn er erfährt, wie reich ich durch mein einziges Pferd geworden bin; aber ich will es ihm doch nicht so geradeheraus sagen!«

Nun schickte er einen Jungen zum großen Klaus, um sich ein Scheffelmaß zu leihen.

›Was mag er wohl damit wollen?‹ dachte der große Klaus und schmierte Teer unter den Boden, damit von dem, was gemessen würde, etwas hängenbliebe. Und so geschah es auch; denn als er das Scheffelmaß zurückbekam, hingen drei neue silberne Achtschillingstücke daran.

»Was ist das?« sagte der große Klaus und lief sogleich zu dem kleinen. »Wo hast du denn das viele Geld herbekommen?«

»Oh, das ist für meine Pferdehaut; ich habe sie gestern abend verkauft.«

»Das ist wahrlich gut bezahlt!« sagte der große Klaus, lief geschwind nach Hause, nahm eine Axt, schlug seine vier Pferde vor den Kopf, zog ihnen die Haut ab und fuhr damit zur Stadt.

»Häute! Häute! Wer will Häute kaufen!« rief er durch die Straßen.

Alle Schuhmacher und Gerber kamen gelaufen und fragten, was er dafür haben wolle.

»Einen Scheffel Geld für jede«, sagte der große Klaus.

»Bist du toll?« riefen alle. »Glaubst du, wir hätten das Geld scheffelweise?«

»Häute, Häute! Wer will Häute kaufen!« rief er wieder, aber all denen, die ihn fragten, was die Häute kosten sollten, antwortete er: »Einen Scheffel Geld.«

»Er will uns zum Narren halten!« sagten alle, und da nahmen die Schuhmacher ihre Spannriemen und die Gerber ihre Schurzfelle und fingen an, auf den großen Klaus loszuprügeln.

»Häute, Häute!« äfften sie ihn nach; »ja, wir wollen dir die Haut gerben, daß sie grün und blau wird. Hinaus aus der Stadt mit ihm!« riefen sie, und der große Klaus mußte laufen, was er nur konnte, denn so war er noch nie durchgeprügelt worden.

»Na!« sagte er, als er nach Hause kam, »das werde ich dem kleinen Klaus heimzahlen! Ich schlage ihn dafür tot!«

Jedoch zu Hause beim kleinen Klaus war die alte Großmutter gestorben. Sie war freilich recht böse und schlimm gegen ihn gewesen, aber er war doch ganz betrübt und nahm die tote Frau und legte sie in sein warmes Bett, um zu sehen, ob sie nicht ins Leben zurückkehre. Da sollte sie die ganze Nacht liegen; er selbst wollte in einem Winkel sitzen und auf einem Stuhl schlafen; das hatte er schon früher getan.

Als er nun in der Nacht dasaß, ging die Tür auf, und der große Klaus kam mit seiner Axt herein. Er wußte wohl, wo das Bett des kleinen Klaus stand, ging gerade darauf los und schlug dann die alte Großmutter vor den Kopf, denn er glaubte, es sei der kleine Klaus.

»Siehst du!« sagte er. »Nun sollst du mich nicht mehr zum besten haben!« Und dann ging er wieder nach Hause.

»Das ist doch ein böser, schlimmer Mann!« sagte der kleine Klaus. »Da wollte er mich totschlagen! Es war doch gut für die alte Großmutter, daß sie schon tot war, sonst hätte er ihr das Leben genommen!«

Nun zog er der alten Großmutter Sonntagskleider an, lieh sich von seinem Nachbarn ein Pferd, spannte es vor den Wagen und setzte die alte Großmutter auf den hintersten Sitz, daß sie nicht herausfallen konnte, wenn er fuhr, und so rollten sie davon durch den Wald.

Als die Sonne aufging, waren sie vor einem großen Krug; da hielt der kleine Klaus an und ging hinein, um sich zu stärken.

Der Wirt hatte sehr, sehr viel Geld; er war auch ein recht guter Mann, aber hitzig, als wären Pfeffer und Tabak in ihm.

»Guten Morgen!« sagte er zum kleinen Klaus. »Du hast dir ja heute beizeiten den Sonntagsstaat angezogen!«

»Ja«, sagte der kleine Klaus, »ich will mit meiner alten Großmutter zur Stadt; sie sitzt da draußen auf dem Wagen, ich kann sie nicht in die Stube bekommen. Wollt Ihr ihr nicht ein Glas Met bringen? Aber Ihr müßt recht laut sprechen, denn sie kann nicht gut hören.«

»Ja, das werde ich tun!« sagte der Wirt und schenkte ein großes Glas Met ein und brachte es zur toten Großmutter hinaus, die aufrecht in den Wagen gesetzt war.

»Hier ist ein Glas Met von Eurem Enkel!« sagte der Wirt.

Aber die tote Frau erwiderte kein Wort, sondern saß ganz still.

»Hört Ihr nicht!« rief der Wirt, so laut er konnte; »hier ist ein Glas Met von Eurem Enkel!«

Noch einmal rief er dasselbe und dann noch einmal; da sie sich aber durchaus nicht von der Stelle rührte, wurde er zornig und warf ihr das Glas ins Gesicht, so daß ihr der Met gerade über die Nase lief und sie im Wagen nach hinten umfiel; denn sie war nur aufrecht hingesetzt und nicht festgebunden.

»Nanu!« rief der kleine Klaus, sprang zur Tür hinaus und packte den Wirt an der Brust; »du hast meine Großmutter erschlagen! Sieh nur, da ist ein großes Loch in ihrer Stirn!«

»Oh, das ist ein Unglück!« rief der Wirt und schlug die Hände über dem Kopf zusammen. »Das kommt alles von meiner Hitzigkeit! Lieber kleiner Klaus, ich will dir einen ganzen Scheffel Geld geben und deine Großmutter begraben lassen, als wäre sie meine eigene; aber schweige nur still, sonst schlagen sie mir den Kopf ab, und das ist so häßlich.«

So bekam der kleine Klaus einen ganzen Scheffel Geld, und der Wirt begrub die alte Großmutter, als ob sie seine eigene gewesen wäre.

Als nun der kleine Klaus wieder mit so viel Geld nach Hause kam, schickte er sogleich seinen Jungen hinüber zum großen Klaus, um ihn zu bitten, ob er ihm nicht ein Scheffelmaß leihen könnte.

»Was denn?« sagte der große Klaus. »Habe ich ihn nicht totgeschlagen? Da muß ich doch selbst nachsehen!« Und so ging er selbst mit dem Scheffelmaß hinüber zum kleinen Klaus.

»Nein, wo hast du nur all das Geld herbekommen?« fragte er und riß die Augen weit auf, als er das sah, was noch hinzugekommen war.

»Meine Großmutter hast du erschlagen und nicht mich!« sagte der kleine Klaus; »die habe ich nun verkauft und einen Scheffel Geld dafür bekommen!«

»Das ist wahrlich gut bezahlt!« sagte der große Klaus und eilte nach Hause, nahm eine Axt und schlug gleich seine alte Großmutter tot, legte sie auf den Wagen, fuhr mit ihr zur Stadt, wo der Apotheker wohnte, und fragte, ob er einen toten Menschen kaufen wolle.

»Wer ist es, und wo habt Ihr ihn her?« fragte der Apotheker.

»Es ist meine Großmutter!« sagte der große Klaus. »Ich habe sie totgeschlagen, um einen Scheffel Geld dafür zu bekommen!«

»Gott bewahre uns!« sagte der Apotheker. »Ihr redet irre! Erzählt doch nicht so etwas, sonst könnt Ihr den Kopf verlieren!«

Und nun sagte er ihm genau, was für eine böse Tat er da begangen habe und was für ein schlechter Mensch er sei und daß er bestraft werden müsse. Da erschrak der große Klaus so sehr, daß er aus der Apotheke gerade in den Wagen sprang, auf die Pferde lospeitschte und nach Hause fuhr. Aber der Apotheker und alle Leute glaubten, er sei verrückt, und deshalb ließen sie ihn fahren, wohin er wollte.

»Das werde ich dir heimzahlen!« sagte der große Klaus, als er draußen auf der Landstraße war. »Ja, das werde ich dir heimzahlen, kleiner Klaus!« Und dann nahm er, sobald er nach Hause kam, den größten Sack, den er finden konnte, ging hinüber zum kleinen Klaus und sagte: »Nun hast du mich wieder zum Narren gehalten! Erst habe ich meine Pferde totgeschlagen, dann meine alte Großmutter! Das ist alles deine Schuld, aber du sollst mich nie mehr zum Narren halten!« Und er packte den kleinen Klaus um den Leib und steckte ihn in seinen Sack, nahm ihn so auf seinen Rücken und rief ihm zu: »Nun gehe ich zum Fluß und ertränke dich!«

Er hatte einen weiten Weg zu gehen, bevor er zu dem Fluß kam, und der kleine Klaus war nicht so leicht zu tragen. Der Weg ging dicht an der Kirche vorbei, die Orgel ertönte, und die Leute sangen so schön. Da setzte der große Klaus seinen Sack mit dem kleinen Klaus darin dicht bei der Kirchentür nieder und dachte, es könne wohl ganz gut sein, zuvor noch hineinzugehen und einen Choral zu hören. Der kleine Klaus konnte ja nicht herausschlüpfen, und alle Leute waren in der Kirche; so ging er denn hinein.

»Ach ja, ach ja!« seufzte der kleine Klaus im Sack und drehte und wendete sich; aber es war ihm nicht möglich, den Strick zu lösen. Da kam ein alter Viehtreiber daher, mit schneeweißem Haar und einem großen Stab in der Hand; er trieb eine ganze Herde Kühe und Stiere vor sich her, die stießen gegen den Sack, in dem der kleine Klaus saß, so daß er umfiel.

»Ach ja!« seufzte der kleine Klaus. »Ich bin noch so jung und soll schon ins Himmelreich!«

»Und ich Armer«, sagte der Viehtreiber, »ich bin schon so alt und kann noch immer nicht hineinkommen!«

»Mach den Sack auf!« rief der kleine Klaus; »kriech statt meiner hinein, so kommst du gleich ins Himmelreich.«

»Ja, das will ich herzlich gern«, sagte der Viehtreiber und band den Sack auf, aus dem der kleine Klaus sogleich heraussprang.

»Willst du nun aber auch auf das Vieh achtgeben?« fragte der alte Mann und kroch nun in den Sack hinein; den band der kleine Klaus zu und ging dann mit allen Kühen und Stieren seines Weges.

Bald darauf kam der große Klaus aus der Kirche; er nahm wieder seinen Sack auf den Rücken, obgleich es ihm schien, als wäre er leichter geworden, denn der alte Viehtreiber war nur halb so schwer wie der kleine Klaus. »Wie ist er doch leicht geworden! Ja, das kommt wohl daher, daß ich einen Choral gehört habe!«

So ging er zum Fluß, wo er tief und breit war, warf den Sack mit dem alten Viehtreiber ins Wasser und rief ihm nach, denn er glaubte ja, daß es der kleine Klaus sei: »Siehst du! Nun wirst du mich nicht mehr zum Narren halten!«

Darauf ging er nach Hause; als er aber an die Stelle kam, wo die Wege sich kreuzten, begegnete er dem kleinen Klaus, der all sein Vieh dahertrieb.

»Was denn!« sagte der große Klaus. »Habe ich dich nicht ertränkt?«

»Ja!« sagte der kleine Klaus. »Du hast mich ja vor einer knappen halben Stunde in den Fluß geworfen!«

»Aber wo hast du all das herrliche Vieh herbekommen?« fragte der große Klaus.

»Das ist Seevieh!« sagte der kleine Klaus. »Ich will dir die ganze Geschichte erzählen und dir auch danken, daß du mich ertränkt hast, denn nun bin ich obenauf, bin richtig reich, das kannst du glauben! – Ich war so bange, als ich im Sack lag, und der Wind pfiff mir um die Ohren, als du mich von der Brücke hinunter in das kalte Wasser warfst. Ich sank sogleich zu Boden, aber ich stieß mich nicht, denn da unten wächst das schönste weiche Gras. Darauf fiel ich, und sogleich wurde der Sack geöffnet, und die lieblichste Jungfrau, mit schneeweißen Kleidern und mit einem grünen Kranz im nassen Haar, nahm mich bei der Hand und sagte: ›Bist du der kleine Klaus? Da hast du fürs erste etwas Vieh! Eine Meile Weg aufwärts steht noch eine ganze Herde, die ich dir schenken will!‹ – Nun sah ich, daß der Fluß eine große Landstraße für das Meervolk war. Unten auf dem Grund gingen und fuhren sie vom Meer ins Land hinein, bis dahin, wo der Fluß endet. Da war es so schön mit all den Blumen und dem frischesten Gras. Die Fische, die im Wasser schwammen, huschten mir um die Ohren, gerade wie hier die Vögel in der Luft. Was gab es da für feine Leute, und was war da für Vieh, das auf Gräben und Wällen graste!«

»Aber warum bist du gleich wieder zu uns heraufgekommen?« fragte der große Klaus. »Das hätte ich nicht getan, wenn es so schön dort unten ist!«

»Ja«, sagte der kleine Klaus; »das ist gerade klug von mir gehandelt. Du hast doch gehört, was ich dir erzählte: Die Seejungfrau sagte mir, eine Meile den Weg aufwärts – und mit dem Weg meint sie ja den Fluß, denn sie kann nirgends sonst hingehen – stehe noch eine ganze Herde Vieh für mich. Aber ich weiß, was der Fluß für Windungen macht, bald hier, bald dort, das ist ja ein weiter Umweg; nein, da hat man es kürzer, wenn man hier an Land steigt und querfeldein wieder zum Fluß treibt; dabei spare ich ja fast eine halbe Meile und komme geschwinder zu meinem Seevieh!«

»Oh, du bist ein glücklicher Mann!« sagte der große Klaus. »Glaubst du, daß ich auch Seevieh bekäme, wenn ich auf den Grund des Flusses gelangte?«

»Ja, das könnte ich mir denken«, sagte der kleine Klaus. »Aber ich kann dich nicht im Sack bis zum Fluß tragen, du bist mir zu schwer! Willst du selbst dahin gehen und dann in den Sack kriechen, so werde ich dich mit dem größten Vergnügen hineinwerfen.«

»Ich danke dir!« sagte der große Klaus. »Aber bekomme ich kein Seevieh, wenn ich unten bin, dann werde ich dich tüchtig verprügeln, das kannst du mir glauben!«

»O nein! Mach es nicht so schlimm!«

Und dann gingen sie zum Fluß. Als das Vieh, das durstig war, das Wasser sah, lief es, was es nur konnte, um zur Tränke zu kommen.

»Sieh, wie es sich sputet!« sagte der kleine Klaus. »Es will zurück auf den Grund!«

»Ja, hilf mir nun erst«, sagte der große Klaus, »sonst bekommst du Prügel!« Und so kroch er in den großen Sack, der quer über dem Rücken eines der Stiere gelegen hatte. »Lege einen Stein hinein, sonst habe ich Angst, daß ich nicht untersinke«, sagte der große Klaus.

»Es geht schon!« sagte der kleine Klaus, legte aber doch einen großen Stein in den Sack, knüpfte das Band fest zu, und dann stieß er dagegen. Plumps! da lag der große Klaus im Fluß und sank sogleich hinunter auf den Grund.

»Ich fürchte, er wird das Vieh nicht finden!« sagte der kleine Klaus und trieb dann das heim, was er hatte.

Die Prinzessin auf der Erbse

Es war einmal ein Prinz, der wollte eine Prinzessin heiraten; aber es sollte eine richtige Prinzessin sein. Da reiste er in der ganzen Welt umher, um eine solche zu finden, aber überall stand etwas im Wege. Prinzessinnen gab es genug, aber ob es richtige Prinzessinnen waren, dahinter konnte er nicht ganz kommen. Immer gab es etwas, das nicht in Ordnung war. Da kam er wieder nach Hause und war sehr betrübt, denn er wollte doch gar zu gern eine wirkliche Prinzessin haben.

Eines Abends gab es ein furchtbares Unwetter; es blitzte und donnerte, der Regen floß in Strömen, es war ganz schrecklich! Da klopfte es an das Stadttor, und der alte König ging hin, um aufzumachen.

Es war eine Prinzessin, die draußen stand. Aber, o Gott! wie sah sie aus vom Regen und dem bösen Wetter! Das Wasser lief ihr vom Haar und von den Kleidern herunter; es lief in die Schnäbel der Schuhe hinein und an den Hacken wieder heraus, und da sagte sie, sie sei eine wirkliche Prinzessin.

›Nun, das werden wir schon herausbekommen!‹ dachte die alte Königin. Aber sie sagte nichts, ging in die Schlafkammer, nahm alle Betten ab und legte eine Erbse auf den Boden der Bettstelle, dann nahm sie zwanzig Matratzen und legte sie auf die Erbse und dann noch zwanzig Eiderdaunenbetten oben auf die Matratzen.

Darauf mußte nun die Prinzessin die ganze Nacht liegen. Am Morgen wurde sie gefragt, wie sie geschlafen hätte.

»Oh, schrecklich schlecht!« sagte die Prinzessin. »Ich habe fast die ganze Nacht kein Auge zugetan! Gott weiß, was da im Bett gewesen ist! Ich habe auf etwas Hartem gelegen, so daß ich braun und blau am ganzen Körper bin! Es ist entsetzlich!«

Nun sahen sie, daß sie eine richtige Prinzessin war, weil sie durch die zwanzig Matratzen und die zwanzig Eiderdaunenbetten hindurch die Erbse gespürt hatte. So empfindlich konnte niemand anders sein als eine wirkliche Prinzessin.

Da nahm der Prinz sie zur Frau, denn nun wußte er, daß er eine richtige Prinzessin hatte, und die Erbse kam in die Kunstkammer, wo sie noch zu sehen ist, wenn niemand sie gestohlen hat.

Seht, das ist eine wahre Geschichte.

Die Blumen der kleinen Ida

»Meine armen Blumen sind ganz tot!« sagte die kleine Ida. »Wie schön waren sie gestern abend, und nun hängen alle Blätter welk herab! Warum tun sie das?« fragte sie den Studenten, der auf dem Sofa saß, denn sie mochte ihn sehr gern. Er wußte die allerschönsten Geschichten und schnitt so lustige Bilder aus, Herzen mit kleinen, tanzenden Damen darin, Blumen und große Schlösser, in denen man die Türen öffnen konnte; er war ein lustiger Student. »Warum sehen die Blumen heute so krank aus?« fragte sie wieder und zeigte ihm einen Strauß, der ganz welk war.

»Weißt du, was ihnen fehlt?« sagte der Student. »Die Blumen sind diese Nacht auf dem Ball gewesen, und darum lassen sie die Köpfe hängen.«

»Aber die Blumen können ja nicht tanzen!« sagte die kleine Ida.

»Doch«, sagte der Student, »wenn es dunkel wird und wir anderen schlafen, dann springen sie lustig herum; fast jede Nacht halten sie Ball.«

»Können Kinder nicht mit auf diesen Ball gehen?«

»Ja«, sagte der Student, »ganz kleine Gänseblümchen und Maiglöckchen.«

»Wo tanzen die schönsten Blumen?« fragte die kleine Ida.

»Bist du nicht oft draußen vor dem Tor bei dem großen Schloß gewesen, wo der König im Sommer wohnt, wo der herrliche Garten mit den vielen Blumen ist? Du hast doch die Schwäne gesehen, die zu dir hinschwimmen, wenn du ihnen Brotkrumen geben willst. Da draußen ist richtiger Ball, das kannst du mir glauben!«

»Ich war gestern mit meiner Mutter draußen im Garten«, sagte Ida, »aber die Bäume hatten alle Blätter verloren, und es waren gar keine Blumen mehr da. Wo sind sie? Im Sommer sah ich so viele!«

»Sie sind drinnen im Schloß«, sagte der Student. »Weißt du, sobald der König und alle Hofleute in die Stadt ziehen, laufen die Blumen sogleich aus dem Garten auf das Schloß und sind lustig. Das solltest du sehen! Die beiden allerschönsten Rosen setzen sich auf den Thron, und dann sind sie König und Königin. Alle roten Hahnenkämme stellen sich zu beiden Seiten auf und verbeugen sich, das sind die Kammerjunker. – Dann kommen alle niedlichen Blumen, und es ist großer Ball. Die blauen Veilchen stellen kleine Seekadetten vor, sie tanzen mit Hyazinthen und Krokus, die sie Fräulein nennen. Die Tulpen und die großen gelben Lilien sind alte Damen, die passen auf, daß schön getanzt wird und daß es fein zugeht.«

»Aber«, fragte die kleine Ida, »ist denn niemand da, der den Blumen etwas zuleide tut, weil sie im Schloß des Königs tanzen?«

»Es gibt niemand, der richtig etwas davon weiß«, sagte der Student. »Zuweilen kommt freilich in der Nacht der alte Schloßverwalter, der dort draußen aufpassen soll; er hat ein großes Schlüsselbund bei sich, aber sobald die Blumen die Schlüssel rasseln hören, sind sie ganz still, verstecken sich hinter die Gardinen und recken die Köpfe hervor. ›Ich rieche, daß Blumen hier sind‹, sagt der alte Schloßverwalter, aber er kann sie nicht sehen.«

»Das ist lustig!« sagte die kleine Ida und klatschte in die Hände. »Aber könnte ich die Blumen auch nicht sehen?«

»Doch«, sagte der Student, »denk nur daran, daß du durch das Fenster siehst, wenn du wieder hinauskommst, so wirst du sie schon bemerken. Das tat ich heute; da lag eine lange gelbe Osterglocke auf dem Sofa und streckte sich, das war eine Hofdame.«

»Können auch die Blumen aus dem Botanischen Garten dahinkommen? Können sie den weiten Weg gehen?«

»Ja gewiß«, sagte der Student; »wenn sie wollen, dann können sie fliegen. Hast du nicht die schönen Schmetterlinge gesehen, die roten, gelben und weißen? Sie sehen fast aus wie Blumen, und das sind sie auch gewesen. Sie sind vom Stiel hoch in die Luft gesprungen und haben da mit den Blättern geschlagen, als wären es kleine Flügel, und dann flogen sie davon. Und weil sie sich gut aufführten, bekamen sie die Erlaubnis, auch bei Tage herumzufliegen, und brauchten nicht wieder zu Hause still auf dem Stiel zu sitzen; und so wurden die Blätter am Ende zu wirklichen Flügeln. Das hast du ja selbst gesehen. Es kann übrigens sein, daß die Blumen im Botanischen Garten niemals im Schloß des Königs gewesen sind oder nicht wissen, daß es dort des Nachts so lustig ist. Darum will ich dir etwas sagen: Er wird recht staunen, der Professor der Botanik, der hier nebenan wohnt; du kennst ihn doch wohl? Wenn du in seinen Garten kommst, mußt du einer der Blumen erzählen, daß draußen auf dem Schloß großer Ball ist. Sie sagt es allen anderen weiter, und dann fliegen sie fort. Kommt nun der Professor in den Garten hinaus, so ist nicht eine einzige Blume da, und er kann gar nicht verstehen, wo sie geblieben sind.«

»Aber wie kann denn die eine Blume es den anderen erzählen? Die Blumen können ja nicht sprechen!«

»Das können sie freilich nicht«, antwortete der Student, »aber dann machen sie Pantomimen. Hast du nicht oft gesehen, daß die Blumen, wenn es ein wenig weht, sich zunicken und alle ihre grünen Blätter bewegen? Das ist für sie ebenso verständlich wie gesprochene Worte.«

»Kann der Professor denn die Pantomimen verstehen?« fragte Ida.

»Ja, sicherlich. Er kam eines Morgens in seinen Garten und sah eine große Brennessel stehen, die mit ihren Blättern einer schönen, roten Nelke Pantomimen machte. Sie sagte: ›Du bist gar so niedlich, und ich bin dir von Herzen gut!‹ Aber so etwas kann der Professor nun gar nicht leiden, er schlug sogleich der Brennessel auf die Blätter, denn das sind ihre Finger. Aber da brannte er sich, und seit der Zeit wagt er es nicht, eine Brennessel anzurühren.«

»Das ist lustig!« sagte die kleine Ida und lachte.

»Wie kann man einem Kind so etwas in den Kopf setzen!«

sagte der langweilige Kanzleirat, der zu Besuch gekommen war und auf dem Sofa saß. Er konnte den Studenten nicht leiden und brummte immer, wenn er ihn die possierlichen, munteren Bilder ausschneiden sah, bald war es ein Mann, der an einem Galgen hing und ein Herz in der Hand hielt, denn es war ein Herzensdieb, bald eine alte Hexe, die auf einem Besen ritt und ihren Mann auf der Nase hatte. Das konnte der alte Kanzleirat nicht leiden, und dann sagte er, gerade wie jetzt: »Wie kann man einem Kind so etwas in den Kopf setzen! Das ist dumme Phantasie!«

Aber der kleinen Ida kam es doch recht lustig vor, was der Student von ihren Blumen erzählte, und sie dachte viel daran. Die Blumen ließen die Köpfe hängen, denn sie waren müde, da sie die ganze Nacht getanzt hatten; sie waren sicher krank. Da trug sie die Blumen zu ihrem anderen Spielzeug, das auf einem niedlichen, kleinen Tisch stand, und der ganze Schubkasten war voll schöner Sachen. Im Puppenbett lag ihre Puppe Sophie und schlief, aber die kleine Ida sagte zu ihr: »Du mußt wirklich aufstehen, Sophie, und heute nacht mit dem Schubkasten vorliebnehmen. Die armen Blumen sind krank, und da müssen sie in deinem Bett liegen; vielleicht werden sie dann wieder gesund!«

Und sogleich nahm sie die Puppe heraus, aber die sah verdrießlich aus und sagte nicht ein einziges Wort, denn sie war ärgerlich, daß sie nicht ihr Bett behalten konnte. Dann legte Ida die Blumen in das Puppenbett, zog die kleine Decke ganz über sie und sagte, nun sollten sie hübsch stilliegen, dann wolle sie ihnen Tee kochen, damit sie wieder gesund würden und morgen aufstehen könnten. Sie zog die Gardinen dicht um das kleine Bett zusammen, damit die Sonne ihnen nicht in die Augen scheine.

Den ganzen Abend lang mußte sie immer daran denken, was ihr der Student erzählt hatte. Als sie nun selbst zu Bett gehen sollte, mußte sie zuerst hinter die Gardinen sehen, die vor den Fenstern hingen, wo die herrlichen Blumen ihrer Mutter standen, Hyazinthen und Tulpen, und da flüsterte sie ganz leise: »Ich weiß wohl, ihr geht diese Nacht auf den Ball!« Aber die Blumen taten, als ob sie nichts verstünden, und rührten nicht ein Blatt, aber die kleine Ida wußte doch, was sie wußte.

Als sie ins Bett gegangen war, lag sie lange wach und dachte daran, wie hübsch es sein müsse, die schönen Blumen draußen im Schloß des Königs tanzen zu sehen. ›Ob meine Blumen wirklich dabei gewesen sind?‹ Aber dann schlief sie ein. In der Nacht erwachte sie wieder: sie hatte von den Blumen und dem Studenten geträumt, der Kanzleirat hatte ihn gescholten und ihm dann gesagt, er solle ihr nichts in den Kopf setzen. Es war still in der Schlafstube, wo Ida lag. Die Nachtlampe brannte auf dem Tisch, und Vater und Mutter schliefen.

»Ob meine Blumen wohl noch in Sophies Bett liegen?« sagte sie zu sich selbst. »Wie gern möchte ich es doch wissen!« Sie erhob sich ein bißchen und blickte zur Tür, die angelehnt war: drinnen lagen die Blumen und all ihr Spielzeug. Sie lauschte, und es war ihr, als würde in der Stube auf dem Klavier gespielt, aber ganz leise und so hübsch, wie sie es nie zuvor gehört hatte.

›Nun tanzen gewiß alle Blumen drinnen!‹ dachte sie. ›O Gott, wie gern möchte ich es doch sehen!‹ Aber sie wagte nicht aufzustehen, denn sonst weckte sie Vater und Mutter.

›Wenn sie doch nur hereinkommen wollten‹, dachte sie. Aber die Blumen kamen nicht, und die Musik spielte weiter so hübsch. Da konnte sie es nicht mehr aushalten, denn es war gar zu schön. Sie kroch aus ihrem kleinen Bett heraus, ging ganz leise zur Tür und guckte in die Stube. Nein, wie lustig war das, was sie da zu sehen bekam!

Es brannte keine Nachtlampe drinnen, aber es war dennoch ganz hell. Der Mond schien durch das Fenster mitten auf den Fußboden; es war fast wie am Tage. Alle Hyazinthen und Tulpen standen in zwei langen Reihen im Zimmer; es waren gar keine mehr am Fenster, dort standen nur die leeren Töpfe. Auf dem Fußboden tanzten alle Blumen zierlich umeinander herum, bildeten eine richtige Kette und hielten einander bei den langen grünen Blättern, wenn sie sich herumschwenkten. Aber am Klavier saß eine große gelbe Linie, die die kleine Ida im Sommer bestimmt gesehen hatte, denn sie erinnerte sich deutlich, daß der Student gesagt hatte: ›Nein, wie gleicht sie Fräulein Line!‹ Aber damals wurde er von allen ausgelacht, doch nun schien es der kleinen Ida wirklich auch, als ob die lange gelbe Blume dem Fräulein gliche, und sie hatte auch dieselben Gebärden beim Spielen. Bald legte sie ihr längliches gelbes Gesicht auf die eine Seite, bald auf die andere und nickte im Takt zur herrlichen Musik. Niemand bemerkte die kleine Ida. Dann sah sie einen großen blauen Krokus mitten auf den Tisch hüpfen, wo das Spielzeug stand, gerade auf das Puppenbett zugehen und die Gardinen beiseite ziehen. Da lagen die kranken Blumen, aber sie erhoben sich sogleich und nickten den anderen zu, daß sie auch mittanzen wollten. Das alte Räuchermännchen, dem die Unterlippe abgebrochen war, stand auf und verneigte sich vor den hübschen Blumen, die durchaus nicht krank aussahen; sie sprangen hinunter zu den anderen und waren sehr vergnügt.

Da schien etwas vom Tisch zu fallen. Ida sah dorthin: es war die Fastnachtsrute, die heruntersprang, auch sie schien mit zu den Blumen zu gehören. Sie war ebenfalls sehr niedlich, und obendrauf saß eine kleine Wachspuppe, die gerade einen solchen breiten Hut auf dem Kopf hatte, wie ihn der Kanzleirat trug. Die Fastnachtsrute hüpfte auf ihren drei roten Stelzfüßen mitten unter die Blumen und stampfte ganz laut, denn sie tanzte Mazurka, und den Tanz konnten die anderen Blumen nicht, weil sie zu leicht waren und nicht so zu stampfen vermochten.

Auf einmal wurde die Wachspuppe auf der Fastnachtsrute groß und lang, wirbelte über die Papierblumen hinweg und rief ganz laut: »Wie kann man dem Kind so etwas in den Kopf setzen? Das ist dumme Phantasie!«

Und da glich die Wachspuppe ganz genau dem Kanzleirat mit dem breiten Hut, sah ebenso gelb und verdrießlich aus. Aber die Papierblumen schlugen ihn an die dünnen Beine, und da schrumpfte er wieder zusammen und wurde eine winzig kleine Wachspuppe. Das war so lustig anzusehen, daß die kleine Ida das Lachen nicht unterdrücken konnte. Die Fastnachtsrute tanzte weiter, und der Kanzleirat mußte mittanzen. Es half ihm nichts, er mochte sich nun groß und lang machen oder die kleine gelbe Wachspuppe mit dem großen schwarzen Hut bleiben. Da baten die anderen Blumen für ihn, besonders diejenigen, die im Puppenbett gelegen hatten, und dann ließ die Fastnachtsrute es sein. Im selben Augenblick klopfte es ganz laut drinnen im Schubkasten, wo Idas Puppe Sophie bei vielem anderem Spielzeug lag; der Räuchermann lief zur Tischkante, legte sich lang auf den Bauch und zog den Schubkasten ein wenig heraus. Da erhob sich

Sophie und sah erstaunt ringsumher. »Hier ist wohl Ball?« sagte sie. »Warum hat mir das niemand gesagt?«

»Willst du mit mir tanzen?« fragte der Räuchermann.

»Ja, du bist mir der Rechte zum Tanzen!« sagte sie und kehrte ihm den Rücken zu. Dann setzte sie sich auf den Schubkasten und dachte, daß wohl eine der Blumen kommen und sie auffordern würde, aber es kam keine. Dann räusperte sie sich: »Hm, hm, hm!« Aber trotzdem kam keine. Der Räuchermann tanzte nun ganz allein, und das war gar nicht so schlecht.

Da nun keine der Blumen Sophie zu sehen schien, ließ sie sich vom Schubkasten auf den Fußboden herunterfallen, so daß es großen Lärm gab. Alle Blumen kamen zu ihr gelaufen und fragten, ob sie sich nicht weh getan habe, und sie waren alle sehr artig zu ihr, besonders die Blumen, die in ihrem Bett gelegen hatten. Aber sie hatte sich nicht weh getan, und Idas Blumen bedankten sich alle für das schöne Bett und waren ihr gut, nahmen sie in die Mitte, wo der Mond schien, und tanzten mit ihr, und alle andern Blumen bildeten einen Kreis um sie herum. Nun war Sophie vergnügt und sagte, sie könnten ihr Bett behalten, es mache ihr gar nichts aus, im Schubkasten zu liegen. Aber die Blumen sagten: »Wir danken dir herzlich, doch wir können nicht so lange leben! Morgend sind wir ganz tot. Aber sage der kleinen Ida, daß sie uns draußen im Garten, wo der Kanarienvogel liegt, begraben soll, dann wachsen wir im Sommer wieder empor und werden viel schöner!«

»Nein, ihr dürft nicht sterben!« sagte Sophie und küßte die Blumen. Da ging die Saaltür auf, und eine Menge herrlicher Blumen kam hereingetanzt. Ida konnte gar nicht begreifen, woher sie gekommen waren; das waren sicher alle Blumen vom Schloß des Königs. Voran gingen zwei herrliche Rosen, die hatten kleine Goldkronen auf, sie waren König und Königin. Dann kamen die niedlichsten Levkojen und Nelken, und die grüßten nach allen Seiten. Sie hatten Musik bei sich, große Mohnblumen und Päonien bliesen auf Erbsenschoten, so daß sie ganz rot im Gesicht wurden. Die blauen Glockenblumen und die kleinen weißen Schneeglöckchen klingelten, als ob sie Schellen hätten. Das war eine lustige Musik! Dann kamen viele andere Blumen und tanzten allesamt, die blauen Veilchen und die roten Tausendschönchen, die Gänseblümchen und die Maiglöckchen. Alle Blumen küßten einander, es war allerliebst anzusehen! Zuletzt sagten die Blumen einander gute Nacht. Dann schlich sich auch die kleine Ida in ihr Bett, wo sie von allem träumte, was sie gesehen hatte.

Als sie am nächsten Morgen aufstand, ging sie geschwind zum kleinen Tisch, um zu sehen, ob die Blumen noch da seien. Sie zog die Gardine von dem kleinen Bett zur Seite, ja, da lagen sie, aber sie waren ganz verwelkt, viel mehr als gestern. Sophie lag im Schubkasten, wo sie sie hingelegt hatte, sie war noch sehr verschlafen.

»Entsinnst du dich, was du mir sagen solltest?« fragte die kleine Ida. Aber Sophie sah ganz dumm aus und sagte nicht ein einziges Wort.

»Du bist gar nicht gut!« sagte Ida. »Und sie haben doch alle mit dir getanzt.« Dann nahm sie eine kleine Papierschachtel, auf die niedliche Vögel gezeichnet waren, machte sie auf und legte die toten Blumen hinein. »Das soll euer schöner Sarg sein«, sagte sie, »und wenn später die norwegischen Vettern hierherkommen, so sollen sie mir helfen, euch draußen im Garten zu begraben, damit ihr zum Sommer wieder wachsen und noch viel schöner werden könnt!«

Die norwegischen Vettern waren zwei muntere Knaben, sie hießen Jonas und Adolph. Ihr Vater hatte ihnen zwei neue Flitzbogen geschenkt, und die hatten sie bei sich, um sie Ida zu zeigen. Diese erzählte ihnen von den armen Blumen, die gestorben waren, und dann bekamen sie Erlaubnis, sie zu begraben. Beide Knaben gingen mit den Flitzbogen auf der Schulter voran, und die kleine Ida folgte mit den toten Blumen in der niedlichen Schachtel. Draußen im Garten wurde ein kleines Grab gegraben. Ida küßte zuerst die Blumen und legte sie dann mit der Schachtel in die Erde, und Adolph und Jonas schossen mit den Flitzbogen über das Grab, denn sie hatten weder Gewehre noch Kanonen.

Däumelinchen

Es war einmal eine Frau, die so gern ein winzig kleines Kind haben wollte, aber sie wußte gar nicht, woher sie es bekommen sollte. Da ging sie zu einer alten Hexe und sagte zu ihr: »Ich möchte so herzlich gern ein kleines Kind haben. Kannst du mir nicht sagen, woher ich das bekommen kann?«

»Oh, damit wollen wir schon fertig werden!« sagte die Hexe. »Da hast du ein Gerstenkorn. Das ist nicht von der Art wie die Gerstenkörner, die auf dem Feld des Bauern wachsen oder die die Hühner zu fressen bekommen. Lege es in einen Blumentopf, so wirst du etwas zu sehen bekommen!«

»Ich danke dir!« sagte die Frau und gab der Hexe zwölf Schillinge, ging dann heim, pflanzte das Gerstenkorn, und sogleich wuchs da eine herrliche, große Blume, die ganz wie eine Tulpe aussah; aber die Blätter schlossen sich dicht zusammen, gerade als ob sie noch in der Knospe wären.

»Das ist eine niedliche Blume!« sagte die Frau und küßte sie auf die hübschen roten und gelben Blätter, aber gerade in diesem Augenblick tat die Blume einen großen Knall und öffnete sich. Es war eine wirkliche Tulpe, wie man nun sehen konnte, aber mitten in der Blume saß auf dem grünen Stuhl ein winzig kleines Mädchen, so fein und niedlich! Es war kaum einen halben Daumen hoch, und darum wurde es Däumelinchen genannt.

Eine niedliche lackierte Walnußschale bekam Däumelinchen zur Wiege, blaue Veilchenblätter waren ihre Matratzen und ein Rosenblatt ihr Deckbett. Da schlief sie des Nachts, aber am Tage spielte sie auf dem Tisch, wo die Frau einen Teller hingestellt und ringsum mit einem Kranz von Blumen belegt hatte, deren Stengel im Wasser standen; darin schwamm ein großes Tulpenblatt, und auf diesem konnte Däumelinchen sitzen und von der einen Seite des Tellers zur andern fahren, zum Rudern hatte sie zwei weiße Pferdehaare. Das sah wirklich wunderhübsch aus! Sie konnte auch singen, und so fein und niedlich, wie man es hier niemals gehört hatte.

Eines Nachts, als sie in ihrem hübschen Bett lag, kam eine häßliche Kröte durch das Fenster hereingehüpft, in dem eine Scheibe entzwei war. Die Kröte war sehr garstig, groß und naß; sie hüpfte gerade auf den Tisch, wo Däumelinchen lag unter dem roten Rosenblatt schlief.

»Das wäre eine schöne Frau für meinen Sohn!« sagte die Kröte, und dann nahm sie die Walnußschale, worin Däumelinchen schlief, und hüpfte mit ihr durchs Fenster in den Garten hinunter.

Da floß ein großer, breiter Bach, aber das Ufer war sumpfig und morastig; hier wohnte die Kröte mit ihrem Sohn. Hu! der war häßlich und garstig und glich ganz seiner Mutter! »Koax, koax, brekkekekex!« Das war alles, was er sagen konnte, als er das niedliche kleine Mädchen in der Walnußschale sah.

»Sprich nicht so laut, denn sonst erwacht sie!« sagte die alte Kröte. »Sie könnte uns noch fortlaufen, denn sie ist so leicht wie ein Schwanenflaum! Wir wollen sie auf eins der breiten Seerosenblätter in den Bach setzen, das ist für sie, die so leicht und klein ist, gerade wie eine Insel! Da kann sie nicht davonlaufen, während wir die gute Stube unter dem Morast, wo ihr wohnen sollt, instand setzen.«

Draußen in dem Bach wuchsen viele Seerosen mit den breiten grünen Blättern, die aussehen, als schwämmen sie oben auf dem Wasser. Das Blatt, das am weitesten draußen lag, war auch das allergrößte; da schwamm die alte Kröte hinaus und setzte die Walnußschale mit Däumelinchen darauf.

Die arme Kleine erwachte frühmorgens, und als sie sah, wo sie war, fing sie bitterlich an zu weinen, denn es war zu allen Seiten des großen grünen Blattes Wasser, sie konnte gar nicht ans Land kommen.

Die alte Kröte saß unten im Morast und putzte ihre Stube mit Schilf und gelben Wasserrosen aus, es sollte recht hübsch für die neue Schwiegertochter werden. Dann schwamm sie mit dem garstigen Sohn zum Blatt hinaus, wo Däumelinchen stand. Sie wollten ihr hübsches Bett holen, das in die Brautkammer gestellt werden sollte, bevor sie selbst dorthin kam. Die alte Kröte verneigte sich tief im Wasser vor ihr und sagte: »Hier siehst du meinen Sohn, er wird dein Mann sein, und ihr werdet ganz prächtig unten im Morast wohnen!«

»Koax, koax, brekkekekex!« war alles, was der Sohn sagen konnte.

Dann nahmen sie das niedliche kleine Bett und schwammen damit fort, aber Däumelinchen saß ganz allein auf dem grünen Blatt und weinte, denn sie wollte nicht bei der garstigen Kröte

wohnen oder ihren häßlichen Sohn zum Mann habe. Die kleinen Fische, die unten im Wasser schwammen, hatten die Kröte wohl gesehen und auch gehört, was sie gesagt hatte, darum streckten sie die Köpfe hervor, sie wollten doch das kleine Mädchen sehen. Sobald sie es zu sehen bekamen, fanden sie es so niedlich, und es tat ihnen sehr leid, daß es zur garstigen Kröte hinunter sollte. Nein, das durfte niemals geschehen! Sie versammelten sich unten im Wasser rings um den grünen Stiel, der das Blatt hielt, auf dem Däumelinchen stand. Sie nagten mit den Zähnen den Stiel ab, und da schwamm das Blatt den Bach hinab und Däumelinchen davon, weit fort, wo die Kröte sie nicht erreichen konnte.

Däumelinchen segelte an vielen Orten vorbei, und die kleinen Vögel saßen in den Büschen, sahen sie und sangen: »Welche niedliche kleine Jungfrau!« Das Blatt schwamm mit ihr weiter und weiter fort, so reiste Däumelinchen außer Landes.

Ein reizender kleiner weißer Schmetterling umflatterte sie und ließ sich zuletzt auf das Blatt nieder, denn Däumelinchen gefiel ihm, und sie war so vergnügt, daß die Kröte sie nicht mehr erreichen konnte. Es war herrlich dort, wo sie fuhr; die Sonne schien auf das Wasser, und es glänzte wie das herrlichste Gold. Dann nahm sie ihren Gürtel und band das eine Ende um den Schmetterling, das andere Ende befestigte sie am Blatt; das glitt nun viel schneller davon und sie mit, denn sie stand ja darauf.

Da kam ein großer Maikäfer angeflogen, der erblickte sie und schlang augenblicklich seine Beine um ihren schlanken Leib und flog mit ihr auf den Baum. Das grüne Blatt schwamm den Bach hinab, und der Schmetterling flog mit, denn er war am Blatt festgebunden und konnte nicht davon loskommen.

Gott, wie war das arme Däumelinchen erschrocken, als der Maikäfer mit ihr auf den Baum flog, aber am allermeisten war sie doch über den schönen, weißen Schmetterling betrübt, den sie an das Blatt festgebunden hatte; wenn er nun nicht loskommen könnte, müßte er ja verhungern. Aber darum kümmerte sich der Maikäfer gar nicht. Er setzte sich mit ihr auf das größte grüne Blatt des Baumes, gab ihr das Süße der Blumen zu essen und sagte, daß sie so niedlich sei, obgleich sie einem Maikäfer durchaus nicht gliche. Später kamen alle andern Maikäfer, die im Baum wohnten, und machten Besuch. Sie betrachteten Däumelinchen, und die Maikäferfräulein rümpften die Fühlhörner und sagten: »Sie hat doch nicht mehr als zwei Beine, das sieht erbärmlich aus!« – »Sie hat keine Fühlhörner!« sagten andere. »Sie ist so schlank in der Taille, pfui! Sie sieht wie ein Mensch aus! Wie häßlich sie ist!« sagten alle Maikäferdamen, und doch war Däumelinchen so niedlich. Das meinte auch der Maikäfer, der sie mitgenommen hatte. Aber als alle anderen sagten, sie sei häßlich, glaubte er es zuletzt auch und wollte sie nicht mehr haben; sie könne gehen, wohin sie wolle. Nun flogen sie mit ihr vom Baum und setzten sie auf ein Gänseblümchen. Da weinte sie, weil sie so häßlich sei, daß die Maikäfer sie nicht haben wollten, und doch war sie das Lieblichste, was man sich denken konnte, so fein und zart, wie das schönste Rosenblatt.

Den ganzen Sommer über lebte das arme Däumelinchen ganz allein in dem großen Wald. Sie flocht sich ein Blatt aus Grashalmen und hängte es unter einem großen Sauerampferblatt auf, so war sie vor dem Regen geschützt. Sie pflückte das Süße der Blumen zur Speise und trank vom Tau, der jeden Morgen auf den Blättern lag. So vergingen Sommer und Herbst, aber nun kam der Winter, der kalte, lange Winter. Alle Vögel, die so schön für sie gesungen hatten, flogen davon. Bäume und Blumen verwelkten; das große Sauerampferblatt, unter dem sie gewohnt hatte, rollte sich zusammen, und es blieb nichts als ein gelber, verwelkter Stengel zurück, und sie fror schrecklich, denn ihre Kleider waren entzwei. Sie war selbst so fein und klein, das arme Däumelinchen: sie mußte erfrieren. Es begann zu schneien, und jede Schneeflocke, die auf sie fiel, war, als wenn man auf uns eine große Schaufel voll wirft; denn wir sind groß, und sie war nur einen Daumen lang. Da hüllte sie sich in ein dürres Blatt, aber das wollte nicht wärmen, sie zitterte vor Kälte.

Dicht vor dem Wald, in den sie gekommen war, lag ein großes Kornfeld, aber das Korn war seit langem abgeerntet, nur die nackten, trockenen Stoppeln ragten aus der gefrorenen Erde. Die waren für sie gerade wie ein ganzer Wald; oh, wie zitterte sie vor Kälte! Da kam sie vor die Tür der Feldmaus, die ein kleines Loch unter den Kornstoppeln hatte. Dort wohnte die Feldmaus warm und gut, hatte die ganze Stube voll Korn, eine herrliche Küche und Speisekammer. Das arme Däumelinchen stellte sich in die Tür, gerade wie ein armes Bettelmädchen, und bat um ein kleines Stück von einem Gerstenkorn, denn sie hatte seit zwei Tagen nicht das mindeste zu essen bekommen.

»Du arme Kleine!« sagte die Feldmaus, denn im Grunde war es

eine gute alte Feldmaus, »komm herein in meine warme Stube und iß mit mir!«

Da ihr nun Däumelinchen gefiel, sagte sie: »Du kannst gern den Winter über bei mir bleiben, aber du mußt meine Stube fein sauberhalten und mir Geschichten erzählen, denn die liebe ich sehr.« Und Däumelinchen tat, was die gute alte Feldmaus verlangte, und hatte es dafür außerordentlich gut.

»Nun bekommen wir bald Besuch!« sagte die Feldmaus, »mein Nachbar pflegt mich alle Tage zu besuchen. Er sitzt noch besser in seinen vier Wänden als ich, hat große Säle und trägt einen schönen, schwarzen Samtpelz! Wenn du den nur zum Mann bekommen könntest, so wärst du gut versorgt. Aber er kann nicht sehen. Du mußt ihm die niedlichsten Geschichten erzählen, die du weißt!«

Aber darum kümmerte sich Däumelinchen nicht, sie wollte den Nachbarn gar nicht haben, denn er war ja ein Maulwurf.

Er kam und stattete in seinem schwarzen Samtpelz Besuch ab. Er sei so reich und so gelehrt, sagte die Feldmaus. Seine Wohnung war auch über zwanzigmal größer als die der Feldmaus; und Gelehrsamkeit besaß er, aber die Sonne und die schönen Blumen mochte er gar nicht leiden; von denen sprach er schlecht, denn er hatte sie niemals gesehen. Däumelinchen mußte singen, und sie sang ›Maikäfer, flieg!‹ und ›Der Mönch geht auf den Anger‹. Da verliebte sich der Maulwurf in sie ihrer schönen Stimme wegen, aber er sagte nichts, er war ein besonnener Mann.

Er hatte sich vor kurzem einen langen Gang durch die Erde von seinem bis zu ihrem Haus gegraben, darin durften die Feldmaus und Däumelinchen spazierengehen, wenn sie wollten. Aber er bat sie, sich nicht vor dem toten Vogel zu fürchten, der in dem Gang lag. Es war ein ganzer Vogel mit Federn und Schnabel, der sicher erst kürzlich, als der Winter kam, gestorben war und nun begraben lag, gerade wo der Maulwurf seinen Gang gemacht hatte.

Der Maulwurf nahm ein Stück faules Holz ins Maul, denn das schimmert im Dunkeln wie Feuer, und er ging dann voran und leuchtete ihnen in dem langen, finstern Gang. Als sie dahin kamen, wo der tote Vogel lag, stemmte der Maulwurf seine breite Nase gegen die Decke und stieß die Erde auf, so daß ein großes

Loch entstand, durch welches das Licht hinunterscheinen konnte. Mitten auf dem Fußboden lag eine tote Schwalbe, die schönen Flügel fest an die Seiten gedrückt, die Füße und den Kopf unter die Federn gezogen; der arme Vogel war sicher vor Kälte gestorben. Das tat Däumelinchen so leid, sie hatte alle kleinen Vögel so gern, denn sie hatten ihr ja den ganzen Sommer so schön vorgesungen und gezwitschert. Der Maulwurf aber stieß ihn mit seinen kurzen Beinen an und sagte: »Nun pfeift er nicht mehr! Es muß doch erbärmlich sein, als kleiner Vogel geboren zu werden! Gott sei Dank, daß keins von meinen Kindern das wird; ein solcher Vogel hat ja nichts außer seinem Quivit und muß im Winter verhungern!«

»Ja, das mögt Ihr als vernünftiger Mann wohl sagen«, sprach die Feldmaus. »Was hat der Vogel für all sein Quivit, wenn der Winter kommt? Er muß hungern und frieren. Doch das soll wohl gar vornehm sein!«

Däumelinchen sagte nichts, als aber die beiden andern dem Vogel den Rücken wandten, neigte sie sich herab, schob die Federn zur Seite, die den Kopf bedeckten, und küßte ihn auf die geschlossenen Augen.

›Vielleicht war er es, der mir im Sommer so hübsch vorgesungen hat‹, dachte sie. ›Wieviel Freude hat er mit gemacht, der liebe, schöne Vogel!‹

Der Maulwurf stopfte nun das Loch zu, durch das der Tag hereinschien, und begleitete dann die Damen nach Hause. Aber des Nachts konnte Däumelinchen gar nicht schlafen, sie stand aus ihrem Bett auf und flocht aus Heu einen großen schönen Teppich. Den trug sie in den Gang, breitete ihn über den toten Vogel aus und legte weiche Baumwolle, die sie in der Stube der Feldmaus gefunden hatte, um den Vogel, damit er in der kalten Erde warm liegen möge.

»Lebe wohl, du schöner kleiner Vogel!« sagte sie. »Lebe wohl und hab Dank für deinen herrlichen Gesang im Sommer, als alle Bäume grün waren und die Sonne warm auf uns herabschien!«

Dann legte sie ihren Kopf an die Brust des Vogels, erschrak aber sogleich, denn es war gerade, als ob drinnen etwas klopfte. Poch, poch! Das war das Herz des Vogels. Der Vogel war nicht tot, er lag nur betäubt da, war nun erwärmt worden und kam wieder zum Leben.

Im Herbst fliegen alle Schwalben fort, zu den warmen Ländern, aber wenn sich eine verspätet, dann friert sie so, daß sie wie tot niederstürzt und liegenbleibt, wohin sie fällt; der kalte Schnee bedeckt sie.

Däumelinchen zitterte ordentlich, so erschrocken war sie, denn der Vogel war ja groß, sehr groß gegen sie, die nur einen Daumen lang war. Aber sie faßte doch Mut, legte die Baumwolle dichter um die arme Schwalbe, holte ein Krauseminzeblatt, das sie selbst als Deckbett gehabt hatte, und legte es dem Vogel auf den Kopf.

In der nächsten Nacht schlich sie sich wieder zu ihm, und da war er lebendig, aber so matt, daß er nur einen kleinen Augenblick seine Augen öffnen und Däumelinchen ansehen konnte, die mit einem Stück faulen Holz in der Hand vor ihm stand, denn eine andere Laterne hatte sie nicht.

»Ich danke dir, du niedliches kleines Kind!« sagte die kranke Schwalbe zu ihr. »Ich bin so herrlich erwärmt worden! Bald bekomme ich meine Kräfte wieder und kann dann draußen in dem warmen Sonnenschein herumfliegen!«

»Oh!« sagte sie, »es ist kalt draußen, es schneit und friert! Bleib nur in deinem warmen Bett, ich werde dich schon pflegen!«

Dann brachte sie der Schwalbe Wasser in einem Blumenblatt, und sie trank und erzählte ihr, wie sie sich den einen Flügel an einem Dornenbusch gerissen habe und darum nicht so schnell fliegen könne wie die anderen Schwalben, die fort, weit fort in die warmen Länder geflogen seien. Sie sei zuletzt auf die Erde gefallen, aber an mehr konnte sie sich nicht erinnern und wußte gar nicht, wie sie hier hergekommen war.

Den ganzen Winter blieb sie nun da unten, und Däumelinchen pflegte sie und hatte sie sehr lieb; weder der Maulwurf noch die Feldmaus erfuhren etwas davon, denn sie mochten ja die arme Schwalbe nicht leiden.

Sobald das Frühjahr kam und die Sonne die Erde erwärmte, sagte die Schwalbe Däumelinchen Lebewohl, und sie öffnete das Loch, das der Maulwurf oben gemacht hatte. Die Sonne schien so herrlich zu ihnen herein, und die Schwalbe fragte, ob sie mitkommen wolle, sie könne auf ihrem Rücken sitzen; sie wollten weit in den grünen Wald hineinfliegen. Aber Däumelinchen wußte, daß es die alte Feldmaus betrüben würde, wenn sie sie verließe.

»Nein, ich kann nicht!« sagte Däumelinchen.

»Lebe wohl, lebe wohl! du gutes niedliches Mädchen«, sagte die Schwalbe und flog hinaus in den Sonnenschein. Däumelinchen sah ihr nach, und große Tränen traten ihr in die Augen, denn sie hatte die arme Schwalbe so lieb.

»Quivit, quivit!« sang der Vogel und flog in den grünen Wald. Däumelinchen war sehr betrübt. Sie bekam gar keine Erlaubnis, in den warmen Sonnenschein hinauszugehen. Das Korn, das auf dem Feld über dem Haus der Feldmaus gesät war, wuchs auch hoch empor; das war ein ganz dichter Wald für das arme kleine Mädchen, das ja nur einen Daumen lang war.

»Nun mußt du im Sommer an deiner Aussteuer nähen!« sagte die Feldmaus zu ihr, denn der Nachbar, der langweilige Maulwurf in dem schwarzen Samtpelz, hatte um sie angehalten. »Du mußt Wolle und Leinen haben! Es darf an nichts fehlen, wenn du die Frau des Maulwurfs wirst!«

Däumelinchen mußte die Spindel drehen, und die Feldmaus mietete vier Spinnen, die Tag und Nacht für sie spinnen und weben sollten. Jeden Abend machte der Maulwurf seinen Besuch und sprach dann immer davon, daß die Sonne, die ja die Erde jetzt fest wie einen Stein brenne, nicht mehr so warm scheinen würde, wenn der Sommer zu Ende ging. Ja, wenn der Sommer vorbei sei, dann wolle er mit Däumelinchen Hochzeit halten. Aber sie war gar nicht froh, denn sie mochte den langweiligen Maulwurf nicht leiden.

Jeden Morgen, wenn die Sonne aufging, und jeden Abend, wenn sie unterging, schlich sie sich zur Tür hinaus, und wenn dann der Wind in die Kornähren fuhr, so daß sie den blauen Himmel sehen konnte, dachte sie daran, wie hell und schön es hier draußen sei, und wünschte sehnlichst, die liebe Schwalbe wiederzusehen. Aber sie kam niemals wieder, sie war gewiß weit fort in den schönen grünen Wald geflogen.

Als es nun Herbst wurde, hatte Däumelinchen ihre ganze Aussteuer fertig.

»In vier Wochen sollst du Hochzeit halten!« sagte die Feldmaus zu ihr. Aber Däumelinchen weinte und sagte, sie wolle den langweiligen Maulwurf nicht haben.

»Schnickschnack!« sagte die Feldmaus. »Sei nicht widerspenstig, denn sonst werde ich dich mit meinen weißen Zähnen beißen! Du bekommst doch einen schönen Mann! Die Königin selbst hat nicht solch einen schwarzen Samtpelz! Er hat Küche und Keller voll. Danke Gott dafür!«

Nun sollte die Hochzeit sein. Der Maulwurf war schon gekommen, um Däumelinchen zu holen, sie sollte mit ihm tief unter der Erde wohnen und niemals in die warme Sonne kommen, denn die mochte er nicht leiden. Das arme Kind war so betrübt; sie sollte nun der schönen Sonne Lebewohl sagen, die sie doch bei der Feldmaus von der Tür aus sehen durfte.

»Lebe wohl, du helle Sonne!« sagte Däumelinchen, streckte die Arme hoch empor und entfernte sich auch ein wenig von dem Haus der Feldmaus, denn nun war das Korn geerntet, und hier standen nur die trocknen Stoppeln.

»Lebe wohl, lebe wohl!« sagte sie und schlang ihre Arme um eine kleine rote Blume, die dort stand. »Grüß die kleine Schwalbe von mir, wenn du sie zu sehen bekommst!«

»Quivit, quivit!« ertönte es plötzlich über ihrem Kopf. Sie sah empor; es war die kleine Schwalbe, die gerade vorbeikam. Als sie Däumelinchen sah, freute sie sich sehr. Diese erzählte ihr, wie ungern sie den garstigen Maulwurf zum Mann haben wolle und daß sie dann tief unter der Erde wohnen solle, wo niemals die Sonne scheine. Sie konnte dabei die Tränen nicht zurückhalten.

»Nun kommt der kalte Winter«, sagte die kleine Schwalbe, »ich fliege weit fort in die warmen Länder. Willst du mit mir kommen? Du kannst auf meinem Rücken sitzen. Binde dich nur mit deinem Gürtel fest, dann fliegen wir von dem häßlichen Maulwurf und seiner dunklen Stube fort, weit fort, über die Berge, zu den warmen Ländern, wo die Sonne schöner scheint als hier, wo es immer Sommer ist und wo es herrliche Blumen gibt. Fliege nur mit mir, du liebes kleines Däumelinchen, die du mein Leben gerettet hast, als ich erfroren in dem dunklen Erdkeller lag!«

»Ja, ich werde mit dir ziehen!« sagte . Däumelinchen, setzte sich auf des Vogels Rücken, mit den Füßen auf seine entfalteten Schwingen, und band ihren Gürtel an eine der stärksten Federn fest, und dann flog die Schwalbe hoch in die Luft, über Wald und See, über die großen Berge, wo immer Schnee liegt. Und Däumelinchen fror in der kalten Luft, aber dann verkroch sie sich unter die warmen Federn des Vogels und steckte nur den kleinen Kopf heraus, um all die Schönheiten unter sich zu sehen.

So kamen sie in die warmen Länder. Dort schien die Sonne viel heller als hier, der Himmel war zweimal so hoch, und in Gräben und Hecken wuchsen die schönsten grünen und blauen Weintrauben. In den Wäldern hingen Zitronen und Apfelsinen, es duftete von Myrten und Krauseminze, und auf den Landstraßen liefen die niedlichsten Kinder und spielten mit großen bunten Schmetterlingen.

Aber die Schwalbe flog noch weiter, und es wurde schöner und schöner. Unter den herrlichsten grünen Bäumen, an dem blauen See stand ein leuchtendweißes Marmorschloß aus alten Zeiten! Weinreben rankten sich an den hohen Säulen empor; ganz oben waren viele Schwalbennester, und in einem von ihnen wohnte die Schwalbe, die Däumelinchen trug.

»Hier ist mein Haus!« sagte die Schwalbe. »Aber willst du dir nun selbst eine der prächtigen Blumen aussuchen, die dort unten wachsen, dann werde ich dich dort hineinsetzen, und du wirst es so gut haben, wie du es nur wünschst!«

»Das ist herrlich!« sagte Däumelinchen und klatschte in die kleinen Hände.

Dort lag eine große weiße Marmorsäule, die zu Boden gefallen und in drei Stücke gesprungen war, aber zwischen diesen wuchsen die schönsten weißen Blumen. Die Schwalbe flog mit Däumelinchen hinunter und setzte sie auf eins der breiten Blätter. Aber wie erstaunte sie! Da saß mitten in der Blume ein kleiner Mann, so weiß und durchsichtig, als wäre er aus Glas. Die niedlichste Goldkrone trug er auf dem Kopf und die herrlichsten klaren Flügel an den Schultern, er war selbst nicht größer als Däumelinchen. Es war der Engel der Blume. In jeder Blume wohnt so ein kleiner Mann oder eine Frau, aber dieser war der König über alle.

»Gott, wie ist er schön!« flüsterte Däumelinchen der Schwalbe zu. Der kleine Prinz erschrak sehr über die Schwalbe, denn sie war je gegen ihn, der so klein und fein war, ein richtiger Riesenvogel. Aber als er Däumelinchen sah, wurde er sehr froh; sie war das allerschönste Mädchen, das er je gesehen hatte. Deshalb nahm er seine Goldkrone vom Haupt und setzte sie ihr auf, fragte, wie sie heiße und ob sie seine Frau werden wolle, dann solle sie Königin über alle Blumen sein! Ja, das war wahrlich ein anderer Mann als der Sohn der Kröte und der Maulwurf mit dem schwarzen Samtpelz. Sie sagte deshalb ja zu dem herrlichen Prinzen. Und aus jeder Blume kam eine Dame oder ein Herr, so niedlich, daß es eine Lust war. Jeder brachte Däumelinchen ein Geschenk, aber das beste von allem waren ein Paar schöne Flügel von einer großen weißen Fliege, die an Däumelinchens Rücken geheftet wurden, und nun konnte sie auch von Blume zu Blume fliegen. Das war eine Freude, und die kleine Schwalbe saß oben in ihrem Nest und sang für sie, so gut sie konnte, aber in ihrem Herzen war sie doch betrübt, denn sie hatte Däumelinchen so lieb und wollte, sie hätte sich nie von ihr getrennt.

»Du sollst nicht Däumelinchen heißen!« sagte der Blumenengel zu ihr. »Das ist ein häßlicher Name, und du bist so schön. Wir wollen dich Maja nennen.«

»Lebe wohl, lebe wohl!« sagte die kleine Schwalbe und flog wieder aus den warmen Ländern fort, weit fort nach Dänemark zurück. Dort hatte sie ein kleines Nest über dem Fenster, wo der Mann wohnt, der Märchen erzählen kann. Ihm sang sie ihr ›Quivit, quivit‹ vor. Daher wissen wir die ganze Geschichte.

Der unartige Knabe

Es war einmal ein alter Dichter, so ein richtig guter alter Dichter. Eines Abends, als er zu Hause saß, gab es draußen ein schrecklich böses Wetter; der Regen strömte hernieder, aber der alte Dichter saß gemütlich an seinem Kachelofen, wo das Feuer brannte und die Äpfel brutzelten.

»Da bleibt kein trockener Faden an den Armen, die bei diesem Wetter draußen sind!« sagte er, denn er war so ein guter Dichter.

»Oh, öffne mir! Mich friert und ich bin so naß!« rief draußen ein kleines Kind. Es weinte und klopfte an die Tür, während der Regen herabströmte und der Wind an allen Fenstern rüttelte.

»Armer Kleiner!« sagte der alte Dichter und ging zur Tür und öffnete. Da stand ein kleiner Knabe; er war ganz nackt, und das Wasser floß aus seinen langen, blonden Locken. Er zitterte vor Kälte. Wäre er nicht hereingekommen, hätte er gewiß in dem bösen Wetter sterben müssen.

»Armer Kleiner!« sagte der alte Dichter und nahm ihn bei der Hand. »Komm zu mir, ich werde dich schon erwärmen! Wein und einen Apfel sollst du haben, denn du bist ein prächtiger Knabe!«

Das war er auch. Seine Augen leuchteten wie zwei helle Sterne, und obwohl das Wasser aus seinen blonden Locken herabfloß, ringelten sie sich doch so schön. Er sah aus wie ein kleines Engelskind, war aber blaß vor Kälte und zitterte am ganzen Körper. In der Hand trug er einen herrlichen Flitzbogen, aber der war vom Regen völlig verdorben. Alle Farben auf den hübschen Pfeilen liefen vor Nässe ineinander.

Der alte Dichter setzte sich an den Kachelofen, nahm den kleinen Knaben auf seinen Schoß, drückte das Wasser aus seinen Locken, wärmte seine Hände in seinen eigenen und kochte ihm süßen Wein. Da erholte er sich, bekam rote Wangen, sprang auf den Fußboden und tanzte um den alten Dichter herum.

»Du bist ein lustiger Knabe!« sagte der Alte. »Wie heißt du?«

»Ich heiße Amor!« antwortete er. »Kennst du mich nicht? Dort liegt mein Bogen! Damit schieße ich, das kannst du mir glauben! Sieh, nun wird das Wetter draußen wieder gut; der Mond scheint.«

»Aber dein Bogen ist verdorben!« sagte der alte Dichter.

»Das wäre schlimm!« sagte der kleine Knabe, hob ihn auf und sah ihn an. »Oh, der ist ganz trocken und hat gar keinen Schaden erlitten; die Sehne sitzt ganz straff. Nun, ich werde ihn probieren!« Dann spannte er ihn, legte einen Pfeil darauf, zielte und schoß den guten alten Dichter gerade ins Herz . »Siehst du nun, daß mein Bogen nicht verdorben war?« sagte er, lachte ganz laut und lief davon. Der unartige Knabe, so auf den alten Dichter zu schießen, der ihn in die warme Stube hereingenommen hatte, so gut gegen ihn gewesen war und ihm den schönen Wein und den besten Apfel gegeben hatte!

Der gute Dichter lag auf dem Fußboden und weinte. Er war wirklich gerade ins Herz getroffen, und dann sagte er: »Pfui, was ist dieser Amor für ein unartiger Knabe! Das werde ich allen guten Kindern erzählen, damit sie sich in acht nehmen können und niemals mit ihm spielen, denn er tut ihnen etwas zuleide!«

Alle guten Kinder, Mädchen und Knaben, denen er dieses erzählte, nahmen sich vor dem bösen Amor in acht; aber der führte sie doch an, denn er ist so durchtrieben! Wenn die Studenten aus den Vorlesungen kommen, dann läuft er an ihrer Seite mit einem Buch unter dem Arm und hat einen schwarzen Rock an. Sie können ihn gar nicht erkennen. Und dann fassen sie ihn unter den Arm und glauben, er sei auch ein Student; aber da sticht er ihnen den Pfeil in die Brust. Wenn die Mädchen vom Pfarrer kommen und wenn sie eingesegnet werden, so ist er auch hinter ihnen her. Ja, er ist immer hinter den Leuten her! Er sitzt im großen Kronleuchter im Theater und brennt lichterloh, so daß die Leute glauben, es sei eine Lampe; aber später merken sie etwas anderes. Er läuft im Schloßpark und auf den Wällen umher! Ja, er hat auch einmal deinem Vater und deiner Mutter gerade ins Herz geschossen! Frage sie nur danach, so wirst du hören, was sie sagen. Ach, es ist ein böser Knabe, dieser Amor; mit ihm darfst du nie etwas zu tun haben! Hinter allen Leuten ist er her. Denk einmal, er schoß sogar einen Pfeil auf die alte Großmutter ab; aber das ist lange her. Es ist vorübergegangen, aber so etwas vergißt sie nie. Pfui, der böse Amor! Aber nun kennst du ihn und weißt, was für ein unartiger Knabe er ist.

Der Reisekamerad

Der arme Johannes war tief betrübt, denn sein Vater war sehr krank und konnte nicht genesen. Außer den beiden war niemand in dem kleinen Zimmer. Die Lampe auf dem Tisch war dem Erlöschen nahe, und es war sehr spät am Abend.

»Du warst ein guter Sohn, Johannes!« sagte der kranke Vater. »Der liebe Gott wird dir schon in der Welt forthelfen!« Er sah ihn mit ernsten, milden Augen an, holte tief Atem und starb; es war, als ob er schliefe. Johannes weinte, nun hatte er niemanden in der weiten Welt, weder Vater noch Mutter, weder Schwester noch Bruder. Der arme Johannes! Er lag vor dem Bett auf den Knien, küßte des toten Vaters Hand und weinte viele bittere Tränen, aber zuletzt schlossen sich seine Augen, und er schlief ein, mit dem Kopf auf dem harten Bettpfosten.

Da träumte er einen seltsamen Traum. Er sah, wie Sonne und Mond sich vor ihm neigten, und er sah seinen Vater wieder frisch und gesund und hörte ihn lachen, wie er immer lachte, wenn er recht froh war. Ein schönes Mädchen mit einer goldenen Krone auf dem langen, schönen Haar reichte ihm die Hand, und sein Vater sagte: ›Siehst du, was für eine Braut du bekommen hast? Sie ist die Schönste in der ganzen Welt.‹ Da erwachte er, und alles Schöne war fort. Sein Vater lag tot und kalt im Bett, es war niemand bei ihnen. Der arme Johannes!

In der folgenden Woche wurde der Tote begraben; Johannes ging dicht hinter dem Sarg und konnte nun den guten Vater nicht mehr sehen, der ihn so sehr geliebt hatte. Er hörte, wie sie die Erde auf den Sarg hinunterwarfen, und sah noch seine letzte Ecke; aber nach der nächsten Schaufel Erde, die hinabgeworfen wurde, war auch die fort, da war es, als wolle sein Herz zerspringen, so betrübt war er. Ringsherum sangen sie einen Choral, es klang so schön, und Johannes traten die Tränen in die Augen; er weinte, und das tat ihm in seiner Trauer wohl. Die Sonne schien herrlich auf die grünen Bäume, als wollte sie sagen: ›Du darfst nicht mehr betrübt sein, Johannes! Siehst du, wie schön der Himmel ist? Dort oben ist nun dein Vater und bittet den lieben Gott, daß es dir allezeit wohl ergehen möge!‹

»Ich will immer gut sein«, sagte Johannes; »dann komme ich auch in den Himmel zu meinem Vater. Und was wird das für eine Freude werden, wenn wir einander wiedersehen! Wieviel werde ich ihm dann erzählen können, und er wird mir so viele Dinge zeigen, mir die Herrlichkeit des Himmels erklären, wie er mich hier auf Erden belehrte. Oh, was für eine Freude wird das werden!«

Johannes stellte sich das so deutlich vor, daß er dabei lächelte, während die Tränen ihm noch über die Wangen liefen. Die kleinen Vögel saßen oben in den Kastanienbäumen und zwitscherten: ›Quivit, quivit!‹ Sie waren so vergnügt, obwohl sie mit bei dem Begräbnis gewesen waren, aber sie wußten wohl, daß der tote Mann nun im Himmel war, Flügel hatte, viel schöner und größer als die ihrigen, daß er nun glücklich war, weil er hier auf Erden gut gewesen, und darüber waren sie vergnügt. Johannes sah, wie sie von den grünen Bäumen weit in die Welt hinausflogen, und da bekam er solche Lust mitzufliegen. Aber zuerst schnitzte er ein großes Holzkreuz, um es auf seines Vaters Grab zu setzen, und als er es am Abend dahin brachte, war das Grab mit Sand und Blumen geschmückt. Das hatten fremde Leute getan, denn sie hatten alle den lieben Vater gern, der nun tot war.

Früh am nächsten Morgen packte Johannes sein kleines Bündel zusammen und verwahrte in seinem Gürtel sein ganzes Erbteil, das fünfzig Taler und ein paar Silberschillinge betrug; damit wollte er in die Welt hinauswandern. Aber zuerst ging er auf den Kirchhof zum Grab seines Vaters, betete ein Vaterunser und sagte: »Lebe wohl! Ich will immer ein guter Mensch sein, und so darfst du wohl den lieben Gott bitten, daß es mir gut ergehen möge!«

Draußen auf dem Feld, wo Johannes dahinschritt, standen alle Blumen so frisch und schön in dem warmen Sonnenschein, und sie nickten im Wind, als wollten sie sagen: ›Willkommen im Grünen! Ist es nicht schön hier?‹

Aber Johannes wandte sich noch einmal zurück, um die alte Kirche zu sehen, in der er als kleines Kind getauft worden und wohin er jeden Sonntag mit seinem alten Vater zum Gottesdienst gegangen war und seinen Choral gesungen hatte. Da sah er hoch oben in einer der Öffnungen des Turmes den Kirchenkobold mit seiner kleinen roten, spitzen Mütze stehen, er beschattete sein Gesicht mit dem Arm, weil ihm sonst die Sonne in die Augen schien. Johannes nickte ihm ein Lebewohl zu, und der kleine Kobold schwenkte seine rote Mütze, legte die Hand auf das Herz und warf ihm viele Kußhändchen zu, um zu zeigen, wie gut er es mit ihm meine und daß er ihm eine recht glückliche Reise wünsche.

Johannes dachte daran, wieviel Schönes er nun in der großen prächtigen Welt zu sehen bekommen würde, und ging weiter und weiter fort, so weit, wie er früher nie gewesen war. Er kannte weder die Städte, durch die er kam, noch die Menschen, denen er begegnete. Nun war er weit draußen in der Fremde.

Die erste Nacht mußte er sich in einem Heuschober auf dem

Feld schlafen legen, ein anderes Bett hatte er nicht. Aber das sei gerade hübsch, meinte er, der König könne es nicht besser haben. Das ganze Feld mit dem Bach, der Heuschober und dann der blaue Himmel darüber, das war gewiß eine schöne Schlafkammer. Das grüne Gras mit den kleinen roten und weißen Blumen war der Teppich, die Fliederbüsche und die wilden Rosenhecken waren Blumensträuße, und als Waschbecken hatte er den ganzen Bach mit dem klaren, frischen Wasser, wo das Schilf sich neigte und ihm guten Abend und guten Morgen sagte. Der Mond war eine richtige große Nachtlampe, hoch oben unter der blauen Decke, und er setzte die Gardinen nicht in Brand. Johannes konnte ganz ruhig schlafen, und er tat es auch und erwachte erst wieder, als die Sonne aufging und alle kleinen Vögel ringsumher sangen: ›Guten Morgen! Guten Morgen! Bist du noch nicht auf?‹

Die Glocken läuteten zur Kirche: es war Sonntag. Die Leute gingen hin, um den Pfarrer zu hören, und Johannes folgte ihnen, sang einen Choral und hörte Gottes Worte. Es war ihm, als wäre er in seiner eigenen Kirche, in der er getauft worden war und wo er mit seinem Vater Choräle gesungen hatte.

Draußen auf dem Kirchhof waren viele Gräber, und auf einigen wuchs hohes Gras. Da dachte er an das Grab seines Vaters, das bald ebenso aussehen würde wie diese, weil er es nicht jäten und schmücken konnte. Er setzte sich also nieder und riß das Gras aus, richtete die Holzkreuze auf, die umgefallen waren, und legte die Kränze, die der Wind von den Gräbern fortgerissen hatte, wieder auf ihren Platz, während er dachte: ›Vielleicht tut jemand dasselbe am Grab meines Vaters, da ich es nicht tun kann!‹

Vor der Kirchhofstür stand ein alter Bettler und stützte sich auf seine Krücke. Johannes gab ihm die Silberschillinge, die er hatte, und ging dann glücklich und vergnügt weiter in die weite Welt hinaus.

Gegen Abend gab es ein schreckliches Unwetter. Johannes eilte, unter Dach und Fach zu kommen, aber es wurde bald finstere Nacht; da erreichte er endlich eine kleine Kirche, die einsam auf einem Hügel lag. Die Tür stand zum Glück angelehnt, und er schlüpfte hinein, hier wollte er bleiben, bis sich das Unwetter gelegt hatte.

»Hier will ich mich in einen Winkel setzen!« sagte er. »Ich bin ganz müde und habe es wohl nötig, ein bißchen auszuruhen.« Dann setzte er sich nieder, faltete seine Hände und betete sein Abendgebet. Und ehe er es wußte, schlief und träumte er, während es draußen blitzte und donnerte.

Als er wieder erwachte, war es tiefe Nacht, das böse Wetter war vorübergezogen, und der Mond schien durch die Fenster zu ihm herein. Mitten in der Kirche stand ein offener Sarg mit einem toten Mann darin, der noch nicht begraben war. Johannes war durchaus nicht furchtsam, denn er hatte ein gutes Gewissen, und er wußte wohl, daß die Toten niemandem etwas zuleide tun. Es sind lebendige schlechte Menschen, die Böses tun. Zwei solche lebendige schlimme Leute standen dicht bei dem toten Mann, der hier in der Kirche beigesetzt war, bevor er beerdigt wurde. Ihm wollten sie Böses antun, ihn nicht in seinem Sarg liegenlassen, sondern ihn vor die Kirchentür werfen, den armen toten Mann!

»Warum wollt ihr das tun?« fragte Johannes. »Das ist böse und schlimm, laßt ihn in Jesu Namen ruhen!«

»Ach, Schnickschnack!« sagten die beiden häßlichen Menschen. »Er hat uns genarrt! Er schuldet uns Geld, das konnte er nicht bezahlen, und nun ist er obendrein tot, nun bekommen wir nicht einen Schilling! Darum wollen wir uns rächen, er soll wie ein Hund draußen vor der Kirchentür liegen!«

»Ich habe nicht mehr als fünfzig Taler!« sagte Johannes. »Das ist mein ganzes Erbteil, aber das will ich euch gern geben, wenn ihr mir ehrlich versprechen wollt, den armen toten Mann in Ruhe zu lassen. Ich werde schon durchkommen ohne das Geld, ich habe gesunde, starke Glieder, und der liebe Gott wird mir allezeit helfen.«

»Ja«, sagten die häßlichen Menschen, »wenn du seine Schulden bezahlen willst, wollen wir ihm wirklich nichts tun, darauf kannst du dich verlassen!« Und dann nahmen sie das Geld, das er ihnen gab, lachten lauthals über seine Gutmütigkeit und gingen ihres Weges. Er aber legte die Leiche wieder im Sarg zurecht und faltete deren Hände, nahm Abschied und ging dann durch den großen Wald zufrieden weiter.

Ringsumher, wo der Mond durch die Bäume schien, sah er die niedlichen kleinen Elfen lustig spielen. Sie ließen sich nicht stören; sie wußten wohl, daß er ein guter, unschuldiger Mensch sei, und es sind nur die bösen Leute, welche die Elfen nicht sehen dürfen. Einige von ihnen waren nicht größer als ein Finger und hatten ihr langes blondes Haar mit Goldkämmen aufgesteckt. Je zwei schaukelten auf den großen Tautropfen, die auf den Blättern und dem hohen Gras lagen. Zuweilen rollte der Tropfen davon, dann fielen sie zwischen die langen Grashalme nieder, und das gab ein Gelächter und Lärmen unter den anderen kleinen Wichten. Es war ungeheuer lustig! Sie sangen, und Johannes erkannte ganz deutlich die hübschen Lieder, die er als kleiner Knabe gelernt hatte. Große bunte Spinnen mit Silberkronen auf dem Kopf mußten von der einen Hecke zur andern lange Hängebrücken und Paläste spinnen, die wie schimmerndes Glas im Mondschein aussahen, wenn der feine Tau darauffiel. So währte es fort, bis die Sonne aufging. Die kleinen Elfen krochen dann in die Blumenknospen, und der Wind erfaßte ihre Brücken und Schlösser, die als Spinngewebe durch die Luft flogen.

Johannes war nun aus dem Wald herausgekommen, als eine laute Mannesstimme hinter ihm rief: »Holla, Kamerad, wohin geht die Reise?«

»In die weite Welt hinaus!« sagte er. »Ich habe weder Vater noch Mutter, bin ein armer Bursche, aber der liebe Gott wird mir wohl helfen!«

»Ich will auch in die weite Welt hinaus«, sagte der fremde Mann. »Wollen wir beide einander Gesellschaft leisten?«

»Jawohl«, sagte Johannes, und so gingen sie miteinander. Bald gewannen sie sich recht lieb, denn sie waren beide gute Menschen. Aber Johannes merkte wohl, daß der Fremde viel klüger war als er. Der war fast in der ganzen Welt herumgekommen und wußte von allem möglichen zu erzählen.

Die Sonne stand schon hoch, als sie sich unter einen großen Baum setzten, um zu frühstücken, und zur selben Zeit kam eine alte Frau daher. Oh, sie war sehr alt und ging ganz krumm, stützte sich auf einen Krückstock und trug auf dem Rücken ein Bündel Brennholz, das sie sich im Wald gesammelt hatte. Ihre Schürze war aufgebunden, und Johannes sah, daß drei große Ruten von Farnkraut und Weidenkätzchen daraus hervorsahen. Als sie ganz nahe bei ihnen war, glitt sie mit einem Fuß aus, fiel und tat einen lauten Schrei, denn sie hatte sich das Bein gebrochen, die arme alte Frau.

Johannes meinte sogleich, sie müßten die alte Frau nach Hause tragen, wo sie wohnte, aber der Fremde machte sein Ränzel auf, nahm eine Büchse hervor und sagte, daß er hier eine Salbe habe, welche sogleich ihr Bein wieder gesund und kräftig machen werde, so daß sie selbst nach Hause gehen könne, als ob sie sich nie das Bein gebrochen hätte. Aber dafür verlangte er auch, daß sie ihm die drei Ruten schenke, die sie in ihrer Schürze habe.

»Das wäre gut bezahlt!« sagte die Alte und nickte ganz wunderlich mit dem Kopf. Sie wollte die Ruten nicht gern hergeben, aber es war auch nicht angenehm, mit gebrochenem Bein dazuliegen. So gab sie ihm denn die Ruten, und sowie er nur die Salbe auf das Bein gerieben hatte, erhob sich auch die alte Mutter und ging viel besser als zuvor. Solches konnte die Salbe bewirken, aber sie war auch nicht in der Apotheke zu haben.

»Was willst du mit den Ruten?« fragte Johannes nun seinen Reisekameraden.

»Das sind drei feine Kräuterbesen«, sagte er, »die liebe ich sehr, denn ich bin ein närrischer Kauz!«

Dann gingen sie noch ein gutes Stück.

»Sieh, wie der Himmel sich bezieht!« sagte Johannes und zeigte geradeaus. »Da sind schrecklich dicken Wolken!«

»Nein«, sagte der Reisekamerad, »das sind keine Wolken, das sind die Berge, die herrlichen großen Berge, wo man hinauf über die Wolken und in die frische Luft gelangt! Glaube mir, das ist herrlich! Morgen sind wir sicher so weit gekommen.«

Es war aber nicht so nahe, wie es aussah. Sie hatten einen ganzen Tag zu gehen, bevor sie die Berge erreichten, wo die schwarzen Wälder bis zum Himmel wuchsen und wo es Felsen gab, so groß wie eine ganze Stadt. Da hinüber mochte es wohl ein gewaltiger Marsch werden, aber darum gingen Johannes und sein Reisekamerad auch in ein Wirtshaus, um sich gut auszuruhen und Kräfte für den morgigen Marsch zu sammeln.

Unten in der großen Schenkstube des Wirtshauses waren viele Menschen versammelt, denn dort war ein Mann, der Puppenkomödie spielte. Er hatte soeben sein kleines Theater aufgestellt, und die Leute saßen ringsherum, um die Komödie zu sehen. Aber ganz vorn hatte ein alter dicker Schlächter den allerbesten Platz besetzt. Sein großer Bullenbeißer – hu! der sah sehr bissig aus – saß an seiner Seite und machte wie alle anderen große Augen.

Nun begann die Komödie, und es war eine feine Komödie mit einem König und einer Königin. Die saßen auf dem schönsten Thron, hatten goldene Kronen auf den Köpfen und lange Schleppen an den Kleidern, denn sie konnten sich das leisten. Die niedlichsten Holzpuppen mit Glasaugen und großen Schnurrbärten standen an allen Türen und machten auf und zu, damit frische Luft in das Zimmer kommen konnte. Es war wirklich eine niedliche Komödie, und sie war gar nicht traurig. Aber gerade als die Königin aufstand und über den Fußboden ging, machte der große Bullenbeißer – Gott mag wissen, was er sich dachte –, weil der dicke Schlächter ihn nicht hielt, einen Sprung mitten hinein in das Theater und packte die Königin um ihren schlanken Leib, daß es knick, knack! machte. Es war ganz schrecklich!

Der arme Mann, der die ganze Komödie aufführte, war sehr erschrocken und betrübt über seine Königin, denn es war die allerniedlichste Puppe, die er hatte; und nun hatte ihr der eklige Bullenbeißer den Kopf abgerissen.

Aber als die Leute später fortgingen, sagte der Fremde, der mit Johannes gekommen war, daß er sie schon wieder instand setzen werde. Dann nahm er seine Büchse hervor und rieb die Puppe mit der Salbe ein, mit der er der alten Frau geholfen, als sie das Bein gebrochen hatte. Sowie die Puppe eingerieben war, war sie wieder ganz, ja, sie konnte sogar alle ihre Glieder selbst bewegen, und man brauchte gar nicht mehr an der Schnur zu ziehen. Die Puppe war wie ein lebendiger Mensch, sie konnte nur nicht sprechen. Der Mann, der das kleine Puppentheater hatte, war sehr froh; nun brauchte er diese Puppe gar nicht mehr zu halten, die konnte ja von selbst tanzen. Das konnte keine der anderen.

Als es dann Nacht wurde und alle Leute im Wirtshaus zu Bett gegangen waren, hörte man jemand so schrecklich tief und so anhaltend seufzen, daß alle aufstanden, um zu sehen, wer es wäre. Der Mann, der Komödie gespielt hatte, ging zu seinem kleinen Theater hin, denn dort seufzte jemand. Alle Holzpuppen lagen durcheinander, der König und alle Trabanten, und die waren es, die so jämmerlich seufzten und mit ihren großen Glasaugen stierten, denn sie wollten so gern ein wenig eingerieben werden wie die Königin, damit sie sich auch von selbst bewegen könnten. Die Königin warf sich sogleich auf die Knie und reichte ihre prächtige Krone empor und bat: »Nimm sie nur, aber reibe meinen Gemahl und meine Hofleute ein!« Da mußte der arme Mann, dem das Theater und alle Puppen gehörten, weinen, denn es tat ihm wirklich ihretwegen sehr leid. Er versprach sogleich dem Reisekameraden, ihm alles Geld zu geben, was er am nächsten Abend für seine Komödie einnehmen würde, wenn er nur vier oder fünf von seinen niedlichsten Puppen einreiben wolle. Aber der Reisekamerad sagte, daß er gar nichts anderes verlange als den großen Säbel, den jener an seiner Seite habe. Und als er den bekam, rieb er sechs Puppen ein, die gleich so niedlich tanzten, daß alle Mädchen, die lebendigen Menschenmädchen, die es sahen, mittanzten. Der Kutscher und das Küchenmädchen tanzten, der Diener und das Stubenmädchen, alle Fremden und die Feuerschaufel und die Feuerzange, aber diese beiden fielen um, als sie die ersten Sprünge machten. – Ja, das war eine lustige Nacht!

Am nächsten Morgen ging Johannes mit seinem Reisekameraden von ihnen fort auf die hohen Berge und durch die großen Tannenwälder. Sie kamen so hoch hinauf, daß die Kirchtürme tief unter ihnen zuletzt wie kleine rote Beeren in all dem Grünen aussahen. Sie konnten sehr weit sehen, viele, viele Meilen weit, wo sie niemals gewesen waren. So viel Schönes von der herrlichen Welt hatte Johannes noch nie auf einmal gesehen! Und die Sonne schien warm durch die frische, blaue Luft, er hörte auch zwischen den Bergen die Jäger das Waldhorn so schön und lieblich blasen, daß ihm vor Freude die Tränen in die Augen traten und er nicht unterlassen konnte auszurufen: »Du guter, lieber Gott! Ich möchte dich küssen, weil du so gut gegen uns alle bist und uns all die Herrlichkeit, die es in der Welt gibt, geschenkt hast!«

Der Reisekamerad stand auch mit gefalteten Händen da und sah über den Wald und die Städte in den warmen Sonnenschein. Zur gleichen Zeit ertönte es wunderbar lieblich über ihren Köpfen, und sie blickten in die Höhe: ein großer weißer Schwan schwebte in der Luft; er war so schön und sang, wie sie nie zuvor einen Vogel hatten singen hören! Aber der Gesang wurde schwächer und schwächer, der Schwan neigte seinen Kopf und sank langsam zu ihren Füßen nieder, wo er tot liegenblieb, der schöne Vogel.

»Zwei so herrliche Flügel«, sagte der Reisekamerad, »so weiß und groß, wie sie dieser Vogel hat, sind Geldes wert, die will ich mit mir nehmen! Siehst du nun, wie gut es war, daß ich einen Säbel bekam?« Und so hieb er mit einem Schlag dem toten Schwan beide Flügel ab, die er behalten wollte.

Sie reisten nun viele, viele Meilen weit über die Berge, bis sie zuletzt eine große Stadt vor sich sahen, mit Hunderten von Türmen, die wie Silber im Sonnenschein glänzten. Mitten in der Stadt war ein prächtiges Marmorschloß, mit purem Gold gedeckt, und hier wohnte der König.

Johannes und der Reisekamerad wollten nicht sogleich in die Stadt gehen, sondern sie blieben im Wirtshaus vor der Stadt, damit sie sich putzen konnten, denn sie wollten fein aussehen, wenn sie auf die Straße kämen. Der Wirt erzählte ihnen, daß der König ein sehr guter Mann sei, der niemals einem Menschen etwas zuleide tue, weder so noch so. Aber seine Tochter – ja, Gott bewahre uns –, die sei eine schlimme Prinzessin. Schönheit besaß sie genug, keine konnte so hübsch und lieblich sein wie sie. Aber was half das? Sie war eine schlimme, böse Hexe, die schuld daran hatte, daß viele herrliche Prinzen ihr Leben lassen mußten. – Allen Menschen hatte sie die Erlaubnis erteilt, um sie zu freien. Ein jeder konnte kommen, er mochte Prinz oder Bettler sein, das war ihr gleich. Er sollte nur drei Dinge raten, um die sie ihn befragte. Konnte er das, so wollte sie sich mit ihm vermählen, und er sollte König über das ganze Land sein, wenn ihr Vater stürbe. Konnte er aber die drei Dinge nicht raten, so ließ sie ihn aufhängen oder ihm den Kopf abschlagen, so schlimm und böse war die liebliche Prinzessin! Ihr Vater, der alte König, war sehr betrübt darüber, aber er konnte ihr nicht verbieten, so böse zu sein, denn er hatte einmal gesagt, er wolle niemals etwas mit ihren Liebhabern zu tun haben, sie könne selbst tun, was sie wolle. Jedesmal, wenn ein Prinz kam und raten sollte, um die Prinzessin zu bekommen, konnte er es nicht, und dann wurde er gehängt oder geköpft. Sie hatten ihn ja beizeiten gewarnt, er hätte das Freien unterlassen können. Der alte König war so betrübt über all die Trauer und das Elend, daß er einen ganzen Tag des Jahres mit all seinen Soldaten auf den Knien lag und betete, die Prinzessin möge gut werden; aber das wollte sie durchaus nicht. Die alten Frauen, die Branntwein tranken, färbten ihn ganz schwarz, bevor sie ihn tranken, so trauerten sie. Und mehr konnten sie doch nicht tun!

»Die garstige Prinzessin!« sagte Johannes. »Sie sollte wirklich die Rute bekommen, das würde ihr guttun. Wäre ich nur der alte König, sie sollte schon gegerbt werden!«

Da hörten sie das Volk draußen hurra rufen. Die Prinzessin kam vorbei, und sie war wirklich so schön, daß alle Leute vergaßen, wie böse sie war, darum riefen sie hurra. Zwölf schöne Jungfrauen, alle in weißseidenen Kleidern und mit einer goldenen Tulpe in der Hand, ritten auf kohlrabenschwarzen Pferden an ihrer Seite. Die Prinzessin selbst hatte ein schneeweißes Pferd mit Diamanten und Rubinen geschmückt, ihr Reitkleid war aus purem Gold, und die Peitsche, die sie in der Hand hatte, sah aus, als wäre sie ein Sonnenstrahl. Die goldene Krone auf dem Kopf war wie ein kleiner Stern vom Himmel, und der Mantel war aus mehr als tausend schönen Schmetterlingsflügeln zusammengenäht. Dennoch war sie viel schöner als alle ihre Kleider.

Als Johannes sie zu sehen bekam, wurde er so rot im Gesicht wie ein Blutstropfen und konnte kaum ein einziges Wort sagen. Die Prinzessin sah ja ganz genauso aus wie das schöne Mädchen mit der goldenen Krone, von der er in der Nacht geträumt hatte, als sein Vater gestorben war. Er fand sie so schön, daß er nicht anders konnte, als sie recht zu lieben. Es stimmte gewiß nicht, daß sie eine böse Hexe sei, die die Leute hängen oder köpfen ließe, wenn sie nicht raten könnten, was sie von ihnen verlangte. »Ein jeder hat die Erlaubnis, um sie zu freien, sogar der ärmste Bettler. Ich will wirklich ins Schloß hinaufgehen, denn ich kann es nicht lassen!«

Sie sagten alle, er solle es nicht tun, es werde ihm bestimmt ergehen wie all den andern. Der Reisekamerad riet ihm auch davon ab, aber Johannes meinte, es werde schon gut gehen. Er bürstete seine Schuhe und seinen Rock, wusch sein Gesicht und seine Hände, kämmte sein hübsches blondes Haar und ging dann allein in die Stadt und zum Schloß hinauf.

»Herein!« sagte der alte König, als Johannes an die Tür klopfte. Johannes öffnete, und der alte König, im Schlafrock und in gestickten Pantoffeln, kam ihm entgegen; die goldene Krone hatte er auf dem Kopf, das Zepter in der einen Hand und den Reichsapfel in der anderen.

»Warte ein bißchen!« sagte er und nahm den Apfel unter den Arm, um Johannes die Hand reichen zu können. Aber sowie er erfuhr, daß er ein Freier sei, fing er so an zu weinen, daß Zepter und Apfel auf den Fußboden fielen und er die Augen mit seinem Schlafrock trocknen mußte. Der arme alte König.

»Laß es sein!« sagte er. »Es ergeht dir schlecht wie all den andern. Na, du wirst sehen!« Dann führte er ihn hinaus in den Lustgarten der Prinzessin. Da sah es schrecklich aus! In jedem Baum hingen drei, vier Königssöhne, die um die Prinzessin gefreit hatten, aber die Dinge, die sie ihnen aufgab, nicht hatten raten können. Bei jedem Windstoß klapperten alle Gerippe, so daß die kleinen Vögel erschraken und sich nie in den Garten wagten. Alle Blumen waren an Menschenknochen aufgebunden, und in den Blumentöpfen standen Totenköpfe und grinsten. Das war für eine Prinzessin freilich ein sonderbarer Garten.

»Hier siehst du es!« sagte der alte König. »Es wird dir ebenso ergehen wie allen anderen, die du hier siehst. Laß es darum lieber sein. Du machst mich wirklich unglücklich, denn ich nehme mir das sehr zu Herzen!«

Johannes küßte dem guten, alten König die Hand und sagte, es würde schon gut gehen, denn er hätte die schöne Prinzessin sehr lieb.

Da kam die Prinzessin selbst mit allen ihren Damen in den Schloßhof geritten, sie gingen darum zu ihr hinaus und sagten ihr guten Tag. Sie war wunderschön, reichte Johannes die Hand, und er hatte sie noch lieber als zuvor. Sie konnte gewiß keine schlimme, böse Hexe sein, wie alle Leute von ihr sagten. Dann gingen sie hinauf in den Saal, und die kleinen Pagen präsentierten ihnen Eingemachtes und Pfeffernüsse. Aber der alte König war so betrübt, daß er gar nichts essen konnte, und die Pfeffernüsse waren ihm auch zu hart.

Es wurde nun bestimmt, daß Johannes am nächsten Morgen wieder auf das Schloß kommen sollte; dann würden die Richter und der ganze Rat versammelt sein und hören, wie es mit dem Raten gehe. Würde er dabei gut abschneiden, so sollte er dann noch zweimal kommen, aber es hatte noch nie jemand das erstemal richtig geraten, und dann mußte er das Leben verlieren.

Johannes war gar nicht bekümmert darum, wie es ihm ergehen würde. Er war vielmehr vergnügt, dachte nur an die schöne Prinzessin und glaubte ganz gewiß, der liebe Gott werde ihm schon helfen, aber wie, das wußte er nicht und wollte auch lieber nicht daran denken. Er tanzte auf der Landstraße dahin, als er zu dem Wirtshaus ging, wo der Reisekamerad auf ihn wartete.

Johannes konnte nicht genug erzählen, wie artig die Prinzessin gegen ihn gewesen und wie schön sie sei. Er sehnte sich schon sehr nach dem nächsten Tag, wo er in das Schloß kommen sollte, um sein Glück im Raten zu versuchen!

Aber der Reisekamerad schüttelte den Kopf und war ganz betrübt. »Ich bin dir so gut!« sagte er. »Wir hätten noch lange beisammen sein können, und nun soll ich dich schon verlieren! Du armer, lieber Johannes! Ich möchte weinen, aber ich will an dem letzten Abend, den wir vielleicht beisammen sind, deine Freude nicht stören. Wir wollen lustig sein, recht lustig! Morgen, wenn du fort bist, kann ich ungestört weinen.«

Alle Leute in der Stadt hatten sogleich erfahren, daß ein neuer Freier der Prinzessin angekommen war, und darum herrschte große Betrübnis. Das Schauspielhaus blieb geschlossen, alle Kuchenfrauen banden schwarzen Flor um ihre Zuckerferkel, der König und die Priester lagen in der Kirche auf den Knien. Sie waren so betrübt, denn es konnte Johannes ja nicht besser ergehen, als es allen anderen Freiern ergangen war.

Gegen Abend bereitete der Reisekamerad eine große Bowle voll Punsch und sagte zu Johannes, sie wollten nun recht lustig sein und auf das Wohl der Prinzessin trinken. Als aber Johannes zwei Gläser getrunken hatte, wurde er so schläfrig, daß es ihm unmöglich war, die Augen offenzuhalten; er sank in tiefen Schlaf. Der Reisekamerad hob ihn ganz sanft vom Stuhl und legte ihn in das Bett, und als es dunkle Nacht wurde, nahm er die beiden großen Flügel, die er dem Schwan abgehauen hatte, und band sie an seinen Schultern fest. Die größte Rute, die er von der alten Frau mit dem gebrochenen Bein erhalten hatte, steckte er in seine Tasche, öffnete das Fenster und flog so über die Stadt zum

Schloß, wo er sich in einen Winkel unter das Fenster setzte, das in die Schlafstube der Prinzessin führte.

Es war still in der ganzen Stadt. Nun schlug die Uhr dreiviertel vor Zwölf, das Fenster ging auf, und die Prinzessin flog in einem langen weißen Mantel und mit langen schwarzen Flügeln über die Stadt hinaus zu einem großen Berg. Aber der Reisekamerad machte sich unsichtbar, so daß sie ihn nicht sehen konnte, flog hinterher und peitschte die Prinzessin mit seiner Rute, so daß richtig Blut kam, wohin er schlug. Hu, das war eine Fahrt durch die Luft! Der Wind erfaßte ihren Mantel, der sich nach allen Seiten ausbreitete, gerade wie ein großes Schiffssegel, und der Mond schien hindurch.

»Wie es hagelt! Wie es hagelt!« sagte die Prinzessin bei jedem Schlag, den sie von der Rute bekam, und das geschah ihr schon recht. Endlich kam sie zum Berg und klopfte an. Es rollte wie Donner, als der Berg sich öffnete und die Prinzessin hineinging. Der Reisekamerad folgte ihr, denn niemand konnte ihn sehen, er war unsichtbar. Sie gingen durch einen großen langen Gang, wo die Wände wunderbar glitzerten, denn über tausend glühende Spinnen liefen an der Mauer auf und ab und leuchteten wie Feuer. Dann kamen sie in einen großen Saal, von Silber und Gold erbaut. Blumen so groß wie Sonnenblumen, rote und blaue, glänzten an den Wänden, aber niemand konnte sie pflücken, denn ihre Stiele waren häßliche, giftige Schlangen, und die Blumen waren Feuer, das ihnen aus dem Rachen flammte. Die ganze Decke war mit leuchtenden Johanniswürmchen und himmelblauen Fledermäusen bedeckt, die mit den dünnen Flügeln schlugen. Es sah ganz wunderlich aus! Mitten auf dem Fußboden war ein Thron, der von vier Pferdegerippen getragen wurde, welche Zaumzeug aus roten Feuerspinnen hatten; der Thron selbst war aus milchweißem Glas, und die Kissen waren kleine schwarze Mäuse, die einander in den Schwanz bissen. Darüber war ein Dach von rosenroten Spinnweben mit den niedlichsten, kleinen grünen Fliegen besetzt, die wie Edelsteine glänzten. Mitten auf dem Thron saß ein alter Zauberer, mit einer Krone auf dem häßlichen Kopf und einem Zepter in der Hand. Er küßte die Prinzessin auf die Stirn, ließ sie sich an seiner Seite auf den kostbaren Thron setzen, und dann begann die Musik. Große schwarze

Heuschrecken spielten Mundharmonika, und die Eule schlug sich selbst auf den Leib, denn sie hatte keine Trommel. Das war ein seltsames Konzert. Kleine schwarze Kobolde mit einem Irrlicht auf der Mütze tanzten im Saale herum. Niemand aber konnte den Reisekameraden sehen; er hatte sich hinter den Thron gestellt und hörte und sah alles. Die Hofleute, die nun auch hereinkamen, waren sehr fein und vornehm! Aber wer richtig sehen konnte, merkte wohl, wie es um sie stand. Sie waren nichts anderes als Besenstiele mit Kohlköpfen darauf, in die der Zauberer Leben gehext und denen er gestickte Kleider gegeben hatte. Aber das war ja einerlei, sie wurden doch nur zum Prunk gebraucht.

Nachdem erst etwas getanzt worden war, erzählte die Prinzessin dem Zauberer, daß sie einen neuen Freier bekommen habe, und fragte darum, woran sie wohl denken solle, um ihn am nächsten Morgen danach zu fragen, wenn er nach dem Schloß käme.

»Höre«, sagte der Zauberer, »das will ich dir sagen! Du mußt etwas recht Leichtes nehmen, denn darauf kommt er gar nicht. Denk an einen deiner Schuhe. Das rät er nicht. Laß ihm den Kopf abschlagen, doch vergiß nicht, wenn du morgen nacht wieder kommst, mir seine Augen mitzubringen, denn die will ich essen!«

Die Prinzessin verneigte sich ganz tief und sagte, sie würde die Augen nicht vergessen. Der Zauberer öffnete nun den Berg, und sie flog wieder zurück, aber der Reisekamerad folgte ihr und prügelte sie wieder so heftig mit der Rute, daß sie ganz tief über das starke Hagelwetter seufzte und sich beeilte, so schnell sie konnte, wieder durch das Fenster in ihre Schlafstube zu gelangen. Der Reisekamerad aber flog zum Wirtshaus zurück, wo Johannes noch schlief, löste seine Flügel ab und legte sich dann auch auf das Bett, denn er konnte wohl müde sein.

Es war früh am Morgen, als Johannes erwachte. Der Reisekamerad stand auch auf und erzählte, daß er diese Nacht einen ganz seltsamen Traum von der Prinzessin und ihrem Schuh gehabt habe, und bat ihn, deshalb unbedingt zu fragen, ob die Prinzessin nicht an ihren Schuh gedacht hätte. Denn das war es ja, was er von dem Zauberer im Berge gehört hatte, aber er wollte

Johannes davon nichts erzählen, sondern bat ihn, nur zu fragen, ob sie an ihren Schuh gedacht hätte.

»Ich kann ebensogut dieses wie etwas anderes fragen!« sagte Johannes. »Vielleicht ist das ganz richtig, was du geträumt hast, denn ich glaube immer, daß der liebe Gott mir schon helfen wird. Aber ich will dir doch Lebewohl sagen, denn rate ich falsch, so bekomme ich dich nie mehr zu sehen.«

Dann küßten sie einander, und Johannes ging in die Stadt und auf das Schloß. Der ganze Saal war voller Menschen; die Richter saßen in ihren Lehnstühlen und hatten Eiderdaunenkissen hinter den Köpfen, denn sie hatten soviel zu denken. Der alte König stand auf und trocknete seine Augen mit einem weißen Taschentuch. Nun trat die Prinzessin herein. Sie war noch schöner als gestern und grüßte alle sehr liebreich; aber Johannes gab sie die Hand und sagte: »Guten Morgen, du!«

Nun sollte Johannes raten, woran sie gedacht habe. Gott, wie sah sie ihn freundlich an! Aber sowie sie ihn das eine Wort *Schuh* aussprechen hörte, wurde sie kreideweiß im Gesicht und zitterte am ganzen Körper. Aber das konnte ihr nichts helfen, denn er hatte richtig geraten.

Potztausend! wie wurde der alte König froh, er schoß Kobolz, daß es eine Lust war. Und alle Leute klatschten in die Hände, ihm und Johannes zu Ehren, der das erstemal richtig geraten hatte.

Der Reisekamerad freute sich auch, als er erfuhr, wie gut es abgelaufen war. Aber Johannes faltete die Hände und dankte dem lieben Gott, der ihm gewiß die beiden anderen Male auch helfen würde. Am nächsten Tag sollte schon wieder geraten werden.

Der Abend verging ebenso wie der gestrige. Als Johannes schlief, flog der Reisekamerad hinter der Prinzessin her zum Berg und prügelte sie noch stärker als das vorige Mal; denn nun hatte er zwei Ruten genommen. Niemand bekam ihn zu sehen, und er hörte alles. Die Prinzessin wollte an ihren Handschuh denken, und das erzählte er Johannes wieder, als ob es ein Traum sei. Johannes konnte daher richtig raten, und es herrschte große Freude auf dem Schloß. Der ganze Hof schoß Kobolz, so wie sie es das erstemal vom König gesehen hatten. Aber die Prinzessin lag auf dem Sofa und wollte nicht ein einziges Wort sagen. Nun kam es darauf an, ob Johannes das drittemal richtig raten konnte.

Glückte es, so sollte er ja die schöne Prinzessin haben und nach dem Tode des alten Königs das ganze Reich erben. Riet er falsch, so sollte er sein Leben verlieren, und der Zauberer würde seine schönen blauen Augen essen.

Den Abend vorher ging Johannes zeitig zu Bett, betete sein Abendgebet und schlief dann ganz ruhig. Aber der Reisekamerad band seine Flügel an den Rücken, schnallte den Säbel an seine Seite, nahm alle drei Ruten mit und flog so zum Schloß.

Es war stockfinstere Nacht. Es stürmte so, daß die Dachziegel von den Häusern flogen und die Bäume im Garten, wo die Gerippe hingen, sich wie Schilf vor dem Winde bogen. Es blitzte jeden Augenblick, und der Donner rollte, als ob es nur ein einziger Schlag sei, der die ganze Nacht währte. Nun ging das Fenster auf, und die Prinzessin flog heraus. Sie war so bleich wie der Tod, aber sie lachte über das böse Wetter und meinte, es sei noch nicht arg genug. Ihr weißer Mantel wirbelte in der Luft umher, gerade wie ein großes Schiffssegel, aber der Reisekamerad peitschte sie mit seinen drei Ruten, daß das Blut auf die Erde tropfte und sie zuletzt kaum weiterfliegen konnte. Endlich kam sie doch zum Berg.

»Es hagelt und stürmt«, sagte sie, »noch nie bin ich in solchem Wetter draußen gewesen.«

»Man kann auch des Guten zuviel bekommen!« sagte der Zauberer. Nun erzählte sie ihm, daß Johannes auch das zweitemal richtig geraten habe; werde er das auch morgen tun, so habe er gewonnen, und sie könne nie mehr zum Berg kommen, werde nie mehr solche Zauberkünste wie früher machen können, darum sei sie ganz betrübt.

»Er soll es nicht erraten können!« sagte der Zauberer. »Ich werde schon etwas finden, woran er nie gedacht hat, oder er müßte ein größerer Zauberer sein als ich. Aber nun wollen wir lustig sein!« Und dann nahm er die Prinzessin bei der Hand, und sie tanzten mit all den kleinen Kobolden und Irrlichtern herum, die in dem Zimmer waren. Die roten Spinnen sprangen an den Wänden ebenso lustig auf und nieder, es sah aus, als ob die Feuerblumen funkelten. Die Eule schlug auf die Trommel, die Heimchen pfiffen, und die schwarzen Heuschrecken bliesen die Mundharmonika. Es war ein lustiger Ball!

Als sie nun lange genug getanzt hatten, mußte die Prinzessin nach Hause, sonst hätte sie im Schloß vermißt werden können. Der Zauberer sagte, daß er sie noch begleiten wolle, da seien sie doch unterwegs noch beisammen.

Dann flogen sie in dem bösen Wetter davon, und der Reisekamerad schlug seine drei Ruten auf ihrem Rücken entzwei. Noch niemals war der Zauberer in solchem Hagelwetter ausgewesen. Draußen vor dem Schloß sagte er der Prinzessin Lebewohl und flüsterte ihr dabei zu: »Denk an meinen Kopf!« Aber der Reisekamerad hörte es wohl, und gerade in dem Augenblick, als die Prinzessin durch das Fenster in ihre Schlafkammer schlüpfte und der Zauberer wieder umkehren wollte, ergriff er ihn an seinem langen schwarzen Bart und hieb mit dem Säbel seinen garstigen Zaubererkopf bei den Schultern ab, so daß der Zauberer ihn nicht einmal selbst zu sehen bekam. Den Körper warf er hinaus in den See zu den Fischen, den Kopf aber tauchte er nur in das Wasser und band ihn dann in sein seidenes Taschentuch, nahm ihn mit zum Wirtshaus und legte sich dann schlafen.

Am nächsten Morgen gab er Johannes das Taschentuch und sagte ihm dabei, daß er es nicht lösen dürfe, bevor die Prinzessin fragte, woran sie gedacht habe.

Es waren so viele Menschen in dem großen Saal auf dem Schloß, daß sie so dicht standen wie Radieschen, die in ein Bündel zusammengebunden sind. Der Rat saß auf seinen Stühlen mit den weichen Kopfkissen, und der alte König hatte neue Kleider an, die goldene Krone und das Zepter waren poliert, das sah sehr feierlich aus. Aber die Prinzessin war ganz bleich und hatte ein kohlschwarzes Kleid an, als sollte sie zum Begräbnis gehen.

»Woran habe ich gedacht?« fragte sie Johannes. Und sogleich band er das Taschentuch auf und war selbst ganz erschrocken, als er den häßlichen Zaubererkopf sah. Es schauderte alle Menschen, denn es war schrecklich anzusehen; aber die Prinzessin saß da wie versteinert und konnte nicht ein einziges Wort sagen. Endlich erhob sie sich und reichte Johannes die Hand, denn er hatte ja richtig geraten. Sie sah weder auf den einen noch auf den anderen, sondern sie seufzte ganz tief: »Nun bist du mein Herr! Diesen Abend wollen wir Hochzeit halten.«

»Das gefällt mir!« sagte der alte König. »So wollen wir es haben!« Alle Leute riefen hurra, die Wachtparade machte Musik in den Straßen, die Glocken läuteten, und die Kuchenfrauen nahmen den schwarzen Flor von ihren Zuckerferkeln, denn nun herrschte große Freude. Drei ganze gebratene Ochsen, mit Enten und Hühnern gefüllt, wurden mitten auf den Markt gesetzt, und jeder konnte sich ein Stück abschneiden. In den Springbrunnen sprudelte der schönste Wein, und kaufte man eine Schillingsbrezel beim Bäcker, so bekam man sechs große Wecken als Zugabe, und zwar Wecken mit Rosinen darin.

Am Abend war die ganze Stadt erleuchtet, die Soldaten schossen mit Kanonen, die Knaben mit Knallerbsen, und es wurde gegessen und getrunken, angestoßen und gesprungen oben im Schloß. Alle vornehmen Herren und schönen Fräulein tanzten miteinander; man konnte in weiter Ferne hören, wie sie sangen:

»Hier sind viele hübsche Mädchen,
Die gern tanzen rundherum,
Drehen sich wie Spinnenrädchen;
Hübsches Mädchen, schwenk dich um.
Tanz und springe immerzu,
Bis die Sohle fällt vom Schuh.«

Aber die Prinzessin war ja noch eine Hexe und mochte Johannes gar nicht leiden. Das fiel dem Reisekameraden ein, und darum gab er Johannes drei Federn aus den Schwanenflügeln und eine kleine Flasche mit einigen Tropfen darin und sagte ihm dann, daß er ein großes Faß mit Wasser vor das Brautbett der Prinzessin setzen lassen solle, und wenn die Prinzessin hineinsteigen wolle, solle er ihr einen kleinen Stoß geben, so daß sie in das Wasser falle, wo er sie dreimal untertauchen müsse, nachdem er vorher die Federn und die Tropfen hineingeschüttet habe; dann werde sie ihre Zauberei verlieren und ihn recht liebhaben.

Johannes tat alles, was der Reisekamerad ihm geraten hatte. Die Prinzessin schrie laut auf, als er sie unter das Wasser tauchte, und zappelte als ein großer schwarzer Schwan mit funkelnden Augen unter seinen Händen. Als sie das zweitemal wieder aus dem Wasser auftauchte, war der Schwan weiß, bis auf einen schwarzen Ring um den Hals. Johannes betete fromm zum lieben Gott und ließ das Wasser das drittemal über dem Vogel zusammenschlagen, und im selben Augenblick wurde dieser in die schönste Prinzessin verwandelt. Sie war noch schöner als zuvor und dankte ihm mit Tränen in ihren herrlichen Augen, daß er sie von dem Zauber erlöst habe.

Am nächsten Morgen kam der alte König mit seinem ganzen

Hofstaat, da gab es ein Gratulieren bis weit in den Tag hinein. Zuallerletzt kam der Reisekamerad; er hatte seinen Stock in der Hand und das Ränzel auf dem Rücken. Johannes küßte ihn viele Male und sagte, er dürfe nicht fortreisen, er solle bei ihm bleiben, denn er sei ja die Ursache seines Glücks. Aber der Reisekamerad schüttelte den Kopf und sagte mild und freundlich: »Nein, nun ist meine Zeit um. Ich habe nur meine Schuld bezahlt. Erinnerst du dich des toten Mannes, dem die bösen Menschen Übles tun wollten? Du hast alles gegeben, was du besaßest, damit er Ruhe in seinem Grab finden konnte. Der Tote bin ich!«

Im selben Augenblick war er verschwunden.

Die Hochzeit währte nun einen ganzen Monat. Johannes und die Prinzessin liebten einander innig, und der alte König erlebte viele vergnügte Tage und ließ ihre kleinen Kinder auf seinen Knien reiten und mit seinem Zepter spielen. Johannes aber wurde König über das ganze Land.

Die kleine Seejungfrau

Weit draußen im Meer ist das Wasser so blau wie die Blätter der schönsten Kornblume und so klar wie das reinste Glas. Aber es ist sehr tief, tiefer als irgendein Ankertau reicht. Viele Kirchtürme müßten aufeinandergestellt werden, um vom Grund bis über das Wasser zu reichen. Dort unten wohnt das Meervolk.

Nun muß man aber nicht glauben, daß da nur der nackte weiße Sandboden sei, nein, da wachsen die sonderbarsten Bäume und Pflanzen, die so geschmeidig in Stiel und Blättern sind, daß sie sich bei der geringsten Bewegung des Wassers rühren, gerade als ob sie lebten. Alle Fische, kleine und große, schlüpfen zwischen den Zweigen hindurch, wie hier oben in der Luft die Vögel. An der allertiefsten Stelle liegt des Meerkönigs Schloß. Die Mauern sind aus Korallen und die langen, spitzen Fenster aus allerklarstem Bernstein, aber das Dach ist aus Muschelschalen, die sich öffnen und schließen, je nachdem das Wasser strömt. Es sieht herrlich aus, denn in jeder liegen strahlende Perlen, eine einzige davon würde in der Krone einer Königin ein großer Schmuck sein.

Der Meerkönig dort unten war seit vielen Jahren Witwer, und seine alte Mutter führte ihm den Haushalt. Sie war eine kluge Frau, aber stolz auf ihren Adel, deshalb trug sie zwölf Austern am Schwanz, die anderen Vornehmen durften nur sechs tragen. Sonst verdiente sie großes Lob, besonders weil sie die kleinen Meerprinzessinnen, ihre Enkelinnen, sehr liebhatte. Es waren sechs schöne Kinder, aber die Jüngste war die schönste von allen. Ihre Haut war so rein und fein wie ein Rosenblatt, ihre Augen so blau wie die tiefste See, aber wie alle anderen hatte sie keine Füße; der Körper endete in einen Fischschwanz.

Den ganzen Tag konnten sie unten im Schloß spielen, in den großen Sälen, wo lebendige Blumen aus den Wänden hervorwuchsen. Die großen Bernsteinfenster wurden geöffnet, und dann schwammen die Fische zu ihnen hinein, ebenso wie bei uns die Schwalben hereinfliegen, wenn wir die Fenster öffnen; doch die Fische schwammen gerade zu den kleinen Prinzessinnen hin, fraßen aus ihren Händen und ließen sich streicheln.

Draußen vor dem Schloß war ein großer Garten mit feuerroten und dunkelblauen Bäumen. Die Früchte strahlten wie Gold und die Blumen wie brennendes Feuer, da sie immerzu Stiel und Blätter bewegten. Die Erde selbst war der feinste Sand, aber blau wie die Schwefelflamme. Über allem dort unten lag ein eigentümlicher blauer Schimmer; man hätte eher glauben mögen, daß man hoch oben in der Luft stehe und nur Himmel über und unter sich sehe, als daß man auf dem Grund des Meeres sei. Bei Windstille konnte man die Sonne erblicken, sie erschien wie eine Purpurblume, deren Kelch alles Licht ausströmte.

Jede der kleinen Prinzessinnen hatte ihren kleinen Fleck im Garten, wo sie graben und pflanzen konnte, wie es ihr gefiel. Die eine gab ihrem Blumenfleck die Gestalt eines Walfisches, einer anderen gefiel es besser, daß der ihre wie eine kleine Seejungfrau aussah; aber die Jüngste machte den ihren so rund wie die Sonne und hatte nur Blumen, die rot wie die Sonne schienen. Sie war ein seltsames Kind, still und nachdenklich, und wenn die anderen Schwestern sich mit den wunderlichsten Sachen schmückten, die sie von gestrandeten Schiffen bekommen hatten, wollte sie außer den rosenroten Blumen, die der Sonne dort oben glichen, nur eine hübsche Marmorstatue haben. Das war ein schöner Knabe, aus weißem, klarem Stein gehauen, der bei einem Schiffbruch auf den Meeresgrund gekommen war. Sie pflanzte bei der Statue eine rosenrote Trauerweide; die wuchs herrlich und ließ ihre frischen Zweige über die Statue zum blauen Sandboden fallen, wo der Schatten violett erschien und sich wie die Zweige bewegte. Es sah aus, als ob Spitze und Wurzeln miteinander spielten, als wollten sie sich küssen.

Es gab keine größere Freude für sie, als von der Menschenwelt dort oben zu hören. Die alte Großmutter mußte alles erzählen, was sie von Schiffen und Städten, Menschen und Tieren wußte. Am wunderbarsten erschien es ihr, daß oben auf der Erde die Blumen dufteten, denn das taten sie auf dem Meeresgrund nicht, und daß die Wälder grün waren und daß die Fische, die man dort zwischen den Bäumen sah, so laut und herrlich singen konnten, daß es eine Lust war. Die Großmutter nannte die kleinen Vögel Fische, denn sonst konnten die Kinder das nicht verstehen, da sie noch keinen Vogel gesehen hatten.

»Wenn ihr euer fünfzehntes Jahr vollendet habt«, sagte die Großmutter, »dann sollt ihr die Erlaubnis bekommen, aus dem Meer emporzutauchen, im Mondschein auf den Klippen zu sitzen und die großen Schiffe zu sehen, die vorbeisegeln. Wälder und Städte werdet ihr dann erblicken!«

Im kommenden Jahr wurde die eine der Schwestern fünfzehn Jahre alt, aber die andern – ja, eine war immer ein Jahr jünger als die andere, die jüngste von ihnen brauchte also noch volle fünf Jahre, bevor sie vom Meeresgrund auftauchen und sehen durfte, wie es bei uns aussieht. Aber die eine versprach der andern zu erzählen, was sie gesehen und was sie am ersten Tag am schönsten gefunden habe, denn die Großmutter erzählte ihnen nicht genug; da war so vieles, was sie wissen wollten.

Keine war so sehnsuchtsvoll wie die Jüngste, gerade sie, die noch die längste Zeit zu warten hatte und die so still und nachdenklich war. Manche Nacht stand sie am offenen Fenster und sah durch das dunkelblaue Wasser empor, wo die Fische mit ihren Flossen und Schwänzen plätscherten. Mond und Sterne konnte sie sehen; freilich schienen diese ganz bleich, aber durch das Wasser sahen sie viel größer aus als für unsere Augen. Glitt dann etwas wie eine schwarze Wolke unter ihnen dahin, so wußte sie, daß es entweder ein Walfisch war, der über ihr schwamm, oder auch ein Schiff mit vielen Menschen; die dachten sicher nicht daran, daß eine liebliche kleine Seejungfrau unten stand und ihre weißen Hände gegen den Kiel emporstreckte.

Nun war die älteste Prinzessin fünfzehn Jahre alt und durfte über die Meeresoberfläche emporsteigen.

Als sie zurückkehrte, hatte sie hundert Dinge zu erzählen, aber das Schönste sei, sagte sie, im Mondschein auf einer Sandbank in der ruhigen See zu liegen und nahebei die Küste mit der großen Stadt zu betrachten, wo die Lichter wie hundert Sterne blinkten, die Musik und den Lärm und das Geräusch von Wagen und Menschen zu hören, die vielen Kirchtürme und Turmspitzen zu sehen und das Läuten der Glocken zu hören. Gerade weil sie nicht dorthin kommen konnte, sehnte sie sich nach alledem am allermeisten.

Oh! wie horchte die jüngste Schwester auf, und wenn sie dann am Abend am offenen Fenster stand und durch das dunkelblaue Wasser emporblickte, dachte sie an die große Stadt mit all dem Lärm und Geräusch, und dann glaubte sie, die Kirchenglocken bis zu sich in die Tiefe läuten zu hören.

Im folgenden Jahr bekam die zweite Schwester die Erlaubnis, aus dem Wasser emporzusteigen und zu schwimmen, wohin sie wollte. Sie tauchte auf, gerade als die Sonne unterging, und dieser Anblick, fand sie, sei das Schönste. Der ganze Himmel habe wie Gold ausgesehen, sagte sie, und die Wolken – ja, deren Schönheit konnte sie nicht genug beschreiben! Rot und violett waren sie über ihr dahingesegelt, aber weit schneller noch flog wie ein langer weißer Schleier ein Schwarm wilder Schwäne über das Wasser hin, wo die Sonne stand. Sie schwamm ihr entgegen, aber die Sonne sank, und der Rosenschimmer auf der Meeresfläche und den Wolken erlosch.

Im Jahr darauf kam die dritte Schwester nach oben. Sie war die vorwitzigste von allen, darum schwamm sie einen breiten Fluß aufwärts, der in das Meer mündete. Herrliche grüne Hügel mit Weinranken erblickte sie, Schlösser und Burgen guckten aus prächtigen Wäldern hervor, sie hörte, wie alle Vögel sangen, und die Sonne schien so warm, daß sie oft unter das Wasser tauchen mußte, um ihr brennendes Gesicht zu kühlen. In einer kleinen

Bucht traf sie einen ganzen Schwarm kleiner Menschenkinder. Ganz nackt liefen sie herum und planschten im Wasser. Sie wollte mit ihnen spielen, aber die Kinder liefen erschrocken davon, und es kam ein kleines schwarzes Tier, das war ein Hund – aber sie hatte nie zuvor einen Hund gesehen –, der bellte sie so schrecklich an, daß sie ängstlich wurde und wieder die offene See aufsuchte. Aber niemals konnte sie die prächtigen Wälder, die grünen Hügel und die niedlichen Kinder vergessen, die im Wasser schwimmen konnten, obgleich sie keinen Fischschwanz hatten.

Die vierte Schwester war nicht so vorwitzig, sie blieb draußen im wilden Meer und erzählte, daß es gerade dort am schönsten sei. Man sehe ringsumher viele Meilen weit, und der Himmel stehe wie eine große Glasglocke darüber. Schiffe hatte sie gesehen, aber nur in weiter Ferne; die sahen wie Strandmöwen aus, und die lustigen Delphine hatten Purzelbäume geschossen, und die großen Walfische hatten aus ihren Nasenlöchern Wasser gespritzt, so daß es ringsumher ausgesehen hatte wie Hunderte von Springbrunnen.

Nun kam die Reihe an die fünfte Schwester. Ihr Geburtstag war gerade im Winter, und deshalb sah sie, was die anderen das erstemal nicht gesehen hatten. Die See sah ganz grün aus, und ringsumher schwammen große Eisberge; jeder sah wie eine Perle aus und war doch viel größer als die Kirchtürme, welche die Menschen bauen. Sie zeigten sich in den wunderlichsten Gestalten und glänzten wie Diamanten. Das Mädchen hatte sich auf einen der allergrößten gesetzt, und alle Segler kreuzten erschrokken dort herum, wo sie saß und ihr langes Haar im Wind flattern ließ. Aber gegen Abend wurde der Himmel mit Wolken überzogen, es blitzte und donnerte, während die schwarze See die großen Eisblöcke hoch emporhob und sie im roten Blitz leuchten ließ. Auf allen Schiffen raffte man die Segel; da war eine Angst und ein Grauen. Aber sie saß ruhig auf ihrem schwimmenden Eisberg und sah den blauen Blitzstrahl im Zickzack in die schimmernde See fahren.

Sobald eine der Schwestern das erstemal über das Wasser emporkam, war sie entzückt über das Neue und Schöne, was sie erblickte; aber da sie nun als erwachsene Mädchen die Erlaubnis hatten, hinaufzusteigen, wann sie wollten, wurde es ihnen gleichgültig. Sie sehnten sich wieder heim, und nach Verlauf eines Monats sagten sie, daß es unten bei ihnen am allerschönsten sei, da sei man so hübsch zu Hause.

In mancher Abendstunde stiegen die fünf Schwestern Arm in Arm in einer Reihe über das Wasser hinauf. Herrliche Stimmen hatten sie, schöner als irgendein Mensch. Und wenn dann ein Sturm heraufzog, so daß sie vermuten konnten, es würden Schiffe untergehen, schwammen sie den Schiffen voran und sangen so lieblich, wie schön es auf dem Meeresgrund sei, und baten die Seeleute, sich nicht zu fürchten, dort hinunterzukommen. Aber die konnten die Worte nicht verstehen und glaubten, es sei der Sturm; und auch die Herrlichkeit dort unten konnten sie nicht sehen, denn wenn das Schiff sank, ertranken die Menschen und kamen nur als Tote zu des Meerkönigs Schloß.

Wenn die Schwestern des Abends Arm in Arm durch das Wasser hinaufstiegen, dann stand die kleinste Schwester ganz allein und sah ihnen nach, und es war ihr, als ob sie weinen müßte, aber die Seejungfrau hat keine Tränen, und darum leidet sie viel mehr.

»Ach, wäre ich doch fünfzehn Jahre alt!« sagte sie. »Ich weiß, daß ich sie recht liebhaben werde, die Welt dort oben und die Menschen, die darauf wohnen.«

Endlich war sie fünfzehn Jahre alt.

»Sieh, nun bist du flügge«, sagte die Großmutter, die alte Königswitwe. »Komm nun, laß mich dich schmücken wie deine anderen Schwestern!« Und sie setzte ihr einen Kranz weißer Lilien auf das Haar, aber jedes Blütenblatt war die Hälfte einer Perle, und die Alte ließ acht große Austern sich am Fischschwanz der Prinzessin festklemmen, um ihren hohen Rang zu zeigen.

»Das tut so weh!« sagte die kleine Seejungfrau.

»Ja, für seine Schönheit muß man leiden!« sagte die Alte.

Oh, sie hätte so gern diese ganze Pracht abschütteln und den schweren Kranz ablegen mögen; ihre roten Blumen im Garten kleideten sie viel besser, aber sie durfte es nun nicht ändern. »Lebt wohl!« sagte sie und stieg so leicht und klar wie eine Blase durch das Wasser hinauf.

Die Sonne war gerade untergegangen, als sie den Kopf über das Wasser erhob; aber alle Wolken glänzten noch wie Rosen und Gold, und inmitten der blaßroten Luft strahlte der Abendstern so hell und schön; die Luft war mild und frisch und das Meer ganz ruhig. Da lag ein großes Schiff mit drei Masten, ein einziges Segel war nur aufgezogen, denn nicht ein Lüftchen rührte sich; un ringsumher im Tauwerk und auf den Rahen saßen Matrosen. Da war Musik und Gesang, und als der Abend dunkelte, wurden Hunderte von bunten Lichtern angezündet, die sahen aus, als ob die Flaggen aller Nationen in der Luft wehten. Die kleine Seejungfrau schwamm gerade zum Kajütenfenster, und jedesmal, wenn das Wasser sie emporhob, konnte sie durch die spiegelblanken Fensterscheiben hineinsehen, wo so viele geputzte Menschen standen. Aber der Schönste war doch der junge Prinz mit den großen schwarzen Augen, er war gewiß nicht älter als sechzehn Jahre; es war sein Geburtstag, und deshalb herrschte all diese Pracht. Die Matrosen tanzten auf dem Deck, und als der junge Prinz hinaustrat, stiegen über hundert Raketen in die Luft. Sie leuchteten wie der helle Tag, so daß die kleine Seejungfrau sehr erschrak und unter das Wasser tauchte; aber sie streckte bald den Kopf wieder hervor, und da war es, als ob alle Sterne des Himmels zu ihr herunterfielen. Niemals hatte sie solch ein Feuerwerk gesehen! Große Sonnen sprühten, prächtige Feuerfische flogen in die blaue Luft, und alles spiegelte sich in der klaren, stillen See. Auf dem Schiff selbst war es so hell, daß jedes kleine Tau zu erkennen war und erst recht die Menschen. O wie schön war doch der junge Prinz! Und er drückte den Leuten die Hand und lächelte, während die Musik in der herrlichen Nacht erklang.

Es wurde spät, aber die kleine Seeungfrau konnte ihre Augen nicht von dem Schiff und dem schönen Prinzen wenden. Die bunten Lichter wurden gelöscht, Raketen stiegen nicht mehr in die Höhe, es ertönten auch keine Kanonenschüsse mehr; aber tief unten im Meer summte und brummte es. Inzwischen saß die kleine Seejungfrau auf dem Wasser und schaukelte auf und nieder, so daß sie in die Kajüte hineinsehen konnte. Aber das Schiff nahm stärkere Fahrt, ein Segel nach dem andern breitete sich aus; nun gingen die Wogen höher, große Wolken zogen auf, es blitzte in der Ferne. Oh, es würde ein schreckliches Wetter geben! Darum zogen die Matrosen die Segel ein. Das große Schiff schaukelte in fliegender Fahrt auf der wilden See. Das Wasser erhob sich wie große, schwarze Berge, die über die Masten rollen wollten, aber das Schiff tauchte wie ein Schwan zwischen den hohen Wogen nieder und ließ sich wieder auf die hochgetürmten Wasser heben. Der kleinen Seejungfrau schien es gerade eine lustige Fahrt zu sein, aber so erschien es den Seeleuten nicht; das Schiff knackte und krachte, die dicken Planken bogen sich bei den starken Stößen, die See stürzte in das Schiff hinein, der Mast brach mittendurch, gerade als ob er ein Rohr wäre, und das Schiff legte sich auf die Seite, während das Wasser hineindrang. Nun sah die kleine Seejungfrau, daß sie in Gefahr waren; sie mußte sich selbst vor Planken und Stücken vom Schiff, die auf dem Wasser trieben, in acht nehmen. Einen Augenblick war es so stockfinster, daß sie nicht das mindeste erblicken konnte, aber wenn es dann blitzte, wurde es wieder so hell, daß sie alle auf dem Schiff erkannte; jeder tummelte sich, so gut er konnte. Vor allem suchte sie den jungen Prinzen, und sie sah ihn, als das Schiff zerbrach, in das tiefe Meer versinken. Da wurde sie gleich sehr vergnügt, denn nun kam er zu ihr hinunter. Aber dann dachte sie daran, daß die Menschen nicht im Wasser leben können und daß er nicht anders als tot zum Schloß ihres Vaters kommen konnte. Nein, sterben durfte er nicht; darum schwamm sie zwischen Balken und Planken, die auf der See trieben, und vergaß völlig, daß sie dabei hätte zerdrückt werden können. Sie tauchte tief unter das Wasser und stieg wieder zwischen den Wogen empor und gelangte endlich zu dem jungen Prinzen, der kaum noch länger in der stürmischen See schwimmen konnte. Seine Arme und Beine begannen zu ermatten, die schönen Augen schlossen sich. Er hätte sterben müssen, wäre die kleine Seejungfrau nicht hinzugekommen. Sie hielt seinen Kopf über das Wasser und ließ sich dann mit ihm von den Wogen treiben, wohin sie wollten.

Am Morgen war das böse Wetter vorüber, von dem Schiff war kein Span mehr zu sehen, die Sonne stieg so rot und glänzend aus dem Wasser, es war, als ob die Wangen des Prinzen dadurch Leben erhielten, aber seine Augen blieben geschlossen. Die Seejungfrau küßte seine hohe, schöne Stirn und strich sein nasses Haar zurück. Es schien ihr, als gleiche er der Marmorstatue in ihrem kleinen Garten; sie küßte ihn wieder und wünschte, daß er doch leben möge.

Nun sah sie vor sich das feste Land, hohe blaue Berge, auf deren Gipfel der weiße Schnee glänzte, als wären es Schwäne. Unten an der Küste waren herrliche grüne Wälder, und davor lag eine Kirche oder ein Kloster, das wußte sie nicht recht, aber ein Gebäude war es. Zitronen- und Apfelsinenbäume wuchsen im Garten, und vor dem Tor standen hohe Palmen. Die See bildete hier, wo es ganz still, aber sehr tief war, eine kleine Bucht, gerade bis zu den Klippen, wo weißer feiner Sand angespült war; hierhin schwamm sie mit dem schönen Prinzen, legte ihn in den Sand, sorgte aber besonders dafür, daß der Kopf im warmen Sonnenschein lag.

Nun läuteten die Glocken in dem großen, weißen Gebäude, und es kamen viele junge Mädchen durch den Garten. Da schwamm die kleine Seejungfrau weiter hinaus hinter einige hohe Steine, die aus dem Wasser emporragten, legte Seeschaum auf ihr Haar und ihre Brust, so daß niemand ihr kleines Gesicht sehen konnte, und dann paßte sie auf, wer zu dem armen Prinzen kommen würde.

Es währte nicht lange, da kam ein junges Mädchen, es schien sehr zu erschrecken, aber nur einen Augenblick, dann holte es mehrere Menschen, und die Seejungfrau sah, daß der Prinz zum Leben zurückkehrte und daß er alle ringsherum anlächelte. Aber zu ihr hinaus lächelte er nicht; er wußte ja auch nicht, daß sie ihn gerettet hatte. Sie war so betrübt, und als er in das große Gebäude hineingeführt wurde, tauchte sie traurig unter das Wasser und kehrte zum Schloß ihres Vaters zurück.

Immer war sie still und nachdenklich gewesen, aber nun wurde sie es noch weit mehr. Die Schwestern fragten sie, was sie das erstemal dort oben gesehen habe, aber sie erzählte nichts.

Manchen Abend und Morgen stieg sie zu jener Stelle hinauf, wo sie den Prinzen verlassen hatte. Sie sah, wie die Früchte des Gartens reiften und abgepflückt wurden; sie sah, wie der Schnee auf den hohen Bergen schmolz. Aber den Prinzen erblickte sie nicht, und deshalb kehrte sie immer betrübter heim. Da war es ihr einziger Trost, in ihrem kleinen Garten zu sitzen und die Arme um die schöne Marmorstatue zu schlingen, die dem Prinzen glich, aber ihre Blumen pflegte sie nicht, sie wuchsen wie in einer Wildnis über die Wege und flochten ihre langen Stiele und Blätter in die Zweige der Bäume, so daß es dort ganz dunkel war.

Zuletzt konnte sie es nicht länger aushalten und sagte es einer ihrer Schwestern; und da erfuhren es gleich alle andern, aber niemand sonst als diese und ein paar andere Seejungfrauen, die es keinem weitersagten, außer ihren nächsten Freundinnen. Eine von ihnen wußte, wer der Prinz war; sie hatte auch das Fest auf dem Schiff gesehen und wußte, woher er war und wo sein Königreich lag.

»Komm, kleine Schwester!« sagten die anderen Prinzessinnen, und Arm in Arm stiegen sie in einer langen Reihe aus dem Meer empor, wo sie das Schloß des Prinzen wußten.

Das war aus einer hellgelben, glänzenden Steinart gebaut, mit großen Marmortreppen, deren eine gerade in das Meer hinunterführte. Prächtige, vergoldete Kuppeln erhoben sich über dem Dach, und zwischen den Säulen, die um das ganze Gebäude herumgingen, standen Marmorbilder, die aussahen, als lebten sie. Durch das klare Glas der hohen Fenster sah man in die prächtigsten Säle hinein, wo kostbare Seidengardinen und Teppiche aufgehängt und alle Wände mit großen Gemälden geschmückt waren, so daß es ein wahres Vergnügen war, sie anzusehen. Mitten in dem größten Saal plätscherte ein großer Springbrunnen. Seine Strahlen reichten hoch hinauf bis zur Glaskuppel in der Decke, durch welche die Sonne auf das Wasser und die schönen Pflanzen schien, die in dem großen Bassin wuchsen.

Nun wußte sie, wo er wohnte, und dort war sie manchen Abend und manche Nacht auf dem Wasser. Sie schwamm viel näher an das Land, als eine der anderen es gewagt hatte, ja, sie ging den schmalen Kanal ganz hinauf bis unter den prächtigen Marmoraltan, der einen langen Schatten über das Wasser warf. Hier saß sie und sah den jungen Prinzen an, der glaubte, er sei ganz allein im hellen Mondschein.

Sie sah ihn manchen Abend bei Musik in seinem prächtigen Boot segeln, auf dem Flaggen wehten. Sie guckte durch das grüne Schilf, und wenn der Wind ihren langen silberweißen Schleier ergriff und jemand ihn sah, so glaubte er, es sei ein Schwan, der die Flügel ausbreitete.

Sie hörte in mancher Nacht die Fischer, die mit Fackeln auf dem Meer waren, soviel Gutes von dem jungen Prinzen erzählen. Es freute sie, daß sie sein Leben gerettet hatte, als er halbtot auf den Wogen umhertrieb; und sie dachte daran, wie sicher sein Kopf an ihrer Brust geruht und wie innig sie ihn da geküßt hatte. Er aber wußte nichts davon und konnte nicht einmal von ihr träumen.

Mehr und mehr begann sie die Menschen zu lieben, mehr und mehr wünschte sie, zu ihnen aufsteigen zu können, diese Welt schien ihr weit größer zu sein als die ihre. Sie konnten ja auf Schiffen über das Meer fliegen, auf die hohen Berge, hoch über die Wolken steigen; und die Länder, die sie besaßen, erstreckten sich mit Wäldern und Feldern weiter, als ihre Blicke reichten. Da war so vieles, was sie gern wissen wollte, aber die Schwestern konnten ihr auf all das keine Antwort geben, darum fragte sie die alte Großmutter, und die kannte die höhere Welt recht gut, die sie sehr richtig die Länder über dem Meer nannte.

»Wenn die Menschen nicht ertrinken«, fragte die kleine Seejungfrau, »können sie dann ewig leben? Sterben sie nicht wie wir hier unten im Meer?«

»Doch«, sagte die Alte, »sie müssen auch sterben, und ihre Lebenszeit ist sogar noch kürzer als unsere. Wir können dreihundert Jahre alt werden, aber wenn wir dann nicht mehr sind, so werden wir nur in Schaum auf dem Wasser verwandelt, haben nicht einmal ein Grab unter unseren Lieben. Wir haben keine unsterbliche Seele, wir werden nie wieder lebendig; wir sind wie das grüne Schilf; ist es einmal durchschnitten, so kann es nicht wieder grünen! Die Menschen dagegen haben eine Seele, die ewig lebt, nachdem der Körper zu Erde geworden ist; sie steigt durch die klare Luft empor, hinauf zu all den glänzenden Sternen. So wie wir aus dem Meer auftauchen und die Länder der Menschen sehen, so steigen sie zu unbekannten herrlichen Stätten auf, die wir niemals zu sehen bekommen.«

»Warum haben wir keine unsterbliche Seele?« fragte die kleine Seejungfrau betrübt. »Ich wollte all meine Hunderte von Jahren, die ich zu leben habe, dafür geben, um nur einen Tag ein Mensch zu sein und später Anteil an der himmlischen Welt zu haben.«

»Daran darfst du nicht denken!« sagte die Alte. »Wir sind viel glücklicher und haben es besser als die Menschen dort oben!«

»Ich werde also sterben und als Schaum auf dem Meer treiben, nicht die Musik der Wogen hören, nicht die schönen Blumen und die rote Sonne sehen? Kann ich denn gar nichts tun, um eine unsterbliche Seele zu gewinnen?«

»Nein!« sagte die Alte. »Nur, wenn ein Mensch dich so lieben würde, daß du ihm mehr als Vater und Mutter wärest, wenn er mit all seinem Denken und all seiner Liebe an dir hinge und den Priester seine rechte Hand in deine legen ließe, mit dem Gelöbnis der Treue hier und in alle Ewigkeit, dann strömte seine Seele in deinen Körper über, und auch du erhieltest Anteil am Glück der Menschen. Er gäbe dir eine Seele und behielte doch seine eigene. Aber das kann niemals geschehen! Was hier im Meer gerade schön ist, dein Fischschwanz, das finden sie dort auf der Erde häßlich, sie verstehen es eben nicht besser; man muß dort zwei plumpe Stümpfe haben, die sie Beine nennen, um schön zu sein!«

Da seufzte die kleine Seejungfrau und sah betrübt auf ihren Fischschwanz.

»Wir wollen vergnügt sein«, sagte die Alte, »hüpfen und springen wollen wir in den dreihundert Jahren, die wir zu leben haben; das ist wahrlich eine gute Zeit. Später kann man sich um so zufriedener in seinem Grab ausruhen. Heute abend werden wir Hofball feiern!«

Das war auch eine Pracht, wie man sie nie auf Erden sieht. Wände und Decke des großen Tanzsaales waren aus dickem, aber klarem Glas. Mehrere hundert kolossale Muschelschalen, rosenrote und grasgrüne, standen zu jeder Seite aufgereiht und trugen ein blaubrennendes Feuer, das den ganzen Saal erhellte und durch die Wände schien, so daß die See draußen ganz beleuchtet war. Man konnte all die unzähligen Fische sehen, große und kleine, die gegen die Glasmauer schwammen; bei einigen glänzten die Schuppen purpurrot, bei anderen erschienen sie wie Silber und Gold. Mitten durch den Saal floß ein breiter Strom, und darauf tanzten die Meermänner und Meerfrauen zu ihrem eigenen lieblichen Gesang. So schöne Stimmen haben die Menschen auf der Erde nicht. Die kleine Seejungfrau sang am schönsten von allen, und sie klatschten ihr Beifall; und einen Augenblick fühlte sie Freude im Herzen, denn sie wußte, daß sie die schönste Stimme von allen auf der Erde und im Meer hatte! Aber bald dachte sie wieder an die Welt über sich; sie konnte den hübschen Prinzen und ihren Schmerz, daß sie keine unsterbliche

Seele hatte wie er, nicht vergessen. Darum schlich sie sich aus dem Schloß ihres Vaters hinaus, und während drinnen Gesang und Frohsinn war, saß sie betrübt in ihrem kleinen Garten. Da hörte sie ein Waldhorn durch das Wasser klingen und dachte: ›Nun segelt er sicher dort oben, er, den ich lieber habe als Vater und Mutter, er, an dem meine Gedanken hängen und in dessen Hand ich das Glück meines Lebens legen möchte. Alles will ich wagen, um ihn und eine unsterbliche Seele zu gewinnen! Während meine Schwestern dort im Schloß meines Vaters tanzen, will ich zur Meerhexe gehen, vor der ich immer Angst gehabt habe; aber sie kann vielleicht raten und helfen!‹

Nun ging die kleine Seejungfrau von ihrem Garten zu den tosenden Strudeln, hinter denen die Hexe wohnte. Den Weg war sie früher nie gegangen; dort wuchsen keine Blumen, kein Seegras, nur der nackte, graue Sandboden erstreckte sich bis zu den Strudeln hin, wo das Wasser gleich brausenden Mühlrädern herumwirbelte und alles, was es zu fassen bekam, mit sich hinunter in die Tiefe riß. Mitten durch diese zermalmenden Wirbel mußte sie gehen, um in den Bereich der Meerhexe zu kommen; und der Weg führte eine lange Strecke über heißbrodelnden Schlamm, den die Hexe ihr Torfmoor nannte. Dahinter lag ihr Haus, mitten in einem seltsamen Wald. Alle Bäume und Büsche waren Polypen, halb Tier und halb Pflanze; sie sahen aus wie hundertköpfige Schlangen, die aus der Erde hervorwuchsen. Alle Zweige waren lange schleimige Arme, mit Fingern wie geschmeidige Würmer; und sie bewegten sich Glied für Glied von der Wurzel bis zur äußersten Spitze. Alles, was sie im Meer ergreifen konnten, umschlangen sie fest und ließen es niemals mehr los. Die kleine Seejungfrau blieb ganz erschrocken davor stehen, ihr Herz klopfte vor Angst, und fast wäre sie umgekehrt; aber dann dachte sie an den Prinzen und an die Seele der Menschen, und nun faßte sie Mut. Ihr langes, flatterndes Haar band sie fest um den Kopf, damit die Polypen sie nicht daran ergreifen sollten, beide Hände legte sie über der Brust zusammen und flog davon, wie der Fisch durch das Wasser fliegen kann, zwischen den häßlichen Polypen hindurch, die ihre geschmeidigen Arme und Finger hinter ihr herstreckten. Sie sah, wie jeder von ihnen das, was er ergriffen hatte, mit Hunderten von kleinen Armen wie mit starken Eisenbanden festhielt, Menschen, die im Meer umgekommen und in die Tiefe gesunken waren, guckten als weiße Gerippe aus den Armen der Polypen hervor. Schiffsruder und Kisten hielten sie fest, auch Skelette von Landtieren und ein Meerweibchen, das sie gefangen und erdrosselt hatten; das war für sie fast das Schrecklichste.

Nun kam sie zu einem großen sumpfigen Platz im Wald, wo sich große Wasserschlangen wälzten und ihren häßlichen weißgelben Bauch zeigten. Mitten auf dem Platz war ein Haus aus weißen Knochen gestrandeter Menschen errichtet: da saß die Meerhexe und ließ eine Kröte aus ihrem Mund fressen, gerade wie die Menschen einen kleinen Kanarienvogel Zucker fressen lassen. Die häßlichen fetten Wasserschlangen nannte sie ihre kleinen Küchlein und ließ sie sich auf ihrer großen, schwammigen Brust wälzen.

»Ich weiß schon, was du willst!« sagte die Meerhexe. »Es ist zwar dumm von dir, doch sollst du deinen Willen haben, aber er wird dich ins Unglück bringen, meine schöne Prinzessin. Du willst gern deinen Fischschwanz los sein und statt dessen zwei Stümpfe wie die Menschen zum Gehen haben, damit sich der junge Prinz in dich verlieben kann und du ihn und eine unsterbliche Seele bekommst!« Dabei lachte die Hexe so laut und widerlich, daß die Kröte und die Schlangen auf die Erde fielen und sich dort wälzten. »Du kommst gerade zur rechten Zeit«, sagte die Hexe. »Morgen, wenn die Sonne aufgeht, könnte ich dir erst wieder in einem Jahr helfen. Ich werde dir einen Trank bereiten, mit dem mußt du, bevor die Sonne aufgeht, an Land schwimmen, dich dort ans Ufer setzen und ihn trinken, dann teilt sich dein Schwanz und schrumpft zu dem zusammen, was die Menschen niedliche Beine nennen, aber es tut weh, es ist, als ob ein scharfes Schwert dich durchdringt. Alle, die dich sehen, werden sagen, du seiest das schönste Menschenkind, das sie gesehen hätten. Du behältst deinen schwebenden Gang, keine Tänzerin kann sich so leicht bewegen wie du, aber jeder Schritt, den du machst, ist, als ob du auf scharfe Messer trätest, als ob dein Blut fließen müßte. Willst du all dieses leiden, so werde ich dir helfen!«

»Ja!« sagte die kleine Seejungfrau mit bebender Stimme und gedachte des Prinzen und der unsterblichen Seele.

»Aber bedenke«, sagte die Hexe, »hast du erst menschliche Gestalt bekommen, so kannst du niemals wieder eine Seejungfrau werden! Du kannst niemals wieder durch das Wasser zu deinen Schwestern und zum Schloß deines Vaters hinuntersteigen. Und gewinnst du die Liebe des Prinzen nicht, so daß er um dich Vater und Mutter vergißt, an dir mit allen Gedanken hängt und den Priester eure Hände ineinanderlegen läßt, daß ihr Mann und Frau werdet, so bekommst du keine unsterbliche Seele! Am ersten Morgen, nachdem er eine andere geheiratet hat, wird dein Herz brechen, und du wirst zu Schaum auf dem Wasser.«

»Ich will es«, sagte die kleine Seejungfrau und war bleich wie der Tod.

»Aber du mußt mich auch bezahlen!« sagte die Hexe, »und es ist nicht wenig, was ich verlange. Du hast die schönste Stimme von allen auf dem Meeresgrund; damit glaubst du wohl, ihn bezaubern zu können, aber diese Stimme mußt du mir geben. Das Beste, was du besitzt, will ich für meinen kostbaren Trank haben! Mein eigen Blut muß ich dir ja darin geben, damit der Trank scharf werde wie ein zweischneidiges Schwert!«

»Aber wenn du meine Stimme nimmst«, sagte die kleine Seejungfrau, »was behalte ich da?«

»Deine schöne Gestalt«, sagte die Hexe, »deinen schwebenden Gang und deine sprechenden Augen; damit kannst du schon ein Menschenherz betören. Na, hast du den Mut verloren? Streck deine kleine Zunge heraus, dann schneide ich sie als Bezahlung ab, und du bekommst den kräftigen Trank!«

»Es geschehe!« sagte die kleine Seejungfrau, und die Hexe setzte ihren Kessel auf, um den Zaubertrank zu kochen. »Reinlichkeit ist eine gute Sache«, sagte sie und scheuerte den Kessel mit den Schlangen aus, die sie zusammengeknotet hatte; dann ritzte sie sich selbst in die Brust und ließ ihr schwarzes Blut hineintröpfeln. Der Dampf bildete die wunderlichsten Gestalten, daß einem angst und bange werden mußte. Jeden Augenblick warf die Hexe neue Sachen in den Kessel, und als er recht kochte, war es, als ob ein Krokodil weinte. Endlich war der Trank fertig, er sah wie das klarste Wasser aus!

»Da hast du ihn!« sagte die Hexe und schnitt der kleinen Seejungfrau die Zunge ab. Nun war sie stumm und konnte weder singen noch sprechen.

»Sollten die Polypen dich ergreifen, wenn du durch meinen Wald zurückgehst«, sagte die Hexe, »so wirf nur einen einzigen Tropfen dieses Trankes auf sie, dann zerspringen ihre Arme und Finger in tausend Stücke!« Aber das brauchte die kleine Seejungfrau nicht zu tun. Die Polypen zogen sich erschrocken vor ihr zurück, da sie den glänzenden Trank erblickten, der in ihrer Hand leuchtete, als sei es ein funkelnder Stern. So kam sie schnell durch den Wald, das Moor und die brausenden Strudel.

Sie konnte das Schloß ihres Vaters sehen. Die Fackeln waren in dem großen Tanzsaal erloschen, sie schliefen sicher alle, aber sie wagte doch nicht, zu ihnen zu gehen, wo sie nun stumm war und sie für immer verlassen wollte. Es war, als würde ihr Herz vor Trauer zerspringen. Sie schlich in den Garten, nahm eine Blume von jedem Blumenbeet ihrer Schwestern, warf dem Schloß Tausende von Kußhändchen zu und stieg durch die dunkelblaue See hinauf.

Die Sonne war noch nicht aufgegangen, als sie des Prinzen Schloß erblickte und die prächtige Marmortreppe bestieg. Der Mond schien herrlich klar. Die kleine Seejungfrau trank den brennenden, scharfen Trunk, und es war, als ginge ein zweischneidiges Schwert durch ihren feinen Körper; sie wurde dabei ohnmächtig und lag da wie tot. Als die Sonne über die See schien, erwachte sie und fühlte einen schneidenden Schmerz. Aber gerade vor ihr stand der schöne junge Prinz, er heftete seine kohlschwarzen Augen auf sie, so daß sie die ihren niederschlug und sah, daß ihr Fischschwanz fort war und sie die niedlichsten kleinen weißen Beine hatte, die nur ein Mädchen haben kann. Aber sie war ganz nackt, deshalb hüllte sie sich in ihr starkes, langes Haar.

Der Prinz fragte, wer sie sei und wie sie dahin gekommen wäre, und sie sah ihn sanft und doch so betrübt mit ihren dunkelblauen Augen an, sprechen konnte sie ja nicht. Da nahm er sie bei der Hand und führte sie in das Schloß. Jeder Schritt, den sie tat, war, als trete sie auf spitze Nadeln und scharfe Messer, wie die Hexe ihr vorausgesagt hatte, aber das ertrug sie gern. An der Hand des Prinzen schritt sie so leicht einher wie eine Seifenblase, und er und alle Leute wunderten sich über ihren anmutigen, schwebenden Gang.

Sie bekam nun kostbare Kleider aus Seide und Musselin. Im Schloß war sie die Schönste von allen, aber sie war stumm, konnte weder singen noch sprechen. Herrliche Sklavinnen, in Seide und Gold gekleidet, traten auf und sangen vor dem Prinzen und seinen königlichen Eltern. Eine sang schöner als alle anderen, und der Prinz klatschte in die Hände und lächelte ihr zu. Da wurde die kleine Seejungfrau betrübt, sie wußte, daß sie selbst viel schöner gesungen hatte, und dachte: ›Oh, wenn er nur wüßte, daß ich, um bei ihm zu sein, meine Stimme für alle Ewigkeit hingegeben habe!‹

Nun tanzten die Sklavinnen anmutige, schwebende Tänze zur herrlichsten Musik. Da erhob die kleine Seejungfrau ihre schönen weißen Arme, hob sich auf die Fußspitzen und schwebte über den Fußboden, tanzte, wie noch keine andere getanzt hatte; bei jeder Bewegung wurde ihre Schönheit noch sichtbarer, und ihre Augen sprachen tiefer zum Herzen als der Gesang der Sklavinnen.

Alle waren entzückt davon, besonders der Prinz, der sie sein kleines Findelkind nannte; und sie tanzte mehr und mehr, obwohl es jedesmal, wenn ihr Fuß die Erde berührte, war, als ob sie auf scharfe Messer träte. Der Prinz sagte, daß sie immer bei ihm bleiben solle, und sie erhielt die Erlaubnis, vor seiner Tür auf einem Samtkissen zu schlafen.

Er ließ ihr eine Männertracht machen, damit sie ihn zu Pferde begleiten könne. Sie ritten durch die duftenden Wälder, wo die grünen Zweige ihre Schultern berührten und die kleinen Vögel hinter den frischen Blättern sangen. Sie kletterte mit dem Prinzen auf die hohen Berge hinauf, und obgleich ihre zarten Füße bluteten, so daß die anderen es sehen konnten, lachte sie doch darüber und folgte ihm, bis sie die Wolken unter sich segeln sahen, als wären sie ein Schwarm Vögel, der nach fremden Ländern zog.

Zu Hause, im Schloß des Prinzen, ging sie, wenn nachts die andern schliefen, auf die breite Marmortreppe hinaus, und es kühlte ihre brennenden Füße, im kalten Seewasser zu stehen, und dann gedachte sie derer dort unten in der Tiefe.

Eines Nachts kamen ihre Schwestern Arm in Arm. Sie sangen so traurig, während sie durch das Wasser schwammen. Sie winkte ihnen, und sie erkannten sie und erzählten, wie sehr sie sie alle betrübt habe. Seitdem besuchten sie sie in jeder Nacht, und einmal sah sie weit draußen ihre alte Großmutter, die schon viele Jahre nicht mehr über der Meeresfläche gewesen war, und den Meerkönig mit seiner Krone auf dem Kopf; sie streckten die Hände nach ihr aus, wagten sich aber nicht so dicht ans Land wie die Schwestern.

Tag für Tag wurde sie dem Prinzen lieber; er liebte sie, wie man ein gutes, liebes Kind liebt. Aber sie zu seiner Königin zu machen, das kam ihm gar nicht in den Sinn; und seine Frau mußte sie werden, sonst bekam sie keine unsterbliche Seele und mußte an seinem Hochzeitsmorgen zu Schaum auf dem Meer werden.

›Liebst du mich nicht am meisten von allen?‹ schienen die Augen der kleinen Seejungfrau zu fragen, wenn er sie in seine Arme nahm und ihre schöne Stirn küßte.

»Ja, du bist mir die liebste«, sagte der Prinz, »denn du hast das beste Herz von allen. Du bist mir am meisten ergeben, und du gleichst einem jungen Mädchen, das ich einmal sah und niemals wiederfinde. Ich bin mit einem Schiff gestrandet. Die Wellen warfen mich bei einem heiligen Tempel an Land, wo mehrere junge Mädchen den Dienst verrichteten, die jüngste dort fand mich am Ufer und rettete mein Leben, ich sah sie nur zweimal. Sie wäre die einzige, die ich in dieser Welt lieben könnte, aber du gleichst ihr und du verdrängst fast ihr Bild aus meiner Seele; sie gehört dem heiligen Tempel an, und darum hat mein gutes Glück dich mir gesandt. Niemals wollen wir uns trennen!« – ›Ach, er weiß nicht, daß ich sein Leben gerettet habe!‹ dachte die kleine Seejungfrau, ›ich habe ihn über das Meer zum Wald getragen, wo der Tempel steht; ich saß hinter dem Schaum und hielt nach Menschen Ausschau. Ich sah das schöne Mädchen, das er lieber hat als mich!‹ Und die Seejungfrau seufzte tief, weinen konnte sie nicht. ›Das Mädchen gehört dem heiligen Tempel an, hat er gesagt. Sie kommt nie in die Welt hinaus, sie begegnen sich nicht wieder, ich bin bei ihm, sehe ihn jeden Tag, ich will ihn pflegen, lieben, ihm mein Leben opfern!‹

Aber nun sollte der Prinz heiraten und die schöne Tochter des Nachbarkönigs zur Frau bekommen, erzählte man, darum rüste er ein so prächtiges Schiff aus. Der Prinz verreist, um die Länder des Nachbarkönigs zu besichtigen, hieß es, aber es geschieht nur, um die Tochter des Nachbarkönigs zu sehen. Ein großes Gefolge solle ihn begleiten. Die kleine Seejungfrau schüttelte den Kopf und lächelte; sie kannte die Gedanken des Prinzen viel besser als alle anderen. »Ich muß verreisen!« hatte er zu ihr gesagt, »ich muß mir die schöne Prinzessin ansehen, meine Eltern verlangen es, aber sie würden mich nicht zwingen, sie als meine Braut heimzuführen. Ich kann sie nicht lieben! Sie gleicht nicht dem schönen

Mädchen im Tempel, dem du gleichst. Sollte ich einst eine Braut wählen, so würdest du es eher sein, mein stummes Findelkind mit den sprechenden Augen!« Und er küßte ihren roten Mund, spielte mit ihrem langen Haar und legte seinen Kopf an ihr Herz, so daß es von Menschenglück und einer unsterblichen Seele träumte.

»Du fürchtest doch nicht das Meer, mein stummes Kind?« sagte er, als sie auf dem prächtigen Schiff standen, das ihn nach den Ländern des Nachbarkönigs führen sollte. Er erzählte ihr vom Sturm und von der Windstille, von seltsamen Fischen in der Tiefe und von dem, was die Taucher dort gesehen hätten; und sie lächelte bei seiner Erzählung, sie wußte ja besser als irgendein anderer, was auf dem Meeresgrund vorging.

In der mondhellen Nacht, als alle schliefen bis auf den Steuermann, der am Ruder stand, saß sie an der Reling des Schiffes und sah durch das klare Wasser hinunter. Sie glaubte das Schloß ihres Vaters zu erblicken; hoch oben stand die alte Großmutter mit der Silberkrone auf dem Kopf und sah durch die reißende Strömung zum Kiel des Schiffes empor. Da kamen ihre Schwestern über das Wasser, schauten sie traurig an und rangen ihre weißen Hände. Sie winkte ihnen, lächelte und wollte erzählen, daß sie herrlich und in Freuden lebe; aber der Schiffsjunge näherte sich ihr, und die Schwestern tauchten unter, so daß er glaubte, das Weiße, was er gesehen, sei Schaum auf dem Meer gewesen.

Am nächsten Morgen segelte das Schiff in den Hafen der prächtigen Stadt des Nachbarkönigs. Alle Kirchenglocken läuteten, und von den hohen Türmen wurden Posaunen geblasen, während die Soldaten mit wehenden Fahnen und blitzenden Bajonetten dastanden. An jedem Tag gab es ein Fest. Bälle und Gesellschaften folgen einander, aber die Prinzessin war noch nicht da. Sie werde weit fort in einem heiligen Tempel erzogen, sagten sie, dort lerne sie alle königlichen Tugenden. Endlich traf sie ein.

Die kleine Seejungfrau war begierig, ihre Schönheit zu sehen, und sie mußte sie anerkennen, eine lieblichere Gestalt hatte sie noch nie gesehen. Die Haut war so fein und zart, und hinter den langen, dunklen Augenwimpern lächelten ein Paar schwarzblaue, treue Augen.

»Du bist es!« sagte der Prinz, »du, die mich gerettet hat, als ich wie ein Toter an der Küste lag!« Und er drückte seine errötende Braut an seine Brust. »Oh, ich bin allzu glücklich!« sagte er zur kleinen Seejungfrau. »Das Beste, was ich niemals erhoffen durfte, ist mir erfüllt worden. Du wirst dich über mein Glück freuen, denn du meinst es von allen am besten mit mir!« Und die kleine Seejungfrau küßte seine Hand, und ihr schien, als zerspringe ihr Herz. Sein Hochzeitsmorgen würde ihr ja den Tod bringen und sie in Schaum auf dem Meer verwandeln.

Alle Kirchenglocken läuteten, die Herolde ritten in den Straßen umher und verkündeten die Verlobung. Auf allen Altären brannte duftendes Öl in kostbaren Silberlampen. Die Priester schwangen die Rauchfässer, und Braut und Bräutigam reichten einander die Hand und erhielten den Segen des Bischofs. Die kleine Seejungfrau war in Seide und Gold gekleidet und hielt die Schleppe der Braut, aber ihre Ohren hörten nicht die festliche Musik, ihre Augen sahen nicht die heilige Zeremonie, sie dachte an ihre Todesnacht und an all das, was sie in dieser Welt verloren hatte.

Noch am selben Abend gingen die Braut und der Bräutigam an Bord des Schiffes. Die Kanonen donnerten, alle Flaggen wehten, und mitten auf dem Schiff war ein königliches Zelt aus Gold und Purpur und mit den schönsten Kissen errichtet, da sollte das Brautpaar in der kühlen, stillen Nacht schlafen.

Die Segel schwellten im Wind, und das Schiff glitt leicht und ohne große Bewegung über die klare See dahin.

Als es dunkelte, wurden bunte Lampen angezündet, und die Seeleute tanzten lustige Tänze auf dem Deck. Die kleine Seejungfrau mußte daran denken, wie sie das erstemal aus dem Meer auftauchte und die gleiche Pracht und Freude sah; und sie wirbelte mit im Tanz, schwebte, wie die Schwalbe schwebt, wenn sie verfolgt wird; und alle jubelten ihr vor Bewunderung zu, nie hatte sie so herrlich getanzt. Es schnitt wie scharfe Messer in die zarten Füße, aber sie fühlte es nicht, es schnitt ihr noch schmerzlicher ins Herz. Sie wußte, es war der letzte Abend, an dem sie ihn sah, für den sie ihre Verwandten und ihre Heimat verlassen, ihre schöne Stimme hingegeben und täglich unendliche Qualen gelitten hatte, ohne daß er es mit einem Gedanken ahnte. Es war die letzte Nacht, in der sie dieselbe Luft einatmete wie er, das tiefe Meer und den sternenblauen Himmel sah. Eine ewige Nacht ohne Gedanken und Traum harrte ihrer, die keine Seele hatte und sie nicht gewinnen konnte. Und alles war Freude und Heiterkeit auf dem Schiff bis weit über Mitternacht; sie lachte und tanzte mit Todesgedanken im Herzen. Der Prinz küßte seine schöne Braut, und sie spielte mit seinem schwarzen Haar, und Arm in Arm gingen sie zur Ruhe in das prächtige Zelt.

Es wurde still und ruhig auf dem Schiff, nur der Steuermann stand am Ruder, die kleine Seejungfrau legte ihre weißen Arme auf die Reling und blickte gen Osten nach der Morgenröte; der erste Sonnenstrahl, wußte sie, würde sie töten. Da sah sie ihre Schwestern aus dem Meer aufsteigen; sie waren bleich wie sie, ihre langen, schönen Haare wehten nicht mehr im Wind, sie waren abgeschnitten.

»Wir haben sie der Hexe gegeben, damit sie Hilfe bringe und du diese Nacht nicht sterben mußt! Sie hat uns ein Messer gegeben, hier ist es! Siehst du, wie scharf es ist? Bevor die Sonne aufgeht, mußt du es dem Prinzen ins Herz stechen, und wenn sein warmes Blut deine Füße bespritzt, dann wachsen sie zu einem Fischschwanz zusammen und du wirst wieder eine Seejungfrau, kannst zu uns ins Wasser hinabsteigen und lebst deine dreihundert Jahre, bevor du zum toten, salzigen Seeschaum wirst. Beeile dich! Er oder du, einer muß sterben, bevor die Sonne aufgeht! Unsere alte Großmutter trauert so, daß ihr weißes Haar ausgefallen ist wie das unsrige unter der Schere der Hexe. Töte den Prinzen und komm zurück! Beeile dich! Siehst du den roten Streifen am Himmel? In wenigen Minuten steigt die Sonne auf, und dann mußt du sterben!« Und sie stießen einen seltsam tiefen Seufzer aus und versanken in den Wogen.

Die kleine Seejungfrau zog den Purpurteppich vom Zelt und sah die schöne Braut mit ihrem Kopf an der Brust des Prinzen ruhen, und sie beugte sich nieder, küßte ihn auf seine schöne Stirn, sah zum Himmel auf, wo die Morgenröte mehr und mehr leuchtete, sah auf das scharfe Messer und heftete die Augen wieder auf den Prinzen, der im Traum seine Braut beim Namen nannte. Nur sie war in seinen Gedanken, und das Messer zitterte in der Hand der Seejungfrau. Aber da warf sie es weit hinaus in die Wogen; sie leuchteten rot, wo es hinfiel, es sah aus, als quollen Blutstropfen aus dem Wasser. Noch einmal sah sie mit halbgebrochenem Blick auf den Prinzen, stürzte sich vom Schiff in das Meer und fühlte, wie ihr Körper sich in Schaum auflöste.

Nun stieg die Sonne aus dem Meer, die Strahlen fielen so mild und warm auf den todeskalten Meeresschaum, und die kleine Seejungfrau fühlte nichts vom Tod. Sie sah die helle Sonne, und über ihr schwebten Hunderte von durchsichtigen, herrlichen Geschöpfen. Sie konnte durch sie hindurch die weißen Segel des Schiffes und die roten Wolken des Himmels sehen; ihre Stimmen waren Melodie, aber so geisterhaft, daß kein menschliches Ohr sie hören, kein irdisches Auge sie sehen konnte; ohne Schwingen schwebten sie durch ihre eigene Leichtigkeit durch die Luft. Die kleine Seejungfrau sah, daß sie einen Körper hatte wie diese, der sich mehr und mehr aus dem Schaum erhob.

»Wohin komme ich?« fragte sie, und ihre Stimme klang wie die der andern Wesen, so geisterhaft, daß keine irdische Musik sie wiedergeben kann.

»Zu den Töchtern der Luft!« antworteten die andern. »Die Seejungfrau hat keine unsterbliche Seele und kann sie niemals erhalten, wenn sie nicht die Liebe eines Menschen gewinnt, von einer fremden Macht hängt ihr ewiges Dasein ab. Die Töchter der Luft haben auch keine unsterbliche Seele, aber sie können sich selbst durch gute Taten eine unsterbliche Seele schaffen. Wir fliegen zu den warmen Ländern, wo die schwüle Pestluft die Menschen tötet, dort fächeln wir Kühlung. Wir verbreiten den Duft der Blumen durch die Luft und senden Erquickung und Heilung. Wenn wir uns dreihundert Jahre lang bemüht haben, alles Gute zu tun, das wir vollbringen können, dann erhalten wir eine unsterbliche Seele und nehmen teil am ewigen Glück der Menschen. Du arme kleine Seejungfrau hast mit ganzem Herzen nach demselben gestrebt wie wir. Du hast gelitten und geduldet, hast dich zur Welt der Luftgeister erhoben und kannst dir nun selbst durch gute Werke nach drei Jahrhunderten eine unsterbliche Seele erringen.«

Und die kleine Seejungfrau erhob ihre hellen Arme zu Gottes Sonne, und zum erstenmal fühlte sie Tränen. Auf dem Schiff war wieder Lärm und Leben, sie sah den Prinzen mit seiner schönen

Braut nach ihr suchen, wehmütig sahen sie auf den wogenden Schaum, als ob sie wüßten, daß sie sich in die Wogen gestürzt hatte. Unsichtbar küßte sie die Stirn der Braut, lächelte dem Prinzen zu und stieg mit den anderen Kindern der Luft zu der rosenroten Wolke, die die Luft durchsegelte.

»Nach dreihundert Jahren schweben wir so in das Reich Gottes hinein!«

»Auch früher können wir dahin kommen!« flüsterte eine Tochter der Luft. »Unsichtbar schweben wir in die Häuser der Menschen, wo Kinder sind, und für jeden Tag, an dem wir ein gutes Kind finden, das seinen Eltern Freude macht und deren Liebe verdient, verkürzt Gott unsere Prüfungszeit. Das Kind weiß nicht, wann wir durch die Stube fliegen, und wenn wir vor Freude darüber lächeln, so wird ein Jahr von den dreihundert abgerechnet. Sehen wir aber ein unartiges und böses Kind, so müssen wir Tränen der Trauer weinen, und jede Träne legt unserer Prüfungszeit einen Tag zu!«

Des Kaisers neue Kleider

Vor vielen Jahren lebte ein Kaiser, der so ungeheuer viel auf hübsche, neue Kleider hielt, daß er all sein Geld dafür ausgab, um recht geputzt zu sein. Er kümmerte sich nicht um seine Soldaten, kümmerte sich nicht um das Theater und machte sich nichts daraus, in den Wald zu fahren, außer um seine neuen Kleider zu zeigen. Er hatte einen Rock für jede Stunde des Tages, und wie man sonst von einem König sagt, er ist im Rat, so sagte man hier immer: ›Der Kaiser ist in der Kleiderkammer!‹

In der großen Stadt, in der er wohnte, ging es sehr munter zu. Jeden Tag kamen viele Fremde, eines Tages kamen auch zwei Betrüger. Sie gaben sich für Weber aus und sagten, sie könnten den schönsten Stoff weben, der sich denken ließe. Nicht allein Farben und Muster wären ungewöhnlich schön, sondern die Kleider, die aus dem Stoff genäht würden, besäßen auch die wunderbare Eigenschaft, daß sie jedem Menschen unsichtbar wären, der nicht für sein Amt tauge oder unverzeihlich dumm sei.

›Das wären ja prächtige Kleider‹, dachte der Kaiser. ›Wenn ich die anhätte, könnte ich ja dahinterkommen, welche Männer in meinem Reich zu dem Amt, das sie haben, nicht taugen; ich könnte die Klugen von den Dummen unterscheiden! Ja, der Stoff muß sogleich für mich gewebt werden!‹ Und er gab den beiden Betrügern viel Handgeld, damit sie ihre Arbeit beginnen mögen.

Sie stellten auch zwei Webstühle auf und taten, als ob sie arbeiteten; aber sie hatten nicht das geringste auf dem Stuhl. Frischweg verlangten sie die feinste Seide und das prächtigste Gold, das steckten sie in ihre eigene Tasche und arbeiteten an den leeren Stühlen bis spät in die Nacht.

›Nun möchte ich doch wissen, wie weit sie mit dem Stoff sind!‹ dachte der Kaiser. Aber es war ihm ordentlich beklommen zumute bei dem Gedanken, daß ihn nicht sehen könnte, wer dumm war oder schlecht zu seinem Amt paßte. Nun glaubte er zwar, daß er für sich selbst nichts zu fürchten brauche, aber er wollte doch erst einen andern schicken, um zu sehen, wie es damit stünde. Alle Menschen in der ganzen Stadt wußten, welche wunderbare Kraft der Stoff hatte, und alle waren begierig zu sehen, wie schlecht oder dumm ihr Nachbar sei.

›Ich will meinen alten, ehrlichen Minister zu den Webern senden!‹ dachte der Kaiser. ›Er kann am besten sehen, wie der Stoff sich ausnimmt, denn er hat Verstand, und keiner versieht sein Amt besser als er!‹

Nun ging der alte gute Minister in den Saal, wo die zwei Betrüger saßen und an den leeren Webstühlen arbeiteten. ›Gott behüte uns!‹ dachte der alte Minister und riß die Augen auf; ›ich kann ja nichts erblicken!‹ Aber das sagte er nicht.

Beide Betrüger baten ihn, gefälligst näher zu treten, und fragten, ob es nicht ein hübsches Muster und schöne Farben seien. Dabei zeigten sie auf den leeren Webstuhl, und der arme alte Minister fuhr fort, die Augen aufzureißen; aber er konnte nichts sehen, denn es war nichts da. ›Herrgott!‹ dachte er, ›sollte ich dumm sein? Das habe ich nie geglaubt, und das darf kein Mensch wissen! Sollte ich nicht zu meinem Amt taugen? Nein, es geht nicht an, daß ich erzähle, ich könnte den Stoff nicht sehen!‹

»Nun, Sie sagen nichts dazu?« fragte der eine, der da webte.

»Oh, es ist hübsch! Ganz allerliebst!« antwortete der alte Minister und sah durch seine Brille. »Dieses Muster und diese Farben! Ja, ich werde dem Kaiser sagen, daß es mir sehr gefällt.«

»Nun, das freut uns!« sagten beide Weber, und darauf nannten sie die Farben mit Namen und erklärten das seltsame Muster. Der alte Minister paßte gut auf, damit er dasselbe sagen könnte, wenn er zum Kaiser zurückkäme, und das tat er auch.

Nun verlangten die Betrüger mehr Geld, mehr Seide und mehr Gold, das sie zum Weben brauchen wollten. Sie steckten alles in ihre eigenen Taschen, auf den Webstuhl kam kein Faden, aber sie fuhren fort, wie bisher an dem leeren Webstuhl zu arbeiten.

Der Kaiser sandte bald wieder einen anderen ehrlichen Staatsmann hin, um zu sehen, wie es mit dem Weben stünde und ob der Stoff bald fertig sei. Es ging ihm ebenso wie dem Minister; er schaute und schaute, weil aber außer dem leeren Webstuhl nichts da war, konnte er nichts erblicken.

»Ist das nicht ein hübsches Stück Stoff?« fragten die beiden Betrüger und zeigten und erklärten das prächtige Muster, das gar nicht da war.

›Dumm bin ich nicht!‹ dachte der Mann. ›Ist es also mein gutes Amt, zu dem ich nicht tauge? Das wäre wohl seltsam, aber man darf es sich nicht merken lassen!‹ Und so lobte er den Stoff, den er nicht sah, und versicherte ihnen seine Freude über die schönen Farben und das herrliche Muster. »Ja, es ist ganz allerliebst!« sagte er zum Kaiser.

Alle Menschen in der Stadt sprachen von dem prächtigen Stoff.

Nun wollte der Kaiser ihn selber sehen, während er noch auf dem Webstuhl war. Mit einer ganzen Schar auserwählter Männer, unter ihnen auch die beiden ehrlichen Staatsmänner, die schon früher dort gewesen waren, ging er zu den beiden listigen Betrügern hin, die nun aus Leibeskräften webten, aber ohne Faser oder Faden.

»Ist das nicht prächtig?« sagten die beiden alten Staatsmänner, die schon einmal dagewesen waren. »Sehen Eure Majestät, welches Muster, welche Farben!« Und dann zeigten sie auf den leeren Webstuhl, denn sie glaubten, daß die andern den Stoff gewiß sehen könnten.

›Was!‹ dachte der Kaiser. ›Ich sehe gar nichts! Das ist ja schrecklich! Bin ich dumm? Tauge ich nicht dazu, Kaiser zu sein?

Das wäre das Schrecklichste, was mir begegnen könnte!« – »Oh, es ist sehr hübsch!« sagte ej. »Es hat meinen allerhöchsten Beifall!« Und er nickte zufrieden und betrachtete den leeren Webstuhl, denn er wollte nicht sagen, daß er nichts sehen könne. Das ganze Gefolge, das er bei sich hatte, schaute und schaute und bekam nicht mehr heraus als alle andern; aber sie sagten wie der Kaiser: »Oh, das ist sehr hübsch!« Und sie rieten ihm, diese neuen prächtigen Kleider das erstemal bei der großen Prozession, die bevorstand, zu tragen.

»Herrlich, wundervoll, exzellent!« ging es von Mund zu Mund; man war allerseits innig erfreut darüber, und der Kaiser verlieh den Betrügern ein Ritterkreuz, im Knopfloch zu tragen, und den Titel: Kaiserliche Hofweber.

Die ganze Nacht vor dem Morgen, an dem die Prozession stattfinden sollte, saßen die Betrüger auf und hatten über sechzehn Lichter angezündet. Die Leute konnten sehen, daß sie stark beschäftigt waren, des Kaisers neue Kleider fertigzumachen. Sie taten, als ob sie den Stoff vom Webstuhl nähmen, sie schnitten mit großen Scheren in die Luft, sie nähten mit Nähnadeln ohne Faden und sagten zuletzt: »Nun sind die Kleider fertig!«

Der Kaiser kam mit seinen vornehmsten Kavalieren selbst dahin, und beide Betrüger hoben einen Arm, gerade als ob sie etwas hielten, und sagten: »Seht, hier sind die Beinkleider! Hier ist der Rock! Hier der Mantel!« und so weiter. »Es ist so leicht wie Spinnweben, man sollte glauben, man habe nichts auf dem Leib; aber das ist gerade der Vorzug dabei!«

»Ja!« sagten alle Kavaliere, aber sie konnten nichts sehen, denn es war nichts da.

»Belieben Eure kaiserliche Majestät jetzt Ihre Kleider allergnädigst auszuziehen«, sagten die Betrüger, »so wollen wir Ihnen die neuen anziehen, hier vor dem großen Spiegel!«

Der Kaiser legte alle seine Kleider ab, und die Betrüger taten so, als ob sie ihm jedes Stück der neuen Kleider anzögen. Sie faßten ihn um den Leib und taten, als bänden sie etwas fest, das war die Schleppe; der Kaiser drehte und wendete sich vor dem Spiegel.

»Ei, wie gut das kleidet! Wie herrlich das sitzt!« sagten alle. »Welches Muster, welche Farben! Das ist eine kostbare Tracht!«

»Draußen stehen sie mit dem Thronhimmel, der über Eurer Majestät in der Prozession getragen werden soll«, meldete der Oberzeremonienmeister.

»Ja, ich bin fertig!« sagte der Kaiser. »Sitzt es nicht gut?« Und dann wandte er siich nochmals vor dem Spiegel, denn es sollte scheinen, als ob er seinen Putz recht betrachte.

Die Kammerherren, die die Schleppe tragen sollten, griffen mit den Händen nach dem Fußboden, gerade als ob sie die Schleppe aufhöben. Sie gingen und taten, als ob sie etwas in der Luft hielten; sie wagten nicht, es sich merken zu lassen, daß sie nichts sehen konnten.

So ging der Kaiser in der Prozession unter dem prächtigen Thronhimmel, und alle Menschen auf der Straße und in den Fenstern riefen: »Gott, wie sind des Kaisers neue Kleider unvergleichlich; welch herrliche Schleppe hat er am Rock, wie schön das sitzt!« Keiner wollte es sich merken lassen, daß er nichts sah, denn dann hätte er ja nicht zu seinem Amt getaugt oder wäre sehr dumm gewesen. Keine von des Kaisers Kleidern hatten solches Glück gebracht wie diese.

»Aber er hat ja nichts an!« sagte ein kleines Kind.

»Herrgott, hört die Stimme der Unschuld!« sagte der Vater,

und der eine flüsterte dem anderen zu, was das Kind gesagt hatte.

»Er hat nichts an, dort ist ein kleines Kind, das sagt, er hat nichts an!«

»Aber er hat ja nichts an!« rief zuletzt das ganze Volk. Und der Kaiser bekam eine Gänsehaut, denn es schien ihm, sie hätten recht, aber er dachte bei sich: »Nun muß ich die Prozession aushalten.« Und so hielt er sich noch stolzer, und die Kammerherren gingen und trugen die Schleppe, die gar nicht da war.

Die Galoschen des Glücks

1. Ein Anfang

In einem Haus der Österstraße in Kopenhagen, nicht weit vom Königsneumarkt, hatte man große Gesellschaft; die muß man ab und zu haben, dann ist es abgemacht, und man wird wieder eingeladen. Die eine Hälfte der Gesellschaft saß schon an den Spieltischen, und die andere Hälfte wartete darauf, was bei dem ›Was wollen wir denn nun anfangen?‹ der Hausfrau herauskommen würde. Soweit war man, und die Unterhaltung ging so gut sie konnte. Unter anderem kam die Rede auch auf das Mittelalter, einige hielten es für weit besser als unsere Zeit. Ja, Justizrat Knap verteidigte diese Meinung so eifrig, daß die Hausfrau ihm sogleich beistimmte, und beide eiferten nun gegen Örsteds Worte im Almanach über alte und neue Zeiten, worin unserem Zeitalter im wesentlichen der Vorzug gegeben wird. Der Justizrat sah die Zeit des Dänenkönigs Hans als die herrlichste und allerglücklichste an.

So schwätzte man für und wider und ließ sich nur einen Augenblick unterbrechen durch die Zeitung, die gerade kam, aber nichts enthielt, was lesenswert war. Unterdessen wollen wir in das Vorzimmer gehen, wo die Mäntel, Stöcke, Regenschirme und Galoschen Platz hatten. Hier saßen zwei Mädchen, ein junges und ein altes, man konnte glauben, sie seien gekommen, um ihre Herrschaft, das eine oder andere alte Fräulein, die eine oder andere Witwe nach Hause zu geleiten. Sah man sie aber etwas genauer an, so begriff man bald, daß sie keine gewöhnlichen

Dienstmädchen waren, dazu waren ihre Hände zu fein, ihre Haltung und ganze Bewegung zu königlich, und die Kleider hatten auch einen ganz eigenen kühnen Schnitt. Es waren zwei Feen. Die Jüngere war zwar nicht das Glück selbst, aber ein Kammermädchen einer seiner Kammerjungfern, die die geringeren Gaben des Glücks austragen. Die Ältere sah sehr ernst aus, es war die Sorge. Sie besorgt ihre Geschäfte immer selbst, in höchsteigener Person, dann weiß sie, daß sie gut ausgeführt werden.

Sie erzählten einander, wo sie an diesem Tag gewesen waren; das Kammermädchen von der Kammerjungfer des Glücks hatte nur einige unbedeutende Geschäfte erledigt, sie hatte, wie sie sagte, einen neuen Hut vor dem Regenguß errettet, einem ehrlichen Mann einen Gruß von einer vornehmen Null verschafft und ähnliches, aber was ihr noch übrigblieb, war etwas ganz Ungewöhnliches.

»Ich muß dir erzählen«, sagte sie, »daß heute mein Geburtstag ist, und ihm zu Ehren sind mir ein Paar Galoschen anvertraut, die ich der Menschheit bringen soll. Diese Galoschenn haben die Eigenschaft, daß jeder, der sie anzieht, augenblicklich an die Stelle und in die Zeit versetzt wird, wo er am liebsten sein will; ein jeder Wunsch in Hinsicht auf Zeit oder Ort wird sogleich erfüllt und so der Mensch endlich einmal glücklich hienieden!«

»Ja, das glaubst du vielleicht!« sagte die Sorge. »Er wird sehr unglücklich und segnet den Augenblick, wo er von den Galoschen wieder befreit wird!«

»Wo denkst du hin?« sagte die andere. »Nun stelle ich sie an die Tür, einer greift fehl und wird der Glückliche!« Seht, das war die Unterhaltung.

2. *Wie es dem Justizrat erging*

Es war spät; Justizrat Knap, in die Zeit des Königs Hans vertieft, wollte heimkehren, und nun war es ihm beschieden, daß er anstatt seiner Galoschen die des Glücks anzog und nun auf die Österstraße hinaustrat. Aber er war durch die Zauberkraft der Galoschen in die Zeit des Königs Hans zurückversetzt, und darum setzte er den Fuß gerade in den Schlamm und Morast der Straße, weil es zu jener Zeit noch kein Steinpflaster gab.

»Es ist ja schrecklich, wie schmutzig es hier ist!« sagte der Justizrat. »Der ganze Bürgersteig ist fort und alle Laternen sind ausgelöscht!«

Der Mond stand noch nicht hoch genug, und es war überdies ziemlich dunstig, so daß alles ringsumher in der Dunkelheit verschwamm. An der nächsten Ecke hing indessen eine Laterne vor einem Madonnenbild, aber die Beleuchtung war so gut wie keine, er bemerkte sie erst, als er gerade darunter stand und seine Augen auf das gemalte Bild mit der Mutter und dem Kind fielen.

›Das ist wohl‹, dachte er, ›ein Kunstkabinett, wo man vergessen hat, das Schild hereinzunehmen.‹

Ein paar Menschen in der Tracht der Zeit gingen an ihm vorbei.

›Wie sehen die denn aus! Die kommen wohl von einer Maskerade?‹

Plötzlich ertönten Trommeln und Pfeifen, Fackeln leuchteten hell. Der Justizrat blieb stehen und sah nun einen sonderbaren Zug ankommen. Zuallererst ging ein ganzer Trupp Trommelschläger, die ihre Instrumente recht artig handhabten; ihnen folgten Trabanten mit Bogen und Armbrüsten. Der Vornehmste im Zug war ein geistlicher Herr. Erstaunt fragte der Justizrat, was das zu bedeuten habe und wer der Mann sei.

»Das ist der Bischof von Seeland!«

»Mein Gott, was fällt dem Bischof ein?« seufzte der Justizrat und schüttelte den Kopf. Der Bischof konnte es doch unmöglich sein! Darüber grübelnd und ohne zur Rechten oder Linken zu sehen, ging der Justizrat durch die Österstraße und über den Höjbroplatz. Die Brücke zum Schloßplatz war nicht zu finden,

er sah undeutlich das flache Ufer eines Baches und stieß hier endlich auf zwei Männer, die in einem Boot saßen.

»Will der Herr nach dem Holm übergesetzt werden?« fragten sie.

»Nach dem Holm hinüber?« sagte der Justizrat, der ja nicht wußte, in welchem Zeitalter er wanderte. »Ich will nach Christianshavn in die kleine Marktstraße!«

Die Männer sahen ihn an.

»Sagt mir nur, wo die Brucke ist!« sagte er. »Es ist schändlich, daß hier keine Laternen angezündet sind, auch ist ein Schmutz, als ginge man in einem Sumpf!« Je länger er mit den Bootsmännern sprach, desto unverständlicher waren sie ihm.

»Ich verstehe euer Bornholmisch nicht!« sagte er zuletzt zornig und kehrte ihnen den Rücken. Die Brücke konnte er nicht finden, ein Geländer war auch nicht da. »Es ist ein Skandal, wie es hier aussieht!« sagte er. Nie hatte er sein Zeitalter elender gefunden als an diesem Abend. ›Ich glaube, ich werde eine Droschke nehmen‹, dachte er. Aber wo waren die Droschken? Keine war zu sehen. ›Ich werde zum Königsneumarkt zurückgehen müssen, dort halten wohl Wagen, sonst komme ich nie nach Christianshavn.‹

Nun ging er zur Österstraße und war fast hindurchgekommen, als der Mond hervorkam.

»Mein Gott, was ist das für ein Gerüst, das man hier errichtet hat!« rief er aus, als er das Östertor sah, welches zu jener Zeit am Ende der Österstraße stand.

Endlich fand er doch eine Pforte, und durch sie kam er auf unseren Neumarkt hinaus; aber das war ein großer Wiesengrund, einzelne Büsche ragten hervor, und quer durch die Wiese ging ein breiter Kanal oder Strom. Einige erbärmliche Holzbuden für halländische Schiffer, nach denen der Ort den Namen Hallandaas hatte, lagen auf dem jenseitigen Ufer.

»Entweder sehe ich eine Fata Morgana, wie man das nennt, oder ich bin betrunken!« jammerte der Justizrat. »Was ist das nur? Was ist das nur?«

Er kehrte wieder um, in dem festen Glauben, daß er krank sei. Als er in die Straße zurückkam, betrachtete er die Häuser etwas genauer, die meisten waren aus Fachwerk, und viele hatten nur ein Strohdach.

»Nein, mir ist gar nicht wohl!« seufzte er. »Und ich trank doch nur ein Glas Punsch! Aber ich kann ihn nicht vertragen, und es war auch ganz und gar verkehrt, uns Punsch und warmen Lachs zu geben; das werde ich der Frau Agentin auch sagen! Ob ich wohl wieder zurückkehre und sage, wir mir zumute ist? Aber das sieht so lächerlich aus, und wer weiß, ob sie noch auf sind.«

. Er suchte nach dem Haus, aber es war nicht zu finden. »Es ist doch schrecklich, ich kann die Österstraße nicht wiedererkennen! Nicht ein Laden ist da; alte, elende, baufällige Hütten sehe ich, als ob ich in Roskilde oder Ringstedt wäre. Ach, ich bin krank! Es nützt nichts, sich zu genieren. Aber wo in aller Welt ist das Haus des Agenten? Es ist nicht mehr dasselbe, aber dort drinnen sind noch Leute auf; ach, ich bin sicher krank!«

Nun stieß er auf eine halb offene Tür, wo das Licht durch eine Spalte hinausfiel. Es war eine Herberge jener Zeit, eine Art von Bierhaus. Die Stube hatte das Aussehen einer holsteinischen Diele, eine Anzahl Leute, Schiffer, Kopenhagener Bürger und ein paar Gelehrte, saßen hier im Gespräch vertieft bei ihren Krügen und beachteten den Eintretenden nur wenig.

»Entschuldigung«, sagte der Justizrat zur Wirtin, die ihm entgegenkam, »mir ist sehr schlecht geworden, wollen Sie mir nicht eine Droschke nach Christianshavn hinaus beschaffen?«

Die Frau sah ihn an und schüttelte den Kopf; darauf redete sie ihn in deutscher Sprache an. Der Justizrat nahm an, daß sie nicht Dänisch könne, und brachte darum seinen Wunsch auf deutsch vor; dieses wie auch seine Kleidung bestärkte die Frau darin, daß er ein Ausländer sei. Daß er sich nicht gut befinde, begriff sie bald und brachte ihm deshalb einen Krug Wasser, freilich etwas brakkig, denn es war aus dem Brunnen geschöpft.

Der Justizrat stutzte seinen Kopf in die Hand, holte tief Atem und grübelte über alles Seltsame rings um ihn her. »Ist das ›Der Tag‹ von heute abend?« fragte er, nur um etwas zu sagen, als er die Frau ein Stück Papier fortlegen sah.

Sie verstand nicht, was er meinte, reichte ihm aber das Blatt; es war ein Holzschnitt, welcher eine Lufterscheinung zeigte, die in der Stadt Köln gesehen worden war.

»Das ist sehr alt!« sagte der Justizrat und wurde ganz aufgeräumt durch die Begegnung mit so einem alten Stück. »Wie sind

Sie denn zu diesem seltenen Blatt gekommen? Das ist sehr interessant, obgleich das ganze eine Fabel ist! Man erklärt solche Lufterscheinungen durch Nordlichter, die man gesehen hat, vermutlich entstehen sie durch Elektrizität!«

Die ihm zunächst saßen und seine Rede hörten, sahen ihn verwundert an, und einer von ihnen erhob sich, nahm ehrerbietig den Hut ab und sagte mit der ernsthaftesten Miene: »Ihr seid gewiß ein höchst gelehrter Mann, Monsieur!«

»O nein!« antwortete der Justizrat; »ich kann nur von dem einen und andern mitsprechen, wie man es ja können muß!«

»Modestia ist eine schöne Tugend!« sagte der Mann. »Übrigens muß ich zu Eurer Rede sagen: Mihi secus videtur; doch suspendiere ich hier gern mein Judicium!«

»Darf ich wohl fragen, mit wem ich das Vergnügen habe zu sprechen?« fragte der Justizrat.

»Ich bin Baccalaureus der Heiligen Schrift«, sagte er.

Diese Antwort genügte dem Justizrat; der Titel entsprach hier der Tracht. Das ist gewiß ein alter Dorfschulmeister, dachte er, ein seltsamer Kauz, wie man sie noch oben in Jütland treffen kann.

»Hier ist zwar kein locus docendi«, begann der Mann, »doch bitte ich, Ihr wollt Euch bemühen zu sprechen! Ihr seid gewiß in den Alten sehr belesen?«

»Allerdings!« antwortete der Justizrat, »ich lese gern alte nützliche Schriften, habe aber auch die neueren recht gern, nur die ›Alltagsgeschichten‹ nicht, von denen wir in der Wirklichkeit genug haben!«

»Alltagsgeschichten?« fragte unser Baccalaureus.

»Ja, ich meine die neuen Romane, die es jetzt gibt.«

»Oh«, lächelte der Mann, »sie enthalten doch viel Geist und werden bei Hofe gelesen. Der König liebt besonders den Roman von Herrn Iffven und Gaudian, welcher vom König Artus und seinen Rittern der Tafelrunde handelt. Er hat mit seinen hohen Herren darüber gescherzt.«

»Ja, den habe ich noch nicht gelesen!« sagte der Justizrat, »das muß ein ganz neuer sein, den Heiberg herausgegeben hat!«

»Nein«, erwiderte der Mann, »er ist nicht bei Heiberg, sondern bei Gotfred von Ghemen herausgekommen!«

»So, ist das der Verfasser?« sagte der Justizrat. »Das ist ein sehr alter Name; so hieß ja wohl der erste Buchdrucker, der in Dänemark gewesen ist?«

»Ja, das ist unser erster Buchdrucker!« sagte der Mann. So weit ging es ganz gut. Nun sprach einer der braven Bürgersleute von der schweren Pestilenz, die vor ein paar Jahren geherrscht hatte, und meinte die im Jahre 1484. Der Justizrat nahm an, daß es die Cholera sei, von der die Rede war, und so ging die Unterhaltung recht gut. Der Freibeuterkrieg von 1490 lag so nahe, daß er berührt werden mußte. Die englischen Freibeuter hätten Schiffe von der Reede genommen, sagten sie, und der Justizrat, der sich in die Begebenheiten von 1801 recht eingelebt hatte, stimmte vortrefflich gegen die Engländer mit ein. Das übrige Gespräch dagegen ging nicht so gut, jeden Augenblick wurde daraus von beiden Seiten ein Leichenbitterton. Der gute Baccalaureus war gar zu unwissend, und die einfachsten Äußerungen des Justizrats klangen ihm wiederum zu kühn und zu phantastisch. Sie sahen einander an, und wurde es gar zu arg, dann sprach der Baccalaureus Latein, weil er glaubte, so besser verstanden zu werden, aber es half doch nichts.

»Wie geht es Ihnen nun?« fragte die Wirtin und zog den Justizrat am Ärmel. Nun kehrte seine Besinnung zurück, denn wärend er sprach, hatte er alles ganz vergessen, was vorausgegangen war.

»Mein Gott, wo bin ich?« sagte er, und es schwindelte ihm, als er daran dachte.

»Claret wollen wir trinken! Met und Bremer Bier!« rief einer der Gäste. »Und Ihr sollt mittrinken!«

Zwei Mädchen kamen herein; die eine trug eine zweifarbige Haube.* Sie schenkten ein und verneigten sich, dem Justizrat rieselte es eiskalt den Rücken hinab. »Was ist das nur? Was ist das nur?« sagte er, aber er mußte mit ihnen trinken, und sie bemächtigten sich ganz artig des guten Mannes. Er war verzweifelt, und als einer sagte, daß er betrunken sei, zweifelte er durchaus nicht an dem Wort des Mannes, sondern bat nur, ihm eine Droschke zu verschaffen. Nun glaubten sie, er sprächte moskowitisch.

* Nach König Hans' Gesetz mußten Frauen von zweideutigem Ruf solche Hauben tragen.

Nie war er in so roher und gemeiner Gesellschaft gewesen. »Man sollte glauben, das Land wäre zum Heidentum zurückgekehrt!« meinte er. »Das ist der schrecklichste Augenblick in meinem Leben!« Aber da kam ihm der Gedanke, sich unter den Tisch zu bücken und dann zur Tür zu kriechen und möglichst zu entwischen, aber als er beim Ausgang war, merkten die andern, was er vorhatte. Sie ergriffen ihn bei den Füßen, und zu seinem Glück gingen die Galoschen ab, und damit löste sich der ganze Zauber.

Der Justizrat sah ganz deutlich vor sich eine helle Laterne brennen, und dahinter stand ein großes Haus. Er kannte es und auch die Nachbargrundstücke, es war die Österstraße, so wie wir sie alle kennen, Er lag mit den Füßen gegen ein Tor, und gerade gegenüber saß der Wächter und schlief.

»Du mein Schöpfer, habe ich hier auf der Straße gelegen und geträumt!« sagte er. »Ja, das ist die Österstraße! Wie prächtig hell und bunt! Es ist doch schrecklich, wie das Glas Punsch auf mich gewirkt haben muß!«

Zwei Minuten später saß er in einer Drosche, die ihn nach Christianshavn fuhr. Er gedachte der Angst und Not, die er ausgestanden, und pries von Herzen die glückliche Wirklichkeit, unsere Zeit, die mit allen ihren Mängeln doch weit besser ist als die, in der er vor kurzem weilte. Und seht, das war von dem Justizrat vernünftig.

3. Die Abenteuer des Wächters

»Da liegen ja wahrhaftig ein Paar Galoschen!« sagte der Wächter. »Die gehören sicher dem Leutnant, der dort oben wohnt. Sie liegen gerade an der Tür!«

Gern hätte der ehrliche Mann geklingelt und sie abgeliefert, denn oben war noch Licht, aber er wollte die anderen Leute im Haus nicht wecken, und darum ließ er es sein.

»Es muß recht warm sein, ein Paar solche Dinger anzuhaben!« sagte er. »Sie sind so weich im Leder.« Sie paßten ihm gut. »Wie ist es doch komisch in der Welt! Nun könnte er sich in sein warmes Bett legen, mal sehen, ob er es tut tut! Da geht er im Zimmer auf und ab! Das ist ein glücklicher Mensch! Er hat weder Frau noch Kinder, jeden Abend ist er in Gesellschaft. Oh, wäre ich doch er, ja, dann wäre ich ein glücklicher Mann!«

Als er den Wunsch aussprach, wirkten die Galoschen, die er angezogen hatte; der Wächter nahm vollkommen Person und Gedanken des Leutnants an. Da stand er oben im Zimmer und hielt zwischen den Fingern ein kleines, rosenrotes Papier, worauf ein Gedicht stand, ein Gedicht des Herrn Leutnants selbst. Denn wer wäre in seinem Leben nicht einmal in der Stimmung zu dichten gewesen, und schreibt man erst den Gedanken nieder, so hat man auch den Vers. Hier stand geschrieben:

Oh, wär ich reich!

›Oh, wär ich reich!‹ so wünscht ich mir schon oft,
Als ich kaum ellengroß auf viel gehofft.
Oh, wär ich reich! so würd ich Offizier,
mit Säbel, Uniform und Bandelier.
Die Zeit kam auch, und ich ward Offizier;
Doch nun und nimmer ward ich reich, ich Armer;
  Hilf mir, Erbarmer!

Einst saß ich abends lebensfroh und jung,
Ein kleines Mädchen küßte meinen Mund,
Denn ich war reich an Märchenpoesie,
An Gold dagegen, ach! so arm wie nie.
Das Kind nur wollte diese Poesie;
Da war ich reich, doch nicht an Gold, ich Armer;
  Du weißt's, Erbarmer!

»Oh, wär ich reich!« so tönt zu Gott mein Flehn.
Das Kind hab ich zur Jungfrau reifen sehn;
Sie ist so klug, so hübsch, so seelengut;
Oh, wüßte sie, was mir im Herzen ruht:
Das große Märchen – wäre sie mir gut!
Doch bin zum Schweigen ich verdammt, ich Armer;
Du willst's, Erbarmer!

Oh, wär ich reich an Trost und Ruhe hier,
Dann käme all mein Leid nicht aufs Papier.
Verstehst du mich, du, der ich mich geweiht,
So lies dies Blatt aus meiner Jugendzeit,
Ein dunkles Märchen, dunkler Nacht geweiht.
Nur finstre Zukunft seh ich; ach, ich Armer!
Dich segne der Erbarmer!

Ja, solche Verse schreibt man, wenn man verliebt ist, aber ein besonnener Mann läßt sie nicht drucken. Leutnant, Liebe, Armut, das ist ein Dreieck oder ebensogut die Hälfte von dem zerbrochenen Würfel des Glücks. Das fühlte der Leutnant recht lebendig, und er legte den Kopf an den Fensterrahmen und seufzte tief.

»Der arme Wächter draußen auf der Straße ist viel glücklicher als ich! Er kennt nicht, was ich Mangel nenne! Er hat ein Heim, Frau und Kinder, die mit ihm weinen, wenn er traurig ist, sich mit ihm freuen, wenn er fröhlich ist. Oh, ich wäre glücklicher als ich bin, könnte ich mich in ihn verwandeln, denn er ist glücklicher als ich!«

Im selben Augenblick war der Wächter wieder Wächter, denn durch die Galoschen des Glücks war er der Leutnant geworden; aber wie wir sahen, war er da noch viel weniger zufrieden und wollte am liebsten wieder sein, was er eigentlich war. Also war der Wächter wieder Wächter.

»Das war ein häßlicher Traum«, sagte er, »aber komisch war es. Es war mir, als ob ich der Leutnant dort oben sei, und das war durchaus kein Vergnügen. Mir fehlten die Frau und die Buben, die mich am liebsten halbtot küssen wollen!«

Er saß wieder da und nickte, der Traum wollte ihm nicht recht aus dem Sinn; die Galoschen hatte er noch an den Füßen. Eine Sternschnuppe fiel vom Himmel.

»Da ging sie hin!« sagte er. »Trotzdem sind dort genug! Ich hätte wohl Lust, die Dinger etwas näher anzusehen, besonders den Mond, denn der gleitet einem nicht so leicht aus den Händen. Wenn wir sterben, sagte der Student, für den meine Frau wäscht, fliegen wir von dem einen zu dem andern Das ist eine Lüge, könnte aber ganz hübsch sein. Ich möchte doch wohl einen kleinen Sprung dahinauf machen, der Körper könnte dann hier auf der Treppe liegenbleiben!«

Seht, es gibt nun gewisse Dinge in der Welt, die auszusprechen man sehr vorsichtig sein muß, aber noch vorsichtiger muß man sein, wenn man die Galoschen des Glücks an den Füßen hat. Hört nur, wie es dem Wächter erging.

Was uns Menschen betrifft, so kennen wir fast alle die Geschwindigkeit durch Dampfbeförderung; wir haben sie entweder auf Eisenbahnen oder mit Schiffen über das Meer erprobt. Doch dieser Flug ist wie die Wanderung des Faultiers oder der Marsch der Schnecke gegenüber der Geschwindigkeit, die das Licht hat. Das fliegt neunzigmillionenmal schneller als der beste Wettläufer, und doch ist die Elektrizität noch schneller. Der Tod ist ein elektrischer Stoß, den wir in das Herz bekommen, auf den Flügeln der Elektrizität fliegt die befreite Seele. Acht Minuten und wenige Sekunden braucht das Sonnenlicht für eine Reise von mehr als zwanzig Millionen Meilen, mit der Schnellpost der Elektrizität braucht die Seele noch weniger Minuten, um denselben Flug zu machen. Die Entfernung zwischen den Weltkörpern ist für sie nicht größer als für uns zwischen den Häusern unserer Freunde in ein und derselben Stadt, selbst wenn diese ziemlich nahe beieinander liegen. Indessen kostet dieser elektrische Herzensstoß uns hier unten den Gebrauch des Körpers, falls wir nicht gerade wie der Wächter die Galoschen des Glücks anhaben.

In wenigen Sekunden hatte der Wächter die zweiundfünfzigtausend Meilen bis zum Mond zurückgelegt; dieser ist, wie man weiß, aus einem viel leichteren Stoff geschaffen als unsere Erde und weich wie frischgefallener Schnee, wie wir sagen würden. Der Wächter befand sich auf einem der unzählig vielen Ringberge, die wir aus Doktor Mädlers großer Mondkarte kennen. Und die kennst du doch? Inwendig ging der Ringberg ganz steil in einen Kessel hinab, ungefähr eine halbe dänische Meile. Dort unten lag eine Stadt, die aussah wie Eiweiß in einem Glas Wasser, genauso weich und genauso mit Türmen und Kuppeln und segelförmigen Altanen, durchsichtig und schwankend in der dünnen Luft. Unsere Erde schwebte wie eine große, dunkelrote Kugel über seinem Kopf.

Dort gab es so viele Geschöpfe, und alle waren gewiß das, was wir Menschen nennen würden, aber sie sahen ganz anders aus als wir. Sie hatten auch eine Sprache, aber es kann ja niemand verlangen, daß die Seele des Wächters sie verstehen sollte; trotzdem konnte sie es.

Die Seele des Wächters verstand die Sprache der Mondbewohner sehr gut. Sie disputierten über unsere Erde und bezweifelten, daß sie bewohnt sei. Die Luft müßte dort zu dick sein, als daß ein vernünftiges Mondgeschöpf in ihr leben könnte. Sie hielten den Mond allein für bewohnt, er sei der eigentliche Weltkörper, wo die alten Weltbewohner lebten.

Aber wir gehen wieder in die Österstraße hinab und sehen da, wie es dem Körper des Wächters ergeht.

Leblos saß er auf der Treppe. Der Morgenstern war ihm aus der Hand gefallen, und die Augen sahen zum Mond hinauf und suchten die ehrliche Seele, die dort oben umherging.

»Was ist die Uhr, Wächter?« fragte ein Vorübergehender. Wer aber nicht antwortete war der Wächter. Da kniff der Mann ihn ganz sacht in die Nase, und nun verlor er das Gleichgewicht. Da lag der Körper, so lang er war, der Mensch war ja tot. Da kam über den, der gekniffen hatte, ein großes Erschrecken; der Wächter war tot und blieb tot; es wurde gemeldet und es wurde besprochen, und in der Morgenstunde trug man den Körper zum Hospital.

Das konnte nun ein ganz hübscher Spaß für die Seele werden, falls sie zurückkehrte und aller Wahrscheinlichkeit nach den Körper in der Österstraße suchen, aber nicht finden würde. Vermutlich würde sie dann erst auf die Polizei, später zum Anzeigenkontor laufen, damit er von dort aus unter den verlorengegangenen Sachen gesucht werde, und zuletzt zum Hospital hinauslaufen. Doch wir können uns damit trösten, daß die Seele am klügsten ist, wenn sie auf eigene Faust handelt, der Körper macht sie nur dumm.

Wie gesagt, der Körper des Wächters kam ins Hospital, wurde dort in den Waschraum gebracht, und das erste, was man hier tat, war natürlich, ihm die Galoschen auszuziehen, und da mußte die Seele zurück; sie nahm die Richtung schnurstracks auf den Körper zu, und auf einmal kam wieder Leben in den Mann. Er versicherte, daß es die schrecklichste Nacht seines Lebens gewesen sei; nicht für zwei Taler wolle er solche Empfindungen wieder haben; aber nun war es ja überstanden.

Am selben Tag wurde er wieder entlassen, aber die Galoschen blieben im Hospital.

4. Ein Hauptmoment – Eine Deklamationsnummer Eine höchst ungewöhnliche Reise

Jeder Kopenhagener weiß, wie der Eingang zum Frederikshospital in Kopenhagen aussieht, aber da vermutlich auch einige Nichtkopenhagener diese Geschichte lesen, müssen wir eine kurze Beschreibung geben.

Das Hospital ist von der Straße durch ein ziemlich hohes Gitter getrennt, dessen dicke Eisenstäbe so weit auseinanderstehen, daß, wie man erzählt, sich sehr dünne Kandidaten hindurchgeklemmt und draußen kleine Besuche gemacht haben sollen. Der Teil des Körpers, der am schwierigsten hinauszubefördern war, war der Kopf; hier, wie oft in der Welt, waren also die kleinen Köpfe die glücklichsten. Dies wird als Einleitung genug sein.

Einer der jungen Volontäre, von dem man nur in körperlicher Hinsicht sagen konnte, daß er einen großen Kopf habe, hatte diesen Abend gerade Wache, der Regen strömte herab; doch ungeachtet dieser beiden Hindernisse mußte er hinaus. Nur eine Viertelstunde, das war ja nichts, was man dem Pförtner anvertrauen müsse, meinte er, wenn man durch die Eisenstangen schlüpfen könne. Da lagen die Galoschen, die der Wächter vergessen hatte; es fiel ihm nicht im mindesten ein, daß es die des Glücks wären, sie konnten in diesem Wetter recht gute Dienste leisten. Er zog sie an, und nun kam es darauf an, ob er sich hindurchklemmen konnte; er hatte es bisher noch nie versucht. Da stand er nun.

»Wollte Gott, ich hätte den Kopf draußen!« sagte er, und sofort, obwohl der sehr dick und groß war, glitt er leicht und glücklich hindurch. Das mußten die Galoschen verstehen, aber nun sollte auch der Körper hinaus, das ging nicht.

»Oh, ich bin zu dick!« sagte er. »Der Kopf, dachte ich, sei das schlimmste! Ich komme nicht hindurch.«

Nun wollte er rasch den Kopf zurückziehen, aber das ging auch nicht. Den Hals konnte er bequem bewegen, aber das war auch alles. Das erste Gefühl war, daß er ärgerlich wurde, das zweite, daß seine Laune unter Null sank. Die Galoschen des Glücks hatten ihn in diese schreckliche Lage gebracht, und unglücklicherweise fiel es ihm nicht ein, sich frei zu wünschen, nein, er handelte nur und kam nicht von der Stelle. Der Regen strömte herab, nicht ein Mensch war auf der Straße zu erblicken. Die Torglocke konnte er nicht erreichen, wie sollte er nur loskommen? Er sah voraus, daß er hier bis zur Morgenstunde stehen könne, dann mußte man nach einem Schlosser senden, damit die Eisenstäbe zerfeilt würden. Aber das geht nicht so geschwind, das ganze Waisenhaus gegenüber würde auf die Beine kommen, das ganze Matrosenviertel herbeilaufen, um ihn am Pranger zu sehen, das würde einen Auflauf geben, ganz anders als bei der Riesenagave im vorigen Jahr. »Hu! Das Blut steigt mir zu Kopfe, ich muß verrückt werden! Ja, ich werde verrückt! Oh, wäre ich doch wieder los, dann ginge es wohl vorüber!«

Seht, das hätte er etwas eher sagen sollen. Augenblicklich, sowie der Gedanke ausgesprochen war, hatte er den Kopf frei und stürzte nun ins Haus, ganz verstört durch den Schreck, den ihm die Galoschen des Glücks eingejagt hatten.

Hiermit dürfen wir nicht glauben, daß das Ganze vorbei wäre, nein, es wird noch ärger.

Die Nacht verging und der folgende Tag auch, es wurde nicht nach den Galoschen geschickt.

Am Abend sollte eine Vorstellung in einem kleinen Theater in der Kannikegasse gegeben werden. Das Haus war gepfropft voll. Bei den Deklamationsnummern wurde ein neues Gedicht gegeben. Wir wollen es hören. Der Titel war:

Tantes Brille

Die Klugheit meiner Tante ist bekannt,
In alten Zeiten wäre sie gewiß verbrannt.
Was auch geschieht, sie weiß es, mehr noch gar,
Sie sieht geradezu ins nächste Jahr,
Ja, in das kommende Jahrzehnt voraus,
Doch will sie niemals richtig mit der Sprache raus.
Und was wird wohl im nächsten Jahr geschehen?
Merkwürdiges? Ja, ich möchte gerne sehen
Mein eignes Schicksal, wie es Kunst, Land und Reich ergeht,
Vergeblich habe ich sie darum angefleht.
Ich ließ nicht nach, fuhr fort zu fragen,
Erst war sie still, dann kamen Klagen.
Das schlug ich alles in den Wind,
Bin ich ja doch ihr Lieblingskind!

»Dies eine Mal geschehe nun dein Wille«,
So fing sie an und gab mir ihre Brille.
»Nun stellst du dich auf einen menschenvollen Platz;
Mit meiner Brille, glaub mir, hast du einen Schatz:
Du siehst mit ihr auch in dem dichtesten Gedränge
Wie auf dem Tisch als Kartenspiel die ganze Menschenmenge.

Aus diesen Karten sagst du allen sogleich wahr,
Was da geschieht und kommt im nächsten Jahr!«

Ich dankte ihr und lief davon und wollte sehen
Und überlegte mir, wohin denn nun die meisten Menschen gehen.
Nach Langelinie, wo Erkältung droht?
Zur Österstraße? Bah, der Gassenkot!
Doch ins Theater? Das wär ein wahrer Segen,
Die Abendunterhaltung kommt mir just gelegen –
Da bin ich nun! Für den, der mich nicht kannte,
Stell ich mich vor, und dies die Brille meiner Tante,
Die ich, gestatten Sie, benutze, nur um zu sehen,
Ob Sie ein Kartenspiel sind – doch sollen Sie nicht gehen! –
Und ob ich prophezeien kann, was uns die Zeit wird schenken.
Ihr Schweigen will ich als ein Ja mir denken,
Zum Danke werden Sie nun eingeweiht
Und nehmen teil an der Gemeinsamkeit.
Ich werde Ihnen, mir, Land und Reich wahrsagen!
Nun wollen wir sehn und die Karten fragen.
(Und dann setzte er die Brille auf.)
Ja, richtig, nein, da muß ich lachen!
Oh, könnte ich Sie nur auch sehend machen!
Wie ungeheuer viele Herren kann ich hier gewahren
Und Herzdamen auch in ganzen Scharen.
Das Schwarze da, ja, das ist Kreuz und Pik.
– Nun habe ich gleich den richtigen Überblick! –
Pikdame seh ich, die mit Herz und Hand
Karobuben sich heftig hat zugewandt.
Oh, dieser Anblick macht mich toll!
Von Geld auch ist das Haus sehr voll
Und Fremden aus den fernsten Fernen.
Das aber wollten wir nicht kennenlernen.
Die Stände? Wollen sehn! – Was ist zu gewahren –
Doch das soll man später aus den Zeitungen erfahren!
Wenn ich nun plaudere, dann schade ich ihnen,
Und lasse lieber im Kuchen die Rosinen.
Das Theater nun? – Jede Neuheit? Der Geschmack? Der Ton?
Ich will's mir nicht verderben mit der Direktion.

Und meine eigne Zukunft? Ja, wissen Sie, die eigne Sache
Liegt unserm Herzen ganz besonders nahe!
Ich sehe! – Ich kann nicht sagen, was ich sehe,
Sie aber sollen hören, wann es auch geschehe.
Wer ist der Glücklichste wohl von uns allen?
Der Glücklichste? Schwer soll mir dieser Fund nicht fallen!
Das ist doch – nein, das kann so leicht genieren,
Ja, manch einem mag noch Trauriges passieren!
Wer lebt am längsten? Das läßt sich finden!
Nein, dergleichen darf man noch weniger verkünden!
Soll ich wahrsagen von? – Nicht! – Von? Nicht! – Von? Nicht!
Von –? Ja, am Ende weiß ich es selber nicht;
Ich bin geniert, wie leicht kann man einen Menschen kränken!
Nein, ich will doch sehen, was Sie glauben, meinen, denken,
Was ich durch meiner Weissagung ganze Kraft Ihnen werde schenken.
Sie glauben? Nein, wie bitte? Kann ich recht verstehen?
Sie glauben, es wird mit Nichts zu Ende gehen,
Sie glauben gewiß, es wird nichts weiter als Kling und Klang.
Da schweige ich, verehrteste Vereinung,
Ich schulde Ihnen – Ihre eigne Meinung!

Das Gedicht wurde hervorragend aufgesagt, und der Deklamator hatte großen Erfolg. Unter den Zuschauern befand sich der Volontär aus dem Hospital, der sein Abenteuer der vorhergehenden Nacht vergessen zu haben schien. Die Galoschen hatte er an, denn niemand hatte sie abgeholt, und da es auf der Straße schmutzig war, konnten sie ihm ja gute Dienste leisten.

Das Gedicht gefiel ihm. Die Idee beschäftigte ihn sehr, er hätte gern eine solche Brille gehabt. Wenn man sie richtig gebrauchte, konnte man den Leuten vielleicht ins Herz sehen. Das wäre eigentlich noch interessanter, meinte er, als zu sehen, was im nächsten Jahr geschehen würde, denn das erführe man doch, das andere dagegen nie. »Ich denke mir nun die ganze Reihe von Herren und Damen auf der ersten Bank – könnte man ihnen in die Brust sehen, ja, da müßte so eine Öffnung, eine Art von Laden sein, wie würden meine Augen im Laden umherschweifen! Bei jener Dame dort würde ich sicher eine große Modehandlung finden, bei dieser da ist der Laden leer, doch könnte eine Reinigung ihm nicht schaden. Aber würde es auch solide Läden geben? Ach ja!« seufzte er. »Ich kenne einen, in dem ist alles solide, aber darin ist schon ein Ladendiener, das ist das einzige Übel am ganzen Laden! Aus dem einen und dem andern würde es rufen: ›Bitte, treten Sie gefälligst näher!‹ Ja, könnte ich nur wie ein hübscher kleiner Gedanke hineingehen und durch die Herzen schlüpfen!«

Seht, das genügte den Galoschen. Der ganze Volontär schrumpfte zusammen, und es begann eine höchst ungewöhnliche Reise mitten durch die Herzen der Zuschauer in der vordersten Reihe. Das erste Herz, durch das er kam, gehörte einer Dame, doch glaubte er augenblicklich, im orthopädischen Institut zu sein, wie man das Haus nennt, wo der Doktor Menschenauswüchse fortnimmt und die Leute wieder gerade macht; dort war er in dem Zimmer, wo die Gipsabgüsse der verwachsenen Glieder an den Wänden hängen. Doch der Unterschied war der, daß sie im Institut entfernt wurden, wenn der Patient hineinkam, aber hier im Herzen waren sie geformt und aufbewahrt, nachdem die guten Leute es verlassen hatten. Es waren Abgüsse von Freundinnen, deren körperliche und geistige Fehler hier aufbewahrt wurden.

Schnell war er in einem der anderen weiblichen Herzen, aber dieses erschien ihm wie eine große, heilige Kirche; die weiße Taube der Unschuld flatterte über dem Hochaltar. Wie gern wäre er auf die Knie gesunken, aber er mußte fort, in das nächste Herz, er hörte noch die Orgeltöne, und er selbst kam sich vor, als wäre er ein neuer und besserer Mensch geworden. Er fühlte sich nicht unwürdig, das nächste Heiligtum zu betreten, das ihm eine ärmliche Dachkammer mit einer kranken Mutter zeigte. Aber durch das offene Fenser strahlte Gottes warme Sonne, herrliche Rosen nickten von dem kleinen Holzkasten auf dem Dach, und zwei himmelblaue Vögel sangen von kindlicher Freude, während die kranke Mutter Segen für die Tochter erflehte.

Nun kroch er auf Händen und Füßen durch einen überfüllten Schlächterladen, es war Fleisch und nur Fleisch, was ihm begegnete. Das war das Herz eines reichen, respektablen Mannes, dessen Name sicher im Adreßbuch steht.

Nun war er in dem Herzen seiner Gemahlin, das war ein alter, verfallener Taubenschlag. Das Porträt des Mannes wurde als Wetterhahn benutzt; dieser stand in Verbindung mit den Türen, und sie gingen auf und zu, sowie der Mann sich drehte.

Darauf kam er in ein Spiegelkabinett, wie das, was wir auf dem Schloß Rosenborg haben, aber die Spiegel vergrößerten in einem unglaublichen Grad. Mitten auf dem Fußboden saß, wie ein Dalai Lama, das unbedeutende Ich der Person, erstaunt, seine eigene Größe zu sehen.

Hierauf glaubte er sich in einer engen Nadelbüchse voll spitzer Nadeln. ›Das ist gewiß das Herz einer alten unverheirateten Jungfer!‹ mußte er denken, aber das war nicht der Fall, es war ein ganz junger Militär mit mehreren Orden, just eben ein Mann von Geist und Herz, wie man sagt.

Ganz betäubt kam der bejammernswerte Volontär aus dem letzten Herzen der Reihe; er vermochte seine Gedanken nicht zu ordnen, sondern meinte, daß es seine allzu starke Phantasie sei, die mit ihm durchgegangen war.

»Mein Gott!« seufzte er; »ich habe gewiß Anlage, verrückt zu werden! Hier drinnen ist es auch unverzeihlich heiß, das Blut steigt mir zu Kopfe!« Und nun erinnerte er sich der großen Begebenheit des vorangegangenen Abends, wie sein Kopf zwischen den Eisenstäben des Hospitals festgesessen hatte. »Da habe ich es gewiß bekommen!« meinte er. »Ich muß beizeiten etwas tun. Ein russisches Bad könnte recht gut sein. Läge ich nur erst auf dem höchsten Brett!«

Und da lag er auf dem obersten Brett im Dampfbad, aber er lag da mit allen Kleidern, mit Stiefeln und Galoschen; die heißen Wassertropfen von der Decke fielen ihm in das Gesicht.

»Hu!« schrie er und sprang herab, um ein Sturzbad zu nehmen. Der Aufwärter stieß auch einen lauten Schrei aus, als er den angekleideten Menschen darin erblickte.

Der Volontär hatte indes soviel Fassung, daß er ihm zuflüsterte: »Es gilt eine Wette!« Aber das erste, was er tat, als er sein eigenes Zimmer erreichte, war, daß er sich ein großes spanisches Fliegenpflaster in den Nacken und eins auf den Rücken legte, damit es die Verrücktheit herausziehen könne.

Am nächsten Morgen hatte er einen blutigen Rücken, das war es, was er durch die Galoschen des Glücks gewonnen hatte.

5. Die Verwandlung des Kopisten

Der Wächter, den wir gewiß noch nicht vergessen haben, gedachte inzwischen der Galoschen, die er gefunden und mit ins Hospital genommen hatte. Er holte sie ab, aber da weder der Leutnant noch irgendein anderer in der Straße sie zu kennen glaubte, wurden sie auf der Polizei abgeliefert.

»Es sieht aus, als wären es meine eigenen Galoschen«, sagte einer der Herren Kopisten, als er den Fund betrachtete und an die Seite der seinigen stellte. »Es gehört mehr als ein Schuhmacherauge dazu, um sie voneinander unterscheiden zu können!«

»Herr Kopist!« sagte ein Bedienter, der mit einigen Papieren hereintrat.

Der Kopist wandte sich um und sprach mit dem Mann, aber als das geschehen war und er wieder die Galoschen ansah, war er in großer Ungewißheit darüber, ob die zur Linken oder die zur Rechten, ihm gehörten.

›Es müssen die sein, die naß sind!‹ dachte er, aber das war gerade falsch gedacht, denn das waren die des Glücks; aber warum sollte nicht auch die Polizei sich irren können? Er zog sie an, nahm einige Papiere in die Tasche, andere unter den Arm, zu Hause sollten sie durchgelesen und abgeschrieben werden; aber nun war es gerade Sonntagvormittag und das Wetter gut. ›Eine Tour nach Frederiksberg könnte ich wohl vertragen‹, dachte er, und so ging er dorthin.

Es konnte keinen stilleren und solideren Menschen geben als diesen jungen Mann, wir gönnen ihm diesen kleinen Spaziergang. Er wird nach dem vielen Sitzen gewiß sehr wohltuend für ihn sein. Anfangs ging er, ohne an irgend etwas zu denken, darum hatten die Galoschen keine Gelegenheit, ihre Zauberkraft zu zeigen.

In der Allee begegnete er einem Bekannten, einem jüngeren Dichter, der ihm erzählte, daß er am nächsten Tag seine Sommerreise beginnen würde.

»Wollen Sie schon wieder fort?« sagte der Kopist. »Sie sind

doch ein glücklicher, freier Mensch. Sie können fliegen, wohin Sie wollen, wir andern haben eine Kette am Fuß!«

»Aber sie sitzt fest am Brotbaum!« antwortete der Dichter. »Sie brauchen nicht für den morgigen Tag zu sorgen, und werden Sie alt, so bekommen Sie Pension!«

»Sie haben es doch am besten«, sagte der Kopist. »Dasitzen und dichten, das ist doch ein Vergnügen! Die ganze Welt sagt Ihnen Angenehmes, und dann sind Sie Ihr eigener Herr. Ja, Sie sollten es nur probieren, im Gericht bei den trivialen Sachen zu sitzen.

Der Dichter schüttelte den Kopf, der Kopist schüttelte auch den Kopf; jeder blieb bei seiner Meinung, und dann trennten sie sich.

›Sie sind ein eigenes Volk, diese Poeten!‹ dachte der Kopist. ›Ich möchte wohl probieren, in eine solche Natur zu schlüpfen, selbst ein Poet zu werden. Ich bin gewiß, daß ich nicht solche Jammerverse schreiben würde wie die andern! – Das ist ein rechter Frühlungstag für einen Dichter! Die Luft ist so ungewöhnlich klar, die Wolken sind so schön, und das Grüne duftet so prächtig. Ja, viele Jahre lang habe ich es nicht so gefühlt wie in diesem Augenblick.‹

Wir merken schon, daß er ein Dichter geworden ist; freilich fiel es nicht ins Auge, denn es ist eine törichte Vorstellung, sich einen Dichter anders als andere Menschen zu denken; es können unter diesen viel poetischere Naturen sein, als manche großen, anerkannten Dichter es sind. Der Unterschied ist nur der, daß der Dichter ein besseres geistiges Gedächtnis hat, er kann die Idee und das Gefühl festhalten, bis sie klar und deutlich in das Wort übergegangen sind, das können die anderen nicht. Aber der Übergang von einer Alltagsnatur zu einer begabten ist immer ein Übergang, und den hatte der Kopist nun gemacht.

»Der herrliche Duft!« sagte er. »Wie erinnert er mich an die Veilchen bei Tante Lone! Ja, das war damals, als ich ein kleiner Knabe war. Mein Gott, daran habe ich seit langer Zeit nicht mehr gedacht! Das gute alte Mädchen! Sie wohnte dort hinter der Börse. Immer hatte sie einen Zweig oder ein paar grüne Schößlinge im Wasser, der Winter mochte so streng sein, wie er wollte. Die Veilchen dufteten, während ich die erwärmten Kupferschillinge gegen die gefrorene Fensterscheibe legte und Gucklöcher machte. Das war eine hübsche Perspektive. Draußen im Kanal lagen die Schiffe eingefroren und von der ganzen Mannschaft verlassen; eine schreiende Krähe war die einzige Bemannung. Wenn dann die Frühlingslüfte wehten, wurde es lebendig; unter Gesang und Hurraruf sägte man das Eis entzwei, die Schiffe wurden geteert und getakelt, dann fuhren sie nach fremden Landen. Ich bin hiergeblieben und muß immer hierbleiben, immer auf der Polizei sitzen und sehen, wie die andern Pässe für Auslandsreisen bekommen. Das ist mein Los! O ja!« seufzte er tief. Dann hielt er plötzlich inne. »Mein Gott, wie ist mir denn! So habe ich früher nie gedacht oder gefühlt. Das muß die Frühlingsluft sein. Das ist so beängstigend wie angenehm!« Er griff in die Tasche nach seinen Papieren. »Diese werden mich auf andere Gedanken bringen!« sagte er und ließ die Augen über das erste Blatt hingleiten. »Frau Sigbrith, Originaltragödie in fünf Akten«, las er. »Was ist das? Und das ist ja meine eigene Hand. Habe ich diese Tragödie geschrieben? ›Die Intrige auf dem Wall oder der Bußtag, Vaudeville.‹ – Aber wo habe ich das herbekommen? Man muß es mir in die Tasche gesteckt haben, hier ist ein Brief!« Ja, der war von der Theaterdirektion; die Stücke waren verworfen, und der Brief war durchaus nicht höflich abgefaßt. »Hm! Hm!« sagte der Kopist und setzte sich auf eine Bank; seine Gedanken waren so lebendig, sein Herz so weich. Unwillkürlich ergriff er eine der nächsten Blumen, es war eine einfache, kleine Gänseblume. Was uns die Botaniker erst durch viele Vorlesungen sagen, verkündete sie in einer Minute. Sie erzählte die Mythe von ihrer Geburt, sie erzählte von der Kraft des Sonnenlichtes, die die feinen Blätter ausbreitete und sie zum Duften zwang. Da gedachte er der Kämpfe des Lebens, die gleichfalls Gefühle in unserer Brust erwecken. Luft und Licht sind die Liebhaber der Blume, aber das Licht ist der Günstling. Zum Licht wandte sie sich, wenn es verschwand, so rollte sie ihre Blätter zusammen und schlief in der Umarmung der Luft ein. ›Das Licht ist es, was mich schmückt!‹ sagte die Blume. »Aber die Luft läßt dich atmen!« flüsterte die Dichterstimme.

Dicht dabei stand ein Knabe und schlug mit seinem Stock in einen morastigen Graben, die Wassertropfen spritzten zu den grünen Zweigen auf, und der Kopist gedachte der Millionen unsichtbarer Tierchen, die in dem Tropfen in die Höhe geschleudert wurden, was nach ihrer Größe für sie ebenso war, wie es für uns sein würde, hoch über die Wolken gewirbelt zu werden. Als der Kopist daran dachte und die ganze Veränderung, die mit ihm vorgegangen war, lächelte er. »Ich schlafe und träume! Merkwürdig ist es, wie natürlich man träumen und doch wissen kann, daß es nur ein Traum ist. Möchte ich mich doch morgen seiner entsinnen können, wenn ich erwache. Ich scheine ganz ungewöhnlich aufgelegt zu sein! Ich habe einen klaren Blick für alles, fühle mich so aufgeweckt, aber ich bin sicher, wenn ich morgen etwas davon behalten habe, ist es dummes Zeug, das habe ich schon früher erlebt! Es geht mit allem Klugen und Prächtigen, was man im Traum hört und sagt, wie mit dem Gold der Unterirdischen; wenn man es bekommt, ist es reich und herrlich, aber bei Tage besehen, sind es nur Steine und vertrocknete Blätter. Ach!« seufzte er ganz wehmütig und sah auf die singenden Vögel, die so fröhlich von Zweig zu Zweig hüpften. »Die haben es viel besser als ich! Fliegen, das ist eine herrliche Kunst! Glücklich, wer damit geboren ist! Ja, könnte ich mich in etwas verwandeln, dann sollte es in eine solche kleine Lerche sein!«

Im selben Augenblick zogen sich Rockschöße und Ärmel zu Flügeln zusammen, die Kleider wurden zu Federn und die Galoschen zu Krallen, er merkte es sehr gut und lachte innerlich: ›So, nun kann ich doch sehen, daß ich träume! Aber so närrisch habe ich es früher nie getan!‹

Und er flog in die grünen Zweige hinauf und sang; aber es war keine Poesie im Gesang, denn die Dichternatur war fort. Die Galoschen konnten wie jeder, der etwas gründlich machen will, nur eine Sache auf einmal tun. Er wollte Dichter sein, das wurde er. Nun wollte er ein kleiner Vogel sein, aber als er dieses wurde, verlor er die vorige Eigentümlichkeit.

»Das ist lustig!« sagte er. »Am Tage sitze ich auf der Polizei unter den solidesten Aktenstücken, in der Nacht kann ich träumen, als Lerche im Frederiksberger Park zu fliegen. Es könnte wahrlich eine ganze Volkskomödie davon geschrieben werden!«

Nun flog er in das Gras nieder, drehte den Kopf nach allen Seiten und schlug mit dem Schnabel auf die geschmeidigen Grashalme, die im Verhältnis zu seiner gegenwärtigen Größe ihm so groß wie die Palmenzweige Nordafrikas erschienen.

Es war nur ein Augenblick, dann wurde es kohlschwarze Nacht um ihn. Ein, wie ihm schien, ungeheurer Gegenstand wurde über ihn geworfen, es war eine große Mütze, die ein Knabe aus dem Matrosenviertel über den Vogel warf. Eine Hand langte hinein und ergriff den Kopisten an Rücken und Flügel, so daß er piepste. Im ersten Schreck rief er laut: »Du unverschämter Balg! Ich bin Kopist auf der Polizei!« Aber das klang dem Knaben wie ein Piep– piep! Er schlug den Vogel auf den Schnabel und wanderte davon.

In der Allee begegnete er zwei Schulknaben der gebildeten Klasse, das heißt, als Menschen betrachtet, als Geister waren sie in der niedrigsten Klasse der Schule. Diese kauften den Vogel für acht Schillinge, und so kam der Kopist nach Kopenhagen zu einer Familie in der Gothersstraße.

»Es ist gut, daß ich träume«, sagte der Kopist, »sonst könnte mich noch die Wut packen! Zuerst war ich Poet, nun eine Lerche! Ja, das war sicher die Poetennatur, die mich zu diesem kleinen Tier machte! Es ist doch eine jämmerliche Sache, besonders wenn man ein paar Knaben in die Hände fällt. Ich möchte wohl wissen, wie das abläuft!«

Die Knaben brachten ihn in eine sehr elegante Stube, eine dicke lächelnde Dame empfing sie. Aber sie war durchaus nicht erfreut darüber, daß der einfache Feldvogel, wie sie die Lerche nannte, mit hereinkam. Nur für heute wollte sie es sich gefallen lassen, und sie mußten den Vogel in das leere Bauer setzen, das am Fenster stand. »Das wird vielleicht dem Papchen Freude machen!« fügte sie hinzu und lächelte einem großen, grünen Papagei zu, der sich vornehm in seinem Ring in dem prächtigen Messingbauer schaukelte. »Es ist Papchens Geburtstag!« sagte sie einfältig, »darum will der kleine Feldvogel gratulieren!«

Papchen antwortete nicht ein einziges Wort, sondern schaukelte vornehm hin und her, dagegen fing ein hübscher Kanarienvogel, der im letzten Sommer aus seinem warmen, duftenden Vaterland hierher gebracht worden war, laut zu singen an.

»Schreihals!« sagte die Dame und warf ein weißes Taschentuch über das Bauer.

»Piep-piep!« seufzte er. »Das ist ein schreckliches Schneewetter!« Und mit diesem Seufzer verstummte er.

Der Kopist oder, wie die Dame sagte, der Feldvogel kam in ein kleines Bauer, dicht neben dem Kanarienvogel, nicht weit vom Papagei. Die einzige menschliche Tirade, die Papchen herplappern konnte und die oft recht komisch klang, war die: »Nein, laßt uns nun Menschen sein!« Alles übrige, was er schrie, war ebenso unverständlich wie das Zwitschern des Kanarienvogels, nur nicht für den Kopisten, der nun selbst ein Vogel war; er verstand seine Kameraden sehr gut.

»Ich flog unter der grünen Plame und dem blühenden Mandelbaum!« sang der Kanarienvogel. »Ich flog mit meinen Brüdern und Schwestern über die prächtigen Blumen und über den spiegelklaren See, wo die Pflanzen auf dem Boden nickten. Ich sah auch viele schöne Papageien, die die lustigsten Geschichten erzählten, so lange und so viele!«

»Das waren wilde Vögel«, antwortete der Papagei, »die hatten keine Bildung. Nein, laßt uns nun Menschen sein!«

Warum lachst du nicht? Wenn die Dame und alle Fremden darüber lachen können, so kannst du es auch. Es ist ein großer Fehler, das Ergötzliche nicht goutieren zu können. Nein, laßt uns nun Menschen sein!«

»Oh, entsinnst du dich der hübschen Mädchen, die unter dem ausgespannten Zelt bei den blühenden Bäumen tanzten? Entsinnst du dich der süßen Früchte und des kühlenden Saftes in den wildwachsenden Kräutern?«

»Oh ja«, sagte der Papagei; »aber hier habe ich es weit besser! Ich habe gutes Essen und intime Behandlung; ich weiß, ich bin ein guter Kopf, und mehr verlange ich nicht. Laßt uns nun Menschen sein! Du bist eine Dichterseele, wie sie es nennen. Ich habe gründliche Kenntnisse und Witz, du hast Genie, aber keine Besonnenheit, du steigst in diese hohen Naturtöne hinauf, und deshalb wirst du zugedeckt. Das bietet man mir nicht, nein, denn ich habe sie etwas mehr gekostet! Ich imponiere mit meinem Schnabel und kann ›Witz! Witz! Witz!‹ zwitschern. Nein, laßt uns nun Menschen sein!«

»Oh, mein warmes, blühendes Vaterland!« sang der Kanarienvogel, »ich will von deinen dunkelgrünen Bäumen und deinen stillen Meeresbuchten singen, wo die Zweige die klare Wasserfläche küssen, singen von dem Jubel all meiner schimmernden Brüder und Schwestern, wo ›der Wüste Pflanzenquellen‹* wachsen!«

»Laß doch diese Klagetöne!« sagte der Papagei. »Sing etwas, worüber man lachen kann! Gelächter ist das Zeichen des höchsten geistigen Standpunktes. Sieh, ob ein Hund oder ein Pferd lacht! Nein, weinen können sie, aber lachen – das ist allein den Menschen gegeben. Ho, ho, ho!« lachte Papchen und fügte seinen Witz: ›Laßt uns nun Menschen sein!‹ hinzu.

»Du kleiner, grauer dänischer Vogel«, sagte der Kanarienvogel, »du bist auch ein Gefangener geworden! Es ist gewiß kalt in deinen Wäldern, aber da ist doch Freiheit. Flieg hinaus! Man hat vergessen, dich einzuschließen, das oberste Fenster steht auf. Fliege, fliege!«

Und das tat der Kopist, husch, war er aus dem Bauer heraus; im selben Augenblick knarrte die halbgeöffnete Tür zum nächsten Zimmer, und geschmeidig, mit grünen funkelnden Augen, schlich sich die Hauskatze herein und machte Jagd auf ihn. Der Kanarienvogel flatterte im Bauer, der Papagei schlug mit den Flügeln und rief: »Laßt uns nun Menschen sein!« Der Kopist fühlte den tödlichsten Schreck und flog durch das Fenster, über die Häuser und Straßen davon; zuletzt mußte er ausruhen.

Das gegenüberliegende Haus hatte etwas Heimisches. Ein Fenster stand auf; er flog hinein, es war sein eigenes Zimmer; er setzte sich auf den Tisch.

»Laßt uns nun Menschen sein!« sprach er unwillkürlich dem Papagei nach, und im selben Augenblick war er der Kopist, aber er saß auf dem Tisch.

»Gott bewahre mich!« sagte er. »Wie bin ich hier heraufgekommen und so eingeschlafen! Das war auch ein unruhiger Traum, den ich da hatte. Dummes Zeug war die ganze Geschichte.«

6. Das Beste, was die Galoschen brachten

Am folgenden Tag, in der frühen Morgenstunde, als der Kopist noch im Bett lag, klopfte es an seine Tür. Es war sein Nachbar in

* Gemeint sind Kakteen.

derselben Etage, ein Student, der Pfarrer werden wollte; er trat herein.

»Leih mir deine Galoschen«, sagte er, »es ist so naß im Garten, aber die Sonne scheint herrlich. Ich möchte wohl eine Pfeife dort unten rauchen.«

Er zog die Galoschen an, und bald war er unten im Garten, der einen Pflaumen- und einen Birnbaum besaß. Selbst ein so kleiner Garten wie dieser gilt im Innern Kopenhagens als große Herrlichkeit.

Der Theologe ging auf dem Weg auf und nieder, die Uhr war erst sechs, draußen auf der Straße ertönte ein Posthorn.

»Oh, reisen! reisen!« rief er aus; »das ist doch das größte Glück in der Welt! Das ist meiner Wünsche höchstes Ziel! Da würde diese Unruhe, die ich fühle, gestillt werden. Aber weit fort müßte es sein! Ich möchte die herrliche Schweiz sehen, Italien bereisen und –«

Ja, gut war es, daß die Galoschen sogleich wirkten, sonst wäre er gar zu weit herumgekommen, für sich selbst wie für uns andere. Er reiste. Er war mitten in der Schweiz, aber mit acht andern in das Innere einer Postkutsche gepackt. Er hatte Kopfschmerzen, fühlte sich müde im Nacken, und das Blut war ihm in die Füße geströmt, die angeschwollen waren und von den Stiefeln gedrückt wurden. Er schwebte in einem Zustand zwischen Schlafen und Wachen. In seiner rechten Tasche hatte er den Kreditbrief, in seiner linken Tasche den Paß und in einem kleinen Lederbeutel auf der Brust einige eingenähte Louisdor. Jeder Traum verkündete, daß die eine oder andere von diesen Kostbarkeiten verloren sei, und darum fuhr er fieberhaft empor, und die erste Bewegung, die die Hand machte, war ein Dreieck von der Rechten zur Linken und gegen die Brust, um zu fühlen, ob er sie noch habe oder nicht. Schirme, Stöcke und Hüte schaukelten im Netz über ihm und nahmen so ziemlich die Aussicht, die höchst imponierend war; verstohlen sah er hinaus, während das Herz sang, was wenigstens ein Dichter, den wir kennen, in der Schweiz gesungen hat, bis jetzt aber noch nicht drucken ließ:

Hier ist's so schön, wie das Herz nur will,
Montblanc seh ich, den steilen.
Wenn nur das Geld ausreichen will,
Ach, dann ist hier gut weilen!

Groß, ernst und dunkel war die ganze Natur ringsumher. Die Tannenwälder erschienen wie Heidekraut auf den hohen Felsen, deren Gipfel im Wolkenschleier verborgen waren; nun begann es zu schneien, der kalte Wind blies.

»Uh!« seufzte er; »wären wir doch auf der anderen Seite der Alpen, dann wäre es Sommer, und ich hätte Geld auf meinen Kreditbrief erhoben; die Angst, die ich darum fühle, macht, daß ich die Schweiz nicht genießen kann. Oh, wäre ich doch erst auf der anderen Seite!«

Und da war er auf der anderen Seite, tief in Italien war er, zwischen Florenz und Rom. Der Trasimenische See lag in der Abendbeleuchtung wie flammendes Gold zwischen den dunkelblauen Bergen. Hier, wo Hannibal den Flaminius schlug, hielten sich nun die Weinranken friedlich an den grünen Fingern. Liebliche, halbnackte Kinder hüteten eine Herde kohlschwarzer Schweine unter einer Gruppe duftender Lorbeerbäume am Weg. Könnten wir dieses Gemälde richtig wiedergeben, so würden alle jubeln: ›Herrliches Italien!‹ Aber das sagten weder der Theologe noch ein einziger seiner Reisegefährten in der Postkutsche.

Zu Tausenden flogen giftige Fliegen und Mücken zu ihnen herein. Vergeblich schlugen sie mit einem Myrtenzweig um sich, die Fliegen stachen trotzdem. Es war nicht ein Mensch im Wagen, dessen Gesicht nicht von Stichen angeschwollen und blutig gewesen wäre. Die armen Pferde sahen wie Aas aus, die Fliegen saßen in großen Scharen auf ihnen, und nur für Augenblicke half es, daß der Kutscher abstieg und die Tiere abschabte. Nun sank die Sonne, eine kurze, aber eisige Kälte ging durch die ganze Natur, es war durchaus nicht behaglich, aber ringsumher bekamen Berge und Wolken die herrlichste grüne Farbe, so klar, so leuchtend – ja, geh selbst hin und sieh es dir an, das ist besser, als eine Beschreibung zu lesen. Es war unvergleichlich. Das fanden die Reisenden auch, aber – der Magen war leer, der Körper ermüdet, alle Sehnsucht des Herzens drehte sich um ein Nachtquartier, aber wie wird das ausfallen? Man hielt viel sehnsüchtiger danach Ausschau als nach der schönen Natur.

Der Weg ging durch einen Olivenwald, es war, als führe man daheim zwischen knotigen Weiden. Hier lag das einsame Wirtshaus. Ein Halbdutzend bettelnder Krüppel hatte sich davor gelagert. Der Gesündeste von ihnen sah aus wie ›der älteste Sohn des Hungers, der das Alter seiner Volljährigkeit erreicht hat‹, die anderen waren entweder blind, hatten vertrocknete Beine und krochen auf den Händen, oder hatten abgezehrte Arme mit fingerlosen Händen. Das war ein rechtes Elend, das aus den Lumpen hervorguckte. »Eccellenza, miserabili!« seufzten sie und streckten die kranken Glieder vor. Die Wirtin selbst, mit bloßen Füßen, ungeordneten Haaren und nur mit einer schmutzigen Bluse angetan, empfing die Gäste. Die Türen waren mit Bindfaden zusammengebunden, die Fußboden in den Zimmern bot ein halb aufgerissenes Pflaster von Mauersteinen dar; Fledermäuse flogen unter der Decke hin, und der Gestank darin –

»Ja, decken Sie den Tisch unten im Stall!« sagte einer der Reisenden. »Dort weiß man doch, was mein einatmet!«

Die Fenster wurden geöffnet, damit ein wenig frische Luft hereinkommen konnte; aber schneller als diese kamen die verdorrten Arme und das ewige Jammern: ›Miserabili Eccellenza‹ herein. An den Wänden standen viele Inschriften, die Hälfte war gegen die bella Italia!

Das Essen wurde aufgetragen; es war eine Suppe aus Wasser, gewürzt mit Pfeffer und ranzigem Öl, und die gleiche Art Öl war auch am Salat. Verdorbene Eier und gebratene Hahnenkämme waren die Prachtgerichte; selbst der Wein hatte einen Beigeschmack, er war eine wahre Mixtur.

Zur Nacht wurden die Koffer gegen die Tür gestellt; einer der Reisen hatte die Wache, während die anderen schliefen; der Theologe war der Wachhabende. Oh, wie schwül war es hier drinnen! Die Hitze drückte, die Mücken surrten und stachen, die ›miserabili‹ draußen jammerten im Schlaf.

»Ja, reisen ist schon gut«, sagte der Theologe, »hätte man nur keinen Körper! Könnte dieser ruhen und der Geist dagegen fliegen! Wohin ich auch komme, gibt es Entbehrungen, die das Herz bedrücken; etwas Besseres als das Augenblickliche will ich haben; ja, etwas Besseres, das Beste, aber wo und was ist es? Im Grunde weiß ich wohl, was ich will, ich will zu einem glücklichen Ziel, dem glücklichsten von allen!«

Und sowie das Wort ausgesprochen war, befand er sich zu Hause. Die langen weißen Gardinen hingen vor den Fenstern herab, und mitten auf dem Fußboden stand der schwarze Sarg. Darin lag er in seinem stillen Todesschlaf, sein Wunsch war erfüllt, der Körper ruhte, der Geist reiste. Preise niemanden glücklich, bevor er in seinem Grab ist, waren die Worte Solons, hier wurden sie aufs neue bekräftigt.

Jede Leiche ist eine Sphinx der Unsterblichkeit; auch die Sphinx in diesem schwarzen Sarkophag beantwortete uns nicht, was der Lebende zwei Tage vorher niedergeschrieben hatte:

Du starker Tod, dein Schweigen wecket Graun;
Du hinterläßt als Spur nur Kirchhofsgräber.
Soll nicht der Geist die Jakobsleiter schaun?
Nur auferstehn als Todesgartengräser?

Das größte Leiden sieht die Welt oft nicht!
Du, der du einsam warst bis an dein Ende,
Weit schwerer drückt das Herz so manche Pflicht,
Als hier die Erde an des Sarges Wände!

Zwei Gestalten bewegten sich im Zimmer. Wir kennen sie beide: es waren die Fee der Sorge und die Abgesandte des Glücks, sie beugten sich über den Toten.

»Siehst du«, sagte die Sorge. »Welches Glück haben wohl deine Galoschen der Menschheit gebracht?«

»Sie brachten wenigstens ihm, der hier schläft, ein dauerndes Gut!« antwortete die Freude.

»O nein!« sagte die Sorge. »Selbst ging er fort, er wurde nicht gerufen! Seine geistige Kraft war nicht stark genug, um die Schätze hier zu heben, die er seiner Bestimmung nach heben muß! Ich will ihm eine Wohltat erweisen!«

Und sie zog die Galoschen von seinen Füßen, da war der Todesschlaf beendet, der Wiederbelebte erhob sich. Die Sorge verschwand, mit ihr aber auch die Galoschen; sie hat sie gewiß als ihr Eigentum betrachtet.

Das Gänseblümchen

Nun hör einmal zu!

Draußen auf dem Lande, dicht am Weg, lag ein Landhaus; du hast es gewiß selbst einmal gesehen. Davor ist ein kleiner Garten mit Blumen und einem Staketenzaun, der gestrichen ist. Dicht dabei am Graben, mitten in dem schönsten grünen Gras, wuchs ein Gänseblümchen; die Sonne beschien es ebenso warm und schön wie die großen herrlichen Prachtblumen im Garten, und deshalb wuchs es von Stunde zu Stunde. Eines Morgens stand es mit seinen kleinen, leuchtendweißen Blättern, die wie Strahlen rings um die kleine gelbe Sonne in der Mitte sitzen, ganz entfaltet da. Es dachte gar nicht daran, daß es kein Mensch dort im Gras sähe und daß es ein armes, verachtetes Blümchen sei; nein, es war so vergnügt, es wandte sich der warmen Sonne gerade entgegen, sah zu ihr auf und horchte auf die Lerche, die in der Luft sang.

Das Gänseblümchen war so glücklich, als ob es ein großer Festtag wäre, und es war doch nur ein Montag. Alle Kinder waren in der Schule; während sie auf ihren Bänken saßen und etwas lernten, saß es auf seinem kleinen grünen Stiel und lernte auch von der warmen Sonne und allem ringsumher, wie gut Gott ist, und es gefiel ihm recht, daß die kleine Lerche alles, was es in der Stille fühlte, so deutlich und schön sang. Und das Gänseblümchen sah mit einer Art Ehrfurcht zu dem glücklichen Vogel auf, der singen und fliegen konnte, aber es war gar nicht betrübt, daß es das selbst nicht konnte. ›Ich sehe und höre ja!‹ dachte es, ›die Sonne bescheint mich, und der Wind küßt mich! Oh, wie reich bin ich doch beschenkt worden!‹

Innerhalb des Staketenzaunes standen so viele steife, vornehme Blumen, je weniger Duft sie hatten, um so mehr prunkten sie. Die Päonien bliesen sich auf, um größer als eine Rose zu sein; aber die Größe allein macht es nicht! Die Tulpen hatten die allerschönsten Farben, und das wußten sie wohl und hielten sich kerzengerade, damit man sie besser sehen möchte. Sie beachteten das Gänseblümchen da draußen gar nicht, aber das sah desto mehr nach ihnen und dachte: ›Wie sind sie reich und schön! Ja, zu ihnen fliegt gewiß der prächtige Vogel und besucht sie! Gott sei Dank, daß ich so nahe dabeistehe, so kann ich doch die Pracht auch sehen!‹ Und gerade als es das dachte, quivit! da kam die Lerche geflogen, aber nicht zu den Päonien und Tulpen – nein, ins Gras zu dem armen Gänseblümchen. Es erschrak vor lauter Freude, daß es gar nicht wußte, was es denken sollte.

Der kleine Vogel tanzte rings um das Gänseblümchen herum und sang: »Nein, wie weich ist doch das Gras! Und sieh, welch ein süßes Blümchen mit Gold im Herzen und Silber auf dem Kleid!« Der gelbe Punkt im Gänseblümchen sah ja auch aus wie Gold, und die kleinen Blätter ringsherum waren glänzend weiß.

Wie glücklich das Gänseblümchen war – nein, das kann niemand begreifen! Der Vogel küßte es mit seinem Schnabel, sang ihm vor und flog dann wieder in die blaue Luft hinauf. Es dauerte sicher eine ganze Viertelstunde, bevor das Blümchen sich erholen konnte. Halb verschämt und doch innig erfreut sah es nach den anderen Blumen im Garten. Sie hatten ja die Ehre und Glückseligkeit gesehen, die ihm widerfahren war, sie mußten ja begreifen, welche Freude es war. Aber die Tulpen standen noch einmal so steif wie vorher, und dann waren sie so spitz im Gesicht und so rot, denn sie hatten sich geärgert. Die Päonien waren ganz dickköpfig, buh! es war gut, daß sie nicht sprechen konnten, sonst hätte das Gänseblümchen eine ordentliche Zurechtweisung bekommen. Das arme Blümchen konnte wohl sehen, daß sie nicht bei guter Laune waren, und das tat ihm herzlich leid. Zur selben Zeit kam ein Mädchen mit einem großen scharfen und glänzenden Messer in den Garten; es ging gerade zu den Tulpen und schnitt eine nach der andern ab. »Uh!« seufzte das Gänseblümchen, »das ist ja schrecklich; nun ist es vorbei mit ihnen!« Dann ging das Mädchen mit den Tulpen fort. Das Gänseblümchen war froh darüber, daß es draußen im Gras stand und ein kleines, armes Blümchen war. Es fühlte sich so dankbar, und als die Sonne unterging, faltete es seine Blätter, schlief ein und träumte die ganze Nacht von der Sonne und dem kleinen Vogel.

Am nächsten Morgen, als das Blümchen wieder glücklich all seine weißen Blätter wie kleine Arme gegen Luft und Licht ausstreckte, erkannte es die Stimme des Vogels, aber es war so traurig, was er sang. Ja, die arme Lerche hatte guten Grund dazu, sie war gefangen worden und saß nun in einem Bauer, dicht am offenen Fenster. Sie sang davon, frei und glücklich umherzufliegen, sang von dem jungen, grünen Korn auf dem Feld und von der herrlichen Reise, die sie mit ihren Flügeln hoch in die Luft hinauf machen konnte. Der arme Vogel war nicht bei guter Laune, gefangen saß er da im Bauer.

Das Gänseblümchen wollte so gern helfen, aber wie sollte es das anfangen? Ja, das war schwer zu finden. Es vergaß ganz und gar, wie schön alles ringsumher stand, wie warm die Sonne schien und wie prächtig weiß seine Blätter aussahen. Ach, es konnte nur an den gefangenen Vogel denken, für den es gar nichts tun konnte.

Da kamen zwei kleine Knaben aus dem Garten, der eine trug ein Messer in der Hand, groß und scharf wie das, welches das Mädchen hatte, um die Tulpen abzuschneiden. Sie gingen gerade auf das Gänseblümchen zu, daß gar nicht begreifen konnte, was sie wollten.

»Hier können wir ein herrliches Rasenstück für die Lerche ausschneiden!« sagte der eine Knabe und begann ein Viereck einzuschneiden, so daß das Gänseblümchen mitten in dem Rasenstück stand.

»Reiß das Blümchen ab!« sagte der andere Knabe, und das Gänseblümchen zitterte vor Angst, denn abgerissen zu werden hieße ja das Leben verlieren; und nun wollte es so gern leben, weil es mit dem Rasenstück zu der gefangenen Lerche in das Bauer sollte.

»Nein, laß es stehen!« sagte der andere Knabe, »es schmückt so hübsch!« Und so blieb es stehen und kam mit in das Bauer zur Lerche.

Aber der arme Vogel klagte laut über seine verlorene Freiheit und schlug mit den Flügeln gegen den Eisendraht im Bauer. Das Gänseblümchen konnte nicht sprechen, kein tröstendes Wort sagen, so gern es auch wollte.

So verging der ganze Vormittag.

»Hier ist kein Wasser!« sagte die gefangene Lerche. »Sie sind alle ausgegangen und haben vergessen, mir einen Tropfen zu trinken zu geben. Mein Hals ist trocken und brennt! Es ist wie Feuer und Frost in mir, und die Luft ist so schwer! Ach, ich muß sterben, scheiden vom warmen Sonnenschein, vom frischen Grün, von all der Herrlichkeit, die Gott geschaffen hat!« Und dann bohrte sie ihren kleinen Schnabel in das kühle Rasenstück, um sich daran ein wenig zu erfrischen. Da fiel ihr Blick auf das Gänseblümchen, und der Vogel nickte ihm zu, küßte es mit dem Schnabel und sagte: »Du mußt hier drinnen auch vertrocknen, du

armes Blümchen! Dich und den kleinen Flecken mit grünem Gras hat man mir für die ganze Welt gegeben, die ich draußen hatte! Jeder kleine Grashalm soll mir ein grüner Baum, jedes deiner weißen Blätter eine duftende Blume sein! Ach, ihr erzählt mir nur, wieviel ich verloren habe!«

›Wer sie doch trösten könnte!‹ dachte das Gänseblümchen, aber es konnte kein Blatt bewegen; doch der Duft, der den feinen

Blättern entströmte, war viel stärker, als man ihn sonst bei diesen Blümchen findet. Das bemerkte der Vogel auch, und obwohl er vor Durst verschmachtete und in seinem Schmerz die grünen Grashalme abriß, rührte er doch das Blümchen nicht an.

Es wurde Abend, und noch kam niemand, der dem armen Vogel einen Wassertropfen brachte. Da streckte er seine hübschen Flügel aus und schüttelte sie krampfhaft, sein Gesang war ein wehmütiges Piep-piep, der kleine Kopf neigte sich dem Blümchen entgegen, und des Vogels Herz brach aus Mangel und Sehnsucht. Da konnte das Blümchen nicht wie am Abend vorher seine Blätter zusammenfalten und schlafen, es hing krank und traurig zur Erde nieder.

Erst am nächsten Morgen kamen die Knaben, und als sie den Vogel tot erblickten, weinten sie, weinten viele Tränen und gruben ihm ein niedliches Grab, das mit Blumenblättern geschmückt wurde. Die Leiche des Vogels kam in eine schöne rote Schachtel; königlich sollte er bestattet werden, der arme Vogel! Als er lebte und sang, vergaßen sie ihn, ließen ihn im Bauer sitzen und Mangel leiden; nun bekam er Schmuck und viele Tränen.

Aber das Rasenstück mit dem Gänseblümchen wurde in den Staub der Landstraße hinausgeworfen. Keiner dachte an das Gänseblümchen, das doch am meisten für den kleinen Vogel gefühlt hatte und das ihn so gern trösten wollte.

Der standhafte Zinnsoldat

Es waren einmal fünfundzwanzig Zinnsoldaten. Die waren alle Brüder, denn ein alter zinnerner Löffel hatte sie geboren. Das Gewehr hielten sie im Arm und das Gesicht geradeaus; rot und blau, so herrlich war ihre Uniform. Als der Deckel von der Schachtel abgenommen wurde, in der sie lagen, war das allererste Wort, das sie in dieser Welt hörten: ›Zinnsoldaten!‹ Das rief ein kleiner Knabe und klatschte in die Hände. Er hatte sie bekommen, denn es war sein Geburtstag, und er stellte sie nun auf dem Tisch auf. Der eine Soldat glich leibhaftig dem andern, nur ein einziger war etwas verschieden; er hatte nur ein Bein, denn er war zuletzt gegossen worden, und es war nicht mehr genug Zinn da, doch stand er ebenso fest auf seinem einen wie die anderen auf ihren zweien, und gerade er ist es, dem es merkwürdig erging.

Auf dem Tisch, wo sie aufgestellt wurden, stand vieles andere Spielzeug; was am meisten in die Augen fiel, war ein niedliches Schloß aus Papier. Durch die kleinen Fenster konnte man gerade

in die Säle hineinsehen. Vor dem Schloß standen kleine Bäume rings um einen kleinen Spiegel, der wie ein See aussehen sollte. Schwäne aus Wachs schwammen darauf und spiegelten sich. Das war alles niedlich, aber das niedlichste war doch eine kleine Jungfer, die mitten in der offenen Schloßtür stand. Sie war auch aus Papier ausgeschnitten, aber sie hatte einen Rock vom feinsten Linon an und ein kleines, schmales blaues Band über der Schulter, gerade wie ein Gewand; mitten darin saß eine glänzende Flitterrose, geradeso groß wie ihr ganzes Gesicht. Die kleine Jungfer streckte ihre beiden Arme aus, denn sie war eine Tänzerin; und dann hob sie das eine Bein so hoch empor, daß der Zinnsoldat es gar nicht finden konnte und glaubte, daß sie gerade wie er nur ein Bein habe.

›Das wäre eine Frau für mich!‹ dachte er, ›aber sie ist sehr vornehm, sie wohnt in einem Schloß. Ich habe nur eine Schachtel, und darin sind wir fünfundzwanzig; das ist kein Ort für sie! Doch ich muß sehen, daß ich ihre Bekanntschaft mache!‹ Und dann legte er sich, so lang er war, hinter eine Schnupftabakdose, die auf dem Tisch stand; da konnte er die kleine feine Dame richtig ansehen, die auf einem Bein stehenblieb, ohne aus der Balance zu kommen.

Als es Abend wurde, kamen all die andern Zinnsoldaten in ihre Schachtel, und die Leute im Haus gingen zu Bett. Nun fing das Spielzeug an zu spielen: Es kommt Besuch, Krieg führen und Ball geben. Die Zinnsoldaten rasselten in der Schachtel, denn sie wollten mit dabei sein, aber sie konnten den Deckel nicht abheben. Der Nußknacker machte Purzelbäume, und der Griffel vergnügte sich auf der Tafel; es war ein Lärm, daß der Kanarienvogel davon erwachte und anfing mitzuschwatzen, und zwar in Versen.

Die beiden einzigen, die sich nicht von der Stelle rührten, waren der Zinnsoldat und die kleine Tänzerin; sie hielt sich ganz gerade auf den Zehenspitzen und hatte beide Arme ausgebreitet; er war ebenso standhaft auf seinem einem Bein und wandte seine Augen keinen Augenblick von ihr.

Nun schlug die Uhr zwölf und, klatsch! da sprang der Deckel von der Schnupftabaksdose, aber es war kein Tabak darin, nein, sondern ein kleiner schwarzer Kobold; das war nämlich ein Kunststück.

»Zinnsoldat!« sagte der Kobold; »sieh doch nicht nach Dingen, die dich nichts angehen!«

Aber der Zinnsoldat tat, als ob er es nicht hörte.

»Na, warte nur bis morgen!« sagte der Kobold.

Als es nun Morgen wurde und die Kinder aufstanden, wurde der Zinnsoldat in das Fenster gestellt, und – war es nun der Kobold oder der Zugwind – auf einmal flog das Fenster auf und der Soldat fiel kopfüber vom dritten Stock hinunter. Das war eine schreckliche Fahrt! Er streckte das Bein gerade in die Höhe und blieb auf dem Tschako mit dem Bajonett zwischen den Pflastersteinen stehen.

Das Dienstmädchen und der kleine Knabe kamen sogleich hinunter, um zu suchen; aber obwohl sie beinahe auf ihn traten, konnten sie ihn doch nicht sehen. Hätte der Zinnsoldat gerufen: Hier bin ich!, so hätten sie ihn wohl gefunden; aber er fand es nicht passend, laut zu schreien, denn er war in Uniform.

Nun fing es an zu regnen; bald fielen die Tropfen dichter, es wurde ein ordentlicher Guß; als er vorbei war, kamen zwei Straßenjungen.

»Guck mal!« sagte der eine, »da liegt ein Zinnsoldat! Der muß Kahn fahren!«

Und dann machten sie einen Kahn aus einer Zeitung, setzten den Soldaten mitten hinein, und nun fuhr er den Rinnstein hinunter; beide Jungen liefen nebenher und klatschten in die Hände. Gott bewahre uns! was schlugen da für Wellen in dem Rinnstein, und welch ein Strom war da; ja, es hatte aber auch gegossen! Der Papierkahn schaukelte auf und nieder, und mitunter drehte er sich so geschwind, daß der Zinnsoldat zitterte; aber er blieb standhaft, verzog keine Miene, sah geradeaus und hielt das Gewehr im Arm.

Mit einemmal trieb der Kahn unter ein langes Rinnsteinbrett; da wurde es so dunkel, als wäre er in seiner Schachtel.

›Wo mag ich nun hinkommen?‹ dachte er. ›Ja, ja, daran ist der Kobold schuld! Ach, säße doch die kleine Dame hier im Kahn, dann könnte es hier gern noch einmal so dunkel sein!‹

Da kam plötzlich eine große Wasserratte, die unter dem Rinnsteinbrett wohnte.

»Hast du einen Paß?« fragte die Ratte. »Her mit dem Paß!«

Aber der Zinnsoldat schwieg still und hielt das Gewehr noch fester.

Der Kahn fuhr davon und die Ratte hinterher. Hu! wie fletschte sie die Zähne und rief den Holzspänen und dem Stroh zu: »Haltet ihn! Haltet ihn! Er hat keinen Zoll bezahlt! Er hat den Paß nicht gezeigt!«

Aber die Strömung wurde stärker und stärker; der Zinnsoldat konnte schon vorn, wo das Brett aufhörte, den hellen Tag erblikken, aber er hörte auch einen brausenden Ton, der wohl einen tapferen Mann erschrecken konnte. Denke nur, wo das Brett endete, stürzte der Rinnstein gerade in einen großen Kanal; das würde für ihn ebenso gefährlich sein wie für uns, einen großen Wasserfall hinunterzufahren.

Nun war er schon so nahe daran, daß er nicht mehr anhalten konnte. Der Kahn fuhr hinaus, der arme Zinnsoldat hielt sich so steif, wie er konnte; niemand sollte ihm nachsagen, daß er mit den Augen blinzelte. Der Kahn wirbelte drei-, viermal herum und war bis zum Rand mit Wasser gefüllt, er mußte sinken! Der Zinnsoldat stand bis zum Hals im Wasser, und tiefer und tiefer sank der Kahn, mehr und mehr löste das Papier sich auf; nun ging das Wasser über den Kopf des Soldaten. – Da dachte er an die kleine niedliche Tänzerin, die er nie mehr zu Gesicht bekommen sollte, und es klang in seinen Ohren:

Fahre hin, o Kriegersmann!
Den Tod mußt du erleiden!

Nun ging das Papier entzwei, und der Zinnsoldat stürzte hinab, wurde aber im selben Augenblick von einem großen Fisch verschlungen.

Oh, wie dunkel war es darin! Da war es noch schlimmer als unter dem Rinnsteinbrett; und dann war es dort so eng. Aber der Zinnsoldat blieb standhaft und lag, so lang er war, mit dem Gewehr im Arm.

Der Fisch schwamm hin und her, er machte die allerschrecklichsten Bewegungen; endlich wurde er ganz still. Es durchfuhr ihn wie ein Blitzstrahl, das Licht schien ganz hell, und einer rief laut: »Der Zinnsoldat!«

Der Fisch war gefangen, auf den Markt gebracht, verkauft worden und in die Küche gekommen, wo die Köchin ihn mit einem großen Messer aufschnitt. Sie faßte mit zwei Fingern den Soldaten mitten um den Leib und trug ihn in die Stube, wo alle einen so merkwürdigen Mann sehen wollten, der im Bauch eines Fisches herumgereist war. Aber der Zinnsoldat war gar nicht stolz. Sie stellten ihn auf den Tisch, und da – nein, wie seltsam kann es doch in der Welt zugehen! Der Zinnsoldat war in derselben Stube, in der er früher gewesen war; er sah dieselben Kinder, und dasselbe Spielzeug stand auf dem Tisch: das herrliche Schloß mit der niedlichen kleinen Tänzerin. Sie hielt sich noch auf dem einen Bein und hatte das andere hoch in der Luft, sie war auch standhaft. Das rührte den Zinnsoldaten; er war nahe daran, Zinn zu weinen, aber es gehörte sich nicht. Er sah sie an, und sie sah ihn an, aber sie sagten gar nichts.

Da nahm einer der kleinen Knaben den Soldaten und warf ihn

in den Ofen, und er gab keinen Grund dafür an; es war sicher der Kobold in der Dose, der schuld daran war.

Der Zinnsoldat stand im hellsten Licht und fühlte eine Hitze, die entsetzlich war; aber ob sie von dem wirklichen Feuer oder von der Liebe herrührte, das wußte er nicht. Die Farben waren ganz von ihm abgegangen; ob das auf der Reise geschehen oder ob der Kummer daran schuld war, konnte niemand sagen. Er sah die kleine Dame an, sie sah ihn an, und er fühlte, daß er schmolz; aber noch stand er standhaft mit dem Gewehr in Arm. Da ging eine Tür auf, der Wind ergriff die Tänzerin, und sie flog wie eine Sylphide gerade in den Ofen zum Zinnsoldaten, loderte in Flammen auf und fort war sie. Da schmolz der Zinnsoldat zu einem Klumpen, und als das Mädchen am folgenden Tag die Asche herausnahm, fand sie ihn als ein kleines Zinnherz. Von der Tänzerin dagegen war nur die Flitterrose da, und die war kohlschwarz gebrannt.

Die wilden Schwäne

Weit fort von hier, dort wohin die Schwalben fliegen, wenn wir Winter haben, wohnte ein König, der elf Söhne und eine Tochter, Elisa, hatte. Die elf Brüder waren Prinzen und gingen mit dem Stern auf der Brust und dem Säbel an der Seite in die Schule. Sie schrieben mit Diamantgriffeln auf Goldtafeln und lasen ebensogut vorwärts wie rückwärts; man konnte gleich hören, daß sie Prinzen waren. Die Schwester Elisa saß auf einem kleinen Schemel von Spiegelglas und hatte ein Bilderbuch, das das halbe Königreich gekostet hatte.

Oh, die Kinder hatten es sehr gut, aber so sollte es nicht immer bleiben!

Ihr Vater, der König über das ganze Land war, verheiratete sich mit einer bösen Königin, welche die armen Kinder gar nicht liebte. Schon am ersten Tag konnten sie es merken. Auf dem Schloß war ein großes Fest, und da spielten die Kinder: Es kommt Besuch; aber während sie sonst allen Kuchen und alle gebratenen Äpfel bekamen, die nur zu haben waren, gab sie ihnen bloß Sand in einer Teetasse und sagte, sie könnten so tun, als ob das etwas wäre.

Die Woche darauf brachte sie die kleine Schwester Elisa aufs Land zu Bauersleuten, und lange währte es nicht, da redete sie dem König so viel von den armen Prinzen ein, daß er sich gar nicht mehr um sie kümmerte.

»Fliegt hinaus in die Welt und sorgt für euch selbst«, sagte die böse Königin. »Fliegt als Vögel ohne Stimme!« Aber sie konnte es doch nicht so schlimm machen, wie sie gern wollte, die Prinzen wurden elf herrliche wilde Schwäne. Mit einem wunderlichen Schrei flogen sie aus den Schloßfenstern, weit über den Park in den Wald hinein.

Es war noch früh am Morgen, als sie dort vorbeikamen, wo die Schwester Elisa in der Stube des Bauern lag und schlief. Hier schwebten sie über dem Dach, drehten ihre langen Hälse und schlugen mit den Flügeln; aber niemand hörte oder sah es. Sie mußten wieder weiter, hoch zu den Wolken empor, weit hinaus in die große Welt; da flogen sie in einen großen, dunklen Wald, der sich bis an den Strand erstreckte.

Die arme kleine Elisa stand in der Stube des Bauern und spielte mit einem grünen Blatt, anderes Spielzeug hatte sie nicht. Sie stach ein Loch in das Blatt, sah hindurch und zur Sonne empor, da war es gerade, als sähe sie die klaren Augen ihrer Brüder; jedesmal, wenn die warmen Sonnenstrahlen auf ihre Wangen schienen, dachte sie an all ihre Küsse.

Ein Tag verging ebenso wie der andere. Strich der Wind durch die großen Rosenhecken vor dem Haus, so flüsterte er den Rosen zu: »Wer kann schöner sein als ihr?« Aber die Rosen schüttelten den Kopf und sagten: »Elisa ist schöner!« Und saß die alte Frau am Sonntag vor der Tür und las in ihrem Gesangbuch, so wendete der Wind die Blätter um und sagte zu dem Buch: »Wer kann frömmer sein als du?« – »Elisa ist frömmer!« sagte das Gesangbuch. Und es war die reine Wahrheit, was die Rosen und das Gesangbuch sagten.

Als sie fünfzehn Jahre alt war, sollte sie nach Hause, und als die Königin sah, wie schön sie war, wurde sie zornig und haßerfüllt. Gern hätte sie sie in einen wilden Schwan verwandelt wie die Brüder; aber das wagte sie nicht sogleich, weil ja der König seine Tochter sehen wollte.

Frühmorgens ging die Königin in das Bad, das aus Marmor erbaut und mit weichen Kissen und den schönsten Decken geschmückt war; sie nahm drei Kröten, küßte sie und sagte zur einen: »Setz dich auf Elisas Kopf, wenn sie in das Bad kommt, damit sie träge wird wie du! – Setz dich auf ihre Stirn«, sagte sie zur zweiten, »damit sie häßlich wird wie du, so daß ihr Vater sie nicht erkennt! – Ruhe an ihrem Herzen!« flüsterte sie der dritten zu, »laß sie einen bösen Sinn bekommen, damit sie daran leidet!« Dann setzte sie die Kröten in das klare Wasser, das sogleich eine grünliche Farbe bekam, rief Elisa, entkleidete sie und ließ sie in das Wasser steigen. Und als Elisa untertauchte, setzte sich die eine Kröte ihr aufs Haar, die zweite auf die Stirn und die dritte auf die Brust. Aber sie schien es nicht zu merken; sobald sie sich aufrichtete, schwammen drei rote Mohnblumen auf dem Wasser. Wären die Tiere nicht giftig gewesen und von der Hexe geküßt, so wären sie in rote Rosen verwandelt worden. Aber zu Blumen wurden sie doch, weil sie auf Elisas Kopf, ihrer Stirn und an ihrem Herzen geruht hatten. Sie war zu fromm und unschuldig, als daß ein Zauber Macht über sie haben konnte!

Als die böse Königin das sah, rieb sie Elisa mit Walnußsaft ein, so daß sie ganz schwarzbraun wurde, bestrich ihr das hübsche Gesicht mit einer stinkenden Salbe und ließ das herrliche Haar verfilzen. Es war unmöglich, die schöne Elisa wiederzuerkennen.

Als der Vater sie sah, erschrak er darum sehr und sagte, es sei nicht seine Tochter. Niemand außer dem Kettenhund und den Schwalben wollte sie erkennen; aber das waren arme Tiere, die nichts zu sagen hatten.

Da weinte die arme Elisa und dachte an ihre elf Brüder, die alle fort waren. Betrübt schlich sie sich aus dem Schloß davon und ging den ganzen Tag über Feld und Moor, bis in den großen Wald. Sie wußte gar nicht, wohin sie wollte, aber sie fühlte sich unsagbar traurig und sehnte sich nach ihren Brüdern; die waren gewiß ebenso wie sie in die Welt hinausgejagt worden, die wollte sie suchen und finden.

Nur kurze Zeit war sie im Wald gewesen, als die Nacht anbrach; sie war ganz vom Wege abgekommen, da legte sie sich auf das weiche Moos, betete ihr Abendgebet und lehnte ihren Kopf an einen Baumstumpf. Es war ganz still, die Luft war mild, und ringsumher im Gras und im Moos, leuchteten Hunderte von Johanniswürmchen wie ein grünes Feuer; als sie einen der Zweige leise mit der Hand berührte, fielen die leuchtenden Insekten wie Sternschnuppen zu ihr nieder.

Die ganze Nacht träumte sie von ihren Brüdern; sie spielten wieder als Kinder, schrieben mit den Diamantgriffeln auf die Goldtafeln und betrachteten das herrliche Bilderbuch, das das halbe Königreich gekostet hatte. Aber auf die Tafel schrieben sie nicht wie früher nur Nullen und Striche, sondern die mutigen Taten, die sie vollführt, alles, was sie erlebt und gesehen hatten; und im Bilderbuch war alles lebendig, die Vögel sangen, und die Menschen traten aus dem Buch heraus und sprachen mit Elisa und ihren Brüdern, aber wenn sie das Blatt umwendete, sprangen sie gleich wieder hinein, damit keine Verwirrung in die Bilder käme.

Als sie erwachte, stand die Sonne schon hoch. Sie konnte sie freilich nicht sehen, die hohen Bäume breiteten ihre Zweige dicht und fest aus. Aber die Strahlen spielten dort oben wie ein wehender Goldflor; da kam ein Duft aus dem Grün, und die Vögel setzten sich fast auf ihre Schultern. Sie hörte Wasser plätschern, das waren viele große Quellen, die alle in einen Weiher flossen, der den herrlichsten Sandboden hatte. Freilich wuchsen dort dichte Büsche ringsumher, aber an einer Stelle hatten die Hirsche eine große Öffnung gemacht, und hier ging Elisa zum Wasser hinunter. Es war so klar, und hätte der Wind nicht die Zweige und Büsche berührt, daß sie sich bewegten, so hätte sie glauben müssen, sie wären auf den Grund gemalt, so deutlich spiegelte sich dort jedes Blatt, das von der Sonne beschienene und das, das ganz im Schatten war.

Sobald Elisa ihr eigenes Gesicht erblickte, erschrak sie sehr, so braun und häßlich war es, doch als sie ihre kleine Hand benetzte und Augen und Stirn rieb, schimmerte die weiße Haut wieder durch. Da legte sie all ihre Kleider ab und ging in das frische Wasser. Ein schöneres Königskind als sie fand sich nirgends in dieser Welt!

Als sie sich wieder angekleidet und ihr langes Haar geflochten hatte, ging sie zur sprudelnden Quelle, trank aus der hohlen Hand und wanderte tiefer in den Wald hinein, ohne selbst zu wissen wohin. Sie dachte an ihre Brüder, dachte an den lieben Gott, der sie gewiß nicht verlassen würde. Er ließ die wilden Waldäpfel wachsen, um die Hungrigen zu sättigen, und zeigte ihr einen solchen Baum, dessen Zweige sich unter der Last der Früchte bogen. Hier hielt sie ihr Mittagsmahl, setzte Stützen unter die Zweige und ging dann in den dunkelsten Teil des Waldes. Da war es so still, daß sie ihre eigenen Fußtritte hörte, jedes kleine dürre Blatt unter ihren Füßen raschelte. Nicht ein Vogel war dort zu sehen, nicht ein Sonnenstrahl konnte durch die großen, dichten Zweige dringen; die hohen Stämme standen ganz nahe beisammen; wenn sie geradeaus sah, schien es ihr, als ob ein Balkengitter dicht am andern sie umschlösse. Oh, hier war eine Einsamkeit, die sie früher nie gekannt!

Die Nacht wurde sehr dunkel, nicht ein einziger kleiner Johanniswurm leuchtete im Moos. Betrübt legte sie sich nieder, um zu schlafen. Da schien es ihr, als ob die Baumzweige über ihr sich zur Seite neigten und der liebe Gott mit milden Augen auf sie niedersah; und kleine Engel guckten über seinem Kopf und unter seinen Armen hervor.

Als sie am Morgen erwachte, wußte sie nicht, ob sie es geträumt hatte oder ob es wirklich so gewesen war.

Sie ging ein paar Schritte weiter, da begegnete ihr eine alte Frau mit einem Korb voll Beeren; die Alte gab ihr einige davon. Elisa fragte, ob sie nicht elf Prinzen durch den Wald habe reiten sehen.

»Nein!« sagte die Alte, »aber gestern sah ich elf Schwäne mit Goldkronen auf dem Kopf den Fluß hier nahebei hinunterschwimmen!«

Und sie führte Elisa ein Stück weiter zu einem Abhang, an dessen Fuße sich ein Flüßchen dahinschlängelte; die Bäume an seinen Ufern streckten ihre langen, blattreichen Zweige einander entgegen, und wo sie, ihrem natürlichen Wuchs nach, nicht zusammenfinden konnten, dort hatten sich die Wurzeln aus der Erde gelöst und hingen ineinander verschlungen über dem Wasser.

Elisa sagte der Alten Lebewohl und ging den Fluß entlang, bis dahin, wo er sich in die große, offene See ergoß.

Das ganze herrliche Meer lag vor dem jungen Mädchen, aber nicht ein Segel zeigte sich darauf, nicht ein Boot war da zu sehen. Wie sollte sie nun weiterkommen? Sie betrachtete die unzähligen kleinen Steine am Ufer; das Wasser hatte sie alle rund geschliffen. Glas, Eisen, Steine, alles, was dort angespült lag, hatte seine Form durch das Wasser bekommen, das doch viel weicher war als ihre feine Hand. »Es rollt unermüdlich fort, und so glättet sich das Harte; ich will ebenso unermüdlich sein. Dank für eure Lehre, ihr klaren, rollenden Wogen; einst, das sagt mir mein Herz, werdet ihr mich zu meinen lieben Brüdern tragen!«

Auf dem angespülten Tang lagen elf weiße Schwanenfedern; sie sammelte sie zu einem Strauß. Wassertropfen lagen darauf, ob es Tautropfen oder Tränen waren, konnte niemand sehen. Einsam war es dort am Strand, aber sie fühlte es nicht, denn das Meer bot ewige Abwechslung dar, ja in wenigen Stunden mehr, als die Binnenseen mit süßem Wasser in einem ganzen Jahr aufweisen können. Kam eine große schwarze Wolke, so war es, als ob das Meer sagen wollte: ›Ich kann auch finster aussehen‹, und dann blies der Wind, und die Wogen kehrten das Weiße nach außen. Schienen aber die Wolken rot und schlief der Wind, so war das Meer wie ein Rosenblatt; bald wurde es grün, bald weiß. Aber wie still es auch ruhte, am Ufer war doch eine leise Bewegung; das Wasser hob sich sacht, wie die Brust eines schlafenden Kindes.

Als die Sonne untergehen wollte, sah Elisa elf wilde Schwäne mit Goldkronen auf den Köpfen dem Land zufliegen, sie schwebten einer hinter dem andern, es sah aus wie ein langes weißes Band. Da stieg Elisa den Abhang hinauf und verbarg sich hinter einem Busch; die Schwäne ließen sich nahe bei ihr nieder und schlugen mit ihren großen weißen Schwingen.

Sowie die Sonne ins Meer sank, fielen plötzlich die Schwanengefieder, und elf schöne Prinzen, Elisas Brüder, standen da. Sie stieß einen lauten Schrei aus; obwohl sie sich sehr verändert hatten, wußte sie doch, daß sie es waren, fühlte sie, daß sie es sein mußten. Und sie sprang in ihre Arme und nannte sie bei Namen, und die Prinzen waren so glücklich, als sie ihre kleine Schwester sahen und erkannten, die nun groß und schön geworden war. Sie lachten und weinten, und bald hatten sie einander erzählt, wie böse ihre Stiefmutter gegen sie alle gewesen war.

»Wir Brüder«, sagte der älteste, »fliegen als wilde Schwäne, solange die Sonne am Himmel steht; sobald sie untergegangen ist, bekommen wir unsere menschliche Gestalt wieder. Darum müssen wir immer darauf bedacht sein, bei Sonnenuntergang festen Boden unter den Füßen zu haben, denn fliegen wir dann noch in den Wolken, so müssen wir als Menschen in die Tiefe stürzen. Hier wohnen wir nicht; es liegt ein ebenso schönes Land jenseits des Meeres. Aber der Weg dahin ist weit, wir müssen über das große Wasser, und es findet sich keine Insel auf unserem Weg, wo wir übernachten könnten, nur eine einsame kleine Klippe ragt in der Mitte hervor; sie ist nur so groß, daß wir Seite an Seite darauf ruhen können. Ist die See stark bewegt, so spritzt das Wasser hoch über uns hinweg; und doch danken wir Gott dafür. Dort übernachten wir in unserer Menschengestalt, ohne die Klippe könnten wir niemals unser liebes Heimatland besuchen, denn zwei der längsten Tage des Jahres brauchen wir zu unserem Flug. Nur einmal im Jahr ist es uns vergönnt, unser Vaterhaus zu sehen; elf Tage dürfen wir hierbleiben, über den großen Wald fliegen, von wo wir das Schloß erblicken können, in dem wir geboren wurden und wo unser Vater wohnt, und den hohen Kirchturm, wo die Mutter begraben ist. Hier kommt es uns vor, als wären Bäume und Büsche mit uns verwandt, hier laufen die wilden Pferde über die Ebene, wie wir es in unserer Kindheit gesehen, hier singt der Kohlenbrenner die alten Lieder, nach denen wir als Kinder tanzten, hier ist unser Vaterland, hierhin zieht es uns, und hier haben wir dich gefunden, du liebe kleine Schwester! Zwei Tage dürfen wir noch bleiben, dann müssen wir fort über das Meer, nach einem herrlichen Land, das aber nicht unser Vaterland ist! Wie nehmen wir dich mit? Wir haben weder Schiff noch Boot!«

»Wie kann ich euch erlösen?« fragte die Schwester. Und sie sprachen die ganze Nacht miteinander und schlummerten nur wenige Stunden.

Elisa erwachte von dem Schlag der Schwanenflügel, die über ihr brausten. Die Brüder waren wieder verwandelt und flogen große Kreise und schließlich weit fort, aber der jüngste blieb zurück; und der Schwan legte den Kopf in ihren Schoß, und sie streichelte seine weißen Flügel; den ganzen Tag waren sie beisammen. Gegen Abend kamen die andern zurück, und als die

Sonne untergegangen war, hatten sie ihre natürliche Gestalt wieder.

»Morgen fliegen wir von hier fort und dürfen vor Ablauf eines ganzen Jahres nicht zurückkehren. Aber dich können wir nicht so verlassen! Hast du Mut, uns zu folgen? Mein Arm ist stark genug, dich durch den Wald zu tragen, sollten wir da nicht alle so starke Flügel haben, um mit dir über das Meer zu fliegen?«

»Ja, nehmt mich mit!« sagte Elisa.

Die ganze Nacht brachten sie damit zu, aus der geschmeidigen Weidenrinde und dem zähen Schilf ein Netz zu flechten, und das wurde groß und fest. Elisa legte sich darauf, und als die Sonne hervortrat und die Brüder in wilde Schwäne verwandelt wurden, ergriffen sie das Netz mit ihren Schnäbeln und flogen mit ihrer lieben Schwester, die noch schlief, hoch zu den Wolken empor. Die Sonnenstrahlen fielen ihr gerade ins Gesicht, darum flog einer der Schwäne über ihrem Kopf, damit seine breiten Schwingen ihr Schatten geben konnten.

Sie waren weit vom Land entfernt, als Elisa erwachte; sie glaubte noch zu träumen, so seltsam kam es ihr vor, hoch durch die Luft über das Meer getragen zu werden. Neben ihr lag ein Zweig mit herrlichen reifen Beeren und ein Bündel wohlschmekkender Wuzeln; die hatte der jüngste der Brüder gesammelt und ihr hingelegt. Sie lächelte ihn dankbar an, denn sie erkannte ihn; er war es, der über ihrem Kopf flog und sie mit seinen Schwingen beschattete.

Sie waren so hoch, daß das erste Schiff, das sie unter sich erblickten, wie eine weiße Möwe aussah, die auf dem Wasser lag. Eine große Wolke stand hinter ihnen, das war ein Berg, und auf diesem sah Elisa ihren eigenen Schatten und den der elf Schwäne, so riesengroß flogen sie dahin. Das war ein Bild, prächtiger, als sie es je gesehen. Doch als die Sonne höher stieg und die Wolke weiter zurückblieb, verschwand das schwebende Schattenbild.

Den ganzen Tag flogen sie wie ein sausender Pfeil durch die Luft; aber es ging doch langsamer als sonst, denn jetzt hatten sie die Schwester zu tragen. Es zog ein böses Wetter auf, der Abend brach herein, ängstlich sah Elisa die Sonne sinken, und noch war die einsame Klippe im Meer nicht zu erblicken. Es kam ihr vor, als machten die Schwäne stärkere Schläge mit den Flügeln. Ach!

sie war schuld daran, daß sie nicht rasch genug vorwärts kamen. Wenn die Sonne untergegangen war, mußten sie Menschen werden, in das Meer stürzen und ertrinken. Da betete sie aus tiefstem Herzen zum lieben Gott, aber noch erblickte sie die Klippe nicht. Die schwarze Wolke kam näher, die starken Windstöße verkündeten Sturm, die Wolken standen als eine einzige große, drohende Woge da, die fast wie Blei vorwärtsjagte; Blitz auf Blitz zuckte.

Nun war die Sonne gerade am Rand des Meeres. Elisas Herz bebte; da schossen die Schwäne hinab, so schnell, das sie zu fallen glaubte, aber nun schwebten sie wieder. Die Sonne war halb unter dem Wasser, da erst erblickte sie die kleine Klippe unter sich, die nicht größer aussah als ein Seehund, der den Kopf aus dem Wasser steckt. Die Sonne sank sehr schnell, nun war sie nur noch wie ein Stern; da berührte ihr Fuß den festen Grund, die Sonne erlosch wie der letzte Funke im brennenden Papier. Arm in Arm sah sie die Brüder um sich stehen; aber mehr Platz als gerade für die Geschwister war auch nicht da. Die See schlug gegen die Klippe und ging wie Sprühregen über sie hin; der Himmel leuchtete in einem stetig flammenden Feuer, und Schlag auf Schlag rollte der Donner; aber Schwester und Brüder hielten sich an den Händen und sangen Choräle, aus denen sie Trost und Mut schöpften.

In der Morgendämmerung war die Luft rein und still; sobald die Sonne emporstieg, flogen die Schwäne mit Elisa von der Insel fort. Die Wogen gingen noch hoch; als sie in der Luft schwebten, schienen die weißen Schaumköpfe auf der schwarzgrünen See Millionen Schwäne zu sein, die auf dem Wasser schwammen.

Als die Sonne höher stieg, sah Elisa vor sich, halb in der Luft schwimmend, ein Bergland mit glänzenden Eismassen auf den Felsen; und mitten darauf erhob sich ein wohl meilenlanges Schloß, mit einem kühnen Säulengang über dem andern; unten wogten Palmenwälder und Prachtblumen so groß wie Mühlräder. Sie fragte, ob dies das Land sei, wohin sie wollten, aber die Schwäne schüttelten den Kopf, denn das, was sie sah, war das herrliche, allzeit wechselnde Wolkenschloß der Fata Morgana, dahin durften sie keinen Menschen bringen. Elisa starrte es an, da stürzten Berge, Wälder und Schloß zusammen, und zwanzig stolze Kirchen, alle einander gleich, mit hohen Türmen und spitzen Fenstern standen vor ihnen. Sie glaubte die Orgel zu hören, aber es war das Meer, das sie hörte. Nun war sie den Kirchen ganz nahe, da wurden sie zu einer ganzen Flotte, die unter ihr dahinsegelte; doch als sie hinuntersah, waren es nur Seenebel, die über das Wasser glitten. So hatte sie ewige Abwechslung vor Augen, bis sie das wirkliche Land erblickte, in das sie wollten; dort erhoben sich herrliche blaue Berge mit Zedernwäldern, Städten und Schlössern. Lange, bevor die Sonne unterging, saß sie auf dem Felsen vor einer großen Höhle, die mit feinen grünen Schlingpflanzen bewachsen war; es sah aus, als wären es gestickte Teppiche.

»Nun wollen wir sehen, was du diese Nacht hier träumst«, sagte der jüngste Bruder und zeigte ihr ihre Schlafkammer.

»Wenn ich doch träumte, wie ich euch erlösen kann « sagte sie. Und dieser Gedanke beschäftigte sie lebhaft; sie betete inbrünstig zu Gott um seine Hilfe, ja, selbst im Schlaf betete sie noch. Da kam es ihr vor, als ob sie hoch durch die Luft fliege, zum Wolkenschloß der Fata Morgana; und die Fee kam ihr entgegen, schön und glänzend; und doch glich sie ganz der alten Frau, die ihr Beeren im Walde gegeben und ihr von den Schwänen mit den Goldkronen erzählt hatte.

›Deine Brüder können erlöst werden‹, sagte sie; ›aber hast du Mut und Ausdauer? Wohl ist das Wasser weicher als deine feinen Hände, und doch formt es die harten Steine um, aber es fühlt nicht die Schmerzen, die deine Finger fühlen werden; es hat kein Herz, leidet nicht Angst und Qual, die du aushalten mußt. Siehst du die Brennessel, die ich in meiner Hand halte? Von dieser Art wachsen viele rings um die Höhle, wo du schläfst; nur die dort und auch die, welche auf den Gräbern des Kirchhofs wachsen, sind tauglich, merk dir das. Die mußt du pflücken, obwohl sie deine Hand voll Blasen brennen werden. Brichst du die Nesseln mit deinen Füßen, so erhältst du Flachs; daraus mußt du elf Panzerhemden mit langen Ärmeln flechten und binden; wirfst du sie über die elf Schwäne, so ist der Zauber gelöst. Aber bedenke wohl, daß du von dem Augenblick an, wo du die Arbeit beginnst, bis sie vollendet ist, nicht sprechen darfst, wenn auch Jahre darüber vergehen; das erste Wort, das du sprichst, geht als tödlicher

Dolch in die Herzen deiner Brüder! An deiner Zunge hängt ihr Leben. Merk dir das alles wohl!«

Und gleichzeitig berührte sie ihre Hand mit der Nessel; es war wie ein brennendes Feuer, von dem Elisa erwachte. Es war heller Tag, und dicht neben ihr, wo sie geschlafen, lag eine Nessel gleich der, die sie im Traum gesehen hatte. Da fiel sie auf ihre Knie, dankte und ging aus der Höhle, um ihre Arbeit zu beginnen.

Mit ihren feinen Händen griff sie in die häßlichen Nesseln, die waren wie Feuer, sie brannten große Blasen in ihre Hände und Arme; aber gern wollte sie es leiden, wenn sie nur die lieben Brüder erlösen konnte. Sie brach jede Nessel mit ihren bloßen Füßen und flocht den grünen Flachs.

Als die Sonne untergegangen war, kamen die Brüder und erschraken, sie so stumm zu finden; sie glaubten, es wäre ein neuer Zauber der bösen Stiefmutter. Aber als sie ihre Hände sahen, begriffen sie, was sie ihretwegen tat, und der jüngste Bruder weinte, und wo seine Tränen hinfielen, fühlte sie keine Schmerzen, verschwanden die brennenden Blasen.

Die Nacht brachte sie mit ihrer Arbeit zu, denn sie hatte keine Ruhe, bevor sie die lieben Brüder erlöst hatte. Den ganzen folgenden Tag, während die Schwäne fort waren, saß sie in ihrer Einsamkeit; aber niemals war die Zeit so schnell entflohen. Ein Panzerhemd war schon fertig, nun fing sie das nächste an.

Da ertönte ein Jagdhorn zwischen den Bergen; ihr wurde ganz ängstlich. Der Ton kam näher, sie hörte Hunde bellen; erschrokken floh sie in die Höhle, band die Nesseln, die sie gesammelt und gehechelt hatte, zu einem Bündel zusammen und setzte sich darauf.

Sogleich kam ein großer Hund aus dem Gebüsch gesprungen, und dann noch einer und noch einer; sie bellten laut, liefen zurück und kamen abermals. Es währte nicht lange, da standen alle Jäger vor der Höhle, und der schönste unter ihnen war der König des Landes. Er trat auf Elisa zu, niemals hatte er ein schöneres Mädchen gesehen.

»Wie bist du hierhergekommen, du schönes Kind?« fragte er. Elisa schüttelte den Kopf, sie durfte ja nicht sprechen, es galt die Erlösung und das Leben ihrer Brüder. Und sie verbarg die Hände unter der Schürze, damit der König nicht sehen möge, was sie leiden mußte.

»Komm mit mir!« sagte er, »hier darfst du nicht bleiben. Bist du so gut, wie du schön bist, so will ich dich in Samt und Seide kleiden, eine Goldkrone auf dein Haupt setzen, und du sollst in meinem reichsten Schloß wohnen!« – Dann hob er sie auf sein Pferd. Sie weinte und rang die Hände, aber der König sagte: »Ich will nur dein Glück! Einst wirst du mir dafür danken!« Und so jagte er fort über die Berge und hielt sie vor sich auf dem Pferd, und die Jäger jagten hinterher.

Als die Sonne unterging, lag die schöne Königsstadt mit Kirchen und Kuppeln vor ihnen, und der König führte sie in das Schloß, wo große Springbrunnen in hohen Marmorsälen plätscherten, wo Wände und Decken mit Gemälden prangten. Aber sie hatte keine Augen dafür, sie weinte und trauerte. Willig ließ sie sich von den Frauen königliche Kleider anlegen, Perlen ins Haar flechten und feine Handschuhe über die verbrannten Finger ziehen. Als sie in all ihrer Pracht dastand, war sie so blendend schön, daß der Hof sich tief vor ihr verneigte. Und der König erkor sie zu seiner Braut, obwohl der Erzbischof den Kopf schüttelte und flüsterte, daß das schöne Waldmädchen gewiß eine Hexe sei, sie blende die Augen und betöre das Herz des Königs.

Aber der König hörte nicht darauf, ließ die Musik ertönen, die köstlichsten Gerichte auftragen und die lieblichsten Mädchen um sie herum tanzen. Und sie wurde durch duftende Gärten in prächtige Säle geführt; aber nicht ein Lächeln kam auf ihre Lippen oder in ihre Augen, darin stand nur Trauer als ihr ewiges Erbe und Eigen. Nun öffnete der König eine kleine Kammer dicht daneben, wo sie schlafen sollte; die war mit köstlichen grünen Teppichen geschmückt und glich ganz der Höhle, in der sie gelebt hatte; auf dem Fußboden lag das Bund Flachs, das sie aus den Nesseln gesponnen hatte, und unter der Decke hing das Panzerhemd, das fertiggestrickt war. Alles das hatte einer der Jäger als eine Kuriosität mitgenommen.

»Hier kannst du dich in dein früheres Heim zurückträumen!« sagte der König. »Hier ist die Arbeit, die dich dort beschäftigte; inmitten all deiner Pracht wird es dich belustigen, an jene Zeit zurückzudenken.«

Als Elisa das sah, was ihrem Herzen so nahe lag, spielte ein Lächeln um ihren Mund, und das Blut kehrte in ihre Wangen zurück. Sie dachte an die Erlösung ihrer Brüder, küßte dem König die Hand, und er drückte sie an sein Herz und ließ durch alle Kirchenglocken das Hochzeitsfest verkünden. Das schöne, stumme Mädchen aus dem Wald wurde die Königin des Landes.

Da flüsterte der Erzbischof dem König böse Worte ins Ohr, aber sie drangen nicht bis in sein Herz. Die Hochzeit sollte stattfinden; der Erzbischof selbst mußte ihr die Krone auf das Haupt setzen, und er drückte mit bösem Sinn den engen Reif fest auf ihre Stirn, so daß es schmerzte. Doch ein schwerer Reif lag um ihr Herz, die Trauer um ihre Brüder. Sie fühlte nicht die körperlichen Leiden. Ihr Mund war stumm; ein einziges Wort würde ja ihre Brüder das Leben kosten; aber in ihren Augen lag tiefe Liebe zu dem guten, schönen König, der alles tat, um sie zu erfreuen. Von ganzem Herzen gewann sie ihn von Tag zu Tag lieber; oh, daß sie sich ihm nur anvertrauen und ihr Leid klagen dürfte! Doch stumm mußte sie sein, stumm mußte sie ihr Werk vollbringen. Darum schlich sie sich des Nachts von seiner Seite, ging in die kleine, verborgene Kammer, die wie die Höhle geschmückt war, und strickte ein Panzerhemd nach dem andern fertig. Aber als sie das siebente begann, hatte sie keinen Flachs mehr.

Auf dem Kirchhof, das wußte sie, wuchsen die Nesseln, die sie brauchte, aber die mußte sie selbst pflücken; wie sollte sie dahinaus gelangen!

›Oh, was ist der Schmerz in meinen Fingern gegen die Qual, die mein Herz erleidet!‹ dachte sie. ›Ich muß es wagen! Der Herr wird seine Hand nicht von mir abziehen!‹ Mit einer Herzensangst, als sei es eine böse Tat, was sie vorhabe, schlich sie sich in der mondhellen Nacht in den Garten und ging durch die Alleen und durch die einsamen Straßen zum Krichhof. Da sah sie auf einem der breitesten Grabsteine einen Kreis Lamien sitzen, häßliche Hexen, die ihre Lumpen auszogen, als ob sie sich baden wollten, und dann wühlten sie mit den langen, mageren Fingern die frischen Gräber auf, holten die Leichen heraus und fraßen das Fleisch. Elisa mußte dicht an ihnen vorbei, und sie hefteten ihre bösen Blicke auf sie; aber sie betete still, sammelte die brennenden Nesseln und trug sie heim ins Schloß.

Nur ein einziger Mensch hatte sie gesehen, der Erzbischof; er wachte, wenn die andern schliefen. Nun hatte er doch recht, daß es mit der Königin nicht sei, wie es sein sollte; sie war eine Hexe, darum hatte sie den König und das ganze Volk betört.

Im Beichtstuhl sagte er dem König, was er gesehen hatte und was er befürchtete. Und als diese harten Worte aus seinem Munde kamen, schüttelten die geschnitzten Heiligenbilder die Köpfe, als wenn sie sagen wollten: ›Es ist nicht so! Elisa ist unschuldig!‹ Aber der Erzbischof legte es anders aus; er meinte, daß sie gegen sie zeugten, daß sie die Köpfe über ihre Sünde schüttelten. Da rollten dem König zwei schwere Tränen die Wangen herab; er ging nach Hause, mit Zweifel im Herzen, und stellte sich nachts, als ob er schlafe. Aber es kam kein Schlaf in seine Augen, er merkte, wie Elisa aufstand, und jede Nacht wiederholte sich das, und jedesmal folgte er ihr leise und sah, daß sie in ihrer Kammer verschwand.

Von Tag zu Tag wurde seine Miene finsterer; Elisa sah es, begriff aber nicht warum, doch es ängstigte sie, und was litt sie nicht im Herzen für die Brüder! Auf den königlichen Samt und Purpur rannen ihre heißen Tränen; sie lagen da wie schimmernde Diamanten, und alle, die die reiche Pracht sahen, wünschten Königin zu sein. Inzwischen war sie bald mit ihrer Arbeit fertig; nur ein Panzerhemd fehlte noch; aber Flachs hatte sie nicht mehr und nicht eine einzige Nessel. Einmal, nur dieses letzte Mal, mußte sie auf den Kirchhof und einige Hände voll pflücken. Sie dachte mit Angst an die einsame Wanderung und an die schrecklichen Lamien, aber ihr Wille war so fest wie ihr Vertrauen zu Gott.

Elisa ging, aber der König und der Erzbischof folgten ihr. Sie sahen sie durch die Gitterpforte im Kirchhof verschwinden, und als sie sich der Pforte näherten, saßen die Lamien auf dem Grabstein, wie Elisa sie gesehen hatte; und der König wandte sich ab, denn unter ihnen vermutete er die, deren Kopf noch diesen Abend an seiner Brust geruht hatte.

»Das Volk muß sie richten!« sagte er. Und das Volk verurteilte sie zum Feuertod.

Aus den prächtigen Königssälen wurde sie in ein dunkles, feuchtes Loch geführt, wo der Wind durch das vergitterte Fenster pfiff; statt Samt und Seide gab man ihr das Bund Nesseln, welches sie gesammelt hatte, darauf konnte sie ihr Haupt legen; die harten, brennenden Panzerhemden, die sie gestrickt hatte, sollten ihr Kissen und Decken sein. Aber nichts Lieberes hätte man ihr geben können; sie nahm ihre Arbeit wieder vor und betete zu Gott. Draußen sangen die Straßenjungen Spottlieder auf sie; keine Seele tröstete sie mit einem freundlichen Wort.

Da schwirrten gegen Abend dicht am Gitter Schwanenflügel, das war der jüngste der Brüder. Er hatte die Schwester gefunden; und sie schluchzte laut vor Freude, obwohl sie wußte, daß die kommende Nacht vielleicht die letzte sein würde, die sie erleben durfte; aber nun war ja auch die Arbeit fast vollendet, und ihre Brüder waren da.

Der Erzbischof kam, um in der letzten Stunde bei ihr zu sein, das hatte er dem König versprochen. Aber sie schüttelte den Kopf und bat ihn mit Blicken und Mienen zu gehen. In dieser Nacht mußte sie ja ihre Arbeit vollenden, oder alles war umsonst, alles, Schmerz, Tränen und die schlaflosen Nächte. Der Erzbischof entfernte sich mit bösen Worten gegen sie, aber die arme Elisa wußte, daß sie unschuldig war, und fuhr in ihrer Arbeit fort.

Die kleinen Mäuse liefen über den Fußboden; sie schleppten Nesseln zu ihren Füßen hin, um zu helfen, und die Drossel setzte sich an das Gitter des Fensters und sang die ganze Nacht, so lustig sie konnte, damit Elisa nicht den Mut verlieren möchte.

Es dämmerte noch, erst in einer Stunde würde die Sonne aufgehen, da standen die elf Brüder an der Pforte des Schlosses und verlangten, vor den König geführt zu werden. Das könne nicht geschehen, wurde geantwortet; es wäre ja noch Nacht, der König schlafe und dürfe nicht geweckt werden. Sie baten, sie drohten, die Wache kam, ja selbst der König trat heraus und fragte, was das bedeute. Da ging die Sonne auf, und nun waren keine Brüder mehr zu sehen, aber über das Schloß flogen elf weiße Schwäne.

Aus dem Stadttor strömte das ganze Volk, alle wollten die Hexe brennen sehen. Ein alter Gaul zog den Karren, auf dem sie saß; man hatte ihr einen Kittel von grobem Sackleinen angezogen; ihr herrliches langes Haar hing aufgelöst um den schönen Kopf; ihre Wangen waren totenblaß, ihre Lippen bewegten sich leise, während die Finger den grünen Flachs flochten. Selbst auf dem Weg zum Tode unterbrach sie die begonnene Arbeit nicht; die zehn Panzerhemden lagen zu ihren Füßen, am elften strickte sie noch. Der Pöbel verhöhnte sie. »Seht die Hexe, wie sie murmelt! Kein Gesangbuch hat sie in der Hand; nein, mit ihrem häßlichen Zauberkram sitzt sie da; reißt es in tausend Stücke!«

Und sie drangen alle auf sie ein und wollten die Panzerhemden zerreißen; da kamen elf weiße Schwäne geflogen, die setzten sich rings um sie her auf den Karren und schlugen mit ihren großen Schwingen. Da wich der Haufe erschrocken zur Seite.

»Das ist ein Zeichen des Himmels! Sie ist gewiß unschuldig!« flüsterten viele. Aber sie wagten nicht, es laut zu sagen.

Jetzt ergriff der Henker sie bei der Hand; da warf sie hastig die elf Panzerhemden über die Schwäne, und sogleich standen elf schöne Prinzen da. Aber der jüngste hatte einen Schwanenflügel statt des einen Armes, denn es fehlte ein Ärmel in seinem Panzerhemd, den hatte sie nicht fertigbekommen.

»Nun darf ich sprechen!« sagte sie. »Ich bin unschuldig!«

Und als das Volk sah, was geschehen war, neigte es sich vor ihr wie vor einer Heiligen, aber sie sank leblos in die Arme der Brüder, so hatten Spannung, Angst und Schmerz auf sie gewirkt.

»Ja, unschuldig ist sie«, sagte der älteste Bruder, und nun erzählte er alles, was geschehen war. Und während er sprach, verbreitete sich ein Duft, wie von Millionen Rosen, denn jedes Stück Brennholz im Scheiterhaufen hatte Wurzel geschlagen und Zweige getrieben; es stand eine duftende Hecke da, hoch und groß, mit roten Rosen; ganz oben saß eine Blüte, weiß und glänzend, sie leuchtete wie ein Stern. Die pflückte der König und steckte sie an Elisas Brust, da erwachte sie mit Frieden und Glückseligkeit im Herzen.

Und alle Kirchenglocken läuteten von selbst, und die Vögel kamen in großen Scharen. Es wurde ein Hochzeitszug zurück zum Schloß, wie ihn noch kein König gesehen hatte!

Der Paradiesgarten

Es war einmal ein Königssohn; niemand hatte so viele und so schöne Bücher wie er; alles, was in dieser Welt geschehen war, konnte er darin lesen und in prächtigen Bildern sehen. Über jedes Volk und jedes Land konnte er Auskunft erhalten, aber wo der Garten des Paradieses zu finden sei, davon stand kein Wort darin; und der, gerade der war es, an den er am meisten dachte.

Als er noch klein war, aber in die Schule kommen sollte, hatte seine Großmutter ihm erzählt, daß jede Blume im Paradiesgarten der süßeste Kuchen und die Staubfäden der feinste Wein wären; auf der einen stünde Geschichte, auf der anderen Geographie oder das Einmaleins; man brauchte nur Kuchen zu essen, so könnte man seine Aufgaben; je mehr man äße, um so mehr Geschichte, Geographie und Einmaleins wüßte man.

Das glaubte er damals. Aber als er schon ein größerer Knabe war, mehr lernte und klüger wurde, begriff er wohl, daß etwas viel Herrlicheres im Paradiesgarten sein müsse.

»Oh, warum pflückte doch Eva vom Baum der Erkenntnis? Weshalb aß Adam von der verbotenen Frucht? Das hätte ich sein sollen, dann wäre es nicht geschehen! Nie wäre die Sünde in die Welt gekommen!«

Das sagte er damals, und das sagte er noch, als er siebzehn Jahre alt war. Der Paradiesgarten erfüllte alle seine Sinne.

Eines Tages ging er in den Wald; er ging allein, denn das war sein größtes Vergnügen.

Der Abend brach an, die Wolken zogen sich zusammen, es gab ein Regenwetter, als sei der ganze Himmel eine einzige Schleuse, aus der das Wasser herabstürze; es war so dunkel, wie es sonst nur des Nachts im tiefsten Brunnen ist. Bald glitt er in dem nassen Gras aus, bald fiel er über die nackten Steine, die aus dem Felsengrund hervorragten. Alles triefte von Wasser, es blieb nicht ein trockener Faden an dem armen Prinzen. Er mußte über große Steinblöcke klettern, wo das Wasser aus dem dicken Moos quoll. Er war dem Umsinken nahe. Da hörte er ein wunderliches Sausen, und vor sich sah er eine große, erleuchtete Höhle. Mitten darin brannte ein Feuer, daran man einen Hirsch braten konnte. Und das war auch so. Der prächtigste Hirsch mit einem hohen Geweih steckte an einem Spieß und wurde langsam zwischen zwei abgehauenen Fichtenstämmen gedreht. Eine ältliche Frau, groß und stark, als wäre sie ein verkleideter Mann, saß am Feuer und warf ein Stück Holz nach dem andern hinein.

»Komm nur näher!« sagte sie; »setz dich ans Feuer, damit deine Kleider trocknen!«

»Hier zieht es arg!« sagte der Prinz und setzte sich auf den Fußboden.

»Das wird noch ärger werden, wenn meine Söhne nach Hause kommen!« antwortete die Frau. »Du bist hier in der Höhle der Winde; meine Söhne sind die vier Winde der Welt; kannst du das verstehen?«

»Wo sind deine Söhne?« fragte der Prinz.

»Ja, auf eine dumme Frage ist nicht leicht antworten«, sagte die

Frau. »Meine Söhne treiben es auf eigene Faust; sie spielen Schlagball mit den Wolken dort oben in der guten Stube!« Und dabei zeigte sie in die Höhe.

»Ach so«, sagte der Prinz. »Ihr sprecht übrigens ziemlich barsch und seid nicht so sanft wie die Frauenzimmer, die ich sonst um mich habe!«

»Ja, die haben wohl nichts anderes zu tun! Ich muß hart sein, wenn ich meine Jungen im Zaum halten will; aber das kann ich, obwohl sie steife Nacken haben. Siehst du die vier Säcke, die an der Wand hängen? Vor denen fürchten sie sich ebenso wie du früher vor der Rute hinterm Spiegel. Ich kann die Knaben zusammenbiegen, sag ich dir, und dann kommen sie in den Sack; wir machen keine Umstände! Da sitzen sie und dürfen nicht eher wieder herumstreifen, bis ich es für gut erachte. Aber da haben wir den einen!«

Es war der Nordwind, der mit einer eisigen Kälte hereintrat; große Hagelkörner hüpften auf dem Fußboden, und Schneeflokken fegten umher. Er trug Hosen und Jacke aus Bärenfell; eine Mütze von Seehundsfell ging bis über die Ohren, lange Eiszapfen hingen ihm am Bart; und ein Hagelkorn nach dem andern glitt ihm vom Jackenkragen.

»Gehen Sie nicht gleich ans Feuer!« sagte der Prinz. »Sie könnten sonst leicht Frost in Gesicht und Hände bekommen!«

»Frost?« sagte der Nordwind und lachte laut auf.»Frost? Das ist gerade mein größtes Vergnügen! Was bist du übrigens für ein Jämmerling! Wie kommst du in die Höhle der Winde?«

»Er ist mein Gast«, sagte die Alte, »und bist du mit dieser Erklärung nicht zufrieden, so kannst du in den Sack kommen! — Jetzt kennst du meine Meinung!«

Siehst du, das half; und der Nordwind erzählte, woher er kam und wo er fast einen ganzen Monat gewesen war.

»Vom Polarmeer komme ich«, sagte er, »ich bin mit den russischen Walroßjägern auf der Bäreninsel gewesen. Ich habe auf dem Steuer geschlafen, als sie vom Nordkap wegsegelten; wenn ich mitunter erwachte, flog mir der Sturmvogel um die Beine. Das ist ein komischer Vogel! Der macht einen raschen Schlag mit den Flügeln, hält sie dann unbeweglich ausgestreckt und hat Geschwindigkeit genug!«

»Mach es nur nicht so weitläufig!« sagte die Mutter der Winde. »Und dann bist du zur Bäreninsel gekommen?«

»Dort ist es herrlich! Da ist ein Fußboden zum Tanzen, flach wie ein Teller! Halbgetauter Schnee mit etwas Moos, scharfe Steine und Gerippe von Walrossen und Eisbären lagen dort umher wie Arme und Beine von Riesen, bedeckt mit verschimmeltem Grün. Man möchte glauben, die Sonne hätte nie darauf geschienen. Ich blies ein wenig in den Nebel, damit man den Schuppen sehen konnte: das war ein Haus, von Wrackholz erbaut und mit Walroßhäuten überzogen; die Fleischseite war nach außen gekehrt, sie war ganz rot und grün; auf dem Dach saß ein lebendiger Eisbär und brummte. Ich ging zum Strand, sah nach den Vogelnestern und sah die nackten Jungen, die schrien und den Schnabel aufsperrten; da blies ich in ihre tausend Kehlen, und sie lernten den Schnabel schließen. Ganz unten wälzten sich die Walrosse wie lebendige Eingeweide oder Riesenmaden mit Schweineköpfen und ellenlangen Zähnen!«

»Du erzählst gut, mein Junge!« sagte die Mutter. »Das Wasser läuft mir im Mund zusammen, wenn ich dich höre!«

»Dann ging es auf Walroßfang! Die Harpune wurde dem Tier in die Brust geschleudert, so daß der dampfende Blutstrahl wie ein Springbrunnen über dem Eis aufstieg. Da dachte ich auch an mein Spiel! Ich blies auf und ließ meine Segler, die turmhohen Eisberge, die Boote einklemmen. Hui! wie man pfiff und wie man schrie, aber ich pfiff lauter! Die toten Walroßkörper, Kisten und Tauwerk mußten sie auf das Eis werfen; ich schüttelte Schneeflocken über sie und ließ sie in den eingeklemmten Fahrzeugen mit ihrem Fang nach Süden treiben, um dort Salzwasser zu kosten. Die kommen nie mehr nach der Bäreninsel!«

»So hast du ja Böses getan!« sagte die Mutter der Winde.

»Was ich Gutes getan habe, mögen die andern erzählen!« sagte er. »Aber da haben wir meinen Bruder aus Westen; ihn mag ich von allen am besten leiden, er schmeckt nach der See und führt eine herrliche Kälte mit sich!«

»Ist das der kleine Zephir?« fragte der Prinz.

»Ja, gewiß ist das Zephir?« sagte die Alte. »Aber er ist doch nicht so klein. In alten Zeiten war er ein hübscher Knabe, aber das ist nun vorbei!«

Er sah aus wie ein wilder Mann, aber er hatte einen Fallhut auf, um nicht zu Schaden zu kommen. In der Hand hielt er eine Mahagonikeule, in den amerikanischen Mahagoniwäldern gehauen. Etwas Geringeres durfte es nicht sein!

»Wo kommst du her?« fragte die Mutter.

»Aus den Waldwüsten«, sagte er, »wo die dornigen Lianen eine Hecke zwischen den Bäumen bilden, wo die Wasserschlange im nassen Gras liegt und die Menschen überflüssig scheinen!«

»Was hast du dort getrieben?«

»Ich sah auf den tiefen Fluß, sah, wie er von den Felsen herabstürzte, Staub wurde und zu den Wolken flog, um den Regenbogen zu tragen. Ich sah den wilden Büffel im Fluß schwimmen, aber der Strom riß ihn mit sich fort. Er trieb mit dem Schwarm der wilden Enten, der in die Höhe flog, wo das Wasser stürzte. Der Büffel mußte hinunter; das gefiel mir, und ich blies einen Sturm, so daß die uralten Bäume davonsegelten und zu Spänen wurden.«

»Und weiter hast du nichts getan?« fragte die Alte.

»Ich habe in den Savannen Purzelbäume geschossen; ich habe die wilden Pferde gestreichelt und Kokosnüsse geschüttelt. Ja, ja, ich habe Geschichten zu erzählen! Aber man soll nicht alles sagen, was man weiß. Das weißt du ja, Alte!« Und er küßte seine Mutter, so daß sie fast hintenübergefallen wäre. Er war wirklich ein wilder Junge!

Nun kam der Südwind mit Turban und fliegendem Beduinenmantel.

»Hier drinnen ist es tüchtig kalt!« sagte er und warf Holz ins Feuer. »Man kann merken, daß der Nordwind zuerst gekommen ist!«

»Es ist hier so heiß, daß man einen Eisbären braten kann!« sagte der Nordwind.

»Du bist selbst ein Eisbär!« antwortete der Südwind.

»Wollt ihr in den Sack gesteckt werden?« fragte die Alte. — »Setz dich auf den Stein dort und erzähle, wo du gewesen bist!«

»In Afrika, Mutter!« erwiderte er. »Ich war mit den Hottentotten auf der Löwenjagd im Land der Kaffern. Da wächst Gras in den Ebenen, grün wie eine Olive! Da tanzte das Gnu, und der Strauß lief mit mir um die Wette, aber ich bin doch noch schneller auf den Beinen. Ich kam in die Wüste zu dem gelben Sand; da sieht es aus wie auf dem Grund des Meeres. Ich traf eine Karawane; sie schlachtete ihr letztes Kamel, um Trinkwasser zu haben; aber sie bekamen nur wenig. Die Sonne brannte von oben und der Sand von unten. Die weite Wüste hatte keine Grenze. Da wälzte ich mich in dem feinen, losen Sand und wirbelte ihn zu großen Säulen auf. Das war ein Tanz! Du hättest sehen sollen, wie verzagt das Dromedar war, und der Kaufmann zog den Kaftan über den Kopf. Er warf sich vor mir nieder wie vor Allah, seinem Gott. Nun sind sie begraben, es steht eine Pyramide von Sand über ihnen allen. Wenn ich die einmal fortblase, dann wird die Sonne die weißen Knochen bleichen; da können die Reisenden sehen, daß dort früher Menschen gewesen sind. Sonst wird man das in der Wüste nicht glauben!«

»Du hast also nur Böses getan!« sagte die Mutter. »Marsch in den Sack!« Und ehe er sich's versah, hatte sie den Südwind um den Leib gefaßt und in den Sack gesteckt. Er wälzte sich auf dem Fußboden, aber sie setzte sich auf ihn, und da mußte er stilliegen.

»Du hast ja muntere Knaben!« sagte der Prinz.

»Jawohl«, antwortete sie, »und ich weiß sie zu züchtigen! Da haben wir den vierten!«

Das war der Ostwind, der war wie ein Chinese gekleidet.

»Ach! kommst du aus dieser Ecke?« fragte die Mutter. »Ich glaubte, du wärest im Paradiesgarten gewesen.«

»Dahin fliege ich erst morgen!« sagte der Ostwind. »Morgen sind es hundert Jahre, seit ich dort war! Ich komme jetzt aus China, wo ich um den Porzellanturm tanzte, daß alle Glocken klingelten. Unten auf der Straße bekamen die Beamten Prügel, das Bambusrohr wurde auf ihren Schultern zerschlagen, und das waren Leute vom ersten bis zum neunten Grad. Sie schrien: ›Vielen Dank, mein väterlicher Wohltäter!‹ Aber sie meinten es nicht so, und ich klingelte mit den Glocken und sang: Tsing, tsang, tsu!«

»Du bist mutwillig!« sagte die Alte. »Es ist gut, daß du morgen in den Paradiesgarten kommst, das trägt immer zu deiner Bildung bei. Trink dann tüchtig aus der Weisheitsquelle und bring eine kleine Flasche voll für mich mit nach Hause!«

»Das werde ich tun!« sagte der Ostwind. »Aber warum hast du

meinen Bruder vom Süden in den Sack gesteckt? Heraus mit ihm! Er soll mir vom Vogel Phönix erzählen; von ihm will die Prinzessin im Paradiesgarten stets hören, wenn ich ihr alle hundert Jahre meinen Besuch abstatte. Mach den Sack auf, dann bist du meine liebste Mutter, und ich schenke dir zwei Taschen voll Tee, so grün und frisch, wie ich ihn an Ort und Stelle gepflückt habe!«

»Nun, für den Tee und weil du mein Herzensjunge bist, will ich den Sack öffnen!«

Das tat sie, und der Südwind kroch heraus; aber er sah ganz niedergeschlagen aus, weil der fremde Prinz es gesehen hatte.

»Da hast du ein Palmenblatt für die Prinzessin!« sagte der Südwind. »Dieses Blatt hat der alte Vogel Phönix, der einzige in der Welt, mir gegeben! Er hat mit dem Schnabel seine Lebensgeschichte in den hundert Jahren, die er lebte, hineingeritzt. Nun kann sie es selbst lesen. Ich sah, wie der Vogel Phönix selbst Feuer in sein Nest legte und darin saß und verbrannte wie die Frau eines Hindu. Wie knackten die trockenen Zweige! Es war ein Rauch und ein Qualm! Zuletzt ging alles in Flammen auf, der alte Vogel Phönix wurde zu Asche; aber sein Ei lag glühendrot im Feuer; es barst mit einem großen Knall, und das Junge flog heraus; nun ist dieser Herrscher über alle Vögel und der einzige Vogel Phönix in der Welt. Er hat in das Palmenblatt, das ich dir gab, ein Loch gebissen, das ist sein Gruß an die Prinzessin!«

»Laßt uns nun essen!« sagte die Mutter der Winde. Und so setzten sie sich alle und aßen von dem gebratenen Hirsch; der Prinz saß neben dem Ostwind, und darum wurden sie bald gute Freunde.

»Erzähl mir doch«, sagte der Prinz, »was ist das für eine Prinzessin, von der hier soviel gesprochen wird, und wo liegt der Paradiesgarten?«

»Ho, ho!« sagte der Ostwind; »willst du dahin? Ja, dann fliege morgen mit mir! Aber das muß ich dir sagen, dort ist kein Mensch seit Adams und Evas Zeit gewesen. Die kennst du ja wohl aus deiner biblischen Geschichte?«

»Ja, gewiß!« sagte der Prinz.

»Damals, als sie vertrieben wurden, versank der Paradiesgarten in die Erde, aber er behielt seinen warmen Sonnenschein, seine milde Luft und all seine Herrlichkeit. Die Feenkönigin wohnt darin; da liegt die Insel der Glückseligkeit, wohin der Tod nie kommt, wo es so herrlich ist! Setz dich morgen auf meinen Rücken, dann werde ich dich mitnehmen; ich denke, es wird sich wohl machen lassen. Aber nun mußt du nicht mehr reden, denn ich will schlafen!«

Und dann schliefen sie alle.

In früher Morgenstunde erwachte der Prinz und war nicht wenig verdutzt, schon hoch über den Wolken zu sein. Er saß auf dem Rücken des Ostwindes, der ihn getreulich festhielt; sie waren so hoch in der Luft, daß Wälder und Felder, Flüsse und Seen wie auf einer großen illuminierten Landkarte aussahen.

»Guten Morgen!« sagte der Ostwind. »Du könntest übrigens gern noch ein bißchen schlafen, denn es ist nicht viel auf dem flachen Land unter uns zu sehen, es sei denn du möchtest die Kirchen zählen! Die stehen wie Kreidepunkte auf dem grünen Brett.«

Es waren Felder und Wiesen, die er das grüne Brett nannte.

»Es war unhöflich, daß ich deiner Mutter und deinen Brüdern nicht Lebewohl gesagt habe!« meinte der Prinz.

»Wenn man schläft, ist man entschuldigt!« sagte der Ostwind. Und darauf flogen sie noch rascher von dannen. Man konnte es in den Wipfeln der Bäume hören, denn wenn sie darüber flogen, rauschten alle Zweige und Blätter; man konnte es auf dem Meer und auf den Seen hören, denn wo sie flogen, schlugen die Wogen höher, und die großen Schiffe neigten sich tief ins Wasser wie schwimmende Schwäne.

Gegen Abend, als es dunkel wurde, sahen die großen Städte lustig aus; die Lichter brannten dort unten, bald hier, bald da; es war gerade, als wenn man ein Stück Papier angebrannt hat und all die kleinen Feuerfunken sieht, die einer nach dem andern verschwinden wie die Kinder aus der Schule. Und der Prinz klatschte in die Hände, aber der Ostwind bat ihn, das bleibenzulassen und sich lieber festzuhalten, sonst könnte er leicht hinunterfallen und an einer Kirchturmspitze hängenbleiben.

Der Adler in den schwarzen Wäldern flog zwar leicht, doch der Ostwind flog noch leichter. Der Kosak auf seinem kleinen Pferd jagte über die Ebenen davon, doch der Prinz jagte noch schneller.

»Jetzt kannst du den Himalaja sehen!« sagte der Ostwind.

»Das ist das höchste Gebirge in Asien; nun werden wir bald zum Paradiesgarten kommen!« Dann wandten sie sich mehr südlich, und bald duftete es nach Gewürzen und Blumen. Feigen und Granatäpfel wuchsen wild, und die wilde Weinranke hatte blaue und rote Trauben. Hier ließen sie sich nieder und streckten sich in das weiche Gras, wo die Blumen dem Wind zunickten, als wollten sie sagen: ›Willkommen!‹

»Sind wir nun im Paradiesgarten?« fragte der Prinz.

»Nein, bewahre!« antwortete der Ostwind. »Aber wir werden bald dort hinkommen. Siehst du die Felsenwand dort und die große Höhle, wo die Weinranken wie große grüne Gardinen hängen? Dort hindurch müssen wir! Wickle dich in deinen Mantel, hier brennt die Sonne, aber einen Schritt weiter ist es eisig kalt. Der Vogel, der an der Höhle vorbeistreift, hat den einen Flügel hier draußen im warmen Sommer und den andern dort drinnen im kalten Winter!«

»Das ist also der Weg zum Paradiesgarten?« fragte der Prinz.

Nun gingen sie in die Höhle hinein. Hu, wie war es dort eisig kalt! Doch das währte nicht lange. Der Ostwind breitete sein Flügel aus, und sie leuchteten wie das hellste Feuer. Nein, was war das für eine Höhle! Die großen Steinblöcke, von denen das Wasser tropfte, hingen in den wunderlichsten Gestalten über ihnen, bald war es so niedrig, daß sie auf Händen und Füßen kriechen mußten, bald so hoch und weit wie in der freien Luft. Es sah aus wie Grabkapellen mit stummen Orgelpfeifen und versteinerten Orgeln.

»Wir gehen wohl den Todesweg zum Paradiesgarten?« fragte der Prinz. Aber der Ostwind sagte kein Wort, zeigte nur vorwärts, und das schönste blaue Licht strahlte ihnen entgegen. Die Steinblöcke über ihnen wurden mehr und mehr zu Nebel, der zuletzt so hell wurde wie eine weiße Wolke im Mondschein. Nun waren sie in der herrlichsten milden Luft, so frisch wie auf den Bergen, so duftend wie bei den Rosen des Tales.

Da strömte ein Fluß, so klar wie die Luft selbst, und die Fische waren wie Silber und Gold; purpurrote Aale, die bei jeder Bewegung blaue Feuerfunken sprühten, spielten im Wasser, und die breiten Seerosenblätter hatten die Farben des Regenbogens; die Blüte selbst war ein rotgelb brennendes Feuer, dem das Wasser

Nahrung gab, wie das Öl die Lampe beständig am Brennen hält; eine feste Brücke aus Marmor, aber so kunstvoll und fein gearbeitet, als wäre sie aus Spitzen und Glasperlen gemacht, führte über das Wasser zur Insel der Glückseligkeit, wo der Paradiesgarten blühte.

Der Ostwind nahm den Prinzen auf seine Arme und trug ihn hinüber. Da sangen die Blumen und Blätter die schönsten Lieder aus seiner Kindheit, aber so schwellend und lieblich, wie keine menschliche Stimme es vermag.

Waren es Palmen oder riesengroße Wasserpflanzen, die hier wuchsen? So saftige und große Bäume hatte der Prinz nie zuvor gesehen; in langen Kränzen hingen da die wunderlichsten Schlingpflanzen, wie sie sich nur auf dem Rand alter Heiligenbücher in Farben und Gold abgebildet finden oder durch die Anfangsbuchstaben schlingen. Es waren die seltsamsten Zusammensetzungen von Vögeln, Blumen und Schnörkeln. Dicht daneben im Gras stand ein Schwarm Pfauen mit ausgebreiteten, strahlenden Schweifen. Ja, das war wirklich so! Als aber der Prinz daran rührte, merkte er, daß es keine Tiere, sondern Pflanzen waren; es waren die großen Ampfer, die hier wie herrliche Pfauenschweife strahlten. Löwen und Tiger sprangen wie geschmeidige Katzen zwischen den grünen Hecken umher, die wie Olivenblüten dufteten, und Löwen und Tiger waren zahm. Die wilde Waldtaube, glänzend wie die schönste Perle, streifte mit ihren Flügeln die Mähne des Löwen, und die Antilope, die sonst so scheu ist, stand da und nickte mit dem Kopf, als ob sie auch mitspielen wollte.

Nun kam die Fee des Paradieses; ihre Kleider strahlten wie die Sonne, und ihr Antlitz war sanft wie das einer frohen Mutter, wenn sie recht glücklich über ihr Kind ist. Sie war so jung und schön, und die hübschesten Mädchen, jedes mit einem leuchtenden Stern im Haar, folgten ihr.

Der Ostwind gab ihr das beschriebene Blatt vom Vogel Phönix, und ihre Augen strahlten vor Freude. Sie nahm den Prinzen bei der Hand und führte ihn in ihr Schloß, wo die Wände farbig glänzten wie das prächtigste Tulpenblatt, wenn es gegen die Sonne gehalten wird. Die Decke selbst war eine große strahlende Blume, und je länger man zu ihr hinaufsah, desto tiefer erschien ihr Kelch. Der Prinz trat an das Fenster und blickte durch eine der Scheiben, da sah er den Baum der Erkenntnis mit der Schlange, und Adam und Eva standen dicht dabei. »Sind sie nicht verjagt?« fragte er, und die Fee lächelte und erklärte ihm, daß die Zeit auf jede Scheibe ihr Bild gebrannt habe, aber nicht, wie man es sonst zu sehen pflegt, nein, es war Leben darin; die Blätter der Bäume bewegten sich, die Menschen kamen und gingen wie in einem Spiegelbild. Und er sah durch eine andere Scheibe, und da war Jakobs Traum, wo die Leiter gerade in den Himmel hineinging; und die Engel schwebten mit großen Flügeln auf und nieder. Ja, alles, was in dieser Welt geschehen war, lebte und bewegte sich in den Glasscheiben; so kunstvolle Bilder konnte nur die Zeit einbrennen.

Die Fee lächelte und führte ihn in einen großen hohen Saal, dessen Wände wie durchsichtige Gemälde erschienen, auf denen ein Antlitz immer schöner war als das andere. Man sah Millionen Glückliche, die lächelten und sangen, so daß es in eine Melodie zusammenfloß; die Allerobersten waren so klein, daß sie kleiner erschienen als die kleinste Rosenknospe, wenn sie wie ein Punkt auf das Papier gezeichnet wird. Und mitten im Saal stand ein großer Baum mit hängenden, üppigen Zweigen; goldene Äpfel, große und kleine, hingen wie Apfelsinen zwischen den grünen Blättern. Das war der Baum der Erkenntnis, von dessen Frucht Adam und Eva gegessen hatten. Von jedem Blatt fiel ein glänzender roter Tautropfen, es war, als ob der Baum blutige Tränen weinte.

»Laß uns nun in das Boot steigen!« sagte die Fee; »wir wollen auf dem bewegten Wasser Erfrischungen genießen! Das Boot schaukelt und kommt nicht von der Stelle, aber alle Länder der Welt gleiten an unseren Augen vorüber.« Und es war wunderbar anzusehen, wie sich die ganze Küste bewegte. Da kamen die hohen, schneebedeckten Alpen mit Wolken und schwarzen Tannen; das Horn erklang wehmütig, und der Hirte jodelte so hübsch im Tal. Dann neigten die Bananenbäume ihre langen hängenden Zweige über das Boot; kohlschwarze Schwäne schwammen auf dem Wasser, und die seltsamsten Tiere und Blumen zeigten sich am Ufer, das war Neuholland, der fünfte Weltteil, der mit einer Aussicht auf die blauen Berge vorbeiglitt. Man hörte den Gesang der Priester und sah den Tanz der Wilden zum Schall der Trommeln und der knöchernen Trompeten. Ägyptens Pyramiden, die bis in die Wolken ragten, umgestürzte Säulen und Sphinxe, halb im Sand begraben, zogen vorüber. Die Nordlichter brannten über den Gletschern des Nordens, das war ein Feuerwerk, das niemand nachmachen konnte. Der Prinz war glückselig; ja, er sah noch hundertmal mehr, als wir hier erzählen.

»Und ich kann immer hierbleiben?« fragte er.

»Das hängt von dir selbst ab!« antwortete die Fee. »Wenn du dich nicht wie Adam versuchen läßt, das Verbotene zu tun, so kannst du immer hierbleiben!«

»Ich werde die Äpfel am Baum der Erkenntnis nicht anrühren!« sagte der Prinz. »Hier sind ja Tausende von Früchten ebensoschön wie sie!«

»Prüfe dich selbst, und bist du nicht stark genug, so folge dem Ostwind, der dich hierher brachte. Er fliegt nun zurück und kommt erst nach hundert Jahren wieder; die Zeit wird dir an diesem Ort vergehen, als wären es nur hundert Stunden, aber es ist eine lange Zeit für die Versuchung und die Sünde. Jeden Abend, wenn ich von dir gehe, muß ich dir zurufen: Komm mit! Ich muß dir mit der Hand winken, aber bleibe zurück. Geh nicht mit, denn sonst wird mit jedem Schritt deine Sehnsucht größer. Du kommst dann in den Saal, wo der Baum der Erkenntnis wächst; ich schlafe unter seinen duftenden, hängenden Zweigen; du wirst dich über mich beugen, und ich muß lächeln; drückst du aber einen Kuß auf meinen Mund, so versinkt das Paradies tief in die Erde und ist für dich verloren. Der scharfe Wind der Wüste wird dich umwehen der kalte Regen aus deinem Haar tropfen. Kummer und Not wird dein Erbteil.«

»Ich bleibe hier!« sagte der Prinz. Und der Ostwind küßte ihn auf die Stirn und sagte: »Sei stark, dann treffen wir uns hier nach hundert Jahren wieder! Lebe wohl! Lebe wohl!« und der Ostwind breitete seine großen Flügel aus; sie glänzten wie das Wetterleuchten in der Erntezeit oder wie das Nordlicht im kalten Winter.

»Lebe wohl! Lebe wohl!« erklang es von Blumen und Bäumen. Störche und Pelikane flogen wie flatternde Bänder nebeneinander und geleiteten ihn bis zur Grenze des Gartens.

»Nun beginnen unsere Tänze!« sagte die Fee. »Zum Schluß, wenn ich mit dir tanze und die Sonne sinkt, wirst du sehen, daß ich dir winke; du wirst mich rufen hören: Komm mit! Aber tu es nicht! Hundert Jahre lang muß ich es jeden Abend wiederholen; jedesmal, wenn die Zeit herum ist, gewinnst du mehr Kraft; zuletzt denkst du nicht mehr daran. Heute abend geschieht es zum erstenmal; nun habe ich dich gewarnt!«

Und die Fee führte ihn in einen großen Saal aus weißen, durchsichtigen Lilien, ihre gelben Staubfäden waren kleine Goldharfen, die mit Saitenspiel und Flötenton erklangen. Die schönsten Mädchen, schwebend und schlank, in wallenden Flor gekleidet, so daß man die herrlichen Glieder sah, schwebten im Tanz und sangen, wie wunderschön es sei, zu leben, daß sie niemals sterben würden und daß der Paradiesgarten ewig blühe.

Und die Sonne ging unter; der ganze Himmel wurde ein Gold, das den Lilien und den Schein der herrlichsten Rosen gab; und der Prinz trank von dem schäumenden Wein, den die Mädchen ihm reichten, und fühlte eine Glückseligkeit wie nie zuvor. Er sah, wie der Hintergrund des Saales sich öffnete, und der Baum der Erkenntnis stand in einem Glanz, der seine Augen blendete; der Gesang dort war weich und lieblich wie die Stimme seiner Mutter, und es war, als ob sie sänge: »Mein Kind! Mein geliebtes Kind!«

Da winkte die Fee und rief so zärtlich: »Komm mit! Komm mit!« Und er stürzte ihr entgegen, vergaß sein Versprechen, vergaß es schon am ersten Abend, und sie winkte und lächelte. Der Duft, der würzige Duft ringsumher wurde stärker, die Harfen ertönten noch lieblicher, und es war, als ob die Millionen lächelnder Köpfe im Saal, wo der Baum wuchs, nickten und sängen: ›Alles muß man kennen! Der Mensch ist der Herr der Erde.‹ Und es waren keine blutigen Tränen mehr, die von den Blättern des Baumes der Erkenntnis fielen, es waren in seinen Augen rote, funkelnde Sterne.

»Komm mit! Komm mit!« sangen die bebenden Töne, und bei jedem Schritt brannten die Wangen des Prinzen heißer, bewegte sich sein Blut rascher. »Ich muß!« sagte er. »Es ist ja keine Sünde, kann es nicht sein! Warum nicht der Schönheit und der Freude folgen? Sie schlafen sehen will ich; es ist ja nichts verloren, wenn ich sie nur nicht küsse, und das tue ich nicht, ich bin stark, ich habe einen festen Willen!«

Und die Fee warf ihr strahlendes Gewand ab, bog die Zweige zurück, und einen Augenblick später war sie darin verschwunden.

»Noch habe ich nicht gesündigt«, sagte der Prinz, »und will es auch nicht!« Und dann bog er die Zweige zur Seite, da schlief sie bereits, schön, wie nur die Fee im Paradiesgarten sein kann. Sie lächelte im Traum, er beugte sich zu ihr nieder und sah zwischen ihren Augenlidern Tränen beben!

»Weinst du über mich?« flüsterte er. »Weine nicht, du herrliche Frau! Nun begreife ich erst das Glück des Paradieses. Es durchströmt mein Blut, meine Gedanken; die Kraft des Cherubs und das ewige Leben fühle ich in meinem irdischen Körper! Möge es ewig Nacht für mich werden, eine Minute wie diese ist Reichtum genug!« Und er küßte die Tränen von ihren Augen, sein Mund berührte den ihren. –

Da krachte ein Donnerschlag, so tief und schrecklich, wie niemand ihn je gehört, und alles stürzte zusammmen; die herrliche Fee, das blühende Paradies sank, es sank so tief, so tief, der Prinz sah es in die schwarze Nacht versinken; wie ein kleiner leuchtender Stern strahlte es aus weiter Ferne! Todeskälte durchschauerte seinen Körper, er schloß die Augen und lag lange wie tot.

Der kalte Regen fiel auf sein Gesicht, der scharfe Wind blies um seinen Kopf, da kehrten seine Sinne zurück. »Was habe ich getan!« seufzte er. »Ich habe gesündigt, wie Adam – gesündigt, und das Paradies ist tief versunken!« Und er öffnete die Augen; den Stern in der Ferne, den Stern, der wie das versunkene Paradies funkelte, sah er noch – es war der Morgenstern am Himmel.

Er erhob sich und war in dem großen Wald dicht bei der Höhle der Winde, und die Mutter der Winde saß neben ihm; sie sah böse aus und hob den Arm.

»Schon am ersten Abend!« sagte sie. »Das dachte ich wohl! Ja, wärest du mein Sohn, so müßtest du in den Sack!«

»Da soll er hinein!« sagte der Tod. Das war ein starker alter Mann mit einer Sense in der Hand und mit großen schwarzen Flügeln. »In den Sarg soll er gelegt werden, aber nicht jetzt, ich zeichne ihn nur, lasse ihn dann noch eine Weile in der Welt herumwandern, seine Sünde zu sühnen, gut und besser zu werden. – Ich komme schon einmal. Wenn er es gerade am wenigsten erwartet, stecke ich ihn in den schwarzen Sarg, setze ihn auf meinen Kopf und fliege hinauf zum Stern. Auch dort blüht der Paradiesgarten, und ist er gut und fromm, so wird er eintreten; sind aber seine Gedanken böse und das Herz noch voller Sünde, so sinkt er mit dem Sarg tiefer, als das Paradies gesunken, und nur jedes tausendste Jahr hole ich ihn wieder, damit er noch tiefer sinke oder auf den Stern gelange, den funkelnden Stern dort oben!«

Der fliegende Koffer

Es war einmal ein Kaufmann, der war so reich, dass er die ganze Straße und fast noch eine kleine Gasse dazu mit Silbergeld pflastern konnte; aber das tat er nicht, er wußte sein Geld anders anzuwenden. Gab er einen Schilling aus, so bekam er einen Taler wieder; so ein guter Kaufmann war er – und dann starb er.

Der Sohn bekam nun alles Geld, und er lebte lustig, ging jede Nacht zur Maskerade, machte Papierdrachen aus Talerscheinen und ließ Goldstücke wie flache Steine über das Wasser hüpfen. So konnte das Geld schon alle werden, und das tat es auch. Zuletzt besaß er nicht mehr als vier Schillinge und hatte keine andern Kleider als ein Paar Pantoffeln und einen alten Schlafrock. Nun kümmerten sich seine Freunde nicht länger um ihn, da sie ja nicht zusammen auf die Straße gehen konnten; aber einer von ihnen, der gutmütig war, sandte ihm einen alten Koffer und sagte: »Pack ein!« Ja, das war nun gut gesagt, aber er hatte nichts einzupacken; darum setzte er sich selbst in den Koffer.

Es war ein merkwürdiger Koffer. Sobald man auf das Schloß drückte, konnte der Koffer fliegen. Er drückte, und husch! flog er mit ihm durch den Schornstein hoch über die Wolken, weiter und weiter fort; knackte es aber im Boden, war er sehr in Angst, daß der Koffer in Stücke gehen könnte, denn dann hätte er einen tüchtigen Purzelbaum gemacht! Gott bewahre uns! Und so kam er in das Land der Türken. Den Koffer verbarg er im Wald unter dürren Blättern und ging dann in die Stadt. Das konnte er auch

gut, denn bei den Türken gingen ja alle so wie er in Schlafrock und Pantoffeln. Du begegnete er einer Amme mit einem kleinen Kind. »Höre, du Türkenamme«, sagte er, »was ist das für ein großes Schloß hier dicht bei der Stadt, wo die Fenster so hoch sitzen?«

»Da wohnt die Tochter des Königs!« sagte sie. »Es ist ihr prophezeit, daß sie über einen Geliebten sehr unglücklich werden würde, und deshalb darf niemand zu ihr kommen, wenn nicht der König und die Königin dabei sind!«

»Danke schön!« sagte der Kaufmannssohn und ging hinaus in den Wald, setzte sich in seinen Koffer, flog auf das Dach und kroch durch das Fenster zur Prinzessin.

Sie lag auf dem Sofa und schlief; sie war so schön, daß der Kaufmannssohn sie küssen mußte. Da erwachte sie und erschrak sehr, er aber sagte, er sei der Türkengott, der durch die Luft zu ihr gekommen sei, und das gefiel ihr gut.

Dann saßen sie nebeneinander, und er erzählte ihr Geschichten von ihren Augen: sie seien die herrlichsten dunklen Seen, und die Gedanken tummelten sich darin wie Nixen; und er erzählte von ihrer Stirn: sie sei ein Schneeberg mit den prächtigsten Sälen und Bildern, und er erzählte vom Storch, der die süßen kleinen Kinder bringt.

Ja, das waren herrliche Geschichten! Dann freite er um die Prinzessin, und sie sagte sogleich ja.

»Aber Ihr müßt am Sonnabend herkommen!« sagte sie. »Da

sind der König und die Königin bei mir zum Tee! Sie werden sehr stolz darauf sein, daß ich den Türkengott bekomme. Aber seht zu, daß Ihr ein recht hübsches Märchen wißt, denn das lieben meine Eltern außerordentlich. Meine Mutter will es moralisch und vornehm haben und mein Vater lustig, so daß man lachen kann!«

»Ja, ich bringe kein anderes Hochzeitsgeschenk als ein Märchen!« sagte er, und so trennten sie sich. Aber die Prinzessin gab ihm einen Säbel, der war mit Goldstücken besetzt, und die konnte er gut gebrauchen.

Nun flog er fort, kaufte sich einen neuen Schlafrock und saß dann draußen im Wald und dichtete an einem Märchen; das sollte bis zum Sonnabend fertig sein, und das ist gar nicht so leicht.

Als er es fertig hatte, war es Sonnabend.

Der König, die Königin und der ganze Hof waren zum Tee bei der Prinzessin. Er wurde sehr gnädig empfangen!

»Bitte erzählen Sie uns ein Märchen«, sagte die Königin, »eins, das tiefsinnig und belehrend ist.«

»Aber worüber man doch lachen kann!« sagte der König.

»Jawohl!« sagte er und erzählte. Und nun gut aufgepaßt!

»Es war einmal ein Bund Schwefelhölzchen, die waren so überaus stolz auf ihre hohe Herkunft! Ihr Stammbaum, das heißt die große Fichte, von der jedes ein kleines Hölzchen war, hatte als großer, alter Baum im Wald gestanden. Die Schwefelhölzchen lagen nun im Regal zwischen einem Feuerzeug und einem alten Eisentopf, und sie erzählten ihnen von ihrer Jugend. ›Ja, als wir auf dem grünen Zweig waren‹, sagten sie, ›da waren wir wirklich auf dem grünen Zweig! Jeden Morgen und Abend gab es Diamanttee, das war der Tau; den ganzen Tag hatten wir Sonnenschein, wenn die Sonne schien, und die kleinen Vögel mußten uns Geschichten erzählen. Wir konnten wohl merken, daß wir auch reich waren, denn die Laubbäume waren nur im Sommer bekleidet, aber unsere Familie konnte sich grüne Kleider im Sommer wie im Winter leisten. Doch da kamen die Holzhauer, das war die große Revolution, und unsere Familie wurde zersplittert. Der Stammherr bekam seinen Platz als Großmast auf einem prächtigen Schiff, das die Welt umsegeln konnte, wenn es wollte; die anderen Zweige kamen nach anderen Orten, und wir haben nun das Amt, der niedrigen Menge das Licht anzuzünden. Deshalb sind wir vornehmen Leute hierher in die Küche gekommen.‹

›Mir ist es ganz anders ergangen!‹ sagte der Eisentopf, neben dem die Schwefelhölzchen lagen. ›Seit ich auf die Welt gekommen bin, bin ich viele Male gescheuert und in mir ist gekocht worden! Ich sorge für das Solide und bin eigentlich der Erste hier im Hause. Meine einzige Freude ist, nach Tisch rein und fein auf dem Regal zu stehen und ein vernünftiges Gespräch mit meinen Kameraden zu führen. Doch wenn ich vom Wassereimer absehe, der hin und wieder einmal in den Hof kommt, so leben wir immer innerhalb unserer vier Wände. Unser einziger Neuigkeitsbote ist der Marktkorb, aber was der von Regierung und Volk erzählt, das ist so beunruhigend; ja, neulich war da ein alter Topf, der vor Schreck darüber herunterfiel und in Stücke zersprang. Der traut sich was, kann ich euch sagen!‹ – ›Nun schwatzt du zuviel!‹ sagte das Feuerzeug, und der Stahl schlug gegen den Feuerstein, daß er Funken sprühte. ›Wollen wir uns nicht einen lustigen Abend machen?‹

›Ja, laßt uns davon sprechen, wer der Vornehmste ist!‹ sagten die Schwefelhölzchen.

›Nein, ich rede nicht gern von mir selbst‹, sagte die Tonkruke. ›Laß uns eine Abendunterhaltung veranstalten! Ich will anfangen, ich werde etwas erzählen, was jeder erlebt hat; da kann man sich leicht hineinversetzen, und das ist sehr vergnüglich. An der Ostsee, bei den dänischen Buchen –‹

›Das ist ein hübscher Anfang!‹ sagten alle Teller. ›Das wird bestimmt eine Geschichte, die uns gefällt.‹

›Ja, da verlebte ich meine Jugend bei einer stillen Familie; die Möbel wurden poliert, der Fußboden gescheuert, und alle vierzehn Tage wurden reine Gardinen aufgehängt!‹

›Wie interessant Sie doch erzählen!‹ sagte der Kehrbesen. ›Man kann gleich hören, daß ein Frauenzimmer erzählt, es ist so etwas Reinliches darin!‹

›Ja, das fühlt man!‹ sagte der Wassereimer und machte vor Freude einen kleinen Sprung, daß es auf den Fußboden platschte.

Und die Tonkruke fuhr fort zu erzählen, und das Ende war ebensogut wie der Anfang.

Alle Teller klapperten vor Freude, und der Kehrbesen zog grüne Petersilie aus dem Sandloch und bekränzte die Tonkruke, denn er wußte, daß es die andern ärgern würde. ›Bekränze ich sie heute‹, dachte er, ›so bekränzt sie mich morgen.‹

›Nun will ich tanzen!‹ sagte die Feuerzange und tanzte. Gott bewahre uns, wie konnte sie das eine Bein in die Höhe strekken! Der alte Stuhlüberzug im Winkel platzte, als er es sah! ›Werde ich nun auch bekränzt?‹ fragte die Feuerzange, und sie wurde es.

›Das ist doch nur Pöbel!‹ dachten die Schwefelhölzchen.

Nun sollte die Teemaschine singen; sie sagte aber, sie sei erkältet, sie könne nicht singen, wenn es nicht in ihr koche, aber das war nur Vornehmtuerei, sie wollte nicht singen, wenn sie nicht bei der Herrschaft auf dem Tisch stand.

Im Fenster saß eine alte Gänsefeder, mit der das Mädchen zu schreiben pflegte. Es war nichts Bemerkenswertes an ihr, außer daß sie gar zu tief in das Tintenfaß getaucht worden war, und darauf war sie nun stolz. ›Will die Teemaschine nicht singen‹, sagte sie, ›so soll sie es bleibenlassen! Draußen hängt eine Nachtigall in einem Bauer, die kann singen. Sie hat freilich nichts gelernt, aber darüber wollen wir heute abend hinwegsehen!‹

›Ich finde es höchst unpassend‹, sagte der Teekessel – er war Küchensänger und Halbbruder der Teemaschine –, ›daß man einen solchen fremden Vogel hören soll! Ist das patriotisch? Man soll den Marktkorb darüber urteilen lassen!‹

›Ich ärgere mich nur!‹ sagte der Marktkorb, ›ich ärgere mich innerlich so sehr, wie sich das niemand vorstellen kann! Ist das eine passende Art, den Abend zu begehen? Würde es nicht richtiger sein, das Haus in Ordnung zu bringen? Ein jeder müßte an seinen Platz kommen, und ich würde die ganze Sache leiten. Das würde etwas anderes werden!‹

›Ja, laßt uns Spektakel machen!‹ sagten alle.

In diesem Augenblick ging die Tür auf. Es war das Dienstmädchen, und da standen sie still. Keiner muckste sich! Aber jeder einzelne Topf, der wußte wohl, was er tun konnte und wie vornehm er war.

›Ja, wenn ich gewollt hätte‹, dachte jeder, ›so wäre es freilich ein lustiger Abend geworden!‹

Das Dienstmädchen nahm die Schwefelhölzchen und machte Feuer damit an. – Gott bewahre uns, wie die sprühten und aufloderten!

›Nun kann doch jeder sehen‹, dachten sie, ›daß wir die Ersten sind! Welchen Glanz haben wir! Welches Licht!‹

Und damit waren sie verbrannt.«

»Das war ein herrliches Märchen!« sagte die Königin. »Ich fühle mich ganz in die Küche zu den Schwefelhölzchen versetzt; ja, nun sollst du unsere Tochter haben.«

»Jawohl!« sagte der König; »du sollst unsere Tochter am Montag haben!« Denn jetzt sagten sie ›du‹ zu ihm, da er zur Familie gehören sollte.

Die Hochzeit war nun bestimmt, und am Abend vorher wurde die ganze Stadt illuminiert. Kringel und Brezeln wurden unter das Volk geworfen; die Gassenjungen standen auf den Zehen, riefen Hurra und pfiffen durch die Finger; es war außerordentlich prachtvoll.

›Ja, ich werde wohl auch etwas zum besten geben müssen!‹ dachte der Kaufmannssohn. Und so kaufte er Raketen, Knallerbsen und alles Feuerwerk, was man sich nur denken kann, legte es in seinen Koffer und flog damit in die Luft.

Hui, wie das ging und wie das puffte!

Alle Türken hüpften dabei in die Höhe, daß ihnen die Pantoffeln um die Ohren flogen; so eine Lufterscheinung hatten sie noch nie gesehen. Nun konnten sie begreifen, daß es der Türkengott selbst war, der die Prinzessin haben sollte.

Sobald der Kaufmannssohn mit seinem Koffer wieder in den Wald kam, dachte er: ›Ich will doch in die Stadt gehen, um zu erfahren, wie es sich ausgenommen hat!‹ Und es war ja ganz natürlich, daß er Lust dazu hatte.

Nein, was die Leute erzählten! Jeder, den er danach fragte, hatte es auf seine Weise gesehen, aber herrlich war es für alle gewesen.

»Ich habe den Türkengott selbst gesehen«, sagte der eine. »Er hatte Augen wie glänzende Sterne und einen Bart wie schäumende Wasser!«

»Er flog in einem Feuermantel!« sagte ein anderer. »Die lieblichsten Engelskinder blickten aus den Falten hervor!«

Ja, das waren herrliche Sachen, die er hörte, und am nächsten Tag sollte er Hochzeit machen.

Nun ging er in den Wald zurück, um sich in seinen Koffer zu setzen – aber wo war der geblieben? Der Koffer war verbrannt. Ein Funken des Feuerwerks war zurückgeblieben, der hatte das Feuer entfacht, und der Koffer lag in Asche. Er konnte nicht mehr fliegen, nicht mehr zu seiner Braut gelangen.

Sie stand den ganzen Tag auf dem Dach und wartete; sie wartet noch, er aber geht in der Welt umher und erzählt Märchen, doch sind sie nicht mehr so lustig wie das von den Schwefelhölzchen.

Die Störche

Auf dem letzten Haus in einer kleinen Stadt stand ein Storchennest. Die Storchenmutter saß im Nest bei ihren vier kleinen Jungen, die streckten den Kopf mit dem kleinen schwarzen Schnabel heraus, denn der war noch nicht rot geworden. Ein kleines Stück davon entfernt stand auf dem Dachfirst ganz stolz und steif der Storchenvater; er hatte das eine Bein hochgezogen, um sich doch auch etwas Mühe zu geben, während er Schildwache stand. Man konnte glauben, er sei aus Holz geschnitzt, so still stand er. ›Es sieht gewiß recht vornehm aus, daß meine Frau eine Schildwache beim Nest hat!‹ dachte er. ›Sie können ja nicht wissen, daß ich ihr Mann bin. Sie glauben gewiß, daß ich Befehl habe, hier zu stehen. Das sieht so nobel aus!‹ Und so blieb er auf einem Bein stehen.

Unten auf der Straße spielte eine Schar Kinder, und als sie die Störche sahen, sang einer der mutigsten Knaben und später alle zusammen den alten Vers von den Störchen, aber sie sangen ihn so, wie er sich dessen entsinnen konnte:

»Storch, Storch, fliege heim,
Stehe nicht auf einem Bein;
Deine Frau im Neste liegt,
Wo sie ihre Jungen wiegt.

Das eine wird gehängt,
Das andre wird versengt,

Das dritte man erschießt,
Das vierte wird gespießt.«

»Hör nur, was die Knaben singen!« sagten die kleinen Storchenkinder; »sie singen, wir sollen gehängt und versengt werden!«

»Daran sollt ihr euch nicht kehren!« sagte die Storchenmutter. »Hört nur nicht hin, dann macht es euch nichts aus!«

Aber die Knaben fuhren fort zu singen, und sie zeigten mit Fingern auf die Störche; nur ein Knabe, der Peter hieß, sagte, daß es unrecht sei, die Tiere zum besten zu haben, und er wollte auch gar nicht mittun. Die Storchenmutter tröstete ihre Jungen. »Kehrt euch nicht daran«, sagte sie, »seht nur, wie ruhig euer Vater steht, und das auf einem Bein!«

»Wir haben große Angst!« sagten die Jungen und zogen die Köpfe tief in das Nest zurück.

Am nächsten Tag, als die Kinder zum Spielen zusammenkamen und die Störche sahen, sangen sie wieder ihr Lied:

»Das eine wird gehängt,
Das andere wird versengt,«

»Werden wir wohl gehängt und versengt?« fragten die jungen Störche.

»Nein, gewiß nicht!« sagte die Mutter. »Ihr sollt fliegen lernen, ich werde euch schon exerzieren! Dann fliegen wir hinaus auf die Wiese und machen bei den Fröschen Besuch; die verneigen sich vor uns im Wasser und singen: ›Koax, Koax!‹ Und dann essen wir sie auf, das wird ein rechtes Vergnügen werden!«

»Und was dann?« fragten die Storchenjungen.

»Dann versammeln sich alle Störche hier im ganzen Land, und das Herbstmanöver beginnt; da muß man gut fliegen, das ist von großer Wichtigkeit, denn wer dann nicht ordentlich fliegen kann, wird vom General mit dem Schnabel totgestochen, darum gebt wohl acht und lernt etwas, wenn das Exerzieren anfängt!«

»So werden wir ja doch gespießt, wie die Knaben sagten, und höre doch, jetzt singen sie wieder.«

»Hört auf mich und nicht auf sie«, sagte die Storchenmutter. »Nach dem großen Manöver fliegen wir in die warmen Länder, oh, so weit von hier, über Berge und Wälder. Nach Ägypten fliegen wir, wo es dreieckige Steinhäuser gibt, die mit ihrer Spitze bis über die Wolken ragen; sie werden Pyramiden genannt und sind älter, als ein Storch es sich denken kann. Dort ist ein Fluß, der über seine Ufer tritt, so daß das ganze Land zu Sumpf wird. Man spaziert im Sumpf umher und ißt Frösche.«

»Oh!« sagten alle Jungen.

»Ja, dort ist es herrlich! Man tut den ganzen Tag nichts anderes als essen; und während wir es dort so gut haben, ist in diesem Land hier nicht ein grünes Blatt auf den Bäumen; hier ist es so kalt, daß die Wolken in Stücke frieren und in kleinen weißen Fetzen herunterfallen!«

Sie meinte damit den Schnee, aber sie konnte es ja nicht deutlicher erklären.

»Frieren dann auch die unartigen Knaben in Stücke?« fragten die jungen Störche.

»Nein, in Stücke frieren sie nicht; aber sie sind nahe daran und müssen in der dunklen Stube sitzen und herumhocken. Ihr dagegen könnt in fremden Ländern umherfliegen, wo es Blumen und warmen Sonnenschein gibt.«

Nun war schon einige Zeit vergangen, und die Jungen waren so groß geworden, daß sie im Nest aufrecht stehen und weit umhersehen konnten; und der Storchenvater kam jeden Tag angeflogen, mit schönen Fröschen, kleinen Schlangen und allen Storchleckereien, die er finden konnte. Oh, es sah lustig aus, wie er ihnen Kunststücke vormachte! Den Kopf legte er auf den Schwanz, mit dem Schnabel klapperte er, als wäre er eine kleine Knarre, und dann erzählte er ihnen Geschichten, allesamt vom Sumpf.

»Hört, nun müßt ihr fliegen lernen!« sagte eines Tages die Storchenmutter, und dann mußten alle vier Jungen hinaus auf den Dachfirst. Oh, wie sie schwankten, wie sie mit den Flügeln balancierten und doch fast heruntergefallen wären!

»Seht nur auf mich!« sagte die Mutter. »So müßt ihr den Kopf halten! So müßt ihr die Füße setzen! Eins, zwei! Eins, zwei! Das ist es, was euch in der Welt forthelfen wird!« Dann flog sie ein kleines Stück, und die Jungen machten einen kleinen, unbeholfenen Sprung. Bums! da lagen sie, denn ihr Körper war zu schwerfällig.

»Ich will nicht fliegen!« sagte das eine Junge und kroch wieder in das Nest; »mir liegt nichts daran, in die warmen Länder zu kommen!«

»Willst du denn hier erfrieren, wenn es Winter wird? Sollen die Knaben kommen und dich hängen und sengen und braten? Dann werde ich sie rufen!«

»O nein!« sagte das Storchenkind und hüpfte dann wieder auf das Dach wie die anderen. Am dritten Tag konnten sie schon ordentlich ein bißchen fliegen, und da glaubten sie, daß sie auch in der Luft schweben und ausruhen könnten, das wollten sie auch, aber bums! da purzelten sie und mßten schnell die Flügel wieder rühren. Nun kamen die Knaben unten auf der Straße und sangen ihr Lied:

»Storch, Storch, fliege heim!«

»Sollen wir hinunterfliegen und ihnen die Augen ausstechen?« fragten die Jungen.

»Nein, laßt das sein!« sagte die Mutter. »Hört nur auf mich, das ist viel wichtiger! Eins, zwei, drei! nun fliegen wir rechts herum; eins, zwei, drei! nun links um den Schornstein! – Seht, das war sehr gut! Der letzte Schlag mit den Flügeln war so fein und richtig, daß ihr die Erlaubnis bekommen sollt, morgen mit mir in den Sumpf zu fliegen! Dorthin kommen mehrere nette Storchfamilien mit ihren Kindern; zeigt mir nun, daß die meinen die niedlichsten sind und daß ihr den Kopf recht hoch tragt; das sieht gut aus und verschafft Ansehen!«

»Aber sollen wir denn nicht an den unartigen Knaben Rache nehmen?« fragten die jungen Störche.

»Laßt sie schreien, soviel sie wollen! Ihr fliegt doch zu den Wolken auf und kommt in das Land der Pyramiden, wenn sie frieren müssen und kein grünes Blatt, keinen süßen Apfel haben!«

»Ja, wir wollen uns rächen!« flüsterten sie einander zu, und dann wurde wieder exerziert.

Von allen Knaben auf der Straße sang keiner das Spottlied ärger als gerade der, der damit angefangen hatte, und das war ein ganz kleiner; er war wohl nicht älter als sechs Jahre. Die jungen Störche glaubten freilich, daß er hundert Jahre alt wäre, denn er war ja soviel größer als ihre Mutter und ihr Vater, und was wuß-

ten sie davon, wie alt Kinder und große Menschen sein konnten! Ihre ganze Rache sollte diesen Knaben treffen; er hatte ja zuerst begonnen und hörte gar nicht wieder auf. Die jungen Störche waren sehr aufgebracht, und als sie größer wurden, wollten sie es noch weniger dulden; die Mutter mußte ihnen zuletzt versprechen, daß sie gerächt werden sollten, aber erst am letzten Tag, den sie hier im Lande wären.

»Wir müssen ja erst sehen, wie ihr euch bei dem großen Manöver anstellt! Macht ihr eure Sache schlecht, so daß der General euch den Schnabel durch die Brust rennt, dann haben ja die Knaben recht, wenigstens in einer Weise! Laßt uns nun sehen!«

»Ja, das sollst du!« sagten die Jungen und gaben sich recht viel Mühe; sie übten jeden Tag und flogen so niedlich und leicht, daß es eine Lust war.

Nun kam der Herbst, alle Störche versammelten sich, um in die warmen Länder zu fliegen, während bei uns Winter ist. Das war ein Manöver! Über Wälder und Städte mußten sie, nur um zu zeigen, wie gut sie fliegen konnten, denn es war ja eine große Reise, die ihnen bevorstand.

Die jungen Störche machten ihre Sache so brav, daß sie ›Ausgezeichnet gut mit Frosch und Schlange‹ bekamen. Das war das allerbeste Zeugnis, und den Frosch und die Schlange konnten sie essen, und das taten sie auch.

»Nun wollen wir uns rächen!« sagten sie.

»Ja, gewiß!« sagte die Storchenmutter. »Was ich mir ausgedacht habe, ist gerade das Richtige! Ich weiß, wo der Teich ist, in dem all die kleinen Menschenkinder liegen, bis der Storch kommt und sie den Eltern bringt. Die niedlichen kleinen Kinder schlafen und träumen so wunderschön, wie sie später nie mehr träumen. Alle Eltern wollen gern so ein kleines Kind haben, und alle Kinder wollen eine Schwester oder einen Bruder haben. Nun wollen wir zum Teich fliegen und eins für jedes der Kinder holen, die nicht das böse Lied gesungen und die Störche zum besten gehabt haben, die anderen Kinder sollen keins bekommen!«

»Aber der, der damit angefangen hat, der schlimme, häßliche Knabe«, schrien die jungen Störche, »was machen wir mit dem?«

»Da liegt im Teich ein kleines totes Kind, das sich totgeträumt hat, das wollen wir für ihn nehmen; da wird er weinen, weil wir ihm einen toten kleinen Bruder gebracht haben, aber dem guten Knaben – ihn habt ihr doch nicht vergessen –, der sagte, es sei unrecht, die Tiere zum besten zu haben, ihm wollen wir einen Bruder und eine Schwester bringen, und weil der Knabe Peter heißt, so sollt ihr auch allesamt Peter heißen!«

Und es geschah, wie sie sagte, und alle Störche hießen Peter, und so werden sie noch heute genannt.

Das Metallschwein
Eine Geschichte

In der Stadt Florenz, nicht weit von der Piazza del Granduca, zieht sich eine kleine Querstraße hin, ich glaube, sie wird Porta Rossa genannt. Dort, vor einer Art Basar, wor Gemüse verkauft wird, liegt ein kunstvoll aus Metall gearbeitetes Schwein. Das frische klare Wasser rieselt aus dem Maul des Tieres, das vom Alter ganz schwarzgrün geworden ist; nur der Rüssel glänzt, als sei er blank poliert, und das ist er auch von vielen hundert Kindern und

Lazzaroni,* die ihn mit den Händen berühren und ihren Mund an den Rüssel des Tieres legen, um zu trinken. Es ist ein wahres Bild, das wohlgeformte Tier von einem hübschen, halbnackten Knaben umfaßt zu sehen, der seinen frischen Mund an dessen Rüssel setzt.

Jeder, der nach Florenz kommt, findet leicht die Stelle, er braucht nur den ersten besten Bettler nach dem Metallschwein** zu fragen, und er wird es finden.

Es war ein später Winterabend; die Berge waren mit Schnee bedeckt, aber es war Mondschein, und der Mondschein in Italien gibt eine Beleuchtung, die ebensogut ist wie ein trüber nördlicher Wintertag, ja besser, denn die Luft glänzt und erhebt uns, während im Norden die kalte, graue Bleidecke uns zur Erde drückt, zur kalten, nassen Erde, die einst auch unseren Sarg drücken wird.

Im Schloßgarten des Herzogs, unter einem Piniendach, wo zur Winterszeit tausend Rosen blühen, hatte ein kleiner zerlumpter Knabe den ganzen Tag gesessen, ein Knabe, der ein Abbild Italiens sein konnte, so hübsch, lächelnd und doch so leidend. Er war hungrig und durstig, aber niemand gab ihm einen Schilling, und als es dunkelte und der Garten geschlossen werden sollte, jagte der Pförtner ihn hinaus. Lange stand er träumend auf der Brücke, die über den Arno führt, und sah zu den Sternen auf, die im Wasser zwischen ihm und der prächtigen Marmorbrücke della Trinità erglänzten.

Er schlug den Weg zum Metallschwein ein, kniete halb nieder, schlang seine Arme um dessen Hals, legte seinen Mund an den glänzenden Rüssel und trank das frische Wasser in großen Zügen. Dicht daneben lagen einige Salatblätter und ein paar Kastanien, die wurden seine Abendmahlzeit. Kein Mensch außer ihm war auf der Straße, er war ganz allein; er setzte sich auf den Rükken des Metallschweines, lehnte sich vornüber, so daß sein kleiner lockiger Kopf auf dem des Tieres ruhte, und ehe er sich dessen versah, war er eingeschlafen.

* Bettler.

** Das Metallschwein ist ein Abguß; das Original ist antik uad aus Marmor, es hat seinen Platz am Eingang zur Galerie im Palazzo degli Uffici. (Anm. Andersens)

Es war Mitternacht, das Metallschwein regte sich, er hörte es ganz deutlich sagen: »Du kleiner Knabe, halte dich fest, denn nun laufe ich davon«, und fort lief es mit ihm; es war ein sonderbarer Ritt. – Zuerst kamen sie auf die Piazza del Granduca, und das metallene Pferd, das das Standbild des Herzogs trägt, wieherte laut; die bunten Wappen auf dem alten Rathaus erschienen wie durchsichtige Bilder, und Michelangelos David schwang seine Schleuder; es war ein seltsames Leben, das sich da regte! Der bronzene Perseus und die geraubten Sabinerinnen standen da, als wären sie lebendig; ein Todesschrei entrang sich ihnen und scholl über den ganzen Platz.

Beim Palazzo degli Uffizi, im Bogengang, wo der Adel sich während der Fastnacht zum Karnevalsspaß versammelt, hielt das Metallschwein an.

»Halt dich fest«, sagte das Tier, »halt dich gut fest, denn nun geht es die Treppe hinauf!« Der Kleine sagte kein Wort, halb zitterte er, halb war er glücklich.

Sie betraten eine lange Galerie, die er gut kannte, denn er war schon früher hier gewesen; die Wände prangten mit Gemälden, hier standen Statuen und Büsten, alle im schönsten Licht, als sei es heller Tag; aber am prächtigsten war es, als die Tür zu einem der Seitengemächer sich öffnete; ja, der Herrlichkeit dort erinnerte sich der Kleine, doch in dieser Nacht war alles in seinem schönsten Glanz.

Hier stand ein nacktes schönes Weib, so schön, wie nur die Natur und der größte Meister des Marmors sie formen konnten; sie bewegte die schönen Glieder, Delphine sprangen zu ihren Füßen, Unsterblichkeit leuchtete aus ihren Augen. Die Welt nennt sie die Mediceische Venus. Neben ihr prangten Marmorbilder, deren Stein vom Leben des Geistes durchdrungen war. Es waren nackte schöne Männer; der eine schärfte das Schwert, der Schleifer wird er genannt; die ringenden Gladiatoren bildeten eine andere Gruppe; das Schwert wurde geschärft, die Kämpfer maßen sich vor der Göttin der Schönheit.

Der Knabe war von all dem Glanz wie geblendet; die Wände strahlten in vielen Farben, und alles dort war Leben und Bewegung. Doppelt zeigte sich das Bild der Venus, die irdische Venus so schwellend und feurig, wie Tizian sie an sein Herz gedrückt hatte. Das war ein wundersamer Anblick. Es waren zwei herrliche Weiber; ihre schönen unverhüllten Glieder streckten sich auf weichen Polstern, ihre Brust hob sich, und der Kopf bewegte sich, so daß die reichen Locken auf die runden Schultern fielen, während die dunklen Augen des Blutes glühende Gedanken aussprachen; aber keins der Bilder wagte ganz aus dem Rahmen herauszutreten. Die Schönheitsgöttin selbst, die Gladiatoren und der Schleifer blieben an ihrem Platz, denn die Glorie, die von der Madonna, von Jesus und Johannes ausstrahlte, bannte sie. Die heiligen Bilder waren nicht länger Bilder, sie waren die Heiligen selbst.

Welcher Glanz und welche Schönheit von Saal zu Saal! Der Kleine sah alles, das Metallschwein ging ja Schritt für Schritt durch all die Pracht und Herrlichkeit. Ein Anblick verdrängte den andern; nur ein Bild prägte sich tief in seine Seele ein, und es waren vor allem die frohen, glücklichen Kinder darauf, der Kleine hatte ihnen einmal bei Tageslicht zugenickt.

Viele gehen gewiß achtlos an diesem Bild vorüber, und doch umschließt es einen Schatz von Poesie, es ist Christus, der hinabsteigt in die Unterwelt; aber nicht die Verdammten sieht man um ihn her, nein, es sind Heiden. Der Florentiner Angeolo Bronzino hat dieses Bild gemalt; am herrlichsten ist die Gewißheit der Kinder ausgedrückt, daß sie in den Himmel kommen; zwei Kleine umarmen sich schon, ein Kleiner reicht einem anderen die Hand und zeigt auf sich selbst, als wollte er sagen: ›Ich werde in den Himmel kommen!‹ Die älteren stehen ungewiß, hoffend, oder beugen sich demütig betend vor dem Herrn Jesus. Auf diesem Bild weilte der Blick des Knaben länger als auf den anderen, das Metallschwein stand still davor; ein leiser Seufzer wurde laut – kam er vom Bild oder aus der Brust des Tieres? Der Knabe erhob seine Hände zu den lächelnden Kindern – da jagte das Tier mit ihm fort, fort durch den offenen Vorsaal.

»Dank und Segen, du herrliches Tier!« sagte der kleine Knabe und streichelte das Metallschwein, das bums, bums! die Treppe mit ihm hinabsprang.

»Dank und Segen dir selbst!« sagte das Metallschwein. »Ich habe dir und du hast mir geholfen, denn nur mit einem unschuldigen Kind auf dem Rücken habe ich die Kraft zum Laufen! Ja, siehst du, ich darf sogar unter den Strahlen der Lampe vor das Madonnenbild treten. Ich kann dich überallhin tragen, nur nicht in die Kirche! Aber von außen, wenn du bei mir bist, kann ich durch die offene Tür hineinsehen. Steig nicht von meinem Rükken herunter, denn tust du es, so bin ich tot, wie du mich am Tage siehst, in der Porta Rossa!«

»Ich bleibe bei dir, mein liebes Tier!« sagte der Kleine, und so ging es in sausender Fahrt durch die Straßen von Florenz, hinaus auf den Platz vor der Kirche Santa Croce.

Die große Flügeltür sprang auf, Lichter strahlten von dem Altar durch die Kirche auf den einsamen Platz.

Ein wunderbarer Lichterglanz entströmte einem Grabmal im linken Seitengang, tausend bewegliche Sterne bildeten gleichsam eine Glorie darum. Ein Wappenschild prangte auf dem Grab, im blauen Grund eine rote Leiter, die wie Feuer zu glühen schien; es war Galileis Grab; es ist ein schlichtes Denkmal, aber die rote Leiter in dem blauen Grund ist ein bedeutungsvolles Wappen, es ist, als sei es der Kunst eigenes Wappen, denn hier führt der Weg immer eine glühende Leiter hinan, aber er führt zum Himmel. Alle Propheten des Geistes fahren gen Himmel wie der Prophet Elias

Rechts im Kirchengang schien jede Bildsäule auf den reichen

Sarkophagen lebendig geworden zu sein. Hier stand Michelangelo, dort Dante mit dem Lorbeerkranz um die Schläfen, Alfieri, Machiavelli, Seite an Seite ruhen hier die großen Männer, Italiens Stolz.* Es ist eine prächtige Kirche, weit schöner, wenngleich nicht so groß wie der Marmordom zu Florenz.

Es war, als regten sich die marmornen Gewänder, als höben die großen Gestalten ihre Häupter höher und schauten unter Gesang und Tönen hinaus zu dem bunten, strahlenden Altar, wo weißgekleidete Knaben goldene Rauchfässer schwangen; der starke Duft strömte aus der Kirche auf den freien Platz.

Der Knabe streckte seine Hand nach dem Lichterglanz aus, und im Nu eilte das Metallschwein fort; er mußte sich fest anklammern, der Wind sauste ihm um die Ohren, er hörte die Kirchentür in den Angeln kreischen, als sie sich schloß, aber im gleichen Augenblick schien ihn das Bewußtsein zu verlassen, er fühlte eine eisige Kälte – und schlug die Augen auf.

Es war Morgen, er war halb herabgeglitten vom Rücken des Metallschweines, das da stand, wo es immer in der Porta Rossa zu stehen pflegte.

Furcht und Angst erfüllten den Knaben bei dem Gedanken an die, welche er Mutter nannte und die ihn gestern ausgeschickt hatte, um Geld herbeizuschaffen; er hatte nichts, er war hungrig und durstig. Noch einmal umfaßte er den Hals des Metallschweins, küßte es auf den Rüssel, nickte ihm zu, wanderte dann fort in eine der engsten Gassen, kaum breit genug für einen bepackten Esel. Eine große, eisenbeschlagene Tür war halb angelehnt, hier ging er eine gemauerte Treppe mit schmutzigen Wänden und einem blanken Seil als Geländer hinauf und kam in eine offene, mit Lumpen behängte Galerie; von hier führte eine

* Dem Grab Galileis gegenüber befindet sich das Michelangelos. Auf dem Monument ist seine Büste angebracht und außerdem drei Figuren: die Bildhauerkunst, die Malerei und die Architektur; dicht daneben ist Dantes Grabmal (die Leiche selbst befindet sich in Ravenna); auf dem Denkmal sieht man Italien, es deutet auf Dantes kolossale Statue, die Poesie weint um den Verlorenen. Wenige Schritte weiter ist Alfieris Grabmal, das mit Lorbeer, Leier und Masken geziert ist, Italien weint über seinem Sarg. Machiavelli beschließt hier die Reihe dieser berühmten Großen. (Anm. Andersens)

Treppe in den Hof hinab, wo vom Brunnen große Eisendrähte nach allen Etagen des Hauses gezogen waren und ein Wassereimer neben dem andern schwebte, während die Rolle quietschte und der Eimer in der Luft tanzte, daß das Wasser in den Hof klatschte. Wieder ging es eine verfallene, gemauerte Treppe hinauf; zwei Matrosen, es waren Russen, sprangen lustig herab und hätten den armen Knaben fast umgestoßen. Sie kamen von ihrem nächtlichen Bacchanal. Eine nicht junge, aber üppige Weibsgestalt mit vollem schwarzem Haar folgte ihnen. »Was bringst du nach Hause?« fragte sie den Knaben.

»Sei nicht böse«, bat dieser, »ich habe nichts, gar nichts bekommen!« Und er ergriff das Kleid der Mutter, als wollte er es küssen. Sie traten in die Kammer; die wollen wir nicht beschreiben, nur soviel sei gesagt, daß dort ein Henkeltopf mit einem Kohlenfeuer stand, marito, wie er genannt wird; den nahm sie in den Arm, wärmte sich die Finger und stieß den Knaben mit dem Ellbogen. »Du hast doch gewiß Geld!« sagte sie.

Das Kind weinte, sie stieß es mit dem Fuß, es jammerte laut. – »Wirst du schweigen, oder ich schlage dir deinen Schreikopf entzwei!« Und sie schwang den Feuertopf, den sie in der Hand hielt; der Knabe duckte sich mit einem Schrei zur Erde. Da trat die Nachbarin zur Tür herein, auch sie hatte ihren marito im Arm. »Felicita! Was tust du dem Kind?«

»Das Kind ist mein!« antwortete Felicita. »Ich kann es ermorden, wenn ich will, und dich mit, Giannina!« Und sie schwang ihren Feuertopf, die andere erhob den ihren zur Abwehr, und beide Töpfe schlugen so heftig gegeneinander, daß Scherben, Feuer und Asche im Zimmer umherflogen; aber im selben Augenblick war der Knabe aus der Tür, über den Hof und aus dem Haus. Das arme Kind lief, daß es zuletzt kaum noch atmen konnte; bei der Kirche Santa Croce, deren große Tür sich in der letzten Nacht vor ihm geöffnet hatte, hielt es an und ging hinein. Alles strahlte, der Knabe kniete an dem ersten Grab zur Rechten nieder, es war das Grab Michelangelos, und bald schluchzte er laut. – Leute kamen und gingen, die Messe wurde gelesen, keine bemerkte den Knaben; nur ein älterer Bürger blieb stehen, sah ihn an – und ging dann fort wie die andern.

Hunger und Durst plagten den Kleinen, er war ganz ohnmächtig und krank; er kroch in einen Winkel zwischen der Wand und den Marmordenkmälern und fiel in Schlaf. Es war gegen Abend, als er durch ein Zupfen wieder erwachte; er fuhr auf, und der alte Bürger von vorhin stand vor ihm.

»Bist du krank? Wo bist du zu Hause? Bist du den ganzen Tag hier gewesen?« waren einige der vielen Fragen, die der Alte an ihn richtete. Sie wurden beantwortet, und der alte Mann nahm ihn mit in ein kleines Haus, gleich in der Nähe in einer der Seitenstraßen. Sie traten in eine Handschuhmacherwerkstatt; die Frau saß noch auf und nähte fleißig, als sie kamen. Ein kleiner weißer Bologneser, so kurzgeschoren, daß man seine rosenrote Haut sehen konnte, hüpfte auf den Tisch und machte vor dem kleinen Knaben seine Sprünge.

»Die unschuldigen Seelen kennen einander«, sagte die Frau und streichelte den Hund und den Knaben. Das Kind bekam bei den guten Leuten zu essen und zu trinken, und sie sagten, er dürfe die Nacht über dableiben; am nächsten Tag würde Vater Guiseppe mit seiner Mutter sprechen. Er bekam ein kleines, ärmliches Bett, aber es war mehr als königlich für ihn, der oft auf dem harten steinernen Fußboden hatte schlafen müssen; er schlief so gut und träumte von den reichen Bildern und dem Metallschwein.

Vater Giuseppe ging am nächsten Morgen aus; der arme Knabe war nicht froh darüber, denn er wußte, daß dieser Gang ihn zu seiner Mutter zurückbringen sollte. Und er weinte und küßte den kleinen munteren Hund, und die Frau nickte beiden zu.

Und welchen Bescheid brachte Vater Giuseppe? Er sprach viel mit seiner Frau, und sie nickte und streichelte den Knaben.

»Es ist ein schönes Kind!« sagte sie. »Er kann ein hübscher Handschuhmacher werden, wie du es warst, und Finger hat er, so fein und biegsam! Die Madonna hat ihn zum Handschuhmacher bestimmt.«

Der Knabe blieb im Haus, und die Frau lehrte ihn selbst nähen; er aß gut, er schlief gut, er wurde munter und begann Bellissima zu necken, so hieß der kleine Hund; die Frau drohte mit dem Finger und schalt und wurde böse – und das ging dem Knaben zu

Herzen, nachdenklich saß er in seiner kleinen Kammer; diese ging zur Straße hinaus, wo Felle getrocknet wurden; dicke Eisenstangen waren vor den Fenstern, er konnte nicht schlafen; das Metallschwein war ihm im Sinn, und plötzlich hörte er draußen: Klatsch, Klatsch! Ja, das war es gewiß! Er sprang zum Fenster, aber nichts war zu sehen, es war schon vorüber.

»Hilf dem Signor seinen Farbkasten tragen!« sagte Madame am Morgen zu dem Knaben, als der junge Nachbar, der Maler, kam und den Kasten und eine große zusammengerollte Leinwand schleppte. Der Knabe nahm den Kasten und folgte dem Maler, und sie schlugen den Weg zur Galerie ein und gingen dieselbe Treppe hinauf, die ihm seit jener Nacht, als er auf dem Metallschwein geritten, wohlbekannt war. Er kannte all die Statuen und Bilder, die schöne Marmorvenus und die in lebendigen Farben gemalte; er sah die Mutter Gottes, Jesus und Johannes wieder.

Nun blieben sie vor dem Gemälde von Bronzino stehen, wo Christus in die Unterwelt hinabsteigt und die Kinder um ihn her in der süßen Gewißheit des Himmels lächeln – das arme Kind lächelte auch, denn hier war es in seinem Himmel!

»Geh nun nach Hause!« sagte der Maler, als der Knabe noch immer dastand, während jener seine Staffelei aufgerichtet hatte.

»Darf ich Euch malen sehen?« fragte der Knabe, »darf ich zusehen, wie Ihr das Bild auf die weiße Leinwand bringt?«

»Noch male ich nicht!« antwortete der Mann und nahm seine schwarze Kreide hervor. Schnell bewegte sich die Hand, das Auge maß das ganze Bild, und obwohl nur ein feiner Strich sichtbar wurde, stand Christus doch schwebend da wie auf dem farbigen Bild.

»Aber so geh doch!« sagte der Maler, und still wanderte der Knabe heim, setzte sich auf den Tisch und lernte – Handschuhe nähen.

Aber den ganzen Tag waren seine Gedanken im Bildersaal, und daher stach er sich in die Finger, betrug sich linkisch, neckte aber Bellissima nicht. Als es Abend wurde und die Haustür gerade offenstand, schlich er sich hinaus; es war kalt, aber sternenklar, sehr schön und hell, und er wanderte fort durch die Straßen, in denen es schon still war, und bald stand er vor dem Metallschwein, beugte sich zu ihm, küßte seinen blanken Rüssel und setzte sich auf seinen Rücken. – »Du liebes Tier«, sagte er, »wie habe ich mich nach dir gesehnt! Wir müssen in dieser Nacht einen Ritt machen!« Das Metallschwein lag unbeweglich, und die frische Quelle sprudelte aus seinem Rüssel. Der Kleine saß wie ein Reiter darauf, als etwas an seinen Kleidern zupfte; er sah zur Seite: Bellissima, die kleine kahlgeschorene Bellissima war es. Der Hund hatte sich mit aus dem Haus geschlichen und war dem Kleinen gefolgt, ohne daß er es bemerkt hatte. Bellissima bellte, als wollte sie sagen: Siehst du, ich bin auch da, warum setzt du dich hierher? – Kein feuriger Drache hätte den Knaben mehr erschrecken können als der kleine Hund an diesem Ort. Bellissima auf der Straße, und ohne angekleidet zu sein, wie die alte Mutter es nannte! Was sollte daraus werden? Der Hund kam im Winter nur auf die Straße, wenn man ihm zuvor ein kleines Lammfell übergezogen hatte, das für ihn zugeschnitten und genäht war. Das Fell konnte fest um den Hals gebunden werden, mit einem roten Band, an dem Schleifen und Schellen waren, und ebenso konnte es unter dem Bauch zusammengebunden werden. Der Hund sah beinahe aus wie ein Zicklein, wenn er zur Winterzeit in diesem Anzug mit Signora durch die Straßen trippeln durfte. Bellissima war da und nicht angekleidet; was sollte daraus werden! Alle Phantasien waren verschwunden, doch küßte der Knabe das Metallschwein und nahm Bellissima auf den Arm; das Tier zitterte vor Kälte, und darum lief der Knabe, so schnell er konnte.

»Womit läufst du da?« riefen zwei Gendarmen, denen er begegnete, und Bellissima bellte. »Wo hast du den hübschen Hund gestohlen?« fragten sie und nahmen ihm den Hund weg.

»Oh, gebt ihn mir wieder!« jammerte der Knabe.

»Hast du ihn nicht gestohlen, so kannst du zu Hause sagen, daß der Hund auf der Wache abgeholt werden könne!« Sie nannten den Ort und gingen mit Bellissima fort.

Das war ein Elend und ein Jammer. Der Knabe wußte nicht, ob er in den Arno springen oder nach Hause gehen und alles gestehen sollte; sie würden ihn gewiß totschlagen, dachte er.

»Aber ich will gern totgeschlagen werden, ich will sterben, dann komme ich zu Jesus und der Madonna!« Und er ging heim, hauptsächlich, um sich totschlagen zu lassen.

Die Tür war verschlossen, er konnte den Klopfer nicht erreichen, niemand war auf der Straße, aber ein Stein lag da, und damit donnerte er gegen die Tür. »Wer ist da?« rief es drinnen.

»Ich bin es«, sagte er. »Bellissima ist fort! Macht mir auf und schlagt mich dann tot!«

Das gab einen Schrecken, besonders bei Signora wegen der armen Bellissima. Sie sah sofort auf die Wand, wo der Anzug des Hundes zu hängen pflegte, das kleine Lammfell hing dort.

»Bellissima auf der Wache!« rief sie ganz laut. »Du böses Kind! Wie hast du sie hinausgelockt? Sie erfriert! Das zarte Tier bei den rohen Soldaten!«

Und der Vater mußte sogleich fort – die Frau jammerte, und der Knabe weinte. – Alle Leute des Hauses liefen zusammen, auch der Maler; er nahm den Knaben zwischen seine Knie, fragte ihn aus, und in Bruchstücken erfuhr er die ganze Geschichte von dem Metallschwein und der Galerie – es war ziemlich unverständlich. Der Maler tröstete den Kleinen, redete der Alten gut zu, aber sie war nicht eher zufrieden, bis der Vater mit Bellissima ankam, die bei den Soldaten gewesen war – das war eine Freude, der Maler liebkoste den Knaben und gab ihm eine Handvoll Bilder.

Oh, das waren prächtige Stücke, komische Köpfe! Aber vor allem – dort war leibhaftig das Metallschwein zu sehen. Oh, nichts konnte herrlicher sein! Mit ein paar Strichen stand es auf dem Papier, und selbst das Haus im Hintergrund war angedeutet.

›Wer doch zeichnen und malen könnte, der könnte die ganze Welt um sich versammeln!‹

In dem ersten freien Augenblick des folgenden Tages ergriff der Kleine den Bleistift, und auf der weißen Seite eines der Bilder versuchte er das Metallschwein wiederzugeben, und es glückte – etwas schief zwar, ein bißchen auf und ab, ein Bein dick, ein anderes dünn, aber es war doch zu erkennen, er jubelte selbst darüber. – Der Bleistift wollte nur nicht so recht gerade gehen, wie er sollte, das merkte er wohl; aber am nächsten Tag stand wieder ein Metallschwein neben dem ersten, und das war hundertmal besser; das dritte war schon so gut, daß jeder es erkennen konnte.

Aber mit dem Handschuhnähen ging es schlecht, langsam mit

den Bestellungen in der Stadt, denn das Metallschwein hatte ihn gelehrt, daß man alle Bilder zu Papier bringen kann, und die Stadt Florenz ist ein ganzes Bilderbuch, wenn man darin blättert. Auf der Piazza della Trinità steht eine schlanke Säule und obendrauf die Göttin der Gerechtigkeit, mit verbundenen Augen und der Waagschale. Bald stand sie auf dem Papier, und es war der kleine Knabe des Handschuhmachers, der sie da hingestellt hatte. Die Bildersammlung wuchs, aber noch enthielt sie nur leblose Gegenstände; da hüpfte eines Tages Bellissima vor ihm her. »Steh still!« sagte er, »Dann sollst du schön werden und in meine Bildersammlung kommen!« Aber Bellissima wollte nicht still stehen, sie mußte festgebunden werden; Kopf und Schwanz wurden gebunden, sie bellte und machte Sprünge, die Schnur mußte straffer gespannt werden – da kam Signora.

»Du gottloser Knabe! Das arme Tier!« war alles, was sie hervorbringen konnte, sie stieß den Knaben zur Seite, stieß ihn mit dem Fuß, wies ihn aus ihrem Haus, er sei der undankbarste Taugenichts, das gottloseste Kind, und weinend küßte sie ihre kleine halb erwürgte Bellissima.

Im selben Augenblick kam der Maler die Treppe herauf und – hier ist der Wendepunkt der Geschichte.

Im Jahre 1834 war in Florenz in der Academia delle arti eine Ausstellung. Zwei nebeneinander aufgestellte Gemälde sammelten eine Menge Betrachter um sich. Auf dem kleinen Gemälde war ein kleiner lustiger Knabe dargestellt, der saß und zeichnete, als Modell hatte er einen kleinen weißen, eigentümlich geschorenen Mops; aber das Tier wollte nicht still stehen und war daher mit Bindfaden am Kopf und am Schwanz festgebunden; es war Leben darin und eine Wahrheit, die jeden ansprechen mußte. Der Maler, erzählte man, sei ein junger Florentiner, der als Kind auf der Straße gefunden, von einem alten Handschuhmacher erzogen worden sei und sich selbst das Zeichnen gelehrt habe. Ein jetzt berühmter Maler habe dieses Talent entdeckt, als der Knabe einmal fortgejagt werden sollte, weil er den Liebling der Madame, den kleinen Mops, angebunden und als Modell genommen hatte.

Der Handschuhmacherknabe war ein großer Maler geworden, das zeigte dieses Bild, das zeigte besonders das größere daneben.

Hier war nur eine einzige Figur zu sehen, ein zerlumpter, schöner Knabe, der schlafend auf der Straße saß, er lehnte sich an das Metallschwein in der Porta Rossa.* Alle Betrachter kannten die Stelle. Die Arme des Kindes ruhten auf dem Kopf des Schweines; der Kleine schlief so geborgen, und die Lampe vor dem Madonnenbild warf ein starkes, eindrucksvolles Licht auf das blasse, liebliche Gesicht des Kindes. – Es war ein wunderschönes Gemälde; ein großer, vergoldeter Rahmen umgab es, und an eine Ecke war ein Lorbeerkranz gehängt, aber durch die grünen Blätter schlang sich ein schwarzes Bild, ein langer Trauerflor hing herab.

Der junge Künstler war in diesen Tagen gestorben!

Der Freundschaftsbund

Wir fliegen fort vom dänischen Strand
Und wandeln auf fremden Pfaden,
Da kommen wir nach Griechenland,
Zu kornblauen, schönen Gestaden.

Gelbgelbe Zitronen wachsen wild,
Der Baum kann die Last kaum tragen;
Man sieht manch schönes Marmorbild
Aus Gras und Disteln ragen.

Wo der Hirte sitzt mit seinem Hund,
Laßt uns nun ein Lager bereiten
Und hören die Mär vom Freundschaftsbund,
Der Brauch war in alten Zeiten.

Unser Haus war aus Lehm zusammengeklebt, aber die Türpfosten waren geriffelte Marmorsäulen, dort gefunden, wo man das Haus erbaute. Das Dach reichte fast bis zur Erde herab, jetzt war es schwarzbraun und häßlich, aber als es gedeckt wurde, bestand es aus blühendem Oleander und frischen Lorbeerzweigen, hinter den Bergen geholt. Um unser Haus war es eng, die Felswände ragten steil empor und waren nackt und schwarz, ganz oben hingen oft Wolken wie weiße lebende Gestalten. Niemals hörte ich hier einen Singvogel, nie tanzten die Männer hier zu den Tönen der Sackpfeife, aber der Ort war geheiligt aus alten Zeiten, selbst der Name erinnert daran, er wird ja Delphi genannt! Die dunklen, ernsten Berge lagen alle mit Schnee bedeckt, der höchste, der am längsten in der roten Abendsonne schimmerte, war der Parnaß; der Bach nahe an unserem Haus kam von ihm herab und war einst auch heilig, jetzt trübt ihn der Esel mit seinen Füßen, doch der Strom fließt fort und wird wieder klar. Wie entsinne ich mich jedes Flecks und seiner heiligen, tiefen Einsamkeit! Mitten in der Hütte wurde Feuer gemacht, und wenn die heiße Asche hoch und glühend dalag, das Brot darin gebakken; lag der Schnee um unsere Hütte, so daß sie fast versteckt war, dann schien meine Mutter am fröhlichsten zu sein, dann hielt sie meinen Kopf zwischen ihren Händen, küßte meine Stirn und sang die Lieder, die sie sonst niemals sang; denn die Türken, unsere Herren, litten es nicht, und sie sang:

»Auf dem Gipfel des Olymp, im niedrigen Fichtenwald, saß ein alter Hirsch, schwer waren seine Augen von Tränen; rote, ja grüne und blaßblaue Tränen weinte er, und ein Rehbock kam vorüber: ›Was ist dir, daß du so weinst, rote, grüne, ja blaßblaue Tränen?‹ – ›Der Türke ist in unsere Stadt gekommen, hat wilde Hunde zu seiner Jagd, eine mächtige Meute!‹ – ›Ich jage sie über die Inseln‹, sagte der junge Rehbock, ›ich jage sie über die Inseln ins tiefe Meer!‹ – Aber ehe der Abend herabsank, war der Rehbock getötet, und ehe die Nacht kam, war der Hirsch gejagt und tot!«

Und wenn meine Mutter so sang, wurden ihre Augen feucht, und in ihren langen Wimpern hing eine Träne, aber sie verbarg sie und wendete dann unser schwarzes Brot in der Asche. Da ballte ich meine Hand und sagte: »Wir wollen die Türken totschlagen!« Aber sie wiederholte aus dem Lied: » ›Ich jage sie über die Insel ins tiefe Meer!‹ – Aber ehe der Abend herabsank, war der Rehbock getötet, und ehe die Nacht kam, war der Hirsch gejagt und tot!«

Mehrere Tage und Nächte waren wir einsam in unserer Hütte, da kam mein Vater; ich wußte, er würde mir aus dem Golf von Lepanto Muschelschalen mitbringen oder gar ein Messer, scharf und blitzend. Diesmal brachte er uns ein Kind, ein kleines nacktes Mädchen, das er unter seinem Schafpelz hatte; es war in ein Fell gewickelt, und alles, was es besaß, als es entkleidet auf dem Schoß meiner Mutter lag, waren drei Silbermünzen, in sein schwarzes Haar gebunden. Der Vater erzählte von den Türken, die die Eltern des Kindes getötet hatten, er erzählte uns so viel, daß ich die ganze Nacht davon träumte. – Mein Vater war selbst verwundet, die Mutter verband seinen Arm, die Wunde war tief, der dicke Schafpelz, voll Blut, steif gefroren. Das kleine Mädchen sollte meine Schwester sein, sie war so strahlend schön! Die Augen meiner Mutter waren nicht sanfter als ihre. Anastasia, wie sie genannt wurde, sollte meine Schwester sein, denn ihr Vater war dem meinen angetraut nach alter Sitte, wie wir sie noch halten. Sie hatten in der Jugend Brüderschaft geschlossen und das schönste und tugendhafteste Mädchen der ganzen Gegend erwählt, ihren Freundschaftsbund zu weihen; oft hörte ich von dem hübschen, seltsamen Brauch.

Nun war die Kleine meine Schwester; sie saß auf meinem Schoß, ich brachte ihr Blumen und die Federn der Bergvögel, wir tranken zusammen aus den Gewässern des Parnaß und schliefen Kopf an Kopf unter dem Lorbeerdach der Hütte, während meine Mutter noch manchen Winter von den roten, grünen und blaßblauen Tränen sang. Aber noch begriff ich nicht, daß es mein eigenes Volk war, dessen tausendfältige Sorgen sich in diesen Tränen spiegelten.

Eines Tages kamen drei fränkische Männer, anders als wir gekleidet. Ihre Betten und Zelte hatte sie auf Pferden, und mehr als zwanzig Türken, alle mit Säbeln und Gewehren, begleiteten sie, denn sie waren Freunde des Paschas und hatten Geleitbriefe von ihm. Sie kamen nur, um unsere Berge zu sehen, um in Schnee und Wolken den Parnaß zu besteigen und die seltsamen schwarzen, steilen Felsen um unsere Hütte zu betrachten. Sie hatten darin nicht Platz, vertrugen auch den Rauch nicht, der unter der Decke durch die niedrige Tür hinauszog; sie schlugen daher ihre Zelte auf dem engen Platz neben unserer Hütte auf, brieten Lämmer und Vögel, schenkten süße, starke Weine ein, aber die Türken durften nicht davon trinken.

Als sie fortreisten, begleitete ich sie eine Strecke Wegs, und meine kleine Schwester Anastasia hing, in ein Ziegenfell genäht, auf meinem Rücken. Einer der fränkischen Herrn stellte mich vor einen Felsen und zeichnete mich und sie ab, so lebendig, wie wir dort standen, wir sahen aus wie ein einziges Geschöpf – niemals hatte ich darüber nachgedacht, aber Anastasia und ich waren ja eins, immer lag sie in meinem Schoß oder hing auf meinem Rükken, und träumte ich, dann war sie in meinen Träumen.

Zwei Nächte später kamen andere Leute, mit Messern und Gewehren bewaffnet, in unsere Hütte. Es waren Albanier, kühne Leute, wie meine Mutter sagte. Sie blieben nur kurze Zeit dort; meine Schwester Anastasia saß auf dem Schoße des einen – als sie fort waren, hatte sie zwei und nicht drei Silbermünzen in ihrem Haar. Sie rollten Tabak in Papierstreifen und rauchten davon; der älteste sprach vom Weg, den sie einschlagen sollten, und war darüber in Ungewißheit. »Spucke ich nach oben«, sagte er, »so fällt es mir ins Gesicht, spucke ich nach unten, so fällt es in meinen Bart!«

Aber ein Weg mußte gewählt werden; sie gingen, und mein Vater begleitete sie. Bald darauf hörten wir Schüsse – es knallte wieder –, Soldaten drangen in unsere Hütte und nahmen meine Mutter, mich und Anastasia mit; die Räuber hätten ihren Aufenthalt bei uns gehabt, mein Vater hätte sie begleitet, darum müßten wir fort. Ich sah die Leichen der Räuber, ich sah meines Vaters Leichnam; und ich weinte, bis ich einschlief. Als ich erwachte, waren wir im Gefängnis, aber der Raum war nicht elender als der in unserer Hütte, ich erhielt Zwiebeln und harzigen Wein, den sie aus einem geteerten Sack gossen, besser hatten wir es zu Hause auch nicht. Wie lange wir gefangen waren, weiß ich nicht; aber viele Tage und Nächte vergingen. Als wir herauskamen, war unser heiliges Osterfest, und ich trug Anastasia auf dem Rücken, denn meine Mutter war krank, nur langsam konnte sie gehen, und es war weit, ehe wir das Meer, den Golf von Lepanto, erreichten. Wir traten in eine Kirche, die von Bildern auf goldenem Grund widerstrahlte; Engel waren da, oh, so hübsch, aber mir schien doch, daß unsere kleine Anastasia ebenso hübsch sei. Mitten auf dem Boden stand ein mit Rosen gefüllter Sarg; es sei der Herr Christus, der da als schöne Blume läge, sagte meine Mutter; und der Priester verkündete: »Christus ist auferstanden!« Alle Leute küßten sich. Jeder hielt ein brennendes Licht in der Hand, ich selbst bekam eins, die kleine Anastasia auch eins, Sackpfeifen ertönten, Männer tanzten Hand in Hand aus der Kirche, und draußen brieten die Frauen das Osterlamm. Wir wurden eingeladen, ich saß am Feuer; ein Knabe, älter als ich, umschlang meinen Hals, küßte mich und sagte: »Christus ist auferstanden!« So begegneten wir uns, Aphtanides und ich, zum erstenmal.

Meine Mutter konnte Fischernetze knüpfen, das gab hier an der Bucht einen guten Verdienst, und wir blieben lange Zeit am Meer – dem schönen Meer, das wie Tränen schmeckte und durch seine Farben an die Tränen des Hirsches erinnerte, bald war es ja rot, bald grün und dann wieder blau.

Aphtanides verstand das Boot zu lenken, und ich saß mit meiner kleinen Anastasia darin, es glitt über das Wasser wie eine Wolke durch die Luft. Wenn dann die Sonne sank, färbten sich die Berge mit tieferem Blau, eine Bergreihe guckte über die andere, und am fernsten stand der Parnaß mit seinem Schnee; in der Abendsonne schimmerte der Berggipfel wie glühendes Eisen, es sah aus, als komme das Licht von innen, denn lange, nachdem die Sonne untergegangen war, schimmerte er noch in der blauen, glänzenden Luft; die weißen Seevögel schlugen den Wasserspiegel mit ihren Flügeln, sonst war es hier so still wie bei Delphi zwischen den schwarzen Felsen. Ich lag im Boot auf dem Rücken, Anastasia saß auf meiner Brust, und die Sterne über uns schienen heller als die Lampen in unserer Kirche. Es waren dieselben Sterne, und sie standen an derselben Stelle über mir, wie in Delphi vor unserer Hütte. Zuletzt schien es mir, als sei ich noch dort! – Da klatschte es im Wasser, und das Boot schaukelte stark; ich schrie laut auf, denn Anastasia war ins Wasser gefallen, aber ebenso schnell sprang Aphtanides nach, und bald hob er sie zu mir empor. Wir streiften ihr die Kleider ab, drückten das Wasser aus und kleideten sie dann wieder an; das gleiche tat Aphtanides bei sich selbst, und wir blieben draußen, bis das Zeug wieder getrocknet war, und niemand erfuhr von unserem Schreck wegen der kleinen Pflegeschwester, an deren Leben ja Aphtanides nun teilhatte.

Es wurde Sommer. Die Sonne brannte so heiß, daß das Laub der Bäume verdorrte; ich dachte an unsere kühlen Berge, an ihr frisches Wasser; auch meine Mutter sehnte sich danach, und eines Abends wanderten wir wieder zurück. Wie war es dort still und ruhig! Wir gingen durch den hohen Thymian, der noch duftete, obgleich die Sonne seine Blätter versengt hatte. Nicht einem Hirten begegneten wir, nicht an einer Hütte kamen wir vorbei. Alles war still und einsam, nur eine Sternschnuppe sagte, dort im Himmel sei noch Leben. Ich weiß nicht, ob die klare, blaue Luft selbst leuchtete oder ob es die Strahlen der Sterne waren; wir sahen gut alle Umrisse der Berge. Meine Mutter machte Feuer, briet Zwiebeln, die sie mitgebracht hatte, und die kleine Schwester und ich schliefen im Thymian, ohne uns vor dem häßlichen Smidraki* zu fürchten, dem die Flamme aus dem Hals leckt, noch weniger vor dem Wolf und dem Schakal; meine Mutter saß ja bei uns, und das, glaubte ich, sei genug.

Wir erreichten unsere alte Heimat, aber die Hütte war ein Schutthaufen, eine neue mußte gebaut werden. Ein paar Frauen halfen meiner Mutter, und in wenigen Tagen waren Mauern errichtet und ein neues Dach von Oleander darübergedeckt. Meine Mutter flocht aus Fellen und Baumrinden viele Flaschenhüllen, ich hütete die kleine Herde der Priester;** Anastasia und die kleinen Schildkröten waren meine Spielkameraden.

Eines Tages bekamen wir Besuch von dem geliebten Aphtanides; er sehne sich so sehr, uns zu sehen, sagte er und blieb zwei volle Tage bei uns.

Nach einem Monat kam er wieder und erzählte, er wolle mit einem Schiff nach Patras und Korfu fahren; vorher müsse er uns Lebewohl sagen; meiner Mutter brachte er einen großen Fisch mit. Er wußte soviel zu erzählen, nicht nur von den Fischern unten am Golf von Lepanto, sondern auch von Königen und Helden, die einst in Griechenland geherrscht hatten wie jetzt die Türken.

Ich habe den Rosenstrauch eine Knospe ansetzen und sie sich in Tagen und Wochen zu einer Blume entfalten sehen; sie wurde

* Der griechische Aberglaube läßt dieses Ungeheuer aus den unaufgeschnittenen Magen geschlachteter Schafe entstehen, die auf das Feld geworfen werden.

** Ein Bauer, der lesen kann, wird oft Priester, und man nennt ihn dann ›allerheiligster Herr‹; die Gemeinde küßt die Erde, wenn sie ihm begegnet. (Anm. Andersens) es, ehe ich daran dachte, wie groß, schön und rot sie sei; so erging es mir auch mit Anastasia. Sie war ein schönes, erwachsenes Mädchen, ich ein kräftiger Bursche. Die Wolfsfelle auf meiner Mutter und Anastasias Lager hatte ich selbst den Tieren abgezogen, die von meinem Schuß gefallen waren. Jahre waren dahingegangen.

Da kam eines Abends Aphtanides, schlank wie ein Rohr, stark und braun; er küßte uns alle und wußte von dem großen Meer, von Maltas Festungswerken und Ägyptens seltsamen Grabstätten zu erzählen; es klang wunderbar wie eine Legende der Priester ich sah mit einer Art Ehrfurcht zu ihm auf.

»Wieviel du weißt!« sagte ich, »wie du erzählen kannst!«

»Du hast mir einmal das Schönste erzählt!« sagte er. »Du hast mir erzählt, was mir niemals aus dem Sinn gekommen ist, von dem schönen, alten Brauch des Freundschaftsbundes, dem Brauch, dem zu folgen ich Lust hätte! Bruder, laß uns beide auch, wie dein und Anastasias Vater taten, zur Kirche gehen; das schönste und unschuldigste Mädchen ist Anastasia, deine Schwester, sie soll uns weihen! Kein Volk hat doch einen schöneren Brauch als wir Griechen!«

Anastasia errötete wie das frische Rosenblatt, meine Mutter küßte Aphtanides.

Eine Stunde Wegs von unserer Hütte entfernt, dort, wo die Felsen lockere Erde tragen und einzelne Bäume Schatten geben, lag die kleine Kirche; eine silberne Lampe hing vor dem Altar.

Ich hatte meine beste Kleidung angelegt, die weiße Fustanella* fiel in reichen Falten über die Hüften herab, das rote Wams saß eng und stramm, die Quaste auf meinem Fes war mit Silber durchwirkt, in meinem Gürtel steckten Messer und Pistolen. Aphtanides hatte seine blaue Kleidung an, wie griechische Seeleute sie tragen, eine silberne Platte mit der Mutter Gottes hing an seiner Brust, seine Schärpe war kostbar, wie nur die reichen Herren sie tragen können. Jeder sah wohl, daß wir zu einer Feier wollten. Wir gingen in die kleine, einsame Kirche, wo die Abendsonne durch die Tür auf die brennende Lampe und die bunten Bilder auf goldenem Grund schien. Wir knieten auf den Stufen

* Langes, bis zu den Knien getragenes Oberhemd der griechischen Männer.

des Altars nieder, und Anastasia trat vor uns hin; ein langes weißes Gewand hing lose und leicht um ihre schönen Glieder; ihr weißer Hals und ihre Brust waren mit einer Kette alter und neuer Münzen bedeckt, die einen vollen, großen Kragen bildeten. Ihr schwarzes Haar war zu einem einzigen Knoten geschlungen, er wurde durch eine kleine Haube aus Silber- und Goldmünzen gehalten, die in den alten Tempeln gefunden worden waren. Einen schöneren Schmuck hatte kein griechisches Mädchen. Ihr Gesicht leuchtete, ihre Augen waren wie zwei Sterne.

Still beteten wir alle drei, und sie fragte uns: »Wollt ihr Freunde sein in Leben und Tod?« – »Ja!« antworteten wir. »Wollt ihr, was auch geschehen mag, daran denken: mein Bruder ist von mir ein Teil; mein Geheimnis, mein Glück ist das seine: Aufopferung, Ausdauer, alles in mir gehört ihm wie mir?« Und wir wiederholten unser Ja.

Sie legte unsere Hände ineinander, küßte uns auf die Stirn, und wir beteten wieder leise. Da trat der Priester aus der Tür des Altarraumes, segnete uns alle drei, und ein Gesang der anderen allerheiligsten Herren ertönte hinter der Altarwand. Der Bund ewiger Freundschaft war geschlossen. Als wir uns erhoben, sah ich meine Mutter heftig weinend an der Tür der Kirche.

Wie war es heiter in unserer kleinen Hütte und an Delphis Quellen! Den Abend vor Aphtanides' Abreise saßen er und ich gedankenvoll am Abhang des Felsens, sein Arm war um meinen Leib geschlungen, der meine um seinen Hals; wir sprachen von Griechenlands Not, von den Männern, denen man vertrauen könnte. Jeder Gedanke unserer Seelen lag klar vor uns beiden, da ergriff ich seine Hand.

»Eins sollst du noch wissen, eins, was bis zu dieser Stunde nur ich und Gott gewußt! Meine ganze Seele ist Liebe! Eine Liebe, stärker als die zu meiner Mutter und zu dir!«

»Und wen liebst du?« fragte Aphtanides, und sein Gesicht und Hals wurden rot.

»Ich liebe Anastasia!« sagte ich – und seine Hand zitterte in meiner, er wurde leichenblaß; ich sah es, ich begriff es, und ich glaube, daß auch meine Hand bebte, ich neigte mich zu ihm, küßte seine Stirn und flüsterte: »Ich habe es ihr nie gesagt, sie liebt mich vielleicht nicht! – Bruder, denk daran, ich habe sie täglich gesehen, sie ist an meiner Seite aufgewachsen, in meine Seele hineingewachsen!« – »Und dein soll sie sein!« sagte er, »dein! – Ich kann dich nicht belügen und will es auch nicht. Auch ich liebe sie! – Aber morgen ziehe ich fort! In einem Jahr sehen wir uns wieder, dann seid ihr verheiratet, nicht wahr? – Ich habe etwas Geld, es sei dein, du mußt es nehmen, du sollst es nehmen!« Still wanderten wir über die Felsen; es war später Abend, als wir an der Hütte meiner Mutter standen.

Anastasia hielt uns die Lampe entgegen, als wir hereintraten, meine Mutter war nicht dort. Sie blickte wunderbar wehmütig auf Aphtanides.

»Morgen gehst du von uns!« sagte sie, »wie mich das betrübt!«

»Dich betrübt!« sagte er, und mir schien ein Schmerz darin zu liegen, groß wie mein eigener. Ich konnte nicht reden, er aber faßte ihre Hand und sagte: »Unser Bruder dort liebt dich, hast du ihn lieb? In seinem Schweigen liegt gerade seine Liebe.«

Anastasia zitterte und brach in Tränen aus; da sah ich nur sie, dachte nur an sie, schlang meinen Arm um ihren Leib und sagte: »Ja, ich liebe dich!« Sie drückte ihren Mund auf meinen, legte ihre Hände um meinen Hals; aber die Lampe war auf den Fußboden gefallen, es war dunkel um uns her, wie in dem Herzen des lieben, armen Aphtanides.

Vor Tagesanbruch stand er auf, küßte uns alle zum Abschied und zog fort. Meiner Mutter hatte er all sein Geld für uns gegeben. Anastasia war meine Braut und nach wenigen Tagen meine Frau.

Eine Rose vom Grabe Homers

In allen Gesängen des Orients ertönt die Liebe der Nachtigall zur Rose; in den schweigenden, sternenhellen Nächten bringt der geflügelte Sänger seiner duftenden Blume eine Serenade.

Nicht weit von Smyrna, unter den hohen Platanen, wo der Kaufmann seine beladenen Kamele treibt, die stolz ihren langen Hals erheben und plump auf einen Boden treten, der heilig ist, sah ich eine blühende Rosenhecke; wilde Tauben flogen zwischen den Zweigen der hohen Bäume, und ihre Flügel schimmerten, wenn ein Sonnenstrahl darüberglitt, als wären sie von Perlmutter.

Die Rosenhecke trug eine Blüte, die unter allen die schönste war, und ihr sang die Nachtigall ihren Liebesschmerz; aber die Rose schwieg, nicht ein Tautropfen lag als Träne des Mitleids auf ihren Blättern, sie beugte sich mit dem Zweig hinab über einige große Steine.

»Hier ruht der Erde größter Sänger!« sagte die Rose, »über seinem Grab will ich duften, darauf meine Blätter streuen, wenn der Sturm mich entblättert! Der Sänger der Iliade wurde zu Erde in dieser Erde, der ich entsprieße! – Ich, eine Rose vom Grabe Homers, bin zu heilig, um für eine arme Nachtigall zu blühen!«

Und die Nachtigall sang sich zu Tode.

Der Kameltreiber kam mit seinen beladenen Kamelen und seinen schwarzen Sklaven; sein Söhnchen fand den toten Vogel und beerdigte den kleinen Sänger im Grabe des großen Homer; die Rose bebte im Wind. Der Abend kam, die Rose schloß ihren Kelch und träumte:

Es war ein schöner, sonnenheller Tag; eine Schar fremder fränkischer Männer nahte, sie hatten eine Pilgerreise zum Grabe Homers unternommen. Unter den Fremden war ein Sänger aus dem Norden, aus der Heimat der Nebel und des Nordlichts; er brach die Rose, preßte sie fest in ein Buch und nahm sie so mit in einen andern Weltteil, in sein fernes Vaterland. Die Rose welkte aus Kummer und lag in dem engen Buch, das er in seiner Heimat öffnete, und er sagte: »Hier ist eine Rose vom Grabe Homers!‹

Das träumte die Blume, und sie erwachte und zitterte im Wind, ein Tautropfen fiel von ihren Blättern auf das Grab des Sängers. Die Sonne ging auf, und schöner als zuvor blühte die Rose; es wurde ein heißer Tag, sie war in ihrem warmen Asien. Da wurden Fußtritte laut, fremde Franken kamen, wie die Rose sie im Traum gesehen, und unter den Fremden war ein Dichter aus dem Norden, er brach die Rose, drückte einen Kuß auf ihren frischen Mund und nahm sie mit in die Heimat der Nebel und des Nordlichts.

Als eine Mumie ruht nun die Blumenleiche in seiner Iliade, und wie im Traum hört sie ihn das Buch öffnen und sprechen: ›Hier ist eine Rose vom Grabe Homers!‹

Ole Luköie

Es gibt niemanden in der ganzen Welt, der so viele Geschichten weiß wie Ole Luköie – Der kann erzählen!

So gegen Abend, wenn die Kinder noch hübsch am Tisch oder auf ihrem Schemel sitzen, kommt Ole Luköie. Er kommt sachte die Treppe herauf, denn er geht auf Socken; er macht ganz leise die Türen auf und husch! da spritzt er den Kindern süße Milch in die Augen, und das so fein, so fein, aber doch immer genug, daß sie die Augen nicht offenhalten und ihn deshalb auch nicht sehen können. Er schleicht sich hinter sie, bläst ihnen sacht in den Nakken, und davon wird ihnen der Kopf schwer. O ja! aber es tut nicht weh, denn Ole Luköie meint es ja gut mit den Kindern; er will nur, daß sie ruhig sein sollen, und das sind sie am besten, wenn man sie zu Bett gebracht hat; sie sollen still sein, damit er ihnen Geschichten erzählen kann.

Wenn die Kinder dann schlafen, setzt sich Ole Luköie auf ihr Bett. Er ist gut gekleidet, sein Rock ist aus Seide; aber es ist unmöglich zu sagen, welche Farbe er hat, denn er glänzt grün, rot und blau, gerade wie er sich dreht. Unter jedem Arm hält er einen Regenschirm, den einen, mit Bildern darauf, spannt er über die guten Kinder aus, und dann träumen sie die ganze Nacht die herrlichsten Geschichten, aber einen anderen Schirm hat er, auf dem gar nichts ist, den spannt er über die unartigen Kinder aus, dann schlafen sie so unruhig und haben am Morgen, wenn sie erwachen, nicht das allergeringste geträumt.

Nun werden wir hören, wie Ole Luköie eine ganze Woche lang jeden Abend zu einem kleinen Knaben kam, der Hjalmar hieß, und was er ihm erzählte. Es sind sieben Geschichten, denn eine Woche hat sieben Tage.

Montag

Hör mal! sagte Ole Luköie am Abend, als er Hjalmar zu Bett gebracht hatte; »nun werde ich alles putzen!« Und da wurden alle Blumen in den Blumentöpfen zu großen Bäumen, die ihre langen Zweige unter der Zimmerdecke und an den Wänden ausstreckten, so daß die ganze Stube wie eine prächtige Laube aussah; und alle Zweige waren voller Blumen, und jede Blume war schöner als eine Rose, duftete so herrlich, und wollte man sie essen, war sie noch süßer als Eingemachtes! Die Früchte glänzten wie Gold, und dann gab es Kuchen, die vor lauter Rosinen platzten. Es war unvergleichlich! Aber zur gleichen Zeit ertönte ein schreckliches Jammern aus dem Tischkasten, wo Hjalmars Schulbücher lagen.

»Was ist denn das?« sagte Ole Luköie und ging zum Tisch und zog den Kasten auf. Es war die Schiefertafel, in der es riß und zerrte, denn es war eine falsche Zahl in die Rechenaufgabe gekommen, und darum fiel sie fast auseinander; der Griffel hüpfte und sprang an seinem Band, gerade als ob er ein kleiner Hund sei, der der Rechenaufgabe helfen wollte, aber er konnte es nicht! – Und dann jammerte es auch in Hjalmars Schreibheft; oh, es war richtig häßlich anzuhören! Auf jedem Blatt standen untereinander die großen Buchstaben, neben jedem ein kleiner, eine ganze Reihe lang, das war die Vorschrift; und neben diesen standen wieder einige Buchstaben, die ebenso auszusehen glaubten, und die hatte Hjalmar geschrieben, sie lagen aber geradeso, als ob sie über die Bleistiftstriche gefallen wären, auf denen sie stehen sollten.

»Seht, so solltet ihr euch halten!« sagte die Vorschrift. »Seht, so zur Seite , mit einem kecken Schwung!«

»Oh, wir möchten gern«, sagten Hjalmars Buchstaben, »aber wir können nicht, es geht uns so schlecht!«

»Dann müßt ihr Kinderpulver einnehmen!« sagte Ole Luköie.

»O nein!« riefen sie, und da standen sie so aufrecht, daß es eine Lust war!

»Ja, nun können wir keine Geschichten erzählen!« sagte Ole Luköie, »nun muß ich sie exerzieren! Eins, zwei! Eins, zwei!« Und so exerzierte er die Buchstaben, und sie standen so aufrecht und gesund, wie nur eine Vorschrift stehen kann. Aber als Ole Luköie ging und Hjalmar sie am Morgen besah, da waren sie ebenso jämmerlich wie zuvor.

Dienstag

Sobald Hjalmar zu Bett war, berührte Ole Luköie mit seiner kleinen Zauberspritze alle Möbel in der Stube, und sogleich fingen sie an zu schwatzen, und alle sprachen sie von sich selbst, mit Ausnahme des Spucknapfes, der stumm dastand und sich darüber ärgerte, daß sie so eitel sein konnten, nur von sich selbst zu reden, nur an sich selbst zu denken und gar keinen Gedanken für den zu haben, der doch so bescheiden in der Ecke stand und sich bespukken ließ.

Über der Kommode hing ein großes Gemälde in einem vergoldeten Rahmen, das war eine Landschaft; man sah hohe, alte Bäume, Blumen im Gras und ein großes Wasser mit einem Fluß, der um den Wald floß, an vielen Schlössern vorbei und weit hinaus in das wilde Meer.

Ole Luköie berührte mit seiner Zauberspritze das Gemälde, und da fingen die Vögel zu singen an, die Zweige der Bäume bewegten sich, und die Wolken bekamen ordentlich Fahrt, man konnte ihren Schatten über die Landschaft hinziehen sehen. Nun hob Ole Luköie den kleinen Hjalmar zu dem Rahmen empor und stellte seine Füße in das Gemälde, gerade in das hohe Gras, und da stand er nun; die Sonne schien durch die Zweige der Bäume auf ihn nieder. Er lief zum Wasser und setzte sich in ein kleines Boot, das dort lag; es war rot und weiß angestrichen, die Segel glänzten wie Silber, und sechs Schwäne, alle mit Goldkronen um den Hals und einem strahlenden blauen Stern auf dem Kopf, zogen das Boot an dem grünen Wald vorüber, wo die Bäume von Räubern und Hexen und die Blumen von den niedlichen kleinen Elfen erzählten und von dem, was die Schmetterlinge ihnen gesagt hatten.

Die herrlichsten Fische, mit Schuppen wie Silber und Gold, schwammen hinter dem Boot her; mitunter machten sie einen Sprung, so daß es ›platsch‹ im Wasser sagte, und Vögel, rot und blau, klein und groß, flogen in zwei langen Reihen hinterher; die Mücken tanzten, und die Maikäfer sagten: bum! bum! Sie alle wollten Hjalmar folgen, und jeder hatte eine Geschichte zu erzählen.

Das war eine Bootsfahrt! Bald waren die Wälder so dicht und so dunkel, bald waren sie wie der herrlichste Garten mit Sonnenschein und Blumen; und da lagen große Schlösser aus Glas und aus Marmor; auf den Altanen standen Prinzessinnen, und alle waren kleine Mädchen, die Hjalmar gut kannte, er hatte früher mit ihnen gespielt. Sie streckten die Hände aus, und jede hielt das niedlichste Zuckerferkel hin, das je eine Kuchenfrau verkaufen konnte; und Hjalmar faßte das eine Ende des Zuckerferkels an, als er vorbeifuhr, und die Prinzessin hielt recht fest, und so bekam jeder sein Stück, sie das kleinste, Hjalmar das allergrößte. Vor jedem Schloß standen kleine Prinzen Schildwache; sie schulterten die Goldsäbel und ließen Rosinen und Zinnsoldaten regnen; das waren richtige Prinzen!

Bald segelte Hjalmar durch Wälder, bald durch große Säle oder mitten durch eine Stadt; er kam auch durch die, wo sein Kindermädchen wohnte, das ihn getragen hatte, als er ein ganz kleiner Knabe war, und das ihn immer so liebgehabt hatte; und sie nickte und winkte und sang den hübschen kleinen Vers, den sie selbst gedichtet und Hjalmar geschickt hatte:

Ich denke deiner so manches Mal,
Mein teurer Hjalmar, du lieber!
Ich gab dir Küsse ja ohne Zahl
auf Stirne, Mund und Lider.
Ich hörte dich sprechen das erste Wort,
Doch mußte Lebwohl ich dir sagen.
Es segne der Herr dich an jedem Ort,
Du Engel, den einst ich getragen!

Und alle Vögel sangen mit, die Blumen tanzten auf den Stielen, und die alten Bäume nickten, gerade als ob Ole Luköie ihnen auch Geschichten erzählte.

Mittwoch

Nein, wie strömte draußen der Regen! Hjalmar konnte es im Schlaf hören, und als Ole Luköie ein Fenster öffnete, stand das Wasser gerade bis an das Fensterbrett; es war ein ganzer See da draußen, aber das prächtigste Schiff lag gleich vor dem Haus.

»Willst du mitfahren, kleiner Hjalmar«, sagte Ole Luköie, »so kannst du diese Nacht in fremde Länder kommen und morgen wieder hier sein!«

Und da stand Hjalmar plötzlich in seinen Sonntagskleidern mitten auf dem prächtigen Schiff, und sogleich wurde das Wetter schön, und sie segelten durch die Straßen, kreuzten um die Kirche, und nun war alles eine große, wilde See. Sie segelten so lange, bis kein Land mehr zu erblicken war, und sie sahen einen Schwarm Störche, die kamen auch aus der Heimat und wollten in die warmen Länder; ein Storch flog hinter dem andern, und sie waren schon so weit, so weit geflogen! Einer von ihnen war so müde, daß seine Flügel ihn fast nicht mehr tragen konnten; er war der allerletzte in der Reihe, und bald blieb er ein großes Stück zurück; zuletzt sank er mit ausgebreiteten Flügeln tiefer und tiefer; er machte noch ein paar Schläge; aber es half nichts; nun berührte er mit seinen Füßen das Tauwerk des Schiffes und glitt vom Segel herab, und bums! da stand er auf dem Deck.

Da nahm der Schiffsjunge ihn und setzte ihn in das Hühnerhaus zu den Hühnern, Enten und Truthähnen; der arme Storch stand ganz verzagt zwischen ihnen.

»Seht euch den Kerl an!« sagten alle Hühner.

Und der Truthahn plusterte sich so dick auf, wie er konnte, und fragte, wer er sei; und die Enten gingen rückwärts und pufften einander: »Rappel dich! Rappel dich!«

Und der Storch erzählte vom warmen Afrika, von den Pyramiden und vom Strauß, der wie ein wildes Pferd durch die Wüste läuft, aber die Enten verstanden nicht, was er sagte, und dann pufften sie einander: »Wir sind uns doch wohl einig, daß er dumm ist?«

»Ja, gewiß ist er dumm!« sagte der Truthahn, und dann kollerte er. Da schwieg der Storch ganz still und dachte an sein Afrika.

»Das sind ja herrlich dünne Beine, die Ihr habt!« sagte der Truthahn. »Was kostet die Elle davon?«

»Skrat, skrat, skrat!« grinsten alle Enten, aber der Storch tat, als ob er es gar nicht hörte.

»Ihr könnt gern mitlachen«, sagte der Truthahn zu ihm, »denn es war sehr witzig gesagt! Oder war es vielleicht zu niedrig für ihn? Ach, ach! er ist nicht vielseitig! Wir wollen für uns allein interessant sein!« Und dann gluckerte er, und die Enten schnatterten: »Gik, gak! Gik, gak!« Es war schrecklich, wie lustig sie es selber fanden.

Aber Hjalmar ging zum Hühnerhaus, öffnete die Tür, rief den Storch, und der hüpfte zu ihm heraus auf das Deck. Nun hatte er sich ja ausgeruht, und es war gerade, als ob er Hjalmar zunickte, um ihm zu danken. Darauf entfaltete er seine Flügel und flog zu den warmen Ländern, aber die Hühner gackerten, die Enten schnatterten, und der Truthahn bekam einen ganz feuerroten Kopf.

»Morgen werden wir Suppe von euch kochen!« sagte Hjalmar, und dann erwachte er und lag in seinem kleinen Bett. Es war doch eine wundersame Reise, die Ole Luköie ihn diese Nacht hatte machen lassen!

Donnerstag

»Weißt du was? sagte Ole Luköie; hab nur keine Angst! Hier wirst du eine kleine Maus sehen!« Und dann hielt er ihm seine Hand mit dem leichten, niedlichen Tier entgegen. »Sie ist gekommen, um dich zur Hochzeit einzuladen. Zwei kleine Mäuse wollen diese Nacht in den Stand der Ehe treten. Sie wohnen unter dem Fußboden in der Speisekammer deiner Mutter, das soll eine schöne Wohnung sein!«

»Aber wie kann ich durch das kleine Mauseloch im Fußboden kommen?« fragte Hjalmar.

»Da laß mich nur sorgen!« sagte Ole Luköie. »Ich werde dich schon klein machen!« Und dann berührte er Hjalmar mit seiner Zauberspritze, und er wurde sogleich kleiner und kleiner, zuletzt war er keinen Finger lang. »Nun kannst du dir die Kleider des Zinnsoldaten leihen; ich denke, sie werden dir passen, und eine Uniform sieht so flott aus, wenn man in Gesellschaft ist!«

»Ja, freilich!« sagte Hjalmar, und da war er im Augenblick wie der niedlichste Zinnsoldat gekleidet.

»Wollen Sie nicht so gut sein und sich in den Fingerhut Ihrer Mutter setzen«, sagte die kleine Maus, »dann werde ich die Ehre haben, Sie zu ziehen!«

»Gott, wollen sich das Fräulein selbst bemühen!« sagte Hjalmar, und so fuhren sie zur Mäusehochzeit.

Zuerst kamen sie unter dem Fußboden in einen langen Gang, der gerade so hoch war, daß sie mit dem Fingerhut dort fahren konnten, und der ganze Gang war mit faulem Holz beleuchtet.

»Riecht es hier nicht herrlich?« fragte die Maus, die ihn zog. »Der ganze Gang ist mit Speckschwarten geschmiert worden! Es kann nichts Schöneres geben!«

Nun kamen sie in den Brautsaal. Hier standen zur Rechten alle kleinen Mäusedamen; und die wisperten und pisperten, als ob sie einander zum besten hätten. Zur Linken standen alle Mäuseherren und strichen sich mit der Pfote den Schnauzbart, aber mitten im Saal sah man das Brautpaar; es stand in einer ausgehöhlten Käserinde und küßte sich schrecklich viel vor aller Augen, denn es war ja verlobt und sollte nun gleich Hochzeit halten.

Es kamen immer mehr Fremde; fast trat die eine Maus die andere tot, und das Brautpaar hatte sich mitten in die Tür gestellt, so daß man weder hinaus- noch hereinkommen konnte. Die ganze Stube war ebenso wie der Gang mit Speckschwarten eingeschmiert, das war die ganze Bewirtung, aber zum Dessert wurde eine Erbse vorgezeigt, in die eine kleine Maus aus der Familie den Namen des Brautpaares gebissen hatte, das heißt den ersten Buchstaben. Das war etwas ganz Außerordentliches!

Alle Mäuse sagten, daß es eine schöne Hochzeit sei und daß die Unterhaltung sehr gut gewesen wäre.

Und dann fuhr Hjalmar wieder nach Hause; er war wahrlich in vornehmer Gesellschaft gewesen, aber er hatte sich auch ordentlich zusammenkrümmen, sich klein machen und Zinnsoldatenuniform anziehen müssen.

»Es ist unglaublich, wie viele ältere Leute es gibt, die mich gar zu gern fassen möchten!« sagte Ole Luköie. »Das sind besonders die, die etwas Böses getan haben. ›Guter kleiner Ole‹, sagen sie zu mir, ›wir können die Augen nicht schließen, und so liegen wir die ganze Nacht und sehen alle unsere bösen Taten, die wie häßliche kleine Kobolde auf der Bettkante sitzen und uns mit heißem Wasser bespritzen; möchtest du doch kommen und sie fortjagen, damit wir gut schlafen können‹, und dann seufzen sie so tief, ›wir möchten es wahrlich gern bezahlen; gute Nacht, Ole! Das Geld liegt im Fenster!‹ Aber ich tue es nicht für Geld«, sagte Ole Luköie.

»Was werden wir nun diese Nacht unternehmen?« fragte Hjalmar.

»Ja, ich weiß nicht, ob du heute nacht wieder Lust hast, zur Hochzeit zu gehen; sie ist von anderer Art als die gestrige. Die große Puppe deiner Schwester, die wie ein Mann aussieht und Hermann genannt wird, will sich mit der Puppe Bertha verheiraten. Die Puppe hat obendrein Geburtstag, und darum werden sehr viele Geschenke kommen!«

»Ja, das kenne ich schon«, sagte Hjalmar. »Immer wenn die Puppen neue Kleider brauchen, dann läßt meine Schwester sie Geburtstag feiern oder Hochzeit halten, das ist sicher schon hundertmal geschehen!«

»Ja, aber in dieser Nacht ist es die hundertunderste Hochzeit, und wenn Hundertundeins vorbei ist, dann ist alles vorbei! Deshalb wird auch diese so unvergleichlich. Sieh nur einmal!«

Und Hjalmar sah zum Tisch. Da stand das kleine Papphaus mit Licht in den Fenstern, und draußen präsentierten alle Zinnsoldaten das Gewehr. Das Brautpaar saß auf dem Fußboden und lehnte sich gegen das Tischbein, ganz in Gedanken, und das mochte ja seinen Grund haben. Aber Ole Luköie, der Großmutters schwarzen Rock angezogen hatte, traute sie. Als die Trauung vorbei war, stimmten alle Möbel in der Stube folgenden schönen Gesang an, der vom Bleistift geschrieben war; er ging nach der Melodie des Zapfenstreiches.

»Das Lied ertöne wie der Wind;
Dem Brautpaar Hoch! das sich verbind;
Sie prangen beide steif und blind,
Da sie von Handschuhleder sind!
Hurra, Hurra! ob taub und blind,
Wir singen es in Wetter und Wind!«

Und nun bekamen sie Geschenke, aber sie hatten sich alle eßbaren Dinge verbeten, denn sie hatten an ihrer Liebe genug.

»Wollen wir nun eine Sommerwohnung beziehen oder ins Ausland reisen?« fragte der Bräutigam. Und da wurden die Schwalbe, die soviel gereist war, und die alte Hofhenne, welche fünfmal Küchlein ausgebrütet hatte, zu Rate gezogen. Und die Schwalbe erzählte von den herrlichen warmen Ländern, wo die Weintrauben so groß und schwer hingen, wo die Luft so mild war und die Berge Farben hatten, wie man sie hier gar nicht kannte!

»Sie haben aber doch nicht unseren Grünkohl!« sagte die Henne. »Ich war einen Sommer lang mit all meinen Küchlein auf dem Lande; da war eine Sandgrube, in der wir herumlaufen und scharren konnten; und dann hatten wir Zutritt zu einem Garten mit Grünkohl. Oh, wie war der grün! Ich kann mir nichts Schöneres denken.«

»Aber ein Kohlstrunk sieht geradeso aus wie der andere«, sagte die Schwalbe, »und dann ist hier oft so schlechtes Wetter!«

»Ja, daran ist man gewöhnt!« sagte die Henne.

»Aber hier ist es kalt, und es friert!«

»Das ist gut für den Kohl!« sagte die Henne. »Übrigens können wir es auch warm haben! Hatten wir nicht vor vier Jahren einen Sommer, der fünf Wochen dauerte? Es war hier so heiß, man konnte keine Luft bekommen! Und dann haben wir nicht all die giftigen Tiere, die sie dort haben! Und Räuber haben wir auch nicht. Wer unser Land nicht für das schönste hält, der ist ein Lump. Er verdient wahrlich nicht, hier zu sein!« Und dann weinte die Henne und fuhr fort: »Ich bin auch gereist! Ich bin in einer Bütte über zwölf Meilen gefahren! Es ist durchaus kein Vergnügen zu reisen!«

»Ja, die Henne ist eine vernünftige Frau!« sagte die Puppe Bertha. »Ich halte auch nichts davon, auf Berge zu klettern, denn das geht nur hinauf und dann wieder hinunter! Nein, wir wollen in die Sandgrube ziehen und im Kohlgarten spazierengehen!«

Und dabei blieb es.

Sonnabend

»Bekomme ich nun Geschichten zu hören?« fragte der kleine Hjalmar, sobald Ole Luköie ihn ins Bett gebracht hatte.

»Heute abend haben wir keine Zeit dazu«, sagte Ole Luköie und spannte seinen schönsten Regenschirm über ihm auf. »Sieh dir nur diese Chinesen an!« Und der ganze Regenschirm sah aus wie eine große chinesische Schale mit blauen Bäumen und spitzen Brücken und mit kleinen Chinesen darauf, die mit dem Kopf nickten. »Wir müssen die ganze Welt für morgen schön putzen«, sagte Ole Luköie, »es ist ja ein Feiertag, es ist Sonntag. Ich muß auf den Kirchturm, um zu sehen, ob die kleinen Kirchenkobolde die Glocken polieren, damit sie hübsch läuten können; ich muß hinaus auf das Feld und sehen, ob die Winde den Staub von Gras und Blättern blasen; und was die größte Arbeit ist, ich muß alle Sterne herunterholen, um sie zu polieren. Ich nehme sie in meine Schürze, aber zuerst muß jeder numeriert werden, und die Löcher, in denen sie da oben sitzen, müssen auch numeriert werden, damit sie wieder auf die rechten Plätze kommen können, sonst würden sie nicht festsitzen, und wir bekämen zu viele Sternschnuppen, weil einer nach dem andern herunterpurzeln würde.«

»Hören Sie, wissen Sie was, Herr Luköie!« sagte ein altes Porträt, das an der Wand hing, wo Hjalmar schlief, »ich bin Hjalmars Urgroßvater, ich danke Ihnen, daß Sie dem Knaben Geschichten erzählen, aber Sie müssen seine Begriffe nicht verwirren. Die Sterne können nicht heruntergenommen und poliert werden! Die Sterne sind Himmelskörper wie unsere Erde, und das ist gerade das Gute an ihnen.«

»Ich danke dir, du alter Urgroßvater!« sagte Ole Luköie, »ich danke dir! Du bist ja das Oberhaupt der Familie, du bist das Urhaupt, aber ich bin älter als du! Ich bin ein alter Heide; Römer und Griechen nannten mich den Traumgott! Ich bin in die vornehmsten Häuser gekommen und komme noch dahin! Ich weiß mit Kleinen und Großen umzugehen! Nun kannst du erzählen!«

Und da ging Ole Luköie und nahm seinen Regenschirm mit.

»Nun darf man wohl gar nicht mehr seine Meinung sagen!« brummte das alte Porträt.

Und da erwachte Hjalmar.

Sonntag

»Guten Abend!« sagte Ole Luköie, und Hjalmar nickte und sprang zur Wand und kehrte das Porträt des Urgroßvaters um, damit es nicht, wie gestern, hineinreden sollte.

»Nun mußt du mir Geschichten erzählen, von den fünf grünen Erbsen, die in einer Schote wohnten, und von dem Hahnenfuß, der dem Hühnerfuß den Hof machte, und von der Stopfnadel, die so vornehm tat, daß sie sich einbildete, eine Nähnadel zu sein!«

»Man kann auch des Guten zuviel bekommen!« sagte Ole Luköie. »Ich will dir lieber etwas zeigen, weißt du!« Ich will dir meinen Bruder zeigen. Er heißt auch Ole Luköie, aber er kommt zu jedem nur einmal, und den, zu dem er kommt, nimmt er mit auf sein Pferd und erzählt ihm Geschichten. Er kennt nur zwei; die eine ist so wunderschön, daß niemand in der Welt sie sich denken kann, und die andere ist so häßlich und greulich – ja, es ist gar nicht zu beschreiben!« Und dann hob Ole Luköie den kleinen Hjalmar zum Fenster hinauf und sagte: »Da kannst du meinen Bruder sehen, den anderen Ole Luköie! Sie nennen ihn auch den Tod. Siehst du, er sieht gar nicht so schlimm aus wie in den Bilderbüchern, wo er nur ein Knochengerippe ist! Nein, er trägt silberbestickte Kleider, das ist die schönste Husarenuniform, ein Mantel von schwarzem Samt fliegt hinter ihm her! Sieh, wie er im Galopp reitet!«

Und Hjalmar sah, wie dieser Ole Luköie davonritt und junge und alte Leute auf sein Pferd nahm; einige setzte er vorn, andere hinten drauf, aber immer fragte er erst: »Wie steht es mit dem Zensurbuch?« – »Gut!« sagten sie allesamt. »Ja, laß mich selbst sehen!« sagte er, und dann mußten sie ihm das Buch zeigen; und alle, die ›Sehr gut‹ und ›Ausgezeichnet gut‹ hatten, kamen vorn auf das Pferd und bekamen die herrliche Geschichte zu hören, die aber, die ›Ziemlich gut‹ und ›Mittelmäßig‹ hatten, mußten hintendrauf und bekamen die häßliche Geschichte zu hören. Sie zitterten und weinten, sie wollten vom Pferd springen, konnten es aber nicht, denn sie waren sogleich daran festgewachsen.

»Aber der Tod ist ja der schönste Ole Luköie!« sagte Hjalmar. »Vor ihm ist mir nicht bange!«

»Das sollst du auch nicht!« sagte Ole Luköie. »Sieh nur zu, daß du ein gutes Zensurbuch hast!«

»Ja, das ist lehrreich!« murmelte Urgroßvaters Porträt. »Es hilft doch, wenn man seine Meinung sagt!« Und nun gab er sich zufrieden.

Sieh, das ist die Geschichte von Ole Luköie; nun mag er dir selbst heute abend mehr erzählen!

Der Rosenelf

Mitten in einem Garten wuchs ein Rosenstock, der war über und über voll Rosen, und in der schönsten von allen wohnte ein Elf. Der war so winzig klein, daß kein menschliches Auge ihn sehen konnte. Hinter jedem Blatt der Rose hatte er eine Schlafkammer. Er war so wohlgebildet und schön, wie nur ein Kind sein konnte, und hatte Flügel von den Schultern bis herunter zu den Füßen. Oh, welcher Duft war in seinen Zimmern, und wie klar und schön waren die Wände! Es waren ja die blaßroten, feinen Rosenblätter.

Den ganzen Tag vergnügte er sich im warmen Sonnenschein, flog von Blüte zu Blüte, tanzte auf den Flügeln des fliegenden Schmetterlings und maß, wieviel Schritte er gehen mußte, um über alle Landstraßen und Stege zu laufen, die auf einem einzigen Lindenblatt sind. Was wir die Adern des Blattes nennen, hielt

er für Landstraßen und Stege. Ja, das waren ewige Wege für ihn! Ehe er damit fertig wurde, ging die Sonne unter; er hatte auch zu spät damit begonnen.

Es wurde sehr kalt, der Tau fiel und der Wind wehte; nun war es das beste, nach Hause zu gehen. Er eilte, so sehr er konnte; aber die Rose hatte sich geschlossen, er konnte nicht hineingelangen – keine einzige Rose war geöffnet. Der arme kleine Elf erschrak sehr. Er war noch nie zuvor nachts draußen gewesen, hatte immer sanft und süß hinter den warmen Rosenblättern geschlummert, oh, das würde gewiß sein Tod werden!

Am anderen Ende des Gartens, wußte er, war eine Laube mit schönem Jelängerjelieber, die Blüten sahen wie große bemalte Hörner aus; in eine von ihnen wollte er hinabsteigen und bis morgen schlafen.

Er flog hin. Still! Es waren zwei Menschen darin, ein junger hübscher Mann und die schönste Jungfrau. Sie saßen nebeneinander und wünschten sich in Ewigkeit niemals zu trennen. Sie hatten einander so lieb, viel mehr noch, als das beste Kind seine Mutter und seinen Vater liebhaben kann.

»Dennoch müssen wir uns trennen!« sagte der junge Mann. »Dein Bruder ist uns nicht gut, darum schickt er mich mit einem Auftrag so weit über Berge und Seen fort! Lebe wohl, meine süße Braut, denn das bist du doch!«

Dann küßten sie sich, und das junge Mädchen weinte und gab ihm eine Rose. Aber bevor sie ihm die Rose reichte, drückte sie einen Kuß so fest und innig darauf, daß sich die Blüte öffnete. Da flog der kleine Elf in sie hinein und lehnte seinen Kopf gegen die feinen, duftenden Wände; aber er konnte gut hören, daß Lebewohl, Lebewohl gesagt wurde, und er fühlte, daß die Rose an die Brust des jungen Mannes gesteckt wurde. – Oh, wie klopfte das Herz darin! Der kleine Elf konnte nicht schlafen, so klopfte es.

Aber nicht lange ruhte die Rose still an der Brust. Der Mann nahm sie hervor, und während er einsam durch den dunklen Wald ging, küßte er die Blüte, oh, so oft und so heftig, daß der kleine Elf fast erdrückt wurde. Er konnte durch das Blatt fühlen, wie die Lippen des Mannes brannten, und die Rose selbst hatte sich wie bei der stärksten Mittagssonne geöffnet.

Da kam ein anderer Mann, finster und böse; es war der

schlechte Bruder des hübschen Mädchens. Der zog ein scharfes großes Messer hervor, und während der andere die Rose küßte, stach der schlechte Mann ihn tot, schnitt ihm den Kopf ab und begrub ihn mit dem Körper in der weichen Erde unter dem Lindenbaum.

›Nun ist er vergessen und fort!‹ dachte der schlechte Bruder; ›er kommt nie mehr zurück. Eine lange Reise sollte er machen, über Berge und Seen, da kann man leicht das Leben verlieren, und das hat er verloren. Er kommt nicht mehr zurück, und mich darf meine Schwester niemals nach ihm fragen.‹

Dann scharrte er mit dem Fuß dürres Laub über die aufgegrabene Erde und ging in der dunklen Nacht wieder nach Hause. Aber er ging nicht allein, wie er dachte: der kleine Elf begleitete ihn. Er saß in einem vertrockneten, zusammengerollten Lindenblatt, das dem bösen Mann ins Haar gefallen war, als er das Grab grub. Nun war der Hut daraufgesetzt, es war sehr finster darunter, und der Elf zitterte vor Schreck und Zorn über die schlechte Tat.

In der Morgenstunde kam der böse Mann nach Hause; er nahm seinen Hut ab und ging in die Schlafkammer der Schwester. Da lag das schöne, blühende Mädchen und träumte von ihm, den sie so liebhatte und von dem sie nun glaubte, daß er über Berge und durch Wälder ginge. Und der böse Bruder beugte sich über sie und lachte häßlich, wie nur ein Teufel lachen kann. Da fiel das welke Blatt aus seinem Haar auf die Bettdecke; doch er bemerkte es nicht und ging hinaus, um in der Morgenstunde selbst ein wenig zu schlafen. Aber der Elf schlüpfte aus dem welken Blatt, setzte sich in das Ohr des schlafenden Mädchens und erzählte ihr wie in einem Traum den schrecklichen Mord, beschrieb ihr den Ort, wo der Bruder den Geliebten ermordet und seine Leiche verscharrt hatte, erzählte von dem blühenden Lindenbaum dicht daneben und sagte: »Damit du nicht glaubst, daß es nur ein Traum sei, was ich dir erzählt habe, wirst du auf deinem Bett ein dürres Blatt finden!« Und das fand sie, als sie erwachte.

Oh, wie bittere Tränen weinte sie! Und zu niemandem durfte sie von ihrer Trauer sprechen. Das Fenster stand den ganzen Tag offen, der Elf konnte leicht zu den Rosen und all den andern Blu-

rächt!« sagten sie und flogen zurück in die weißen Glocken des Jasmins.

Als es Morgen war und das Fenster der Schlafkammer plötzlich aufgerissen wurde, flog der Rosenelf mit der Bienenkönigin und dem ganzen Bienenschwarm herein, um ihn zu töten.

Aber er war schon tot; die Leute standen rings um das Bett und sagten: »Der Jasminduft hat ihn getötet!«

Da verstand der Rosenelf die Rache der Blumen und erzählte es der Bienenkönigin, und sie summte mit ihrem ganzen Schwarm um den Blumentopf. Die Bienen waren nicht zu verjagen. Da nahm ein Mann den Blumentopf weg, und eine der Bienen stach seine Hand, so daß er den Topf fallen und zerbrechen ließ.

Da sahen sie den weißen Totenschädel, und nun wußten sie, daß der Tote im Bett ein Mörder war.

Die Bienenkönigin summte in der Luft und sang von der Rache der Blumen und von dem Rosenelf und daß hinter dem geringsten Blatt einer wohnt, der das Böse erzählen und rächen kann!

Der Schweinehirt

Es war einmal ein armer Prinz; er hatte ein Königreich, das ganz klein war; aber es war allemal groß genug, um darauf zu heiraten, und verheiraten wollte er sich.

Nun war es freilich etwas keck von ihm, daß er zur Tochter des Kaisers zu sagen wagte: »Willst du mich?« Aber er wagte es doch, denn sein Name war weit und breit berühmt; es gab Hunderte von Prinzessinnen, die gern ja gesagt hätten, aber ob sie es wohl tat?

Nun wollen wir hören.

Auf dem Grab von des Prinzen Vater wuchs ein Rosenstrauch, ein ganz herrlicher Rosenstrauch! Der blühte nur jedes fünfte Jahr, und auch dann trug er nur eine einzige Rose — aber was für eine Rose! Die duftete so süß, daß man alle seine Sorgen und seinen Kummer vergaß, wenn man daran roch. Und dann hatte er eine Nachtigall, die konnte singen, als ob alle schönen Melodien in ihrer kleinen Kehle säßen. Diese Rose und diese Nachtigall sollte die Prinzessin haben; und darum kamen die beiden in große Silberbehälter und wurden so zu ihr gesandt.

Der Kaiser ließ sie vor sich her in den großen Saal tragen, wo die Prinzessin war und mit ihren Hofdamen ›Es kommt Besuch‹ spielte, weiter taten sie nichts; und als sie die großen Behälter mit den Geschenken darin sah, klatschte sie vor Freude in die Hände.

»Wenn es doch eine kleine Miezekatze wäre!« sagte sie. – Aber da kam die herrliche Rose zum Vorschein.

»Nein, wie ist die niedlich gemacht!« sagten alle Hofdamen.

»Sie ist mehr als niedlich«, sagte der Kaiser, »sie ist hübsch.«

Aber die Prinzessin befühlte sie, und da war sie den Tränen nahe.

»Pfui, Papa!« sagte sie; »sie ist nicht künstlich, sie ist *wirklich!*«

»Pfui!« sagten alle Hofdamen, »sie ist wirklich!«

»Laßt uns erst sehen, was in dem anderen Behälter ist, ehe wir böse werden«, meinte der Kaiser; und da kam die Nachtigall heraus; sie sang so schön, daß man nicht sogleich etwas Böses gegen sie vorzubringen wußte.

»*Superbe! Charmant!*« sagten die Hofdamen, denn sie plauderten alle französisch, eine immer ärger als die andere.

»Wie der Vogel mich an die Spieldose der hochseligen Kaiserin erinnert«, sagte ein alter Kavalier; ach ja, das ist ganz derselbe Ton, derselbe Vortrag!«

»Ja,«, sagte der alte Kaiser, und dann weinte er wie ein kleines Kind.

»Ich will doch nicht hoffen, daß er wirklich ist?« sagte die Prinzessin.

»Ja, das ist ein wirklicher Vogel«, sagten die, welche ihn gebracht hatten.

»Dann laßt den Vogel fliegen«, sagte die Prinzessin, und sie wollte auf keine Weise gestatten, daß der Prinz zu ihr käme.

Aber der ließ sich nicht einschüchtern; er beschmierte sich das Gesicht braun und schwarz, drückte die Mütze tief ins Gesicht und klopfte an.

»Guten Tag, Kaiser!« sagte er; »könnte ich nicht hier auf dem Schloß in Dienst treten?«

»Ja«, sagte der Kaiser, »das wollen aber so viele. Aber laß mal sehen, ich brauche einen, der die Schweine hüten kann, denn Schweine haben wir sehr viele!«

Und so wurde der Prinz als kaiserliche Schweinehirt angestellt. Er bekam eine jämmerliche kleine Kammer unten beim Schweinekoben, und hier mußte er bleiben; aber den ganzen Tag saß er und arbeitete, und als es Abend war, hatte er einen niedlichen kleinen Topf gemacht; rings um den Topf waren Schellen, und sobald er kochte, klingelten sie so schön und spielten die alte Melodie:

Ach, du lieber Augustin,
Alles ist hin, hin, hin!

Aber das Allerkünstlichste war doch, daß man, wenn man den Finger in dem Dampf des Topfes hielt, sogleich riechen konnte, welche Speisen unter jedem Schornstein in der Stadt zubereitet wurden. Das war wahrlich etwas ganz anderes als eine Rose.

Nun kam die Prinzessin mit all ihren Hofdamen daherspaziert, und als sie die Melodie hörte, blieb sie stehen und sah ganz erfreut aus; denn ›Ach, du lieber Augustin‹ konnte sie auch spielen; es war das einzige, was sie konnte, aber das spielte sie mit einem Finger.

»Das ist ja das, was ich kann!« sagte sie. »Das muß ein gebildeter Schweinehirt sein! Höre, geh hinein und frage ihn, was das Instrument kostet.«

Und da mußte eine der Hofdamen hineingehen; aber sie zog Holzpantoffeln an.

»Was willst du für den Topf haben?« fragte die Hofdame.

»Ich will zehn Küsse von der Prinzessin haben«, sagte der Schweinehirt.

»Gott bewahre!« sagte die Hofdame.

»Ja, für weniger tue ich es nicht«, antwortete der Schweinehirt.

»Nun, was antwortete er?« fragte die Prinzessin.

»Das mag ich gar nicht sagen«, antwortete die Hofdame, »das ist so scheußlich!«

»Dann kannst du es flüstern!« Und so flüsterte sie.

»Er ist unartig!« sagte die Prinzessin, und dann ging sie. Aber als sie ein kleines Stück gegangen war, erklangen die Schellen so lieblich:

Ach, du lieber Augustin,
Alles ist hin, hin, hin!«

»Höre«, sagte die Prinzessin, »frage ihn, ob er zehn Küsse von meinen Hofdamen haben will.«

»Ich danke schön«, sagte der Schweinehirt; »zehn Küsse von der Prinzessin, oder ich behalte meinen Topf.«

»Wie ist das doch langweilig!« sagte die Prinzessin. »Aber dann müßt ihr euch vor mich stellen, damit es niemand sieht!«

Und die Hofdamen stellten sich vor sie, und dann breiteten sie ihre Kleider aus, und da bekam der Schweinehirt die zehn Küsse, und sie bekam den Topf.

Na, das war eine Freude! Den ganzen Abend und den ganzen Tag mußte der Topf kochen; es gab nicht einen Schornstein in der ganzen Stadt, von dem sie nicht wußten, was da gekocht wurde, sowohl beim Kammerherrn wie beim Schuhmacher. Die Hofdamen tanzten und klatschten in die Hände.

»Wir wissen, wer süße Suppe und Eierkuchen essen wird; wir wissen, wer Grütze und Karbonade bekommt; wie interessant das doch ist!«

»Höchst interessant!« sagte die Oberhofmeisterin.

»Ja, aber haltet reinen Mund, denn ich bin des Kaisers Tochter.«

»Jawohl! Das versteht sich!« sagten alle.

Der Schweinehirt, das heißt der Prinz – aber sie wußten es ja nicht anders, als daß er ein wirklicher Schweinehirt sei – ließ keinen Tag verstreichen, ohne etwas zu tun, und so machte er eine Knarre; wenn man die herumdrehte, erklangen all die Walzer, Hopser und Polkas, die man seit Erschaffung der Welt gekannt hat.

»Aber das ist superbe!« sagte die Prinzessin, als sie vorbeiging. »Ich habe nie eine schönere Komposition gehört. Höre, geh hinein und frage ihn, was das Instrument kostet; aber ich küsse ihn nicht wieder!«

»Er will hundert Küsse von der Prinzessin haben«, sagte die Hofdame, die drinnen gewesen war, um zu fragen.

»Ich glaube, er ist verrückt!« sagte die Prinzessin, und dann ging sie, aber als sie ein kleines Stück gegangen war, blieb sie stehen. »Man muß die Kunst aufmuntern«, sagte sie. »Ich bin des Kaisers Tochter! Sage ihm, er soll wie neulich zehn Küsse haben, den Rest kann er von meinen Hofdamen bekommen.«

»Ach, aber wir tun es so ungern!« sagten die Hofdamen.

»Das ist Geschwätz«, sagte die Prinzessin, »und wenn ich ihn küssen kann, so könnt ihr es auch. Bedenkt, ich gebe euch Kost und Lohn!« Und nun mußte die Hofdame wieder zu ihm hinein.

»Hundert Küsse von der Prinzessin«, sagte er, »oder jeder behält das seine.«

»Stellt euch davor«, sagte sie; und da stellten alle Hofdamen sich davor, und dann küßte er.

»Was mag dort unten beim Schweinekoben für ein Auflauf sein?« fragte der Kaiser, der auf den Altan getreten war. Er rieb sich die Augen und setzte die Brille auf. Das sind ja die Hofdamen, die da ihr Wesen treiben; ich werde wohl zu ihnen hinuntermüssen.« – Und dann zog er seine Pantoffeln hinten herauf, denn es waren Schuhe, die er heruntergetreten hatte.

Potztausend, wie er sich sputete!

Sobald er in den Hof kam, ging er ganz leise, und die Hofdamen hatten so viel damit zu tun, die Küsse zu zählen, damit es ehrlich zugehe und er nicht zuviel, aber auch nicht zuwenig bekomme, daß sie den Kaiser gar nicht bemerkten. Er erhob sich auf die Zehenspitzen.

»Was ist das?« sagte er, als er sah, daß sie sich küßten, und dann schlug er sie mit seinem Pantoffel an den Kopf, gerade als der Schweinehirt den sechsundachtzigsten Kuß bekam.

»Schert euch fort!« sagte der Kaiser, denn er war zornig. Und sowohl die Prinzessin wie der Schweinehirt wurden aus seinem Kaiserreich hinausgeworfen.

Da stand sie nun und weinte; der Schweinehirt schalt, und der Regen strömte hernieder.

»Ach, ich elendes Geschöpf«, sagte die Prinzessin; »hätte ich doch den schönen Prinzen genommen. Ach, wie unglücklich bin ich!«

Und der Schweinehirt ging hinter einen Baum, wischte das Schwarze und Braune aus seinem Gesicht, warf die schlechten Kleider ab und trat nun in seiner Prinzentracht hervor, so schön, daß die Prinzessin sich verneigen mußte.

»Ich bin nun dahin gekommen, daß ich dich verachte«, sagte er. »Du wolltest einen ehrlichen Prinzen nicht haben; du verstandest dich nicht auf die Rose und die Nachtigall; aber den Schweinehirten konntest du für eine Spielerei küssen; und nun laß es dir gut gehen!«

Und dann ging er in sein Königreich und machte ihr die Tür vor der Nase zu. Da konnte sie draußen stehen und singen:

»Ach, du lieber Augustin,
Alles ist hin, hin, hin!«

Der Buchweizen

Wenn man nach einem Gewitter an einem Acker vorübergeht, auf dem Buchweizen wächst, sieht man oft, daß er ganz schwarz geworden und abgesengt ist. Es ist gerade, als sei eine Feuerflamme über ihn hingegangen, und der Landmann sagt dann: »Das hat der Blitz getan!« Aber warum tat er das? – Ich werde erzählen, was mir der Sperling gesagt hat, und der Sperling hat es von einer alten Weide gehört, die an einem Buchweizenfeld stand und noch dort steht. Es ist so eine ehrwürdige große Weide, aber verkrüppelt und alt, sie ist gerade in der Mitte gespalten, und Gras und Brombeerranken wachsen aus der Spalte heraus. Der Baum neigt sich vornüber, und die Zweige hängen auf die Erde herunter, als ob sie lange grüne Haare wären.

Auf allen Feldern ringsumher wuchs Getreide, Roggen, Gerste und Hafer, ja, der herrliche Hafer, der, wenn er reif ist, gerade wie eine Vielzahl kleiner gelber Kanarienvögel auf einem Zweig aussieht. Das Getreide stand so gesegnet, und je schwerer die Ähre war, desto tiefer neigte sie sich in frommer Demut.

Aber da war auch ein Acker mit Buchweizen, und dieser Acker lag der alten Weide gerade gegenüber. Der Buchweizen neigte sich durchaus nicht wie das übrige Getreide, sondern trug stolz und steif den Kopf hoch.

»Ich bin wohl so reich wie die Kornähre«, sagte er, »überdies bin ich viel hübscher; meine Blüten sind schön wie die Blüten des Apfelbaumes, es ist eine Lust, mich und die Meinen anzusehen! Kennst du etwas Prächtigeres als uns, du alte Weide?«

Und die Weide nickte mit dem Kopf, als ob sie damit sagen wollte: »Ja, das tue ich freilich!« Aber der Buchweizen spreizte sich vor lauter Hochmut und sagte: »Der dumme Baum! Er ist so alt, daß ihm Gras aus dem Bauch wächst!«

Nun zog ein schreckliches Unwetter auf; alle Feldblumen falteten ihre Blätter zusammen oder neigten ihre feinen Köpfe, während der Sturm über sie hinfuhr; aber der Buchweizen trug den Kopf sehr hoch in seinem Stolz.

»Beug deinen Kopf wie wir!« sagten die Blumen.

»Das brauche ich durchaus nicht!« sagte der Buchweizen.

»Beug deinen Kopf wie wir!« rief das Getreide. »Nun kommt der Engel des Sturmes geflogen! Er hat Schwingen, die reichen von den Wolken bis zur Erde, und er schlägt dich mittendurch, bevor du ihn noch um Gnade bitten kannst!«

»Aber ich will mich nicht beugen!« sagte der Buchweizen.

»Schließ deine Blüten und beug deine Blätter!« sagte die alte Weide. »Sieh nicht zum Blitz empor, wenn die Wolke birst, selbst die Menschen dürfen das nicht, denn im Blitz kann man in Gottes Himmel sehen, aber dieser Anblick kann selbst die Menschen blind machen; was aber würde mit uns Gewächsen der Erde geschehen, wenn wir, die wir doch weit geringer sind, es wagten!«

»Weit geringer?« sagte der Buchweizen. »Nun will ich gerade in Gottes Himmel sehen!« Und er tat es in Übermut und Stolz. Es war, als stünde die ganze Welt in Flammen, so blitzte es.

Als das Unwetter später vorbei war, standen die Blumen und das Getreide in der stillen, reinen Luft ganz erfrischt vom Regen, aber der Buchweizen war vom Blitz kohlschwarz gebrannt, er war nun ein totes Unkraut auf dem Feld.

Und die alte Weide bewegte ihre Zweige im Wind, und es fielen große Wassertropfen von den grünen Blättern, gerade als ob der Baum weinte, und die Sperlinge fragten: »Warum weinst du? Hier ist ja so ein Segen! Sieh, wie die Sonne scheint, sieh, wie die Wolken ziehen! Kannst du nicht den Duft der Blumen und Büsche spüren? Warum weinst du, alte Weide?«

Und die Weide erzählte vom Stolz des Buchweizens, von seinem Übermut und von der Strafe, die immer folgt. Ich, der ich die Geschichte erzähle, habe sie von den Sperlingen gehört! – Sie erzählten es mir eines Abends, als ich sie um ein Märchen bat.

Der Engel

»Jedesmal, wenn ein gutes Kind stirbt, kommt ein Engel Gottes zur Erde hernieder, nimmt das tote Kind auf seine Arme, breitet die großen weißen Flügel aus, fliegt über all die Stätten, die das Kind liebgehabt hat; und pflückt eine Handvoll Blumen, die er zu Gott hinaufbringt, damit sie dort noch schöner als auf der Erde blühen. Der liebe Gott drückt alle Blumen an sein Herz, aber der Blume, die ihm die liebste ist, gibt er einen Kuß, und dann bekommt sie eine Stimme und kann in der großen Glückseligkeit mitsingen!«

Sieh, all dies erzählte ein Engel Gottes, als er ein totes Kind zum Himmel trug, und das Kind hörte es wie im Traum, und sie flogen über die Stätten der Heimat, wo der Kleine gespielt hatte, und sie kamen durch Gärten mit herrlichen Blumen.

»Welche sollen wir nun mitnehmen und in den Himmel pflanzen?« fragte der Engel.

Und da stand ein schlanker, herrlicher Rosenstock, aber eine böse Hand hatte den Stamm gebrochen, so daß alle Zweige, voll von großen, halbaufgesprungenen Knospen, rundherum vertrocknet niederhingen.

»Der arme Rosenstock!« sagte das Kind. »Nimm ihn mit, damit er dort oben bei Gott blühen kann!«

Und der Engel nahm ihn, küßte das Kind dafür, und der Kleine öffnete halb seine Augen. Sie pflückten von den reichen Prachtblumen, nahmen aber auch die verachtete Ringelblume und das wilde Stiefmütterchen.

»Nun haben wir Blumen!« sagte das Kind, und der Engel nickte, aber er flog noch nicht zu Gott empor. Es war Nacht, es war ganz still, sie blieben in der großen Stadt, sie schwebten in eine der schmalen Gassen, wo ganze Haufen von Stroh, Asche und Kehricht lagen, es war Umziehtag gewesen. Da lagen Scherben von Tellern, Gipsstücke, Lumpen und alte Hüte, alles, was nicht gut aussah.

Und der Engel zeigte in all diesem Wirrwarr auf die Scherben eines Blumentopfes und auf einen Klumpen Erde, der herausgefallen war und von den Wurzeln einer großen welken Feldblume zusammengehalten wurde; sie taugte nichts mehr, und man hatte sie darum auf die Gasse geworfen.

»Die nehmen wir mit!« sagte der Engel. »Ich werde dir erzählen, warum, während wir weiterfliegen!«

Und so flogen sie, und der Engel erzählte:

»Dort unten in der schmalen Gasse, in dem niedrigen Keller wohnte ein armer, kranker Knabe; von Kindheit an war er immer bettlägerig gewesen; wenn er sich am wohlsten fühlte, konnte er auf Krücken in der kleinen Stube ein paarmal auf und nieder gehen, das war alles. An einigen Tagen im Sommer fielen die Sonnenstrahlen für eine halbe Stunde bis in den Flur des Kellers, und wenn sich dann der kleine Knabe von der warmen Sonne bescheinen ließ und das rote Blut durch seine feinen Finger sah, die er vor das Gesicht hielt, dann hieß es: »Ja, heute ist er ausgewesen!« – Er kannte den Wald in seinem herrlichen Frühlingsgrün nur von dem ersten Buchengrün, das ihm der Nachbarsohn brachte, und das hielt er über seinen Kopf und träumte dann, unter Buchen zu sein, wo die Sonne schien und Vögel sangen. An einem Frühlingstag brachte ihm der Nachbarknabe auch Feldblumen, und darunter war zufällig eine mit Wurzeln, darum wurde sie in einen Blumentopf gepflanzt und dicht am Bett in das Fenster gestellt. Und die Blume war mit glücklicher Hand gepflanzt, sie wuchs, trieb neue Schößlinge und trug jedes Jahr ihre Blüten, sie wurde für den kranken Knaben der herrlichste Blumengarten, sein kleiner Schatz auf dieser Erde; er begoß und pflegte sie und sorgte dafür, daß sie jeden Sonnenstrahl bekam, bis zum letzten, der in das niedrige Fenster glitt; und die Blume selbst wuchs in seine Träume hinein, denn für ihn blühte sie, verbreitete ihren Duft und erfreute das Auge; zu ihr wandte er sich im Tode, als der Herr ihn rief. – Ein Jahr ist er nun bei Gott, ein Jahr hat die Blume vergessen im Fenster gestanden und ist verwelkt, und darum wurde sie beim Umziehen in den Kehricht auf die Straße geworfen. Und dies ist die Blume, die arme, verwelkte Blume, die wir in unseren Blumenstrauß genommen haben, denn diese Blume hat mehr Freude bereitet als die reichste Blume im Garten einer Königin!«

»Aber woher weißt du das alles!« fragte das Kind, das der Engel zum Himmel trug.

»Ich weiß es!« sagte der Engel. »Denn ich war selbst der kleine kranke Knabe, der auf Krücken ging! Meine Blume kenne ich wohl!«

Und das Kind öffnete seine Augen ganz und sah in das schöne, frohe Gesicht des Engels, und im selben Augenblick waren sie in Gottes Himmel, wo Freude und Glückseligkeit war. Und Gott drückte das tote Kind an sein Herz, und da bekam es Flügel wie der andere Engel und flog Hand in Hand mit ihm. Und Gott drückte alle Blumen an sein Herz, aber die arme, verwelkte Feldblume küßte er, und sie bekam eine Stimme und sang mit allen Engeln, die Gott umschwebten, einige ganz nahe, andere in großen Kreisen, und immer weiter fort bis ins Unendliche, aber alle gleich glücklich. Und alle sangen sie, kleine und große, das gute, gesegnete Kind und die arme Feldblume, die verwelkt dagelegen hatte, hingeworfen in den Kehricht, unter das Gerümpel des Umziehtages, in der schmalen dunklen Gasse.

Die Nachtigall

In China, das weißt du wohl, ist der Kaiser ein Chinese, und alle, die er um sich hat, sind auch Chinesen. Es ist nun viele Jahre her, aber eben darum ist es der Mühe wert, die Geschichte zu hören, ehe sie vergessen wird! Des Kaisers Schloß war das prächtigste in der Welt, ganz und gar aus feinem Porzellan, sehr kostbar, aber so zerbrechlich, so gefährlich zu berühren, daß man sich ordentlich in acht nehmen mußte. Im Garten sah man die wunderbarsten Blumen, und an die allerprächtigsten waren Silberglocken gebunden, die läuteten, damit man nicht vorbeigehen sollte, ohne die Blumen zu bemerken. Ja, alles war in des Kaisers Garten so kunstvoll ausgeklügelt. Und er erstreckte sich so weit, daß der Gärtner selbst das Ende nicht kannte. Ging man immer weiter, so kam man in den herrlichsten Wald mit hohen Bäumen und tiefen Seen. Der Wald ging hinunter bis zum Meer, das blau und tief war; große Schiffe konnten bis unter die Zweige darinsegeln, und darin wohnte eine Nachtigall, die so herrlich sang, daß selbst der arme Fischer, der doch viel anderes zu tun hatte, stillhielt und horchte, wenn er des Nachts ausgefahren war, um das Fischnetz einzuholen, und darin die Nachtigall hörte.

»Ach Gott, wie ist das schön!« sagte er; aber er mußte auf seine Sachen achtgeben und vergaß dabei den Vogel. Doch wenn er in der nächsten Nacht wieder sang und der Fischer dorthin kam, sagte er dasselbe: »Ach Gott, wie ist das schön!«

Aus allen Ländern der Welt kamen Reisende in die Stadt des Kaisers und bewunderten sie, das Schloß und den Garten. Doch wenn sie die Nachtigall zu hören bekamen, sagten sie alle: »Das ist doch das Beste!«

Die Reisenden erzählten davon, wenn sie nach Hause kamen, und die Gelehrten schrieben viele Bücher über die Stadt, das Schloß und den Garten, aber die Nachtigall vergaßen sie nicht, sie wurde am höchsten gepriesen; und diejenigen, welche dichten konnten, schrieben die herrlichsten Gedichte, alle über die Nachtigall im Wald bei dem tiefen See.

Die Bücher kamen in der Welt herum, und einige davon kamen auch einmal zum Kaiser. Er saß in seinem goldenen Stuhl und las und las; jeden Augenblick nickte er mit dem Kopf, denn es freute ihn, die prächtigen Beschreibungen der Stadt, des Schlosses und des Gartens zu lesen. ›Aber die Nachtigall ist doch das Allerbeste!‹ stand da geschrieben.

»Was ist das?« sagte der Kaiser. »Die Nachtigall? Die kenne ich ja gar nicht! Ist ein solcher Vogel in meinem Kaiserreich und sogar in meinem Garten? Davon habe ich nie gehört! So etwas muß man erst lesen!«

Und dann rief er seinen Kavalier. Der war so vornehm und antwortete, wenn jemand, der geringer war als er, mit ihm zu sprechen oder ihn etwas zu fragen wagte, weiter nichts als »P!«, und das hat nichts zu bedeuten.

»Hier soll ja ein höchst merkwürdiger Vogel sein, der Nachtigall genannt wird!« sagte der Kaiser. »Man sagt, dies sei das Allerbeste in meinem großen Reich. Warum hat man mir nie etwas davon gesagt?«

»Ich habe ihn nie zuvor nennen hören!« sagte der Kavalier. »Er ist nie bei Hof vorgestellt worden!«

»Ich will, daß er heute abend herkommen und mir vorsingen soll!« sagte der Kaiser. »Die ganze Welt weiß, was ich habe, und ich weiß es nicht!«

»Ich habe ihn nie zuvor nennen hören!« sagte der Kavalier. »Ich werde ihn suchen, ich werde ihn finden!«

Aber wo war der zu finden? Der Kavalier lief alle Treppen auf und nieder, durch Säle und Gänge, aber keiner von all denen, auf die er traf, hatte von der Nachtigall sprechen hören. Und der Kavalier lief wieder zum Kaiser und sagte, daß es gewiß eine Fabel von denen sein müßte, die da Bücher schrieben. »Dero Kaiserliche Majestät sollen nicht glauben, was da geschrieben wird! Das sind Erfindungen und etwas, was man die schwarze Kunst nennt.«

»Aber das Buch, in dem ich dies gelesen habe«, sagte der Kaiser, »ist mir von dem großmächtigen Kaiser von Japan gesandt, und so kann es keine Unwahrheit sein. Ich will die Nachtigall hören! Sie muß heute abend hier sein! Sie hat meine höchste Gnade! Und kommt sie nicht, so soll dem ganzen Hofe auf den Bauch getrampelt werden, wenn er Abendbrot gegessen hat!«

»Tsing pe!« sagte der Kavalier und lief wieder alle Treppen auf und nieder, durch alle Säle und Gänge; und der halbe Hof lief mit, denn sie wollten nicht gern auf den Bauch getrampelt werden. Da gab es ein Fragen nach der merkwürdigen Nachtigall, welche die ganze Welt kannte, nur niemand bei Hofe.

Endlich trafen sie ein kleines armes Mädchen in der Küche. Es sagte: »Oh Gott, die Nachtigall kenne ich gut; ja, wie die singen kann! Jeden Abend habe ich Erlaubnis, meiner armen kranken Mutter Überreste vom Tisch nach Hause zu tragen; sie wohnt unten am Strand; und wenn ich zurückgehe, müde bin und im Wald ausruhe, dann höre ich die Nachtigall singen! Es kommen mir dabei die Tränen in die Augen, und es ist, als ob meine Mutter mich küßte!«

»Kleine Köchin!« sagte der Kavalier, »ich werde dir eine feste Anstellung in der Küche und die Erlaubnis verschaffen, den Kaiser speisen zu sehen, wenn du uns zur Nachtigall führen kannst, denn sie ist zu heute abend bestellt.«

Und so zogen sie alle hinaus in den Wald, wo die Nachtigall zu singen pflegte; der halbe Hof war mit. Als sie am allerbesten marschierten, fing eine Kuh zu brüllen an.

»Oh!« sagten die Hofjunker, »nun haben wir sie! Es ist doch eine merkwürdige Kraft in einem so kleinen Tier! Die habe ich ganz bestimmt schon früher gehört!«

»Nein, das sind Kühe, die brüllen!« sagte die kleine Köchin. »Wir sind noch weit von dem Ort entfernt!«

Nun quakten die Frösche im Sumpf.

»Herrlich!« sagte der chinesische Schloßpropst. »Nun höre ich sie; es klingt gerade wie kleine Kirchenglocken!«

»Nein, das sind Frösche!« sagte das kleine Küchenmädchen. »Aber nun, denke ich, werden wir sie bald hören!«

Da begann die Nachtigall zu singen.

»Das ist sie!« sagte das kleine Mädchen. »Hört! Hört! Und da sitzt sie!« Und dann zeigte es auf einen kleinen grauen Vogel oben in den Zweigen.

»Ist es möglich!« sagte der Kavalier. »So hätte ich sie mir niemals gedacht! Wie einfach sie aussieht! Sie hat sicher ihre Farbe darüber verloren, daß sie so viele vornehme Menschen um sich sieht!«

»Kleine Nachtigall!« rief die kleine Köchin laut, »unser gnädigster Kaiser wünscht, daß du vor ihm singst!«

»Mit dem größten Vergnügen!« sagte die Nachtigall und sang dann, daß es eine Lust war.

»Es klingt gerade wie Glasglocken!« sagte der Kavalier. »Und seht die kleine Kehle, wie sie sich anstrengt! Es ist merkwürdig, daß wir sie früher nie gehört haben! Sie wird großen Succès bei Hofe haben!«

»Soll ich noch einmal vor dem Kaiser singen?« fragte die Nachtigall, die glaubte, der Kaiser sei auch da.

»Meine vortreffliche kleine Nachtigall!« sagte der Kavalier, »ich habe die große Freude, Sie zu einem Hoffest heute abend einzuladen, wo Sie Dero hohe kaiserliche Gnaden mit Ihrem charmanten Gesang bezaubern werden!«

»Der hört sich am besten im Grünen an!« sagte die Nachtigall; doch sie kam gern mit, als sie hörte, daß es der Kaiser wünschte.

Auf dem Schloß war tüchtig aufgeputzt worden. Die Wände und der Fußboden, die aus Porzellan waren, glänzten im Lichte vieler tausend Goldlampen; die herrlichsten Blumen, die recht klingeln konnten, waren in den Gängen aufgestellt. Das war ein Laufen und ein Zugwind, und alle Glocken klingelten, so daß man sein eigenes Wort nicht hören konnte.

Mitten in den großen Saal, wo der Kaiser saß, war ein goldener Stecken gestellt, darauf sollte die Nachtigall sitzen. Der ganze Hof war da, und die kleine Köchin hatte die Erlaubnis, hinter der Tür zu stehen, da sie nun den Titel einer wirklichen Köchin bekommen hatte. Alle waren in ihrem besten Putz, und alle sahen nach dem kleinen grauen Vogel, dem der Kaiser zunickte.

Die Nachtigall sang so herrlich, daß dem Kaiser die Tränen in die Augen traten und ihm über die Wangen rollten; da sang die Nachtigall noch schöner, das ging recht zu Herzen. Der Kaiser war so froh, und er sagte, die Nachtigall solle seinen goldenen Pantoffel um den Hals bekommen. Aber die Nachtigall dankte, sie habe schon Belohnung genug erhalten.

»Ich habe Tränen in des Kaisers Augen gesehen, das ist mir der reichste Schatz! Eines Kaisers Tränen haben eine wunderbare Macht! Gott weiß, ich bin genug belohnt!« Und dann sang sie wieder mit ihrer süßen, herrlichen Stimme.

»Das ist die liebenswürdigste Koketterie, die ich kenne!« sagten die Damen ringsumher, und dann nahmen sie Wasser in den Mund, um zu glucksen, wenn jemand mit ihnen sprach. Sie glaubten dann auch eine Nachtigall zu sein. Ja, die Lakaien und Kammermädchen ließen melden, daß auch sie zufrieden seien, und das will viel sagen, denn ihnen ist es am allerschwersten recht zu machen. Ja, die Nachtigall machte wahrlich ihr Glück.

Sie sollte nun bei Hofe bleiben, ihr eigenes Bauer und die Freiheit haben, zweimal am Tage und einmal in der Nacht spazieren zu fliegen. Sie bekam dann zwölf Diener mit, welche ihr alle ein Seidenband um das Bein geschlungen hatten und sie gut festhielten. So ein Ausflug war durchaus kein Vergnügen.

Die ganze Stadt sprach von dem merkwürdigen Vogel, und begegneten sich zwei, so sagte der eine nichts anderes als »Nacht!« – und der andere sagte: »gall!« Und dann seufzten sie und verstanden sich. Ja, elf Hökerkinder wurden nach ihr benannt; aber keins von ihnen hatte einen Ton in der Kehle.

Eines Tages kam für den Kaiser ein großes Paket, worauf geschrieben stand: ›Nachtigall‹.

»Da haben wir nun ein neues Buch über unseren berühmten Vogel!« sagte der Kaiser. Aber es war kein Buch, sondern ein kleines Kunstwerk, das in einer Schachtel lag, eine künstliche Nachtigall, die der lebendigen gleichen sollte, aber überall mit Diamanten, Rubinen und Saphiren besetzt war. Sobald man den Kunstvogel aufzog, konnte er eins der Stücke singen, die der wirkliche Vogel sang; und dann bewegte sich der Schwanz auf und nieder und glänzte von Silber und Gold. Um den Hals hing ein kleines Band, darauf stand geschrieben: »Die Nachtigall des Kaisers von Japan ist arm gegen die des Kaisers von China.«

»Das ist herrlich!« sagten alle, und der, welcher den künstlichen Vogel gebracht hatte, erhielt sogleich den Titel: Kaiserlicher Obernachtigallbringer.

»Nun müssen sie zusammen singen, was wird das für ein Duett!«

Und so mußten sie zusammen singen, aber es wollte nicht richtig gehen, denn die wirkliche Nachtigall sang auf ihre Weise, und der Kunstvogel ging auf Walzen. »Der hat keine Schuld«, sagte der Spielmeister; »der ist besonders taktfest und ganz meine Schule!« Nun sollte der Kunstvogel allein singen. Er machte ebenso sein Glück wie der wirkliche, und dann war er ja viel niedlicher anzusehen, er glitzerte wie Armbänder und Brustnadeln.

Dreiunddreißigmal sang er ein und dasselbe Stück und war doch nicht müde. Die Leute hätten ihn gern wieder aufs neue gehört, aber der Kaiser meinte, daß nun auch die lebendige Nachtigall ein wenig singen solle, — — aber wo war die? Niemand hatte bemerkt, daß sie aus dem offenen Fenster in ihre grünen Wälder davongeflogen war.

»Aber was ist denn das!« sagte der Kaiser. Und alle Hofleute schalten und meinten, daß die Nachtigall ein höchst undankbares Tier sei. »Den besten Vogel haben wir doch!« sagten sie; und so mußte denn der Kunstvogel wieder singen, und das war das vierunddreißigste Mal, daß sie dasselbe Stück zu hören bekamen. Aber sie konnten es doch nicht ganz auswendig, denn es war gar zu schwer. Und der Spielmeister lobte den Vogel außerordentlich, ja, er versicherte, daß er besser als eine wirkliche Nachtigall sei, nicht nur was die Kleider und die vielen herrlichen Diamanten betreffe, sondern auch inwendig.

»Denn sehen Sie, meine Herrschaften, der Kaiser vor allen! bei der wirklichen Nachtigall kann man nie berechnen, was da kommen wird, aber bei dem Kunstvogel ist alles bestimmt! So wird es und nicht anders! Man kann es erklären, man kann ihn öffnen und dem menschlichen Denken zeigen, wie die Walzen liegen, wie sie gehen und wie das eine aus dem andern folgt!«

»Das sind ganz unsere Gedanken!« sagten alle, und der Spielmeister erhielt die Erlaubnis, am nächsten Sonntag den Vogel dem Volke vorzuzeigen. Es sollte ihn auch singen hören, sagte der Kaiser. Und es hörte ihn, und es wurde so vergnügt, als ob es sich an Tee berauscht hätte, denn das ist nun so ganz chinesisch, und da sagten alle: ›Oh!‹ und hielten den Finger, den man Topflecker nennt, in die Höhe und nickten dazu. Die armen Fischer jedoch, die die wirkliche Nachtigall gehört hatten, sagten: »Das klingt wohl hübsch und auch ganz ähnlich, aber es fehlt etwas, ich weiß nicht was!«

Die wirkliche Nachtigall wurde aus dem Land und dem Reich verwiesen.

Der Kunstvogel hatte seinen Platz auf einem Seidenkissen dicht bei des Kaisers Bett; all die Geschenke, die er bekommen hatte, Gold und Edelsteine, lagen rings um ihn her, und im Titel war er zu einem ›Hochkaiserlichen Nachttischsänger‹ aufgestiegen, im Rang bis Nummer Eins zur linken Seite. Denn der Kaiser hielt die Seite für die vornehmste, auf der das Herz sitzt, und das Herz sitzt auch bei einem Kaiser links. Und der Spielmeister schrieb ein Werk von fünfundzwanzig Bänden über den Kunstvogel; das war so gelehrt und so lang, voll von den allerschwersten chinesischen Wörtern, daß alle Leute sagten, sie hätten es gelesen und verstanden, denn sonst wären sie ja dumm gewesen und auf den Bauch getrampelt worden.

So verging ein ganzes Jahr. Der Kaiser, der Hof und all die andern Chinesen konnten jeden kleinen Gluckser im Gesang des Kunstvogels auswendig. Aber gerade darum gefiel er ihnen nun am allerbesten; sie konnten selbst mitsingen, und das taten sie auch. Die Straßenjungen sagen: »Zizizi! Gluckgluckgluck!« Und der Kaiser sang es ebenfalls. Ja, das war gewiß herrlich.

Eines Abends jedoch, als der Kunstvogel am besten sang und der Kaiser im Bett lag und zuhörte, sagte es drinnen im Vogel ›schwupp‹. Da sprang etwas! ›Schnurrrr!‹

Alle Räder liefen herum, und dann stand die Musik still.

Der Kaiser sprang sogleich aus dem Bett und ließ seinen Leibarzt rufen; aber was konnte der schon helfen! Dann ließen sie den Uhrmacher holen, und nach vielem Reden und Nachsehen bekam er den Vogel etwas in Ordnung, aber er sagte, daß er sehr geschont werden müsse, denn die Zapfen seien abgenutzt, und es sei unmöglich, neue so einzusetzen, daß die Musik sicher gehe. Das war eine große Trauer! Nur einmal im Jahr durfte man den Kunstvogel singen lassen, und das war schon fast zu viel. Aber dann hielt der Spielmeister eine kleine Rede voll inhaltsschwerer Worte und sagte, daß es ebensogut sei wie früher, und dann war es ebensogut wie früher.

Nun waren fünf Jahre vergangen, und eine große Trauer kam über das Land, denn sie liebten im Grunde alle ihren Kaiser, und nun war er krank und konnte nicht mehr lange leben, sagte man. Schon war ein neuer Kaiser gewählt, und das Volk stand draußen auf der Straße und fragte den Kavalier, wie es ihrem Kaiser gehe.

»P!« sagte er und schüttelte den Kopf.

Kalt und bleich lag der Kaiser in seinem großen, prächtigen Bett. Der ganze Hof glaubte ihn tot, und jeder von ihnen lief hin, den neuen Kaiser zu begrüßen. Die Kammerdiener liefen hinaus, um darüber zu schwatzen, und die Kammermädchen hatten große Kaffeegesellschaft. Ringsumher in allen Sälen und Gängen war Tuch gelegt, damit man keinen Fußtritt hören sollte, und darum war es da so still, so still! Aber der Kaiser war noch nicht tot; steif und bleich lag er in dem prächtigen Bett mit den langen Samtgardinen und den schweren Goldquasten; hoch oben stand ein Fenster offen, und der Mond schien herein auf den Kaiser und den Kunstvogel.

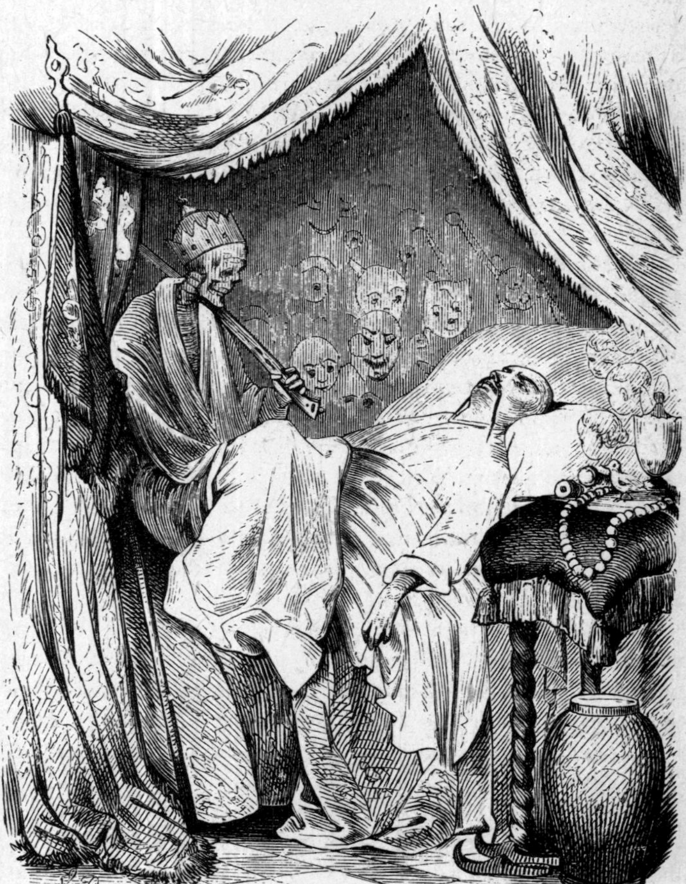

Der arme Kaiser konnte kaum atmen; es war, als ob etwas auf seiner Brust säße; er schlug die Augen auf, und da sah er, daß es der Tod war, der auf seiner Brust saß, sich seine goldene Krone aufgesetzt hatte und in der einen Hand des Kaisers goldenen Säbel, in der anderen seine prächtige Fahne hielt. Und ringsumher aus den Falten der großen samtenen Bettgardinen sahen wunderliche Köpfe hervor, einige ganz häßlich, andere so lieblich und mild: das waren alle bösen und guten Taten des Kaisers, die ihn anblickten, nun, da der Tod ihm auf dem Herzen saß.

»Entsinnst du dich dessen?« flüsterte einer nach dem andern. »Erinnerst du dich dessen?« Und dann erzählten sie ihm so viel, daß ihm der Schweiß von der Stirn rann.

»Das habe ich nicht gewußt!« sagte der Kaiser. »Musik! Musik! Die große chinesische Trommel!« rief er; »damit ich nicht alles hören muß, was sie sagen!«

Uns sie fuhren fort, und der Tod nickte wie ein Chinese zu allem, was gesagt wurde.

»Musik, Musik!« schrie der Kaiser. »Du lieber kleiner Goldvogel! Singe doch, singe! Ich habe dir Gold und Kostbarkeiten gegeben; ich habe dir selbst meinen goldenen Pantoffel um den Hals gehängt, singe doch, singe!«

Aber der Vogel stand still; es war niemand da, um ihn aufzuziehen, und sonst sang er nicht; aber der Tod fuhr fort, den Kaiser mit seinen großen leeren Augenhöhlen anzustarren, und es war so still, so schrecklich still!

Da klang auf einmal vom Fenster her der herrlichste Gesang; es war die kleine lebendige Nachtigall, die draußen auf dem Zweig saß. Sie hatte von der Not ihres Kaisers gehört und war darum gekommen, ihm Trost und Hoffnung zu singen. Und wie sie sang, wurden die Gestalten bleicher und bleicher; das Blut kreiste rascher und rascher in dem schwachen Körper des Kaisers, und selbst der Tod lauschte und sagte: »Sing weiter! kleine Nachtigall, sing weiter!«

»Ja, willst du mir den prächtigen goldenen Säbel geben? Willst du mir die reiche Fahne geben? Willst du mir des Kaisers Krone geben?«

Und der Tod gab jedes Kleinod für einen Gesang; und die Nachtigall sang noch weiter; sie sang von dem stillen Kirchhof, wo die weißen Rosen wachsen, wo der Flieder duftet und wo das frische Gras von den Tränen der Überlebenden befeuchtet wird. Da bekam der Tod Sehnsucht nach seinem Garten und schwebte wie ein kalter, weißer Nebel aus dem Fenster.

»Dank, Dank!« sagte der Kaiser. »Du himmlischer kleiner Vogel! Ich kenne dich wohl! Dich habe ich aus meinem Land und Reich gejagt! Und doch hast du die bösen Gesichter von meinem Bett fortgesungen, den Tod von meinem Herzen vertrieben! Wie kann ich dich belohnen?«

»Du hast mich belohnt!« sagte die Nachtigall. »Ich habe deinen Augen Tränen entlockt, als ich das erstemal sang, das vergesse ich dir nie! Das sind Juwelen, die ein Sängerherz erfreuen! – Aber schlafe nun und werde frisch und stark! Ich werde dir vorsingen!«

Und sie sang – und der Kaiser fiel in einen süßen Schlummer. Ach! wie mild und wohltuend war der Schlaf!

Die Sonne schien durch die Fenster zu ihm herein, als er gestärkt und gesund erwachte. Keiner von seinen Dienern war zurückgekehrt, denn sie glaubten, er sei tot; nur die Nachtigall saß noch bei ihm und sang.

»Immer mußt du bei mir bleiben!« sagte der Kaiser. »Du sollst nur singen, wenn du selbst willst, und den Kunstvogel schlage ich in tausend Stücke.«

»Tu das nicht!« sagte die Nachtigall. »Der hat ja das Gute getan, das er tun konnte! Behalte ihn wie bisher! Ich kann im Schloß nicht wohnen, aber laß mich kommen, wenn ich selbst Lust habe, da will ich des Abends auf dem Zweig dort beim Fenster sitzen und dir vorsingen, damit du froh und nachdenklich zugleich sein kannst! Ich werde von den Glücklichen singen und von denen, die leiden! Ich werde vom Bösen und vom Guten singen, was rings um dich her verborgen gehalten wird! Der kleine Singvogel fliegt weit umher, zu dem armen Fischer, zu dem Dach des Bauern, zu jedem, der weit von dir und deinem Hof entfernt ist! Ich liebe dein Herz mehr als deine Krone, und doch hat die Krone einen Duft von etwas Heiligem an sich! – Ich komme, ich singe dir vor! – Aber eins mußt du mir versprechen.«

»Alles!« sagte der Kaiser und stand da in seiner kaiserlichen Tracht, die er selbst angelegt hatte, und hielt den Säbel, der schwer von Gold war, an sein Herz.

»Um eins bitte ich dich! Erzähle niemand, daß du einen kleinen Vogel hast, der dir alles sagt; dann wird es noch besser gehen!«

Da flog die Nachtigall fort.

Die Diener kamen herein, um nach ihrem toten Kaiser zu sehen – ja, da standen sie, und der Kaiser sagte: »Guten Morgen!«

Das Liebespaar

Ein Kreisel und ein Bällchen lagen im Kasten zusammen mit anderem Spielzeug, und da sagte der Kreisel zum Bällchen: »Wollen wir nicht Brautleute sein, wo wir doch in einem Kasten zusammen liegen?« Aber das Bällchen, das aus Saffian genäht war und das sich ebensoviel einbildete wie ein feines Fräulein, wollte auf so etwas nicht antworten.

Am nächsten Tag kam der kleine Knabe, dem das Spielzeug gehörte; er bemalte den Kreisel rot und gelb und schlug einen Messingnagel mitten hinein; das sah ganz prächtig aus, wenn der Kreisel herumschnurrte!

»Sehen Sie mich an!« sagte er zum Bällchen. »Was sagen Sie nun? Wollen wir nicht Brautleute sein? Wir passen so gut zueinander, Sie springen und ich tanze! Glücklicher als wir zwei kann niemand werden!«

»So? Glauben Sie das?« sagte das Bällchen. »Sie wissen wohl nicht, daß mein Vater und meine Mutter Saffianpantoffeln gewesen sind und daß ich einen Kork im Leibe habe?«

»Ja, aber ich bin aus Mahagoniholz«, sagte der Kreisel; »und der Stadtrichter selbst hat mich gedrechselt. Er hat seine eigene Drechselbank, und es hat ihm viel Vergnügen gemacht.«

»Kann ich mich darauf verlassen?« fragte das Bällchen. »Möge ich niemals die Peitsche bekommen, wenn ich lüge!« antwortete der Kreisel.

»Sie wissen gut für sich zu sprechen!« sagte das Bällchen. »Aber ich kann doch nicht, ich bin mit einer Schwalbe so gut wie halb verlobt; jedesmal, wenn ich in die Luft fliege, steckt sie den Kopf zum Nest heraus und fragt: ›Wie ist's, wie ist's?‹ Und nun habe ich innerlich ja gesagt, und das ist so gut wie eine halbe Verlobung; aber ich verspreche Ihnen, Sie niemals zu vergessen!«

»Ja, das wird viel helfen!« sagte der Kreisel. Und dann sprachen sie nicht mehr miteinander.

Am nächsten Tag wurde das Bällchen hervorgeholt. Der Kreisel sah es hoch in die Luft fliegen, wie ein Vogel; zuletzt konnte man es gar nicht mehr erblicken; jedesmal kam es wieder zurück, machte aber immer einen hohen Sprung, wenn es die Erde berührte; und das geschah entweder aus Sehnsucht, oder weil es einen Kork im Leibe hatte. Das neuntemal aber blieb das Bällchen weg und kam nicht wieder; und der Knabe suchte und suchte, aber weg war es.

»Ich weiß wohl, wo es ist!« seufzte der Kreisel. »Es ist im Schwalbennest und hat sich mit der Schwalbe verheiratet!«

Je mehr der Kreisel daran dachte, um so mehr verliebte er sich in das Bällchen; gerade weil er es nicht bekommen konnte, darum nahm seine Liebe zu; daß es einen anderen genommen hatte, das war das Aparte dabei. Und der Kreisel tanzte herum und schnurrte, aber immer dachte er an das Bällchen, das in seinen Gedanken schöner und schöner wurde. So vergingen viele Jahre – und nun war es eine alte Liebe.

Und der Kreisel war nicht mehr jung! Aber da wurde er eines Tages über und über vergoldet, niemals hatte er so schön ausgesehen; er war nun ein Goldkreisel und sprang, daß es nur so schnurrte. Ja, das war doch etwas! Aber auf einmal sprang er zu hoch und – weg war er! Man suchte und suchte, selbst unten im Keller, doch er war nicht zu finden.

Wo war er?

Er war in den Kehrichtkasten gesprungen, wo allerlei lag: Kohlstrünke, Kehricht und Schutt, der von der Dachrinne gefallen war.

»Nun liege ich wirklich gut! Hier wird die Vergoldung bald abgehen. Und was ist das für ein Gesindel, unter das ich hier geraten bin!« Und dann schielte er nach einem langen abgeblätterten Kohlstrunk und nach einem wunderlichen runden Dinge, das wie ein alter Apfel aussah – aber es war kein Apfel, es war ein altes Bällchen, das viele Jahre in der Dachrinne gelegen hatte und vom Wasser ganz durchnäßt war.

»Gott sei Dank, da kommt doch einer unsersgleichen, mit dem man sprechen kann!« sagte das Bällchen und sah den vergoldeten Kreisel an. »Ich bin eigentlich aus Saffian, von Jungfrauenhänden genäht, und habe einen Kork im Leibe; aber das wird mir wohl niemand ansehen. Ich wollte mich gerade mit einer Schwalbe verheiraten, aber da fiel ich in die Dachrinne, und darin habe ich wohl fünf Jahre gelegen und bin aufgeweicht! Glauben Sie mir, das ist eine lange Zeit für eine Jungfer!«

Aber der Kreisel sagte nichts; er dachte an seine alte Liebste, und je mehr er hörte, desto klarer wurde es ihm, daß sie es war.

Da kam das Dienstmädchen und wollte den Kasten ausschütten: »Heisa, da ist der Goldkreisel!« sagte sie.

Und der Kreisel kam wieder zu großer Achtung und Ehre im Hause, aber vom Bällchen hörte man nichts. Und der Kreisel sprach nie mehr von seiner alten Liebe; die vergeht, wenn die Liebste fünf Jahre lang in einer Wasserrinne gelegen hat und aufgeweicht ist; ja, man erkennt sie nicht wieder, wenn man ihr im Kehrichtkasten begegnet.

Das häßliche junge Entlein

Es war so herrlich auf dem Lande! Es war Sommer, das Korn stand gelb, der Hafer grün, das Heu war auf den grünen Wiesen in Schobern aufgesetzt, und der Storch ging dort auf seinen langen roten Beinen und plapperte ägyptisch, denn diese Sprache hatte er von seiner Mutter gelernt. Rings um Äcker und Wiesen waren große Wälder und mitten in den Wäldern tiefe Seen. Ja, es war wirklich herrlich auf dem Lande! Im Sonnenschein lag dort ein alter Gutshof, von tiefen Kanälen umgeben; und von der Mauer bis zum Wasser wuchsen große Klettenblätter, die so hoch waren, daß kleine Kinder unter den höchsten aufrecht stehen konnten; es war so wild darin wie im tiefsten Wald. Hier saß eine Ente auf ihrem Nest; sie mußte ihre Jungen ausbrüten, aber es wurde ihr fast zu langweilig, denn es dauerte so lange, und sie bekam selten Besuch; die andern Enten schwammen lieber in den Kanälen umher als hinaufzulaufen und sich unter ein Klettenblatt zu setzen, um mit ihr zu schnattern.

Endlich platzte ein Ei nach dem andern: »Piep! Piep!« sagte es, und alle Eidotter waren lebendig geworden und streckten den Kopf heraus.

»Rapp! Rapp!« sagte sie, und dann rappelten sich alle, was sie konnten, und sahen sich unter den grünen Blättern nach allen Seiten um, und die Mutter ließ sie schauen, soviel sie wollten, denn das Grüne ist gut für die Augen.

»Wie groß ist doch die Welt!« sagten alle Jungen, denn nun hatten sie freilich ganz anders Platz als drinnen im Ei.

»Glaubt ihr, das sei die ganze Welt?« sagte die Mutter, »die erstreckt sich noch weit über die andere Seite des Gartens, bis in das Feld des Pfarrers, aber da bin ich noch nie gewesen! – Ihr seid doch alle beisammen?« fuhr sie fort und stand auf. »Nein, ich habe nicht alle, das größte Ei liegt noch da; wie lange soll denn das dauern! Jetzt habe ich es bald satt!« Und dann setzte sie sich wieder.

»Nun, wie geht es?« sagte eine alte Ente, die gekommen war, um ihr einen Besuch zu machen.

»Es dauert so lange mit dem einen Ei!« sagte die Ente, die brütete, »es will noch kein Loch kommen; aber nun sollst du die andern sehen, es sind die niedlichsten Entlein, die ich je gesehen habe. Sie gleichen allesamt ihrem Vater; der Bösewicht, er kommt nicht, mich zu besuchen.«

»Laß mich das Ei sehen, das nicht platzen will!« sagte die Alte. »Du kannst mir glauben, es ist ein Putenei! Ich bin auch einmal so angeführt worden und hatte meine liebe Not mit den Jungen, denn ihnen ist bange vor dem Wasser, kann ich dir sagen! Ich konnte sie nicht hineinbekommen; ich rappte und schnappte, aber es half nichts. – Laß mich das Ei sehen! Ja, das ist ein Putenei! Laß das liegen und lehre die andern Kinder schwimmen.«

»Ich will doch noch ein bißchen darauf sitzen«, sagte die Ente, »habe ich so lange gesessen, kann ich auch noch länger sitzen.«

»Wie du willst«, sagte die alte Ente und ging davon.

Endlich platzte das große Ei. »Piep! Piep!« sagte das Junge und kroch heraus. Es war so groß und häßlich! Die Ente sah es an: »Es ist doch ein entsetzlich großes Entlein«, sagte sie, »keins von den andern sieht so aus; es wird doch wohl kein Putenküken sein? Na, wir werden bald dahinter kommen! In das Wasser muß es, und wenn ich es selbst hineinstoßen soll.«

Am nächsten Tag war wunderschönes Wetter, die Sonne schien auf alle grünen Kletten. Die Entenmutter ging mit ihrer ganzen Familie zum Kanal hinunter. Platsch! Da sprang sie in das Wasser. »Rapp! Rapp!« sagte sie, und ein Entlein nach dem andern plumpste hinein; das Wasser schlug über ihren Köpfen zusammen, aber sie kamen gleich wieder nach oben und schwammen so prächtig; die Beine gingen von selbst, und alle waren sie im Wasser, selbst das häßliche, graue Junge schwamm mit.

»Nein, es ist kein Puter«, sagte sie, »sieh, wie herrlich es die Beine gebraucht, wie gerade es sich hält, es ist mein eigenes Junges! Im Grunde ist es doch ganz hübsch, wenn man es nur richtig ansieht. Rapp! Rapp! – Kommt nur mit mir, ich werde euch in die große Welt führen und euch im Entenhof präsentieren, aber haltet euch immer in meiner Nähe, damit euch niemand tritt, und nehmt euch vor der Katze in acht!«

Und so kamen sie in den Entenhof. Da drinnen war ein schrecklicher Lärm, denn da waren zwei Familien, die sich um einen Aalkopf schlugen, und dann bekam ihn doch die Katze.

»Seht, so geht es in der Welt zu!« sagte die Entenmutter und leckte sich den Schnabel, denn sie wollte auch den Aalkopf haben. »Gebraucht nun die Beine!« sagte sie, »seht, daß ihr euch rappelt, und neigt euern Hals vor der alten Ente dort! Sie ist die vornehmste von allen hier, sie ist aus spanischem Geblüt, darum ist sie so dick, und seht ihr: sie hat einen roten Lappen um das

Bein; das ist etwas außerordentlich Schönes und die größte Auszeichnung, die eine Ente bekommen kann; das bedeutet, daß man sie nicht verlieren will und daß sie von Tier und Mensch erkannt werden soll! – Rappelt euch! – Setzt die Füße nicht einwärts! Ein wohlerzogenes Entlein setzt die Füße weit auseinander, gerade wie Vater und Mutter, seht, so! Nun neigt euern Hals und sagt: Rapp.«

Und das taten sie; aber die andern Enten ringsumher sahen sie an und sagten ganz laut: ›Sieh da! Nun sollen wir auch noch diese Sippschaft bekommen; als ob wir nicht schon so genug wären! Und pfui! wie das eine Entlein aussieht, das wollen wir nicht dulden!« Und sogleich flog eine Ente hin und biß es in den Nacken.

»Laß es in Ruhe!« sagte die Mutter; es tut ja keinem etwas.«

»Ja, aber es ist zu groß und ungewöhnlich«, sagte die beißende Ente, »und darum muß es geschunden werden.«

»Es sind hübsche Kinder, die Sie da hat«, sagte die alte Ente mit dem Lappen um das Bein, »allesamt schön bis auf das eine, das ist nicht geglückt; ich wünschte, daß Sie es umarbeiten könnte.«

»Das geht nicht, Ihro Gnaden«, sagte die Entenmutter, »es ist nicht hübsch, aber innerlich ist es gut, und es schwimmt so schön wie alle andern, ja, ich darf sagen, noch etwas besser; ich denke, es wird hübsch heranwachsen oder mit der Zeit etwas kleiner werden; es hat zu lange im Ei gelegen und darum nicht die rechte Gestalt bekommen!« Und dann zupfte sie es im Nacken und glättete das Gefieder. »Es ist überdies ein Enterich«, sagte sie, »und darum macht es nicht soviel aus. Ich denke, er bekommt gute Kräfte, er schlägt sich schon durch.«

»Die anderen Entlein sind niedlich«, sagte die Alte, »tut nun, als ob Ihr zu Hause wäret, und wenn Ihr einen Aalkopf findet, so könnt Ihr ihn mir bringen.«

Und so waren sie wie zu Hause.

Aber das arme Entlein, das zuletzt aus dem Ei gekrochen war und so häßlich aussah, wurde von den Enten und den Hühnern gebissen, gepufft und verspottet. »Es ist zu groß!« sagten alle, und der Truthahn, der mit Sporen zur Welt gekommen war und darum glaubte, er sei Kaiser, plusterte sich auf wie ein Schiff mit vollen Segeln, ging gerade auf das Entlein los, und dann kollerte er und bekam einen ganz roten Kopf. Das arme Entlein wußte weder, wo es stehen noch gehen sollte; es war so betrübt, weil es so häßlich aussah und vom ganzen Entenhof verspottet wurde.

So ging es den ersten Tag, und später wurde es immer schlimmer. Das arme Entlein wurde von allen gejagt, selbst seine Geschwister waren so böse zu ihm und sagten immer: »Wenn dich nur die Katze fangen möchte, du häßliches Stück!« Und die Mutter sagte: »Wenn du nur weit fort wärst!« Und die Enten bissen es, und die Hühner schlugen es, und das Mädchen, das die Tiere füttern sollte, stieß es mit den Füßen.

Da lief es fort und flog über den Zaun; die kleinen Vögel in den Büschen flogen erschrocken auf. ›Das geschieht, weil ich so häßlich bin‹, dachte das Entlein und schloß die Augen, lief aber trotzdem weiter; so kam es in das große Moor, wo die Wildenten wohnten. Hier lag es die ganze Nacht, es war so müde und bekümmert.

Am Morgen flogen die Wildenten auf, und sie sahen sich den neuen Kameraden an. »Was bist du für einer?« fragten sie, und das Entlein drehte sich nach allen Seiten und grüßte, so gut es konnte.

»Du bist außerordentlich häßlich!« sagten die Wildenten, »aber das kann uns gleich sein, wenn du nur nicht in unsere Familie einheiratest.« – Das Arme! Es dachte gewiß nicht daran, sich zu verheiraten, wenn es nur im Schilf liegen und etwas Moorwasser trinken dürfte.

So lag es zwei ganze Tage, als zwei Wildgänse, oder richtiger Wildgänseriche – denn es waren männliche – dorthin kamen; es war noch nicht lange her, daß sie aus dem Ei gekrochen waren, und darum waren sie auch so keck.

»Hör mal, Kamerad!« sagten sie, »du bist so häßlich, daß wir dich gut leiden können! Willst du mitziehen und Zugvogel werden? Nahebei in einem andern Moor gibt es einige süße, liebliche Wildgänse, sämtlich Fräuleins, die ›Rapp!‹ sagen können. Du bist imstande, da dein Glück zu machen, so häßlich du auch bist!«

»Piff! Paff!« ertönte es eben, und beide Wildgänseriche fielen tot in das Schilf, und das Wasser wurde blutrot. – »Piff! Paff!« ertönte es wieder, und ganze Scharen Wildgänse flogen aus dem Schilf auf, und dann knallte es wieder. Es war große Jagd, die Jäger lagen rings um das Moor; ja, einige saßen oben in den Ästen der Bäume, die sich weit über das Schilfrohr hinausstreckten. Der blaue Rauch zog wie Wolken zwischen die dunklen Bäume und hing weit über dem Wasser; in den Sumpf kamen die Jagdhunde, platsch, platsch! Schilf und Rohr neigten sich nach allen Seiten. Das war ein Schreck für das arme Entlein! Es drehte den Kopf, um ihn unter den Flügel zu stecken, aber im selben Augenblick stand ein furchtbar großer Hund dicht bei ihm, die Zunge hing ihm lang aus dem Hals heraus, und die Augen leuchteten furchtbar häßlich; er riß seinen Rachen gerade vor dem Entlein auf, zeigte ihm die scharfen Zähne und – platsch, platsch! ging er wieder, ohne es zu packen.

»Oh, Gott sei Dank!« seufzte das Entlein, »ich bin so häßlich, daß mich selbst der Hund nicht beißen mag!«

Und so lag es ganz still, während die Schrotkörner durch das Schilf pfiffen und Schuß auf Schuß knallte.

Erst spät am Abend wurde es still, aber das arme Junge wagte nicht, sich zu erheben; es wartete noch mehrere Stunden, bevor es sich umsah, und dann eilte es fort aus dem Moor, so schnell es konnte, es lief über Feld und Wiese; da tobte ein solcher Sturm, daß es kaum noch von der Stelle kommen konnte.

Gegen Abend erreichte es ein ärmliches kleines Bauernhaus, das war so jämmerlich, daß es selbst nicht wußte, nach welcher Seite es fallen sollte, und darum blieb es stehen. Der Sturm umsauste das Entlein so, daß es sich auf den Schwanz setzen mußte, um sich zu halten; und es wurde schlimmer und schlimmer; da merkte es, daß die Tür aus der einen Angel gegangen war und so schief hing, daß es durch die Spalte in die Stube schlüpfen konnte, und das tat es.

Hier wohnte eine alte Frau mit ihrem Kater und ihrer Henne, und der Kater, den sie Söhnchen nannte, konnte einen Buckel machen und spinnen, er sprühte sogar Funken, aber dann mußte man ihn gegen die Haare streichen; die Henne hatte ganz kleine kurze Beine, darum wurde sie Küchelchen-Kurzbein genannt; sie legte gut Eier, und die Frau liebte sie wie ihr eigenes Kind.

Am Morgen bemerkte man sogleich das fremde Entlein, und der Kater begann zu schnurren und die Henne zu gackern.

»Was ist das?« sagte die Frau und sah sich um, aber sie sah nicht gut, und so glaubte sie, daß das Entlein eine fette Ente sei,

die sich verirrt habe. »Das ist ja ein seltener Fang!« sagte sie. »Nun kann ich Enteneier bekommen. Wenn es nur kein Enterich ist! Das müssen wir ausprobieren.«

Und so wurde das Entlein für drei Wochen zur Probe angenommen, aber es kam kein Ei. Und der Kater war Herr im Hause, und die Henne war die Madame, und immer sagten sie: »Wir und die Welt!« Denn sie glaubten, daß sie die Hälfte seien, und zwar der allerbeste Teil. Das Entlein glaubte, daß man auch eine andere Meinung haben könne; aber das litt die Henne nicht.

»Kannst du Eier legen?« fragte sie.

»Nein!«

»Ja, willst du dann wohl deinen Mund halten!«

Und der Kater sagte: »Kannst du einen krummen Buckel machen, spinnen und Funken sprühen?«

»Nein!«

»Dann darfst du auch keine Meinung haben, wenn vernünftige Leute sprechen!«

Und das Entlein saß im Winkel und war schlechter Laune. Da dachte es an frische Luft und Sonnenschein; es bekam eine seltsame Lust, auf dem Wasser zu schwimmen, daß es zuletzt nicht anders konnte, als es der Henne zu sagen.

»Was fehlt dir denn?« fragte die. »Du hast nichts zu tun, darum fängst du Grillen! Lege Eier oder spinne, dann vergehen sie.«

»Aber es ist so herrlich, auf dem Wasser zu schwimmen!« sagte das Entlein, »so herrlich, den Kopf unter Wasser zu haben und auf den Grund zu tauchen!«

»Ja, das ist wohl ein großes Vergnügen!« sagte die Henne. »Du bist wohl verrückt geworden! Frag den Kater danach – er ist das klügste Geschöpf, das ich kenne –, ob er gern auf dem Wasser schwimmt oder untertaucht! Ich will nicht von mir sprechen. – Frag selbst unsere Herrschaft, die alte Frau; klüger als sie ist niemand auf der Welt! Glaubst du, daß die Lust hat, zu schwimmen und den Kopf unter Wasser zu haben?«

»Ihr versteht mich nicht!« sagte das Entlein.

»Wir verstehen dich nicht? Wer soll dich dann verstehen können! Du wirst doch wohl nicht klüger sein wollen als der Kater und die Frau, von mir will ich nicht reden! Hab dich nicht, Kind, und danke deinem Schöpfer für all das Gute, was man dir angetan hat! Bist du nicht in eine warme Stube gekommen und hast einen Umgang, von dem du etwas lernen kannst? Aber du bist ein Schwätzer, und es ist nicht erfreulich, mit dir umzugehen! Mir kannst du glauben! Ich meine es gut mit dir. Ich sage dir Unangenehmes, und daran erkennt man seine wahren Freunde! Sieh nur zu, daß du Eier legst oder spinnen und Funken sprühen lernst!«

»Ich glaube, ich gehe hinaus in die weite Welt!« sagte das Entlein.

»Ja, tu das!« sagte die Henne.

Und das Entlein ging, es schwamm auf dem Wasser, es tauchte, aber alle Tiere übersahen es wegen seiner Häßlichkeit.

Nun kam der Herbst; die Blätter im Wald wurden gelb und braun, der Wind erfaßte sie, so daß sie umhertanzten, und oben in der Luft war es sehr kalt. Die Wolken hingen schwer von Hagel und Schneeflocken, und auf dem Zaun stand der Rabe und schrie: »Au! Au!« vor lauter Kälte; ja, man konnte ordentlich frieren, wenn man nur daran dachte. Das arme Entlein hatte es wahrlich nicht gut!

Eines Abends, die Sonne ging so wunderbar unter, kam ein ganzer Schwarm herrlicher großer Vögel aus dem Busch, das Entlein hatte niemals so schöne gesehen; sie waren ganz leuchtendweiß, mit langen geschmeidigen Hälsen; es waren Schwäne. Sie stießen einen ganz wunderlichen Ton aus, breiteten ihre prächtigen langen Flügel aus und flogen aus der kalten Gegend fort nach wärmeren Ländern, nach offenen Seen! Sie stiegen so hoch, so hoch, und dem häßlichen jungen Entlein wurde so seltsam zumute; es drehte sich im Wasser wie ein Rad herum, reckte den Hals nach ihnen und stieß einen so lauten und wunderlichen Schrei aus, daß es sich selbst davor fürchtete. Oh, es konnte die schönen, glücklichen Vögel nicht vergessen, und sobald es sie nicht mehr erblickte, tauchte es bis auf den Grund, und als es wieder heraufkam, war es wie außer sich. Es wußte nicht, wie die Vögel hießen, auch nicht, wohin sie flogen, aber doch war es ihnen gut, wie es nie jemandem gewesen; es beneidete sie durchaus nicht, wie konnte es ihm einfallen, sich solche Herrlichkeit zu wünschen? Es wäre schon froh gewesen, wenn die Enten es nur unter sich geduldet hätten – das arme häßliche Tier!

Und der Winter wurde so kalt, so kalt! Das Entlein mußte im Wasser herumschwimmen, damit es nicht ganz zufror, aber in jeder Nacht wurde das Loch, worin es schwamm kleiner und kleiner. Es fror, so daß es in der Eisdecke knackte; das Entlein mußte immerzu die Beine gebrauchen, damit das Loch sich nicht schloß. Zuletzt wurde es matt, lag ganz still und fror so im Eis fest.

Früh am Morgen kam ein Bauer; als er das Entlein sah, ging er hin, schlug mit seinem Holzschuh das Eis in Stücke und trug es heim zu seiner Frau. Da lebte es wieder auf.

Die Kinder wollten mit ihm spielen; aber das Entlein glaubte, sie wollten ihm etwas zuleide tun, und fuhr in seiner Angst gerade in den Milchtopf hinein, so daß die Milch in die Stube spritzte. Die Frau schrie und schlug die Hände zusammen, worauf es in das Butterfaß, dann hinunter in die Mehltonne und wieder herausflog. Wie sah es da aus! Die Frau schrie und schlug mit der Feuerzange nach ihm, die Kinder rannten einander über den Haufen, um das Entlein zu fangen, sie lachten und schrien! – Gut war es, daß die Tür offenstand und es zwischen die Büsche in den frisch gefallenen Schnee schlüpfen konnte – da lag es ganz erschöpft.

Aber es würde gar zu traurig sein, all die Not und das Elend zu erzählen, die das Entlein in dem harten Winter erdulden mußte. – Es lag im Moor zwischen dem Röhricht, als die Sonne wieder warm zu scheinen begann; die Lerchen sangen – es war herrlicher Frühling.

Da konnte das Entlein auf einmal seine Flügel heben; sie rauschten stärker als zuvor und trugen es rasch davon, und ehe es recht davon wußte, befand es sich in einem großen Garten, wo die Apfelbäume in Blüte standen, wo der Flieder duftete und seine langen grünen Zweige zu den gewundenen Kanälen neigte. Oh, hier war es so schön, so frühlingsfrisch! Und aus dem Dikkicht kamen drei herrliche, weiße Schwäne; sie rauschten mit den Federn und schwammen so leicht auf dem Wasser. Das Entlein kannte die prächtigen Tiere und wurde von einer seltsamen Traurigkeit befallen.

»Ich will zu ihnen fliegen, zu den königlichen Vögeln! Und sie werden mich totschlagen, weil ich so häßlich bin und mich ihnen zu nähern wage. Aber das ist einerlei! Besser von ihnen getötet als von den Enten gezwackt, von den Hühnern geschlagen, von dem Mädchen, das den Hühnerhof hütet, getreten zu werden und im Winter Schlimmes zu leiden!« Und es flog hinaus in das Wasser und schwamm den prächtigen Schwänen entgegen, die sahen es und schossen mit rauschenden Federn heran. »Tötet mich nur!« sagte das arme Tier, neigte seinen Kopf der Wasserfläche zu und erwartete den Tod – aber was sah es in dem klaren Wasser? Es sah unter sich sein eigenes Bild, aber das war kein plumper, schwarzgrauer Vogel mehr, häßlich und garstig, sondern war selbst ein Schwan.

Es schadet nichts, in einem Entenhof geboren zu sein, wenn man nur in einem Schwanenei gelegen hat!

Es war sehr froh, daß es all die Not und Widerwärtigkeit ausgestanden hatte. Nun erkannte es erst recht sein Glück an all der Herrlichkeit, die es begrüßte. – Und die großen Schwäne umschwammen es und streichelten es mit dem Schnabel.

In den Garten kamen einige kleine Kinder, die Brot und Korn in das Wasser warfen, und das kleinste rief: »Da ist ein neuer!« Und die andern Kinder jubelten mit: »Ja, es ist ein neuer angekommen!« Und sie klatschten mit den Händen und tanzten umher, holten Vater und Mutter, und es wurde Brot und Kuchen in das Wasser geworfen, und sie sagten alle: »Der neue ist der Schönste! So jung und so prächtig!« Und die alten Schwäne neigten sich vor ihm.

Da fühlte er sich so beschämt und steckte den Kopf unter die Flügel, er wußte selbst nicht warum; er war allzu glücklich, aber gar nicht stolz, denn ein gutes Herz wird niemals stolz! Er dachte daran, wie man ihn verfolgt und verhöhnt hatte, und hörte nun alle sagen, daß er der schönste aller schönen Vögel sei. Der Flieder bog sich mit den Zweigen gerade zu ihm in das Wasser, und die Sonne schien so warm und so gut! Da rauschten seine Federn, der schlanke Hals hob sich, und aus vollem Herzen jubelte er: »Soviel Glück habe ich nicht erträumt, als ich noch das häßliche junge Entlein war!«

Der Tannenbaum

Draußen im Wald stand ein niedlicher Tannenbaum. Er hatte einen guten Platz; Sonne konnte er bekommen, Luft war genug da, und ringsumher wuchsen viele größere Kameraden, Tannen und Fichten. Der kleine Tannenbaum wünschte aber so sehnlich, größer zu werden! Er dachte nicht an die warme Sonne und an die frische Luft, er kümmerte sich nicht um die Bauernkinder, die dort umhergingen und plauderten, wenn sie in den Wald gekommen waren, um Erdbeeren und Himbeeren zu sammeln. Oft kamen sie mit einem ganzen Topf voll oder hatten Erdbeeren auf einen Strohhalm gereiht; dann setzten sie sich neben den kleinen

Tannenbaum und sagten: »Nein, wie niedlich klein der ist!« Das mochte der Baum gar nicht hören.

Im folgenden Jahr war er um einen langen Trieb größer, und das Jahr darauf um noch einen, denn an den Tannenbäumen kann man immer an der Zahl der Triebe, die sie haben, sehen, wie viele Jahre sie gewachsen sind.

»Oh, wäre ich doch so ein großer Baum wie die andern!« seufzte das kleine Bäumchen; »dann könnte ich meine Zweige so weit ausbreiten und mit der Krone in die weite Welt hinausblikken! Die Vögel würden dann Nester in meinen Zweigen bauen, und wenn der Wind wehte, könnte ich so vornehm nicken wie die andern dort!«

Er hatte gar keine Freude am Sonnenschein, an den Vögeln und an den roten Wolken, die morgens und abends über ihn hinsegelten.

War es dann Winter, und der Schnee lag glitzernd weiß ringsumher, so kam häufig ein Hase angesprungen und setzte geradewegs über das Bäumchen weg – oh, das war so ärgerlich! – Aber zwei Winter vergingen, und im dritten war der Baum so groß, daß der Hase um ihn herumlaufen mußte. Oh, wachsen, wachsen, groß und alt werden, das ist doch das einzig Schöne in dieser Welt, dachte der Baum.

Im Herbst kamen immer Holzhauer und fällten einige der größten Bäume, das geschah jedes Jahr, und der junge Tannenbaum, der nun ganz gut gewachsen war, bebte dabei; denn die großen, prächtigen Bäume fielen mit Knacken und Krachen zur Erde, die Zweige wurden ihnen abgehauen, die Bäume sahen ganz nackt, lang und schmal aus; sie waren fast nicht mehr zu erkennen. Aber dann wurden sie auf Wagen gelegt, und Pferde zogen sie aus dem Wald hinaus.

Wo sollten sie hin? Was stand ihnen bevor?

Im Frühjahr, als die Schwalben und Störche kamen, fragte der Baum sie: »Wißt ihr nicht, wohin sie gebracht wurden? Seid ihr ihnen nicht begegnet?«

Die Schwalben wußten nichts, aber der Storch sah nachdenklich aus, nickte mit dem Kopf und sagte: »Ja, ich glaube wohl! Mir begegneten viele neue Schiffe, als ich aus Ägypten geflogen kam; auf den Schiffen waren prächtige Mastbäume; ich wage zu behaupten, daß sie es waren; sie rochen nach Tanne; ich kann vielmals grüßen, die tragen den Kopf hoch, sehr hoch!«

»Oh, wäre ich doch auch groß genug, um über das Meer fahren zu können! Wie ist das eigentlich, dieses Meer, und wie sieht es aus?«

»Ja, das zu erklären ist zu weitläufig«, sagte der Storch, und damit ging er fort.

»Freu dich deiner Jugend!« sagten die Sonnenstrahlen, »freu dich deines frischen Wachstums, des jungen Lebens, das in dir ist!«

Und der Wind küßte den Baum, und der Tau weinte Tränen über ihn; aber das verstand der Tannenbaum nicht.

Als es auf die Weihnachtszeit zuging, wurden ganz junge Bäume gefällt, Bäume, die oft nicht einmal so groß oder im gleichen Alter mit diesem Tannenbaum waren, der weder Rast noch Ruh, sondern immer davonwollte. Diese jungen Bäume, und es waren gerade die allerschönsten, behielten immer ihre Zweige; sie wurden auf Wagen gelegt, und Pferde zogen sie aus dem Wald hinaus.

»Wohin sollen die?« fragte der Tannenbaum. »Sie sind nicht größer als ich, da war sogar einer, der war viel kleiner! Warum behielten sie alle ihre Zweige? Wo fahren sie hin?«

»Das wissen wir! Das wissen wir!« zwitscherten die Sperlinge. »Unten in der Stadt haben wir durch die Fensterscheiben gesehen! Wir wissen, wohin sie fahren! Oh, sie gelangen zur größten Pracht und Herrlichkeit, die man sich denken kann! Wir haben in die Fenster geguckt und gesehen, daß sie mitten in der warmen Stube aufgepflanzt und mit den schönsten Sachen, vergoldeten Äpfeln, Honigkuchen, Spielzeug und vielen hundert Lichtern geschmückt werden.«

»Und dann –?« fragte der Tannenbaum und bebte in allen Zweigen. »Und dann? Was geschieht dann?«

»Ja, mehr haben wir nicht gesehen! Das war unvergleichlich.«

»Ob ich wohl auch bestimmt bin, diesen strahlenden Weg zu gehen?« jubelte der Tannenbaum. »Das ist noch besser, als über das Meer zu ziehen! Wie ich an der Sehnsucht leide! Wäre es doch Weihnachten! Nun bin ich groß und ausgewachsen wie die andern, die im vorigen Jahr fortgebracht wurden! – Oh, wäre ich erst auf dem Wagen! Wäre ich doch in der warmen Stube mit all der Pracht und Herrlichkeit! Und dann –? Ja, dann kommt etwas noch Besseres, noch Schöneres, warum würden sie mich sonst so schmücken! Es muß etwas noch Größeres, etwas noch Herrlicheres kommen –! Aber was? Oh, ich leide! ich sehne mich! ich weiß selbst nicht, wie mir ist!«

»Freu dich unser!« sagten die Luft und das Sonnenlicht; »freu dich deiner frischen Jugend im Freien!«

Aber er freute sich durchaus nicht und wuchs und wuchs; Winter und Sommer stand er grün, dunkelgrün stand er da; die Leute, die ihn sahen, sagten: »Das ist ein schöner Baum!« Und zur Weihnachtszeit wurde er von allen zuerst gefällt. Die Axt hieb tief durch sein Mark, der Baum fiel mit einem Seufzer zu Boden; er fühlte einen Schmerz, eine Ohnmacht; er konnte gar nicht an irgendein Glück denken, er war betrübt, von der Heimat scheiden zu müssen, von dem Fleck, auf dem er emporgeschossen war; er wußte ja, daß er die lieben alten Kameraden, die kleinen Büsche und Blumen ringsumher, nie mehr sehen würde, ja vielleicht nicht einmal die Vögel. Die Abreise war durchaus nicht angenehm.

Der Baum kam erst wieder zu sich, als er, im Hof mit anderen Bäumen abgeladen, einen Mann sagen hörte: »Der ist prächtig! Wir brauchen nur diesen!«

Nun kamen zwei Diener in vollem Staat und trugen den Tannenbaum in einen großen schönen Saal. Ringsherum an den Wänden hingen Bilder, und neben dem großen Kachelofen standen hohe chinesische Vasen mit Löwen auf den Deckeln; da gab es Schaukelstühle, seidene Sofas, große Tische voller Bilderbücher und Spielzeug für hundertmal hundert Taler – wenigstens sagten das die Kinder. Und der Tannenbaum wurde in ein großes, mit Sand gefülltes Faß gestellt; aber niemand konnte sehen, daß es ein Faß war, denn es wurde rundherum mit grünem Stoff behängt und stand auf einem großen bunten Teppich! Oh; wie der Baum bebte! Was wird nun wohl geschehen? Die Diener und die Fräulein schmückten ihn; an einen Zweig hängten sie kleine Netze, ausgeschnitten aus farbigem Papier; jedes Netz war mit Zuckerwerk gefüllt; vergoldete Äpfel und Walnüsse hingen herab, als wären sie festgewachsen, und über hundert rote, blaue und weiße Lichterchen wurden in den Zweigen festgesteckt. Puppen, die so lebendig wie Menschen aussahen – der Baum hatte früher nie solche gesehen –, schwebten im Grünen, und hoch oben auf die Spitze wurde ein großer Stern von Flittergold gesetzt; das war prächtig, ganz unvergleichlich prächtig.

»Heut abend«, sagten alle, »heut abend wird er strahlen!«

›Oh!‹ dachte der Baum, ›wäre es doch Abend! Würden nur die Lichter bald angezündet! Und was dann wohl geschieht? Ob da wohl Bäume aus dem Wald kommen und mich sehen? Ob die Sperlinge an die Fensterscheiben fliegen? Ob ich hier festwachse und Winter und Sommer geschmückt stehen werde?‹

Ja, er wußte gut Bescheid! Aber er hatte ordentlich Borkenschmerzen vor lauter Sehnsucht, und Borkenschmerzen sind für einen Baum ebenso schlimm wie Kopfschmerzen für uns andere.

Nun wurden die Lichter angezündet. Welcher Glanz! Welche Pracht! Der Baum bebte dabei in allen Zweigen, so daß eins der Lichter das Grün anbrannte; es sengte ordentlich.

»Gott bewahre uns!« schrien die Fräulein und löschten es hastig aus.

Nun durfte der Baum nicht einmal beben. Oh, das war ein Schreck! Er hatte Angst, etwas von seinem Schmuck zu verlieren; er war ganz betäubt von all dem Glanz. – Und nun gingen beide Flügeltüren auf – und eine Menge Kinder stürzten herein, als wollten sie den ganzen Baum umwerfen; die älteren Leute kamen bedächtig nach. Die Kleinen standen ganz stumm – aber nur einen Augenblick, dann jubelten sie wieder, daß es nur so schallte; sie tanzten um den Baum herum, und ein Geschenk nach dem andern wurde abgepflückt.

›Was machen sie?‹ dachte der Baum. ›Was soll geschehen?‹ Und die Lichter brannten bis dicht auf die Zweige herunter, und wie sie niederbrannten, löschte man sie aus, und dann bekamen die Kinder die Erlaubnis, den Baum zu plündern. Oh, sie stürzten sich auf ihn, daß es in allen Zweigen knackte; wäre er nicht mit der Spitze und dem Goldstern an der Decke festgebunden gewesen, so wäre er umgestürzt.

Die Kinder tanzten mit ihrem prächtigen Spielzeug herum, niemand sah nach dem Baum, nur das alte Kindermädchen blickte zwischen die Zweige, aber nur, um zu sehen, ob nicht noch eine Feige oder ein Apfel vergessen worden war.

»Eine Geschichte! eine Geschichte!« riefen die Kinder und zogen einen kleinen dicken Mann zu dem Baum hin; und er setzte sich gerade unter ihn, »denn da sind wir im Grünen«, sagte er, »und der Baum kann mit besonderem Nutzen zuhören! Aber ich erzähle nur eine Geschichte. Wollt ihr die von Ivede-Avede oder die von Klumpe-Dumpe hören, der die Treppen herunterfiel und doch zu Ehren kam und die Prinzessin erhielt?«

»Ivede-Avede!« schrien einige, »Klumpe-Dumpe!« schrien andere, das war ein Rufen und Schreien! Nur der Tannenbaum schwieg ganz still und dachte: ›Soll ich gar nicht mit, gar nichts dabei tun?‹ Er war ja dabeigewesen, hatte getan, was er sollte.

Und der Mann erzählte von ›Klumpe-Dumpe, der die Treppen herunterfiel und doch zu Ehren kam und die Prinzessin erhielt.‹ Und die Kinder klatschten in die Hände und riefen: »Erzähle! Erzähle!« Sie wollten auch die Geschichte von Ivede-Avede hören, aber sie bekamen nur die von Klumpe-Dumpe. Der Tannenbaum stand ganz stumm und gedankenvoll; nie hatten die Vögel im Wald so etwas erzählt. ›Klumpe-Dumpe fiel die Treppen herunter und bekam doch die Prinzessin! Ja, ja, so geht es in der Welt zu!‹ dachte der Tannenbaum und glaubte, daß es wahr sei, weil es ein so netter Mann erzählte. ›Ja, ja! Wer kann es wissen! Vielleicht falle ich auch die Treppe hinunter und bekomme eine Prinzessin.‹ Und er freute sich darauf, den nächsten Tag wieder mit Lichtern und Spielzeug, Gold und Früchten angeputzt zu werden.

›Morgen werde ich nicht zittern!‹ dachte er. ›Ich will mich recht an all meiner Herrlichkeit freuen. Morgen werde ich die Geschichte von Klumpe-Dumpe hören und vielleicht auch die von Ivede-Avede.‹ Und der Baum stand still und gedankenvoll die ganze Nacht.

Am Morgen kamen der Diener und das Mädchen herein.

›Nun beginnt das Schmücken aufs neue!‹ dachte der Baum. Aber sie schleppten ihn zur Stube hinaus, die Treppe hinauf auf den Boden, und hier, in einem dunklen Winkel, wo kein Tageslicht schien, stellten sie ihn hin. ›Was soll das bedeuten?‹ dachte der Baum. ›Was soll ich hier wohl tun? Was bekomme ich hier wohl zu hören?‹ Und er lehnte sich an die Mauer und dachte und dachte. – Und er hatte Zeit genug, denn es vergingen Tage und Nächte, niemand kam herauf; und als endlich jemand kam, so geschah es nur, um einige große Kästen in den Winkel zu stellen. Nun stand der Baum ganz versteckt; man mußte glauben, daß er völlig vergessen war.

›Nun ist es Winter draußen!‹ dachte der Baum. ›Die Erde ist hart und mit Schnee bedeckt, die Menschen können mich nicht pflanzen; deshalb soll ich wohl bis zum Frühjahr hier im Schutz stehen! Wie wohlbedacht das ist! Wie gut doch die Menschen sind! – Wäre es hier nur nicht so dunkel und schrecklich einsam! – Nicht einmal ein kleiner Hase! – Es war doch so niedlich da draußen im Wald, wenn Schnee lag und der Hase vorbeisprang; ja, selbst als er über mich hinwegsprang; aber damals konnte ich es nicht leiden. Hier oben ist es doch schrecklich einsam!‹

»Piep, piep!« sagte da eine kleine Maus und huschte hervor; und dann kam noch eine kleine. Sie beschnupperten den Tannenbaum, und dann schlüpften sie zwischen seine Zweige.

»Es ist eine greuliche Kälte!« sagten die kleinen Mäuse. »Sonst ist es hier gut sein! Nicht wahr, du alter Tannenbaum?«

»Ich bin gar nicht alt!« sagte der Tannenbaum; »es gibt viele, die weit älter sind als ich!«

»Wo kommst du her?« fragten die Mäuse, »und was weißt du?« Sie waren so gewaltig neugierig. »Erzähl uns doch von dem schönsten Ort auf Erden! Bist du dort gewesen? Bist du in der Speisekammer gewesen, wo Käse auf den Brettern liegen und Schinken unter der Decke hängen, wo man auf Talglicht tanzt, mager hineingeht und fett herauskommt?«

»Das kenne ich nicht«, sagte der Baum. »Aber den Wald kenne ich, wo die Sonne scheint und wo die Vögel singen!« Und dann erzählte er alles aus seiner Jugend, und die kleinen Mäuse hatten so etwas noch nie gehört, und sie horchten auf und sagten: »Nein, wieviel du gesehen hast! Wie glücklich du gewesen bist!«

»Ich?« sagte der Tannenbaum und dachte über das nach, was er selbst erzählte. »Ja, es waren im Grunde ganz fröhliche Zeiten!« – Aber dann erzählte er vom Weihnachtsabend, wo er mit Kuchen und Lichtern geschmückt war.

»Oh!« sagten die kleinen Mäuse, »wie glücklich du gewesen bist, du alter Tannenbaum!«

»Ich bin gar nicht alt!« sagte der Baum. »Erst diesen Winter bin ich aus dem Wald gekommen! Ich bin in meinem allerbesten Alter. Ich bin nur so schnell gewachsen.«

»Wie schön du erzählst!« sagten die kleinen Mäuse. Und in der nächsten Nacht kamen sie mit vier andern kleinen Mäusen, die sollten den Baum auch erzählen hören, und je mehr er erzählte, desto deutlicher erinnerte er sich selbst an alles und dachte: ›Es waren doch ganz fröhliche Zeiten! Aber sie können wiederkommen, noch einmal wiederkommen. Klumpe-Dumpe fiel die Treppen herunter und erhielt doch die Prinzessin; vielleicht kann ich auch eine Prinzessin bekommen!‹ Und dann dachte der Tannenbaum an eine kleine niedliche Birke, die draußen im Walde wuchs; das war für den Tannenbaum eine wirkliche schöne Prinzessin.

»Wer ist Klumpe-Dumpe?« fragten die kleinen Mäuse.

Und dann erzählte der Tannenbaum das ganze Märchen; er konnte sich jedes einzelnen Wortes entsinnen; und die kleinen Mäuse wären vor lauter Freude fast bis in die Spitze des Baumes gesprungen. In der folgenden Nacht kamen noch viel mehr Mäuse, und am Sonntag sogar zwei Ratten; aber die sagten, die Geschichte sei nicht hübsch, und das betrübte die kleinen Mäuse, denn nun hielten sie auch weniger davon.

»Kennen Sie nur die eine Geschichte?« fragten die Ratten.

»Nur die eine!« sagte der Baum; »die hörte ich an meinem glücklichsten Abend, aber damals dachte ich nicht daran, wie glücklich ich war.«

»Das ist eine höchst jämmerliche Geschichte! Kennen Sie keine mit Speck und Talglicht? Keine Speisekammergeschichte?«

»Nein!« sagte der Baum.

»Na, dann bedanken wir uns!« antworteten die Ratten und gingen zu den Ihren zurück.

Die kleinen Mäuse blieben zuletzt auch weg, und da seufzte der Baum: »Es war doch ganz hübsch, als sie um mich herum saßen, die flinken kleinen Mäuse, und zuhörten, wie ich erzählte! Nun ist auch das vorbei! – Aber ich werde daran denken und mich freuen, wenn ich wieder hervorgeholt werde!«

Aber wann geschah das? – Ja, es war eines Morgens, da kamen Leute und rumorten auf dem Boden; die Kästen wurden weggesetzt, der Baum wurde hervorgezogen; sie warfen ihn freilich ziemlich hart auf den Fußboden, aber ein Diener schleppte ihn sogleich zur Treppe hin, wo das Tageslicht schien.

›Nun beginnt das Leben wieder!‹ dachte der Baum; er fühlte die frische Luft, den ersten Sonnenstrahl – und nun war er draußen im Hof.

Alles ging so geschwind; der Baum vergaß völlig, sich selbst zu betrachten; da war so vieles ringsumher zu sehen. Der Hof stieß an einen Garten, und alles blühte darin; die Rosen hingen so frisch und duftend über das kleine Gitter, die Lindenbäume blühten, und die Schwalben flogen umher und sagten: »Quirre-virre-vit, mein Mann ist kommen!« Aber es war nicht der Tannenbaum, den sie meinten.

»Nun werde ich leben!« jubelte er und breitete seine Zweige weit aus; aber ach, die waren alle vertrocknet und gelb; und er lag da im Winkel zwischen Unkraut und Nesseln. Der Stern von Goldpapier saß noch oben in der Spitze und glänzte im hellen Sonnenschein.

Im Hof spielten ein paar der munteren Kinder, die zur Weihnachtszeit den Baum umtanzt und sich so über ihn gefreut hatten. Eins der kleinsten lief hin und riß den Goldstern ab.

»Sieh, was da noch an dem häßlichen alten Tannenbaum sitzt!« sagte es und trat auf die Zweige, so daß sie unter seinen Stiefeln knackten.

Und der Baum sah all die Blumenpracht und Frische im Garten, er sah sich selbst und wünschte, daß er in seinem dunklen Winkel auf dem Boden geblieben wäre; er gedachte seiner frischen Jugend im Wald, des lustigen Weihnachtsabends und der kleinen Mäuse, die so munter die Geschichte von Klumpe-Dumpe angehört hatten.

»Vorbei! Vorbei!« sagte der arme Baum. »Hätte ich mich doch gefreut, als ich es noch konnte! Vorbei! Vorbei!«

Und der Knecht kam und hieb den Baum in kleine Stücke; ein ganzes Bündel lag da; hell flackerte es auf unter dem großen Braukessel; und er seufzte so tief, und jeder Seufzer war wie ein kleiner Schuß; darum liefen die Kinder, die dort spielten, herbei und setzten sich vor das Feuer, blickten hinein und riefen: »Piff! Paff!« Aber bei jedem Knall, der ein tiefer Seufzer war, dachte der Baum an einen Sommertag im Wald oder an eine Winternacht da draußen, wenn die Sterne funkelten; er dachte an den Weihnachtsabend und an Klumpe-Dumpe, das einzige Märchen, das er gehört hatte und zu erzählen wußte, und dann war der Baum verbrannt.

Die Knaben spielten im Hof, und der kleinste hatte den Goldstern auf der Brust, den der Baum an seinem glücklichsten Abend getragen hatte; nun war er vorbei, und mit dem Baum war es vorbei und mit der Geschichte auch: vorbei, vorbei – und so geht es mit allen Geschichten!

Die Schneekönigin

Ein Märchen in sieben Geschichten

Erste Geschichte, die von dem Spiegel und den Scherben handelt

Seht! Nun fangen wir an. Wenn wir am Ende der Geschichte sind, wissen wir nicht mehr als wir jetzt wissen, denn es war ein böser Troll! Es war einer der allerärgsten, es war der Teufel! Eines Tages war er richtig guter Laune, denn er hatte einen Spiegel gemacht, welcher die Eigenschaft besaß, daß alles Gute und Schöne, was sich darin spiegelte, fast zu Nichts zusammenschwand; aber das, was nichts taugte und sich schlecht ausnahm, das trat recht hervor und wurde noch ärger. Die herrlichsten Landschaften sahen darin wie gekochter Spinat aus, und die besten Menschen wurden widerlich oder standen ohne Rumpf auf dem Kopf; die Gesichter wurden so verdreht, daß sie nicht zu erkennen waren, und hatte man eine Sommersprosse, so konnte man gewiß sein, daß sie über Mund und Nase lief. Das sei äußerst belustigend, sagte der Teufel. Ging nun ein guter, frommer Gedanke durch einen Menschen, dann kam ein Grinsen in den Spiegel, so daß der Teufel über seine kunstvolle Erfindung lachen mußte. Alle, die in die Trollschule gingen, denn er hielt Trollschule ab, erzählten ringsum, daß ein Wunder geschehen sei; nun könne man erst erfahren, meinten sie, wie die Welt und die Menschen wirklich aussähen. Sie liefen mit dem Spiegel umher, und zuletzt gab es kein Land und keinen Menschen mehr, der nicht verdreht darin gesehen wurde. Nun wollten sie auch zum Himmel hinauffliegen, um sich über die Engel und den lieben Gott lustig zu machen. Je höher sie mit dem Spiegel flogen, um so mehr grinste er, sie konnten ihn kaum festhalten; sie flogen höher und höher; Gott und den Engeln näher; da erzitterte der Spiegel so fürchterlich in seinem Grinsen, daß er ihnen aus den Händen fiel und zur Erde stürzte, wo er in hundert Millionen, Billionen und noch mehr Stücke ging. Und da gerade richtete er viel größeres Unglück an als zuvor, denn einige Stücke waren kaum so groß wie ein Sanddorn, und diese flogen ringsumher in der weiten Welt, und wo sie den Leuten ins Auge kamen, da blieben sie sitzen, und da sahen die Menschen alles verkehrt oder hatten nur Augen für das, was an einer Sache verkehrt war, denn jede kleine Spiegelscherbe hatte dieselben Kräfte behalten, die der ganze Spiegel besessen hatte. Einige Menschen bekamen sogar eine kleine Spiegelscherbe ins Herz, und dann war es ganz entsetzlich, das Herz wurde wie ein Klumpen Eis. Einige Spiegelscherben waren so groß, daß sie zu Fensterscheiben gebraucht wurden; aber es war nicht gut, durch diese Scheiben seine Freunde anzusehen; andere Stücken kamen in Brillen, und wenn die Leute diese Brillen aufsetzten, war es unmöglich, recht zu sehen und gerecht zu sein; der Böse lachte, daß ihm der Bauch wackelte, und das kitzelte ihn so schön. Aber draußen flogen noch kleine Glasscherben in der Luft umher.

Nun wollen wir hören!

Zweite Geschichte
Ein Knabe und ein kleines Mädchen

In der großen Stadt, wo so viele Menschen und Häuser sind und nicht Platz genug ist, daß alle Leute einen kleinen Garten haben können, und wo sich darum die meisten mit Blumen in Blumentöpfen begnügen müssen, lebten zwei arme Kinder, die einen Garten hatten, der etwas größer war als ein Blumentopf. Sie waren nicht Bruder und Schwester, aber sie hatten sich so lieb, als ob sie es gewesen wären. Die Eltern wohnten einander gerade gegenüber, sie wohnten in zwei Dachkammern; wo das Dach des

einen Nachbarhauses gegen das andere stieß und die Wasserrinne zwischen den Dächern entlanglief, dort war in jedem Haus ein kleines Fenster; man brauchte nur über die Rinne zu steigen, so konnte man von dem einen Fenster zum andern kommen.

Die Eltern hatten draußen jeder einen großen Holzkasten, und darin wuchsen Küchenkräuter, die sie brauchten, und ein kleiner Rosenstock; es stand in jedem Kasten einer, die wuchsen so herrlich! Nun fiel es den Eltern ein, die Kästen quer über die Rinne zu stellen, so daß sie fast von dem einen Fenster zum andern reichten und wahrhaftig wie zwei Blumenwälle aussahen. Erbsenranken hingen über die Kästen, und die Rosenstöcke trieben lange Zweige, die sich um die Fenster rankten und einander entgegenbogen, es war fast wie eine Ehrenpforte aus Grün und Blüten. Da die Kästen sehr hoch waren und die Kinder wußten, daß sie nicht hinaufklettern durften, so bekamen sie oft Erlaubnis, zueinander hinauszusteigen und auf ihren kleinen Schemeln unter den Rosen zu sitzen, und dort spielten sie dann prächtig.

Im Winter war dieses Vergnügen ja vorbei. Die Fenster waren oft ganz zugefroren, aber dann wärmten sie Kupferschillinge auf dem Ofen und legten die warme Münze gegen die gefrorene Scheibe, und so entstand ein schönes Guckloch, so rund, so rund; dahinter guckte ein liebes, sanftes Auge, eins aus jedem Fenster; das waren der kleine Knabe und das kleine Mädchen. Er hieß Kay, und sie hieß Gerda. Im Sommer konnten sie mit einem Sprung zueinander gelangen, im Winter mußten sie erst die vielen Treppen hinunter und die vielen Treppen hinauf; draußen fegte der Schnee.

»Das sind die weißen Bienen, die schwärmen«, sagte die alte Großmutter.

»Haben sie auch eine Bienenkönigin?« fragte der kleine Knabe, denn er wußte, daß es unter den wirklichen Bienen eine gibt.

»Die haben sie!« sagte die Großmutter. »Sie fliegt dort, wo sie am dichtesten schwärmen! Es ist die größte von allen, und nie bleibt sie still auf der Erde, sie fliegt wieder hinauf in die schwarze Wolke. Manche Winternacht fliegt sie durch die Straßen der Stadt und blickt zu den Fenstern hinein, und dann frieren sie so wunderbar zu und sehen wie Blumen aus.«

»Ja, das haben wir gesehen«, sagten beide Kinder und wußten nun, daß es wahr ist.

»Kann die Schneekönigin hier hereinkommen?« fragte das kleine Mädchen.

»Laß sie nur kommen!« sagte der Knabe, »dann setze ich sie auf den warmen Ofen, und dann schmilzt sie.«

Aber die Großmutter glättete sein Haar und erzählte andere Geschichten.

Am Abend, als der kleine Kay zu Hause und halb entkleidet war, kletterte er auf den Stuhl am Fenster und guckte durch das kleine Loch; ein paar Schneeflocken fielen draußen, und eine von ihnen, die allergrößte, blieb auf dem Rand des einen Blumenkastens liegen; die Schneeflocke wuchs mehr und mehr und wurde zuletzt ein ganzes Frauenzimmer, in den feinsten weißen Flor gekleidet, der wie aus Millionen sternartiger Flocken zusammengesetzt war. Sie war so schön und fein, aber aus Eis, aus blendendem, blinkendem Eis, doch war sie lebendig; die Augen blitzten wie zwei klare Sterne, aber es war weder Rast noch Ruh darin. Sie nickte zum Fenster und winkte mit der Hand. Der kleine Knabe erschrak und sprang vom Stuhl herunter, da war es, als ob draußen ein großer Vogel am Fenster vorbeiflöge.

Am nächsten Tag gab es klaren Frost, und dann gab es Tauwetter – und dann kam der Frühling. Die Sonne schien, das Grün guckte hervor, die Schwalben bauten Nester, die Fenster wurden geöffnet, und die kleinen Kinder saßen wieder in ihrem kleinen Garten hoch oben in der Dachrinne über allen Stockwerken.

Die Rosen blühten diesen Sommer so unvergleichlich; das kleine Mädchen hatte ein Lied gelernt, in dem von Rosen die Rede war, und bei den Rosen dachte sie an ihre eigenen; und sie sang es dem kleinen Knaben vor, und er sang mit:

»Die Rosen, sie blühn und vergehen,
Wir werden das Christkindlein sehen!«

Und die Kleinen hielten einander bei der Hand, küßten die Rosen, blickten in Gottes hellen Sonnenschein und sprachen zu ihm, als ob das Jesuskind da wäre. Was waren das für herrliche Sommertage, wie schön war es draußen bei den frischen Rosenstöken, die blühten, als wollten sie niemals damit aufhören!

Kay und Gerda saßen und sahen in das Bilderbuch mit Tieren und Vögeln, da geschah es – die Uhr schlug gerade fünf vom großen Kirchturm –, daß Kay sagte: »Au! Es hat mich ins Herz gestochen, und nun habe ich etwas ins Auge bekommen!«

Das kleine Mädchen faßte ihn um den Hals; er blinzelte mit den Augen; nein, es war gar nichts zu sehen.

»Ich glaube, es ist weg!« sagte er; aber weg war es nicht. Es war gerade eins von jenen Glaskörnern, die vom Spiegel gesprungen waren, dem Zauberspiegel, wir erinnern uns noch an ihn, an das häßliche Glas, das alles Große und Gute, das sich darin spiegelte, klein und häßlich machte; aber das Böse und Schlechte trat ordentlich hervor, und jeder Fehler an einer Sache war gleich zu bemerken. Der arme Kay hatte auch ein Körnchen gerade ins Herz bekommen. Das würde bald wie ein Eisklumpen werden. Nun tat es nicht mehr weh, aber das Körnchen war da.

»Warum weinst du?« fragte er. »Du siehst so häßlich aus! Mir fehlt ja nichts! Pfui!« rief er auf einmal; »die Rose dort hat einen Wurmstich! Und sieh, diese da ist ja ganz schief! Im Grunde sind es häßliche Rosen! Sie gleichen dem Kasten, in dem sie stehen!« Und dann stieß er mit dem Fuß gegen den Kasten und riß die beiden Rosen ab.

»Kay, was machst du?« rief das kleine Mädchen; und als er ihren Schrecken sah, riß er noch eine Rose ab und sprang dann in sein Fenster und von der kleinen lieben Gerda fort.

Als sie später mit dem Bilderbuch kam, sagte er, daß das für Wickelkinder sei; und erzählte die Großmutter Geschichten, so kam er immer mit einem Aber; und wenn es ihm gerade einfiel, dann ging er hinter ihr her, setzte eine Brille auf und sprach ebenso wie sie; das war ganz treffend, und die Leute lachten über ihn. Bald konnte er sprechen und gehen wie alle Menschen in der ganzen Straße. Alles, was an ihnen eigentümlich und unschön war, das wußte Kay nachzumachen, und die Leute sagten: »Der Junge hat bestimmt einen ausgezeichneten Kopf!« Aber es war das Glas, das er ins Auge bekommen hatte, das Glas, das ihm im Herzen saß; daher kam es auch, daß er selbst die kleine Gerda neckte, die ihm doch von ganzer Seele gut war.

Seine Spiele wurden nun anders als früher, sie waren so verständig. – An einem Wintertag, als die Schneeflocken fegten, kam er mit einem großen Brennglas, hielt seinen blauen Rockzipfel hinaus und ließ die Schneeflocken darauf fallen.

»Sieh nur in das Glas, Gerda«, sagte er, und jede Schneeflocke wurde viel größer und sah aus wie eine prächtige Blume oder ein zehneckiger Stern, es war herrlich anzusehen. »Siehst du, wie kunstvoll!« sagte Kay. »Das ist viel interessanter als die wirklichen Blumen! Und es ist kein einziger Fehler daran, sie sind ganz gleichmäßig, wenn sie nur nicht schmelzen würden.«

Bald darauf kam Kay mit großen Handschuhen und seinem Schlitten auf dem Rücken, er rief Gerda zu: »Ich habe Erlaubnis bekommen, auf den großen Platz zu fahren, wo die andern Knaben spielen!« Und weg war er.

Dort auf dem Platz banden die kecksten Knaben oft ihre Schlitten an die Bauernwagen, und dann fuhren sie ein gutes Stück mit. Das war sehr lustig. Als sie am besten spielten, kam ein großer Schlitten, der war ganz weiß gestrichen, und in ihm saß jemand, in einen zottigen, weißen Pelz gehüllt und mit einer weißen zottigen Mütze auf dem Kopf; der Schlitten fuhr zweimal um den Platz, und Kay band seinen kleinen Schlitten schnell daran fest und fuhr mit. Es ging rascher und rascher, gerade hinein in die nächste Straße; die Gestalt, die fuhr, drehte sich um und nickte Kay freundlich zu, es war, als ob sie einander kannten; jedesmal, wenn Kay seinen kleinen Schlitten lösen wollte, nickte die Gestalt wieder, und dann blieb Kay sitzen; sie fuhren gerde zum Stadttor hinaus. Da begann der Schnee so dicht herabzufallen, daß der kleine Knabe beim Fahren keine Hand vor den Augen sehen konnte; nun ließ er schnell die Schnur fahren, um von dem großen Schlitten loszukommen, aber das half nichts, sein kleines Fuhrwerk hing fest, und es ging mit Windeseile vorwärts. Da rief er ganz laut, aber niemand hörte ihn, und der Schnee stob, und der Schlitten flog von dannen; mitunter gab es einen Sprung; es war, als führe er über Gräben und Hecken. Der Knabe war ganz erschrocken, er wollte sein Vaterunser beten, aber er konnte sich nur auf das große Einmaleins besinnen.

Die Schneeflocken wurden größer und größer, zuletzt sahen sie aus wie große weiße Hühner; auf einmal sprangen sie zur Seite, der große Schlitten hielt, und die Gestalt, die ihn fuhr, erhob sich; der Pelz und die Mütze waren lauter Schnee; es war eine Dame, so hoch und rank, so glänzend weiß, es war die Schneekönigin.

»Wir sind gut vorangekommen«, sagte sie, »aber wer wird denn frieren! Krieche in meinen Bärenpelz!«

Und sie setzte ihn neben sich in den Schlitten und schlug den Pelz um ihn; es war, als versinke er in einer Schneewehe.

»Friert dich noch?« fragte sie, und dann küßte sie ihn auf die Stirn. Uh, das war kälter als Eis! Das ging ihm gerade ins Herz hinein, das ja schon halb ein Eisklumpen war; es war, als sollte er sterben – aber nur einen Augenblick, dann tat es ihm recht wohl; er spürte nichts mehr von der Kälte ringsumher.

»Meinen Schlitten! Vergiß nicht meinen Schlitten!« Daran dachte er zuerst, und der wurde an eins der weißen Hühnchen gebunden, und dieses flog mit dem Schlitten auf dem Rücken hinterher. Die Schneekönigin küßte Kay noch einmal, und da hatte er die kleine Gerda, die Großmutter und alle daheim vergessen.

»Nun bekommst du keine Küsse mehr!« sagte sie; »denn sonst küsse ich dich tot!«

Kay sah sie an; sie war so hübsch, ein klügeres, schöneres Antlitz konnte er sich nicht denken; nun schien sie nicht aus Eis zu sein wie damals, als sie draußen vor dem Fenster saß und ihm winkte; in seinen Augen war sie vollkommen, er spürte gar keine Angst, er erzählte ihr, daß er kopfrechnen könne, und sogar mit Brüchen, er wisse die Quadratmeilen des Landes und die Einwohnerzahl, und sie lächelte immer; da kam es ihm vor, als wäre es doch nicht genug, was er wisse, und er sah hinauf in den großen, großen Himmelsraum; und sie flog mit ihm, flog hoch hinauf auf die schwarze Wolke, und der Sturm sauste und brauste; es war, als sänge er alte Lieder. Sie flogen über Wälder und Seen, über Meere und Länder; unter ihnen sauste der kalte Wind, die Wölfe heulten, der Schnee funkelte; über ihm flogen die schwarzen, schreienden Krähen, aber hoch oben schien der Mond so groß und klar, und ihn betrachtete Kay die lange, lange Winternacht hindurch; am Tage schlief er zu den Füßen der Schneekönigin.

Dritte Geschichte
Der Blumengarten bei der Frau, die zaubern konnte

Aber wie erging es der kleinen Gerda, als Kay nicht zurückkehrte? Wo war er nur? – Niemand wußte es, niemand konnte Bescheid geben. Die Knaben erzählten nur, daß sie gesehen hätten, wie er seinen kleinen Schlitten an einen prächtigen großen band, der in die Straße hinein- und zum Stadttor hinausgefahren sei. Niemand wußte, wo er war; viele Tränen flossen; die kleine Gerda weinte so sehr und so lange – dann sagten sie, er sei tot, er sei im Fluß ertrunken, der nahe bei der Stadt vorbeifloß; oh, das waren recht lange, dunkle Wintertage!

Nun kam der Frühling mit wärmerem Sonnenschein.

»Kay ist tot und fort!« sagte die kleine Gerda.

»Das glaube ich nicht!« sagte der Sonnenschein.

»Er ist tot und fort!« sagte sie zu den Schwalben.

»Das glauben wir nicht!« antworteten sie, und zuletzt glaubte die kleine Gerda es auch nicht.

»Ich will meine neuen, roten Schuhe anziehen«, sagte sie eines Morgens, »die, welche Kay nie gesehen hat, und dann will ich zum Fluß hinuntergehen und den nach ihm fragen!«

Und es war noch ganz früh; sie küßte die alte Großmutter, die noch schlief, zog die roten Schuhe an und ging ganz allein aus dem Tor zum Fluß.

»Ist es wahr, daß du mir meinen kleinen Spielkameraden genommen hast? Ich will dir meine roten Schuhe schenken, wenn du ihn mir wiedergibst!«

Und es war ihr, als nickten die Wellen so wunderlich; da nahm sie ihre roten Schuhe, das Liebste, was sie hatte, und warf sie alle beide in den Fluß, aber sie fielen dicht ans Ufer, und die kleinen Wellen trugen sie schnell wieder ans Land zu ihr zurück; es war gerade, als ob der Fluß das Liebste, was sie hatte, nicht haben wollte, weil er den kleinen Kay ja nicht hatte; aber sie glaubte nun, daß sie die Schuhe nicht weit genug geworfen hätte, und so kletterte sie in ein Boot, das im Schilf lag; sie ging ganz an dessen äußerstes Endes und warf die Schuhe hinaus; aber das Boot war nicht festgebunden, und bei der Bewegung, die sie machte, glitt es vom Ufer ab; sie bemerkte es und beeilte sich, herauszukommen; doch ehe sie das Ufer erreicht hatte, war das Boot über eine Elle davon entfernt, und nun trieb es schneller davon.

Da erschrak die kleine Gerda sehr und fing an zu weinen, aber niemand hörte sie außer den Sperlingen, und die konnten sie nicht ans Land tragen; aber sie flogen am Ufer entlang und sangen, gleichsam um sie zu trösten: »Hier sind wir, hier sind wir!« Das Boot trieb mit dem Strom; die kleine Gerda saß ganz still, nur mit Strümpfen an den Füßen; ihre kleinen roten Schuhe trieben hinter ihr her, aber sie konnten das Boot nicht erreichen; es hatte schnellere Fahrt.

Hübsch war es an beiden Ufern, schöne Blumen, alte Bäume und Abhänge mit Schafen und Kühen, aber nicht ein Mensch war zu sehen.

›Vielleicht trägt mich der Fluß zum kleinen Kay‹, dachte Gerda, und da wurde sie heiterer, erhob sich und sah viele Stunden auf die schönen, grünen Ufer; dann kam sie zu einem großen Kirschgarten, in dem ein kleines Haus mit wunderlichen roten und blauen Fenstern stand; übrigens hatte es ein Strohdach, und draußen waren zwei hölzerne Soldaten, die vor dem, der vorbeifuhr, das Gewehr schulterten.

Gerda rief sie an, sie glaubte, daß sie lebendig seien, aber sie antworteten natürlich nicht; sie kam ihnen ganz nahe, der Fluß trieb das Boot gerade auf das Ufer zu.

Gerda rief noch lauter, und da kam aus dem Haus eine alte, alte Frau, die sich auf einen Krückstock stützte; sie hatte einen großen Sonnenhut auf, und der war mit den schönsten Blumen bemalt.

»Du armes kleines Kind!« sagte die alte Frau, »wie bist du denn auf den großen reißenden Strom gekommen und so weit in die Welt hinausgetrieben!« Und dann ging die alte Frau in das Wasser hinein, erfaßte mit ihrem Krückstock das Boot, zog es ans Ufer und hob die kleine Gerda heraus.

Und Gerda war froh, wieder aufs Trockene zu kommen, obwohl sie sich vor der fremden alten Frau doch ein bißchen fürchtete.

»Komm doch und erzähl mir, wer du bist und wie du hierherkommst!« sagte sie.

Und Gerda erzählte ihr alles, und die Alte schüttelte den Kopf und sagte: »Hm! Hm!« Und als Gerda alles gesagt und gefragt hatte, ob sie nicht den kleinen Kay gesehen habe, sagte die Frau, daß er nicht vorbeigekommen sei, aber er komme wohl noch, sie solle nur nicht betrübt sein, sondern ihre Kirschen kosten und ihre Blumen ansehen, die seien schöner als irgendein Bilderbuch, und eine jede könne eine ganze Geschichte erzählen. Dann nahm sie Gerda bei der Hand, sie gingen in das kleine Haus hinein, und die alte Frau schloß die Tür zu.

Die Fenster lagen sehr hoch, und die Scheiben waren rot, blau und gelb; das Tageslicht schimmerte so wunderlich in allen Farben darinnen, aber auf dem Tisch standen die schönsten Kirschen, und Gerda aß davon, soviel sie wollte, denn das durfte sie. Und während sie aß, kämmte die alte Frau ihr Haar mit einem goldenen Kamm, und das Haar ringelte sich und glänzte so herrlich gelb um das kleine freundliche Gesicht, das so rund war und wie eine Rose aussah.

»Nach einem so süßen kleinen Mädchen habe ich mich schon richtig gesehnt«, sagte die Alte. »Nun wirst du sehen, wie gut wir miteinander auskommen!«

Und je länger sie das Haar der kleinen Gerda kämmte, desto mehr vergaß Gerda ihren Pflegebruder Kay; denn die alte Frau konnte zaubern, aber eine böse Zauberin war sie nicht, sie zauberte nur ein wenig zu ihrem Vergnügen und wollte die kleine Gerda gern behalten. Darum ging sie in den Garten, streckte ihren Krückstock gegen alle Rosensträucher aus, und wie herrlich sie auch blühten, so versanken sie doch alle in die schwarze Erde, und man konnte nicht sehen, wo sie gestanden hatten. Die Alte fürchtete, wenn Gerda die Rosen erblickte, würde sie an ihre eigenen denken, sich dann des kleinen Kay erinnern und ihres Weges gehen.

Nun führte sie Gerda hinaus in den Blumengarten. Was war da für ein Duft und eine Herrlichkeit! Alle nur denkbaren Blumen, und zwar für jede Jahreszeit, standen hier im prächtigsten Flor; kein Bilderbuch konnte bunter und schöner sein. Gerda hüpfte vor Freude und spielte, bis die Sonne hinter den hohen Kirschbäumen unterging; dann bekam sie ein schönes Bett mit roten Seidenkissen, die waren mit blauen Veilchen gestopft; und sie schlief und träumte so herrlich wie eine Königin an ihrem Hochzeitstag.

Am nächsten Tag konnte sie wieder im warmen Sonnenschein mit den Blumen spielen, und so vergingen viele Tage. Gerda kannte jede Blume, aber so viele dort auch waren, so schien es ihr doch, als ob eine fehle, aber welche, das wußte sie nicht. Da saß sie eines Tages und betrachtete den Sonnenhut der alten Frau mit den gemalten Blumen, und gerade die schönste darunter war eine Rose. Die Alte hatte vergessen, sie vom Hut zu nehmen, als sie die andern in die Erde versenkte. Aber so ist es, wenn man die Gedanken nicht beisammen hat!

»Was denn, sind hier keine Rosen?« sagte Gerda und sprang zwischen die Beete, suchte und suchte, aber es war keine zu finden. Da setzte sie sich hin und weinte, aber ihre heißen Tränen fielen gerade dorthin, wo ein Rosenstrauch versunken war, und als die warmen Tränen die Erde benetzten, trieb der Strauch auf einmal empor, so blühend, wie er versunken war, und Gerda umarmte ihn, küßte die Rosen und dachte an die herrlichen Rosen daheim und damit auch an den kleinen Kay.

»Oh, wie bin ich aufgehalten worden!« sagte das kleine Mädchen. »Ich wollte ja den kleinen Kay suchen! – Wißt ihr nicht, wo er ist?« fragte sie die Rosen. »Glaubt ihr, daß er tot und fort ist?«

»Tot ist er nicht«, antworteten die Rosen. »Wir sind ja in der Erde gewesen; dort sind alle Toten, aber Kay war nicht da.«

»Ich danke euch!« sagte die kleine Gerda und ging zu den andern Blumen, sah in deren Kelch hinein und fragte: »Wißt ihr nicht, wo der kleine Kay ist?«

Aber jede Blume stand in der Sonne und träumte ihr eigenes Märchen oder ihre eigene Geschichte; davon hörte Gerda so viele, viele, aber keine wußte etwas von Kay.

Und was sagte da die Feuerlilie?

»Hörst du die Trommel: bum! bum! Es sind nur zwei Töne, immer bum! bum! Höre der Frauen Trauergesang, höre der Priester Ruf. – In seinem langen roten Mantel steht das Hinduweib auf dem Scheiterhaufen, die Flammen schlagen um sie und ihren toten Mann empor; aber das Hinduweib denkt an den Lebenden hier im Kreis, an ihn, dessen Augen heißer als die Flammen brennen, an ihn, dessen Augenfeuer mehr an ihr Herz dringt als die Flammen, die bald ihren Körper zu Asche verbrennen. Kann die Flamme des Herzens in der Flamme des Scheiterhaufens ersterben?«

»Das verstehe ich gar nicht«, sagte die kleine Gerda.

»Das ist mein Märchen!« sagte die Feuerlilie.

Was sagte die Winde?

»Über den schmalen Felsen ragt eine alte Ritterburg; das dichte Immergrün wächst an den alten, roten Mauern empor, Blatt an Blatt, um den Altan herum, und da steht ein schönes Mädchen; sie beugt sich über das Geländer und sieht auf den Weg hinunter. Keine Rose hängt frischer an den Zweigen als sie; keine Apfelblüte, die der Wind vom Baum trägt, ist schwebender als sie; wie rauscht das prächtige Seidengewand! ›Kommt er noch nicht?‹ «

»Ist es Kay, den du meinst?« fragte die kleine Gerda.

»Ich spreche nur von meinem Märchen, meinem Traum«, antwortete die Winde.

Was sagte das kleine Schneeglöckchen?

»Zwischen den Bäumen hängt an Seilen das lange Brett, das ist eine Schaukel; zwei niedliche kleine Mädchen – die Kleider sind weiß wie der Schnee, lange, grüne Seidenbänder flattern von den Hüten – sitzen und schaukeln sich; der Bruder, der größer ist als sie, steht auf der Schaukel; er hat den Arm um das Seil gelegt, um sich zu halten, denn in der einen Hand hat er eine kleine Schale, in der andern eine Tonpfeife, er bläst Seifenblasen; die Schaukel schwingt, und die Blasen fliegen mit herrlichen, wechselnden Farben; die letzte hängt noch am Pfeifenstiel und biegt sich im Wind.

Die Schaukel schwingt; der kleine schwarze Hund, leicht wie die Blasen, hebt sich auf die Hinterbeine und will mit in die Schaukel; sie fliegt; der Hund fällt herab, bellt und ist böse; er wird geneckt, die Blasen platzen. – Ein schaukelndes Brett, ein zerspringendes Schaumbild ist mein Gesang!«

»Es mag wohl hübsch sein, was du erzählst, aber du sagst es so traurig und nennst gar nicht den kleinen Kay.«

Was sagten die Hyazinthen?

»Es waren drei schöne Schwestern, so durchsichtig und fein; das Kleid der einen war rot, das der anderen blau, das der dritten ganz weiß; Hand in Hand tanzten sie am stillen See im hellen Mondenschein. Es waren keine Elfen, es waren Menschenkinder. Dort duftete es so süß, und die Mädchen verschwanden im Wald; der Duft wurde stärker – drei Särge, darin die schönen Mädchen lagen, glitten aus des Waldes Dickicht über den See dahin; die Johanniswürmchen flogen leuchtend ringsumher wie kleine schwebende Lichter. Schlafen die tanzenden Mädchen, oder sind sie tot? – Der Blumenduft sagt, sie seien Leichen; die Abendglocke läutet über den Toten!«

»Du machst mich ganz betrübt«, sagte die kleine Gerda. »Du duftest so stark, ich muß an die toten Mädchen denken! Ach, ist der kleine Kay denn wirklich tot? Die Rosen sind in der Erde gewesen, und die sagen nein!«

»Kling, Klang!« läuteten die Hyazinthenglocken. »Wir läuten nicht für den kleinen Kay, wir kennen ihn nicht, wir singen nur unser Lied, das einzige, das wir können.«

Und Gerda ging zur Butterblume, die aus den glänzenden, grünen Blättern hervorschien.

»Du bist eine kleine, helle Sonne!« sagte Gerda. »Sag mir, ob du weißt, wo ich meinen Spielkameraden finden kann?« Und die Butterblume leuchtete so schön und sah Gerda an. Welches Lied konnte wohl die Butterblume singen? Es sprach auch nicht von Kay.

»In einem kleinen Hof schien Gottes Sonne am ersten Frühlingstag so warm; die Strahlen glitten über die weißen Wände des Nachbarhauses; dicht dabei wuchs die erste gelbe Blume und glänzte golden in den warmen Sonnenstrahlen; die alte Großmutter saß draußen in ihrem Stuhl; die Enkelin, eine arme, schöne Magd, kam von einem kurzen Besuch heim; sie küßte die Großmutter; es war Gold, Herzensgold in dem liebevollen Kuß. Gold im Munde, Gold im Grunde, Gold in der Morgenstunde! Sieh, das ist meine kleine Geschichte!« sagte die Butterblume.

»Meine arme alte Großmutter!« seufzte Gerda. »Ja, sie sehnt sich gewiß nach mir und grämt sich um mich, wie sie es um den kleinen Kay tat. Aber ich komme bald wieder nach Hause, und dann bringe ich Kay mit. – Es hilft mir nicht, daß ich die Blumen frage, die kennen nur ihr eigenes Lied; sie sagen mir nicht Bescheid!« Und dann schürzte sie ihr Kleidchen, damit sie rascher laufen konnte; aber die Narzisse schlug ihr ans Bein, als sie über sie sprang; da blieb sie stehen, sah die lange gelbe Blume an und fragte: »Weißt du vielleicht etwas?« Und sie neigte sich zur Narzisse hinab – und was sagte die?

»Ich kann mich selbst sehen! Ich kann mich selbst sehen!« sagte die Narzisse. »Oh, oh, wie ich dufte! – Oben in der kleinen Dachkammer steht halb angekleidet eine kleine Tänzerin; sie steht bald auf einem Bein, bald auf beiden, sie tritt die ganze Welt mit Füßen, sie ist nur Blendwerk. Sie gießt Wasser aus dem Teetopf über ein Stück Stoff, das sie hält, es ist das Mieder. – Reinlichkeit ist eine gute Sache! Das weiße Kleid hängt am Haken, das ist auch im Teetopf gewaschen und auf dem Dach getrocknet; sie zieht es an und schlägt das safrangelbe Tuch um den Hals, dann leuchtet das Kleid noch weißer. Das Bein in die Höhe! Sieh, wie hochmütig sie auf einem Bein steht! Ich kann mich selbst sehen! Ich kann mich selbst sehen!«

»Darum kümmere ich mich gar nicht!« sagte Gerda. »Das brauchst du mir nicht zu erzählen!« Und dann lief sie zum Ende des Gartens.

Die Tür war verschlossen, aber sie rüttelte an der verrosteten Klinke, so daß sie abfiel, und die Tür sprang auf, und dann lief die kleine Gerda auf bloßen Füßen in die weite Welt hinaus. Sie sah dreimal zurück, aber niemand war da, der sie verfolgte; zuletzt konnte sie nicht mehr laufen und setzte sich auf einen großen Stein; und als sie sich umsah, war der Sommer vorbei, es war Spätherbst, das konnte man in dem schönen Garten gar nicht merken, dort gab es immer Sonnenschein und Blumen aller Jahreszeiten.

»Gott, wie habe ich mich verspätet!« sagte die kleine Gerda. »Es ist ja Herbst geworden! Da darf ich nicht ruhen!« Und sie erhob sich, um weiterzugehen.

Wie waren ihre kleinen Füße so wund und müde! Ringsumher sah es kalt und rauh aus; die langen Weidenblätter waren ganz gelb, und der Tau tropfte als Wasser von ihnen herab, ein Blatt fiel nach dem andern, nur der Schlehdorn trug noch Früchte, die waren aber herb und zogen den Mund zusammen. Oh, wie war es grau und schwer in der weiten Welt.

Vierte Geschichte
Prinz und Prinzessin

Gerda mußte wieder ausruhen; da hüpfte auf dem Schnee, ihrem Platz gerade gegenüber, eine große Krähe; die hatte lange da gesessen, sie betrachtet und mit dem Kopf gewackelt; nun sagte sie: »Kra! Kra! – Gu' Tag! Gu' Tag!« Besser konnte sie es nicht herausbringen, aber sie meinte es gut mit dem kleinen Mädchen und fragte, wohin es so allein in der weiten Welt gehe. Das Wort ›allein‹ verstand Gerda sehr gut und fühlte recht, wieviel darin lag; und sie erzählte der Krähe ihr ganzes Leben und Schicksal und fragte, ob sie Kay nicht gesehen habe.

Und die Krähe nickte ganz bedächtig und sagte: »Das könnte sein! Das könnte sein!«

»Wie? Glaubst du?« rief das kleine Mädchen und hätte die Krähe fast totgedrückt, so küßte es sie.

»Vernünftig, vernünftig!« sagte die Krähe. »Ich glaube, es kann der kleine Kay gewesen sein, aber nun hat er dich sicher über der Prinzessin vergessen!«

»Wohnt er bei einer Prinzessin?« fragte Gerda.

»Ja, höre!« sagte die Krähe, »aber es fällt mir so schwer, deine Sprache zu reden. Verstehst du die Krähensprache, dann kann ich besser erzählen!«

»Nein, die habe ich nicht gelernt«, sagte Gerda, »aber die Großmutter konnte sie, und auch die P-Sprache konnte sie. Hätte ich es nur gelernt!«

»Tut gar nichts!« sagte die Krähe, »ich werde erzählen, so gut ich kann; aber schlecht wird es trotzdem gehen«, und dann erzählte sie, was sie wußte.

»In dem [illegible], in dem wir jetzt sitzen, wohnt eine Prinzessin, die [illegible]ngeheuer klug, aber sie hat auch alle Zeitungen, die es in der Welt gibt, gelesen und wieder vergessen, so klug ist sie. Neulich saß sie auf dem Thron, und das ist doch nicht so angenehm, sagt man; da fängt sie an, ein Lied zu summen, und das war gerade ›Weshalb sollt ich nicht heiraten.‹ – ›Höre, da ist etwas daran‹, sagte sie, und so wollte sie sich verheiraten; aber sie wollte einen Mann haben, der zu antworten verstand, wenn man mit ihm sprach, einen, der nicht bloß dastand und vornehm aussah, denn das ist so langweilig. Nun ließ sie alle Hofdamen zusammentrommeln, und als die hörten, was sie wollte, wurden sie sehr vergnügt. ›Das mag ich leiden!‹ sagte sie, ›daran habe ich neulich auch gedacht!‹ – Du kannst glauben, daß jedes Wort, was ich sage, wahr ist!« sagte die Krähe. »Ich habe eine zahme Liebste, die geht frei im Schloß umher, und die hat mir alles erzählt.«

Die Liebste war natürlich auch eine Krähe, denn wenn eine Krähe ihresgleichen sucht, ist es immer eine Krähe.

»Die Zeitungen kamen sogleich mit einem Rand von Herzen und dem Namenszug der Prinzessin heraus; man konnte darin lesen, daß es einem jeden jungen Mann, der gut aussehe, freistünde, auf das Schloß zu kommen und mit der Prinzessin zu sprechen; und derjenige, welcher so rede, daß man hören könne, er sei dort zu Hause, und der am besten spreche, den wolle die Prinzessin zum Mann nehmen. – Ja, ja«, sagte die Krähe, »du kannst mir glauben, es ist so wahr, wie ich hier sitze. Die Leute strömten herbei, es war ein Gedränge und ein Gelaufe, aber es glückte nicht, weder den ersten noch den zweiten Tag. Sie konnten allesamt gut sprechen, wenn sie draußen auf der Straße waren, aber wenn sie in das Schloßtor traten und die Garde in Silber sahen und auf der Treppe die Lakaien in Gold und die großen erleuchteten Säle, dann waren sie verblüfft. Und standen sie gar vor dem Thron, wo die Prinzessin saß, dann wußten sie nichts weiter zu sagen als das letzte Wort, das die Prinzessin gesagt hatte, und sie hatte keine Lust, das noch einmal zu hören. Es war gerade, als ob die Leute im Schloß Schnupftabak auf den Bauch bekommen hätten und in tiefen Schlaf gefallen wären, bis sie wieder auf die Straße kamen, ja, dann konnten sie schwatzen. Da stand eine

Schlange gerade vom Stadttor bis zum Schloß. Ich war selbst drinnen, um es zu sehen!« sagte die Krähe. »Sie wurden hungrig und durstig, aber auf dem Schloß bekamen sie nicht einmal ein Glas lauwarmes Wasser. Zwar hatten einige der Klügsten Butterbrote mitgenommen, aber sie teilten nicht mit ihren Nachbarn; sie dachten so: Laß ihn nur hungrig aussehen, dann nimmt die Prinzessin ihn nicht!«

»Aber Kay, der kleine Kay!« fragte Gerda. »Wann kam der? War er unter den vielen?«

»Warte! Warte! Jetzt sind wir gleich bei ihm! Es war am dritten Tag, da kam eine kleine Person, ohne Pferd oder Wagen, ganz keck gerade auf das Schloß zumarschiert; seine Augen glänzten wie deine, er hatte schönes langes Haar, aber sonst ärmliche Kleider.«

»Das war Kay!« jubelte Gerda. »Oh, dann habe ich ihn gefunden!« Und sie klatschte in die Hände.

»Er hatte ein kleines Ränzel auf dem Rücken!« sagte die Krähe.

»Nein, das war gewiß sein Schlitten!« sagte Gerda, »denn mit dem Schlitten ging er fort!«

»Das kann wohl sein«, sagte die Krähe; »ich sah nicht so genau danach! Aber das weiß ich von meiner zahmen Liebsten, als er in das Schloßtor kam und die Leibgarde in Silber sah und auf der Treppe die Lakaien in Gold, wurde er nicht im mindestens verlegen, er nickte und sagte zu ihnen: ›Das muß langweilig sein, auf der Treppe zu stehen, ich gehe lieber hinein!‹ Da glänzten die Säle von Lichtern; Geheimräte und Exzellenzen gingen auf bloßen Füßen und trugen Goldgefäße; man konnte wohl andächtig werden! Seine Stiefel knarrten so entsetzlich laut, aber ihm wurde doch nicht bange.«

»Das ist ganz gewiß Kay!« sagte Gerda, »ich weiß, er hatte neue Stiefel an, ich habe sie in Großmutters Stube knarren hören!«

»Ja, freilich knarrten sie!« sagte die Krähe. »Und unbekümmert ging er gerade zur Prinzessin hinein, die auf einer Perle, so groß wie ein Spinnrad, saß; und alle Hofdamen mit ihren Jungfern und den Jungfern der Jungfern, und alle Kavaliere mit ihren Dienern und den Dienern der Diener, die wieder einen Burschen hielten, standen ringsherum aufgestellt; und je näher sie der Tür standen, desto stolzer sahen sie aus. Der Bursche des Dieners des Dieners, der immer in Pantoffeln geht, ist fast gar nicht mehr zu sehen, so stolz steht er in der Tür!«

»Das muß greulich sein!« sagte die kleine Gerda. »Und Kay hat doch die Prinzessin bekommen?«

»Wäre ich nicht eine Krähe gewesen, so hätte ich sie genommen und das, obwohl ich verlobt bin. Er soll ebensogut gesprochen haben, wie ich spreche, wenn ich die Krähensprache spreche; das habe ich von meiner zahmen Liebsten. Er war keck und hübsch; er war gar nicht zum Freien gekommen, sondern nur, um sich von der Klugheit der Prinzessin zu überzeugen, und die fand er gut, und sie fand ihn auch gut.«

»Ja gewiß, das war Kay!« sagte Gerda, »er war so klug, er konnte kopfrechnen mit Brüchen! – Oh, willst du mich nicht auf dem Schloß einführen?«

»Ja, das ist leicht gesagt!« antwortete die Krähe. »Aber wie machen wir das? Ich werde es mit meiner zahmen Liebsten besprechen; sie kann uns wohl raten; denn das muß ich dir sagen, so ein kleines Mädchen wie du bekommt niemals die Erlaubnis, ordnungsgemäß hineinzukommen!«

»Doch, die bekomme ich!« sagte Gerda. »Wenn Kay hört, daß ich da bin, kommt er gleich heraus und holt mich!«

»Erwarte mich dort an der Treppe!« sagte die Krähe, wackelte mit dem Kopf und flog davon.

Erst als es spät am Abend war, kam die Krähe wieder zurück. »Rar! Rar!« sagte sie. »Ich soll dich vielmals von ihr grüßen, und hier ist ein kleines Brot für dich, das hat sie aus der Küche genommen, dort ist Brot genug, und du bist sicher hungrig. – Es ist nicht möglich, daß du in das Schloß hineinkommst, du bist ja barfuß. Die Garde in Silber und die Lakaien in Gold würden es nicht erlauben. Aber weine nicht! Du sollst schon dort hinkommen. Meine Liebste kennt eine kleine Hintertreppe, die zum Schlafgemach führt, und sie weiß, woher sie den Schlüssel nimmt.«

Und sie gingen in den Garten, in die große Allee, wo ein Blatt nach dem andern abfiel; und als auf dem Schloß die Lichter ausgelöscht wurden, eins nach dem andern, führte die Krähe die kleine Gerda zu einer Hintertür, die nur angelehnt war.

Oh, wie Gerdas Herz vor Angst und Sehnsucht klopfte! Es war gerade, als ob sie etwas Böses tun sollte, und sie wollte doch nur wissen, ob es der kleine Kay war. Ja, er mußte es sein; sie dachte so lebhaft an seine klugen Augen, an sein langes Haar; sie konnte richtig sehen, wie er lächelte, wie damals, als sie daheim unter den Rosen saßen. Er würde sich sicher freuen, sie zu sehen, zu hören, welchen langen Weg sie um seinetwillen gegangen war, zu wissen, wie betrübt sie alle daheim gewesen waren, als er nicht wiederkam. Oh, das war eine Furcht und eine Freude!

Nun waren sie auf der Treppe; da brannte auf einem Schrank eine kleine Lampe; mitten auf dem Fußboden stand die zahme Krähe und drehte den Kopf nach allen Seiten und betrachtete Gerda, die sich verneigte, wie die Großmutter sie gelehrt hatte.

»Mein Verlobter hat mir soviel Gutes von Ihnen gesagt, mein kleines Fräulein«, sagte die zahme Krähe, »Ihre Vita, wie man es nennt, ist auch sehr rührend. – Wollen Sie die Lampe nehmen, dann werde ich vorangehen. Wir gehen hier den geraden Weg, denn da begegnen wir niemandem.«

»Es ist mir, als käme jemand hinter uns«, sagte Gerda, und es sauste an ihr vorbei; es war wie Schatten an der Wand, Pferde mit fliegenden Mähnen und dünnen Beinen, Jägerburschen, Herren und Damen zu Pferde.

»Das sind nur Träume«, sagte die Krähe, »die kommen und holen die Gedanken der hohen Herrschaft zur Jagd ab. Das ist gut, dann können Sie sie besser im Bett betrachten. Aber ich hoffe, wenn Sie zu Ehren und Würden gelangen, werden Sie ein dankbares Herz zeigen.«

»Das versteht sich von selbst!« sagte die Krähe vom Walde.

Nun kamen sie in den ersten Saal hinein; der war aus rosenrotem Atlas mit künstlichen Blumen an den Wänden; auch hier sausten an ihnen Träume vorbei, aber sie fuhren so schnell, daß Gerda die hohe Herrschaft nicht zu sehen bekam. Ein Saal war immer prächtiger als der andere, ja, man konnte wohl staunen! Nun waren sie im Schlafgemach. Hier glich die Decke einer großen Palme mit Blättern aus Glas, aus kostbarem Glas; und in der Mitte hingen an einem dicken Stiel aus Gold zwei Betten, von denen jedes wie eine Lilie aussah: die eine war weiß, in der lag die Prinzessin, die andere war rot, und in dieser sollte Gerda den kleinen Kay suchen, sie bog eins der roten Blätter zur Seite und da sah sie einen braunen Nacken. – Oh, das war Kay! – Sie rief ganz laut seinen Namen, hielt die Lampe zu ihm hin – die Träume sausten zu Pferde wieder in die Stube herein – er erwachte, drehte den Kopf und – es war nicht der kleine Kay.

Der Prinz glich ihm nur im Nacken, aber jung und hübsch war er. Und aus dem weißen Lilienbett blinzelte die Prinzessin hervor und fragte, was da wäre. Da weinte die kleine Gerda und erzählte ihre ganze Geschichte und alles, was die Krähen für sie getan hatten.

»Du arme Kleine!« sagten der Prinz und die Prinzessin, und sie lobten die Krähen und sagten, daß sie gar nicht böse auf sie seien, aber sie sollten es doch nicht öfter tun. Indessen sollten sie eine Belohnung haben.

»Wollt ihr frei fliegen?« fragte die Prinzessin, »oder wollte ihr feste Anstellung als Hofkrähen haben, mit allem, was in der Küche abfällt?«

Und beide Krähen verneigten sich und baten um feste Anstellung, denn sie dachten an ihr Alter und sagten: »Es wäre so schön, etwas für die alten Tage zu haben«, wie sie es nannten.

Und der Prinz stand aus seinem Bett auf und ließ Gerda darin schlafen, und mehr konnte er nicht tun. Sie faltete ihre kleinen Hände und dachte: ›Wie doch die Menschen und Tiere gut sind!‹ Und dann schloß sie die Augen und schlief so selig. Alle Träume kamen wieder hereingeflogen, und da sahen sie wie Gottes Engel aus, und sie zogen einen kleinen Schlitten, und auf dem saß Kay und nickte; aber das Ganze war nur Traum, und darum war es auch wieder fort, sobald sie erwachte.

Am folgenden Tag wurde sie von Kopf bis Fuß in Seide und Samt gekleidet; es wurde ihr angeboten, auf dem Schloß zu bleiben und gute Tage zu verleben, aber sie bat nur um einen kleinen Wagen mit einem Pferd davor und ein Paar kleine Stiefel, dann wolle sie wieder in die weite Welt hinaus fahren und Kay suchen.

Und sie bekam Stiefel und Muff und wurde niedlich gekleidet, und als sie fortwollte, hielt vor der Tür eine neue Kutsche aus reinem Gold; das Wappen des Prinzen und der Prinzessin glänzte daran wie ein Stern; Kutsche, Diener und Vorreiter, denn es waren auch Vorreiter da, hatten Goldkronen auf dem Kopf. Der

181 Prinz und die Prinzessin halfen ihr selbst in den Wagen und wünschten ihr alles Glück. Die Waldkrähe, die nun verheiratet war, begleitete sie die ersten drei Meilen; sie saß ihr zur Seite, denn sie konnte nicht vertragen, rückwärts zu fahren; die andere Krähe stand in der Tür und schlug mit den Flügeln; sie kam nicht mit, denn sie litt an Kopfschmerzen, seitdem sie eine feste Anstellung und zuviel zu essen hatte. Inwendig war die Kutsche mit Zuckerbrezeln gefüttert, und im Sitz waren Früchte und Pfeffernüsse.

»Lebewohl! Lebewohl!« riefen der Prinz und die Prinzessin, und die kleine Gerda weinte, und die Krähe weinte. – So ging es die ersten Meilen; da sagte auch die Krähe Lebewohl, und das war der schwerste Abschied; sie flog auf einen Baum und schlug mit ihren schwarzen Flügeln, solange sie den Wagen sehen konnte, der wie der helle Sonnenschein strahlte.

Fünfte Geschichte
Das kleine Räubermädchen

Sie fuhren durch den dunklen Wald, aber die Kutsche leuchtete wie eine Fackel; das stach den Räubern in die Augen, das konnten sie nicht ertragen.

»Das ist Gold, das ist Gold!« riefen sie, stürzten hervor, ergriffen die Pferde, schlugen die kleinen Jockeis, den Kutscher und die Diener tot und zogen dann die kleine Gerda aus dem Wagen.

»Sie ist fett, sie ist niedlich, sie ist mit Nußkernen gemästet!« sagte das alte Räuberweib, das einen langen struppigen Bart und Augenbrauen hatte, die ihm über die Augen herabhingen.

»Das ist so gut wie ein kleines Mastlamm! Na, wie die schmekken wird!« Und dann zog sie ihr blankes Messer heraus, und das glänzte, daß es grauenhaft war.

»Au!« sagte das Weib im gleichen Augenblick, ihre eigene kleine Tochter biß sie ins Ohr, sie hing so wild und unartig auf ihrem Rücken, daß es eine Lust war.

»Du häßlicher Balg!« sagte die Mutter und hatte keine Zeit, Gerda zu schlachten.

»Sie soll mit mir spielen!« sagte das kleine Räubermädchen. »Sie soll mir ihren Muff, ihr hübsches Kleid geben und in meinem Bett schlafen!« Und dann biß es wieder, daß das Räuberweib in die Höhe sprang und sich ringsherum drehte. Und alle Räuber lachten und sagten: »Seht, wie sie mit ihrer Göre tanzt!«

»Ich will in die Kutsche«, sagte das kleine Räubermädchen, und es mußte und wollte seinen Willen haben, denn es war so verzogen und so starrköpfig! Das kleine Räubermädchen und Gerda saßen nun darin, und so fuhren sie über Stock und Stein tiefer in den Wald. Das kleine Räubermädchen war so groß wie Gerda, aber stärker, breitschultriger und von dunkler Haut; die Augen waren ganz schwarz, sie sahen fast traurig aus. Es faßte die kleine Gerda um den Leib und sagte: »Sie sollen dich nicht schlachten, solange ich nicht böse auf dich werde. Du bist wohl eine Prinzessin?«

»Nein«, sagte Gerda und erzählte ihm alles, was sie erlebt hatte und wie sehr sie den kleinen Kay liebhätte.

Das Räubermädchen sah sie ganz ernsthaft an, nickte ein wenig mit dem Kopf und sagte: »Sie sollen dich nicht schlachten, und wenn ich noch so böse auf dich werde; dann werde ich es schon selbst tun!« Und dann trocknete es Gerdas Augen und steckte seine beiden Hände in den schönen Muff, der so weich und warm war. Nun hielt die Kutsche still; sie waren mitten auf dem Hof eines Räuberschlosses; es war von oben bis unten geborsten, Raben und Krähen flogen aus den offenen Löchern, und die großen Bullenbeißer, von denen jeder aussah, als könnte er einen Menschen verschlingen, sprangen in die Höhe, aber sie bellten nicht, denn das war verboten.

In dem großen, alten, rußigen Saal brannte mitten auf dem steinernen Fußboden ein großes Feuer; der Rauch zog unter der Decke hin und mußte sich selbst den Ausgang suchen; ein großer Braukessel mit Suppe kochte, und Hasen und Kaninchen wurden am Spieß gedreht.

»Du sollst diese Nacht mit mir bei all meinen kleinen Tieren schlafen«, sagte das Räubermädchen. Sie bekamen zu essen und zu trinken und gingen dann in eine Ecke, wo Stroh und Teppiche lagen. Obendrüber saßen auf Latten und Stäben beinah hundert Tauben, die alle zu schlafen schienen, sich aber doch ein wenig drehten, als die beiden kleinen Mädchen kamen.

»Das sind allesamt meine!« sagte das kleine Räubermädchen und ergriff rasch eine der nächsten, hielt sie bei den Füßen und schüttelte sie, daß sie mit den Flügeln schlug. »Küsse sie!« rief es und klatschte sie Gerda ins Gesicht. »Da sitzen die Waldkanaillen«, fuhr es fort und zeigte hinter eine Menge Stäbe, die vor einem Loch hoch oben in der Mauer eingeschlagen waren. »Das sind Waldkanaillen, die beiden; die fliegen gleich weg, wenn man sie nicht ordentlich verschlossen hält; und hier steht mein alter liebster Bä!« Und es zog ein Rentier, das einen blanken kupfernen Ring um den Hals trug und angebunden war, am Geweih. »Den müssen wir auch in der Klemme halten, sonst springt er uns fort. An jedem Abend kitzle ich ihn mit meinem scharfen Messer am Hals, davor fürchtet er sich so!« Und das kleine Mädchen zog ein langes Messer aus einer Mauerspalte und ließ es über den Hals des Rentiers gleiten; das arme Tier schlug mit den Beinen aus, und das kleine Räubermädchen lachte und zog dann Gerda mit ins Bett.

»Willst du das Messer behalten, wenn du schläfst?« fragte Gerda und blickte etwas furchtsam darauf.

»Ich schlafe immer mit dem Messer!« sagte das kleine Räubermädchen, »man weiß nie, was kommen kann. Aber erzähl mir nun wieder, was du mir vorhin von dem kleinen Kay erzähltest und weshalb du in die weite Welt gegangen bist.« Und Gerda erzählte wieder von vorn, und die Waldtauben gurrten oben im Käfig, und die andern Tauben schliefen. Das kleine Räubermädchen legte seinen Arm um Gerdas Hals, hielt das Messer in der andern Hand und schlief, daß man es hören konnte; aber Gerda konnte kein Auge schließen, sie wußte nicht, ob sie leben oder sterben würde. Die Räuber saßen rings um das Feuer, sangen und tranken, und das Räuberweib schlug Kobolz. Oh, es war ein ganz greulicher Anblick für das kleine Mädchen.

Da sagten die Waldtauben: »Kurre! Kurre! Wir haben den kleinen Kay gesehen. Ein weißes Huhn trug seinen Schlitten; er saß im Wagen der Schneekönigin, der dicht über den Wald hinfuhr, als wir im Nest lagen; sie blies uns Junge an, und außer uns beiden starben alle. Kurre! Kurre!«

»Was sagt ihr dort oben?« rief Gerda, »wohin reiste die Schneekönigin? Wißt ihr etwas davon?«

»Sie reiste wohl nach Lappland, denn dort ist immer Schnee und Eis! Frag das Rentier, das am Strick angebunden steht.«

»Dort ist Eis und Schnee, dort ist es herrlich und gut!« sagte das Rentier. »Dort springt man frei umher in den großen, glänzenden Tälern! Dort hat die Schneekönigin ihr Sommerzelt, aber ihr festes Schloß ist oben, nach dem Nordpol zu, auf der Insel, die Spitzbergen genannt wird!«

»O Kay, kleiner Kay!« seufzte Gerda.

»Nun mußt du stilliegen!« sagte das Räubermädchen, »sonst stoße ich dir das Messer in den Leib!«

Am Morgen erzählte ihr Gerda alles, was die Waldtauben gesagt hatten, und das kleine Räubermädchen sah ganz ernsthaft aus, nickte aber mit dem Kopf und sagte: »Das ist einerlei! Das ist einerlei! – Weißt du, wo Lappland ist?« fragte sie das Rentier.

»Wer sollte es wohl besser wissen als ich?« sagte das Tier, und die Augen funkelten ihm im Kopf. »Dort bin ich geboren und aufgewachsen, dort bin ich auf den Schneefeldern herumgesprungen!«

»Höre!« sagte das Räubermädchen zu Gerda, »du siehst, alle unsere Mannsleute sind fort, nur die Mutter ist noch hier, und die bleibt, aber gegen Morgen trinkt sie aus der großen Flasche und macht dann ein Nickerchen – dann werde ich etwas für dich tun!« Nun sprang es aus dem Bett, fiel der Mutter um den Hals, zog sie am Bart und sagte: »Mein einzig lieber Ziegenbock, guten Morgen!« Und die Mutter gab ihr Nasenstüber, daß die Nase rot und blau wurde, aber das war alles lauter Liebe.

Als die Mutter dann aus ihrer Flasche getrunken hatte und ihr Nickerchen machte, ging das Räubermädchen zum Rentier und sagte: »Ich hätte die größte Lust, dich noch manches Mal mit dem scharfen Messer zu kitzeln, denn dann bist du so possierlich, aber es ist einerlei, ich will deine Schnur lösen und dir hinaushelfen, damit du nach Lappland laufen kannst; aber du mußt Beine machen und dieses kleine Mädchen zum Schloß der Schneekönigin bringen, wo ihr Spielkamerad ist. Du hast wohl gehört, was sie erzählte, denn sie sprach laut genug, und du hast gehorcht!«

Das Rentier sprang vor Freude in die Höhe. Das Räubermädchen hob die kleine Gerda hinauf und war so vorsichtig, sie festzubinden, ja ihr sogar ein kleines Kissen zum Sitzen zu geben. »Es ist einerlei«, sagte es, »da hast du auch deine Pelzstiefel, denn es wird kalt, aber den Muff behalte ich, der ist gar zu niedlich!

Trotzdem sollst du nicht frieren. Hier hast du die großen Fausthandschuhe meiner Mutter, die reichen dir gerade bis zum Ellbogen hinauf. Kriech hinein! – Nun siehst du an den Händen geradeso aus wie meine häßliche Mutter!«

Und Gerda weinte vor Freude.

»Ich kann nicht leiden, daß du jammerst!« sagte das kleine Räubermädchen. »Jetzt mußt du erst recht vergnügt aussehen! Und da hast du zwei Brote und einen Schinken, nun wirst du nicht hungern.« Beides wurde hinten auf das Rentier gebunden; das kleine Räubermädchen öffnete die Tür, lockte all die großen Hunde herein, durchschnitt dann den Strick mit seinem scharfen Messer und sagte zum Rentier: »Nun lauf! Aber gib gut auf das kleine Mädchen acht!«

Und Gerda streckte die Hände mit den großen Fausthandschuhen dem Räubermädchen entgegen und sagte Lebewohl, und dann flog das Rentier über Stock und Stein davon, durch den großen Wald, über Sümpfe und Steppen, so schnell es nur konnte. Die Wölfe heulten, und die Raben schrien. – »Fut! Fut!« sagte es am Himmel. Es war gerade, als hätte er Nasenbluten.

»Das sind meine alten Nordlichter!« sagte das Rentier, »sieh, wie sie leuchten!« Und dann lief es noch schneller, Tag und Nacht. Die Brote wurden verzehrt, der Schinken auch, und dann waren sie in Lappland.

Sechste Geschichte
Die Lappin und die Finnin

Bei einem kleinen Haus hielten sie an; es war so jämmerlich, das Dach ging bis zur Erde hinunter, und die Tür war so niedrig, daß die Familie auf dem Bauch kriechen mußte, wenn sie heraus oder hinein wollte. Hier war niemand zu Hause außer einer alten Lappin, die bei einer Tranlampe Fisch briet; und das Rentier erzählte Gerdas ganze Geschichte, aber zuerst seine eigene, denn diese erschien ihm viel wichtiger; und Gerda war von der Kälte so erstarrt, daß sie nicht sprechen konnte.

»Ach, ihr Armen!« sagte die Lappin, »da habt ihr noch weit zu laufen! Ihr müßt über hundert Meilen weit nach Finnmarken hinein, denn dort hat die Schneekönigin ihren Landsitz und brennt Abend für Abend ein Feuerwerk ab. Ich werde ein paar Worte auf einen Stockfisch schreiben, Papier habe ich nicht, den werde ich euch für die Finnin dort oben mitgeben, sie kann euch besser Bescheid geben als ich!«

Und als Gerda nun aufgewärmt war und zu essen und zu trinken bekommen hatte, schrieb die Lappin ein paar Worte auf einen Stockfisch, bat Gerda, wohl darauf zu achten, band sie wieder auf dem Rentier fest, und das sprang davon. »Fut! Fut!« sagte es oben in der Luft, die ganze Nacht brannten die herrlichsten, blauen Nordlichter – und dann kamen sie nach Finnmarken und klopften an den Schornstein der Finnin, denn sie hatte nicht einmal eine Tür.

Dort drinnen war eine Hitze, daß die Finnin selbst fast ganz nackt ging; klein war sie und ganz schmutzig; sie löste der kleinen Gerda gleich die Kleider, zog ihr die Fausthandschuhe und Stiefel aus, denn sonst wäre es ihr zu heiß geworden, legte dem Rentier ein Stück Eis auf den Kopf und las dann, was auf dem Stockfisch geschrieben stand, sie las es dreimal, und dann konnte sie es auswendig und steckte den Fisch in den Suppentopf, denn er konnte ja noch gut gegessen werden, und sie verschwendete nie etwas.

Nun erzählte das Rentier zuerst seine Geschichte, dann die der kleinen Gerda; und die Finnin blinzelte mit den klugen Augen, sagte aber gar nichts.

»Du bist so klug«, sagte das Rentier, »ich weiß, du kannst alle Winde der Welt mit einem Zwirnsfaden zusammenbinden; wenn der Schiffer den einen Knoten löst, bekommt er guten Wind, löst er den andern, dann bläst es scharf, und löst er den dritten und vierten, dann stürmt es, daß die Wälder umfallen. Willst du nicht dem kleinen Mädchen einen Trank geben, daß es die Kraft von zwölf Männern bekommt und die Schneekönigin überwindet?«

»Die Kraft von zwölf Männern?« sagte die Finnin. »Ja, das würde viel helfen!« Und dann ging sie zu einem Brett, nahm ein großes zusammengerolltes Fell hervor und rollte es auf; darauf waren wunderliche Buchstaben geschrieben, und die Finnin las, daß ihr das Wasser von der Stirn rann.

Aber das Rentier bat wieder so sehr für die kleine Gerda, und Gerda sah die Finnin mit so bittenden, tränenvollen Augen an, daß auch sie zu blinzeln anfing und das Rentier in einen Winkel zog; während es wieder frisches Eis auf den Kopf bekam, flüsterte sie ihm zu: »Der kleine Kay ist freilich bei der Schneekönigin und findet dort alles nach seinem Geschmack und Gefallen und glaubt, es sei der beste Teil der Welt, aber das kommt daher, daß er einen Glassplitter ins Herz und ein kleines Glaskorn ins Auge bekommen hat; die müssen zuerst heraus, sonst wird er nie wieder ein Mensch, und die Schneekönigin wird ihre Macht über ihn behalten!«

»Aber kannst du nicht der kleinen Gerda etwas eingeben, so daß sie das alles beherrschen kann?«

»Ich kann ihr keine größere Macht geben, als sie schon hat; siehst du nicht, wie groß sie ist? Siehst du nicht, wie Menschen und Tiere ihr dienen müssen, wie sie auf bloßen Füßen so gut in der Welt fortgekommen ist? Sie kann nicht von uns ihre Macht erhalten, die sitzt in ihrem Herzen, die besteht darin, daß sie ein liebes, unschuldiges Kind ist. Kann sie nicht selbst zur Schneekönigin hineingelangen und das Glas aus dem kleinen Kay herausbekommen, dann können wir nicht helfen! Zwei Meilen von hier beginnt der Garten der Schneekönigin, dahin kannst du das kleine Mädchen tragen; setze sie beim großen Busch ab, der mit roten Beeren im Schnee steht; halte nicht lange Gevatterklatsch, sondern spute dich, hierher zurückzukommen!« Und dann hob die Finnin die kleine Gerda auf das Rentier, das lief, was es konnte.

»Oh, ich habe meine Stiefel nicht! Ich habe meine Fausthandschuhe nicht!« rief die kleine Gerda. Das merkte sie in der schneidenden Kälte, aber das Rentier wagte nicht anzuhalten, es lief, bis es zu dem Busch mit den roten Beeren kam; da setzte es Gerda ab und küßte sie auf den Mund, und es liefen große blanke Tränen über die Backen des Tieres; und dann lief es, was es nur konnte, wieder zurück. Da stand die arme Gerda, ohne Schuhe, ohne Handschuhe, mitten in dem fürchterlichen, eiskalten Finnmarken.

Sie lief vorwärts, so schnell sie konnte; da kam ein ganzes Regiment Schneeflocken; aber die fielen nicht vom Himmel herunter, der war ganz klar und leuchtete von Nordlichtern; die Schneeflocken fielen gerade auf der Erde hin, und je näher sie kamen, desto größer wurden sie. Gerda erinnerte sich noch, wie groß und kunstvoll die Schneeflocken damals ausgesehen hatten, als sie sie durch das Brennglas sah, aber hier waren sie freilich noch weit größer und fürchterlicher, sie lebten, sie waren die Vorposten der Schneekönigin, sie hatten die wunderlichsten Gestalten. Einige sahen aus wie häßliche große Stachelschweine, andere wie ganze Knoten von Schlangen, welche die Köpfe hervorstreckten, und andere wie kleine dicke Bären, deren Haare sich sträubten, alle waren glänzend weiß, alle waren lebendige Schneeflocken.

Da betete die kleine Gerda ihr Vaterunser, und die Kälte war so groß, daß sie ihren eigenen Atem sehen konnte, wie Rauch strömte er ihr aus dem Mund. Der Atem wurde dichter und dichter und formte sich zu kleinen Engeln, die mehr und mehr wuchsen, wenn sie die Erde berührten; und alle hatten sie Helme auf dem Kopf und Spieße und Schilde in den Händen; es wurden immer mehr, und als Gerda ihr Vaterunser beendet hatte, war eine ganze Legion um sie; sie stachen mit ihren Spießen gegen die greulichen Schneeflocken, so daß diese in hundert Stücke zersprangen, und die kleine Gerda ging ganz sicher und frischen Mutes vorwärts. Die Engel streichelten ihr Hände und Füße, und da empfand sie weniger, wie kalt es war, und ging rasch zum Schloß der Schneekönigin.

Aber nun müssen wir erst sehen, wie es Kay ergeht. Er dachte freilich nicht an die kleine Gerda und am wenigsten daran, daß sie draußen vor dem Schloß stände.

Siebente Geschichte
Was im Schloß der Schneekönigin geschehen war und was dort später geschah

Die Wände des Schlosses waren aus treibendem Schnee und Fenster und Türen aus schneidenden Winden; es waren über hundert Säle darin, ganz wie sie der Schnee zusammengeweht hatte; der größte erstreckte sich viele Meilen lang, alle wurden von dem starken Nordlicht beleuchtet, und sie waren so groß, so leer, so eisig kalt und so glänzend! Niemals gab es hier Fröhlichkeit, nicht einmal soviel wie einen kleinen Bärenball, wo der Sturm hätte blasen und die Eisbären auf den Hinterbeinen gehen und ihre feinen Manieren zeigen können; niemals eine kleine Spielgesellschaft mit Maulklapp und Tatzenschlag; nie ein kleines bißchen Kaffeeklatsch der Weißfuchsfräulein; leer, groß und kalt war es in den Sälen der Schneekönigin. Die Nordlichter flammten so deutlich, daß man zählen konnte, wann sie am höchsten und wann sie am niedrigsten standen. Mitten in diesem leeren, unendlichen Schneesaal war ein zugefrorener See, der war in tausend Stücke zersprungen, aber jedes Stück glich dem anderen so genau, daß es ein ganzes Kunstwerk war; und mitten auf dem See saß die Schneekönigin, wenn sie zu Hause war, und dann sagte sie, daß sie im Spiegel des Verstandes sitze und daß er der einzige und beste in dieser Welt sei.

Der kleine Kay war ganz blau vor Kälte, ja fast schwarz, aber er merkte es nicht, denn sie hatte ihm das Frösteln weggeküßt, und sein Herz war so gut wie ein Eisklumpen. Er schleppte einige scharfe flache Eisstücke hin und her, die er auf alle mögliche Weise aneinanderlegte, denn er wollte damit etwas herausbringen. Es war gerade, als wenn wir anderen kleine Holztafeln haben und sie in Figuren zusammenlegen, was man das chinesische Spiel nennt. Kay legte auch Figuren, und zwar die allerkunstvollsten. Das war das Verstandeseisspiel. In seinen Augen waren die Figuren ganz ausgezeichnet und von allerhöchster Wichtigkeit; das machte das Glaskörnchen, das ihm im Auge saß! Er legte ganze Figuren, die ein geschriebenes Wort waren, aber nie konnte er es dahin bringen, das Wort zu legen, das er gerade haben wollte, das Wort Ewigkeit, und die Schneekönigin hatte gesagt: »Kannst du diese Figur herausfinden, dann sollst du dein eigener Herr sein, und ich schenke dir die ganze Welt und ein Paar neue Schlittschuhe.« Aber er konnte es nicht.

»Nun sause ich fort zu den warmen Ländern!« sagte die Schneekönigin. »Ich will hinfahren und in die schwarzen Töpfe sehen!« – Das waren die feuerspeienden Berge Ätna und Vesuv, wie man sie nennt. »Ich werde sie ein wenig weißen! Das gehört dazu, das tut den Zitronen und Weintrauben gut!« Und die Schneekönigin flog davon, und Kay saß ganz allein in dem viele Meilen großen, leeren Eissaal, sah die Eisstücke an und dachte und dachte, so daß es in ihm knackte; ganz steif und still saß er, man hätte glauben solle, er wäre erfroren.

Da trat die kleine Gerda durch das große Tor in das Schloß. Dort waren schneidende Winde, aber sie betete ein Abendgebet, und da legten sich die Winde, als ob sie schlafen wollten, und sie trat in die großen, leeren, kalten Säle – da sah sie Kay, sie erkannte ihn, sie flog ihm um den Hals, hielt ihn so fest und rief: »Kay! Lieber kleiner Kay! Da habe ich dich gefunden!«

Aber er saß ganz still, steif und kalt – da weinte die kleine Gerda heiße Tränen, sie fielen auf seine Brust, sie drangen in sein Herz, sie tauten den Eisklumpen auf und verzehrten das kleine Spiegelstück darin; er sah sie an, und sie sang das Lied:

»Die Rosen, sie blühn und vergehen
Wir werden das Christkindlein sehen!«

Da brach Kay in Tränen aus; er weinte so, daß das Spiegelkörnchen aus dem Auge rollte, er erkannte sie und jubelte: »Gerda! Liebe kleine Gerda! – Wo bist du nur solange gewesen? Und wo bin ich gewesen?« Und er blickte ringsum. »Wie kalt es hier ist! Wie weit und leer es hier ist!« Und er hielt sich an Gerda fest, und sie lachte und weinte vor Freude; das war so herrlich, daß selbst die Eisstücke vor Freude ringsherum tanzten, und als sie müde waren und sich niederlegten, lagen sie gerade in den Buchstaben, von denen die Schneekönigin gesagt hatte, er solle sie herausfinden, dann wäre er sein eigener Herr, und sie wolle ihm die ganze Welt und ein Paar neue Schlittschuhe geben.

Und Gerda küßte seine Wangen, und sie wurden blühend; sie

küßte seine Augen, und sie leuchteten wie die ihrigen; sie küßte seine Hände und Füße, und er war gesund und munter. Die Schneekönigin mochte nun nach Haue kommen, sein Freibrief stand da mit glänzenden Eisstücken geschrieben.

Und sie faßten einander bei der Hand und wanderten aus dem großen Schloß hinaus; sie sprachen von der Großmutter und von den Rosen auf dem Dach; und wo sie gingen, lagen die Winde ganz still, und die Sonne brach hervor; und als sie den Busch mit den roten Beeren erreichten, stand das Rentier da und wartete; es hatte ein anderes junges Rentier bei sich, dessen Euter voll war, und das gab den Kleinen seine warme Milch und küßte sie auf den Mund. Dann trugen sie Kay und Gerda zuerst zur Finnin, wo sie sich in der heißen Stube aufwärmten und über die Heimreise Bescheid erhielten, dann zur Lappin, die ihnen neue Kleider genäht und ihren Schlitten instand gesetzt hatte.

Das Rentier und das Junge nahmen sie in die Mitte und begleiteten sie bis zur Grenze des Landes, dort guckte das erste Grün hervor; da nahmen sie Abschied vom Rentier und von der Lappin. »Lebt wohl!« sagten sie alle. Und die ersten kleinen Vögel begannen zu zwitschern, die Bäume hatten grüne Knospen, und aus dem Wald kam auf einem prächtigen Pferd, das Gerda kannte – es war vor die Goldkutsche gespannt gewesen –, ein junges Mädchen geritten, mit einer leuchtend roten Mütze auf dem Kopf und Pistolen vor sich; es war das kleine Räubermädchen, das es satt hatte, zu Hause zu sein, und nun zuerst nach Norden und später, wenn es kein Vergnügen daran hätte, in eine andere Richtung wollte. Es erkannte Gerda sogleich, und Gerda erkannte es auch, das war eine Freude!

»Du bist ja ein schöner Bursche, so herumzuschweifen!« sagte sie zum kleinen Kay. »Ich möchte wissen, ob du verdienst, daß man deinetwegen bis ans Ende der Welt läuft!«

Aber Gerda streichelte seine Wangen und fragte nach dem Prinzen und der Prinzessin.

»Die sind in fremde Länder gereist!« sagte das Räubermädchen.

»Aber die Krähe?« sagte Gerda.

»Ja, die Krähe ist tot!« antwortete es. »Die zahme Liebste ist Witwe geworden und trägt ein Endchen schwarzes Wollgarn am

Bein; sie klagt ganz jämmerlich, Geschwätz ist das Ganze! – Aber erzähle mir nun, wie es dir ergangen ist und wie du ihn erwischt hast.«

Und Gerda und Kay erzählten.

»Schnipp-schnapp-schnurre-basselurre!« sagte das Räubermädchen, nahm beide bei der Hand und versprach, wenn es einmal durch ihre Stadt käme, so wollte es sie besuchen. Und dann ritt es in die weite Welt hinein, aber Kay und Gerda gingen Hand in Hand; und wie sie gingen, war es herrlicher Frühling mit Blumen und Grün; die Kirchenglocken läuteten, und sie erkannten die hohen Türme, die große Stadt, es war die, in der sie wohnten, und sie gingen hinein und zu Großmutters Tür, die Treppe hinauf, in die Stube, wo alles auf derselben Stelle stand wie früher, und die Uhr sagte ›Tick! Tack!‹, und die Zeiger drehten sich; aber als sie durch die Tür gingen, merkten sie, daß sie erwachsene Menschen geworden waren. Die Rosen aus der Dachrinne blühten zum offenen Fenster herein, und da standen die kleinen Kinderstühle, und Kay und Gerda setzten sich jedes auf den seinen und hielten einander bei der Hand; die kalte, leere Herrlichkeit bei der Schneekönigin hatten sie vergessen wie einen schweren Traum. Die Großmutter saß in Gottes hellem Sonnenschein und las aus der Bibel vor: »Werdet ihr

nicht wie die Kinder, so werdet ihr nicht in das Himmelreich kommen!«

Und Kay und Gerda sahen einander in die Augen, und sie verstanden auf einmal den alten Gesang:

Die Rosen, sie blühn und vergehen,
Wir werden das Christkindlein sehen!

Da saßen sie beide, erwachsen und doch Kinder, Kinder im Herzen, und es war Sommer, warmer herrlicher Sommer.

Fliedermütterchen

Es war einmal ein kleiner Knabe, der hatte sich erkältet; er war aus dem Haus gegangen und hatte nasse Füße bekommen; niemand konnte begreifen, woher er sie bekommen hatte, denn es war ganz trockenes Wetter. Nun zog ihn seine Mutter aus, brachte ihn zu Bett und ließ die Teemaschine holen, um ihm eine gute Tasse Fliedertee zu bereiten, denn das wärmt! Zur gleichen Zeit kam auch der alte, freundliche Mann zur Tür herein, der ganz oben im Hause wohnte und so allein lebte, denn er hatte weder Frau noch Kinder, hatte aber alle Kinder gern und wußte so viele Märchen und Geschichten zu erzählen, daß es eine Lust war.

»Nun trinkst du deinen Tee!« sagte die Mutter; »vielleicht bekommst du dann auch ein Märchen zu hören.«

»Ja, wenn man nur ein neues wüßte!« sagte der alte Mann und nickte freundlich. »Aber woher hat der Kleine die nassen Füße bekommen?« fragte er.

»Ja, woher hat er die nur?« sagte die Mutter, »das kann niemand begreifen.«

»Bekomme ich ein Märchen zu hören?« fragte der Knabe.

»Ja, kannst du mir einigermaßen genau sagen, denn das muß ich zuerst wissen, wie tief der Rinnstein drüben in der kleinen Straße ist, wo du zur Schule gehst?«

»Genau bis zur Mitte der Stiefelschäfte«, sagte der Knabe; »aber dann muß ich in das tiefe Loch gehen!«

»Siehst du, daher haben wir die nassen Füße«, sagte der Alte.

»Nun sollte ich freilich ein Märchen erzählen, aber ich weiß keins mehr!«

»Sie können schnell eins machen«, sagte der kleine Knabe. »Mutter sagt, daß alles, was Sie ansehen, zu einem Märchen werden kann, und aus allem, was Sie anfassen, können Sie eine Geschichte machen!«

»Ja, aber solche Märchen und Geschichten taugen nichts! Nein, die richtigen, die kommen von selbst, die klopfen mir an die Stirn und sagen: Hier bin ich!«

»Klopft es nicht bald?« fragte der kleine Knabe; und die Mutter lachte, tat Fliedertee in die Kanne und goß kochendes Wasser darauf.

»Erzähle! Erzähle!«

»Ja, wenn ein Märchen von selbst käme; aber so eins ist vornehm; es kommt nur, wenn es selbst Lust hat.« – »Halt!« sagte er auf einmal. »Da haben wir's! Gib acht, nun ist eins in der Teekanne!«

Und der kleine Knabe sah zur Teekanne hin, der Deckel hob sich mehr und mehr, und die Fliederblüten kamen frisch und weiß daraus hervor; sie trieben große lange Zweige; selbst aus der Tülle breiteten sie sich nach allen Seiten aus und wurden größer und größer; es war der herrlichste Fliederbusch, ein ganzer Baum; er ragte ins Bett hinein und schob die Gardinen zur Seite; nein, wie das blühte und duftete! Und mitten im Baum saß eine alte, freundliche Frau in einem wunderlichen Kleid; es war ganz grün wie die Blätter des Fliederbaums und mit großen weißen Fliederblüten besetzt; man konnte nicht gleich erkennen, ob es Stoff oder lebendes Grün und Blüten waren.

»Wie heißt die Frau?« fragte der kleine Knabe.

»Ja, die Römer und Griechen«, sagte der alte Mann, »die nannten sie eine Dryade, aber das verstehen wir nicht; draußen in der Vorstadt der Seeleute haben sie einen besseren Namen für sie; dort wird sie Fliedermütterchen genannt, und nun mußt du auf sie achtgeben; horch nur und sieh dir den herrlichen Fliederbaum an.

Genauso ein großer blühender Baum steht draußen in der Vorstadt, er wuchs dort im Winkel eines kleinen ärmlichen Hofes. Unter diesem Baum saßen eines Nachmittags im schönsten Sonnenschein zwei alte Leute. Es war ein alter, alter Seemann und seine alte, alte Frau; sie waren Urgroßeltern und sollten bald ihre goldene Hochzeit feiern, aber sie konnten sich des Datums nicht recht entsinnen; und Fliedermütterchen saß im Baum und sah so vergnügt aus, gerade wie hier. ›Ich weiß wohl, wann die goldene Hochzeit ist!‹ sagte es; aber sie hörten es nicht, sie sprachen von alten Zeiten.

›Ja, weißt du noch‹, sagte der alte Seemann, ›als wir damals noch ganz klein waren und herumliefen und spielten? Es war derselbe Hof, in dem wir nun sitzen; und wir pflanzten kleine Zweige in den Hof und machten einen Garten.‹

›Ja‹, sagte die alte Frau, ›das weiß ich noch ganz gut; und wir begossen die Zweige, und einer von ihnen war ein Fliederzweig, der schlug Wurzeln, trieb grüne Zweige und ist nun zu dem großen Baum geworden, unter dem wir alten Leute sitzen.‹

›Ja‹, sagte er, ›und dort in der Ecke stand ein Wasserkübel, in dem mein Boot schwamm; ich hatte es selbst geschnitzt. Wie das segeln konnte! Aber ich mußte freilich bald woandershin segeln.‹

›Ja, aber zuerst gingen wir in die Schule und lernten etwas‹, sagte sie, ›und dann wurden wir eingesegnet; wir weinten beide; aber des Nachmittags gingen wir Hand in Hand auf den Runden Turm und sahen in die Welt hinaus über Kopenhagen und das Wasser; dann gingen wir nach Frederiksberg, wo der König und die Königin in ihren prächtigen Booten auf den Kanälen umherfuhren.‹

›Aber ich mußte freilich ganz anders umhersegeln, und das viele Jahre, weit fort, auf langen Reisen!‹

›Ja, ich habe oft um dich geweint‹, sagte sie; ›ich glaubte, du wärest tot und fort und lägest leblos dort unten im tiefen Wasser. Manche Nacht stand ich auf und sah, ob die Wetterfahne sich drehte; ja, sie drehte sich wohl, aber du kamst nicht! Ich erinnere mich so deutlich, wie eines Tages der Regen strömte; der Fuhrmann, der den Kehricht holt, kam dorthin, wo ich diente; ich ging mit dem Kehrichtfaß hinunter und blieb in der Tür stehen – was war das für ein abscheuliches Wetter! Und gerade als ich so dastand, war der Postbote neben mir und gab mir einen Brief, der war von dir! Ja, wie der herumgereist war! Ich riß ihn auf und las, ich lachte und weinte, ich war so froh! Da stand, daß du in der warmen Ländern wärest, wo die Kaffeebohnen wachsen. Was für ein herrliches Land muß das sein! Du erzähltest so viel, und ich sah das alles, während der Regen herniederströmte und ich mit dem Kehrichtfaß dastand. Da kam einer und faßte mich um den Leib –‹

›Ja, aber du gabst ihm einen tüchtigen Schlag auf die Backe, daß es nur so klatschte.‹

›Ich wußte ja nicht, daß du es warst; du warst ebenso geschwind gekommen wie dein Brief, und du warst so schön; das bist du noch; du hattest ein langes, gelbes Seidentuch in der Tasche und einen blanken Hut auf. Du warst so fein! Gott, was das doch für ein Wetter war, und wie die Straße aussah!‹

›Dann haben wir geheiratet‹, sagte er, ›weißt du noch? Und dann, als wir den ersten kleinen Knaben und dann Marie und Niels und Peter und Hans Christian bekamen?‹

›Ja, und wie alle herangewachsen und ordentliche Menschen geworden sind, die ein jeder leiden mag!‹

›Und ihre Kinder haben wieder Kinder bekommen‹, sagte der alte Matrose. ›Ja, das sind tüchtige Kindeskinder! – Es war doch, glaube ich, in dieser Jahreszeit, als wir Hochzeit hielten.‹

›Ja, eben heute ist der goldene Hochzeitstag‹, sagte Fliedermütterchen und steckte den Kopf mitten zwischen die beiden Alten; und die glaubten, es sei die Nachbarin, die da nickte; sie sahen einander an und faßten sich bei den Händen. Bald darauf kamen die Kinder und Enkelkinder, die wußten wohl, daß es der goldene Hochzeitstag war; sie hatten schon am Morgen gratuliert, aber die Alten hatten es wieder vergessen, während sie sich so gut an alles erinnerten, was schon vor vielen Jahren geschehen war. Und der Fliederbaum duftete so stark, und die Sonne, die eben untergehen wollte, schien den beiden Alten gerade ins Gesicht, sie sahen beide so rotwangig aus; und das kleinste der Enkelkinder tanzte um sie herum und rief ganz glücklich, heute abend gebe es ein richtiges Fest, sie würden warme Kartoffeln bekommen; und Fliedermütterchen nickte im Baum und rief mit allen andern hurra!«

»Aber das war ja gar kein Märchen!« sagte der kleine Knabe, der zuhörte.

»Ja, das mußt du verstehen!« sagte der Alte, der erzählte. »Aber laß uns Fliedermütterchen danach fragen!«

»Das war noch kein Märchen«, sagte Fliedermütterchen; »aber nun kommt es! Aus der Wirklichkeit wächst gerade das wundersamste Märchen; sonst hätte ja mein schöner Fliederbusch nicht aus der Teekanne hervorsprießen können.« Und dann nahm sie den kleinen Knaben aus dem Bett und nahm ihn in die Arme; und die Fliederzweige, voll von Blüten, schlugen um sie zusammen; sie saßen wie in der dichtesten Laube, und die flog mit ihnen durch die Luft; es war unaussprechlich schön. Fliedermütterchen war auf einmal ein junges niedliches Mädchen geworden, aber das Kleid war noch von demselben grünen, weißgeblümten Stoff, wie es Fliedermütterchen getragen hatte; an der Brust trug sie eine wirkliche Fliederblüte und um ihr gelbes, gelocktes Haar einen ganzen Kranz von Fliederblüten; ihre Augen waren so groß, so blau; oh, sie war so herrlich anzuschauen! Sie und der Knabe küßten sich, und dann waren sie im gleichen Alter und von der gleichen Freude erfüllt.

Sie gingen Hand in Hand aus der Laube und standen nun im schönen Blumengarten des Elternhauses; bei dem frischen Rasenplatz war Vaters Stock an einen Pflock gebunden; für die Kleinen war der Stock lebendig; sobald sie sich auf ihn setzten, verwandelte sich sein blanker Knauf in einen prächtig wiehernden Pferdekopf, die lange schwarze Mähne flatterte, vier schlanke, kräftige Beine schossen hervor; das Tier war stark und feurig, im Galopp ging es um den Rasenplatz herum, hussa! – »Nun reiten wir viele Meilen weit fort!« sagte der Knabe, »wir reiten nach dem Gutshof, wo wir im vorigen Jahr waren!« Und sie ritten und ritten um den Rasenplatz herum, und immer rief das kleine Mädchen, das, wie wir wissen, niemand anderes als Fliedermütterchen war: »Nun sind wir auf dem Lande! Siehst du das Bauernhaus mit dem großen Backofen? Er steht wie ein riesengroßes Ei in der Mauer zur Straße. Der Fliederbaum breitet seine Zweige über ihn aus, und der Hahn läuft herum und scharrt für die Hühner; sieh, wie er gockelt! – Nun sind wir bei der Kirche; die liegt hoch auf dem Hügel, zwischen den großen Eichen, von denen die eine halb abgestorben ist! – Nun sind wir bei der Schmiede, wo das Feuer brennt und die halbnackten Männer mit den Hämmern schlagen, daß die Funken weit umhersprühen. Weiter, weiter nach dem prächtigen Gutshof!« Und alles, was das kleine Mädchen, das hinten auf dem Stock saß, sagte, das flog auch vorbei; der Knabe sah es, und doch kamen sie nur um den Rasenplatz herum. Dann spielten sie im Seitenweg und ritzten einen kleinen Garten in die Erde; und sie nahm die Fliederblüte aus ihrem Haar und pflanzte sie; und sie wuchs genau wie bei den Alten in der Vorstadt, damals, als sie noch klein waren, wie zuvor erzählt worden ist. Sie gingen Hand in Hand, gerade wie die alten Leute es als Kinder getan hatten, aber nicht auf den Runden Turm hinauf oder nach dem Frederiksberg-Park – nein, das kleine Mädchen faßte den Knaben um den Leib, und dann flogen sie weit über ganz Dänemark. Und es war Frühling, und es wurde Sommer, und es war Herbst, und es wurde Winter, und Tausende von Bildern spiegelten sich in Augen und Herz des Knaben wider, und immer sang das kleine Mädchen ihm vor: »Das wirst du nie vergessen!« Und auf dem ganzen Flug duftete der Fliederbaum so süß und so herrlich; er bemerkte wohl die Rosen und die frischen Buchen; aber der Fliederbaum duftete noch wunderbarer, denn seine Blüten hingen am Herzen des kleinen Mädchens, und daran lehnte er im Fluge oft den Kopf.

»Hier ist es herrlich im Frühling!« sagte das kleine Mädchen; und sie standen im frisch ausgeschlagenen Buchenwald, wo der Waldmeister zu ihren Füßen duftete; und die blaßroten Anemonen sahen in dem Grün so lieblich aus. »Oh, wäre es immer Frühjahr im duftenden dänischen Buchenwald!«

»Hier ist es herrlich im Sommer!« sagte das kleine Mädchen; und sie fuhren an alten Schlössern aus der Ritterzeit vorbei, wo sich die hohen Mauern und gezackten Giebel in den Kanälen spiegelten, wo die Schwäne schwammen und in die alten kühlen Alleen sahen. Auf dem Felde wogte das Korn, als wäre es ein See; in den Gräben standen rote und gelbe Blumen und auf den Gehegen wilder Hopfen und blühende Winden; und abends stieg der Mond rund und groß empor; die Heuhaufen auf den Wiesen dufteten so süß. »Das vergißt man nie!«

»Hier ist es herrlich im Herbst!« sagte das kleine Mädchen; und der Himmel wurde doppelt so hoch und blau; der Wald bekam die schönsten Farben, rot, gelb und grün. Die Jagdhunde hetzten davon, ganze Scharen Flugwild flogen schreiend über die Hünengräber, wo sich Brombeerranken um die alten Steine schlangen. Das Meer war schwarzblau, mit weißen Segeln, und in der Tenne saßen alte Frauen, Mädchen und Kinder und pflückten Hopfen in ein großes Faß, die Jungen sangen Lieder, aber die Alten erzählten Märchen von Kobolden und Zauberern. Besser konnte es nirgends sein.

»Hier ist es herrlich im Winter!« sagte das kleine Mädchen, und alle Bäume waren mit Reif bedeckt, so daß sie wie weiße Korallen aussahen; der Schnee knirschte unter den Füßen, als hätte man neue Stiefel an, und vom Himmel fiel eine Sternschnuppe nach der andern. Im Zimmer wurde der Weihnachtsbaum angezündet, da gab es Geschenke und Fröhlichkeit; auf dem Lande in der Bauernstube erklang die Fiedel, Krapfen wurden ausgeteilt; selbst das ärmste Kind sagte: »Es ist doch herrlich im Winter!«

Ja, es war herrlich! Und das kleine Mädchen zeigte dem Knaben alles, und immer duftete der Fliederbaum, und immer wehte die rote Flagge mit dem weißen Kreuz, die Flagge, unter der der alte Seemann aus der Vorstadt gesegelt war. Der Knabe wurde zum Jüngling und sollte in die weite Welt hinaus, weit fort in die warmen Länder, wo der Kaffee wächst. Aber beim Abschied nahm das kleine Mädchen eine Fliederblüte von der Brust und gab sie ihm zum Aufbewahren, und sie wurde in das Gesangbuch gelegt; und immer, wenn er im fremden Land das Buch öffnete, geschah es gerade an der Stelle, wo die Erinnerungsblume lag, und je mehr er sie betrachtete, desto frischer wurde sie; er spürte gleichsam einen Duft von den dänischen Wäldern, und deutlich sah er zwischen den Blütenblättern das kleine Mädchen mit den klaren blauen Augen hervorgucken, und es flüsterte dann: »Hier ist es herrlich im Frühling, im Sommer, im Herbst und im Winter!« Und Hunderte von Bildern glitten durch seine Gedanken.

So gingen viele Jahre dahin, und er war nun ein alter Mann und saß mit seiner alten Frau unter einem blühenden Baum; sie hielten einander bei der Hand, gerade wie es der Urgroßvater und die Urgroßmutter in der Vorstadt getan hatten; und sie sprachen ebenso wie diese von alten Tagen und der goldenen Hochzeit. Das kleine Mädchen mit den blauen Augen und mit den Fliederblüten im Haar saß oben im Baum, nickte beiden zu und sagte: »Heute ist der goldene Hochzeitstag!« Und dann nahm es zwei Blüten aus seinem Kranz und küßte sie, und die leuchteten zuerst wie Silber, dann wie Gold, und als es sie auf den Scheitel der alten Leute legte, wurde jede Blüte zu einer Goldkrone. Da saßen sie beide wie ein König und eine Königin unter dem duftenden Baum, der ganz und gar aussah wie ein Fliederstrauch; und er erzählte seiner alten Frau die Geschichte von dem Fliedermütterchen, wie sie ihm erzählt worden war, als er noch ein kleiner Knabe gewesen; und sie meinten beide, daß sie so vieles enthalte, was ihrer eigenen gleiche, und das, was ähnlich war, gefiel ihnen am besten.

»Ja, so ist es!« sagte das kleine Mädchen im Baum. »Einige nennen mich Fliedermütterchen, andere Dryade, aber eigentlich heiße ich Erinnerung; ich sitze im Baum, während er wächst und wächst; ich kann zurückdenken, ich kann erzählen. Laß sehen, ob du deine Blüte noch hast.«

Und der alte Mann öffnete sein Gesangbuch, da lag die Fliederblüte, so frisch, als wäre sie erst vor kurzem hineingelegt; und die Erinnerung nickte, und die beiden Alten mit der Goldkrone auf dem Kopf saßen in der roten Abendsonne; sie schlossen die Augen und – und –? Ja, da war das Märchen aus!

Der kleine Knabe lag in seinem Bett, er wußte nicht, ob er es geträumt oder es erzählen gehört hatte; die Teekanne stand auf dem Tisch, aber es wuchs kein Fliederbaum daraus hervor; und der alte Mann, der erzählt hatte, wollte gerade zur Tür hinausgehen, und er tat es auch.

»Wie herrlich war das!« sagte der kleine Knabe. »Mutter, ich bin in den warmen Ländern gewesen!«

»Ja, das glaube ich wohl!« sagte die Mutter; »wenn man zwei volle Tassen Fliedertee im Leibe hat, dann kommt man wohl in die warmen Länder!« – Und sie deckte ihn gut zu, damit er sich nicht erkälten sollte. »Du hast gut geschlafen, während ich mich mit ihm darüber stritt, ob es eine Geschichte oder ein Märchen war!«

»Und wo ist das Fliedermütterchen?« fragte der Knabe.

»Es ist in der Teekanne«, sagte die Mutter, »und da mag es bleiben.«

Die Stopfnadel

Es war einmal eine Stopfnadel, die war so fein, daß sie sich einbildete, sie sei eine Nähnadel.

»Seht nur zu, daß ihr mich festhaltet!« sagte die Stopfnadel zu den Fingern, die sie hervornahmen. »Laßt mich nicht fallen! Falle ich auf den Boden, dann findet man mich bestimmt nicht mehr wieder, so fein bin ich.«

»Das geht noch an«, sagten die Finger und faßten sie um den Leib.

»Seht, ich komme mit Gefolge!« sagte die Stopfnadel und zog einen langen Faden hinter sich her, der aber keinen Knoten hatte.

Die Finger richteten die Nadel gerade gegen den Pantoffel der Köchin, an dem war das Oberleder entzwei, das sollte zusammengenäht werden.

»Das ist niedere Arbeit!« sagte die Stopfnadel. »Ich gehe niemals hindurch; ich breche, ich breche!« Und wirklich, sie brach. »Sagt ich's nicht?« rief die Stopfnadel. »Ich bin zu fein!«

»Nun taugt sie zu gar nichts!« meinten die Finger; aber sie mußten sie doch festhalten; die Köchin tröpfelte Siegellack auf die Nadel und steckte sie vorn in ihr Tuch.

»So, nun bin ich eine Busennadel!« sagte die Stopfnadel. »Ich wußte wohl, daß ich zu Ehren käme; ist man was, so bleibt man was!« Und dabei lachte sie in sich hinein, denn man kann es einer Stopfnadel niemals von außen ansehen, wenn sie lacht. Da saß sie nun so stolz, als ob sie in einer Kutsche führe, und sah nach allen Seiten!

»Darf ich die Ehre haben, zu fragen, ob Sie aus Gold sind?« fragte sie die Stecknadel, die ihre Nachbarin war. »Sie haben ein herrliches Aussehen und Ihren eigenen Kopf; aber er ist nur klein! Sie müssen zusehen, daß er wächst; denn man kann schließlich nicht jeden lacken!«

Und damit richtete sich die Stopfnadel so stolz in die Höhe, daß sie aus dem Tuch in den Gußstein fiel, den die Köchin gerade ausspülte.

»Nun gehen wir auf Reisen!« sagte die Stopfnadel. »Wenn ich nur nicht verlorengehe!« Aber sie ging verloren.

»Ich bin zu fein für diese Welt!« sagte sie, als sie im Rinnstein lag. »Aber ich weiß, wer ich bin, und das ist immer ein kleines Vergnügen!« Und die Stopfnadel hielt sich gerade und verlor ihre gute Laune nicht.

Und es segelte allerlei über sie hin, Späne, Strohhalme und Stücke von Zeitungen. »Seht nur, wie sie segeln!« sagte die Stopfnadel. »Die wissen nicht, was unter ihnen steckt! Ich stecke, ich sitze hier fest! Seht, da fährt nun ein Span, der denkt an nichts in der Welt, als an einen Span, und das ist er selbst! Da treibt ein Strohhalm, seht, wie der sich dreht, wie der sich wendet! Denk doch nicht soviel an dich selbst, du könntest dich am Rinnstein stoßen. Da schwimmt ein Stück Zeitung! Was drinsteht ist vergessen, und doch spreizt es sich! Ich sitze geduldig und still. Ich weiß, was ich bin, und das bleibe ich auch!«

Eines Tages war da etwas in ihrer Nähe, das so herrlich glänzte, und da glaubte die Stopfnadel, es sei ein Diamant; aber es war eine Flaschenscherbe, und weil sie glänzte, redete die Stopfnadel sie an und stellte sich als Busennadel vor.

»Sie sind wohl ein Diamant?«

»Ja, so etwas Ähnliches!« Und da glaubte eins vom anderen, es wäre etwas sehr Kostbares, und sie sprachen davon, wie hochmütig doch die Welt sei.

»Ich habe bei einer Jungfer in einer Schachtel gewohnt«, sagte die Stopfnadel, »und diese Jungfer war Köchin; an jeder Hand hatte sie fünf Finger, aber so etwas Eingebildetes habe ich nie gekannt! Und sie waren doch nur da, um mich zu halten, mich aus der Schachtel zu nehmen und wieder in die Schachtel zu legen!«

»Waren sie denn glänzend?« fragte die Flaschenscherbe.

»Glänzend?« sagte die Stopfnadel, »nein, aber hochmütig! Es waren fünf Brüder, alle geborene ›Finger‹. Sie saßen aufrecht nebeneinander, obwohl sie von verschiedener Länge waren: der äußerste, der Däumling, war kurz und dick, er ging außerhalb des Gliedes, hatte nur *einen* Knick im Rücken und konnte nur *eine* Verbeugung machen, aber er sagte, wenn er bei einem Menschen abgehackt würde, so wäre der ganze Mensch für den Kriegsdienst untauglich. Topflecker kam in Süßes und Saures, zeigte auf Sonne und Mond und gab den Druck beim Schreiben. Langemann guckte den anderen über den Kopf. Goldrand ging mit einem Goldring um den Leib, und der kleine Peter Spielmann tat gar nichts, und darauf war er stolz. Prahlerei war's und Prahlerei blieb's, und da ging ich fort in den Rinnstein!«

»Seht, nun wird er befördert!« sagte die Stopfnadel, als plötzlich mehr Wasser in den Rinnstein kam, das über alle Bretter strömte und die Flaschenscherbe mit sich riß.

»Seht, nun ist sie befördert!« sagte die Stopfnadel. »Ich bleibe sitzen, ich bin zu fein; aber das ist mein Stolz, und der ist achtbar!« Und so saß sie aufrecht da und hatte viele Gedanken.

»Ich möchte fast glauben, ich bin von einem Sonnenstrahl geboren, so fein bin ich! Kommt es mir doch auch vor, als ob die Sonne mich immer unter dem Wasser suchte. Ach! ich bin so fein, daß meine Mutter mich nicht finden kann. Hätte ich mein altes Auge, das gebrochen ist, ich glaube, ich könnte weinen; aber ich tät's nicht – weinen ist nicht fein!«

Eines Tages lagen ein paar Straßenjungen da und wühlten im Rinnstein, wo sie alte Nägel, Schillinge und ähnliches fanden. Es war eine Schweinerei, aber es war nun einmal ihr Vergnügen.

»Au!« schrie der eine, der sich an der Stopfnadel stach, »das ist aber ein Kerl!«

»Ich bin kein Kerl, ich bin ein Fräulein!« sagte die Stopfnadel; aber darauf hörte niemand. Der Lack war abgegangen, und

schwarz war sie auch geworden; aber schwarz macht schlanker, und da glaubte sie, sie sei noch feiner als früher.

»Da kommt eine Eierschale gesegelt!« sagten die Jungen, und dann steckten sie die Stopfnadel fest in die Schale.

»Weiße Wände und selbst schwarz«, sagte die Stopfnadel, »das kleidet gut; so kann man mich doch sehen! Wenn ich nur nicht seekrank werde, denn dann breche ich!«

Aber sie wurde nicht seekrank und brach nicht.

»Es ist gut gegen die Seekrankheit, wenn man einen Stahlmagen hat und immer daran denkt, daß man etwas mehr ist als ein Mensch! Nun ist meine Seekrankheit vorüber! Je feiner man ist, desto mehr kann man vertragen.«

»Krach!« sagte die Eierschale, es fuhr ein Lastwagen über sie hinweg.

»Hu, wie das drückt!« sagte die Stopfnadel, »nun werde ich doch seekrank! Ich breche! Ich breche!« Aber sie brach nicht, obgleich ein Lastwagen über sie fuhr; sie lag der Länge lang da, und so mag sie liegenbleiben.

Die Glocke

Abends in den schmalen Straßen der großen Stadt, wenn die Sonne unterging und die Wolken wie Gold zwischen den Schornsteinen glänzten, hörte häufig bald der eine, bald der andere einen wunderlichen Laut, gerade wie der Klang einer Kirchenglocke, aber man hörte ihn nur einen Augenblick, denn es war dort ein solches Wagenrasseln und ein solches Rufen, und das stört. »Nun läutet die Abendglocke«, sagte man, »nun geht die Sonne unter!«

Die Leute, die vor die Stadt gingen, wo die Häuser mit Gärten und kleinen Feldern weiter auseinanderlagen, sahen den Abendhimmel prächtiger und hörten den Klang der Glocke weit stärker; es war, als käme der Ton von einer Kirche, tief aus dem stillen duftenden Wald; und die Leute blickten dorthin und wurden ganz andächtig.

Dann verging längere Zeit, bis der eine zum andern sagte: »Ob wohl eine Kirche da draußen im Wald ist? Die Glocke hat doch einen seltsam herrlichen Klang! Wollen wir nicht hinausgehen und sie uns näher ansehn?« Und die reichen Leute fuhren, und die Armen gingen; aber der Weg wurde ihnen so seltsam lang, und als sie zu einer Gruppe von Weidenbäumen kamen, die am Rande des Waldes wuchsen, setzten sie sich und sahen zu den langen Zweigen hinauf und glaubten, sie seien nun recht im Grünen. Der Konditor aus der Stadt kam auch heraus und schlug sein Zelt auf; dann kam noch ein Konditor, der hing gerade über seinem Zelt eine Glocke auf, eine Glocke, die geteert war, um den Regen aushalten zu können, aber der Klöppel fehlte ihr. Wenn dann die Leute wieder nach Hause gingen, sagten sie, es sei höchst romantisch gewesen, und das bedeutet etwas anderes als Tee. Drei Personen versicherten, sie seien den Wald durchdrungen bis an sein Ende; und sie hätten immer den wunderlichen Glockenklang gehört, aber es sei ihnen dort gewesen, als wenn er gerade aus der Stadt gekommen sei. Der eine schrieb ein ganzes Lied darüber und sagte, daß die Glocke klinge wie die Stimme einer Mutter, die zu einem lieben, klugen Kind spreche; keine Melodie sei herrlicher als der Klang der Glocke.

Der Kaiser des Landes wurde auch aufmerksam darauf und versprach, daß derjenige, der wirklich ausfindig machen könne, woher der Klang komme, den Titel eines ›Weltglöckners‹ haben solle, selbst wenn es keine Glocke sei.

Nun gingen viele um des guten Postens willen zum Wald; aber es war nur einer, der mit einer Art Erklärung zurückkam. Keiner war tief genug eingedrungen, und auch er nicht; doch er sagte, der Glockenton komme von einer sehr großen Eule in einem hohlen Baum, es sei eine Weisheitseule, die ihren Kopf immerfort gegen den Baum stoße; ob aber der Ton von ihrem Kopf oder vom hohlen Stamm herrühre, das konnte er noch nicht mit Bestimmtheit sagen; und dann wurde er als Weltglöckner angestellt und schrieb jedes Jahr eine kleine Abhandlung über die Eule; aber man wußte ebensoviel wie vorher.

Nun war gerade Einsegnungstag. Der Pfarrer hatte schön und innig gesprochen; die Konfirmanden waren tief davon bewegt; es war ein wichtiger Tag für sie, die Kinder wurden mit einemmale erwachsene Menschen; die Kinderseele sollte nun gleichsam in einen verständigeren Menschen hinüberfliegen. Es war herrlichster Sonnenschein; die Konfirmanden gingen zur Stadt hinaus, und vom Wald klang die große unbekannte Glocke seltsam stark. Sie bekamen alle sogleich Lust, da hinzugehen, nur drei von ihnen nicht; die eine wollte nach Hause und ihr Ballkleid anprobieren, denn gerade das Kleid und der Ball waren schuld daran, daß sie dieses Jahr eingesegnet worden war, sonst wäre sie nicht mitgekommen; der zweite war ein armer Knabe, der seinen Konfirmationsanzug und die Stiefel vom Sohn des Hauswirts geliehen hatte und sie zum bestimmten Glockenschlag wieder abliefern mußte; der dritte sagte, er ginge nie an einen fremden Ort, wenn seine Eltern nicht dabei wären, er sei immer ein artiges Kind gewesen und wolle es auch bleiben, selbst als Konfirmand, und darüber solle man sich nicht lustig machen! Aber das taten sie doch.

Diese drei gingen also nicht mit, die andern trabten vorwärts. Die Sonne schien, und die Vögel sangen, und die Konfirmanden sangen mit und hielten einander bei der Hand, denn sie hatten ja noch keine Ämter bekommen und waren alle Konfirmanden vor dem lieben Gott.

Aber bald wurden zwei der Kleinsten müde und kehrten um und gingen wieder zur Stadt; zwei kleine Mädchen setzten sich und banden Kränze, die kamen auch nicht mit; und als die andern die Weidenbäume erreichten, wo der Konditor wohnte, sagten sie: »Seht, nun sind wir hier draußen; die Glocke ist ja doch nicht da – sie ist nur etwas, was man sich einbildet!«

Da ertönte plötzlich tief im Wald die Glocke so schön und feierlich, daß vier oder fünf sich entschlossen, doch etwas weiter in den Wald hineinzugehen. Der war so dicht, so belaubt! Es war richtig beschwerlich, voranzukommen; Waldlilien und Anemonen wuchsen fast zu hoch, blühende Winden und Brombeerranken hingen in langen Girlanden von Baum zu Baum, wo die Nachtigallen sangen und die Sonnenstrahlen spielten. Oh, so herrlich war es; aber für Mädchen war es kein gangbarer Weg, sie würden sich die Kleider zerreißen. Da lagen große Felsblöcke, mit Moos von allen Farben bewachsen; das frische Quellwasser sprudelte hervor, und seltsam sagte es ›gluck, gluck‹.

»Das ist doch wohl nicht die Glocke?« sagte einer der Konfirmanden und legte sich nieder und horchte. »Das muß man richtig studieren!« Und da blieb er und ließ die andern gehen.

Sie kamen zu einem Haus aus Rinde und Zweigen; ein großer Baum mit wilden Äpfeln neigte seine Äste darüber, als wollte er seinen ganzen Segen über das Dach mit den blühenden Rosen ausschütten; die langen Zweige lagen um den Giebel, und daran hing eine kleine Glocke. Sollte es die sein, die man gehört hatte? Ja, darin stimmten alle überein, bis auf einen, der sagte, die Glocke sei zu klein und zu fein, als daß man sie so weit hören könne, wie man sie gehört habe, und es wären ganz andere Töne, die ein Menschenherz so rührten. Der da sprach, war ein Königssohn, und da sagten die anderen: »So einer will nun immer klüger sein.«

Darum ließen sie ihn allein gehen; und als er nun ging, wurde seine Brust mehr und mehr von der Einsamkeit des Waldes erfüllt; aber noch hörte er die kleine Glocke, über die sich die anderen freuten, und mitunter, wenn der Wind die Töne vom Konditor herübertrug, konnte er auch hören, wie da zum Tee gesungen wurde. Aber die tiefen Glockenschläge tönten doch stärker; bald war es, als spielte eine Orgel dazu; ihr Klang kam von der Linken, von der Seite, auf der das Herz sitzt.

Nun raschelte es im Busch, und da stand ein kleiner Knabe vor dem Königssohn, ein Knabe in Holzschuhen und mit einer so kurzen Jacke, daß man wahrhaftig sehen konnte, wie lang seine Handgelenke waren. Sie kannten einander; der Knabe war derjenige von den Konfirmanden, der nicht mitkommen konnte, weil er nach Hause mußte, um Jacke und Stiefel an den Sohn des Hauswirts abzuliefern. Das hatte er getan und war dann in Holzschuhen und mit den ärmlichen Kleidern allein fortgegangen; denn die Glocke klang so stark, so tief – er mußte hinaus.

»Dann können wir ja zusammen gehen!« sagte der Königssohn. Aber der arme Konfirmand mit den Holzschuhen war sehr schüchtern, er zupfte an den kurzen Ärmeln seiner Jacke und sagte, er fürchte, er könne nicht so rasch mitkommen; überdies meinte er, daß die Glocke zur Rechten gesucht werden müsse, denn dort sei gewiß alles Große und Herrliche verborgen.

»Ja, dann treffen wir uns nicht!« sagte der Königssohn und nickte dem armen Knaben zu, der in den dunkelsten, tiefsten Teil des Waldes ging, wo die Dornen seine ärmlichen Kleider entzwei und Gesicht, Hände und Füße blutig rissen. Der Königssohn bekam auch einige tüchtige Risse, aber die Sonne beschien doch seinen Weg, und ihn begleiten wir nun, denn er war ein flinker Bursche.

»Die Glocke will und muß ich finden!« sagte er, »und wenn ich bis ans Ende der Welt gehen muß.«

Häßliche Affen saßen oben in den Bäumen und fletschten die Zähne. »Wir wollen ihn prügeln!« sagten sie. »Wir wollen ihn prügeln! Er ist ein Königssohn!«

Aber der ging unverdrossen tiefer und tiefer in den Wald hinein, wo die wunderbarsten Blumen wuchsen; da standen weiße Sternlilien mit blutroten Staubfäden, himmelblaue Tulpen, die im Winde funkelten, und Apfelbäume deren Äpfel ganz und gar wie große glänzende Seifenblasen aussahen; denkt nur, wie die Bäume im Sonnenschein strahlen mußten! Rings um die schönsten, grünen Wiesen, wo Hirsch und Hindin im Grase spielten, wuchsen prächtige Eichen und Buchen, und war die Rinde von einem Baum gesprungen, so wuchsen da Gras und lange Ranken in den Spalten; da waren auch große Waldstrecken mit stillen Seen, auf denen weiße Schwäne schwammen und mit den Flügeln schlugen. Der Königssohn stand oft still und lauschte; oft glaubte er von einem dieser tiefen Seen klänge die Glocke zu ihm herauf, aber dann merkte er doch, daß ihr Ton nicht daher kam, sondern daß die Glocke noch tiefer im Wald läutete.

Nun ging die Sonne unter, die Luft schimmerte rot wie Feuer; es wurde so still, so still im Wald, und er sank auf seine Knie, sang sein Abendlied und sagte: »Niemals finde ich, was ich suche! Nun geht die Sonne unter, nun kommt die Nacht, die dunkle Nacht. Doch einmal kann ich die runde Sonne vielleicht noch sehen, ehe sie hinter der Erde versinkt; ich will dort auf die Felsen steigen, die sich in gleicher Höhe mit den höchsten Bäumen erheben!«

Und er griff nun in Ranken und Wurzeln und kletterte an den nassen Steinen empor, wo die Wasserschlangen sich ringelten, wo die Kröten ihn gleichsam anbellten – aber er kam hinauf, bevor die Sonne, von dieser Höhe gesehen, ganz untergegangen war. Oh, welche Pracht! Das Meer, das große herrliche Meer, das seine langen Wogen gegen die Küste wälzte, streckte sich vor ihm aus, und die Sonne stand wie ein großer, leuchtender Altar da draußen, wo Meer und Himmel sich begegneten; alles verschmolz in glühenden Farben, der Wald sang, und das Meer sang, und sein Herz sang mit. Die ganze Natur war eine große, heilige Kirche, worin Bäume und schwebende Wolken die Pfeiler waren, Blumen und Gras die gewebte Samtdecke und der Himmel selbst die große Kuppel; dort oben erloschen die roten Farben, als die Sonne verschwand, aber Millionen Sterne wurden angezündet, Millionen von Diamantlampen leuchteten da, und der Königssohn breitete seine Arme aus gegen den Himmel, gegen das Meer und den Wald – und da kam plötzlich aus dem rechten Seitenweg der arme Konfirmand mit den kurzen Ärmeln und den Holzschuhen; er war auf seinem Wege hier ebenso zeitig angekommen; und sie liefen einander entgegen und hielten sich bei den Händen in der großen Kirche der Natur und der Poesie, und über ihnen erklang die unsichtbare heilige Glocke, selige Geister umschwebten sie im Tanz zu einem jubelnden Halleluja!

Großmutter

Großmutter ist sehr alt, sie hat viele Runzeln und ganz weißes Haar; aber ihre Augen, die wie zwei Sterne leuchten, ja viel schöner noch, sind so sanft, und es tut wohl, in sie hineinzuschauen. Und dazu weiß sie die schönsten Geschichten, und sie hat ein Kleid mit großen, großen Blumen, es ist aus so schwerer Seide, daß es rauscht. Großmutter weiß sehr viel, denn sie hat lange vor Vater und Mutter gelebt, das ist ganz gewiß. Großmutter hat ein Gesangbuch mit großen silbernen Spangen, und oft liest sie in ihm; mitten darin liegt ganz flach und trocken eine Rose, die ist nicht so schön wie die Rosen, die sie im Glas hat, und doch lächelt sie ihr am allerfreundlichsten zu; ja, es treten ihr Tränen in die Augen! Warum Großmutter wohl die welke Rose in dem alten Buch so ansieht? Weißt du es? Jedesmal, wenn Großmutters Tränen auf die Blume fallen, da wird ihre Farbe frischer, da schwillt die Rose an, und die ganze Stube füllt sich mit ihrem Duft, die Wände versinken, als seien sie nur Nebel, und ringsumher ist der grüne, herrliche Wald, wo die Sonne durch das Laub der Bäume scheint; und Großmutter – ja, sie ist ganz jung, sie ist ein schönes Mädchen mit blonden Locken, mit roten vollen Wangen, schön und anmutig, keine Rose ist frischer; doch die Augen, die sanften, lieben Augen – ja, das sind noch Großmutters Augen. An ihrer Seite sitzt ein Mann, jung, stark und hübsch, er reicht ihr die Rose, und sie lächelt – so lächelt aber Großmutter nicht! – doch, das Lächeln kommt! Er ist fort; da ziehen viele Gedanken, viele Gestalten an ihr vorüber; der hübsche junge Mann ist fort, die Rose liegt im Gesangbuch, und Großmutter – ja, die sitzt wieder da als alte Frau und sieht auf die welke Rose, die im Buch liegt.

Nun ist Großmutter tot. – Sie saß im Lehnstuhl und erzählte eine lange, lange herrliche Geschichte. »Und nun ist sie aus«, sagte sie, »und ich bin sehr müde, laßt mich nun etwas schlafen!« Und sie lehnte sich zurück und holte Atem, sie schlief; aber es wurde stiller und stiller, und ihr Antlitz war voll Frieden und Glück; es war, als ginge Sonnenschein darüber hin, und dann sagten sie, sie sei tot.

Sie wurde in den schwarzen Sarg gelegt, sie lag in weißes Linnen gehüllt, sie war so schön, und doch waren die Augen geschlossen, aber alle Runzeln waren fort, sie lag da mit einem Lächeln um den Mund. Ihr Haar war silberweiß und ehrwürdig, man wurde gar nicht furchtsam beim Anblick der Toten, es war ja die liebe, herzensgute Großmutter. Und das Gesangbuch wurde unter ihren Kopf gelegt, das hatte sie selbst gewünscht, und die Rose lag in dem alten Buch; und dann begruben sie Großmutter.

Auf das Grab, dicht an der Kirchenmauer, pflanzten sie einen Rosenstock, und er stand in voller Blüte, und die Nachtigall sang über ihm, und in der Kirche spielte die Orgel die schönsten Lieder, die in dem alten Buch unter dem Kopf der Toten standen. Und der Mond schien gerade auf das Grab, aber die Tote war dort nicht; jedes Kind konnte bei Nacht ruhig hingehn und eine Rose an der Kirchhofsmauer pflücken. Ein Toter weiß mehr, als wir Lebenden wissen, die Toten kennen die Angst, die uns überkommen würde, wenn das Seltsame geschähe und sie unter uns träten; die Toten sind besser als wir alle, und darum kehren sie nicht wieder. Es ist Erde über dem Sarg, es ist Erde in ihm. Das Gesangbuch mit seinen Blättern ist Staub, die Rose mit all ihren Erinnerungen ist zu Staub zerfallen; aber darüber blühen neue Rosen, darüber singt die Nachtigall, und es spielt die Orgel; man denkt an die alte Großmutter mit den sanften, ewig jungen Augen. Augen können niemals sterben. Die unsrigen werden Großmutter einmal sehen, jung und schön wie damals, als sie die frische rote Rose zum erstenmal küßte, die jetzt Staub im Grabe ist.

Elfenhügel

Einige Eidechsen huschten in den Spalten eines alten Baumes umher; sie konnten einander gut verstehen, denn sie sprachen die Eidechsensprache.

»Nein, wie das poltert und brummt in dem alten Elfenhügel!« sagte die eine Eidechse. »Ich habe von dem Spektakel schon zwei Nächte kein Auge zugetan; das ist wie Zahnweh, denn da schlafe ich auch nicht!«

»Da drinnen ist etwas los!« sagte die andere Eidechse. »Sie stellen den Hügel bis zum Hahnenschrei auf vier rote Pfähle, er wird ordentlich ausgelüftet, und die Elfenmädchen haben neue Tänze gelernt, bei denen getrampelt wird. Da ist etwas los!«

»Ja, ich habe mit einem Regenwurm meiner Bekanntschaft gesprochen«, sagte die dritte Eidechse, »der Regenwurm kam gerade aus dem Hügel, wo er Tag und Nacht in der Erde gewühlt hatte, er hatte eine ganze Menge gehört; sehen kann er ja nicht, das arme Tier, aber hineinkriechen und lauschen, das versteht er. Sie erwarten Fremde im Elfenhügel, vornehme Fremde, aber wen, das wollte der Regenwurm nicht sagen, oder er wußte es auch nicht. Alle Irrlichter sind bestellt, um einen Fackelzug aufzuführen, wie man das nennt, und Silber und Gold, wovon genug im Hügel ist, wird poliert und im Mondschein ausgestellt!«

»Wer mögen wohl die Fremden sein?« fragten alle Eidechsen. »Was mag da wohl los sein? Hört, wie es summt! Hört, wie es brummt!«

Im selben Augenblick teilte sich der Elfenhügel, und ein altes Elfenmädchen, mit bloßem Rücken, aber sonst sehr anständig gekleidet, kam herausgetrippelt; es war des alten Elfenkönigs Haushälterin; sie war mit seiner Familie weitläufig verwandt und trug ein Bernsteinherz auf der Stirn. Ihre Beine liefen so hurtig trip, trip! Potztausend, wie konnte sie trippeln, und gerade hinunter ins Moor zum Nachtraben.

»Sie werden zum Elfenhügel eingeladen, und zwar heute nacht«, sagte sie, »aber wollen Sie uns nicht zunächst einen großen Dienst erweisen und die Einladungen übernehmen? Sie müssen ja etwas tun, da Sie selbst kein Haus führen. Wir erwarten einige hochvornehme Fremde, Zauberer, die etwas zu sagen haben, und darum will der alte Elfenkönig sich zeigen!«

»Wer soll denn eingeladen werden?« fragte der Nachtrabe.

»Zu dem großen Ball kann alle Welt kommen, selbst Menschen, wenn sie nur im Schlaf sprechen oder ein bißchen von dem können, was in unsere Art fällt, aber bei der ersten Tafel soll strenge Auswahl herrschen, wir wollen nur die Allervornehmsten haben. Ich bekam Streit mit dem Elfenkönig, denn ich meinte, wir könnten nicht einmal Gespenster zulassen. Der Meermann und seine Töchter müssen zuerst eingeladen werden; sie kommen zwar nicht gern aufs Trockene, aber sie sollen schon jeder einen nassen Stein zum Sitzen oder noch etwas Besseres bekommen, und dann, denke ich, werden sie diesmal wohl nicht absagen. Alle alten Trolle erster Klasse mit Schweifen, der Wassermann und die Kobolde müssen wir haben, und dann, denke ich, können wir das Grabschwein, das Totenpferd und den Kirchenzwerg nicht fortlassen; sie gehören zwar zur Geistlichkeit, die nicht mit zu unseren Leuten zählt, aber das ist nur ihr Amt, sie sind mit uns doch näher verwandt und machen ständig Besuche.«

»Krah!« sagte der Nachtrabe und flog davon, um einzuladen.

Die Elfenmädchen tanzten schon auf dem Elfenhügel. Sie tanzten mit Schleiern, die aus Nebel und Mondschein gewebt waren, und das sieht niedlich aus für die, die Gefallen daran finden. Mitten im Elfenhügel war der große Saal sorgsam hergerichtet; der Fußboden war mit Mondschein gewaschen und die Wände mit Hexenfett eingerieben, so daß sie im Licht wie Tulpenblätter schimmerten. In der Küche waren in Hülle und Fülle Frösche am Spieß. Natternhäute mit kleinen Kinderfingern darin und Salate aus Pilzsamen, feuchten Mäuseschnauzen und Schierling, Bier vom Gebräu der Moorfrau, leuchtender Salpeterwein aus Grabkellern, alles sehr solide; verrostete Nägel und Kirchenfensterglas gehörten zum Naschwerk.

Der alte Elfenkönig ließ seine Goldkrone mit gestoßenem Griffel polieren; es war ein Primus-Griffel, und es ist für den Elfenkönig sehr schwierig, den Griffel von einem Primus zu bekommen! Im Schlafgemach hängten sie Gardinen auf und befestigten sie mit Schneckenspeichel. Ja, das war wahrlich ein Summen und Brummen!

»Nun muß hier mit Roßhaar und Schweineborsten geräuchert werden, dann glaube ich das meinige getan zu haben!« sagte das alte Elfenmädchen.

»Väterchen!« sagte die kleinste der Töchter, »bekomme ich nun zu wissen, wer die vornehmen Fremden sind?«

»Na«, sagte er, »dann muß ich es wohl sagen! Zwei meiner Töchter müssen sich zur Heirat bereithalten; zwei werden gewiß fortheiraten. Der alte Troll aus Norwegen, der im alten Dovregebirge wohnt und viele Felsenschlösser aus Feldsteinen und ein Goldbergwerk besitzt, das besser ist, als man glaubt, kommt mit seinen beiden Söhnen her, die sollen sich eine Frau aussuchen. Der alte Troll ist ein echter alter, ehrlicher, norwegischer Greis, lustig und geradezu; ich kenne ihn aus alten Tagen, als wir Brüderschaft miteinander tranken; er hat hier unten seine Frau geholt; nun ist sie tot, sie war eine Tochter des Kreidefelsenkönigs von Mön. Er hat seine Frau aus der Kreide geholt, wie man zu sagen pflegt. Oh, wie ich mich nach dem alten norwegischen Troll sehne! Die Knaben, sagt man, sollen etwas ungezogene, naseweise Jungen sein, aber man tut ihnen vielleicht auch Unrecht, und es wird mit ihnen schon gut werden, wenn man auf sie achtgibt. Laßt mich nun sehen, daß ihr ihnen Manieren beibringt!«

»Und wann kommen sie?« fragte die eine Tochter.

»Das kommt auf Wind und Wetter an!« sagte der Elfenkönig. »Sie reisen ökonomisch! Sie kommen per Schiff hierher. Ich wollte, sie sollten über Schweden fahren, aber der Alte hat noch nichts für diese Seite übrig. Er geht nicht mit der Zeit, und das kann ich nicht leiden!«

Da kamen zwei Irrlichter angehüpft, das eine schneller als das andere, und darum kam das eine zuerst an.

»Sie kommen! Sie kommen!« riefen sie.

»Gebt mir meine Krone und laßt mich im Mondschein stehen!« sagte der Elfenkönig.

Die Töchter hoben die Schleier und verneigten sich bis zur Erde.

Da stand der alte Troll vom Dovre, mit der Krone aus gehärteten Eis- und polierten Tannenzapfen; im übrigen hatte er einen Bärenpelz an und große warme Stiefel, die Söhne dagegen gingen mit bloßem Hals und ohne Hosenträger, denn es waren Kraftmenschen.

»Ist das ein Hügel?« fragte der kleinste Knabe und zeigte auf den Elfenhügel. »Das nennen wir in Norwegen ein Loch.«

»Jungs!« sagte der Alte, »Loch geht nach innen, Hügel geht nach oben. Habt ihr denn keine Augen im Kopf?«

Das einzige, was sie hier unten verwundere, sagten sie, sei, daß sie so ohne weiteres die Sprache verstehen könnten.

»Habt euch nur nicht!« sagte der Alte, »man könnte glauben, ihr wärt nicht recht ausgebacken.«

Und dann gingen sie in den Elfenhügel hinein, wo wahrlich feine Gesellschaft versammelt war, und das in einer Geschwindigkeit, daß man glauben sollte, sie seien zusammengeweht, und für jeden war es niedlich und nett eingerichtet. Die Meerleute saßen in großen Wasserkübeln zu Tisch; sie sagten, es sei gerade, als ob sie zu Hause wären. Alle hielten die Tischsitte ein, außer den beiden kleinen norwegischen Trollen; die legten die Beine auf den Tisch, denn sie glaubten, daß ihnen alles gut stehe.

»Die Füße aus der Schüssel!« sagte der alte Troll, und da gehorchten sie, aber sie taten es nicht sogleich. Ihre Tischdame kitzelten sie mit Tannenzapfen, die sie in der Tasche hatten, und dann zogen sie ihre Stiefel aus, um bequem zu sitzen, und gaben ihr die Stiefel zu halten. Aber der Vater, der alte Dovretroll, der war freilich ganz anders; er erzählte so schön von den stolzen norwegischen Felsen und von Wasserfällen, die schäumend mit Gepolter wie Donnerschlag und Orgelklang zu Tal stürzten; er erzählte vom Lachs, der gegen die stürzenden Wasser emporsprang, wenn der Nöck auf der Goldharfe spielte; er erzählte von den schimmernden Winternächten, wenn die Schlittenschellen läuten und die Burschen mit brennenden Fackeln über das blanke Eis laufen, das so durchsichtig ist, daß sie die Fische unter ihren Füßen erschrecken sehen. Ja, er konnte erzählen, daß man sah und hörte, was er sagte; es war gerade, als wenn Sägemühlen gingen, als wenn Knechte und Mägde Lieder sängen und den Hallingtanz tanzten; heisa, mit einemmal gab der alte Troll dem alten Elfenmädchen einen Gevatterschmatz, das war ein ordentlicher Kuß! Und sie waren doch gar nicht verwandt miteinander.

Nun mußten die Elfenmädchen tanzen, und zwar einfach und mit Stampfen, und das stand ihnen gut; dann kam der Kunsttanz oder, wie sie es nannten, das ›Aus-dem-Tanz-Treten‹. Potztausend, wie sie die Beine strecken konnten! Man wußte nicht, was Ende und was Anfang, wußte nicht, was Arme und was Beine waren, das ging alles durcheinander wie Sägespäne; und dann schnurrten sie herum, daß dem Totenpferd schlecht wurde und es die Tafel verlassen mußte.

»Prrr!« sagte der alte Troll, »das ist ein Spaß mit den Beinen! Aber was können sie mehr als tanzen, die Beine strecken und Wirbelwind machen?«

»Das sollst du bald erfahren«, sagte der Elfenkönig, und dann rief er die jüngste von seinen Töchtern vor. Sie war so zart und hell wie Mondschein, sie war die feinste von allen Schwestern. Sie nahm ein weißes Hölzchen in den Mund, und dann war sie ganz verschwunden, das war ihre Kunst.

Aber der alte Troll sagte, diese Kunst könne er bei seiner Frau nicht leiden, und er glaube auch nicht, daß seine Jungen etwas davon hielten.

Die zweite konnte neben sich selbst gehen, gerade als ob sie einen Schatten hätte, und den hat das Trollvolk nicht.

Die dritte war von ganz anderer Art, sie hatte im Brauhaus der Moorfrau gelernt, und nur sie verstand es, Erlenknorren mit Johanniswürmchen zu spicken.

»Sie wird eine gute Hausfrau«, sagte der alte Troll, und dann stieß er mit den Augen an, denn er wollte nicht soviel trinken.

Nun kam das vierte Elfenmädchen, das hatte eine goldene Harfe zum Spielen, und als es die erste Saite anschlug, hoben alle das linke Bein, denn die Trolle sind linksbeinig, und als es die zweite Saite anschlug, mußten alle tun, was es wollte.

»Das ist ein gefährliches Frauenzimmer!« sagte der alte Troll, aber die beiden Söhne gingen zum Hügel hinaus, denn nun hatten sie es satt.

»Und was kann die nächste Tochter?« fragte der Trollgreis.

»Ich habe gelernt, die Norweger zu lieben«, sagte sie. »Und niemals werde ich mich verheiraten, wenn ich nicht nach Norwegen kommen kann.«

Aber die kleinste der Schwestern flüsterte dem Alten zu: »Das ist nur, weil sie in einem norwegischen Lied gehört hat, wenn die Welt untergeht, würden doch die norwegischen Klippen wie Grabsteine stehenbleiben, und darum will sie da hinauf, denn sie fürchtet sich sehr vor dem Untergang.«

»Ho, ho!« sagte der alte Troll, »darauf geht es hinaus? Aber was kann die siebente und letzte?«

»Die sechste kommt vor der siebenten!« sagte der Elfenkönig, denn er konnte rechnen, aber die sechste wollte nicht recht hervorkommen.

»Ich kann nur den Leuten die Wahrheit sagen«, sagte sie, »um mich kümmert sich niemand, und ich habe genug damit zu tun, mein Totenhemd zu nähen.«

Nun kam die siebente und letzte, und was konnte die? Ja, die konnte Märchen erzählen, und zwar so viele sie wollte.

»Hier sind alle meine fünf Finger«, sagte der alte Troll, »erzähl mir eins von jedem!«

Und sie faßte ihm um das Handgelenk, und er lachte, daß es in ihm gluckste, und als sie zum Goldfinger kam, der einen Goldring um den Leib hatte, gerade als ob er wüßte, daß Verlobung sein solle, sagte der alte Troll: »Halt fest, was du hast, die Hand ist dein, dich will ich selber zur Frau haben!«

Und das Elfenmädchen sagte, daß das Märchen vom Goldfinger und das vom kleinen Peter Spielmann noch fehlten.

»Die wollen wir im Winter hören«, sagte der Troll, »und von der Tanne wollen wir hören und von der Birke und von den Trollgeschenken und vom klingenden Frost! Du sollst schon erzählen, denn das versteht noch keiner so recht dort oben! – Und dann wollen wir in der Steinstube sitzen, wo die Kienspäne brennen, und Met aus den goldenen Hörnern der alten norwegischen Könige trinken, der Nöck hat mir ein paar geschenkt; und wenn wir da sitzen, kommt der Nickelmann zu Besuch, der singt dir alle Lieder der Hirtenmädchen im Gebirge vor. Das wird lustig! Der Lachs wird im Wasserfall springen und gegen die Steinwände schlagen, aber er kommt doch nicht herein. – Ja, du kannst glauben, es ist gut im lieben alten Norwegen! Aber wo sind die Jungen?«

Ja, wo waren die Jungen? Sie liefen auf dem Feld herum und bliesen die Irrlichter aus, die so brav ankamen und den Fackelzug darbringen wollten.

»Was ist das für ein Herumtreiben?« fragte der alte Troll. »Nun habe ich eine Mutter für euch genommen, ihr könnt nun eine von den Tanten nehmen.«

Aber die Jungen sagten, sie würden am liebsten eine Rede halten und Brüderschaft trinken, zum Heiraten hätten sie keine Lust. – Und dann hieltern sie Reden, tranken Brüderschaft und machten die Nagelprobe, um zu zeigen, daß sie ausgetrunken hatten, zogen die Röcke aus und legten sich auf den Tisch, um zu schlafen, denn sie genierten sich nicht. Aber der alte Troll tanzte mit seiner jungen Braut in der Stube herum und wechselte die Stiefel mit ihr, denn das ist feiner als Ringewechseln.

»Nun kräht der Hahn!« sagte das alte Elfenmädchen, das den Haushalt besorgte. »Nun müssen wir die Fensterladen schließen, damit die Sonne uns nicht verbrennt!«

Und dann schloß sich der Hügel.

Aber draußen liefen die Eidechsen in dem gespaltenen Baum auf und nieder, und die eine sagte zur anderen: »Oh, wie gut kann ich den alten norwegischen Troll leiden!«

»Ich mag di[illegible]en lieber!« sagte der Regenwurm, aber er konnte ja nicht sehen, das arme Tier!

Die roten Schuhe

Es war einmal ein kleines Mädchen, fein und niedlich, aber im Sommer mußte es immer mit bloßen Füßen gehen, denn es war arm, und im Winter mit großen Holzschuhen, so daß der kleine Spann ganz rot wurde, und das war sehr schlimm.

Mitten im Dorf wohnte die alte Schustersfrau; die saß und nähte, so gut sie konnte, aus alten, roten Tuchstreifen ein Paar kleine Schuhe; sie waren ganz plump, aber es war gut gemeint, und die sollte das kleine Mädchen haben. Das kleine Mädchen hieß Karen.

Gerade an dem Tag, als ihre Mutter begraben wurde, bekam sie die roten Schuhe und zog sie zum erstenmal an. Freilich war es keine Trauerkleidung, aber sie hatte keine andern, und daher steckte sie die bloßen Füße hinein und ging hinter dem ärmlichen Sarg her.

Da kam ein großer alter Wagen, und darin saß eine stattliche alte Damen; die sah das kleine Mädchen an und hatte Mitleid mit ihm und sagte zum Pfarrer: »Hört, gebt mir das kleine Mädchen, ich werde gut zu ihm sein!«

Und Karen glaubte, das geschähe alles nur der roten Schuhe wegen, aber die alte Dame meinte, die seien abscheulich, und sie wurden verbrannt. Aber Karen selbst wurde rein und nett angezogen. Sie mußte lesen und nähen lernen, und die Leute sagten, sie sei niedlich. Der Spiegel aber sagte: »Du bist mehr als niedlich, du bist schön!«

Da reiste die Königin einst durch das Land und hatte ihre kleine Tochter bei sich, die eine Prinzessin war. Die Leute strömten zum Schloß, und unter ihnen war auch Karen, und die kleine Prinzessin stand in feinen, weißen Kleidern in einem Fenster und ließ sich anstaunen. Sie hatte weder Schleppe noch Goldkrone, aber herrliche, rote Saffianschuhe; die waren freilich schöner als die, welche die Schustersfrau der kleinen Karen genäht hatte. Nichts in der Welt ließ sich mit roten Schuhen vergleichen!

Nun war Karen so alt, daß sie eingesegnet werden sollte; sie bekam neue Kleider, und neue Schuhe sollte sie auch haben. Der reiche Schuhmacher in der Stadt nahm Maß von ihrem kleinen Fuß; das geschah zu Hause in seinem eigenen Zimmer, da standen große Glasschränke mit niedlichen Schuhen und blanken Stiefeln. Das sah allerliebst aus, aber die alte Dame konnte nicht gut sehen und hatte darum auch kein Vergnügen daran. Mitten unter den Schuhen standen ein Paar rote, genau wie die Prinzessin sie getragen hatte. Wie schön waren die! Der Schuhmacher sagte auch, daß sie für ein Grafenkind genäht seien, aber sie hätten nicht gepaßt.

»Das ist wohl Glanzleder?« fragte die alte Dame. »Sie glänzen so!«

»Ja, sie glänzen!« sagte Karen, und sie paßten und wurden gekauft. Aber die alte Dame wußte nicht, daß sie rot waren, denn sie hätte Karen nie erlaubt, mit roten Schuhen zur Einsegnung zu gehen; aber das tat sie nun.

Alle Menschen sahen auf ihre Füße. Und als sie durch die Kirche zur Chortür ging, kam es ihr vor, als wenn selbst die alten Bilder auf den Grabmälern, die Bilder von Pfarrern und Pfarrersfrauen mit steifen Kragen und langen, schwarzen Kleidern die Augen auf ihre roten Schuhe hefteten. Und nur an diese dachte sie, als der Pfarrer seine Hand auf ihr Haupt legte und von der heiligen Taufe sprach und vom Bund mit Gott und daß sie nun eine erwachsene Christin sei. Die Orgel spielte sehr feierlich, die hübschen Kinderstimmen sangen, und der alte Kantor sang, aber Karen dachte nur an die roten Schuhe. Am Nachmittag erfuhr die alte Dame von allen Menschen, daß es rote Schuhe gewesen waren; und sie sagte, daß es häßlich sei, daß es sich nicht gehöre und daß Karen später, wenn sie zur Kirche gehe, immer mit schwarzen Schuhen gehen solle, auch wenn sie alt wären.

Am nächsten Sonntag war Abendmahl, und Karen sah die schwarzen Schuhe an und die roten – und dann sah sie wieder auf die roten und zog sie an.

Es war herrlicher Sonnenschein; Karen und die alte Dame gingen den Fußweg durch das Korn entlang dort staubte es ein wenig.

An der Kirchentür stand ein alter Soldat mit einem Krückstock und mit einem wunderbar langen Bart, der war mehr rot als weiß, und er verneigte sich bis zur Erde und fragte die alte Dame, ob er ihre Schuhe abwischen dürfe. Und Karen streckte auch ihren kleinen Fuß aus. »Sieh, was für schöne Tanzschuhe!« sagte der Soldat. »Sitzt fest, wenn ihr tanzt!« Und darauf schlug er mit der Hand gegen die Sohlen.

Und die alte Dame gab dem Soldaten einen Schilling, und dann ging sie mit Karen in die Kirche.

Und alle Menschen darin sahen Karens rote Schuhe an, und alle Bilder sahen auf sie, und als Karen vor dem Altar kniete und den goldenen Kelch an den Mund setzte, dachte sie nur an die roten Schuhe; und es war ihr, als ob sie vor ihr im Kelch schwämmen; und sie vergaß ihren Choral zu singen, sie vergaß ihr Vaterunser zu beten.

Nun gingen alle Leute aus der Kirche, und die alte Dame stieg in ihren Wagen. Karen hob den Fuß, um auch einzusteigen; da sagte der alte Soldat, der dicht daneben stand: »Sieh, welch schöne Tanzschuhe!« Und Karen konnte nicht umhin, einige Tanzschritte zu machen, und als sie anfing, fuhren die Beine fort zu tanzen. Es war gerade, als hätten die Schuhe Macht über sie bekommen. Sie tanzte um die Kirchenecke, sie konnte es nicht lassen. Der Kutscher mußte hinterherlaufen und sie greifen, und er hob sie in den Wagen, aber die Füße tanzten weiter, so daß sie die gute alte Dame gewaltig trat. Endlich zog sie ihr die Schuhe aus, und die Beine standen still.

Daheim wurden die Schuhe in den Schrank gestellt, aber Karen konnte nicht lassen, sie anzusehen.

Nun lag die alte Dame krank danieder, es hieß, daß sie nicht mehr leben könnte. Sie mußte gepflegt und gewartet werden, und keinem kam dies mehr zu als Karen. Aber in der Stadt war ein großer Ball. Karen war eingeladen. Sie sah die alte Dame an, die ja doch nicht leben konnte, sie sah die roten Schuhe an und fand, daß es kein Unrecht sein könnte. Sie zog die roten Schuhe an, das durfte sie ja wohl; aber dann ging sie zum Ball und fing an zu tanzen.

Als sie aber zur Rechten wollte, tanzten die Schuhe zur Linken, und als sie den Saal hineintanzen wollte, tanzten die Schuhe hinaus, die Treppe hinunter, durch die Straße und durch das

Stadttor hinaus. Sie tanzte und mußte tanzen, gerade hinaus in den dunklen Wald.

Da leuchtete es oben zwischen den Bäumen, und sie glaubte, es sei der Mond, denn es war ein Gesicht, aber es war der alte Soldat mit dem roten Bart; er saß da, nickte und sagte: »Sieh, was für schöne Tanzschuhe!«

Da erschrak sie und wollte die roten Schuhe fortwerfen, aber sie hingen fest, und sie riß ihre Strümpfe ab, aber die Schuhe waren an den Füßen festgewachsen, und sie tanzte und mußte über Feld und Wiese, in Regen und Sonnenschein, bei Nacht und bei Tage tanzen; aber nachts war es am schrecklichsten.

Sie tanzte auf den offenen Kirchhof hinaus, aber die Toten dort tanzten nicht, sie hatten Besseres zu tun als zu tanzen. Sie wollte sich auf das Grab des Armen setzen, wo der bittere Rainfarn wächst, aber für sie gab es weder Rast noch Ruhe. Und als sie zur offenen Kirchentür tanzte, sah sie dort einen Engel in langen, weißen Kleidern mit Flügeln, die ihm von den Schultern bis zur Erde reichten. Sein Antlitz war streng und ernst, und in der Hand hielt er ein Schwert, breit und glänzend.

»Tanzen sollst du!« sagte er, »in deinen roten Schuhen tanzen, bis du bleich und kalt wirst, bis deine Haut zu einem Gerippe zusammenschrumpft! Tanzen sollst du von Tür zu Tür, und wo stolze, eitle Kinder wohnen, sollst du anklopfen, so daß sie dich hören und fürchten! Tanzen sollst du, tanzen!«

»Gnade!« rief Karen. Aber sie hörte nicht, was der Engel antwortete, denn die Schuhe trugen sie durch die Tür auf das Feld, über Weg und Steg, und immer mußte sie tanzen.

Eines Morgens tanzte sie an einer Tür vorbei, die sie gut kannte. Drinnen ertönte Choralgesang, ein Sarg, der mit Blumen geschmückt war, wurde herausgetragen; da wußte sie, daß die alte Dame gestorben war, und nun fühlte sie, daß sie von allen verlassen und von Gottes Engel verdammt war.

Sie tanzte und mußte tanzen, tanzen in der finsteren Nacht. Die Schuhe trugen sie über Stock und Stein, und sie riß sich blutig; sie tanzte über die Heide bis zu einem kleinen einsamen Haus. Sie wußte, hier wohnte der Scharfrichter, und sie klopfte mit den Fingern an die Scheiben und sagte: »Komm heraus!

Komm heraus! Ich kann nicht hineinkommen, denn ich muß tanzen!«

Und der Scharfrichter sagte: »Du weißt wohl nicht, wer ich bin. Ich schlage den bösen Menschen den Kopf ab, und ich merke, daß meine Axt zittert!«

»Schlag mir den Kopf nicht ab!« sagte Karen, »denn sonst kann ich meine Sünde nicht bereuen! Aber schlag meine Füße mit den roten Schuhen ab!«

Und dann beichtete sie ihre ganze Sünde, und der Scharfrichter hieb ihr die Füße mit den roten Schuhen ab; aber die Schuhe tanzten mit den kleinen Füßen über das Feld in den tiefen Wald hinein.

Und er schnitzte ihr Holzfüße mit Krücken, lehrte sie einen Choral, den die Sünder immer singen, und sie küßte die Hand, die das Beil geführt hatte, und ging über die Heide davon.

»Nun habe ich genug für die roten Schuhe gelitten!« sagte sie. »Nun will ich in die Kirche gehen, damit sie mich sehen können!« Und sie ging rasch zur Kirchentür; aber als sie dahinkam, tanzten die roten Schuhe vor ihr her, und sie erschrak und kehrte um.

Die ganze Woche war sie betrübt und weinte viele bittere Tränen, aber als es Sonntag wurde, sagte sie: »So, nun habe ich genug gelitten und gestritten! Ich glaube wohl, daß ich ebensogut bin wie viele von denen, die da in der Kirche sitzen und den Kopf hoch tragen!« Und dann ging sie mutig hin, aber sie kam nicht weiter als bis zur Kirchentür, da sah sie die roten Schuhe vor sich her tanzen, und sie entsetzte sich und kehrte um und bereute recht von Herzen ihre Sünde.

Und sie ging zum Pfarrhaus und bat, daß man sie dort in Dienst nehmen möge, fleißig wolle sie sein und alles tun, was sie könne, auf den Lohn sehe sie nicht, nur daß sie unter ein Dach komme und bei guten Menschen sei. Die Pfarrersfrau hatte Mitleid mit ihr und nahm sie in ihren Dienst. Und sie war fleißig und in sich gekehrt. Still saß sie und hörte zu, wenn der Pfarrer des Abends aus der Bibel vorlas. All die Kleinen hatten sie sehr gern, wenn sie aber von Putz und Pracht und von Schönheit sprachen, dann schüttelte sie den Kopf.

Am nächsten Sonntag gingen alle zur Kirche, und sie fragten sie, ob sie mitwolle, aber sie sah betrübt, mit Tränen in den

Augen, auf ihre Krücken. Und dann gingen die andern hin, Gottes Wort zu hören, sie aber ging allein in ihre kleine Kammer; die war nur so groß, daß ein Bett und ein Stuhl darin stehen konnten, hier setzte sie sich mit ihrem Gesangbuch nieder, und als sie mit frommem Sinn darin las, trug der Wind die Orgeltöne von der Kirche zu ihr herüber, und sie erhob ihr Angesicht mit Tränen und sagte: »O Gott, hilf mir!«

Da schien die Sonne so hell, und gerade vor ihr stand Gottes Engel in dem weißen Kleid, den sie in jener Nacht an der Kirchentür gesehen hatte. Aber er trug nicht mehr das scharfe Schwert, sondern einen herrlichen, grünen Zweig, der voller Rosen war. Er berührte damit die Decke, und die hob sich empor, und wo er sie berührt hatte, glänzte ein goldener Stern, und er berührte die Wände, und sie rückten auseinander, und sie sah die Orgel, die spielte, und sie sah die alten Bilder mit Pfarrern und Pfarrersfrauen. Die Gemeinde saß in den geschmückten Stühlen und sang aus ihren Gesangbüchern. – Die Kirche war selbst zu dem armen Mädchen in die kleine enge Kammer gekommen, oder vielleicht war auch das Mädchen in die Kirche gekommen. Sie saß im Stuhl bei den anderen Leuten des Pfarrers, und als sie den Choral beendet hatten und aufsahen, nickten sie ihr zu und sagten: »Es war recht, daß du kamst, Karen!«

»Es war Gnade!« sagte sie.

Die Orgel ertönte, und die Kinderstimmen im Chor klangen so weich und lieblich! Der helle Sonnenschein strömte warm durch das Fenster auf den Kirchenstuhl, wo Karen saß. Ihr Herz wurde so von Sonnenschein, Frieden und Freude erfüllt, daß es brach. Ihre Seele flog auf Sonnenstrahlen zu Gott, und da war niemand, der nach den roten Schuhen fragte.

Die Springer

Der Floh, der Grashüpfer und der Hüpfauf* wollten einmal sehen, wer von ihnen am höchsten springen könnte. Da luden sie die

* Ein Kinderspielzeug aus einem fleischlosen Gänsebrustknochen, nach Art der hölzernen Springfrösche gemacht.

ganze Welt und wer sonst noch kommen wollte ein, die Pracht mit anzusehen. Es waren drei tüchtige Springer, die sich da im Zimmer versammelten.

»Ich gebe meine Tochter dem, der am höchsten springt!« sagte der König. »Denn es wäre zu armselig, wenn diese Leute umsonst springen sollten.«

Der Floh trat zuerst vor; er hatte sehr nette Manieren und grüßte nach allen Seiten, denn er hatte Fräuleinblut in den Adern und war gewohnt, nur mit Menschen umzugehen, und das macht sehr viel aus.

Dann kam der Grashüpfer, der war freilich bedeutend schwerer, aber er machte doch eine ganz gute Figur und trug eine grüne Uniform, die ihm angeboren war. Überdies sagte er, daß er im Lande Ägypten einer sehr alten Familie angehöre und daß er dort hochgeschätzt werde. Er sei geradewegs vom Feld genommen und in ein Kartenhaus gesetzt worden, das drei Etagen hatte, alle aus Kartenfiguren, die ihre bunte Seite nach innen gekehrt hatten. Da seien Türen und Fenster, und zwar aus dem Leib der Herzdame geschnitten. »Ich singe so«, sagte er, »daß sechzehn eingeborene Heimchen, die von klein auf gepfiffen und doch kein Kartenhaus bekommen hatten, sich bei meinem Gesang noch dünner ärgerten, als sie schon waren!«

Alle beide, der Floh und der Grashüpfer, taten gehörig kund, wer sie waren und daß sie glaubten, wohl eine Prinzessin ehelichen zu können.

Der Hüpfauf sagte nichts, aber man erzählte von ihm, daß er

desto mehr dächte; und der Hofhund, der ihn nur beschnüffelt hatte, stand dafür ein, daß der Hüpfauf aus guter Familie sei. Der alte Ratsherr, der drei Orden für Stillschweigen erhalten hatte, versicherte, er wisse, daß der Hüpfauf mit Prophetenkraft begabt sei; man könne an seinem Rücken sehen, ob man einen milden oder einen strengen Winter bekomme, und das kann man nicht einmal am Rücken desjenigen sehen, der den Kalender schreibt.

»Ich sage ja nichts!« sagte der alte König, »ich denke mir immer so mein Teil!«

Nun galt es also, den Sprung zu tun. Der Floh sprang so hoch, daß niemand es sehen konnte, und da behaupteten sie, daß er gar nicht gesprungen sei. Das war doch schnöde!

Der Grashüpfer sprang nur halb so hoch, aber er sprang dem König ins Gesicht, und der sagte, das sei abscheulich.

Der Hüpfauf stand lange still und besann sich; am Ende glaubte man, daß er nicht springen könne.

»Wenn ihm nur nicht schlecht geworden ist!« sagte der Hofhund, und dann beschnüffelte er ihn wieder. Hopp! da sprang er mit einem kleinen schiefen Sprung auf den Schoß der Prinzessin, die auf einem niedrigen Goldschemel saß.

Da sagte der König: »Der höchste Sprung ist der zu meiner Tochter hinauf, denn darin liegt das Feine, aber es gehört Köpfchen dazu, darauf zu kommen. Und der Hüpfauf hat gezeigt, daß er Köpfchen hat. Er hat den Kopf auf dem rechten Fleck!«

Und so bekam er die Prinzessin.

»Ich bin doch am höchsten gesprungen!« sagte der Floh. »Aber es ist einerlei! Laß sie nur den Gänseknochen mit Stock und Pech nehmen. Ich bin doch am höchsten gesprungen! Aber es gehört in dieser Welt ein Körper dazu, damit man gesehen werden kann.«

Und darauf trat der Floh in fremde Kriegsdienste, wo er, wie man sagt, erschlagen worden sein soll.

Der Grashüpfer setzte sich draußen in den Graben und dachte darüber nach, wie es eigentlich in der Welt zugehe, und er sagte auch: »Körper gehört dazu! Körper gehört dazu!« Und dann sang er sein eigenes trübseliges Lied, dem wir die Geschichte entnommen haben, die doch wohl erlogen sein könnte, wenn sie auch gedruckt ist.

Die Hirtin und der Schornsteinfeger

Hast du wohl je einen recht alten Holzschrank gesehen, ganz schwarz vor Alter und mit geschnitzten Schnörkeln und Laubwerk? Genauso einer stand in einer Wohnstube, er war von der Urgroßmutter geerbt und hatte geschnitzte Rosen und Tulpen von oben bis unten. Da gab es die wunderlichsten Schnörkel, und dazwischen streckten kleine Hirsche den Kopf mit Geweih hervor. Mitten auf dem Schrank aber stand ein ganzer geschnitzter Mann; er war freilich lächerlich anzusehen und grinste auch, denn Lachen konnte man es nicht nennen; er hatte die Beine eines Ziegenbocks, kleine Hörner am Kopf und einen langen Bart. Die Kinder im Zimmer nannten ihn immer den Ziegenbocksbein-Oberunduntergeneralkriegskommandeursergeanten, denn der Name war schwer auszusprechen, und es gibt nicht viele, die diesen Titel bekommen; aber den Mann schnitzen zu lassen, das war auch etwas. Doch nun war er ja da! Immer sah er nach dem Tisch unter dem Spiegel, denn da stand eine liebliche kleine Hirtin aus Porzellan. Die Schuhe waren vergoldet, das Kleid war mit einer roten Rose niedlich aufgesteckt, und dazu hatte sie einen Goldhut und einen Hirtenstab; sie war wunderschön. Dicht neben ihr stand ein kleiner Schornsteinfeger, so schwarz wie Kohle, im übrigen aber auch aus Porzellan. Er war ebenso rein und fein wie irgendein anderer; daß er ein Schornsteinfeger war, das war ja nur etwas, was er darstellte; der Porzellanmacher hätte ebensogut einen Prinzen aus ihm machen können, denn das war einerlei.

Da stand er so niedlich mit seiner Leiter und mit einem Gesicht so weiß und rot wie das eines Mädchens, und das war eigentlich ein Fehler, denn etwas schwarz hätte es wohl sein müssen. Er stand ganz nahe bei der Hirtin; sie waren beide hingestellt, wo sie standen, und da sie nun einmal so hingestellt waren, hatten sie sich verlobt. Sie paßten ja zueinander; sie waren junge Leute, aus demselben Porzellan und beide gleich zerbrechlich.

Dicht bei ihnen stand noch eine Puppe, die dreimal größer war; es war ein alter Chinese, der nicken konnte. Er war auch aus Porzellan und sagte, er sei der Großvater der kleinen Hirtin, aber das konnte er wohl nicht beweisen. Er behauptete, daß er Gewalt über sie habe, und darum hatte er dem Ziegenbocksbein-Oberunduntergeneralkriegskommandeursergeanten, der um die kleine Hirtin freite, zugenickt.

»Da bekommst du einen Mann«, sagte der alte Chinese, »einen Mann, der, wie ich fast glaube, aus Mahagoniholz ist. Er kann dich zur Ziegenbocksbein-Oberunduntergeneralkriegskommandeursergeantin machen; er hat den ganzen Schrank voll Silberzeug, außer dem, was er in den geheimen Fächern aufbewahrt!«

»Ich will nicht in den dunklen Schrank!« sagte die kleine Hirtin. »Ich habe sagen hören, daß er elf Porzellanfrauen darin hat!«

»Dann kannst du die zwölfte werden!« sagte der Chinese. »Heute nacht, sobald es in dem alten Schrank knackt, sollt ihr Hochzeit feiern, so wahr ich ein Chinese bin!« Und darauf nickte er mit dem Kopf und schlief ein.

Aber die kleine Hirtin weinte und blickte ihren Herzallerliebsten, den Porzellanschornsteinfeger, an.

»Ich möchte dich bitten«, sagte sie, »mit mir in die weite Welt hinauszugehen, denn hier können wir nicht bleiben!«

»Ich will alles, was du willst!« sagte der kleine Schornsteinfeger. »Laß uns gleich gehen! Ich denke wohl, daß ich dich durch meine Profession ernähren kann!«

»Wären wir nur erst wohlbehalten vom Tisch herunter!« sagte

sie. »Ich werde nicht froh, bevor wir draußen in der weiten Welt sind!«

Und er tröstete sie und zeigte ihr, wie sie ihren kleinen Fuß auf die ausgeschnittene Ecke und das vergoldete Laubwerk am Tischbein setzen müsse; seine Leiter nahm er auch zu Hilfe, und dann waren sie auf dem Fußboden. Aber als sie zum alten Schrank hinsahen, war dort große Unruhe; all die ausgeschnittenen Hirsche streckten die Köpfe weiter hervor, erhoben die Geweihe und drehten die Hälse. Der Ziegenbocksbein-Oberunduntergeneralkriegskommandeursergeant sprang in die Höhe und rief zum alten Chinesen hinüber: »Nun laufen sie fort! Nun laufen sie fort!«

Da erschraken sie etwas und sprangen geschwind in den Schubkasten am Fenstertritt.

Hier lagen drei, vier Spiele Karten, die nicht vollständig waren, und ein kleines Puppentheater, das aufgebaut war, so gut es eben ging. Da wurde Komödie gespielt, und alle Damen, Karo-, Herz-, Kreuz- und Pikdame, saßen in der ersten Reihe und fächelten sich mit ihren Tulpen; und hinter ihnen standen alle Buben und zeigten, daß sie Kopf hatten, sowohl oben als unten, wie die Spielkarten es haben. Die Komödie handelte von zweien, die einander nicht bekommen konnten, und die Hirtin weinte darüber, denn es war wie ihre eigene Geschichte.

»Das kann ich nicht aushalten!« sagte sie. »Ich muß aus dem Schubkasten heraus!« Aber als sie auf dem Fußboden anlangten und zum Tisch hinaufblickten, da war der alte Chinese erwacht und wackelte mit dem ganzen Körper; unten war er ja ein Klotz!

»Nun kommt der alte Chinese!« schrie die kleine Hirtin und fiel auf ihre Porzellanknie nieder, so betrübt war sie.

»Ich habe einen Gedanken!« sagte der Schornsteinfeger. »Wollen wir in die große Potpourrivase kriechen, die in der Ecke steht? Da können wir auf Rosen und Lavendel liegen und ihm Salz in die Augen werfen, wenn er kommt.«

»Das kann nichts nützen!« sagte sie. »Überdies weiß ich, daß der alte Chinese und die Potpourrivase miteinander verlobt gewesen sind, und es bleibt immer etwas Wohlwollen zurück, wenn man in solchem Verhältnis gestanden hat. Nein, es bleibt nichts übrig, als in die weite Welt hinauszugehen!«

»Hast du wirklich Mut, mit mir in die weite Welt hinauszugehen?« fragte der Schornsteinfeger. »Hast du bedacht, wie groß sie ist und daß wir nie mehr hierher zurückkommen können?«

»Das habe ich!« sagte sie.

Und der Schornsteinfeger sah sie fest an, und dann sagte er: »Mein Weg geht durch den Schornstein! Hast du wirklich Mut, mit mir durch den Ofen, durch den eisernen Kasten und durch das Rohr zu kriechen? Dann kommen wir in den Schornstein, und da kann ich mich bewegen! Wir steigen so hoch, daß sie uns nicht erreichen können, und ganz oben geht ein Loch in die weite Welt hinaus!«

Und er führte sie zur Ofentür.

»Da sieht es so schwarz aus!« sagte sie, aber sie ging doch mit ihm durch den Kasten und das Rohr, wo es pechschwarze Nacht war.

»Nun sind wir im Schornstein!« sagte er. »Und sieh! Sieh! dort oben scheint der herrlichste Stern!«

Und es war ein wirklicher Stern am Himmel, der gerade zu ihnen herabschien, als wollte er ihnen den Weg zeigen. Und sie kletterten und krochen, ein greulicher Weg war es und so hoch. Aber er hob sie und schob sie, er hielt sie und zeigte ihr die besten Stellen, wo sie ihre kleinen Porzellanfüße hinsetzen konnte; und so erreichten sie den Schornsteinrand, und auf den setzten sie sich, denn sie waren sehr ermüdet, und dazu hatten sie auch allen Grund.

Der Himmel mit allen seinen Sternen war hoch über ihnen und alle Dächer der Stadt tief unter ihnen. Sie sahen so weit, so weit hinaus in die Welt. Die arme Hirtin hatte es sich niemals so vorgestellt. Sie lehnte sich mit ihrem kleinen Kopf an ihren Schornsteinfeger, und dann weinte sie, daß das Gold von ihrem Gürtel absprang.

»Das ist allzu viel!« sagte sie. »Das kann ich nicht ertragen! Die Welt ist allzu groß! Wäre ich doch wieder auf dem Tisch unter dem Spiegel! Ich werde nicht froh, bevor ich wieder dort bin! Nun bin ich dir in die Welt hinaus gefolgt, nun kannst du mich auch wieder zurückbegleiten, wenn du mich wirklich liebhast.«

Und der Schornsteinfeger redete ihr gut zu, sprach von dem

alten Chinese [illegible] in Ziegenbocksbein-Oberunduntergeneralkriegskom [illegible] rgeanten; aber sie schluchzte so heftig und küßte ih [illegible] n Schornsteinfeger, daß er nicht anders konnte, als s [illegible] n, obgleich es töricht war.

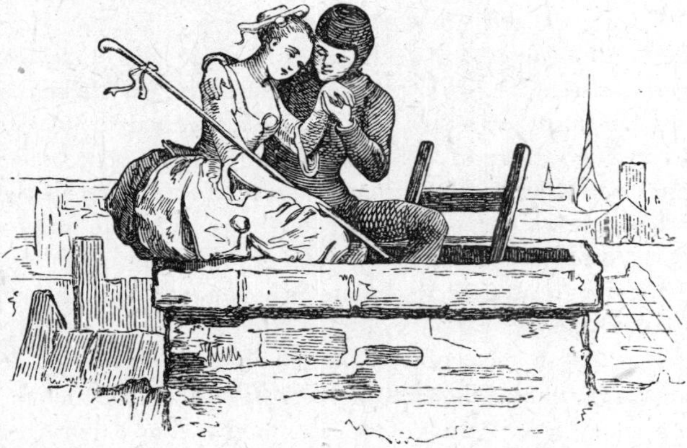

Und so kletterten sie mit großer Mühe den Schornstein wieder hinunter und krochen durch das Rohr und den Kasten, das war gar nicht schön. Dann standen sie ihm dunklen Ofen und horchten hinter der Tür, um zu erfahren, wie es in der Stube stand. Dort war es ganz still; sie guckten hinein – ach, da lag der alte Chinese mitten auf dem Fußboden. Er war vom Tisch gefallen, als er hinter ihnen her wollte, und lag nun in drei Stücke zerschlagen da; der ganze Rücken war in einem Stück abgegangen, und der Kopf war in eine Ecke gerollt. Der Ziegenbocksbein-Oberunduntergeneralkriegskommandeursergeant stand, wo er immer gestanden hatte, und dachte nach.

»Das ist gräßlich!« sagte die kleine Hirtin. »Der alte Großvater ist in Stücke zersprungen, und wir sind schuld daran! Das werde ich nie überleben!« Und dann rang sie ihre winzig kleinen Hände.

»Er kann noch genietet werden!« sagte der Schornsteinfeger. »Er kann noch genietet werden! Sei nur nicht so heftig! Wenn sie ihn im Rücken kitten und ihm einen guten Niet in den Nacken stecken, so wird er so gut wie neu und kann uns noch manches Unangenehme sagen!«

»Glaubst du?« sagte sie. Und dann kro[redacted]wieder auf den Tisch hinauf, wo sie früher gestanden hatten.

»Siehst du, so weit sind wir nun gekommen!« sagte der Schornsteinfeger. »Da hätten wir uns all die Mühe ersparen können!«

»Hätten wir nur erst den alten Großvater wieder genietet!« sagte die Hirtin. »Ob das sehr teuer ist?«

Und genietet wurde er. Die Familie ließ ihn im Rücken kitten, er bekam einen guten Niet durch den Hals; er war so gut wie neu, aber nicken konnte er nicht mehr.

»Sie sind wohl hochmütig geworden, seitdem Sie in Stücke zersprungen sind?« sagte der Ziegenbocksbein-Oberunduntergeneralkriegskommandeursergeant. »Ich glaube nicht, daß Sie Ursache hätten, so gefährlich zu sein. Soll ich sie haben oder soll ich sie nicht haben?«

Und der Schornsteinfeger und die kleine Hirtin sahen den alten Chinesen flehentlich an; sie fürchteten, er würde nicken, aber das konnte er nicht, und es war ihm unangenehm. einem Fremden zu erzählen, daß er beständig einen Niet im Nacken habe. Und so blieben die Porzellanleute beisammen und sie segneten Großvaters Niet und liebten sich, bis sie zerbrachen.

Holger Danske

Da ist in Dänemark ein altes Schloß, das heißt Kronborg. Es liegt draußen am Öresund, wo die großen Schiffe jeden Tag zu Hunderten vorbeifahren, englische, russische und preußische; und sie begrüßen das alte Schloß mit Kanonen: ›Bum!‹ Und das Schloß antwortete mit Kanonen: ›Bum!‹Denn so sagen die Kanonen ›Guten Tag!‹ und ›Schönen Dank!‹ – Im Winter segeln dort keine Schiffe, dann ist alles mit Eis bedeckt bis hinüber zur schwedischen Küste, aber das ist wie eine richtige Landstraße; da wehen die dänische Flagge und die schwedische Flagge, und Dänen und Schweden sagen einander: »Guten Tag!« – »Schönen Dank!« Aber nicht mit Kanonen, nein! mit freundlichem Handschlag, und der eine holt Weißbrot und Brezeln bei dem andern, denn fremde Kost schmeckt am besten. Aber das Schönste vom ganzen ist doch das alte Kronborg, und unter ihm sitzt Holger Danske im tiefen, dunklen Keller, wo niemand hinkommt. Er ist in Eisen und Stahl gekleidet und stützt sein Haupt auf die starken Arme; sein langer Bart hängt über den Marmortisch, in dem er festgewachsen ist. Er schläft und träumt, aber im Traum sieht er alles, was hier oben in Dänemark geschieht. Jeden Weihnachtsabend kommt ein Engel Gottes und sagt ihm, daß es richtig sei, was er geträumt habe, und daß er ruhig weiterschlafen könne, Dänemark sei noch in keiner wirklichen Gefahr; kommt es aber in eine solche, ja, dann wird der alte Holger Danske sich erheben, daß der Tisch zerbricht, wenn er den Bart herauszieht! Dann kommt er hervor und schlägt drein, daß es in allen Ländern der Welt zu hören ist.

All das von Holger Danske erzählte ein alter Großvater seinem kleinen Enkel, und der kleine Knabe wußte, daß es wahr ist, was der Großvater sagte. Und während der Alte saß und erzählte, schnitzte er an einem großen Holzbild, das Holger Danske darstellen und vorn an einem Schiff angebracht werden sollte, denn der alte Großvater war Bildschnitzer, und das ist ein Mann der Gallionsfiguren für die Schiffe schnitzt, je nachdem wie das Schiff benannt werden soll. Und hier hatte er Holger Danske geschnitzt, der so aufrecht und stolz mit seinem langen Bart dastand und in der einen Hand das breite Schlachtschwert hielt, während er sich mit der anderen Hand auf das dänische Wappen stützte.

Und der alte Großvater erzählte so viel von merkwürdigen dänischen Männern und Frauen, daß es dem kleinen Enkel am Ende vorkam, als wisse er nun ebensoviel, wie Holger Danske wissen konnte, der ja doch nur davon träumte. Und als der Kleine in sein Bett kam, dachte er soviel daran, daß er ordentlich sein Kinn gegen die Bettdecke preßte und meinte, er habe einen langen Bart, der daran festgewachsen sei.

Aber der alte Großvater blieb bei seiner Arbeit sitzen und schnitzte an dem letzten Teil, das war das dänische Wappen. Und nun war er fertig; und er betrachtete das Ganze und dachte an alles, was er gelesen und gehört und was er diesen Abend dem kleinen Knaben erzählt hatte; und er nickte und wischte seine Brille ab, setzte sie wieder auf und sagte: »Ja, zu meinen Lebzeiten kommt Holger Danske wohl nicht mehr, aber der Knabe dort im Bett kann ihn vielleicht zu sehen bekommen und mit dabeisein, wenn es wirklich losgeht.« Und der alte Großvater nickte, und je länger er seinen Holger Danske ansah, desto deutlicher wurde ihm, daß es ein gutes Bild war, das er gemacht hatte. Es schien ihm, als ob es ordentlich Farbe bekäme und der Harnisch wie Eisen und Stahl glänze; die Herzen im dänischen Wappen wurden roter und roter, und die Löwen mit den Goldkronen sprangen.*

»Das ist doch das schönste Wappen, das es in der Welt gibt!« sagte der Alte. »Die Löwen sind die Stärke und die Herzen die Milde und die Liebe!« Und er betrachtete den obersten Löwen und dachte an König Knud, der das große England an Dänemarks Thron fesselte; und er sah den zweiten Löwen an und dachte an Valdemar, der Dänemark vereinigte und die wendischen Länder bezwang; er sah auf den dritten Löwen und dachte an Margarethe, die Dänemark, Schweden und Norwegen vereinigte. Aber als er die roten Herzen ansah, da leuchteten sie noch stärker als zuvor, sie wurden zu Flammen, die sich bewegten, und seine Gedanken folgten einer jeden.

Die erste Flamme führte ihn in ein enges, dunkles Gefängnis. Da saß eine Gefangene, eine schöne Frau, Christians IV. Tochter: Eleonore Ulfeldt, und die Flamme setzte sich wie eine Rose an ihre Brust und blühte mit ihrem Herzen zusammen – dem Herzen der edelsten und besten aller dänischen Frauen.

»Ja, das ist ein Herz in Dänemarks Wappen!« sagte der alte Großvater.

Und seine Gedanken folgten der Flamme, die ihn auf das Meer hinausführte, wo die Kanonen donnerten, wo die Schiffe, in Rauch gehüllt, lagen; und die Flamme heftete sich wie ein Ordensband auf Hvitfeldts Brust, als er zur Errettung der Flotte sich und sein Schiff in die Luft sprengte.

Und die dritte Flamme führte ihn nach Grönlands erbärmlichen Hütten, wo der Pfarrer Hans Egede mit Liebe in Worten und Taten wirkte. Die Flamme war ein Stern auf seiner Brust, ein Herz zum dänischen Wappen.

* Das dänische Wappen besteht aus drei Löwen zwischen neun Herzen.

Und die Gedanken des alten Großvaters gingen der schwebenden Flamme voran, denn sein Geist wußte, wohin die Flamme wollte. In der ärmlichen Stube der Bauersfrau stand König Frederik VI. und schrieb seinen Namen mit Kreide an den Balken. Die Flamme bebte an seiner Brust, bebte in seinem Herzen; in der Bauernstube wurde sein Herz ein Herz im dänischen Wappen. Und der alte Großvater trocknete seine Augen, denn er hatte König Frederik mit den silberweißen Haaren und den ehrlichen, blauen Augen gekannt und für ihn gelebt; und er faltete seine Hände und blickte still vor sich hin. Da kam des alten Großvaters Schwiegertochter und sagte, es sei spät, er solle nun ruhen, und der Abendtisch sei gedeckt.

»Aber schön ist es doch, was du da gemacht hast, Großvater!« sagte sie. »Holger Danske und unser ganzes altes Wappen! Es ist mir, als hätte ich dieses Gesicht schon früher gesehen!«

»Nein, das hast du wohl nicht«, sagte der alte Großvater, »aber ich habe es gesehen, und ich habe mich bemüht es in Holz zu schneiden, wie ich es in Erinnerung habe. Es war damals, als die Engländer auf Reede lagen, am dänischen zweiten April*, als wir zeigten, daß wir alte Dänen waren! Auf der ›Dänemark‹, wo ich in Steen Billes Schwadron stand, hatte ich einen Mann zur Seite; es war, als fürchteten sich die Kugeln vor ihm! Lustig sang er alte Lieder und schoß und kämpfte, als wäre er mehr als ein Mensch. Ich entsinne mich seines Gesichtes noch, aber woher er kam und wohin er ging, weiß ich nicht, weiß niemand. Ich habe oft gedacht, es war wohl der alte Holger Danske selbst, der von Kronborg hergeschwommen ist und uns in der Stunde der Gefahr geholfen hat; das war so mein Gedanke, und dort steht sein Bild.«

Und es warf seinen großen Schatten an die Wand sogar über einen Teil der Decke; es sah aus, als wäre es der wirkliche Holger Danske selbst, der dahinterstünde, denn der Schatten bewegte sich; aber es konnte auch daher kommen, daß die Flamme der Kerze nicht gleichmäßig brannte. Und die Schwiegertochter küßte den alten Großvater und führte ihn zum großen Lehnstuhl

* Am 2. April 1801 fand die blutige unentschiedene Seeschlacht zwischen Dänen und Engländern unter Parker und Nelson vor Kopenhagen statt.

vor dem Tisch. Sie und ihr Mann, der ja des alten Großvaters Sohn und Vater des kleinen Knaben war, der im Bett lag, aßen ihr Abendbrot, und der alte Großvater sprach von den dänischen Löwen und den dänischen Herzen, von der Stärke und Güte; und ganz deutlich erklärte er, daß es noch eine Stärke gebe außer der, die im Schwert liegt; und er zeigte auf das Bord, wo alte Bücher lagen, wo Holbergs sämtliche Komödien lagen, die so oft gelesen wurden, denn sie waren so lustig, man hatte das Gefühl, alle Personen aus alten Tagen darin zu kennen.

»Sieh, der hat auch zu schlagen gewußt!« sagte der alte Großvater, »er hat die Tollheit und Torheit der Leute gegeißelt, solange er konnte!« Und der Großvater nickte zum Spiegel hin, wo der Kalender mit dem Runden Turm stand, und sagte: »Tycho Brahe war auch einer, der das Schwert gebrauchte, nicht um in Fleisch und Bein zu hauen, sondern um einen deutlicheren Weg zu allen Sternen des Himmels zu schlagen! – Und dann er, dessen Vater meinem Stand angehörte, der Sohn des alten Bildschnitzers, den wir selbst gesehen haben mit dem weißen Haar und den breiten Schultern, der in allen Ländern der Welt genannt wird! Ja, er konnte hauen, ich kann nur schnitzen! Ja, Holger Danske kann in vielen Gestalten kommen, damit man in aller Herren Länder von Dänemarks Stärke hört! Wir wollen auf Bertels* Wohl trinken!«

Aber der kleine Knabe im Bett sah deutlich das alte Kronborg mit dem Öresund, den wirklichen Holger Danske, der tief unten mit dem Bart im Marmortisch festgewachsen war und von allem träumte, was hier oben geschah. Holger Danske träumte auch von der kleinen ärmlichen Stube, wo der Bildschnitzer saß, er hörte alles, was da gesprochen wurde, und nickte im Traum und sagte: ›Ja, denkt nur an mich, ihr dänischen Leute! Behaltet mich in Erinnerung! Ich komme in der Stunde der Not!‹

Und vor Kronborg schien der helle Tag, und der Wind trug die Töne des Jägerhorns vom Nachbarland herüber; die Schiffe segelten vorbei und grüßten: ›Bum! Bum!‹, und von Kronborg antwortete es: ›Bum! Bum!‹ Aber Holger Danske erwachte nicht, wie stark sie auch schossen, denn es war ja nur: ›Guten Tag!‹ –

* Bertel Thorvaldsen.

›Schönen Dank!‹ Da muß ganz anders geschossen werden, wenn er erwachen soll, aber er erwacht wohl, denn es ist Mark in Holger Danske!

Das kleine Mädchen mit den Schwefelhölzchen

Es war entsetzlich kalt, es schneite und der Abend begann zu dunkeln; es war der letzte Abend des Jahres. In dieser Kälte und Dunkelheit ging auf der Straße ein kleines armes Mädchen mit bloßem Kopf und nackten Füßen. Als es das Haus verließ, hatte es freilich Pantoffeln angehabt. Aber was half das! Es waren sehr große Pantoffeln, die seine Mutter bisher getragen hatte, so groß waren sie; und die Kleine verlor sie, als sie über die Straße huschte, weil zwei Wagen schrecklich schnell vorüberrollten. Der eine Pantoffel war nicht wiederzufinden, mit dem andern lief ein Junge fort; er sagte, er könne ihn als Wiege gebrauchen, wenn er selbst Kinder hätte.

Da ging nun das kleine Mädchen auf nackten kleinen Füßen, die rot und blau vor Kälte waren. In einer alten Schürze trug es eine Menge Schwefelhölzchen und ein Bund davon in der Hand. Niemand hatte ihm den ganzen langen Tag etwas abgekauft, niemand hatte ihm einen kleinen Schilling geschenkt; hungrig und verfroren war es und sah so verschüchtert aus, das arme kleine Mädchen!

Die Schneeflocken bedeckten sein langes blondes Haar, das sich so hübsch im Nacken lockte, aber daran dachte es freilich nicht. Aus allen Fenstern glänzten die Lichter, und es roch in der Straße herrlich nach Gänsebraten; es war ja Silvesterabend, und daran dachte es.

In einem Winkel zwischen zwei Häusern, von denen das eine etwas weiter in die Straße vorsprang als das andere, setzte es sich hin und kauerte sich zusammen. Die kleinen Füße hatte es an sich gezogen, aber es fror noch mehr, und nach Hause zu gehen wagte es nicht. Es hatte ja keine Schwefelhölzchen verkauft und nicht einen einzigen Schilling bekommen, der Vater würde es schlagen. Kalt war es zu Hause auch; über sich hatten sie nur das Dach, durch das der Wind pfiff, wenn auch die größten Spalten mit Stroh und Lumpen zugestopft waren.

Die kleinen Hände waren beinahe vor Kälte erstarrt. Ach! ein Schwefelhölzchen konnte wohl guttun, wenn es nur ein einziges aus dem Bund herausziehen, an die Wand streichen und sich die Finger erwärmen dürfte. Es zog eins heraus, ritsch! wie sprühte, wie brannte es! Es war eine warme helle Flamme, wie ein kleines Licht, als es die Hände darüberhielt. Es war ein wunderbares Licht! Es schien dem kleinen Mädchen als säße es vor einem großen eisernen Ofen mit blanken Messingkugeln und einer Messingtrommel. Das Feuer brannte so schön und wärmte so gut! Das kleine Mädchen streckte schon die Füße aus, um auch sie zu wärmen – da erlosch die Flamme, der Ofen verschwand, es hatte nur den kleinen Rest des abgebrannten Schwefelhölzchens in der Hand.

Ein neues wurde angestrichen, es brannte, es leuchtete, und wo der Schein auf die Mauer fiel, wurde sie durchsichtig wie ein Schleier. Es konnte gerade in die Stube hineinsehen wo der Tisch mit einem schneeweißen Tischtuch und feinem Porzellan gedeckt war, und herrlich dampfte die gebratene Gans, mit Äpfeln und Backpflaumen gefüllt. Und was noch prächtiger war, die Gans sprang von der Schüssel herunter und wackelte über den Fußboden, Messer und Gabel im Rücken, gerade auf das arme Mädchen zu. Da erlosch das Schwefelhölzchen, und nur die dicke kalte Mauer war zu sehen.

Es zündete noch ein Hölzchen an. Da saß es unter dem herrlichsten Weihnachtsbaum, der noch größer und geputzter war als der, den es am Heiligabend durch die Glastür bei dem reichen Kaufmann gesehen hatte. Tausende von Lichtern brannten auf den grünen Zweigen, und bunte Bilder, wie sie in Schaufenstern zu sehen waren, sahen herab. Das kleine Mädchen streckte die Hände danach aus – da erlosch das Schwefelhölzchen. Die Weihnachtslichter stiegen höher und höher, und es sah sie jetzt als helle Sterne am Himmel; einer von ihnen fiel herunter und bildete einen langen Feuerstreifen am Himmel.

»Jetzt stirbt jemand!« sagte das kleine Mädchen, denn die alte Großmutter, die einzige, die gut zu ihm gewesen und nun gestorben war, hatte ihm erzählt, daß wenn ein Stern vom Himmel herunterfällt, eine Seele zu Gott emporsteigt.

Es strich wieder ein Hölzchen an der Mauer an, es leuchtete ringsumher, und in dem Glanz stand die alte Großmutter, so klar, so schimmernd, so mild und liebevoll.

»Großmutter!« rief die Kleine. »Oh, nimm mich mit! Ich weiß, du bist fort, wenn das Schwefelhölzchen erlischt, du verschwindest wie der warme Ofen, wie der herrliche Gänsebraten und der große prächtige Weihnachtsbaum!« Und es strich schnell den ganzen Rest Schwefelhölzchen an, der noch im Bund war, denn es wollte die Großmutter recht festhalten. Und die Schwefelhölzchen leuchteten mit einem solchen Glanz, daß es heller wurde als am hellen Tag. Großmutter war früher nie so schön, so groß gewesen. Sie nahm das kleine Mädchen in ihre Arme, und sie flogen in Glanz und Freude so hoch, so hoch; und dort oben war weder Kälte noch Hunger, noch Angst – sie waren bei Gott.

Aber im Winkel des Hauses saß in der kalten Morgenstunde das kleine Mädchen mit roten Wangen und lächelndem Munde – tot, erfroren am letzten Abend des alten Jahres. Der Neujahrsmorgen ging über dem toten Kinde auf, das dort mit den Schwefelhölzchen saß, von denen ein Bund fast abgebrannt war. »Es hat sich wärmen wollen!« sagte man. Niemand wußte, was es Schönes gesehen hatte, in welchem Glanz es mit der Großmutter zur Neujahrsfreude eingegangen war.

Ein Bild vom Festungswall

Es ist Herbst, wir stehen auf dem Festungswall und blicken hinaus über das Meer, auf die vielen Schiffe und hinüber zur schwedischen Küste, die sich hoch im Abendsonnenschein erhebt. Hinter uns fällt der Wall steil abwärts; und prächtige Bäume umgeben uns; das gelbe Laub fällt von den Zweigen. Unten stehen finstere Häuser mit Palisaden, und innen, wo die Schildwache auf und ab geht, ist es eng und düster, aber noch finsterer ist es in dem vergitterten Loch; dort sitzen die Kettensträflinge, die ärgsten Verbrecher.

Ein Strahl der sinkenden Sonne fällt in die kahle Zelle, die Sonne scheint auf Gute und Böse! Der finstere, rauhe Gefangene wirft einen häßlichen Blick auf den kalten Sonnenstrahl. Ein kleiner Vogel fliegt auf das Gitter zu. Der Vogel singt für Gute und Böse! Er singt ein kurzes ›Quivit‹, aber er bleibt sitzen, schlägt mit den Flügeln, zupft eine Feder heraus, plustert die anderen Federn um den Hals auf – und der böse Mann an der Kette sieht ihm zu; ein milderer Ausdruck geht über das häßliche Gesicht; ein Gedanke, den er sich selbst nicht deutlich machen kann, taucht in seiner Brust auf; der Gedanke ist verwandt mit dem Sonnenstrahl, der durch das Gitter fällt, verwandt mit dem Duft der Veilchen, die im Frühling draußen so reich wachsen. Nun ertönt das Horn der Jäger, lieblich und voll. Der Vogel schreckt zusammen und fliegt vom Gitter des Gefangenen; der Sonnenstrahl verschwindet, und es ist wieder finster in der Zelle, finster im Herzen des bösen Mannes, aber die Sonne hat doch hineingeschienen, der Vogel hineingesungen!

Tönt weiter, ihr schönen Waldhornklänge! Der Abend ist mild, das Meer spiegelglatt und still.

Aus einem Fenster in Vartou

Draußen am grünen Wall, der sich rings um Kopenhagen zieht, liegt ein großes rotes Haus mit vielen Fenstern, in denen Balsaminen und Amberbäume wachsen. Ärmlich sieht es da drinnen aus, und arme alte Leute wohnen dort. Das ist Vartou.

Sieh da! Auf das Fensterbrett stützt sich eine alte Jungfer, sie zupft das dürre Blatt von der Balsamine ab und sieht hinaus auf den grünen Wall, wo sich fröhliche Kinder tummeln. Woran mag sie denken? Ein Lebensdrama rollt vor ihren Gedanken ab.

Die armen Kleinen, wie glücklich sie spielen! Welch rote Wangen, welch liebe Augen! Aber sie haben weder Strümpfe noch Schuhe an; sie tanzen auf dem grünen Wall umher. Wie die Sage erzählt, sank dort vor vielen Jahren die Erde stets ein, und ein unschuldiges Kind wurde mit Blumen und Spielzeug in das offene Grab gelockt und eingemauert, während es spielte und aß. Da lag der Wall fest und trug bald einen herrlichen Rasen. Die Kleinen kennen die Sage nicht, sonst würden sie das Kind dort unter der Erde weinen hören, und der Tau auf dem Gras würde ihnen wie brennende Tränen erscheinen. Sie kennen auch nicht die Geschichte von Dänemarks König, der hier vorüberritt, als draußen der Feind lag und der den Schwur tat, er wolle in seinem Nest sterben. Da kamen Frauen und Männer und gossen siedenes Wasser auf die weißgekleideten Feinde, die im Schnee die äußere Wallseite hinaufkletterten.

Lustig spielen die armen Kleinen.

Spiele nur, du kleines Mädchen! Bald kommen die Jahre, ja die gesegneten Jahre; die Konfirmanden lustwandeln Hand in Hand am grünenden Wall, du trägst ein weißes Kleid, das deine Mutter viel gekostet hat und doch nur aus einem größeren alten Kleid genäht ist! Du bekommst ein rotes Tuch, das dir zu tief herabhängt, aber so kann man sehen, wie groß es ist, ja viel zu groß! Du denkst an deinen Putz und an den lieben Gott. Herrlich ist das Wandern auf dem Wall! Und die Jahre vergehen mit vielen

dunklen Tagen, aber auch mit Jugendfreuden; und du bekommst einen Freund, du weißt selbst nicht wie; ihr begegnet euch, ihr wandert im Vorfrühling auf dem Wall, wenn alle Glocken zum Buß- und Bettag läuten. Es sind noch keine Veilchen zu finden, aber draußen vor dem Schloß Rosenborg prangt ein Baum mit den ersten grünenden Knospen; dort bleibt ihr stehen. Alljährlich treibt dieser Baum grüne Zweige, das Herz in des Menschen Brust tut es nicht. Da hindurch gleiten mehr dunkle Wolken, als der Norden sie kennt. Armes Kind! Die Brautkammer deines Bräutigams wird der Sarg, und du wirst eine alte Jungfer. Von Vartou aus siehst du hinter den Balsaminen auf die spielenden Kinder und siehst deine eigene Geschichte sich wiederholen.

Und das ist gerade das Lebensdrama, das vor der alten Jungfer abrollt, die auf den Wall hinaussieht, wo die Sonne scheint, wo die Kinder mit den roten Wangen und ohne Schuhe und Strümpfe jubilieren wie alle anderen Vögel des Himmels.

Die alte Straßenlaterne

Hast du schon die Geschichte von der alten Straßenlaterne gehört? Sie ist gar nicht so besonders lustig, aber man kann sie immerhin einmal anhören. Es war eine brave alte Straßenlaterne, die viele, viele Jahre hindurch ihren Dienst versehen hatte, jetzt aber in den Ruhestand versetzt werden sollte. Es war der letzte Abend, den sie auf dem Pfahl saß und die Straße beleuchtete. Es war ihr zumute wie einer alten Ballettänzerin, die zum letzten Male tanzt und weiß, daß sie morgen in ihrer Bodenkammer sitzt. Die Laterne hatte große Angst vor dem nächsten Tag, denn sie wußte, daß sie zum ersten Mal auf dem Rathaus erscheinen und von Bürgermeister und Rat besichtigt werden sollte, ob sie noch brauchbar sei oder nicht. Da sollte nun beschlossen werden, ob sie auf eine der Brücken geschickt werden sollte, um dort zu leuchten, oder auf das Land in eine Fabrik; vielleicht ging sie geradewegs zu einem Eisengießer, um umgegossen zu werden; da konnte ja alles aus ihr werden, aber es schmerzte sie, daß sie nicht wußte, ob sie dann wohl die Erinnerung daran behalten würde, daß sie früher eine Straßenlaterne gewesen war. – Wie es ihr auch gehen mochte, soviel ist gewiß, sie würde vom Wächter und seiner Frau, die sie wie zu ihrer Familie gehörig betrachteten, getrennt werden. Sie wurde zur gleichen Zeit Laterne, als er Wächter wurde. Die Frau wollte damals hoch hinaus. Nur wenn sie abends an der Laterne vorbeiging, sah sie sie an, am Tage aber niemals. Jetzt aber, in den letzten Jahren, wo sie alle drei, der Wächter, die Frau und die Laterne, alt geworden waren, hatte auch die Frau sie gepflegt, geputzt und ihr Öl eingegossen. Ehrlich waren die beiden Eheleute, niemals hatten sie die Laterne um einen Tropfen betrogen. Es war ihr letzter Abend auf der Straße, und morgen sollte sie aufs Rathaus, das waren trübe Gedanken für die Laterne, und so kann man sich wohl denken, wie sie brannte. Aber es gingen auch andere Gedanken durch sie hindurch. Da war so vieles, was sie gesehen, so vieles, was sie beleuchtet hatte, vielleicht ebensoviel wie Bürgermeister und Rat, aber sie sagte es nicht, denn sie war eine brave alte Laterne, die niemandem etwas zuleide tun mochte, am allerwenigsten ihrer Obrigkeit. Sie erinnerte sich an so vieles, und während die Flamme in ihr loderte, schien ihr ein Gefühl zu sagen: ›Ja, man wird sich auch meiner erinnern! Da war damals der hübsche junge Mann – ja, es ist nun viele Jahre her –, er hatte einen Brief auf rosarotem Papier, so fein, so fein und mit Goldrand, der von einer Damenhand so zierlich geschrieben war. Der junge Mann las ihn zweimal, und er küßte ihn, und er sah zu mir auf mit seinen Augen, die sagten: ‚Ich bin der glücklichste Mensch!' Ja, nur er und ich wußten, was in dem ersten Brief seiner Geliebten stand.

– Ich erinnere mich auch an zwei andere Augen, es ist seltsam, wie die Gedanken springen können! Hier in der Straße war ein prächtiges Leichenbegängnis; die junge, schöne Frau lag im Sarg auf dem samtenen Leichenwagen, auf dem so viele Blumen und Kränze waren, so viele Fackeln leuchteten, daß ich gar nicht zu sehen war. Der ganze Bürgersteig war voll von Menschen, die alle dem Leichenzug folgten, aber als die Fackeln außer Sicht waren und ich mich umsah, stand jemand an meinem Pfahl und weinte; niemals vergesse ich die beiden traurigen Augen, die zu mir aufblickten!‹

– So gingen viele Gedanken durch die alte Straßenlaterne, die heute abend zum letzten Mal leuchtete. Die Schildwache, die abgelöst wird, kennt doch ihren Nachfolger und kann ihm ein paar Worte sagen, aber die Laterne kannte den ihrigen nicht, sie hätte ihm doch den einen oder andern Wink über Wind und Wetter geben können, wie weit der Mond auf den Bürgersteig schien und von welcher Seite der Wind blies.

Auf dem Rinnsteinbrett standen drei, die sich der Laterne vorgestellt hatten, weil sie glaubten, daß sie das Amt vergäbe; der eine von ihnen war ein Heringskopf, der im Dunkeln leuchtete, und darum meinte er, daß es ja eine große Ölersparnis sein könnte, wenn er auf den Pfahl käme. Der zweite war ein Stück faules Holz, das auch leuchtet, und immer noch mehr als ein Klippfisch, wie es selbst sagte, außerdem sei es das letzte Stück von einem Baum, der einst die Zierde des Waldes gewesen war. Der dritte war ein Johanniswürmchen; woher das gekommen war, begriff die Laterne nicht, das Würmchen war aber da, und es leuchtete auch. Das faule Holz und der Heringskopf schworen aber einen Eid darauf, daß es nur zu bestimmten Zeiten leuchte und daher niemals in Betracht kommen könne.

Die alte Laterne sagte, daß keiner von ihnen hell genug leuchte, um eine Straßenlaterne zu sein, aber das glaubte keiner von ihnen, und als sie hörten, daß die Laterne nicht selbst das Amt zu vergeben hatte, sagten sie, daß dies sehr erfreulich sei, denn sie wäre auch viel zu hinfällig, um die Wahl treffen zu können.

Im selben Augenblick kam der Wind um die Straßenecke und sauste durch das Luftloch der alten Laterne und sagte zu ihr: »Was muß ich hören! Du willst morgen fort? Ist es wirklich der letzte Abend, an dem ich dich hier treffe? Ja, dann sollst du noch ein Geschenk bekommen! Ich blase jetzt in deinen Hirnkasten hinein, so daß du dich nicht nur klar und deutlich an alles erinnern kannst, was du gehört und gesehen hast, sondern auch einen so klaren Kopf bekommst, daß du sogar das siehst, was in deiner Gegenwart erzählt oder gelesen wird.«

»Ja, das ist überaus viel!« sagte die alte Laterne. »Vielen Dank! Wenn ich nur nicht umgegossen werde!«

»Das geschieht noch nicht!« sagte der Wind. »Jetzt blase ich dir ins Gedächtnis, und wenn du noch mehr Geschenke bekommst, kannst du einen ganz vergnüglichen Lebensabend haben.«

»Wenn ich nur nicht umgegossen werde!« sagte die Laterne. »Oder kannst du mir auch dann mein Gedächtnis sichern?«

»Alte Laterne, sei vernünftig!« sagte der Wind, und dann blies er. Im selben Augenblick kam der Mond hervor. »Was schenken Sie?« fragte der Wind. »Ich schenke nichts!« sagte der. »Ich bin ja im Abnehmen, und die Laternen haben nie für mich, sondern ich habe für die Laternen geleuchtet.« Und so ging der Mond wieder hinter die Wolken, denn er wollte nicht belästigt werden. Da fiel gerade in das Luftloch ein Wassertropfen, der wie aus einer Traufe war; aber der Tropfen sagte, er komme aus den grauen Wolken und sei auch ein Geschenk und vielleicht das allerbeste. »Ich dringe in dich ein, so daß du die Fähigkeit bekommst, in einer Nacht, wenn du es wünschst, in Rost überzugehen, ganz zusammenzufallen und zu Staub zu werden.«

Aber das schien der Laterne ein schlechtes Geschenk zu sein, und der Wind meinte das auch. »Habt Ihr nichts Besseres? Habt Ihr nichts Besseres?« blies er, so laut er konnte. Da fiel eine glänzende Sternschnuppe, die in einem langen Streifen leuchtete.

»Was war das?« rief der Heringskopf, »fiel da nicht ein Stern herunter? Ich glaube, der ging in die Laterne! Na, freilich, wenn selbst so Hochstehende sich um dieses Amt bewerben, so können wir gute Nacht sagen und nach Hause gehen.« Und das tat er, und die anderen auch; aber die alte Laterne leuchtete mit einemmal so wunderbar hell. »Das war ein herrliches Geschenk!« sagte sie. »Die hellen Sterne, über die ich mich immer so sehr gefreut habe und die so herrlich leuchteten, wie ich es niemals gekonnt habe, obwohl es mein ganzes Sinnen und Trachten war, die haben mir armen alten Laterne Beachtung geschenkt und mir einen von ihnen mit einem Geschenk gesandt, das in der Fähigkeit besteht, daß alles, dessen ich mich selbst entsinne und das ich recht deutlich sehe, auch von denen gesehen werden kann, die ich gern habe! Und das ist erst das wahre Vergnügen, denn wenn man es nicht mit anderen teilen kann, ist es nur die halbe Freude.«

»Das ist sehr vornehm gedacht!« sagte der Wind, »aber du weißt wohl nicht, daß Wachslichter dazu gehören. Wenn in dir nicht eins angesteckt wird, kann kein anderer etwas durch dich sehen. Das haben die Sterne nicht bedacht, sie glauben nun, daß alles, was da leuchtet, zumindest ein Wachslicht in sich hat. Aber nun bin ich müde!« sagte der Wind, »nun will ich mich legen!« Und dann legte er sich.

Am nächsten Tag – ja, den nächsten Tag können wir überspringen; am nächsten Abend lag die Laterne im Lehnstuhl, und wo –? Bei dem alten Wächter! Er hatte sich vom Bürgermeister und Rat ausgebeten, für seine langen, treuen Dienste die alte Laterne behalten zu dürfen. Sie lachten ihn aus, als er darum bat, und dann gaben sie sie ihm, und nun lag sie im Lehnstuhl, dicht an dem warmen Ofen, und es war gerade, als sei sie dadurch größer geworden, sie füllte fast den ganzen Stuhl aus. Und die alten Leute saßen bei ihrem Abendbrot und warfen freundliche Blicke auf die alte Laterne, der sie gern einen Platz am Tisch gegönnt hätten. Freilich wohnten sie nur in einem Keller, zwei Ellen tief in der Erde. Man mußte über eine gepflasterte Diele, um in die Stube hineinzukommen, aber warm war es hier, denn vor die Tür waren Tuchleisten genagelt. Reinlich und hübsch sah es hier aus, Vorhänge hingen vor den Bettstellen und vor den kleinen Fenstern, wo oben auf dem Rahmen zwei wunderliche Blumentöpfe standen, die Matrose Christian ihnen aus Ost- oder Westindien mit nach Hause gebracht hatte; es waren zwei Elefanten aus Ton, denen der Rücken fehlte; statt dessen wuchsen aus der Erde, mit der sie gefüllt waren, in einem der schönste Schnittlauch – das war der Küchengarten der alten Leute –, in dem andern eine große blühende Geranie – das war ihr Blumengarten. An der Wand hing ein großes buntes Bild: der Kongreß zu Wien, da hatten sie alle Könige und Kaiser auf einmal! – Eine Bornholmer Uhr mit schweren Bleigewichten ging ›Tick! Tack!‹ und immer zu geschwind, aber das sei besser, als wenn sie zu langsam ginge, sagten die alten Leute. Sie aßen ihr Abendbrot, und die alte Straßenlaterne lag, wie gesagt, im Lehnstuhl dicht bei dem warmen Ofen. Es schien der Laterne, als sei die ganze Welt um und um gedreht. Aber als der alte Wächter sie ansah und davon sprach, was sie beide zusammen erlebt hatten in Wind und Wetter, in den hellen, kurzen Sommernächten und wenn der Schnee fegte und daß es gut war, in den Keller zu kommen, da war für die alte Laterne alles wieder in Ordnung. Sie sah alles so deutlich, als ob es noch so sei, ja, der Wind hatte ihr freilich gut aufgeleuchtet.

Sie waren sehr fleißig und rege, die alten Leute, keine Stunde wurde verschlafen. Sonntagnachmittags kam das eine oder andere Buch hervor, am liebsten eine Reisebeschreibung, und der alte Mann las von Afrika vor, von den großen Wäldern und den Elefanten, die dort wild herumlaufen, und die alte Frau hörte gespannt zu und blickte verstohlen zu den Tonelefanten, die Blumentöpfe waren.

»Ich kann es mir beinahe vorstellen!« sagte sie. Und die Laterne wünschte sehnlich, sie hätte ein Wachslicht in sich, das angebrannt werden könnte, dann hätte die alte Frau alles ganz genau sehen können, wie es die Laterne sah, die hohen Bäume, die ineinander verschlungenen Zweige, die nackten, schwarzen Menschen zu Pferde und Scharen von Elefanten, die mit ihren breiten Füßen Rohr und Gebüsch zertraten.

»Was helfen nun alle meine Fähigkeiten, wenn kein Wachslicht da ist!« seufzte die Laterne. »Sie haben nur Öl und Unschlitt, und das genügt nicht!«

Eines Tages gelangte ein ganzer Haufen Wachslichtstückchen hinunter in den Keller, die größten Stücke wurden verbrannt, die kleinen benutzte die alte Frau, um ihren Zwirn zu wachsen, wenn sie nähte; Wachslichter waren da, aber es fiel ihnen nicht ein, ein kleines Stück in die Laterne zu stecken.

»Da stehe ich nun mit meinen seltenen Fähigkeiten«, sagte die Laterne. »Ich habe alles in mir, aber ich kann es nicht mit ihnen teilen! Sie wissen nicht, daß ich die weißen Wände in die schönsten Tapeten verwandeln kann, in reiche Wälder, in alles, was sie sich nur wünschen können! – Sie wissen es nicht!«

Die Laterne stand im übrigen geputzt und nett in einem Winkel, wo sie immer in die Augen fiel. Die Leute sagten freilich, sie sei Gerümpel, aber darum kümmerten sich die Alten nicht, sie hatten die Laterne lieb.

Eines Tages – es war des alten Wächters Geburtstag – kam

die alte Frau zur Laterne, schmunzelte und sagte: »Ich will heute seinetwegen illuminieren!« Und die Laterne knarrte mit der Blechhaube und dachte: ›Nun geht ihnen doch ein Licht auf!‹ Aber es kam Öl hinein und kein Wachslicht. Sie brannte den ganzen Abend, wußte aber nun, daß jene Gabe, die die Sterne geschenkt hatten, die beste Gabe von allen, ein toter Schatz für dieses Leben bleiben würde. Da träumte sie – und wenn man solche Fähigkeiten hat, kann man träumen –, daß die alten Leute gestorben wären und sie selbst zum Eisengießer gekommen sei, um umgegossen zu werden. Sie war ebenso ängstlich wie damals, als sie auf das Rathaus sollte, um von Bürgermeister und Rat besichtigt zu werden. Aber obwohl sie hätte in Rost und Staub zerfallen können, wenn sie es nur gewünscht hätte, tat sie es doch nicht, und so kam sie in den Schmelzofen und wurde zu dem schönsten eisernen Leuchter, den man sich für ein Wachslicht nur wünschen konnte. Er hatte die Form eines Engels, der einen Strauß trägt, und mitten in den Strauß wurde das Wachslicht gesteckt. Der Leuchter bekam seinen Platz auf einem grünen Schreibtisch, und das Zimmer war höchst gemütlich. Es standen dort viele Bücher, es hingen dort herrliche Bilder; es war bei einem Dichter, und alles, was er dachte oder schrieb, das breitete sich rings um ihn aus, und die Stube wurde zu dichten dunklen Wäldern, zu sonnigen Wiesen, wo der Storch einherstolzierte, und zum Schiffsdeck auf dem wogenden Meer!

»Welche Fähigkeiten habe ich doch!« sagte die alte Laterne, als sie erwachte. »Fast könnte ich mich danach sehnen, umgeschmolzen zu werden, doch nein, das darf nicht geschehen, solange die alten Leute leben! Sie lieben mich meiner Person wegen! Ich bin ja wie ihr eigenes Kind, und sie haben mich geputzt und mir Öl gegeben, und ich habe es ebensogut wie der ›Kongreß‹, der doch so etwas Vornehmes ist!«

Und seit dieser Zeit hatte sie mehr innere Ruhe, und das hatte die alte brave Straßenlaterne verdient.

Die Nachbarfamilien

Man hätte wahrlich glauben sollen, daß in dem Dorfteich etwas los wäre, aber es war nichts los. Alle Enten, die gerade so schön auf dem Wasser lagen oder auf dem Kopf standen, denn das konnten sie, schwammen auf einmal ans Ufer; man konnte auf dem nassen Lehm die Spuren ihrer Füße sehen, und man konnte weit und breit ihr Geschnatter hören. Das Wasser kam ordentlich in Bewegung, und vor kurzem war es noch blank wie ein Spiegel, in dem man jeden Baum, jeden Busch ganz nahe sah, auch das alte Bauernhaus mit den Löchern im Giebel und dem Schwalbennest, besonders aber den großen, mit Blüten übersäten Rosenstrauch, der über die Mauer fast bis auf das Wasser hing, und darin stand das Ganze wie ein Gemälde, nur alles auf dem Kopf; und als das Wasser in Bewegung kam, lief alles ineinander, und das ganze Bild war fort. Zwei Federn, welche die aufflatternden Enten verloren hatten, schaukelten hin und her; auf einmal nahmen sie einen Anlauf, als ob Wind aufkäme, aber es kam kein Wind, und so mußten sie liegenbleiben, und das Wasser wurde wieder spiegelglatt. Man sah deutlich den Giebel mit dem Schwalbennest und den Rosenstrauch; jede Rose spiegelte sich, sie waren wunderschön, wußten es aber selbst nicht, denn niemand hatte es ihnen gesagt. Die Sonne schien durch die zarten Blätter, die voller Duft waren; und es war für jede Rose wie für uns, wenn wir in Gedanken recht glückselig sind.

»Wie schön ist doch das Dasein!« sagte jede Rose. »Ich hätte nur den einzigen Wunsch, die Sonne küssen zu können, weil sie so warm und so hell ist. – Ja, die Rosen da unten im Wasser möchte ich auch küssen, sie gleichen uns ganz und gar. Ich möchte die süßen Vogeljungen dort unten im Nest küssen; ja, es sind auch einige über uns. Sie strecken die Köpfe heraus und piepen leise; sie haben keine Federn wie ihr Vater und ihre Mutter. Wir haben gute Nachbarn, oben und unten. Wie schön ist doch das Dasein!«

Die kleinen Jungen oben und unten – die unten waren nur der Widerschein im Wasser – waren Sperlinge, auch Vater und Mutter waren Sperlinge. Sie hatten das leere Schwalbennest vom vergangenen Jahr genommen, und darin lagen sie nun und fühlten sich zu Hause.

»Sind das Entenkinder, die dort schwimmen?« fragten die Sperlingsjungen, als sie die Federn auf dem Wasser treiben sahen.

»Fragt vernünftig, wenn ihr fragt!« sagte die Mutter. »Seht ihr denn nicht, daß es Federn sind, lebendiger Kleiderstoff, wie ich ihn habe und wie ihr ihn bekommt, aber unserer ist feiner! Ich wollte, wir hätten sie oben im Nest, denn sie halten warm. Ich möchte gern wissen, was die Enten so erschreckt hat, es muß etwas im Wasser gewesen sein, ich war es gewiß nicht, obwohl ich freilich ziemlich laut ›Piep‹ zu euch sagte. Die dickköpfigen Rosen müßten es eigentlich wissen, aber die wissen nichts, die sehen nur auf sich selbst und riechen. Ich bin dieser Nachbarn herzlich überdrüssig!«

»Hört die süßen kleinen Vögel dort oben«, sagten die Rosen, »sie wollen nun auch anfangen zu singen! Sie können es noch nicht, aber das kommt noch. Das wird ein Vergnügen geben! Es ist recht lustig, solche vergnügten Nachbarn zu haben.«

Plötzlich kamen zwei Pferde im Galopp heran und wollten zur Tränke. Ein Bauernbursche saß auf dem einen, er hatte alle seine Kleider abgelegt bis auf seinen schwarzen Hut. Der Bursche flötete, als ob er ein kleiner Vogel wäre, und ritt in den Teich hinein, wo er am tiefsten war, und als er an dem Rosenstrauch vorüberkam, brach er eine Rose ab und steckte sie an seinen Hut, und nun kam er sich schön geputzt vor und ritt weiter. Die andern Rosen sahen ihrer Schwester nach und fragten sich: »Wohin reist sie wohl?« Aber niemand wußte es.

»Ich möchte schon einmal in die Welt hinaus«, sagte die eine zur andern, »doch hier zu Hause in unserem eigenen Grün ist es auch schön. Den Tag über scheint die Sonne so warm, und in der Nacht glänzt der Himmel noch schöner, das können wir durch all die kleinen Löcher sehen, die darin sind.«

Sie hielten die Sterne für Löcher, denn besser wußten es die Rosen nicht.

»Wir bringen Leben ins Haus«, sagte die Sperlingsmutter, »und Schwalbennester bringen Glück, sagen die Leute, darum sind sie so froh, daß sie uns haben! Aber die Nachbarn! So ein ganzer Rosenstrauch an der Mauer gibt Feuchtigkeit. Ich denke, er kommt wohl fort, dann kann dort Korn wachsen. Die Rosen sind nur zum Ansehen und zum Riechen da oder höchstens, um sie an den Hut zu stecken. Jedes Jahr, das weiß ich von meiner Mutter, fallen sie ab. Die Bauersfrau salzt sie ein, sie bekommen einen französischen Namen, den ich weder aussprechen kann noch mag, sie werden aufs Feuer gelegt, wenn sie gut riechen sollen. Seht, das ist ihr Lebenslauf, sie sind nur für das Auge und die Nase da. Nun wißt ihr es!«

Als es Abend wurde und die Mücken in der warmen Luft und in den roten Wolken tanzten, kam die Nachtigall und sang den Rosen vor, daß das Schöne wie der Sonnenschein in dieser Welt sei und daß das Schöne ewig lebe. Die Rosen aber glaubten, daß die Nachtigall von sich selber sänge, und das konnte man ja auch denken. Daß der Gesang ihnen galt, daran dachten sie nicht, aber sie freuten sich darüber und überlegten, ob wohl all die kleinen Sperlinge auch Nachtigallen werden könnten.

»Wir haben recht gut verstanden, was der Vogel gesungen hat«, sagten die jungen Sperlinge, »nur ein Wort haben wir nicht verstanden: was ist das Schöne?«

»Das ist nichts«, sagte die Sperlingsmutter, »das ist nur etwas Äußerliches. Oben auf dem Gutshof, wo die Tauben ihr eigenes Haus haben und ihnen jeden Tag Erbsen und Korn in den Hof gestreut werden – ich habe selbst mit ihnen gegessen, und dazu sollt ihr auch noch kommen, sage mir, mit wem du umgehst, und ich sage dir, wer du bist! –, dort oben auf dem Gutshof haben sie zwei Vögel mit grünen Hälsen und einem Kamm auf dem Kopf; die können den Schweif ausbreiten wie ein großes Rad, und er schillert in allen Farben, so daß es den Augen weh tut; Pfauen werden sie genannt, und sie sind das Schöne. Sie sollten nur ein wenig gerupft werden, dann würden sie nicht anders aussehen als wir andern alle. Ich hätte sie schon gehackt, wenn sie nur nicht so groß wären.«

»Ich will sie hacken«, sagte der kleinste Sperling, der noch keine Federn hatte.

Im Bauernhaus wohnten zwei junge Leute; sie liebten sich sehr, waren fleißig und flink, es war sehr hübsch bei ihnen. Des Sonntags früh kam die junge Frau heraus, pflückte eine Handvoll der schönsten Rosen und setzte sie in ein Wasserglas, und das stellte sie mitten auf die Kommode.

»Jetzt sehe ich, daß es Sonntag ist«, sagte der Mann und küßte seine kleine Frau, und sie setzten sich, lasen im Gesangbuch und hielten sich bei den Händen, und die Sonne schien durch die Fenster hinein auf die frischen Rosen und die jungen Leute.

»Ich habe es satt, das zu sehen!« sagte die Sperlingsmutter, die von dem Nest in die Stube hineinguckte; und dann flog sie davon.

So ging es auch den nächsten Sonntag, denn jeden Sonntag kamen frische Rosen in das Glas, und immer blühte die Rosenhecke gleich schön. Die Sperlingsjungen hatten nun Federn bekommen und wollten gern mitfliegen, die Mutter aber sagte: »Ihr bleibt da!« Und so mußten sie dableiben. Sie flog, aber wie sie nun flog, auf einmal hing sie in einer Vogelschlinge aus Pferdehaaren, die einige Knaben an einem Zweig angebracht hatten. Die Pferdehaare zogen sich fest um das Bein zusammen, so fest, als sollte es durchgeschnitten werden; das war ein Schmerz, das war ein Schrecken! Die Knaben sprangen hinzu und ergriffen den Vogel und packten so grausam hart zu. »Es ist nur ein Sperling!« sagten sie, aber sie ließen ihn doch nicht wieder fliegen, sondern nahmen ihn mit nach Hause; und jedesmal, wenn er schrie, schlugen sie ihm auf den Schnabel.

Im Bauernhof stand ein alter Mann, der konnte Seife für den Bart und für die Hände machen, Seife in Kugeln und Seife in Stücken. Es war so ein umherwandernder lustiger Alter, und als er den Sperling sah, mit dem die Knaben ankamen und aus dem sie sich, wie sie sagten, gar nichts machten, sagte er: »Wollen wir ihn schön machen?« Und die Sperlingsmutter schauderte es, als er das sagte. Aus dem Kasten, worin die schönsten Farben lagen, nahm er eine Menge glänzendes Schaumgold, und die Knaben mußten ein Ei holen, von dem er das Weiße nahm und damit den ganzen Vogel bestrich und das Schaumgold daraufklebte, und dann war die Sperlingsmutter vergoldet. Sie aber dachte nicht an die Pracht, sie zitterte an allen Gliedern. Und der Seifenmann riß einen Lappen von dem roten Futter seiner alten Jacke, schnitt ihn zu einem gezackten Hahnenkamm und klebte ihn dem Vogel auf den Kopf.

»Nun sollt ihr den Goldvogel fliegen sehen«, sagte der Alte

und ließ den Sperling los, der in der entsetzlichsten Angst in dem hellen Sonnenschein davonflog. Nein, wie er glänzte! Alle Sperlinge, selbst eine große Krähe, nicht mehr jung an Jahren, erschraken sehr über diesen Anblick, aber sie flogen doch hinterdrein, denn sie wollten wissen, was es für ein fremder Vogel sei.

»Woher? Woher?« schrie die Krähe.

»Wart ein bißchen! Wart ein bißchen!« sagten die Sperlinge. Aber sie wollte nicht warten, in Angst und Entsetzen flog sie heimwärts; sie war nahe daran, zur Erde zu sinken; und immer mehr Vögel kamen hinzu, kleine und große; einige flogen ganz dicht an sie heran, um auf sie loszuhacken. »Sieh mal den! Sieh mal den!« schrien sie alle.

»Sieh mal den! Sieh mal den!« schrien die Jungen, als sie zum Nest flog. »Das ist bestimmt ein junger Pfau, der hat alle Farben, die in die Augen stechen, wie die Mutter sagte. Piep! Das ist das Schöne!« Und nun hackten sie mit ihren kleinen Schnäbeln, daß es ihr nicht möglich war, hineinzuschlüpfen, und sie war so entsetzt, daß sie nicht einmal ›Piep!‹ oder ›Ich bin ja eure Mutter!‹ sagen konnte. Die anderen Vögel hackten auch alle auf sie ein, so daß ihr alle Federn ausgingen, und blutend sank die Sperlingsmutter in die Rosenhecke.

»Du armes Tier!« sagten die Rosen, »komm, wir wollen dich verbergen! Lehn dein Köpfchen an uns!«

Die Sperlingsmutter breitete noch einmal die Flügel aus, zog sie dann wieder fest an sich und lag tot bei der Nachbarfamilie, den schönen frischen Rosen.

»Piep!« sagten die Sperlingsjungen im Nest. »Wo nur die Mutter bleibt, das ist unbegreiflich. Es wird doch nicht ein Trick von ihr sein, daß wir jetzt für uns selbst sorgen sollen! Das Haus hat sie uns als Erbteil hinterlassen, wer von uns soll es nun aber allein haben, wenn wir Familie bekommen?«

»Ja, ich kann euch nicht hierbehalten, wenn ich meine Wirtschaft durch Frau und Kinder erweitere!« meinte der Kleinste.

»Ich bekomme wohl mehr Frauen und Kinder als du!« sagte der Zweite.

»Ich bin aber der Älteste!« sagte ein Dritter. Alle gerieten nun in Streit, schlugen mit den Flügeln, hackten mit den Schnäbeln, und bums! wurde einer nach dem andern aus dem Nest gepufft.

Da lagen sie und waren böse. Den Kopf hielten sie ganz auf die eine Seite und blinzelten dabei mit einem Auge nach oben. Das war so ihre Art zu schmollen!

Ein bißchen konnten sie schon fliegen, und dann übten sie sich noch etwas mehr, und zuletzt wurden sie sich darüber einig, daß sie, um sich zu erkennen, wenn sie sich einmal in der Welt begegnen würden, piep! sagen und dreimal mit dem linken Fuß kratzen wollten.

Das Junge, das im Nest zurückgeblieben war, machte sich so breit, wie es nur konnte, es war ja nun Hausbesitzer, aber das dauerte nicht lange. – In der Nacht leuchtete das rote Feuer durch das Fenster, die Flammen schlugen unter dem Dach hervor, das trockene Stroh loderte hoch empor, des ganze Haus verbrannte und der junge Sperling mit, das junge Ehepaar aber kam glücklich davon.

Als die Sonne am nächsten Morgen aufgegangen war und alles so frisch aussah wie nach einem sanften Nachtschlaf, war von dem Bauernhaus nichts weiter zurückgeblieben als einige schwarze, verkohlte Balken, die sich an den Schornstein lehnten, der nun sein eigener Herr war. Es rauchte stark aus dem Schutt, aber davor stand frisch und blühend der heile Rosenstrauch, der jede Blüte, jeden Zweig in dem stillen Wasser spiegelte.

»Nein, wie schön doch die Rosen vor dem niedergebrannten Hause blühen!« rief ein Mann, der dort vorbeikam, »das ist das lieblichste Bild! Das muß ich haben.«

Und der Mann nahm aus der Tasche ein kleines Buch mit weißen Blättern und seinen Bleistift hervor, denn er war ein Maler, und zeichnete dann die rauchenden Trümmer, die verkohlten Balken an dem schiefen Schornstein, der sich mehr und mehr neigte. Aber ganz vorn stand die große blühende Rosenhecke, sie war so herrlich und ja auch allein daran schuld, daß das Ganze gezeichnet wurde.

Später kamen zwei von den Sperlingen vorbei, die hier geboren waren. »Wo ist das Haus?« fragten sie. »Wo ist das Nest? Piep! Alles ist verbrannt und unser starker Bruder mit. Das hat er nun davon, daß er das Nest behielt. Die Rosen sind gut davongekommen; da stehen sie noch mit roten Wangen, sie trauern nicht über das Unglück der Nachbarn. Ja, ich spreche nicht mit ihnen, und häßlich ist es hier, das ist meine Meinung!«

Dann flogen sie davon.

Im Herbst gab es einen herrlichen sonnigen Tag, man hätte ordentlich glauben können, es sei noch mitten im Sommer. Es war trocken und rein im Hof vor der großen Treppe zum Gutshaus, und dort spazierten Tauben, schwarze und weiße und violette, die im Sonnenschein glänzten, und die alten Taubenmütter plusterten sich auf und sagten zu den Jungen: »Steht in Gruppen! Steht in Gruppen!« – Denn so sahen sie viel besser aus. »Was sind das für kleine Graue, die zwischen uns umherlaufen?« fragte eine alte Taube mit Rot und Grün in den Augen. »Grauchen! Grauchen!« rief sie.

»Es sind Sperlinge, brave Tiere. Wir haben stets in dem Ruf gestanden, fromm zu sein, und darum wollen wir sie picken lassen; sie reden uns nicht hinein und kratzen so nett mit den Füßen.«

Ja, sie kratzten dreimal mit dem Fuß, und zwar mit dem linken Fuß, und sagten ›Piep!‹ Daran erkannten sie sich, denn es waren Sperlinge aus dem abgebrannten Haus.

»Hier gibt es außerordentlich gut zu essen!« sagten die Sperlinge. Die Tauben stolzierten umeinander herum, brüsteten sich und behielten ihre Meinung für sich.

»Siehst du die Kropftaube?« sagte die eine zu der anderen. »Siehst du, wie sie die Erbsen verschluckt? Sie bekommt zu viele! Sie bekommt die besten! Gurre! Gurre! Siehst du, wie kahlköpfig sie wird! Siehst du das naschhafte, garstige Tier! Knurre! Knurre!« Und alle Augen funkelten vor Bosheit! »Steht in Gruppen! Steht in Gruppen! Grauchen! Grauchen! Knurre! Knurre! Knurre!« ging es in einem fort, und so wird es in tausend Jahren noch gehen.

Die Sperlinge aßen gut, und sie hörten gut zu, ja, sie stellten sich auch auf, aber das stand ihnen nicht. Sie waren nun satt und gingen von den Tauben fort und sagten einander ihre Meinung über sie, hüpften unter dem Gartenzaun hindurch, und da die Tür zur Gartenstube offenstand, hüpfte der eine, der übersatt und daher mutig war, auf die Schwelle. »Piep!« sagte er, »das darf ich!« – »Piep!« sagte der andere, »das darf ich auch und noch etwas mehr!« Und er hüpfte in die Stube hinein. Es waren keine

Leute da; das sah der dritte wohl, und so flog er noch tiefer in die Stube und rief: »Entweder ganz oder gar nicht! Es ist übrigens ein lächerliches Menschennest. Und was haben sie hier aufgestellt! Nein, was ist das alles?«

Gerade vor den Sperlingen blühten ja die Rosen, die sich im Wasser spiegelten, und die verkohlten Balken lehnten an dem baufälligen Schornstein. »Nein, was ist denn das? Wie kommt das in die Gutshofsstube?«

Und alle drei Sperlinge wollten über die Rosen und den Schornstein fliegen, sie flogen aber gegen eine flache Wand. Das Ganze war ein Gemälde, ein großes, prächtiges Stück, das der Maler nach seiner kleinen Zeichnung gemacht hatte.

»Piep!« sagten die Sperlinge, »es ist nichts! Es sieht nur nach etwas aus. Piep! das ist das Schöne. Kannst du es begreifen? Ich nicht!« Und sie flogen davon, denn es kamen Menschen in die Stube.

Nun vergingen Jahr und Tag. Die Tauben hatten manches Mal gegurrt – um nicht zu sagen geknurrt, die boshaften Tiere! Die Sperlinge hatten im Winter gefroren und im Sommer flott gelebt. Sie waren alle verlobt oder verheiratet, oder wie man es nun nennen will. Sie hatten Junge, und jeder hielt sein Junges natürlich für das schönste und klügste. Einer flog hierhin, einer dorthin, und trafen sie sich, so erkannten sie einander an ihrem ›Piep!‹ und dem dreimaligen Kratzen mit dem linken Fuß. Das älteste von ihnen war eine alte Jungfer, hatte kein Nest und hatte keine Jungen; sie wollte so gern einmal eine große Stadt sehen, und so flog sie nach Kopenhagen.

Dort war ein großes Haus mit vielen Farben; es stand dicht am Schloß und am Kanal, in dem viele mit Äpfeln und Töpfen beladene Schiffe lagen. Die Fenster waren unten breiter als oben, und wenn die Sperlinge hineinguckten, so kam ihnen jede Stube wie eine Tulpe vor, mit allen möglichen Farben und Schnörkeln. Mitten in der Tulpe standen weiße Menschen, die waren aus Marmor, einige waren aus Gips, aber das kommt für Sperlingsaugen auf eins hinaus. Oben auf dem Haus stand ein Metallwagen mit Metallpferden bespannt, und die Siegesgöttin, auch aus Metall, lenkte sie. Es war Thorvaldsens Museum.

»Wie es glänzt, wie es glänzt!« sagte das Sperlingsfräulein.

»Das ist wohl das Schöne. Piep! Hier ist es aber größer als ein Pfau!« Es erinnerte sich noch aus seiner Kindheit, was das größte Schöne war, das die Mutter gekannt hatte. Und es flog in den Hof hinunter; dort war es auch prächtig, dort waren an die Wände Palmen und Zweige gemalt, und mitten im Hof stand ein großer blühender Rosenstrauch; er neigte seine frischen Zweige mit den vielen Rosen über ein Grab. Dahin flog das Sperlingsfräulein, denn dort liefen viele Sperlinge – ›piep!‹ und drei Kratzer mit dem linken Fuß. Den Gruß hatte es nun Jahr und Tag viele Male gemacht, und keiner hatte ihn verstanden, denn die einmal getrennt sind, treffen sich nicht alle Tage. Der Gruß war zur Gewohnheit geworden, aber heute waren dort zwei alte Sperlinge und ein junger, die sagten ›piep!‹ und kratzten mit dem linken Fuß.

»Sieh da, guten Tag, guten Tag!« Es waren zwei Alte aus dem Sperlingsnest und noch ein Kleiner aus der Familie. »Daß wir uns hier treffen!« sagten sie. »Das ist ein vornehmer Ort, aber hier gibt es nicht viel zu essen. Das ist das Schöne! Piep!«

Und es kamen viele Menschen aus den Seitenräumen, wo die prächtigen Marmorgestalten standen, und sie gingen zu dem Grab, das den großen Meister barg, der die Marmorgestalten geformt hatte. Alle standen mit verklärten Gesichtern um Thorvaldsens Grab, und einzelne lasen die abgefallenen Rosenblätter auf und verwahrten sie. Dort waren Leute von weit her; sie kamen aus dem großen England, aus Deutschland und Frankreich. Die schönste Dame nahm eine der Rosen und steckte sie an ihre Brust. Da glaubten die Sperlinge, daß die Rosen hier regierten und daß das ganze Haus ihretwegen gebaut sei. Das schien ihnen freilich ein wenig zuviel, aber da die Menschen all ihre Liebe für die Rosen zeigten, wollten sie nicht zurückstehen. »Piep«! sagten sie und kehrten den Fußboden mit ihrem Schwanz und sahen mit einem Auge nach den Rosen. Bald aber wußten sie, daß es die alten Nachbarn waren. Und sie waren es wirklich. Der Maler, der den Rosenbusch bei dem abgebrannten Haus gezeichnet, hatte später gegen Ende des Jahres Erlaubnis bekommen, ihn auszugraben, und hatte ihn dem Baumeister gegeben, denn schönere Rosen gab es nicht; und der Baumeister hatte ihn auf Thorvaldsens Grab gepflanzt, wo er als Bild des Schönen blühte und seine roten, duftenden Blätter hingab, um in ferne Länder als Erinnerung getragen zu werden.

»Habt ihr hier in der Stadt Anstellung gefunden?« fragten die Sperlinge. Und die Rosen nickten; sie erkannten die grauen Nachbarn und freuten sich, sie wiederzusehen.

»Wie ist es doch herrlich zu leben und zu blühen, alte Freunde und jeden Tag sanfte Gesichter zu sehen! Hier ist es gerade, als wäre jeder Tag ein großer Festtag.«

»Piep!« sagten die Sperlinge. »Ja, es sind wahrlich die alten Nachbarn! Ihrer Herkunft vom Dorfteich erinnern wir uns. Piep! Wie die zu Ehren gekommen sind! Ja, manchem wird es im Schlaf gegeben. Und was an so einem roten Klecks hübsch sein soll, das weiß ich nicht! – Und da sitzt auch ein verwelktes Blatt, das sehe ich ganz genau!«

Und sie pickten so lange daran, bis das Blatt abfiel, und noch frischer und grüner stand der Busch, und die Rosen dufteten im Sonnenschein auf Thorvaldsens Grab, mit dessen unsterblichen Namen sich ihre Schönheit verband.

Der kleine Tuk

Ja, das war der kleine Tuk. Er hieß eigentlich nicht Tuk, aber als er noch nicht richtig sprechen konnte, nannte er sich selbst Tuk; das sollte Karl bedeuten, und es ist gut, wenn man das weiß. Nun sollte er auf seine Schwester Gustave achtgeben, die viel kleiner war als er, und dann sollte er auch seine Schulaufgaben lernen, aber diese beiden Dinge wollten nicht auf einmal gehen. Der arme Junge saß mit seiner kleinen Schwester auf dem Schoß und sang ihr alle Lieder vor, die er konnte, und unterdessen blickten die Augen verstohlen ins Geographiebuch, das offen vor ihm lag. Bis morgen sollte er alle Städte auf Seeland auswendig können und alles davon wissen, was man davon wissen muß.

Nun kam die Mutter nach Hause, denn sie war ausgewesen, und nahm die kleine Gustave.

Tuk lief an das Fenster und las und hätte sich beinahe die Augen ausgelesen, denn es wurde langsam dunkel, aber die Mutter hatte kein Geld, um Licht zu kaufen.

»Da geht die alte Waschfrau aus der Gasse drüben!« sagte die Mutter, als sie zum Fenster hinaussah. »Die arme Frau kann sich selbst kaum fortschleppen, und nun muß sie noch einen Eimer voll Wasser von der Pumpe tragen. Sei ein gutes Kind, lieber Tuk, lauf hinüber und hilf der alten Frau!«

Und Tuk lief geschwind hinüber und half ihr; als er aber wieder in die Stube kam, war es finster geworden, von Licht war keine Rede, und nun sollte er zu Bett gehen. Er lag auf einer alten Schlafbank, und nun dachte er an seine Geographieaufgaben, an Seeland und an alles, was der Lehrer erzählt hatte. Er hätte freilich noch lesen sollen, aber das konnte er ja nicht. Das Geographiebuch steckte er unter sein Kopfkissen, weil er gehört hatte, daß man dann bedeutend besser seine Aufgaben behalten soll, aber man kann sich doch nicht darauf verlassen.

Da lag er nun und dachte, und da war es auf einmal, als ob ihn jemand auf Augen und Mund küßte. Er schlief und schlief doch nicht. Es war, als ob die alte Waschfrau ihn mit ihren sanften Augen anschaute und sagte: »Es wäre jammerschade, wenn du morgen deine Aufgaben nicht wüßtest! Du hast mir geholfen, nun werde ich dir helfen, und der liebe Gott wird das immer tun!«

Und mit einemmal kribbelte und krabbelte das Buch unter dem Kopfkissen des kleinen Tuk.

Kikeriki! Put! Put! Das war ein Huhn, und das kam aus Köge. »Ich bin ein Kögehuhn!« sagte es, und dann erzählte es, wieviel Einwohner dort waren und von der Schlacht, die da gewesen war, und die war eigentlich nicht der Rede wert. Kribble, krabble, bums! Da fiel einer herunter, es war ein hölzerner Vogel, der Papagei vom Vogelschießen in Prästö. Der sagte nun, daß dort so viel Einwohner wären, wie er Nägel im Leib habe, und er war sehr stolz. »Thorvaldsen hat an meiner Ecke gewohnt. Plumps! Hier liege ich prächtig!«

Aber der kleine Tuk lag nun nicht mehr, mit einemmal saß er zu Pferde. Im Galopp, im Galopp ging es fort. Ein prächtig gekleideter Ritter in glänzendem Helm und wehendem Federbusch hielt ihn vor sich auf dem Pferd, und so ritten sie durch den Wald zur alten Stadt Vordingborg, und das war eine große, lebhafte Stadt. Auf der Königsburg ragten hohe Türme stolz empor, und Lichter leuchteten aus allen Fenstern; drinnen war Gesang und Tanz, und König Valdemar und die jungen geputzten Hoffräulein tanzten miteinander. – Nun wurde es Morgen, und sowie die Sonne kam, versanken die Stadt und das Königsschloß und ein Turm nach dem andern, und zuletzt blieb nur noch ein einziger auf dem Hügel stehen, wo das Schloß gestanden hatte. Die Stadt war sehr klein und arm, und die Schulbuben kamen mit ihren Büchern unter dem Arm und sagten: »Zweitausend Einwohner!« Das war aber nicht wahr, so viele waren es nicht.

Und der kleine Tuk lag in seinem Bett, ihm war, als ob er träumte und doch nicht träumte, aber jemand stand dicht neben ihm.

»Kleiner Tuk! Kleiner Tuk!« sagte es, das war ein Seemann, eine ganz kleine Person wie ein Kadett, aber es war kein Kadett. »Ich soll vielmals grüßen von Korsör. Das ist eine Stadt, die im Aufblühen ist, eine lebendige Stadt, die Dampfschiffe und Postwagen hat; früher nannte man sie immer häßlich, aber das ist eine veraltete Ansicht. ›Ich liege am Meer‹, sagte Korsör; ›ich habe Landstraßen und Lusthaine, und ich habe einen Dichter geboren, der witzig und unterhaltend war, und das sind sie nicht alle. Ich wollte einmal ein Schiff ausrüsten, das rund um die Erde fahren sollte, aber ich tat es nicht, obgleich ich es hätte tun können; und dann rieche ich auch so herrlich, denn gleich am Tor blühen die prächtigsten Rosen!‹ «

Der kleine Tuk sah sie, und es wurde ihm rot und grün vor Augen, aber als sich die Farben beruhigt hatten, war es ein bewaldeter Abhang am klaren Fjord, und hoch darüber stand eine prächtige alte Kirche mit zwei hohen, spitzen Türmen. Am Abhang sprangen Quellen in dicken Wasserstrahlen, so daß es immerfort plätscherte, und gleich daneben saß ein alter König mit der goldenen Krone auf dem langen Haar; das war König Hroar bei den Quellen, dicht bei der Stadt Roskilde, wie man sie jetzt nennt. Und über den Abhang zur alten Kirche gingen alle Könige und Königinnen Dänemarks Hand in Hand, alle mit goldenen Kronen, und die Orgel spielte, und die Quellen rieselten. Der kleine Tuk sah alles, hörte alles. »Vergiß die Stände nicht!« sagte König Hroar.

Auf einmal war alles wieder fort – wo war es geblieben? Es war gerade, als ob man ein Blatt in einem Buch umwendet. Und nun stand da eine alte Frau, eine Jäterin, die kam aus Sorö, wo das Gras auf dem Markt wächst. Sie hatte ihre graue Leinwandschürze über Kopf und Rücken, die war sehr naß – es mußte wohl geregnet haben. »Ja, das hat es!« sagte sie, und nun wußte sie viel Hübsches aus Holbergs Komödien und von Valdemar und Absalon zu erzählen. Aber auf einmal schrumpfte sie zusammen und wackelte mit dem Kopf, als ob sie springen wollte. »Koax!« sagte sie, »es ist naß, es ist naß; es ist ganz totenstill in Sorö!« Nun war sie mit einemmal ein Frosch: koax!, und dann war sie wieder eine alte Frau. »Man muß sich nach dem Wetter kleiden«, sagte sie. »Es ist naß, es ist naß! Meine Stadt ist wie eine Flasche, beim Pfropfen kommt man hinein, und dort muß man wieder heraus! Früher hatte ich die herrlichsten Welse, und jetzt habe ich frische, rotwangige Knaben auf dem Boden der Flasche, die lernen dort Weisheit: Griechisch! Griechisch! Hebräisch! Koax! Koax! Koax!«

Das klang so, wie die Frösche singen oder als ob man mit großen Stiefeln im Moorwasser geht. Es war immer derselbe Ton, so langweilig, so langweilig, daß der kleine Tuk in einen ordentlichen Schlaf fiel, und den konnte er auch gut vertragen.

Aber selbst in diesen Schlaf kam ein Traum oder was es sonst war. Seine kleine Schwester Gustave mit den blauen Augen und dem blonden lockigen Haar war auf einmal ein großes schlankes Mädchen, und ohne Flügel zu haben, konnte sie fliegen; und nun flogen sie über Seeland, über die grünen Wälder und die blauen Seen.

»Hörst du den Hahn krähen, lieber Tuk? Kikeriki! Die Hühner fliegen aus Köge auf! Du bekommst einen Hühnerhof, einen großen, großen Hühnerhof! Du wirst weder Hunger noch Not leiden. Du wirst den Vogel abschießen, wie man sagt, du wirst ein reicher und glücklicher Mann werden. Dein Haus wird sich stolz erheben wie König Valdemars Turm und reich geschmückt sein mit marmornen Bildsäulen wie die aus Prästö, du verstehst mich wohl. Dein Name soll mit Ruhm um die ganze Erde fliegen, wie das Schiff, das von Korsör auslaufen sollte, und in Roskilde – ›vergiß die Stände nicht!‹ sagte König Hroar – da wirst du gut und klug sprechen, kleiner Tuk, und wenn du dann einmal in dein Grab kommst, wirst du ruhig schlafen. –«

»Als ob ich in Sorö läge!« sagte Tuk, und da erwachte er. Es war heller Morgen, und er konnte sich nicht mehr auf seinen Traum besinnen, aber das sollte er auch nicht, denn man darf nicht wissen, was einmal kommen wird. Und er sprang aus dem Bett und las in seinem Buch, da wußte er seine Aufgaben sehr schnell. Die alte Waschfrau steckte aber den Kopf in die Tür, nickte ihm freundlich zu und sagte:

»Schönen Dank, du gutes Kind, für deine Hilfe! Der liebe Gott möge dir deinen besten Traum erfüllen!«

Der kleine Tuk wußte gar nicht, was er geträumt hatte, aber seht, das wußte der liebe Gott!

Der Schatten

In den heißen Ländern, dort kann die Sonne brennen! Die Leute werden ganz mahagonibraun; ja in den allerheißesten Ländern werden sie sogar zu Negern gebrannt. Aber ein gelehrter Mann aus den kalten Ländern war nur bis in die heißen Länder gekommen. Der glaubte nun, daß er ebenso herumlaufen könne wie zu Hause, doch das wurde ihm bald abgewöhnt. Er und alle vernünftigen Leute mußten zu Hause bleiben; die Fensterladen und Türen blieben den ganzen Tag geschlossen; es sah aus, als ob das ganze Haus schliefe oder niemand daheim wäre. Die schmale Straße mit den hohen Häusern, wo er wohnte, war aber auch so gebaut, daß die Sonne vom Morgen bis zum Abend darauf liegen mußte; es war wirklich nicht auszuhalten! Der gelehrte Mann aus den kalten Ländern war ein kluger junger Mann. Es kam ihm vor, als säße er in einem glühenden Ofen; das griff ihn sehr an, er wurde ganz mager, selbst sein Schatten schrumpfte zusammen und wurde viel kleiner als zu Hause; die Sonne griff auch ihn an. Sie lebten erst des Abends auf, wenn die Sonne untergegangen war.

Es war ein Vergnügen, das mit anzusehen. Sobald Licht in die Stube gebracht wurde, wuchs der Schatten über die ganze Wand, ja selbst bis an die Decke, so lang machte er sich; er mußte sich strecken, um wieder zu Kräften zu kommen. Der Gelehrte ging auf den Altan, um sich dort auszustrecken, und sobald die Sterne an dem schönen klaren Himmel hervorkamen, war es ihm, als ob er wieder auflebte. Auf allen Altanen in der Straße – und in den warmen Ländern ist vor jedem Fenster ein Altan – kamen nun Leute hervor, denn frische Luft muß man doch haben, wenn man auch daran gewöhnt ist, mahagonibraun zu sein! Dann wurde es

lebendig unten und oben. Schuster und Schneider, alle Leute zogen auf die Straße, man brachte Tische und Stühle hinaus, Lichter brannten, ja, über tausend Lichter, und der eine sprach, und der andere sang, und die Leute spazierten, Wagen fuhren, Maultiere trabten, ›klingelingeling‹, die hatten Glocken; Leichen wurden mit Gesang begraben, Straßenjungen ließen Sprühteufelchen springen, die Kirchenglocken läuteten, ja, es war wirklich sehr lebhaft auf der Straße. Nur in dem einen Haus, das dem gegenüberlag, in welchem der fremde gelehrte Mann wohnte, war es ganz still. Und doch wohnte dort jemand, denn es standen Blumen auf dem Altan, die blühten so herrlich in der Sonnenhitze, und das hätten sie doch nicht gekonnt, wenn sie nicht begossen worden wären, und jemand mußte sie doch begießen! Leute mußte es da also geben. Die Tür dort oben wurde auch am Abend halb geöffnet, aber dort drinnen war es dunkel, wenigstens in dem vordersten Zimmer; tiefer aus dem Inneren ertönte Musik. Der fremde gelehrte Mann fand sie unvergleichlich schön, aber es konnte auch gut sein, daß er sich das nur einbildete, denn er fand in den warmen Ländern alles unvergleichlich schön, wenn nur keine Sonne dagewesen wäre. Der Wirt des Fremden sagte, daß er nicht wisse, wer das gegenüberliegende Haus gemietet habe, man sehe ja keinen Menschen, und was die Musik angehe, so scheine sie ihm schrecklich langweilig zu sein. »Es ist, als ob jemand dasäße und ein Stück einübte, das er doch nicht herausbringt, immer das gleiche Stück. ›Ich kriege es doch heraus!‹ sagt er zu sich, er bringt es aber nicht heraus, wie lange er auch spielt.«

Eines Nachts erwachte der Fremde, er schlief bei offener Altantür, der Vorhang bewegte sich im Wind, und es kam ihm vor, als komme ein wunderbarer Glanz von dem Altan des gegenüberliegenden Hauses, alle Blumen leuchteten wie Flammen in den schönsten Farben, und mitten zwischen den Blumen stand eine schlanke, liebliche Jungfrau, es war, als ob auch sie leuchte. Ihm stach es wirklich in die Augen, er hatte sie nun auch schrecklich weit aufgerissen und kam eben erst aus dem Schlaf. Mit einem Sprung war er aus dem Bett, ganz leise schlich er sich hinter den Vorhang, aber die Jungfrau war fort, der Glanz war fort, die Blumen leuchteten nicht mehr, standen aber noch so schön da wie immer. Die Tür war angelehnt, und von innen klang Musik, so weich und schön, daß man dabei wirklich in süße Gedanken versinken konnte. Es war wie ein Zauberwerk, aber wer wohnte da? Wo war der eigentliche Eingang? Im ganzen Erdgeschoß war Laden an Laden, und da konnten die Leute doch nicht immer durchlaufen.

Eines Abends saß der Fremde auf seinem Altan; in der Stube hinter ihm brannte ein Licht, und so war es ja ganz natürlich, daß sein Schatten auf die Wand des gegenüberliegenden Hauses fiel; ja, da saß er gerade zwischen den Blumen auf dem Altan, und wenn der Fremde sich bewegte, so bewegte sich auch der Schatten, denn das tut er immer.

»Ich glaube, mein Schatten ist das einzig Lebendige, was man drüben sieht«, sagte der gelehrte Mann. »Sieh, wie hübsch er dort zwischen den Blumen sitzt, die Tür steht nur angelehnt. Nun sollte der Schatten so gescheit sein und hineingehen, sich umsehen, dann zurückkommen und mir erzählen, was er da gesehen hat. Ja, du solltest dich nützlich machen«, sagte er wie im Scherz. »Sei so gut und und tritt ein! Nun, wirst du gehen?«

Und dann nickte er dem Schatten zu, und der Schatten nickte wieder. »Nun geh nur, aber bleib nicht ganz weg!« Und der Fremde erhob sich, und sein Schatten auf dem Altan gegenüber erhob sich auch; der Fremde drehte sich um, und der Schatten drehte sich auch um, ja, wenn jemand genau darauf achtgegeben hätte, so hätte er deutlich sehen können, wie der Schatten durch die halbgeöffnete Altantür des gegenüberliegenden Hauses hineinging, gerade als der Fremde in seine Stube zurückging und den langen Vorhang hinter sich herabfallen ließ.

Am nächsten Morgen ging der gelehrte Mann aus, um Kaffee zu trinken und Zeitungen zu lesen. »Was ist das!« sagte er, als er in den Sonnenschein kam. »Ich habe ja keinen Schatten mehr! So ist er also wirklich gestern abend fortgegangen und nicht zurückgekommen; das ist ja recht verdrießlich!«

Und das ärgerte ihn; aber nicht so sehr deswegen, weil der Schatten fort war, sondern weil er wußte, daß es eine Geschichte von einem Mann ohne Schatten gab, die alle Leute daheim in den kalten Ländern kannten. Und käme nun der gelehrte Mann nach Hause und erzählte seine eigene Geschichte, so würden sie sagen, er hätte sie nur nachgeahmt, und das hatte er nicht nötig. Er wollte daher nicht davon sprechen, und das war vernünftig von ihm gedacht.

Am Abend ging er wieder auf seinen Altan. Das Licht hatte er sehr richtig hinter sich gesetzt, denn er wußte, daß der Schatten stets seinen Herrn zum Schirm haben will; aber er konnte ihn nicht hervorlocken. Er machte sich klein, er machte sich lang; aber da war kein Schatten, da kam kein Schatten. Er sagte: »Hm, hm!« Aber das half nichts.

Das war ärgerlich. Doch in den warmen Ländern wächst alles so geschwind, und nach acht Tagen merkte er zu seinem großen Vergnügen, daß ihm ein neuer Schatten aus den Beinen wuchs, wenn er in den Sonnenschein kam; die Wurzel mußte also geblieben sein. Nach drei Wochen hatte er einen ganz leidlichen Schatten, der, als er sich heim in die nördlichen Länder begab, auf der Reise mehr und mehr wuchs, so daß er zuletzt so lang und groß war, daß die Hälfte genug gewesen wäre.

So kam der gelehrte Mann nach Hause, und er schrieb Bücher darüber, was es Wahres in der Welt und was es Gutes darin gibt, und was da schön ist, und es vergingen Tage und es vergingen Jahre — es vergingen viele Jahre.

Da saß er eines Abends in seiner Stube, und leise klopfte es an die Tür. »Herein!« sagte er, aber es kam niemand. Da öffnete er die Tür, und vor ihm stand ein so außerordentlich magerer Mensch, daß ihm ganz wunderlich zumute wurde. Übrigens war der Mensch äußerst fein gekleidet, es mußte ein vornehmer Mann sein.

»Mit wem habe ich die Ehre zu sprechen?« fragte der Gelehrte.

»Ja, das dachte ich mir wohl«, sagte der feine Mann, »daß Sie mich nicht kennen würden! Ich bin so sehr Körper geworden, daß ich ordentlich Fleisch und Kleider bekommen habe. Sie haben wohl nie daran gedacht, mich in so gutem Zustand zu sehen? Kennen Sie Ihren alten Schatten nicht mehr? Ja, Sie haben gewiß nicht geglaubt, daß ich wiederkommen würde. Mir ist es außerordentlich gut gegangen, seit ich zuletzt bei Ihnen war, ich bin in jeder Hinsicht sehr vermögend geworden; muß ich mich vom Dienst freikaufen, so kann ich das.«

Und dann rasselte er mit einer ganzen Menge kostbarer Berlocken, die an seiner Uhr hingen, und legte seine Hand an die dicke, goldene Kette, die er um den Hals trug; und wie blitzten an allen seinen Fingern Diamantringe! Und alles war echt!

»Nein, ich kann mich nicht fassen!« sagte der gelehrte Mann. »Was ist das alles?«

»Ja, etwas Gewöhnliches nicht!« sagte der Schatten. »Aber Sie gehören selbst ja auch nicht zu den Gewöhnlichen, und ich bin, das wissen Sie wohl, von Kindesbeinen an in Ihre Fußtapfen getreten. Sobald Sie fanden, daß ich reif genug sei, um allein in der Welt fortzukommen, ging ich meinen eigenen Weg. Ich bin in den allerbrillantesten Verhältnissen, aber mich überkam eine Art Sehnsucht, Sie noch einmal zu sehen, ehe Sie sterben, denn Sie werden ja sterben! Ich wollte auch gern dieses Land wiedersehen, man hängt doch stets an seinem Vaterland. Ich weiß, daß Sie einen anderen Schatten bekommen haben. Habe ich etwas an ihn oder an Sie zu bezahlen? Sie brauchen es mir nur zu sagen.«

»Nein, bist du es wirklich?« sagte der gelehrte Mann. »Das ist doch höchst merkwürdig! Ich hätte nie geglaubt, daß man seinen alten Schatten jemals als Menschen wiedersehen könne!«

»Sagen Sie mir nur, was ich zu bezahlen habe«, sagte der Schatten, »denn ich möchte nicht gern in jemandes Schuld stehen.«

»Wie kannst du so sprechen?« sagte der gelehrte Mann. »Von

welcher Schuld kann hier die Rede sein? Du bist so frei wie nur einer! Ich freue mich außerordentlich über dein Glück! Setz dich nieder, alter Freund, und erzähl mir doch ein wenig, wie das zugegangen ist und was du dort in den warmen Ländern, in dem Hause uns gegenüber, gesehen hast!«

»Ja, das will ich Ihnen erzählen«, sagte der Schatten und setzte sich, »aber dann müssen Sie mir auch versprechen, niemals irgend jemand hier in der Stadt, wo Sie mich auch treffen werden, zu sagen, daß ich Ihr Schatten gewesen bin! Ich habe die Absicht, mich zu verloben; ich kann mehr als eine Familie ernähren.«

»Sei unbesorgt«, sagte der gelehrte Mann, »ich werde niemandem sagen, wer du eigentlich bist. Hier ist meine Hand, ich verspreche es dir, und ein Mann, ein Wort!«

»Ein Wort, ein Schatten!« sagte der Schatten, denn so mußte der ja sprechen.

Es war übrigens wirklich ganz merkwürdig, wie sehr er Mensch geworden war. Er war ganz schwarz gekleidet und trug das feinste, schwarze Tuch, lackierte Stiefel und einen Hut, den man zusammendrücken konnte, so daß er nichts als Deckel und Krempe war, ganz zu schweigen von dem, was wir schon wissen, den Berlocken, der goldenen Halskette und den Diamantenringen. Ja, der Schatten war außerordentlich gut gekleidet, und das war gerade, was ihn zu einem ganzen Menschen machte.

»Nun will ich erzählen«, sagte der Schatten, und dann stellte er seine Füße mit den lackierten Stiefeln, so fest er nur konnte, auf den Arm des neuen Schattens, der dem gelehrten Mann wie ein Pudelhund zu Füßen lag, und das geschah nun entweder aus Hochmut oder vielleicht auch, damit der neue Schatten daran hängenbleiben sollte. Aber der liegende Schatten verhielt sich still und ruhig, um recht zuhören zu können. Er wollte wohl wissen, wie man loskommen und sich zu seinem eigenen Herrn hinaufdienen könne.

»Wissen Sie, wer in dem Haus uns gegenüber wohnte?« fragte der Schatten. »Das war das Herrlichste von allem! Es war die Poesie! Ich war drei Wochen da, und das wirkt ebensosehr, als ob man dreitausend Jahre lebte und alles lesen könnte, was gedichtet und geschrieben ist, denn das sage ich, und es ist richtig. Ich habe alles gesehen, und ich weiß alles!«

»Die Poesie!« rief der gelehrte Mann. »Ja, ja, sie lebt oft als Einsiedlerin in den großen Städten. Die Poesie! Ja, ich habe sie einen einzigen kurzen Augenblick gesehen, aber der Schlaf saß mir in den Augen! Sie stand auf dem Altan und leuchtete, wie das Nordlicht leuchtet! Erzähle, erzähle! Du warst auf dem Altan. Du gingst durch die Tür und dann –«

»Dann war ich im Vorzimmer« sagte der Schatten. »Sie saßen drüben und sahen stets nach dem Vorzimmer hinüber. Dort war kein Licht, dort war eine Art von Halbdunkel, aber eine Tür nach der anderen in einer langen Reihe von Zimmern und Sälen stand offen, und dort war es hell, ich wäre vom Licht glatt erschlagen worden, wäre ich ganz bis zur Jungfrau gekommen. Aber ich war besonnen, ich nahm mir Zeit, und das muß man tun.«

»Und was sahst du dann?« fragte der gelehrte Mann.

»Ich sah alles! Und das will ich Ihnen erzählen, aber – es ist wahrlich kein Hochmut von mir – als freier Mann und bei den Kenntnissen, dich ich besitze, ganz zu schweigen von meiner guten Stellung, meinen vortrefflichen Vermögensverhältnissen, wünschte ich doch, daß Sie gütigst ›Sie‹ zu mir sagen möchten.«

»Bitte um Verzeihung«, sagte der gelehrte Mann; »es ist eine alte Gewohnheit, die festsitzt. – Sie haben vollkommen recht, und ich will daran denken. Aber nun erzählen Sie mir alles, was Sie gesehen haben.«

»Alles«, sagte der Schatten, »denn ich sah alles, und ich weiß alles.«

»Wie sah es denn in den inneren Sälen aus?« fragte der gelehrte Mann. »War es dort wie in dem frischen Wald? War es dort wie in einer heiligen Kirche? Waren die Säle wie der sternenhelle Himmel, wenn man auf den hohen Bergen steht?«

»Alles war da«, sagte der Schatten, »ich ging zwar nicht ganz hinein, ich blieb in dem vordersten Zimmer im Halbdunkel, aber da stand ich außerordentlich gut. Ich sah alles, und ich weiß alles. Ich bin am Hofe der Poesie im Vorgemach gewesen.«

»Aber was sahen Sie denn? Gingen durch die großen Säle alle Götter der Vorzeit? Kämpften dort die alten Helden? Spielten dort liebliche Kinder und erzählten ihre Träume?«

»Ich sage Ihnen, daß ich dagewesen bin, und daher begreifen

Sie wohl, daß ich alles sah, was zu sehen war. Wenn Sie dorthin gekommen wären, Sie wären kein Mensch geworden, ich aber wurde einer! Und zugleich lernte ich mein innerstes Wesen, mein Angeborenes, die Verwandtschaft kennen, in der ich zu der Poesie stand. Ja, damals, als ich bei Ihnen war, dachte ich nicht darüber nach; aber immer, das wissen Sie, wenn die Sonne auf- und niederging, wurde ich oft so wunderbar groß, im Mondschein war ich beinahe noch deutlicher als Sie selbst. Ich begriff damals nicht mein innerstes Wesen, im Vorgemach ging es mir auf – ich wurde Mensch! Gereift kam ich wieder heraus, aber Sie waren nicht mehr in den warmen Ländern. Ich schämte mich, als Mensch so zu gehen, wie ich ging; ich brauchte Stiefel, ich brauchte Kleider und diesen ganzen Menschenfirnis, der einen Menschen erkennbar macht. Ich nahm meinen Weg – ja, Ihnen kann ich es wohl sagen, Sie werden es ja nicht in irgendein Buch bringen – ich nahm meinen Weg unter den Rock der Kuchenfrau, unter den versteckte ich mich. Das Weib dachte nicht daran, wieviel es verbarg; erst am Abend ging ich aus; ich lief im Mondschein auf der Straße umher, ich streckte mich lang an der Mauer hinauf, das kitzelte so herrlich auf dem Rücken! Ich lief hinauf, ich lief hinab, guckte durch die höchsten Fenster in die Säle und auf das Dach, ich guckte, wohin niemand gucken kann, und ich sah, was kein anderer sah, was niemand sehen sollte! Es ist im Grunde eine niederträchtige Welt! Ich würde nicht Mensch sein wollen, wenn es nun einmal nicht für etwas Besonderes gehalten würde, ein Mensch zu sein. Ich sah das Allerunglaublichste bei Frauen und bei Männern und bei Eltern und bei den süßen, unvergleichlichen Kindern. Ich sah, was kein Mensch wissen darf, was sie aber alle gar zu gern wissen möchten: Übles bei den Nachbarn. Hätte ich eine Zeitung geschrieben, sie wäre gelesen worden, aber ich schrieb gleich an die Personen selbst, und es entstand Schrecken in allen Städten, wohin ich kam. Sie hatten solche Angst vor mir, sie hatten mich außerordentlich lieb! Der Professor machte mich zum Professor; der Schneider gab mir neue Kleider, ich bin gut versehen; der Münzmeister schlug Münzen für mich, und die Frauen sagten, ich sei so schön! – Und so wurde ich der Mann, der ich jetzt bin! Und nun sage ich Lebewohl! Hier ist meine Karte, ich wohne auf der Sonnenseite und bin bei Regenwetter stets zu Hause.« Und dann ging der Schatten.

»Das war doch merkwürdig!« sagte der gelehrte Mann. Jahr und Tag verging, da kam der Schatten wieder.

»Wie geht es?« fragte er.

»Ach!« sagte der gelehrte Mann, »ich schreibe über das Wahre, das Gute und das Schöne, aber niemand mag es hören, ich bin ganz verzweifelt, denn ich nehme mir das zu Herzen!«

»Das tue ich aber nicht«, sagte der Schatten, »ich werde dick und fett, und danach muß man doch streben. Sie verstehen sich nicht auf die Welt. Sie werden krank dabei. Sie müssen reisen! Ich will diesen Sommer eine Reise machen, wollen Sie mit? Ich möchte wohl einen Reisekameraden haben, wollen Sie als Schatten mitreisen? Es soll mir ein großes Vergnügen sein, Sie mitzunehmen! Ich bezahle die Reise!«

»Das geht zu weit!« sagte der gelehrte Mann.

»Wie man's nimmt!« sagte der Schatten. »Eine Reise wird Ihnen sehr guttun. Wollen Sie mein Schatten sein? Dann sollen Sie alles auf der Reise frei haben.«

»Das ist zu toll!« sagte der gelehrte Mann.

»Aber so ist nun einmal die Welt«, sagte der Schatten, »und so wird sie auch bleiben!« Und dann entfernte er sich.

Dem gelehrten Mann ging es gar nicht gut, Sorgen und Kummer verfolgten ihn, und was er von dem Wahren, dem Guten und dem Schönen sprach, das war für die meisten, was Rosen für die Kuh sind. Er war zuletzt ganz krank.

»Sie sehen wirklich aus wie ein Schatten!« sagten die Leute zu ihm, und den gelehrten Mann überlief ein Schauer, denn er hatte dabei seine eigenen Gedanken.

»Sie müssen in ein Bad!« sagte der Schatten, der ihm einen Besuch machte. »Es gibt keine andere Hilfe für Sie. Ich will Sie um unserer alten Bekanntschaft willen mitnehmen. Ich bezahle die Reise, und Sie machen eine Beschreibung davon und vertreiben mir damit die Zeit unterwegs. Ich will in ein Bad. Mein Bart wächst nicht so recht, wie er sollte, das ist auch eine Krankheit, und einen Bart muß man doch haben. Seien Sie vernünftig, und nehmen Sie mein Anerbieten an, wir reisen ja als Kameraden.«

Und dann reisten sie. Der Schatten war nun Herr, und der

Herr war Schatten. Sie fuhren miteinander, sie ritten und gingen miteinander, nebeneinander, vor- und hintereinander, wie die Sonne eben stand. Der Schatten wußte stets den Ehrenplatz einzunehmen; darüber dachte der gelehrte Mann nun nicht weiter nach. Er hatte ein sehr gutes Herz und war außerordentlich mild und freundlich, und da sagte er eines Tages zum Schatten: »Da wir nun auf solche Weise Reisekameraden geworden und zudem von Kindesbeinen an miteinander aufgewachsen sind, wollen wir da nicht Brüderschaft trinken? Das ist doch viel vertraulicher.«

»Sie sagten da etwas«, sagte der Schatten, der ja nun der eigentliche Herr war, »was sehr geradezu und wohlwollend gesagt ist, ich will nur ebenso wohlwollend und geradezu sein. Sie als ein gelehrter Mann wissen wohl, wie wunderlich die Natur ist. Manche Menschen können es nicht vertragen, graues Papier anzufassen, denn davon wird ihnen übel; anderen fährt es durch alle Glieder, wenn man mit einem Nagel über eine Glasscheibe fährt. Ich habe ein ähnliches Gefühl, wenn ich Sie ›du‹ zu mir sagen höre, ich fühle mich dadurch zu Boden gedrückt, wie in meiner ersten Stellung bei Ihnen. Sie sehen, daß dies ein Gefühl ist, kein Stolz. Ich kann Sie nicht ›du‹ zu mir sagen lassen, aber ich will gern ›du‹ zu Ihnen sagen, dann wird Ihr Wunsch doch zur Hälfte erfüllt.«

Und nun sagte der Schatten ›du‹ zu seinem früheren Herrn. ›Es ist doch allzu toll‹, dachte dieser, ›daß ich ‚Sie' sagen muß, und er sagt ‚du'!‹ Doch er mußte es sich gefallen lassen.

Sie kamen in ein Bad, wo viele Fremde waren und darunter eine wunderschöne Königstochter, welche die Krankheit hatte, daß sie allzu scharf sah, und das war sehr beängstigend.

Sogleich merkte sie, daß der Neuangekommene eine ganz andere Person war als alle andern. »Man sagt, daß er hier ist, damit sein Bart wächst, aber ich sehe die rechte Ursache, er kann keinen Schatten werfen!«

Nun war sie neugierig geworden, und daher ließ sie sich auf der Promenade mit dem fremden Herrn sogleich in ein Gespräch ein. Als eine Königstochter brauchte sie nicht erst viel Umstände zu machen, darum sagte sie zu ihm: »Ihre Krankheit besteht darin, daß Sie keinen Schatten werfen können.«

»Ihre Königliche Hoheit müssen entschieden auf dem Wege

der Besserung sein«, sagte der Schatten. »Ich weiß, Ihr Übel besteht darin, daß Sie allzu gut sehen, aber das hat sich gegeben, Sie sind geheilt. Ich habe gerade einen ganz ungewöhnlichen Schatten. Sehen Sie nicht die Person, die stets neben mir geht? Andere Menschen haben einen gewöhnlichen Schatten, aber ich liebe das Gewöhnliche nicht. Man gibt seinen Dienern feineres Tuch zur Livree, als man selbst trägt, und so habe ich meinen Schatten zu einem Menschen herausputzen lassen! Ja, Sie sehen, daß ich ihm sogar einen Schatten gegeben habe. Das ist sehr kostspielig, aber ich liebe es, etwas Besonderes zu haben.«

›Wie‹, dachte die Prinzessin, ›sollte ich mich wirklich erholt haben? Dieses Bad ist das beste, das es gibt; das Wasser hat in unserer Zeit ganz wunderbare Kräfte. Aber ich reise noch nicht fort, denn jetzt wird es hier erst amüsant; der Fremde gefällt mir außerordentlich gut. Wenn nur sein Bart nicht wächst, denn dann reist er wieder ab.‹

Am Abend tanzten die Königstochter und der Schatten zusammen in dem großen Ballsaal. Sie war leicht, aber er war noch leichter, einen solchen Tänzer hatte sie noch nie gehabt. Sie sagte ihm, aus welchem Land sie sei, und er kannte das Land; er war dagewesen, aber damals war sie nicht zu Hause; er hatte durch die Fenster des Schlosses geguckt, von unten und von oben, er hatte das eine und das andere gesehen, und daher konnte er der Königstochter antworten und Anspielungen machen, so daß sie ganz erstaunt war. Er mußte der klügste Mann der ganzen Erde sein; sie bekam eine große Achtung vor dem, was er wußte. Und als sie wieder tanzten, verliebte sie sich in ihn, und das konnte der Schatten gut merken, denn sie hätte beinahe durch ihn hindurchgesehen. Sie tanzten noch einmal, und sie war nahe daran, es ihm zu sagen, aber sie war besonnen, sie dachte an ihr Land und Reich und an die vielen Menschen, über die sie regieren sollte. ›Ein weiser Mann ist er‹, sagte sie zu sich selbst, ›das ist gut! Und ganz herrlich tanzt er, das ist auch gut. Aber ob er wohl gründliche Kenntnisse hat? Das ist ebenso wichtig! Er muß examiniert werden.‹ Und nun richtete sie sogleich eine schwierige Frage an ihn, die sie selbst nicht hätte beantworten können; und der Schatten machte ein ganz sonderbares Gesicht.

»Darauf können Sie mir nicht antworten«, sagte die Königstochter.

»Das habe ich schon in meiner Schulzeit gehört«, sagte der Schatten, »ich glaube, sogar mein Schatten dort an der Tür würde darauf antworten können.«

»Ihr Schatten?« sagte die Königstochter, »das wäre höchst merkwürdig.«

»Ich sage nicht bestimmt, daß er es kann«, sagte der Schatten, »aber ich möchte es glauben. Er ist mir schon so manches Jahr gefolgt und hat viel von mir gehört, ich möchte es glauben. Aber Ihre Königliche Hoheit erlauben mir, Sie darauf aufmerksam zu machen, daß er so stolz darauf ist, für einen Menschen zu gelten, daß man ihn, wenn er bei guter Laune sein soll – und das muß er sein, um richtig zu antworten –, ganz wie einen Menschen behandeln muß.«

»Das gefällt mir!« sagte die Königstochter.

Und nun ging sie zu dem gelehrten Mann an der Tür und sprach mit ihm von Sonne und Mond und vom Äußeren und Inneren des Menschen, und er antwortete sehr klug und gut.

›Was das für ein Mann sein muß, der einen so klugen Schatten hat!‹ dachte sie. ›Es würde ein wahrer Segen für mein Volk und mein Reich sein, wenn ich ihn zu meinem Gemahl erwählte – ich tue es!‹

Und sie wurden bald einig, die Königstochter und der Schatten, aber niemand sollte etwas davon wissen, bevor sie in ihr Reich heimgekehrt war.

»Niemand, nicht einmal mein Schatten!« sagte der Schatten, und dabei hatte er seine eigenen Gedanken.

Sie kamen in das Land, wo die Königstochter regierte, wenn sie zu Hause war.

»Höre, mein guter Freund«, sagte der Schatten zu dem gelehrten Mann, »nun bin ich so glücklich und mächtig, wie nur jemand es werden kann, nun will ich auch etwas Besonderes für dich tun. Du sollst immer bei mir auf dem Schloß wohnen, mit mir in meinem königlichen Wagen fahren und hunderttausend Reichstaler jährlich bekommen, aber du mußt dich von allen und jedem Schatten nennen lassen und darfst nicht sagen, daß du jemals Mensch gewesen bist; und dann mußt du einmal im Jahr, wenn ich auf dem Altan im Sonnenscheine sitze und mich sehen lasse, zu meinen Füßen liegen, wie es einem Schatten gebührt. Denn ich will dir sagen, ich heirate die Königstochter, und heute abend soll die Hochzeit sein!«

»Nein, das ist doch zu toll!« sagte der gelehrte Mann. »Das will ich nicht, das tue ich nicht, das heißt das ganze Land betrügen und die Königstochter dazu! Ich werde alles sagen, daß ich Mensch bin und du der Schatten und daß du nur angezogen bist!«

»Das würde niemand glauben«, sagte der Schatten, sei vernünftig, oder ich lasse die Wache rufen!«

»Ich gehe geradewegs zur Königstochter!« sagte der gelehrte Mann.

»Aber ich gehe zuerst«, sagte der Schatten, »und du gehst ins Gefängnis!« Und das mußte er, denn die Schildwachen gehorchten dem, von dem sie wußten, daß die Königstochter ihn haben wollte.

»Du zitterst?« sagte die Königstochter, als der Schatten zu ihr kam. »Ist etwas vorgefallen? Du darfst heute abend nicht krank werden, jetzt, wo wir Hochzeit halten wollen!«

»Ich habe das Fürchterlichste erlebt, was man erleben kann!« sagte der Schatten. »Denk dir – ja, so ein armes Schattengehirn kann nicht viel vertragen! Denk dir, mein Schatten ist verrückt geworden, er glaubt, daß er Mensch geworden sei und daß – denk dir nur! daß ich sein Schatten sei!«

»Das ist ja schrecklich!« sagte die Prinzessin. »Er ist doch eingesperrt?«

»Das ist er! Ich fürchte, daß er sich nie wieder erholen wird.«

»Der arme Schatten!« rief die Prinzessin. »Er ist sehr unglücklich; es ist eine wahre Wohltat ihn von dem bißchen Leben, das er hat, zu befreien, und wenn ich recht darüber nachdenke, so scheint es mir nötig zu sein, daß man ihn in aller Stille beiseite schafft.«

»Das ist freilich hart, denn er war ein treuer Diener«, sagte der Schatten, und er tat, als ob er seufzte.

»Du bist ein edler Charakter!« sagte die Königstochter.

Am Abend war die ganze Stadt illuminiert, und Kanonen wurden abgefeuert: Bum! Und die Soldaten präsentierten die Ge wehre. Das war eine Hochzeit! Die Königstochter und der Schatten traten auf den Altan, um sich sehen zu lassen und noch einmal ein Hurra entgegenzunehmen.

Der gelehrte Mann hörte nichts von all diesen Herrlichkeiten – denn man hatte ihm das Leben genommen.

Das alte Haus

Dort drüben in der Straße stand ein altes, altes Haus. Es war fast dreihundert Jahre alt; das konnte man auf dem Balken lesen, in den die Jahreszahl samt Tulpen und Hopfenranken geschnitzt war; da standen ganze Verse, geschrieben wie in der alten Zeit, und über jedem Fenster war ein Gesicht in den Balken geschnitzt, das allerlei Grimassen schnitt. Das eine Stockwerk ragte ein ganzes Stück über das andere hinaus, und gleich unter dem Dach war eine bleierne Rinne mit einem Drachenkopf; das Regenwasser sollte aus dem Rachen herauslaufen, es lief aber aus dem Bauch, denn die Rinne hatte ein Loch.

Alle andern Häuser in der Straße waren neu und hübsch, mit großen Fensterscheiben und glatten Wänden. Man konnte gut sehen, daß sie nichts mit dem alten Haus zu tun haben wollten; sie dachten wohl: ›Wie lange soll das Gerümpel noch zum Ärger der Leute in der Straße stehen? Der Erker steht so weit vor, daß niemand aus unseren Fenstern sehen kann, was auf dieser Seite geschieht! Die Treppe ist so breit wie eine Schloßtreppe und so hoch, als führe sie auf einen Kirchturm. Das eiserne Geländer sieht ja aus wie die Tür zu einer alten Grabstelle und hat Messingknöpfe – es ist zu abgeschmackt!‹

Gegenüber standen auch neue und nette Häuser in der Straße, und die dachten wie die andern; aber an einem Fenster saß ein kleiner Knabe mit frischen roten Wangen, mit hellen, strahlenden Augen, und dem gefiel das alte Haus am besten im Sonnen- und im Mondenschein. Und sah er auf die Mauer hinüber, wo der Kalk abgefallen war, dann konnte er die wunderbarsten Bilder herausfinden, wie die Straße früher ausgesehen hatte, mit Freitreppen, Erkern und spitzen Giebeln; er konnte Soldaten mit Hellebarden sehen und Dachrinnen, die wie Drachen und Lindwürmer verliefen. – Das war so recht ein Haus zum Anschauen! Und da drüben wohnte ein alter Mann, der Kniehosen aus Plüsch und einen Rock mit großen Messingknöpfen und eine Perücke trug, der man es ansah, daß sie eine wirkliche Perücke war. Jeden Morgen kam ein alter Mann zu ihm, der bei ihm rein machte und Gänge für ihn besorgte; übrigens wohnte der Alte in den Kniehosen ganz allein in dem alten Haus; zuweilen trat er an das Fenster und sah hinaus, und der kleine Knabe nickte ihm zu, und der alte Mann nickte wieder, und so wurden sie bekannt, und so wurden sie Freunde, obgleich sie niemals miteinander gesprochen hatten, aber das war ja auch einerlei.

Der kleine Knabe hörte seine Eltern sagen: »Der alte Mann da drüben hat es sehr gut, aber er ist so schrecklich einsam!«

Am nächsten Sonntag wickelte der kleine Knabe etwas in ein Stück Papier, ging damit vor die Haustür, und als der Mann vorbeikam, der die Gänge für den Alten besorgte, sagte er zu ihm: »Höre! Willst du dem alten Mann da drüben das von mir bringen? Ich habe zwei Zinnsoldaten; das hier ist der eine, er soll ihn haben, denn ich weiß, daß er so schrecklich einsam ist!«

Und der alte Mann sah ganz vergnügt aus, nickte und trug den Zinnsoldaten hinüber in das alte Haus. Nachher wurde herübergeschickt, ob der kleine Knabe nicht Lust habe, selbst zu kommen und einen Besuch zu machen; und er bekam dazu von seinen Eltern Erlaubnis, und so ging er hinüber in das alte Haus.

Und die Messingknöpfe auf dem Treppengeländer glänzten viel stärker als sonst, man hätte glauben können, daß sie wegen des Besuches poliert worden wären, und es war, als ob die geschnitzten Trompeter – denn in die Tür waren Trompeter geschnitzt, die in Tulpen standen – aus Leibeskräften bliesen, ihre Backen sahen viel dicker aus als früher. Ja, sie bliesen: ›Tatterata! Der kleine Knabe kommt! Tatterata!‹ – Und dann ging die Tür auf. Der ganze Hausflur war mit alten Porträts behängt, mit Rittern in Harnischen und Frauen in seidenen Kleidern; und die Harnische rasselten und die seidenen Kleider raschelten! – Und dann kam eine Treppe, die ein großes Stück hinauf- und ein kleines Stück hinunterging, und dann war man auf einem Altan, der freilich sehr gebrechlich war, mit großen Löchern und langen Spalten; aber aus allen wuchsen Gras und Blätter, der ganze Altan, der Hof und die Mauer waren mit soviel Grün bewachsen, daß es aussah wie ein Garten, aber es war nur ein Altan. Hier standen alte Blumentöpfe, die Gesichter und Eselsohren hatten; die Blumen wuchsen gerade, wie sie wollten. Der eine Topf quoll vor Nelken über, das heißt vor Grün, Schößling um Schößling, und die sagten ganz deutlich: »Die Luft hat mich gestreichelt, die Sonne hat mich geküßt und mir für den Sonntag eine kleine Blüte versprochen, eine kleine Blüte für den Sonntag!«

Und dann kamen sie in eine Kammer, wo die Wände mit Schweinsleder überzogen waren, und darin waren Goldblumen eingepreßt. »Vergoldung vergeht, Aber Schweinsleder besteht!« sagten die Wände.

Und da standen Stühle mit hohen Rückenlehnen, mit Schnitzwerk und mit Armen an beiden Seiten. »Setz dich, setz dich!« sagten sie. »Uh, wie es in mir knackt! Nun bekomme ich wohl die Gicht wie der alte Schrank! Gicht im Rücken! Uh!«

Und dann kam der kleine Knabe in die Stube, wo der Erker war und wo der alte Mann saß.

»Hab Dank für den Zinnsoldaten, mein kleiner Freund!« sagte der alte Mann. »Und Dank dafür, daß du zu mir gekommen bist!«

»Dank! Dank!« oder »Knack! Knack!« sagte es in allen Möbeln, es gab so viele, daß sie sich beinahe im Wege standen, um den kleinen Knaben zu sehen.

Und mitten an der Wand hing das Gemälde einer schönen Dame, so jung, so froh, aber ganz wie in alten Tagen gekleidet, mit Puder im Haar und mit Kleidern, die steif standen; sie sagte weder »Dank« noch »Knack«, sah aber mit ihren sanften Augen auf den kleinen Knaben, der sogleich den alten Mann fragte: »Woher hast du die bekommen?«

»Da drüben vom Trödler«, sagte der alte Mann. »Dort hängen so viele Bilder; niemand kennt oder kümmert sich um sie, denn sie sind alle begraben; aber in alten Tagen habe ich diese gekannt, und nun ist sie tot und fort seit einem halben Jahrhundert!«

Und unter dem Bild, hing hinter Glas ein Strauß verwelkter Blumen; die waren gewiß auch ein halbes Jahrhundert alt, so alt sahen sie aus. Und der Perpendikel der großen Uhr ging hin und her, und der Zeiger drehte sich, und alles in der Stube wurde noch älter, aber niemand bemerkte es.

»Sie sagen zu Hause«, sagte der kleine Knabe, »daß du so schrecklich einsam bist!«

»Oh«, sagte er, »die alten Gedanken kommen und besuchen mich mit allem, was sie mit sich führen können; und nun kommst du ja auch! – Es geht mir sehr gut!«

Und dann nahm er von dem Bord ein Buch mit Bildern; darin waren lange Aufzüge, die wunderbarsten Kutschen, wie man sie heutzutage nicht mehr sieht, Soldaten wie Treffbuben und Bürger mit wehenden Fahnen. Die Schneider hatten eine Fahne mit einer Schere, von zwei Löwen gehalten, und die Schuhmacher eine Fahne ohne Stiefel, aber mit einem Adler, der zwei Köpfe hatte; denn bei den Schuhmachern muß alles so sein, damit sie sagen können: »Das ist ein Paar!« – Ja, das war ein Bilderbuch!

Der alte Mann ging in die andere Stube, um Eingemachtes, Äpfel und Nüsse zu holen. Es war wirklich herrlich in dem alten Haus.

»Ich kann es nicht aushalten!« sagte der Zinnsoldat, der auf der Kommode stand. »Hier ist es so einsam und so traurig! Nein, wenn man das Familienleben kennengelernt hat, kann man sich an das hier nicht gewöhnen! Ich kann es nicht aushalten! Der ganze Tag ist so lang, und der Abend ist noch länger; hier ist es gar nicht so wie drüben bei dir, wo dein Vater und deine Mutter so vergnügt sprachen und wo du und all ihr süßen Kinder einen herrlichen Spektakel machtet. Nein, wie einsam es bei dem alten Mann ist! Glaubst du, daß er Küsse bekommt? Glaubst du, daß er freundliche Blicke oder einen Weihnachtsbaum bekommt? – Er bekommt nichts als das Grab! – Ich kann es nicht aushalten.«

»Du mußt es nicht so schwer nehmen!« sagte der kleine Knabe. »Mir kommt es hier so herrlich vor, und all die alten Gedanken kommen ja auf Besuch mit dem, was sie mit sich führen können!«

»Ja, aber die sehe ich nicht und kenne ich nicht!« sagte der Zinnsoldat. »Ich kann es nicht aushalten!«

»Das mußt du!« sagte der kleine Knabe.

Der alte Mann kam mit dem vergnügtesten Gesicht und mit den schönsten eingemachten Früchten und Äpfeln und Nüssen; da dachte der Kleine nicht mehr an den Zinnsoldaten.

Glücklich und vergnügt ging der kleine Knabe nach Hause; und es verstrichen Tage und Wochen; es wurde zum alten Haus hin- und vom alten Haus hergenickt, und dann ging der kleine Knabe wieder hinüber.

Die geschnitzten Trompeter bliesen: ›Tatterata! Da ist der kleine Knabe! Tatterata!‹ Die Schwerter und Rüstungen auf den alten Ritterbildern rasselten, und die seidenen Kleider raschelten, das Schweinsleder erzählte, und die alten Stühle hatten Gicht im Rücken: ›Au!‹ Das war ebenso wie das erstemal, denn da drüben war der eine Tag und die eine Stunde ebenso wie die andere.

»Ich kann es nicht aushalten!« sagte der Zinnsoldat. »Ich habe Zinn geweint! Hier ist es allzu traurig! Laß mich lieber in den Krieg ziehen und Arme und Beine verlieren! Das ist doch eine Abwechslung. – Ich kann es nicht aushalten! – Nun weiß ich, was es heißt, Besuch von seinen alten Gedanken zu bekommen! Ich habe Besuch von den meinigen gehabt, und du kannst glauben, das ist auf die Dauer kein Vergnügen, ich war zuletzt nahe daran, von der Kommode herunterzuspringen. Euch alle da drüben im Haus sah ich so deutlich, als ob ihr wirklich hier wäret; es war wieder der Sonntagmorgen, weißt du noch, an dem ihr Kinder alle vor dem Tisch gestanden und euren Choral gesungen habt, den ihr jeden Morgen singt; ihr standet andächtig mit gefalteten Händen, und Vater und Mutter waren ebenso feierlich gestimmt, und da ging die Tür auf, und die kleine Schwester Maria wurde hereingesetzt, sie war noch nicht zwei Jahre alt und tanzte immer, wenn sie Musik oder Gesang hörte, welcher Art es auch sein mochte – sie sollte zwar nicht, aber sie fing an zu tanzen, konnte jedoch nicht in den Takt kommen, denn die Töne waren so lang, und darum stand sie erst auf dem einen Bein und hielt den Kopf ganz vornüber und dann auf dem anderen Bein und hielt den Kopf ganz vornüber, aber es reichte nicht aus. Ihr wart sehr ernsthaft, obwohl das schwerfiel, aber ich lachte innerlich, und darum fiel ich vom Tisch herunter und bekam eine Beule, die ich noch immer habe, denn es war nicht recht von mir, daß ich lachte. Aber das Ganze und alles, was ich sonst erlebt habe, zieht nun an mir vorüber, und das sind wohl die alten Gedanken mit allem, was sie mit sich führen können! Sag mir, ob ihr noch des Sonntags singt? Erzähl mir etwas von der kleinen Maria! Und wie geht es meinem Kameraden, dem andern Zinnsoldaten? Ja, der ist freilich glücklich dran! – Ich kann es nicht aushalten!«

»Du bist verschenkt worden«, sagte der Knabe; »du mußt bleiben. Kannst du das nicht einsehen?«

Und der alte Mann kam mit einem Kasten, in dem vieles zu sehen war, Schatullen und Balsambüchsen, alte Karten, so groß und so vergoldet, wie man sie jetzt nicht mehr sieht. Es wurden große Kästen geöffnet, und das Klavier wurde geöffnet, das hatte innen auf dem Deckel eine Landschaft, und es war so heiser, als der Mann darauf spielte; und dann summte er ein Lied.

»Ja, das konnte sie singen!« sagte er, und dann nickte er dem Bild zu, das er bei dem Trödler gekauft hatte, und seine Augen leuchteten dabei so hell.

»Ich will in den Krieg! Ich will in den Krieg!« rief der Zinnsoldat, so laut er konnte, und stürzte sich auf den Fußboden hinab.

Ja, wo war er geblieben? Der alte Mann suchte, der kleine Knabe suchte, fort war er und fort blieb er. »Ich werde ihn schon finden«, sagte der alte Mann, aber er fand ihn niemals; der Fußboden war allzu kaputt und durchlöchert; der Zinnsoldat war durch eine Spalte gefallen, und da lag er nun im offenen Grab.

Und der Tag verging, und der kleine Knabe kam nach Hause, und die Woche verging, und es vergingen mehrere Wochen. Die Fenster waren ganz zugefroren; der kleine Knabe mußte die Scheiben anhauchen, um ein Guckloch zum alten Haus zu schaffen, und da war Schnee in alle Schnörkel und Inschriften geweht, er bedeckte die ganze Treppe, als ob niemand zu Hause sei, und es war auch niemand zu Hause, der alte Mann war tot.

Am Abend hielt ein Wagen vor der Tür, und man trug ihn in seinem Sarg hinaus, er sollte draußen auf dem Lande in seiner Familiengruft ruhen. Dorthin fuhr er nun, aber niemand gab ihm das Geleit, alle seine Freunde waren ja tot. Und der kleine Knabe warf dem Sarg, als er vorüberfuhr, Kußhändchen nach.

Einige Tage später wurde Auktion in dem alten Haus gehalten, und der kleine Knabe sah aus seinem Fenster, wie man die alten Ritter und die alten Damen, die Blumentöpfe mit den langen Ohren, die alten Stühle und die alten Schränke forttrug. Eins kam hierhin, ein anderes dorthin; ihr Porträt, das beim Trödler gefunden worden war, kam wieder zum Trödler, und da blieb es hängen, denn niemand kannte sie und kümmerte sich um das alte Bild.

Im Frühjahr riß man das Haus auch nieder, denn es sei Gerümpel, sagten die Leute. Man konnte von der Straße gerade in die Stube zu dem schweinsledernen Wandüberzug sehen, der zerfetzt und abgerissen wurde, und das Grün des Altans hing ganz verwildert um die einfallenden Balken. – Und dann wurde hier aufgeräumt.

»Das hat geholfen!« sagten die Nachbarhäuser.

Es wurde ein herrliches Haus mit großen Fenstern und weißen, glatten Mauern gebaut, aber vorn, wo eigentlich das alte Haus gestanden hatte, wurde ein kleiner Garten angelegt, und an der Mauer des Nachbarn wuchsen wilde Weinranken empor; vor den Garten kam ein großes eisernes Gitter mit eiserner Tür, das sah stattlich aus; die Leute blieben davor stehen und guckten hindurch. Und die Sperlinge setzten sich zu Dutzenden auf die Weinranken und schwatzten durcheinander, so laut sie konnten, aber nicht von dem alten Haus, denn daran konnten sie sich nicht erinnern; es waren ja so viele Jahre vergangen, daß der kleine Knabe zu einem Mann, ja zu einem tüchtigen Mann herangewachsen war, an dem seine Eltern Freude hatten. Er hatte eben geheiratet und war mit seiner jungen Frau in das Haus mit dem Garten gezogen; und hier stand er neben ihr, während sie eine Feldblume einpflanzte, die sie sehr hübsch fand; sie pflanzte sie mit ihrer kleinen Hand und drückte die Erde mit ihren Fingern fest. – »Au! Was war das?« – Sie hatte sich gestochen. Aus der weichen Erde ragte etwas Spitzes hervor. Das war, ja, denkt euch! – das war der Zinnsoldat, der bei dem alten Mann verlorengegangen war, der sich zwischen Bauholz und Schutt umhergetrieben und nun schon viele Jahre in der Erde gelegen hatte.

Die junge Frau trocknete den Soldaten erst mit einem grünen Blatt und dann mit ihrem feinen Taschentuch ab – das duftete wunderschön! Und es war dem Zinnsoldaten zumute, als erwache er aus einer Ohnmacht.

»Laß mich ihn sehen!« sagte der junge Mann, lächelte und schüttelte dann den Kopf: »Ja, der kann es wohl nicht sein, aber er erinnert mich an eine Geschichte mit einem Zinnsoldaten, den ich hatte, als ich ein kleiner Knabe war.« Und dann erzählte er seiner Frau von dem alten Haus und dem alten Mann und von dem Zinnsoldaten, den er ihm hinübergeschickt hatte, weil er so schrecklich einsam war, und er erzählte es genauso, wie es wirklich gewesen war, so daß der jungen Frau die Tränen in die Augen traten über das alte Haus und den alten Mann.

»Es ist doch möglich, daß dies derselbe Zinnsoldat ist«, sagte sie; »ich will ihn aufbewahren und an all das denken, was du mir erzählt hast; aber das Grab des alten Mannes mußt du mir zeigen.«

»Ja, ich weiß nicht, wo es ist«, sagte er, »und niemand weiß es. Alle seine Freunde waren tot; keiner pflegte es, und ich war ja ein kleiner Knabe!«

»Ach, wie schrecklich einsam er gewesen sein mag!« sagte sie.

»Schrecklich einsam!« sagte der Zinnsoldat; »aber herrlich ist es, nicht vergessen zu werden!«

»Herrlich!« rief etwas ganz nahebei, aber niemand außer dem Zinnsoldaten sah, daß es ein Fetzen der schweinsledernen Tapete war; der hatte nun ohne alle Vergoldung verloren und sah aus wie nasse Erde, aber eine Meinung hatte er doch, und die sagte er: »Vergoldung vergeht, Aber Schweinsleder besteht!«

Doch der Zinnsoldat glaubte das nicht.

Der Wassertropfen

Du kennst doch ein Vergrößerungsglas, so ein rundes Brillenglas, das alles hundertmal größer macht, als es ist? Wenn man es vors Auge hält und auf einen Wassertropfen aus dem Teich draußen sieht, dann erblickt man über tausend wunderbare Tiere, die man sonst niemals im Wasser sieht. Aber sie sind da, und es ist keine Täuschung. Es sieht beinahe aus wie ein Teller voll Krabben, die durcheinanderspringen, und sie sind so wild, sie reißen sich Arme und Beine, Ecken und Enden aus und sind doch auf ihre Art froh und vergnügt.

Es war nun einmal ein alter Mann, den alle Leute Kribbel-Krabbel nannten, denn so hieß er. Er wollte stets von jeder Sache das Beste haben, und wenn es durchaus nicht gehen wollte, so nahm er es durch Zauberei.

Da saß er nun eines Tages und hielt sein Vergrößerungsglas vor das Auge und sah auf einen Wassertropfen, der aus einer Wasserpfütze im Graben genommen war. Ei, wie kribbelte und krabbelte es da! All die Tausende von kleinen Tieren hüpften und sprangen, zerrten einander und fraßen voneinander

»Das ist aber doch abscheulich!« sagte der alte Kribbel-Krabbel, »kann man sie denn nicht dazu bringen, in Ruhe und Frieden zu leben, so daß sich jeder nur um sich selbst kümmert?« Er sann und sann, aber es wollte nicht gehen, und so mußte er zaubern. »Ich muß ihnen Farbe geben, so daß sie deutlicher zu sehen sind!« sagte er; da goß er etwas wie ein Tröpfchen roten Wein in den Wassertropfen, aber es war Hexenblut von der feinsten Sorte zu zwei Schilling. Und nun wurden all die wunderlichen Tierchen am ganzen Körper rosenrot; es sah aus wie eine ganze Stadt voll nackter wilder Männer.

»Was hast du da?« fragte ein anderer Zauberer, der keinen Namen hatte, und das war gerade das Feine an ihm.

»Ja, wenn du raten kannst, was das ist«, sagte Kribbel-Krabbel, »dann werde ich es dir schenken. Aber es ist nicht leicht herauszufinden, wenn man es nicht weiß!«

Und der Zauberer, der keinen Namen hatte, sah durch das

Vergrößerungsglas. Es sah wirklich aus wie eine Stadt, in der alle Menschen ohne Kleider umherliefen! Es war grausig, aber noch grausiger war es, zu sehen, wie der eine den andern puffte und stieß, zwickte und zwackte, biß und zerrte. Was unten war, sollte nach oben, und was oben war, sollte nach unten! ›Sieh, sieh! Sein Bein ist länger als meins! Baff! Weg damit! Da ist einer, der hat ein Beulchen hinter dem Ohr, ein unschuldiges Beulchen, aber das tut ihm weh, und deshalb soll es noch mehr weh tun!‹ Und sie hackten ihn, und sie zerrten ihn, und sie fraßen ihn wegen des Beulchens auf. Da saß eine so still wie eine kleine Jungfer und wollte nur Ruhe und Frieden, aber nun mußte die Jungfer hervor, und sie zerrten sie, und sie rissen sie, und sie fraßen sie!

»Das ist außerordentlich spaßig!« sagte der Zauberer.

»Ja, aber was meinst du denn, was das ist?« fragte Kribbel-Krabbel. »Kannst du es herausfinden?«

»Das ist leicht zu erkennen!« sagte der andere. »Das ist ja Paris oder eine andere große Stadt – sie gleichen einander ja alle. Eine große Stadt ist es!«

»Das ist Grabenwasser!« sagte Kribbel-Krabbel.

Die glückliche Familie

Das größte grüne Blatt hierzulande ist doch gewiß das Klettenblatt; hält man eins vor sein Bäuchlein, so ist es wie eine Schürze, und legt man es auf seinen Kopf, so ist es bei Regenwetter beinahe so gut wie ein Regenschirm, denn es ist gewaltig groß. Niemals wächst eine Klette allein, nein, wo eine wächst, wachsen auch mehrere, es ist eine wahre Pracht! Und all diese Pracht ist Schneckenkost. Die großen weißen Schnecken, aus denen vornehme Leute in alten Tagen Frikassee bereiten ließen, es aßen und sagten: »Hm! Wie das schmeckt!« – denn sie glaubten nun einmal, daß es herrlich schmecke –, die lebten von Klettenblättern, und darum wurden Kletten gesät.

Nun gab es einen alten Herrenhof, wo man keine Schnecken mehr aß, die waren ausgestorben, aber die Kletten nicht, die wuchsen und wuchsen über alle Wege und alle Beete, man konnte mit ihnen nicht mehr fertig werden, es war ein ganzer Klettenwald; hier und da stand ein Apfel- und ein Pflaumenbaum, sonst hätte man wohl niemals glauben können, daß es ein Garten war; alles war Klette – und darin wohnten die beiden letzten uralten Schnecken.

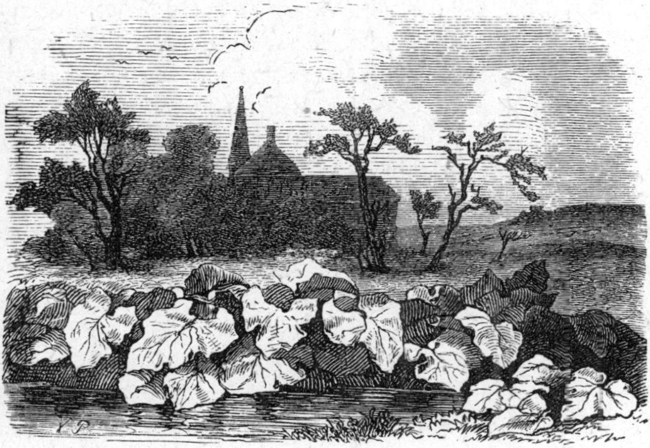

Sie wußten selbst nicht, wie alt sie waren; aber sie konnten sich sehr gut erinnern, daß sie viel mehr gewesen, daß sie von einer Familie aus fremden Landen abstammten und daß für sie und die Ihrigen der ganze Wald gepflanzt worden war. Sie waren niemals draußen gewesen, aber sie wußten, daß es noch etwas in der Welt gab, das Herrenhof hieß, und da oben wurde man gekocht, und dann wurde man schwarz, und dann wurde man in eine silberne Schüssel gelegt, aber was dann weiter geschah, das wußten sie nicht. Wie das übrigens ist, wenn man gekocht wird und in einer silbernen Schüssel liegt, konnten sie sich nicht denken, aber herrlich sollte es sein und besonders vornehm! Weder der Maikäfer, die Kröte noch der Regenwurm, die sie darum befragten, konnten ihnen Bescheid geben, keiner von ihnen war gekocht worden oder hatte in einer silbernen Schüssel gelegen.

Die alten weißen Schnecken waren die vornehmsten in der Welt, das wußten sie. Der Wald war ihretwegen da und der Herrenhof auch, damit sie gekocht werden und in einer silbernen Schüssel liegen könnten.

Sie lebten nun sehr einsam und glücklich, und da sie selbst kinderlos waren, so hatten sie eine kleine gewöhnliche Schnecke zu sich genommen, die sie wie ihr eigenes Kind erzogen. Allein der Kleine wollte nicht wachsen, denn er war eine gewöhnliche Schnecke; aber die Alten, besonders die Mutter, die Schneckenmutter, meinte, sie könne doch bemerken, wie er zunehme, und sie bat den Vater, wenn er es nicht sehen könne, so solle er doch nur das kleine Schneckenhaus befühlen; und dann befühlte er es und fand, daß Mutter recht hatte.

Eines Tages gab es starken Regen.

»Höre, wie es auf den Klettenblättern trommerommerommelt!« sagte Schneckenvater.

»Da kommen auch Tropfen!« sagte Schneckenmutter. Es läuft ja am Stengel herunter! Du sollst sehn, es wird hier naß. Ich freue mich nur, daß wir unsere guten Häuser haben und daß der Kleine auch seins hat! Es ist doch wirklich mehr für uns getan als für alle anderen Geschöpfe; da kann man sehen, daß wir die Herrschaft in der Welt sind! Wir haben von Geburt an Häuser, und der Klettenwald ist unseretwegen gesät! Ich möchte wissen, wie weit er sich erstreckt und was draußen ist.«

»Da draußen ist nichts«, sagte Schneckenvater, »besser als bei uns kann es nirgends sein, und ich habe gar nichts zu wünschen.«

»Ja!« sagte Mutter. »Ich möchte wohl zum Herrenhof kommen, gekocht und in eine silberne Schüssel gelegt werden, das ist mit all unseren Vorfahren geschehen, und du kannst glauben, dabei ist etwas ganz Besonderes!«

»Der Herrenhof ist vielleicht eingestürzt«, sagte Schneckenvater; »oder der Klettenwald ist darübergewachsen, so daß die Menschen nicht herauskommen können. Das hat doch auch gar keine Eile, aber du eilst immer so entsetzlich, und der Kleine fängt das nun auch schon an; ist er nicht in drei Tagen den Stiel hinaufgekrochen? Mir wird ganz schwindlig im Kopf, wenn ich zu ihm aufsehe.«

»Du mußt nicht schelten!« sagte Schneckenmutter. »Er kriecht so besonnen, wir werden gewiß viel Freude an ihm erleben, und wir Alten haben ja nichts anderes, wofür wir leben. Aber hast du schon darüber nachgedacht, woher wir eine Frau für ihn bekommen? Glaubst du nicht, daß dort weiter in den Klettenwald hinein noch ein paar unserer Art sein könnten?«

»Schwarze Schnecken werden wohl dasein, denke ich«, sagte der Alte; »schwarze Schnecken ohne Haus, aber das ist zu gewöhnlich, und doch bilden sie sich etwas ein; wir könnten aber den Ameisen den Auftrag geben; die laufen hin und her, als ob sie Geschäfte hätten; die wissen gewiß eine Frau für unsern kleinen Schneck!«

»Wir wüßten freilich die allerschönste«, sagten die Ameisen; »aber wir fürchten, es geht nicht an, denn sie ist Königin!«

»Das macht nichts!« sagten die Alten. »Hat sie ein Haus?«

»Sie hat ein Schloß!« sagten die Ameisen; »das schönste Ameisenschloß mit siebenhundert Gängen!«

»Vielen Dank!« sagte Schneckenmutter. »Unser Sohn soll nicht in einen Ameisenhügel. Wißt ihr nichts Besseres, so geben wir den weißen Mücken den Auftrag; die fliegen weit umher in Regen und Sonnenschein; die kennen den Klettenwald von innen und außen.«

»Wir haben eine Frau für ihn!« sagten die Mücken. »Hundert Menschenschritte von hier sitzt auf einem Stachelbeerbusch eine kleine Schnecke mit Haus; sie ist ganz einsam und alt genug, sich zu verheiraten. Es ist nur hundert Menschenschritte von hier!«

»Ja, laß sie zu ihm kommen!« sagten die Alten. »Er hat einen Klettenwald, sie hat nur einen Busch.«

Und nun holten sie das kleine Schneckenfräulein. Es dauerte acht Tage, bis es kam; aber das war ja eben das Besondere dabei, so konnte man sehen, daß es von der rechten Art war.

Und dann hielten sie Hochzeit. Sechs Johanniswürmchen leuchteten, so gut sie konnten; sonst ging das Ganze still vor sich, denn die alten Schneckenleute konnten Zecherei und Lustigkeit nicht vertragen. Aber eine herrliche Rede wurde von Schneckenmutter gehalten, Vater konnte nicht, er war zu gerührt, und dann gaben sie ihnen als Erbschaft den ganzen Klettenwald und sagten, was sie stets gesagt hatten, daß er das Beste in der Welt sei, und wenn sie rechtschaffen und ehrbar lebten und sich vermehrten, würden sie einmal mit ihren Kindern auf den Herrenhof kommen, schwarz gekocht und in eine silberne Schüssel gelegt werden. Und als die Rede gehalten war, krochen die Alten in ihr Haus hinein und kamen niemals mehr heraus; sie schliefen. Das junge Schneckenpaar regierte nun im Wald und bekam eine große Nachkommenschaft; aber sie wurden niemals gekocht, und sie kamen niemals in die silberne Schüssel; so schlossen sie daraus, daß der Herrenhof eingestürzt und daß alle Menschen in der Welt ausgestorben seien, und da niemand ihnen widersprach, so mußte es ja wahr sein. Und der Regen fiel auf die Klettenblätter, um ihretwegen Trommelmusik zu machen, die Sonne schien, um dem Klettenwald ihretwegen Farbe zu geben; und sie waren sehr glücklich, und die ganze Familie war glücklich, das war sie wirklich.

Die Geschichte einer Mutter

Eine Mutter saß bei ihrem kleinen Kind; sie war sehr betrübt und fürchtete, daß es sterben würde. Es war so bleich, die kleinen Augen hatten sich geschlossen, es atmete schwer und zuweilen so tief, als ob es seufzte, und die Mutter sah noch trauriger auf das kleine Wesen.

Da klopfte es an die Tür, und ein armer alter Mann kam herein, der in eine große Pferdedecke gehüllt war; die hält warm, und das hatte er nötig, denn es war ja kalter Winter. Draußen war alles mit Schnee und Eis bedeckt, und der Wind blies, daß es ins Gesicht schnitt.

Und da der alte Mann vor Kälte zitterte und das kleine Kind einen Augenblick schlief, stellte die Mutter Bier in einem kleinen Topf in den Ofen, um es für ihn zu wärmen, und der alte Mann setzte sich und wiegte, und die Mutter setzte sich auf den Stuhl neben ihn, sah auf ihr krankes Kind, das so tief atmete, und hob die kleine Hand empor.

»Glaubst du nicht auch, daß ich es behalten werde?« fragte sie. »Der liebe Gott wird es nicht von mir nehmen!«

Und der alte Mann – es war der Tod – nickte so seltsam, daß es ebensogut ja wie nein bedeuten konnte. Und die Mutter schlug die Augen nieder, und Tränen rollten ihr die Wangen herab – der Kopf wurde ihr so schwer, drei Tage und Nächte hatte sie kein Auge geschlossen, und nun schlief sie, aber nur einen Augenblick, dann fuhr sie auf und bebte vor Kälte.

»Was ist das?« fragte sie und sah nach allen Seiten; aber der alte Mann war fort, und ihr kleines Kind war fort, er hatte es mit sich genommen; und in der Ecke schnurrte und schnurrte die alte Uhr; das schwere Bleigewicht lief bis auf den Boden herab, bum! – und da stand auch die Uhr still.

Aber die arme Mutter lief aus dem Haus und rief nach ihrem Kind.

Draußen, mitten im Schnee, saß eine Frau in langen, schwarzen Kleidern und sagte: »Der Tod ist in deiner Stube gewesen, ich sah ihn mit deinem kleinen Kind davoneilen; er schreitet schneller als der Wind, niemals bringt er wieder, was er nahm!«

»Sag mir nur, welchen Weg er ging!« sagte die Mutter. »Sage mir den Weg, und ich werde ihn finden.«

»Ich kenne ihn«, sagte die Frau in den schwarzen Kleidern; »aber bevor ich ihn dir sage, mußt du mir erst all die Lieder vorsingen, die du deinem Kind vorgesungen hast. Ich liebe sie, ich habe sie früher gehört, ich bin die Nacht, ich sah deine Tränen, als du sie sangst.«

»Ich will sie alle, alle singen!« sagte die Mutter. »Aber halte mich nicht auf, damit ich ihn erreichen, damit ich mein Kind wiederfinden kann!«

Aber die Nacht saß stumm und still, da rang die Mutter die Hände, sang und weinte, und es waren viele Lieder, aber noch mehr Tränen; und dann sagte die Nacht: »Geh nach rechts in den dunklen Tannenwald, dahin sah ich den Tod mit deinem kleinen Kind gehen.«

Tief im Wald gabelte sich der Weg, und sie wußte nicht mehr, welche Richtung sie einschlagen sollte; da stand ein Dornbusch, der weder Blätter noch Blüten hatte, es war ja auch in der kalten Winterszeit, und Eiszapfen hingen an den Zweigen.

»Hast du nicht den Tod mit meinem kleinen Kind vorbeigehen sehen?«

»Ja!« sagte der Dornbusch; »aber ich sage dir nicht, welchen Weg er genommen hat, wenn du mich nicht zuvor an deinem Herzen erwärmen willst! Ich friere hier tot, ich werde zu lauter Eis!«

Und sie drückte den Dornbusch fest an ihre Brust, daß er recht erwärmt werde, und die Dornen drangen in ihr Fleisch, und ihr Blut floß in großen Tropfen, aber der Dornbusch trieb frische grüne Blätter und bekam Blüten in der kalten Winternacht; so warm ist es am Herzen einer betrübten Mutter; und der Dornbusch sagte ihr den Weg, den sie gehen sollte.

Da kam sie an einen großen See, wo weder Schiff noch Boot war. Der See war nicht genug gefroren, um sie zu tragen, und auch nicht offen und flach genug, daß sie hindurchwaten konnte, und doch mußte sie hinüber, wollte sie ihr Kind finden. Da legte sie sich nieder, um den See auszutrinken, und das war ja unmöglich für einen Menschen. Aber die betrübte Mutter dachte, daß doch ein Wunder geschehen könnte.

»Nein, das wird niemals gehen!« sagte der See. »Laß uns beide lieber sehen, daß wir einig werden! Ich liebe Perlen, und deine Augen sind zwei der klarsten, die ich je gesehen; willst du sie in mich ausweinen, dann will ich dich zum großen Treibhaus hinübertragen, wo der Tod wohnt und Blumen und Bäume pflegt; jeder von ihnen ist ein Menschenleben.«

»Oh, was gebe ich nicht, um zu meinem Kind zu kommen!« sagte die verweinte Mutter, und sie weinte noch mehr, und ihre Augen sanken auf den Grund des Sees und wurden zwei kostbare Perlen; aber der See hob sie empor, als säße sie in einer Schaukel, und in einem Schwung flog sie an das jenseitige Ufer, wo ein meilenlanges, wunderbares Haus stand; man wußte nicht, ob es ein Berg mit Wäldern und Höhlen oder ob es gezimmert war, aber die arme Mutter konnte es nicht sehen, sie hatte ja ihre Augen ausgeweint.

»Wo werde ich den Tod finden, der mit meinem kleinen Kind davonging?« fragte sie.

»Hier ist er noch nicht angekommen!« sagte die alte Gräberfrau, die dort umherging und auf das große Treibhaus des Todes achten mußte. »Wie hast du hier hergefunden und wer hat dir geholfen?«

»Der liebe Gott hat mir geholfen!« antwortete sie. »Er ist barmherzig, und das wirst du auch sein. Wo werde ich mein kleines Kind finden?«

»Ich kenne es nicht«, sagte die Frau, »und du kannst ja nicht sehen! – Viele Blumen und Bäume sind diese Nacht verwelkt, der

Tod wird bald kommen, sie umzupflanzen. Du weißt wohl, daß jeder Mensch seinen Lebensbaum oder seine Lebensblume hat, jeder nach seiner Art; sie sehen aus wie andere Gewächse, aber ihre Herzen schlagen; Kinderherzen können auch schlagen! Danach richte dich, vielleicht erkennst du den Herzschlag deines Kindes. Aber was gibst du mir, wenn ich dir sage, was du noch mehr tun mußt?«

»Ich habe nichts zu geben«, sagte die betrübte Mutter. »Aber ich will für dich bis ans Ende der Welt gehen.«

»Ja, dort habe ich nichts zu tun«, sagte die Frau; »aber du kannst mir dein langes schwarzes Haar geben; du weißt wohl selbst, daß es schön ist, und es gefällt mir! Du kannst mein weißes dafür bekommen, das ist doch immerhin etwas!«

»Verlangst du nichts anderes«, sagte sie, »das gebe ich dir mit Freuden!«

Und sie gab ihr ihr schönes Haar und bekam dafür das schneeweiße der Alten.

Und dann gingen sie in das große Treibhaus des Todes, wo Blumen und Bäume wunderbar durcheinander wuchsen. Da standen feine Hyazinthen unter Glasglocken, und dort standen große, baumstarke Pfingstrosen; da wuchsen Wasserpflanzen, einige ganz frisch, andere halb krank, Wasserschlangen legten sich auf sie, und schwarze Krebse klemmten sich am Stiel feste. Da standen herrliche Palmen, Eichen und Platanen, dort stand Petersilie und blühender Thymian. Alle Bäume und Blumen hatten ihre Namen, sie waren jeder ein Menschenleben; die Menschen lebten noch, der eine in China, der andere in Grönland, rundumher in der Welt. Da waren große Bäume in kleinen Töpfen, die sehr beengt standen und den Topf fast sprengten; an manchen Stellen war auch eine kleine, schwächliche Blume in fetter Erde, mit Moos ringsum und gewartet und gepflegt. Aber die betrübte Mutter beugte sich über all die Pflanzen, die am kleinsten waren und hörte in jeder das Menschenherz schlagen, und aus Millionen kannte sie das ihres Kindes heraus.

»Da ist es!« rief sie und streckte die Hand nach einem kleinen blauen Krokus aus, der ganz krank nach einer Seite überhing.

»Rühre die Blume nicht an!« sagte die alte Frau. »Aber stell dich hierher, und wenn dann der Tod kommt – ich erwarte ihn jeden Augenblick –, laß ihn die Pflanze nicht herausreißen, sondern drohe ihm, du würdest es mit den andern Blumen tun, dann wird ihm bange! Er muß dem lieben Gott dafür einstehn, keine darf herausgerissen werden, bevor er die Erlaubnis dazu gibt!«

Da sauste es mit einemmal eiskalt durch den Saal, und die blinde Mutter fühlte, daß der Tod kam.

»Wie hast du den Weg hierher finden können?« fragte er. »Wie konntest du schneller hierherkommen als ich?«

»Ich bin eine Mutter!« sagte sie.

Und der Tod streckte seine lange Hand nach der kleinen zarten Blume aus, aber sie hielt ihre Hände fest um sie, so dicht und doch voll Furcht, sie könne eines der Blätter berühren. Da blies der Tod auf ihre Hände, und sie fühlte, daß es kälter war als der kalte Wind, und ihre Hände fielen matt herab.

»Gegen mich kannst du doch nichts tun!« sagte der Tod.

»Aber der liebe Gott kann es!« sagte sie.

»Ich tue nur, was er will!« sagte der Tod. »Ich bin sein Gärtner! Ich nehme all seine Blumen und Bäume und verpflanze sie in den großen Paradiesgarten in dem unbekannten Land, aber wie sie dort gedeihen und wie es dort ist, darf ich dir nicht sagen!«

»Gib mir mein Kind zurück!« sagte die Mutter und weinte und bat. Mit einemmal ergriff sie mit jeder Hand zwei hübsche Blumen neben sich und rief dem Tod zu: »Ich reiße alle deine Blumen ab, denn ich bin in Verzweiflung!«

»Rühr sie nicht an!« sagte der Tod. »Du sagst, du bist so unglücklich, und nun willst du eine andere Mutter ebenso unglücklich machen?«

»Ein andere Mutter!« sagte die arme Frau und ließ sogleich beide Blumen los.

»Da hast du deine Augen«, sagte der Tod. »Ich habe sie aus dem See gefischt, sie leuchteten so hell; ich wußte nicht, daß es die deinigen waren. Nimm sie zurück, sie sind jetzt noch klarer als früher; dann sieh hinab in den tiefen Brunnen hier nebenan. Ich will die Namen der zwei Blumen nennen, die du ausreißen wolltest, und du wirst ihre ganze Zukunft, ihr ganzes Menschenleben sehen, was du zerstören und vernichten wolltest!«

Und sie sah in den Brunnen hinab; und es war ein herrlicher Anblick, wie die eine ein Segen für die Welt wurde, wieviel Glück und Freude sie verbreitete. Und sie sah das Leben der anderen, und das war Sorge und Not, Jammer und Elend.

»Beides ist Gottes Wille!« sagte der Tod.

»Welche von ihnen ist die Blume des Unglücks und welche die des Segens?« fragte sie.

»Das sage ich dir nicht«, antwortete der Tod; »aber das sollst du von mir erfahren, daß eine der Blumen die deines eigenen Kindes ist. Es war das Schicksal deines Kindes, was du sahst, die Zukunft deines eigenen Kindes!«

Da schrie die Mutter auf vor Schrecken. »Welches von ihnen ist mein Kind? Sag mir das! Erlöse das undschuldige Kind! Erlöse mein Kind von all dem Elend! Trag es lieber fort! Trag es in Gottes Reich! Vergiß meine Tränen, vergiß mein Flehen und alles, was ich gesagt und getan habe!«

»Ich verstehe dich nicht«, sagte der Tod. »Willst du dein Kind zurückhaben, oder soll ich mit ihm nach jenem Ort gehen, den du nicht kennst?«

Da rang die Mutter die Hände, fiel auf die Knie und bat den lieben Gott: »Erhöre mich nicht, wenn ich dich gegen deinen Willen bitte, der allezeit der beste ist! Erhöre mich nicht! Erhöre mich nicht!«

Und sie senkte den Kopf auf die Brust.

Und der Tod ging mit ihrem Kind in das unbekannte Land.

Der Halskragen

Es war einmal ein feiner Kavalier, dessen ganze Habe aus einem Stiefelknecht und einem Kamm bestand, aber er hatte den schönsten Halskragen der Welt, und von diesem Halskragen werden wir eine Geschichte hören. – Der war nun so alt, daß er daran dachte, sich zu verheiraten, und da traf es sich, daß er mit einem Strumpfband zusammen in die Wäsche kam.

»Potztausend!« sagte der Halskragen, »ich habe noch niemals etwas so Schlankes und Feines, so Zartes und Niedliches gesehen! Darf ich nach Ihrem Namen fragen?«

»Den sage ich nicht!« sagte das Strumpfband.

»Wo sind Sie denn zu Hause?« fragte der Halskragen.

Aber das Strumpfband war so schüchtern, und es schien ihm etwas sonderbar, darauf zu antworten.

»Sie sind wohl ein Gürtel?« fragte der Halskragen, »so ein inwendiger Gürtel? Ich sehe schon, daß Sie sowohl zum Nutzen wie zum Schmuck dienen, mein kleines Fräulein!«

»Sie dürfen nicht mit mir sprechen!« sagte das Strumpfband, »ich meine, daß ich dazu durchaus keine Veranlassung gegeben habe!«

»Doch, wenn man so schön ist wie Sie!« sagte der Halskragen. »Das ist Veranlassung genug!«

»Kommen Sie mir nicht zu nahe!« sagte das Strumpfband. »Sie sehen so männlich aus!«

»Ich bin auch ein feiner Kavalier«, sagte der Halskragen, »ich besitze einen Stiefelknecht und einen Kamm!«

Das war gar nicht wahr, der Besitzer war ja sein Herr, aber er prahlte.

»Kommen Sie mir nicht zu nahe!« sagte das Strumpfband. »Ich bin das nicht gewohnt!«

»Zimperliese!« sagte der Halskragen. Und dann wurden sie aus der Wäsche genommen, wurden gestärkt, über einen Stuhl im Sonnenschein aufgehängt und dann auf das Plättbrett gelegt. Nun kam das heiße Eisen.

»Gnädige Frau«, sagte der Halskragen, »liebe Frau Witwe, mir wird ganz warm! Ich werde ein ganz anderer, ich komme ganz aus den Falten, Sie brennen ein Loch in mich! Uh! Ich halte um sie an!«

»Lump!« sagte das Plätteisen und fuhr stolz über den Halskragen hin; denn es bildete sich ein, es sei ein Dampfkessel, der für die Eisenbahn bestimmt sei und Wagen ziehen sollte.

»Lump!« sagte es.

Der Halskragen war an den Kanten ein wenig ausgefranst, deshalb kam die Papierschere und sollte die Fransen abschneiden.

»Oh«, sagte der Halskragen. »Sie sind wohl erste Tänzerin? Wie können Sie die Beine ausstrecken! Das ist das Reizendste, was ich jemals gesehen habe! Das kann Ihnen kein Mensch nachmachen!«

»Das weiß ich!« sagte die Schere.

»Sie verdienten Gräfin zu sein!« sagte der Halskragen. »Alles, was ich besitze, ist ein feiner Kavalier, ein Stiefelknecht und ein Kamm. Hätte ich doch nur eine Grafschaft!«

»Will Er etwa freien?« sagte die Schere, denn sie wurde böse und gab ihm einen ordentlichen Schnitt, so daß er abdanken mußte.

›Ich werde wohl um den Kamm freien müssen!‹ dachte der Halskragen. »Es ist merkwürdig, daß Sie alle Ihre Zähne behalten haben, mein kleines Fräulein! Haben Sie nie daran gedacht, sich zu verloben?«

»Ja, das können Sie sich wohl denken!« antwortete der Kamm; »ich bin ja mit dem Stiefelknecht verlobt!«

»Verlobt?« rief der Halskragen. Nun war niemand mehr da, um den er freien konnte, und darum verachtete er jetzt das Freien.

Eine lange Zeit verging, da kam der Halskragen in den Sack des Papiermüllers. Dort war große Lumpengesellschaft, die feinen für sich, die groben für sich, wie sich das gehört. Sie hatten alle viel zu erzählen, aber der Halskragen am meisten, denn er war ein richtiger Prahlhans. »Ich habe ungeheuer viele Liebschaften gehabt!« sagte der Halskragen. »Man ließ mir keine Ruhe. Ich war aber auch ein feiner Kavalier, mit Stärke! Ich hatte sowohl einen Stiefelknecht als auch einen Kamm und habe sie nie gebraucht! – Sie hätten mich damals nur sehen sollen, mich sehen sollen, wenn ich auf der Seite lag! – Niemals vergesse ich meine erste Liebe! Sie war ein Gürtel, so fein, so weich, so niedlich, sie stürzte sich meinetwegen in einen Waschkübel! – Da war auch eine Witwe, die glühte für mich, aber ich ließ sie stehen, daß sie schwarz wurde. Dann war da die erste Tänzerin, die brachte mir die Wunde bei, mit der ich jetzt umhergehe, sie war sehr schneidig! Mein eigener Kamm war in mich verliebt, er verlor alle Zähne aus Liebesschmerz. Ja, ich habe vieles dieser Art erlebt; aber am meisten tut es mir um das Strumpfband leid – ich meine um den Gürtel, der sich in den Waschkübel stürzte. Ich habe viele auf dem Gewissen, es drängt mich danach, weißes Papier zu werden!«

Und das wurde er; alle Lumpen wurden weißes Papier, aber der Halskragen wurde gerade zu dem Stück weißen Papier, das wir hier sehen und worauf diese Geschichte gedruckt worden ist, und das geschah, weil er so schrecklich mit dem prahlte, was niemals wahr gewesen ist; und daran wollen wir denken, damit wir es nicht genauso machen; denn wir können freilich niemals wissen, ob wir nicht auch einmal in den Lumpensack kommen und zu weißem Papier werden und unsere ganze Geschichte, selbst die allergeheimste, gedruckt bekommen und ebenso umherlaufen und sie erzählen müssen wie der Halskragen.

Der Flachs

Der Flachs stand in Blüte. Er hatte so herrliche blaue Blüten, so zart wie die Flügel einer Motte und noch viel feiner! Die Sonne schien auf den Flachs, und die Regenwolken begossen ihn, und das war ebensogut für ihn, wie es für kleine Kinder ist, gewaschen zu werden und dann einen Kuß von der Mutter zu bekommen; sie werden davon ja viel schöner. Und der Flachs wurde es auch.

»Die Leute sagen, daß ich ausgezeichnet stehe«, sagte der Flachs, »und so schön lang werde, daß ich einst ein prächtiges Stück Leinwand abgebe. Nein, wie glücklich bin ich! Ich bin bestimmt der Allerglücklichste von allen! Ich habe es so gut, und aus mir wird auch etwas. Wie der Sonnenschein belebt und wie der Regen schmeckt und erfrischt! Ich bin grenzenlos glücklich, ich bin der Allerglücklichste!«

»Ja, ja, ja!« sagten die Zaunpfähle, »du kennst die Welt nicht, aber wir kennen sie, denn in uns stecken Knorren«, und dann knarrte es so jämmerlich:

»Schnipp-schnapp-schnurre,
Basselurre,
Aus ist das Lied!«

»Nein, es ist nicht aus!« sagte der Flachs »Morgen scheint die Sonne, und der Regen tut so gut, ich höre, wie ich wachse; ich fühle, daß ich in Blüte stehe! Ich bin der Allerglücklichste!«

Aber eines Tages kamen Leute, die nahmen den Flachs beim Schopf und zogen ihn mit der Wurzel aus, das tat weh; er wurde ins Wasser gelegt, als ob er ertränkt werden sollte, und dann kam er über das Feuer, als ob er gebraten werden sollte, es war grausig!

»Man kann es nicht immer gut haben!« sagte der Flachs. »Man muß etwas durchmachen, dann weiß man etwas!«

Aber es wurde wahrlich schlimm. Der Flachs wurde geknickt und gebrochen, gedörrt und gehechelt – ja, was wußte er, wie das hieß. Er kam auf den Spinnrocken, schnurr, schnurr! – Da war es nicht möglich, die Gedanken beisammenzuhalten.

›Ich bin außerordentlich glücklich gewesen!‹ dachte er in all seinem Schmerz; ›man muß froh sein über das Gute, das man gehabt hat! Froh, froh, oh!‹ Und das sagte er noch, als er auf den Webstuhl kam – und so wurde er zu einem schönen, großen Stück Leinwand. Aller Flachs, jedes einzelne Pflänzchen, wurde zu dem einen Stück.

»Aber das ist ja unvergleichlich! Das hätte ich nie geglaubt! Nein, was für ein Glück habe ich! Ja, der Zaunpfahl wußte wirklich gut Bescheid mit seinem ›Schnipp-schnapp-schnurre, Basselurre.‹

Das Lied ist keineswegs aus! Nun fängt es erst richtig an! Das ist unvergleichlich! Wenn ich auch ein bißchen leiden mußte, so ist doch etwas aus mir geworden! Ich bin der Glücklichste von allen! Ich bin so stark und so weich, so weiß und so lang! Das ist etwas anderes, als nur eine Pflanze zu sein, selbst wenn man Blüten trägt; man wird nicht gepflegt, und Wasser bekommt man nur, wenn es regnet. Jetzt habe ich Pflege! Die Magd wendet mich jeden Morgen um, und aus der Gießkanne bekomme ich jeden

Abend ein Regenbad; ja, die Frau Pastor hat selbst eine Rede über mich gehalten und gesagt, daß ich das beste Stück im ganzen Kirchspiel sei. Ich kann nicht glücklicher werden!«

Nun kam die Leinwand ins Haus, dann unter die Schere; nein, wie man schnitt und riß, wie man mit Nähnadeln stach! Ja, das tat man! Das war kein Vergnügen; aber aus der Leinwand wurden zwölf Stück Wäsche von der Sorte, die man nicht gern nennt, die aber alle Menschen haben müssen; ein ganzes Dutzend wurde daraus gemacht.

»Nein, seht doch, nun bin ich erst etwas geworden! Also das war meine Bestimmung! Das ist ja ein Segen! Nun schaffe ich Nutzen in der Welt, und das soll man tun, das ist das wahre Vergnügen! Wir sind zwölf Stück geworden, aber wir sind doch alle ein und dasselbe, wir sind ein Dutzend! Was für ein ordentliches Glück ist das!«

Jahre vergingen – und nun hielten sie nicht länger.

»Einmal muß es ja vorbei sein«, sagte jedes Stück. »Ich hätte gern etwas länger gehalten, aber man darf nichts Unmögliches verlangen!«

Jetzt wurden sie in Stücke und Fetzen zerrissen. Sie glaubten, daß es nun ganz vorbei sei, denn sie wurden zerhackt, zerquetscht und gekocht, ja, sie wußten selbst nicht, was alles – und dann wurden sie schönes, feines, weißes Papier.

»Nein, das ist eine Überraschung, und eine herrliche Überraschung!« sagte das Papier. »Nun bin ich feiner als vorher, und nun wird man auf mir schreiben. Was kann da nicht alles geschrieben werden! Das ist doch ein unvergleichliches Glück!«

Und es wurden wirklich die allerschönsten Geschichten darauf geschrieben, und die Leute hörten, was darauf stand, und es war richtig und gut und machte die Menschen viel klüger und besser; es war ein großer Segen, der dem Papier im Wort gegeben war.

»Das ist mehr, als ich mir träumen ließ, da ich noch eine kleine blaue Blume auf dem Feld war! Wie hätte es mir einfallen sollen, daß ich es so weit brächte, den Menschen Freude und Erkenntnis zu geben! Ich kann es selbst noch nicht begreifen; aber es ist nun einmal wirklich so! Der liebe Gott weiß, daß ich selbst nichts getan habe, als was ich nach schwachen Kräften für mein Dasein tun mußte; und doch trägt er mich auf diese Weise von der einen

Freude und Ehre zur andern. Jedesmal, wenn ich denke: ›Aus ist das Lied!‹, geht es wieder zu etwas viel Höherem und Besserem. Nun soll ich gewiß auf die Reise, in die ganze Welt geschickt werden, damit alle Menschen mich lesen können. Das ist das Wahrscheinlichste! Früher hatte ich blaue Blüten, nun habe ich für jede Blüte die herrlichsten Gedanken! Ich bin der Allerglücklichste!«

Aber das Papier kam nicht auf die Reise, es kam zum Buchdrucker, und dort wurde alles, was darauf geschrieben stand, gedruckt und ein Buch daraus gemacht, ja, viele hundert Bücher, denn so konnten unendlich viel mehr Menschen Nutzen und Freude davon haben, als wenn das einzelne Papier, auf dem das Geschriebene stand, um die Welt gelaufen und auf halbem Weg abgenutzt worden wäre.

›Ja, das ist nun das Allervernünftigste!‹ dachte das beschriebene Papier. ›Das ist mir gar nicht eingefallen! Ich bleibe zu Hause und werde in Ehren gehalten wie ein alter Großvater. Ich bin es, auf dem geschrieben wurde, die Worte sind aus der Feder gerade in mich hineingeflossen! Ich bleibe, und die Bücher laufen umher. Nun läßt sich freilich etwas machen! Nein, wie bin ich froh, wie bin ich glücklich!‹

Dann wurde das Papier in ein Bündel zusammengebunden und auf ein Bord gelegt. »Nach vollbrachter Tat ist gut ruhen!« sagte das Papier. »Es ist sehr weise, daß man sich sammelt und über das, was man in sich trägt, zum Nachdenken kommt! Nun erst weiß ich richtig, was auf mir steht! Und sich selbst erkennen, das ist der eigentliche Fortschritt. Was mag nun wohl kommen? Vorwärts wird es gehen, es geht allezeit vorwärts!«

Eines Tages wurde alles Papier auf den Herd gelegt, es sollte verbrannt werden, denn es durfte nicht an den Krämer verkauft werden, um Butter und Puderzucker darin einzuwickeln. Und alle Kinder im Haus standen rundherum, denn sie wollten es auflodern sehen, sie wollten in der Asche die vielen roten Funken sehen, die gleichsam davonlaufen und dann erlöschen, einer nach dem andern, ganz geschwind – das sind die Kinder, die aus der Schule kommen, und der allerletzte Funke ist der Schulmeister; oft glaubt man, er sei schon weg, aber dann kommt er kurz hinter allen anderen.

Und alles Papier lag in einem Bündel im Feuer. Uh, wie es aufloderte! ›Uh!‹ sagte es und wurde plötzlich eine Flamme; es ging so hoch empor, wie der Flachs niemals seine kleinen blauen Blüten hatte erheben können, und leuchtete, wie die weiße Leinwand niemals hatte leuchten können; alle geschriebenen Buchstaben wurden einen Augenblick ganz rot, und alle Worte und Gedanken gingen in Flammen auf. »Nun steige ich geradewegs zur Sonne!« sagte es in der Flamme, und es war, als ob tausend Stimmen es auf einmal sagten, und die Flammen schlugen durch den Schornstein hoch hinaus – und feiner als die Flammen, ganz unsichtbar für menschliche Augen, schwebten da winzig kleine Wesen, ebenso viele, wie Blüten auf dem Flachs gewesen waren. Sie waren noch leichter als die Flamme, die sie geboren hatte, und als sie erlosch und von dem Papier nur die schwarze Asche übrig war, tanzten sie noch einmal darüber hin, und wo sie sie berührten, sah man ihre Spuren, das waren die roten Funken: Die Kinder kamen aus der Schule, und der Schulmeister war der letzte! Das war ein Vergnügen, und die Kinder sangen bei der toten Asche:

Schnipp-schnapp-schnurre,
Basselurre,
Aus ist das Lied!«

Aber die kleinen unsichtbaren Wesen sagten alle: »Das Lied ist niemals aus! Das ist das Schönste vom Ganzen. Ich weiß es, und darum bin ich der Allerglücklichste!« Aber das konnten die Kinder weder hören noch verstehen, und das sollten sie auch nicht, denn die Kinder dürfen nicht alles wissen.

Vogel Phönix

Im Paradiesgarten, unter dem Baum der Erkenntnis, stand eine Rosenhecke. Hier, in der ersten Rose, wurde ein Vogel geboren; sein Flug war wie die Strahlen des Lichtes, herrlich seine Farben, bezaubernd sein Gesang!

Aber als Eva die Frucht der Erkenntnis brach, als sie und Adam aus dem Paradies verjagt wurden, da fiel vom Flammenschwert des strafenden Engels ein Funken in des Vogels Nest und zündete es an. Der Vogel starb in den Flammen, aber aus dem roten Ei flog ein neuer empor, der einzige, der immer einzige Vogel Phönix. Die Sage berichtet, daß er in Arabien nistet und sich alle hundert Jahre selbst in seinem Nest verbrennt und daß ein neuer Phönix, der einzige in der Welt, aus dem roten Ei herausfliegt.

Der Vogel umflattert uns schnell wie das Licht, herrlich an Farbe, bezaubernd im Gesang. Wenn die Mutter an der Wiege des Kindes sitzt, ist er neben dem Kopfkissen und schlägt mit den Flügeln einen Glorienschein um den Kopf des Kindes. Er durchfliegt die Kammer der Genügsamkeit, und es ist Sonnenglanz darin, auf der ärmlichen Kommode duften die Veilchen

Doch Vogel Phönix ist nicht allein Arabiens Vogel; er flattert im Nordlichtschimmer über Lapplands Eisflächen, er hüpft zwischen den gelben Blumen in Grönlands kurzem Sommer. Unter Faluns Kupferbergen, in Englands Kohlengruben fliegt er wie eine gepuderte Motte über das Gesangbuch in den Händen des frommen Arbeiters. Auf dem Lotosblatt gleitet er zu den heiligen Wassern des Ganges, und das Auge des Hindumädchens leuchtet bei seinem Anblick.

Vogel Phönix! Kennst du ihn nicht? Den Vogel des Paradieses, den heiligen Schwan des Gesanges! Auf dem Thespiskarren saß er als ein geschwätziger Rabe und schlug mit den schwarzen, hefebestrichenen Flügeln; über Islands Sängerharfe strich der rote, klingende Schnabel des Schwanes; auf Shakespeares Schulter saß er als Odins Rabe und flüsterte ihm ins Ohr: Unsterblichkeit! Er flatterte durch der Wartburg Rittersaal beim Sängerfest.

Vogel Phönix! Kennst du ihn nicht? Er sang dir die Marseillaise, und du küßtest die Feder, die seinem Flügel entfiel; er kam im Paradiesesglanz, und du wandtest dich vielleicht ab, dem Sperlinge zu, der dasaß, mit Goldschaum an den Flügeln.

Der Vogel des Paradieses! Jedes Jahrhundert verjüngt, geboren in Flammen, gestorben in Flammen, dein Bild, in Gold gefaßt, hängt in den Sälen der Reichen; du selbst fliegst oft irrend und einsam umher – eine Sage nur: Vogel Phönix in Arabien.

Im Paradiesgarten, als du unter dem Baum der Erkenntnis in der ersten Rose geboren wurdest, küßte dich der liebe Gott und gab dir deinen rechten Namen – Poesie!

Eine Geschichte

Im Garten blühten alle Apfelbäume, sie hatten sich gesputet, Blüten zu treiben, ehe sie grüne Blätter bekamen; alle Entlein waren draußen im Hof und die Katze auch, sie schleckte richtig Sonnenschein, schleckte ihn von ihrer eigenen Pfote; und sah man über die Felder, so prangte dort das Korn herrlich grün, und es war ein Zwitschern und Quinkelieren von allen kleinen Vögeln, als sei es ein großes Fest, und das konnte man wohl sagen, denn es war Sonntag. Die Glocken läuteten, und die Leute gingen in ihren besten Kleidern zur Kirche und sahen zu vergnügt aus; ja, an allem war etwas Vergnügtes; es war ein so warmer und herrlicher Tag, daß man wohl sagen konnte: »Der liebe Gott ist wirklich unendlich gut zu uns Menschen!«

Aber drinnen in der Kirche stand der Pfarrer auf der Kanzel und sprach sehr laut und zornig; er sagte, die Menschen seien alle gottlos, Gott würde sie darum strafen, und wenn sie stürben, kämen die Bösen in die Hölle, wo sie ewig brennen müßten; und er sagte, daß ihr Wurm nicht sterben und ihr Feuer nie verlöschen würde, daß sie niemals Ruhe und Rast finden würden. Das war furchtbar zu hören, und er sagte es mit einer solchen Überzeugung; er beschrieb ihnen die Hölle als eine stinkende Höhle, wo der Unrat der ganzen Welt zusammenfließt – dort sei keine andere Luft als die heiße Schwefelflamme, dort sei kein Boden, sie sänken und sänken in ewiges Schweigen. – Es war schon furchtbar, davon zu hören, aber der Pfarrer sagte es aus vollem Herzen, und alle Leute in der Kirche waren entsetzt darüber. Aber draußen sangen alle kleinen Vögel so vergnügt, und die Sonne schien so warm, es war, als sagte jede kleine Blume: Gott ist unendlich gut zu uns allen. Ja, draußen war es gar nicht so, wie es der Pfarrer predigte.

Am Abend, zur Schlafenszeit sah der Pfarrer seine Frau still und gedankenvoll dasitzen.

»Was fehlt dir?« fragte er sie.

»Ja, was mir fehlt«, sagte sie, »mir fehlt, daß ich meine Gedanken nicht recht zu sammeln vermag, daß ich das, was du sagtest, nicht recht fassen kann – daß es so viele Gottlose gäbe und daß sie ewig brennen müßten; ewig, ach, wie lange! – Ich bin nur ein sündiger Mensch, aber ich könnte es nicht übers Herz bringen, selbst den ärgsten Sünder ewig brennen zu lassen, und wie sollte es denn der liebe Gott können, der so unendlich gut ist und der weiß, wie das Böse von außen und von innen kommt. Nein, ich kann es mir nicht denken, obwohl du es sagst!«

Es war Herbst, das Laub fiel von den Bäumen, der ernste, strenge Pfarrer saß am Lager einer Sterbenden, eine fromme, gläubige Seele schloß die Augen; es war die Pfarrersfrau.

»Wenn jemand Ruhe im Grab und Gnade vor seinem Gott findet, so bist du es!« sagte der Pfarrer; er faltete ihre Hände und sprach ein Gebet über die Tote.

Und sie wurde zu Grabe getragen; zwei schwere Tränen rollten über die Wangen des ernsten Mannes, und im Pfarrhaus war es still und leer, die Sonne des Hauses war erloschen, sie war fortgegangen.

Es war Nacht, ein kalter Wind strich über den Kopf des Pfarrers, er schlug die Augen auf, und es war ihm, als scheine der Mond in sein Zimmer hinein, aber der Mond schien nicht. Eine Gestalt war es, die vor seinem Bett stand, er sah den Geist seiner verstorbenen Frau; sie blickte ihn so innig betrübt an, es war, als wolle sie ihm etwas sagen.

Der Pfarrer erhob sich halb, streckte die Arme nach ihr aus: »Auch dir ist die ewige Ruhe nicht vergönnt? Du leidest, du, die Beste, die Frömmste?«

Die Tote neigte den Kopf zu einem Ja und legte die Hand auf die Brust.

»Und kann ich dir Ruhe im Grab verschaffen?«

»Ja!« klang es zu ihm.

»Und wie?«

»Gib mir ein Haar, nur ein einziges Haar vom Kopf des Sünders, dessen Feuer nimmer erlöschen wird, des Sünders, den Gott zu ewiger Pein in die Hölle verstoßen wird.«

»Ja, so leicht mußt du erlöst werden können, du Reine, Fromme!« sagte er.

»Dann folge mir!« sagte die Tote. »So ist es uns vergönnt. An meiner Seite schwebst du, wohin deine Gedanken wollen; den Menschen unsichtbar, dringen wir in ihren geheimsten Winkel, aber mit sicherer Hand mußt du auf den zur ewigen Qual Verdammten zeigen, und vor dem Hahnenschrei muß er gefunden sein!«

Und schnell, wie vom Gedanken getragen, waren sie in der großen Stadt, und von den Wänden der Häuser leuchteten ihnen in Flammenschrift die Namen der Todsünden entgegen: Hochmut, Geiz, Trunksucht, Wollust, kurz, der ganze siebenfarbige Bogen der Sünde.

»Ja, da drinnen, wie ich es glaubte, wie ich es wußte«, sagte der Pfarrer, »hausen die dem ewigen Feuer Geweihten!« – Und sie standen vor dem prächtig erleuchteten Portal, wo die breiten Treppen mit Teppichen und Blumen prangten, und durch die festlichen Säle klang die Tanzmusik. Davor stand der Schweizer in Seide und Samt mit dem großen silberbeschlagenen Stock.

»Unser Ball kann sich mit dem des Königs messen!« sagte er und wandte sich gegen die Menge auf der Straße; von Kopf bis Fuß war ihm der Gedanke anzusehen: ›Armes Pack, das da hineingafft, gegen mich seid ihr allesamt Canaille!‹

»Hochmut!« sagte die Tote, »siehst du ihn?«

»Der da?« wiederholte der Pfarrer. »Ja, aber er ist nur ein Tor, ein Narr, und wird nicht zu ewigem Feuer und ewiger Pein verdammt werden!«

»Nur ein Narr!« tönte es durch das ganze Haus des Hochmuts, das waren sie dort alle.

Sie flogen in die vier nackten Wände des Geizigen; mager wie ein Gerippe, vor Kälte zitternd, hungrig und durstig, klammerte sich der Greis mit all seinen Gedanken an sein Geld; sie sahen ihn wie im Fieber von seinem elenden Lager springen und einen losen Stein aus der Mauer herausnehmen, dort lagen Goldmünzen in einem alten Strumpf, sahen ihn seinen zerlumpten Rock betasten, worin die Goldstücke eingenäht waren, und seine feuchten Finger zitterten!

»Er ist krank! Das ist Wahnsinn, ein freudenloser Wahnsinn, von Angst und bösen Träumen bedrängt!«

Und sie entfernten sich schnell und standen an den Pritschen der Verbrecher, die in langen Reihen Seite an Seite schliefen. Wie ein wildes Tier fuhr einer aus dem Schlaf und stieß einen gräßlichen Schrei aus, er stieß den Kameraden mit seinem spitzen Ellenbogen an, und dieser wandte sich schläfrig um: »Halt's Maul, du Untier, und schlaf! – Das ist jede Nacht so –!«

»Jede Nacht!« wiederholte der andere, »ja, jede Nacht kommt er, heult und quält mich! Im Zorn habe ich dies und jenes getan, mit bösem Sinn bin ich geboren, der hat mich zum zweiten Mal hier hereingebracht; aber habe ich Unrecht getan, so leide ich ja meine Strafe. – Nur eines habe ich nicht gestanden. Als ich das letzte Mal hier herauskam und am Hof meines früheren Dienstherrn vorüberging, da kochte es in mir, ich strich an der Mauer ein Schwefelholz an, das dem Strohdach ein wenig zu nahe kam, alles brannte, die Hitze kam, wie sie manchmal über mich kommt. Ich half mit, Vieh und Sachen zu retten! Nichts Lebendiges verbrannte als ein Schwarm Tauben, der ins Feuer flog, und der Kettenhund, an den hatte ich nicht gedacht. Man hörte ihn heulen – und dieses Heulen höre ich noch immer, wenn ich schlafen will, und wenn ich schlafe, dann kommt der Hund, groß und zottig, und legt sich auf mich, heult, drückt mich, quält mich! – So hör doch, was ich dir erzähle! Schnarchen kannst du, die ganze Nacht schnarchen, aber ich nicht eine kurze Viertelstunde!« – Und das Blut trat dem Hitzigen in die Augen, er warf sich über den Kameraden und schlug ihn mit geballter Faust ins Gesicht.

»Der böse Mads ist wieder toll geworden!« hieß es jetzt ringsumher, und die andern Gauner faßten ihn, rangen mit ihm, bogen ihn zusammen, daß der Kopf zwischen den Beinen saß, so banden sie ihn fest, daß das Blut ihm fast aus den Augen und aus allen Poren quoll.

»Ihr tötet ihn, den Unglücklichen!« rief der Pfarrer, und als er schützend seine Hand über den Sünder ausstreckte, der schon hier zu sehr litt, wechselte die Szene. Sie flogen durch reiche Säle und arme Stuben, Wollust und Neid, alle Todsünden schritten an ihnen vorüber; ein Engel des Strafgerichts verlas ihre Schuld, ihre Verteidigung; sie galt wohl gering vor Gott, aber Gott liest in den Herzen, er kennt alles, das Böse, das von innen und von außen kommt, er, der die Gnade und die Liebe selbst ist. Die Hand des Pfarrers zitterte, er wagte sie nicht auszustrecken, um ein Haar aus dem Kopf des Sünders zu reißen. – Und die Tränen entströmten seinen Augen wie das Wasser der Gnade und der Liebe, welches das ewige Feuer der Hölle löscht.

Da krähte der Hahn.

»Barmherziger Gott! Gib du ihr die Ruhe im Grab, die ich nicht einzulösen vermochte!«

»Die habe ich nun!« sagte die Tote. »Es war dein hartes Wort, dein finsterer Menschenglaube an Gott und seine Geschöpfe, der mich zu dir trieb! Lerne die Menschen kennen! Selbst in den Bösen lebt ein Teil von Gott, ein Teil, der die Flamme der Hölle löscht und besiegt!«

Der Pfarrer fühlte einen Kuß auf seinen Lippen, es leuchtete rings um ihn; Gottes klare Sonne strahlte zur Kammer herein, wo ihn sein Weib, lebendig, sanft und voller Liebe, aus einem Traum erweckte, der ihm von Gott gesandt war.

Das stumme Buch

An der Landstraße, mitten im Wald, lag ein einsames Bauerngehöft, die Straße führte gerade durch seinen Hof Die Sonne schien, alle Fenster waren geöffnet; drinnen war ein reges Leben, aber im Hof, in einer Laube von blühendem Flieder, stand ein offener Sarg – man hatte den Toten dahin getragen, diesen Vormittag sollte er begraben werden. Niemand stand trauernd bei dem Toten, niemand weinte um ihn, sein Gesicht war mit einem weißen Tuch bedeckt, und unter seinem Kopf lag ein großes dickes Buch, dessen Blätter aus großen Bogen Löschpapier bestanden, und in jedem Blatt lagen, verborgen und vergessen, verwelkte Blumen, ein ganzes Herbarium, an verschiedenen Stellen gesammelt; es sollte mit ins Grab, so hatte er es selbst verlangt. An jede Blume knüpfte sich ein Kapitel aus seinem Leben.

»Wer ist der Tote?« fragten wir, und die Antwort war: »Der alte Student aus Uppsala! Er soll einmal ein flinker Mensch gewesen sein, alte Sprachen getrieben, gesungen und selbst Lieder gedichtet haben, so sagte man; aber da kam irgend etwas dazwischen, und darum warf er seine Gedanken und sich selbst auf den Branntwein, und als auch seine Gesundheit draufging, da kam er zuletzt hier aufs Land, wo jemand Kostgeld für ihn bezahlte. Er war fromm wie ein Kind, wenn ihn nur nicht der finstere Sinn überkam; dann wurde er wild und lief wie ein gehetztes Tier im Wald umher; aber wenn wir ihn wieder nach Hause bekamen und ihn dahin brachten, das Buch mit den trockenen Pflanzen anzusehen, konnte er den ganzen Tag sitzen und bald diese, bald jene Pflanze ansehen, und manchmal rollten ihm die Tränen über die Wangen; Gott weiß, was er dabei dachte. – Aber das Buch bat er uns in den Sarg zu legen, und nun liegt er da, und in einer kleinen Weile wird der Deckel zugenagelt, und er wird seine süße Ruhe im Grab haben!«

Das Leichentuch wurde aufgehoben; es war Friede auf dem Gesicht des Toten, ein Sonnenstrahl fiel darauf; eine Schwalbe schoß in ihrem pfeilschnellen Flug in die Laube hinein und kehrte im Fluge um, zwitschernd über dem Kopf des Toten.

Wie wunderlich ist es doch – wir kennen es gewiß alle –, alte

Briefe aus unserer Jugendzeit vorzunehmen und sie zu lesen; ein ganzes Leben taucht gleichsam mit all seinen Hoffnungen, all seinen Sorgen auf. Wie viele der Menschen, mit denen wir in jener Zeit herzlich verbunden waren, sind für uns nun wie gestorben, und doch leben sie noch, aber wir haben lange Zeit nicht an sie gedacht, von denen wir einst glaubten, wir würden immer zusammenhalten und Freud und Leid miteinander teilen!

Das verwelkte Eichenblatt in diesem Buch erinnert an den Freund, den Schulfreund, den Freund für das ganze Leben; er heftete dieses Blatt auf die Studentenmütze, im grünen Wald, wo der Bund für das ganze Leben geschlossen wurde – wo lebt er nun? – Das Blatt ist aufgehoben, die Freundschaft zerstoben! Hier ist eine fremde Treibhauspflanze, zu zart für die Gärten des Nordens – es ist, als dufteten die Blätter noch! Sie gab sie ihm, das Fräulein aus dem adligen Garten. Hier ist die Wasserrose, die er selbst gepflückt und mit bitteren Tränen genetzt hat, die Rose der süßen Gewässer. Und hier ist eine Nessel, was sagen ihre Blätter? Was dachte er, als er sie pflückte, als er sie aufbewahrte? Hier ist ein Maiglöckchen aus der Waldeinsamkeit, hier ist das Geißblatt aus dem Blumentopf der Schenkstube, und hier der nackte, scharfe Grashalm.

Der blühende Flieder neigt seine frischen, duftenden Dolden über den Kopf des Toten, die Schwalbe fliegt wiederum vorüber, ›quivit! quivit!‹ – Nun kommen die Männer mit Nägeln und

Hammer, der Deckel wird über den Toten gelegt, damit sein Kopf auf dem stummen Buch ruhe – aufgehoben – zerstoben.

Es gibt einen Unterschied

Es war im Monat Mai, der Wind blies noch kalt, aber »der Frühling ist da«, sagten Büsche und Bäume, Feld und Flur; es wimmelte von Blumen bis in die lebendige Hecke; und dort führte der Frühling selbst seine Sache, er sprach von einem kleinen Apfelbaum, dort hing ein einziger Zweig, frisch und blühend, mit feinen rosenroten Knospen überstreut, die sich gerade öffnen wollten; er wußte wohl selbst, wie schön er war, denn es liegt im Blatt wie im Blut, und darum überraschte es ihn auch nicht, als der herrschaftliche Wagen vor ihm anhielt und die junge Gräfin sagte, der Apfelzweig sei das Lieblichste, das man sehen könne, er sei der Frühling selbst in seiner herrlichsten Offenbarung. Und der Zweig wurde abgebrochen, und sie hielt ihn in ihrer feinen Hand und beschattete ihn mit ihrem seidenen Sonnenschirm – dann fuhren sie zum Schloß, wo hohe Säle und prächtige Zimmer waren; klare weiße Gardinen flatterten vor den offenen Fenstern, und herrliche Blumen standen in glänzenden, durchsichtigen Vasen, und in eine, die wie aus frischgefallenem Schnee geschnitten war, wurde der Apfelzweig zwischen frische, lichte Buchenzweige gesteckt; es war eine Lust, ihn zu sehen.

Da wurde der Zweig stolz, und das ist ja menschlich! Es kamen allerlei Leute durch die Zimmer, und je nach ihrer Stellung durften sie ihre Bewunderung aussprechen. Einige sagten gar nichts, andere sagten zu viel, und der Apfelzweig begriff, daß es einen Unterschied zwischen den Menschen wie zwischen den Pflanzen gab. »Einige sind zum Schmuck und einige zur Ernährung da, es gibt auch solche, die man ganz entbehren könnte«, meinte der Apfelzweig, und da er gerade vor dem offenen Fenster stand, von wo aus er in den Garten und auf das Feld sehen konnte, so hatte er Blumen und Pflanzen genug, um sie zu betrachten und darüber nachzudenken; dort standen reiche und arme, einige gar zu ärmliche.

»Arme, verworfene Kräuter!« sagte der Apfelzweig, »es gibt

freilich einen Unterschied! Wie unglücklich müssen sie sich fühlen, wenn diese Leute so fühlen könnten wie ich und meinesgleichen; freilich gibt es einen Unterschied, aber der muß auch sein, sonst wären ja alle gleich!«

Und der Apfelzweig sah mit gewissem Mitleid besonders auf eine Art von Blumen, die in Mengen auf Feldern und in Gräben standen; keiner band sie zum Strauß, sie waren gar zu gewöhnlich, ja, man konnte sie selbst zwischen den Pflastersteinen finden, sie schossen wie das ärgste Unkraut hervor und hatten den häßlichen Namen Löwenzahn.

»Armes verachtetes Gewächs!« sagte der Apfelzweig, »du kannst nichts dafür, daß du wurdest, was du bist, daß du so gewöhnlich bist, daß du den häßlichen Namen bekamst, den du hast. Aber mit den Pflanzen ist es wie mit den Menschen, ein Unterschied muß sein!«

»Unterschied!« sagte der Sonnenstrahl und küßte den blühenden Apfelzweig, küßte aber auch die gelben Kuhblumen draußen auf dem Feld, alle Brüder des Sonnenstrahls küßten sie, die armen Blumen wie die reichen.

Der Apfelzweig hatte niemals über Gottes unendliche Liebe zu allem, was da lebt und sich in ihm bewegt, nachgedacht, hatte nie darüber nachgedacht, wieviel Schönes und Gutes verborgen, aber nicht vergessen sein kann – aber auch das war ganz menschlich!

Der Sonnenstrahl, der Strahl des Lichts, wußte es besser: »Du siehst nicht weit, du siehst nicht klar! – Welches ist das verworfene Kraut, das du besonders beklagst?«

»Der Löwenzahn!« sagte der Apfelzweig. »Niemals werden sie zum Strauß gebunden, sie werden mit Füßen getreten, es sind ihrer zu viele, und wenn sie in Samen schießen, so fliegt er wie kleingeschnittene Wolle über den Weg und hängt sich den Leuten an die Kleider. Unkraut ist es; aber auch das soll ja sein! – Ich bin wirklich sehr dankbar, daß ich nicht eins von ihnen geworden bin!«

Und über das Feld kam eine ganze Schar Kinder. Das jüngste war noch so winzig klein, daß es von den anderen getragen wurde; und als es zwischen die gelben Blumen in das Gras gesetzt wurde, lachte es laut vor Freude, strampelte mit den Beinchen, wälzte sich umher, pflückte nur die gelben Blumen und küßte sie

in süßer Unschuld. Die etwas größeren Kinder brachen die Blumen von den hohen Stielen, bogen sie zusammen, Glied an Glied, so daß daraus eine ganze Kette wurde; erst eine für den Hals, dann eine über die Schultern und um den Leib, eine für die Brust und für den Kopf; das war eine Pracht von grünen Gliedern und Ketten! Aber die größten Kinder faßten vorsichtig die verblühte Pflanze beim Stiel, der die flockige Samenkrone trug, diese lose, luftige Wollblume, die ein ganzes kleines Kunstwerk ist, wie aus den feinsten Federn, Flocken oder Daunen, hielten sie an den Mund, um sie mit einem Hauch ganz abzublasen; wer das könne, bekomme neue Kleider, bevor das Jahr um sei, hatte Großmutter gesagt.

Die verachtete Blume war bei dieser Gelegenheit ein richtiger Prophet.

»Siehst du!« sagte der Sonnenstrahl. »Siehst du ihre Schönheit, siehst du ihre Macht?«

»Ja, für Kinder!« antwortete der Apfelzweig.

Und da kam eine alte Frau auf das Feld und grub mit ihrem stumpfen, schaftlosen Messer um die Wurzel des Krautes und zog sie heraus; von einigen der Wurzeln wollte sie sich Kaffee kochen, die andern wollte sie dem Apotheker für Arznei bringen und dafür Geld bekommen.

»Schönheit ist doch etwas Höheres!« sagte der Apfelzweig. »Nur die Auserwählten kommen in das Reich des Schönen! Es gibt einen Unterschied zwischen den Gewächsen, wie es einen Unterschied zwischen den Menschen gibt!«

Und der Sonnenstrahl sprach von Gottes unendlicher Liebe zu allem Erschaffenen und zu allem, was Leben hat, und von der gleichen Verteilung aller Dinge in Zeit und Ewigkeit!

»Ja, das ist nun Ihre Meinung!« sagte der Apfelzweig.

Und es kamen Leute in das Zimmer, und die junge Gräfin kam, die den Apfelzweig in die durchsichtige Vase gestellt hatte, wo das Sonnenlicht strahlte; und sie brachte eine Blume, oder was es sonst sein mochte, die zwischen drei, vier großen Blättern verborgen war, die wie eine Tüte um sie gehalten wurden, damit weder Zug noch Windhauch ihr Schaden tun sollten, und sie wurde so vorsichtig getragen, wie es niemals mit dem feinen Apfelzweig geschehen war. Ganz vorsichtig wurden nun die großen Blätter entfernt, und man sah die feine, flockige Samenkrone des gelben, verachteten Löwenzahns. Er war es, den sie so vorsichtig gepflückt hatte, so behutsam trug, damit nicht einer der feinen Federpfeile, die seine Nebelgestalt bilden und so lose sitzen, fortwehen solle. Unversehrt und herrlich trug sie ihn und bewunderte seine schöne Form, seine luftige Klarheit, seine ganz eigentümliche Zusammensetzung, seine Schönheit, die so im Wind verwehen sollte.

»Sieh doch, wie wunderbar lieblich Gott ihn gemacht hat!« sagte sie. »Ich will ihn mit dem Apfelzweig zusammen malen, den finden alle so unendlich schön, aber auch diese arme Blume hat auf eine andere Weise ebensoviel vom lieben Gott erhalten; so verschieden sie auch sind, sie sind doch beide Kinder im Reich der Schönheit!«

Der Sonnenstrahl küßte die ärmliche Blume und den blühenden Apfelzweig, dessen Blätter dabei zu erröten schienen.

Der alte Grabstein

In einer der kleinen Marktstädte saß bei einem Mann, der seinen eigenen Hof besaß, eines Abends die ganze Familie im Kreis beisammen; es war noch mild und warm und um die Jahreszeit, wo man sagt: ›Die Abende werden länger‹; die Lampe war angezündet, die langen Vorhänge hingen vor den Fenstern, in denen große Blumentöpfe standen, und draußen war herrlicher Mondschein – doch davon sprachen sie nicht, sie sprachen von einem alten Stein, der unten im Hof dicht bei der Küchentür lag, auf den die Mägde oft das gescheuerte Kupfergeschirr stellen, damit es in der Sonne trockne, und wo die Kinder gern spielten – es war eigentlich ein alter Grabstein.

»Ja«, sagte der Hausherr, »ich glaube, er ist aus der alten, abgebrochenen Klosterkirche; dort wurden ja Kanzel, Denkmäler und Grabsteine verkauft! Mein seliger Vater kaufte mehrere davon, sie wurden zu Pflastersteinen zerschlagen, aber dieser Stein blieb übrig und ist seidem auf dem Hof liegengeblieben.«

»Man kann wohl sehen, daß es ein Grabstein ist«, sagte das älteste der Kinder; »es ist noch ein Stundenglas und ein Stückchen von einem Engel darauf zu sehen, aber die Inschrift, die dort gestanden hat, ist fast verwischt, bis auf den Namen Preben und ein großes S gleich dahinter und etwas weiter unten Marthe, mehr ist nicht herauszubringen, und auch das nur deutlich, wenn es geregnet hat oder wenn wir den Stein gewaschen haben.«

»Du lieber Gott, das ist der Grabstein von Preben Svane und seiner Frau!« sagte ein alter, alter Mann; er konnte seinem Alter nach gut der Großvater von allen im Zimmer sein. »Ja, dieses Ehepaar war eins der letzten, die auf dem alten Klosterkirchhof beerdigt wurden! Es war ein altes, ehrwürdiges Paar aus meinen Knabenjahren. – Alle kannten sie, und alle hatten sie lieb, sie waren das Alterskönigspaar in der Stadt; die Leute sagten, sie besäßen über eine Tonne Gold, und doch gingen sie sehr einfach gekleidet, in dem gröbsten Zeug, aber ihre Wäsche war leuchtend weiß. Es war ein schönes altes Paar, Preben und seine Marthe! – Wenn sie auf der Bank dort auf der hohen Steintreppe des Hauses saßen, über das die alte Linde ihre Zweige breitete, und wenn sie dann freundlich und gütig nickten, wurde man ordentlich froh

dabei. Sie waren unendlich gut zu den Armen; sie speisten sie, sie kleideten sie, und in ihrer Wohltätigkeit waren Vernunft und wahres Christentum. Die Frau starb zuerst; ich erinnere mich des Tages noch sehr gut! Ich war ein kleiner Knabe und mit meinem Vater bei dem alten Preben, als sie gerade hinübergeschlummert war; der alte Mann war tief bewegt und weinte wie ein Kind. Die Leiche lag noch in der Schlafkammer nebenan. Er sprach zu meinem Vater und einigen Nachbarn davon, wie einsam es nun werden würde, wie gut sie gewesen sei, wie viele Jahre sie miteinander gelebt hätten und wie es zugegangen sei, daß sie einander kennengelernt und liebgewonnen hätten; ich war, wie gesagt, noch klein und stand dabei und hörte zu, aber es erfüllte mich auf wunderbare Weise, dem alten Mann zuzuhören und zu sehen, wie er allmählich lebhaft wurde und rote Wangen bekam, als er vom Verlobungstag sprach, wie lieblich sie gewesen, wie viele kleine, unschuldige Umwege er gegangen sei, um ihr zu begegnen, und er erzählte von dem Hochzeitstag, seine Augen leuchteten, er lebte sich gleichsam in jene Freudentage zurück, und nun lag sie nebenan in der Kammer, tot, eine alte Frau, und er war ein alter Mann und sprach von der Zeit der Hoffnung! – Ja, ja, so geht es! Damals war ich erst ein Kind, und nun bin ich alt, alt wie

Preben Svane. Die Zeit vergeht und alles wechselt! – Ich entsinne mich sehr gut ihres Begräbnistages; der alte Preben ging dicht hinter dem Sarg. Wenige Jahre zuvor hatte das Ehepaar seinen Grabstein mit Inschrift und Namen bis auf das Todesjahr hauen lassen; der Stein wurde am Abend hinausgefahren und auf das Grab gelegt – und ein Jahr später wurde er wieder gehoben, und der alte Preben kam zu seiner Frau. – Sie hinterließen nicht den Reichtum, wie die Leute geglaubt und gesagt hatten; was da war, fiel an eine Familie, weit fort, von der man vorher niemals etwas gewußt hatte. Das Fachwerkhaus mit der Bank auf der hohen Steintreppe unter der Linde wurde vom Magistrat niedergerissen, es war zu alt, zu baufällig, man durfte es nicht stehenlassen. Später, als es der Klosterkirche ebenso erging und der Kirchhof geschlossen wurde, kam Prebens und Marthes Grabstein, wie alles andere von dort, an denjenigen, der ihn kaufen wollte, und es ist so gekommen, daß er nicht in Stücke geschlagen und verwendet wurde, sondern noch im Hof liegt, ein Spielplatz der Kinder, ein Brett für das gescheuerte Kupfergeschirr der Mägde. – Die gepflasterte Straße führt jetzt über die Ruhestätte des alten Preben und seiner Frau. Niemand denkt mehr an sie!«

Und der alte Mann, der all dieses erzählte, schüttelte wehmütig den Kopf. »Vergessen! – Alles soll vergessen sein!« sagte er.

Darauf sprachen sie im Zimmer von anderen Dingen; aber der kleinste Knabe, ein Kind mit großen, ernsten Augen, stieg auf einen Stuhl hinter den Fenstervorhängen und sah in den Hof hinunter, wo der Mond hell auf den alten Stein schien, der ihm früher immer leer und flach erschienen war, aber nun dalag wie ein ganzes großes Blatt aus einem Geschichtenbuch. Alles, was der Knabe von Preben und seiner Frau gehört hatte, wohnte in diesem Stein; und er sah ihn an und sah hinauf zu dem klaren, hellen Mond, in die reine, hohe Luft, es war, als leuchte das Antlitz Gottes über der Erde.

›Vergessen! – Alles soll vergessen sein!‹ tönte es drinnen in der Stube, und im selben Augenblick küßte ein unsichtbarer Engel des Knaben Brust und Stirn und flüsterte leise: »Bewahre du das geschenkte Samenkorn wohl, bewahre es bis zur Zeit der Reife! – Durch dich, mein Kind, soll die verlöschte Inschrift, der verwitterte Grabstein in hellen, goldenen Zügen für kommende Geschlechter erstehen! Das alte Ehepaar soll wieder Arm in Arm durch die alten Straßen wandeln und lächelnd mit frischen roten Wangen auf der Steintreppe unter der Linde sitzen und arm und reich zunicken. Das Samenkorn dieser Stunde wird nach Jahren zu einer blühenden Dichtung gedeihen. Das Gute und Schöne wird nicht vergessen, es lebt in Sage und Lied.«

Die lieblichste Rose der Welt

Es war eine mächtige Königin, in deren Garten es die herrlichsten Blumen aus jeder Jahreszeit und aus allen Ländern der Welt gab, aber besonders liebte sie die Rosen, und darum besaß sie von diesen die verschiedensten Arten, von der wilden Heckenrose mit den apfelduftenden, grünen Blättern bis zur schönsten Rose der Provence; sie wuchsen an der Schloßmauer empor, rankten sich um die Säulen und Fensterrahmen, in die Gänge und an den Dekken in allen Sälen; und die Rosen wechselten in Duft, in Form und Farbe.

Aber Trauer und Trübsal wohnten im Schloß; die Königin lag auf dem Siechbett, und die Ärzte verkündeten, daß sie sterben müsse.

»Es gibt dennoch eine Rettung für sie!« sagte der weiseste unter ihnen. »Bringt ihr die lieblichste Rose der Welt, diejenige, die der Ausdruck der höchsten und reinsten Liebe ist; schaut sie diese an, ehe ihre Augen brechen, so stirbt sie nicht!«

Und jung und alt kam von nah und fern mit Rosen, mit den lieblichsten, die in jedem Garten blühten, aber es waren nicht die rechten; aus dem Garten der Liebe mußte die Blume geholt werden; aber welche Rose war dort der Ausdruck der höchsten, der reinsten Liebe?

Die Dichter sangen von der lieblichsten Rose der Welt, jeder nannte die seine. Und es ging Botschaft weit durch das Land an jedes Herz, das in Liebe schlug, es ging Botschaft an jeden Stand und jedes Alter.

»Noch niemand hat die Blume genannt«, sagte der Weise. »Niemand hat den Ort bezeichnet, wo sie in ihrer Herrlichkeit entspringt. Es sind nicht die Rosen von Romeos und Julias Sarg oder von Valburgs Grab, obwohl diese Rosen ewig in Sagen und Gesängen duften werden; es sind nicht die Rosen, die aus Winkelrieds blutigen Lanzen sprießen, aus dem Blut, das heilig aus der Brust des Helden im Tod für das Vaterland quillt, obwohl kein Tod süßer ist, keine Rose röter als das Blut, das dort fließt. Es ist auch nicht jene Wunderblume, für deren Pflege der Mann Jahr und Tag in langen schlaflosen Nächten in der einsamen Stube sein frisches Leben hingibt – die magische Rose der Wissenschaft.«

»Ich weiß, wo sie blüht«, sagte eine glückliche Mutter, die mit ihrem zarten Kind an das Lager der Königin kam. »Ich weiß, wo die herrlichste Rose der Welt gefunden wird, die Rose, die der Ausdruck der höchsten und reinsten Liebe ist, sie blüht auf den roten Wangen meines süßen Kindes, wenn es, vom Schlaf gestärkt, die Augen aufschlägt und mir mit seiner ganzen Liebe entgegenlächelt!«

»Lieblich ist diese Rose, aber es gibt noch eine lieblichere!« sagte der Weise.

»Ja, eine viel schönere!« sagte eine der Frauen. »Ich habe sie gesehen, eine erhabenere, heiligere Rose blüht nicht; aber sie war bleich wie die Blätter der Teerose; auf den Wangen der Königin sah ich sie; sie hatte ihre königliche Krone abgelegt und trug selbst in der langen kummervollen Nacht ihr krankes Kind, sie weinte, küßte es und betete zu Gott für das Kind, wie eine Mutter in der Stunde der Angst betet!«

»Heilig und wunderbar ist die weiße Rose der Trauer in ihrer Macht, aber die rechte ist sie nicht!«

»Nein, die herrlichste Rose der Welt sah ich vor dem Altar des Herrn«, sagte der fromme alte Bischof. »Ich sah sie leuchten, als ob sich das Antlitz eines Engels zeigte. Die jungen Mädchen gingen zum Tisch des Herrn, erneuerten den Bund ihrer Taufe, und da erglühten Rosen, und da erbleichten Rosen auf den frischen Wangen; ein junges Mädchen stand dort, es sah mit der vollen Reinheit und Liebe der ganzen Seele zu ihrem Gott empor; das war der Ausdruck der reinsten und höchsten Liebe!«

»Gesegnet sei sie!« sagte der Weise, »aber noch keiner von euch hat die lieblichste Rose der Welt genannt.«

Da trat ein Kind in die Stube, der kleine Sohn der Königin;

Tränen standen in seinen Augen und auf seinen Wangen; er trug ein großes, aufgeschlagenes Buch, der Einband war aus Samt und hatte große, silberne Spangen.

»Mutter!« sagte der Kleine, »oh, höre doch, was ich gelesen habe!« Und das Kind setzte sich ans Bett und las aus dem Buch von ihm, der sich selbst dem Tod am Kreuz hingab, um die Menschen und auch die ungeborenen Geschlechter zu retten.

»Größere Liebe gibt es nicht!«

Und es ging ein Rosenschimmer über die Wangen der Königin, ihre Augen wurden groß und klar, denn sie sah, daß aus den Blättern des Buches sich die lieblichste Rose der Welt erhob, das Bild der Rose, die aus dem Blute Christi am Kreuzesstamm entsprang.

»Ich sehe sie!« sagte sie. »Niemals stirbt, wer diese Rose, die lieblichste auf Erden, erblickt!«

Die Geschichte des Jahres

Es war Ende Januar, ein furchtbarer Schneesturm tobte; der Schnee flog wirbelnd durch Straßen und Gassen; die Fensterscheiben waren von außen wie mit Schnee überklebt, von den Dächern stürzte er in Massen, und die Leute waren wie auf der Flucht, sie liefen, sie flogen und fielen einander in die Arme, hielten sich einen Augenblick fest und standen solange sicher. Kutschen und Pferde waren wie überpudert, die Diener standen mit dem Rücken gegen die Kutsche und fuhren rückwärts gegen den Wind, der Fußgänger hielt sich beständig im Schutz der Wagen, die nur langsam in dem tiefen Schnee vorwärtsglitten; und als sich endlich der Sturm legte und an den Häusern entlang ein schmaler Steg geschaufelt wurde, blieben die Leute doch stehen, wenn sie sich begegneten; keiner hatte Lust, den ersten Schritt zu tun und in den tiefen Schnee zu treten, damit der andere vorbeischlüpfen könne. Schweigend standen sie da, bis endlich wie in stiller Übereinkunft jeder ein Bein preisgab und es in den Schneehaufen steigen ließ.

Gegen Abend war es windstill, der Himmel sah aus, als ob er gefegt und höher und durchsichtiger geworden sei, die Sterne schienen nagelneu zu sein, und einige waren hell und klar – es fror, daß es knackte –, da konnte wohl die oberste Schneeschicht so stark werden, daß sie in der Morgenstunde die Sperlinge trug; diese hüpften bald auf, bald nieder, wo geschaufelt war, aber viel Futter war nicht zu finden, und sie froren tüchtig.

»Piep!« sagte der eine zum andern, »das nennt man nun das neue Jahr! Es ist ja schlimmer als das alte! Da hätten wir es ebensogut behalten können. Ich bin verstimmt und habe Grund dazu!«

»Ja, da liefen nun die Menschen umher und schossen das neue Jahr ein«, sagte ein kleiner verfrorener Sperling, »sie schlugen Töpfe gegen die Türen und waren vor Freude ganz außer sich, weil nun das alte Jahr fortging! Ich war auch froh darüber, denn ich habe erwartet, daß wir dann warme Tage bekämen, aber daraus ist nichts geworden, es friert viel strenger als vorher; die Menschen haben sich in der Zeitrechnung geirrt!«

»Das haben sie!« sagte ein dritter, der alt und weiß am Schopf war; »sie haben da etwas, das sie den Kalender nennen, der ist so ihre eigene Erfindung, und alles soll sich darum nach ihm richten, aber das tut es nicht! Wenn der Frühling kommt, dann beginnt das Jahr, das ist der Lauf der Natur, und danach rechne ich!«

»Aber wann kommt der Frühling?« fragten die andern.

»Der kommt, wenn der Storch wiederkehrt, aber mit dem ist es sehr unbestimmt, und hier in der Stadt weiß niemand etwas davon, auf dem Lande wissen sie es besser, wollen wir dorthinfliegen und warten? Dort ist man dem Frühling näher.«

»Ja, das mag ganz gut sein!« sagte einer von den Sperlingen, der lange umhergehüpft war und gepiept hatte, ohne eigentlich etwas gesagt zu haben. »Ich habe hier in der Stadt einige Bequemlichkeiten gefunden, und ich befürchte, daß ich sie draußen vermissen werde. Hier drüben auf einem Hof wohnt eine Menschenfamilie, die den sehr vernünftigen Einfall hatte, drei, vier Blumentöpfe mit der großen Öffnung nach innen und dem Boden nach außen an der Wand zu befestigen, in jeden ist ein Loch geschnitten, so groß, daß ich ein- und ausfliegen kann; dort haben ich und mein Mann unser Nest, und alle unsere Jungen sind von dort ausgeflogen. Die Menschenfamilie hat das Ganze natürlich eingerichtet, um das Vergnügen zu haben, uns zu sehen, sonst hätten sie es gewiß nicht getan. Ihres Vergnügens wegen streuen sie auch Brotkrumen aus, und wir haben das Futter, es ist gleichsam für uns gesorgt – und darum glaube ich, daß ich und mein Mann bleiben, obwohl wir sehr unzufrieden sind – aber wir bleiben!«

»Und wir fliegen aufs Land, um zu sehen, ob nicht der Frühling kommt!« Und dann flogen sie los.

Draußen auf dem Lande war richtiger Winter, es fror einige Grade stärker als in der Stadt. Der scharfe Wind blies über die schneebedeckten Felder. Der Bauer saß mit großen Fausthandschuhen in seinem Schlitten und schlug die Arme um den Leib, um die Kälte auszutreiben; die Peitsche lag auf dem Schoß, die mageren Pferde liefen, daß sie dampften, der Schnee knirschte, und die Sperlinge hüpften in den Räderspuren und froren. »Piep! Wann kommt der Frühling? Es dauert sehr lange!«

»Sehr lange!« klang es von dem größten schneebedeckten Hügel über das Feld; es konnte das Echo sein, was man hörte, aber es konnte auch die Rede des wunderlichen alten Mannes sein, der in Wind und Wetter hoch oben auf dem Schneehaufen saß; er war ganz weiß wie ein Bauer im weißen Friesrock, mit langem weißen Haar, weißem Bart, ganz bleich und mit großen klaren Augen.

»Wer ist der Alte dort?« fragten die Sperlinge.

»Das weiß ich!« sagte ein alter Rabe, der auf dem Zaunpfahl saß und herablassend genug war, um anzuerkennen, daß wir alle vor dem lieben Gott kleine Vögel sind, und sich darum auch mit den Sperlingen einließ und Aufklärung gab. »Ich weiß, wer der Alte ist. Es ist der Winter, der alte Mann vom vorigen Jahr, er ist nicht tot, wie der Kalender sagt, sondern Vormund des kleinen Prinzen Frühling, der kommt. Ja, der Winter führt das Regiment! Hu! ihr klappert ja richtig, ihr Kleinen.«

»Ja, ist es nicht so, wie ich sage?« äußerte der Kleinste. »Der Kalender ist nur Menschenerfindung, er ist nicht der Natur angepaßt! Das sollten sie uns überlassen, die wir feiner geschaffen sind!«

Und eine Woche verging, es vergingen fast zwei; der Wald war schwarz, der gefrorene See lag starr und sah aus wie geronnenes Blei; statt der Wolken hingen feuchte, eiskalte Nebel über dem Land; die großen schwarzen Krähen flogen in Scharen ohne Geschrei dahin, es war, als ob alles schliefe. – Da glitt ein Sonnenstrahl über den See, und der glänzte wie geschmolzenes Zinn. Die Schneedecke auf dem Feld und auf dem Hügel schimmerte nicht mehr wie früher, aber die weiße Gestalt, der Winter selbst, saß noch dort, den Blick beständig nach Süden gerichtet; er merkte gar nicht, daß der Schneeteppich gleichsam in die Erde sank, daß hier und dort ein kleiner grasgrüner Fleck hervorkam, wo es dann von Sperlingen wimmelte.

»Quivit! Quivit! Kommt nun der Frühling?«

»Der Frühling!« klang es über Feld und Flur und durch die schwarzbraunen Wälder, wo das Moos frisch grün an den Baumstämmen glänzte; und aus dem Süden kamen die beiden ersten Störche durch die Luft geflogen; auf dem Rücken eines jeden saß ein kleines liebliches Kind, ein Knabe und ein Mädchen; sie küßten die Erde zum Gruß, und wohin sie ihre Füße setzten, wuchsen weiße Blumen unter dem Schnee hervor; Hand in Hand gingen sie zu dem alten Eismann, dem Winter, schmiegten sich zu neuer Begrüßung an seine Brust, und im selben Augenblick waren sie alle drei und die ganze Landschaft verborgen; ein dicker, feuchter Nebel, so dicht und schwer, verhüllte alles. – Ein wenig später wehte es, der Wind fuhr dahin, er kam mit heftigen Stößen und verjagte den Nebel, warm schien die Sonne – der Winter selbst war verschwunden, die lieblichen Kinder des Frühlings saßen auf dem Thron des Jahres.

»Das nenne ich Neujahr!« sagten die Sperlinge. »Nun bekommen wir wohl unser Recht und die Vergütung für den strengen Winter!«

Wohin die beiden Kinder sich wandten, brachen grüne Knospen an Büschen und Bäumen hervor, schoß das Gras in die Höhe, ergrünte das Saatfeld immer lieblicher. Und ringsumher streute das kleine Mädchen Blumen aus; es hatte sie im Überfluß in seiner Schürze, sie schienen dort hervorzuquellen, die Schürze war immer voll, wie eifrig es auch streute – in seinem Eifer schüttete es einen ganzen Blütenschnee über Apfel- und Pfirsichbäume, so daß sie in voller Pracht standen, ehe sie richtig grüne Blätter treiben konnten.

Und es klatschte in die Hände und der Knabe auch, und dann kamen Vögel hervor, man wußte nicht woher, und alle zwitscherten und sangen: »Der Frühling ist gekommen!«

Das war ein herrlicher Anblick. Und manches alte Mütterchen trat aus der Tür in den Sonnenschein hinaus, schüttelte sich, sah auf die gelben Blumen, die überall auf dem Feld prangten, gerade wie in seinen Jugendtagen; die Welt wurde wieder jung, »heute ist es schön hier draußen!« sagte es.

Und der Wald stand noch braungrün, Knospe an Knospe; aber der Waldmeister war schon da, so frisch und so duftend, Veilchen standen in Fülle, Anemonen und Schlüsselblumen sproßten, in jedem Grashalm war Saft und Kraft, das war wirklich ein Prachtteppich zum Sitzen, und dort saß auch das junge Paar des Frühlings Hand in Hand, sang, lächelte und wuchs mehr und mehr.

Ein milder Regen fiel vom Himmel auf sie herab, sie merkten es nicht, Regentropfen und Freudenträne verschmolzen in einen Tropfen. Braut und Bräutigam küßten sich, und im Nu schlug der Wald aus. – Als die Sonne aufging, waren alle Wälder grün!

Und Hand in Hand schritt das Brautpaar unter dem frischen, hängenden Laubdach einher, wo nur die Strahlen des Sonnenlichts und die Schlagschatten dem Grün einen Farbunterschied gaben. Eine jungfräuliche Reinheit und ein erfrischender Duft war in den feinen Blättern! Klar und lebendig rieselten Fluß und Bach zwischen dem samtgrünen Schilf und über die bunten Steine. »Ewig und immer ist es und bleibt es!« sagte die ganze Natur. Und der Kuckuck rief und die Lerche sang, es war ein herrlicher Frühling; doch die Weiden hatten wollene Fausthandschuhe um ihre Blüten; sie waren schrecklich vorsichtig, und das ist langweilig!

Es vergingen Tage und es vergingen Wochen, die Wärme wälzte sich gleichsam herab; heiße Luftwellen gingen durch das Korn, das immer gelber und gelber wurde. Der weiße Lotos des Nordens breitete seine großen grünen Blätter auf dem Wasserspiegel der Waldseen aus, und die Fische suchten den Schatten darunter; und an der windgeschützten Seite des Waldes, wo die Sonne auf die Wand des Bauernhauses brannte und die entfalteten Rosen ordentlich durchwärmte und wo die Kirschbäume voll saftiger, schwarzer, beinahe sonnenheißer Beeren hingen, saß das herrliche Weib des Sommers, das wir als Kind und als Braut sahen; und es sah auf zu den steigenden dunklen Wolken, die wellenförmig wie Berge sich höher und höher türmten, schwarzblau und schwer; sie kamen von drei Seiten; wie ein versteinertes umgekehrtes Meer näherten sie sich immer mehr dem Wald, wo alles wie durch einen Zauber verstummt war; jeder Luftzug hatte sich gelegt, jeder Vogel schwieg, es war ein Ernst, eine Erwartung in der ganzen Natur, aber auf Wegen und Stegen eilten Fahrende, Reitende und Gehende, um unter Dach zu kommen. – Da leuchtete es plötzlich, als ob die Sonne hervorbräche, blitzend, blendend, alles verbrennend; und während der Donner rollte, wurde es wieder finster; das Wasser stürzte in Strömen nieder; es wurde Nacht und es wurde Licht, es war Stille und es war Lärm. Das junge braungefiederte Röhricht im Moor bewegte sich in langen Wogen, die Zweige des Waldes verbargen sich im Wassernebel, die Finsternis kam und das Licht kam, Stille und Lärm wechselten. – Gras und Korn lagen wie niedergeschlagen, wie hingeschwemmt, als sollten sie sich nie wieder erheben. – Plötzlich wurde der Regen zu einzelnen Tropfen, die Sonne schien, und an Halm und Blatt glänzten die Wassertropfen wie Perlen, die Vögel sangen, die Fische schnellten aus dem Bach, die Mücken tanzten, und draußen auf dem Stein, im salzigen gepeitschten Meerwasser, saß der Sommer selbst, der kräftige Mann, mit vollen Gliedern, mit nassem, triefendem Haar – verjüngt von dem frischen Bad, saß er im warmen Sonnenschein. Die ganze Natur ringsumher war verjüngt, alles stand üppig, kräftig und schön; es war Sommer, warmer, herrlicher Sommer.

Und lieblich und süß war der Duft, der aus dem üppigen Kleefeld strömte, die Bienen summten dort um die alte Thingstätte; die Brombeerranke schlängelte sich um den Altarstein, der, vom Regen gewaschen, im Sonnenlicht glänzte, dorthin flog die Bienenkönigin mit ihrem Schwarm und setzte Wachs und Honig an. Niemand sah es außer dem Sommer und seinem kräftigen Weib; für sie stand der Altartisch mit den Opfergaben der Natur gedeckt.

Und der Abendhimmel leuchtete wie Gold, keine Kirchenkuppel glänzt so reich, und der Mond schien zwischen Abendröte und Morgenröte, es war Sommer!

Und es vergingen Tage und es vergingen Wochen. – Die blanken Sensen der Schnitter blinkten in den Kornfeldern, die Zweige des Apfelbaumes bogen sich schwer unter roten und gelben Früchten; der Hopfen duftete lieblich und hing in großen Büscheln, und unter den Haselsträuchern, wo die Nüsse in schweren Dolden saßen, ruhten Mann und Frau, der Sommer mit seinem ernsten Weib.

»Welch ein Reichtum!« sagte sie, »ringsumher Segen, heimisch und gut, und doch, ich weiß es selbst nicht, ich sehne mich nach – Stille – Ruhe –, ich weiß kein Wort dafür! – Nun pflügen sie schon wieder auf dem Feld! Mehr und immer mehr wollen die Menschen gewinnen! – Sieh, die Störche kommen in Scharen und folgen in einiger Entfernung dem Pflug; der Vogel Ägyptens, der uns durch die Luft trug! Erinnerst du dich noch, wie wir beide als Kinder hierher in das Land des Nordens kamen? – Blumen brachten wir, herrlichen Sonnenschein und grüne Wälder; der Wind verfährt nun hart mit ihnen, sie bräunen und dunkeln wie die Bäume des Südens, aber tragen nicht goldene Früchte wie sie!«

»Willst du sie sehen?« fragte der Sommer, »so freue dich denn!« Er hob seinen Arm, und die Blätter des Waldes färbten sich rot und golden, Farbenpracht kam über alle Wälder; die Rosenhecke glänzte mit feuerroten Hagebutten, die Fliederzweige hingen voll schwerer, großer schwarzbrauner Beeren, die wilden

Kastanien fielen reif aus den schwarzgrünen Schalen, und im Waldesgrund blühten die Veilchen zum zweiten Mal.

Aber die Königin des Jahres wurde immer stiller und bleicher. »Es weht kalt!« sagte sie, »die Nacht bringt feuchte Nebel! – Ich sehne mich nach dem – Land der Kindheit!«

Und sie sah die Störche fortfliegen, jeden einzelnen, und sie streckte die Hände nach ihnen aus. – Sie sah zu den Nestern hinauf, die leer waren, in dem einen wuchs die langstielige Kornblume, in einem anderen der gelbe Rübsamen, als ob das Nest nur zu ihrem Schutz und Schirm dasei, und die Sperlinge flogen hinauf.

»Piep! Wo ist die Herrschaft geblieben! Sie kann wohl nicht vertragen, wenn es weht, und deshalb hat sie das Land verlassen! Glückliche Reise!«

Und die Blätter des Waldes wurden gelber und gelber, und Laub fiel auf Laub, die Herbststürme brausten, es war Spätherbst, und auf der gelben Laubdecke ruhte die Königin des Jahres und sah mit sanften Augen nach dem schimmernden Stern, und ihr Mann stand bei ihr. Ein Windstoß wirbelte im Laub – es fiel wieder, da war sie verschwunden, aber ein Schmetterling, der letzte des Jahres, flog durch die kalte Luft.

Und die feuchten Nebel kamen, der eisige Wind und die dunklen, längsten Nächte. Der Herrscher des Jahres stand da mit schneeweißem Haar; aber er selbst wußte es nicht, er glaubte, es seien Schneeflocken, die aus den Wolken fielen; eine dünne Schneedecke lag über dem grünen Feld.

Und die Kirchenglocken läuteten die Weihnachtszeit ein. »Die Glocken der Geburt läuten!« sagte der Herrscher des Jahres, »bald wird das neue Herrscherpaar geboren, und ich gehe zur Ruhe wie sie! Zur Ruhe im leuchtenden Stern!«

Und im frischen, grünen Tannenwald, wo der Schnee lag, stand der Weihnachtsengel und weihte die jungen Bäume ein, die für sein Fest bestimmt waren.

»Freude im Zimmer und unter den grünen Zweigen!« sagte der alte Herrscher des Jahres, die Wochen hatten ihn zu einem schneeweißen Greis altern lassen. »Meine Ruhezeit naht, das junge Paar des Jahres erhält nun Krone und Zepter!«

»Die Macht ist doch dein!« sagte der Weihnachtsengel, »die

Macht und nicht die Ruhe! Laß den Schnee wärmend auf der jungen Saat liegen! Lerne ertragen, daß einem anderen gehuldigt wird und du doch Herrscher bist! Lerne, vergessen zu sein und doch zu leben! Die Stunde deiner Freiheit kommt, wenn der Frühling erscheint!«

»Wann kommt der Frühling?« fragte der Winter.

»Er kommt, wenn der Storch wiederkehrt!«

Und mit weißen Locken und schneeweißem Bart saß der Winter eiskalt, alt und gebeugt, aber stark wie der Wintersturm und die Macht des Eises, hoch auf der Schneewehe des Hügels und schaute gen Süden, wie der vorige Winter dort gesessen und ausgeschaut hatte. – Das Eis krachte, der Schnee knirschte, die Schlittschuhläufer kreisten auf den blanken Seen, und Raben und Krähen nahmen sich auf dem weißen Grund gut aus, kein Wind rührte sich. Und in der stillen Luft ballte der Winter die Fäuste, und das Eis war klafterdick zwischen Land und Land.

Da kamen die Sperlinge wieder aus der Stadt und fragten: »Wer ist der alte Mann dort?« Und der Rabe saß wieder da, oder ein Sohn von ihm, was ja dasselbe ist, der sagte ihnen: »Das ist der Winter! Der alte Mann vom vorigen Jahr. Er ist nicht tot, wie der Kalender sagt, sondern Vormund des Frühlings, der kommt!«

»Wann kommt der Frühling?« fragten die Sperlinge, »dann bekommen wir gute Zeit und besseres Regiment! Das alte taugte nicht.«

Und in stillen Gedanken nickte der Winter dem blattlosen, schwarzen Wald zu, wo jeder Baum die liebliche Form und Biegung der Zweige zeigte, und im Winterschlaf senkten sich die eiskalten Nebel der Wolken – der Herrscher träumte von der Zeit seiner Jugend und seines Mannesalters, und beim Tagesgrauen stand der ganze Wald in blitzendem Reif, das war der Sommertraum des Winters, der Sonnenschein streute Reif von den Zweigen.

»Wann kommt der Frühling?« fragten die Sperlinge.

›Der Frühling!‹ klang es wie ein Echo von den Hügeln, auf welchen der Schnee lag. Die Sonne schien wärmer und wärmer, der Schnee schmolz, die Vögel zwitscherten: »Der Frühling kommt!«

Und hoch durch die Luft kam der erste Storch, der zweite

folgte; ein liebliches Kind saß auf dem Rücken eines jeden, und sie ließen sich nieder auf das offene Feld, küßten die Erde und küßten den alten stillen Mann, und wie Moses auf dem Berg verschwand er im Wolkennebel.

Die Geschichte des Jahres war zu Ende.

»Das ist sehr richtig!« sagten die Sperlinge, »es ist auch sehr schön, aber es ist nicht nach dem Kalender, und darum ist es falsch!«

Am letzten Tag

Der heiligste Tag unter allen Tagen des Lebens ist der, an welchem wir sterben; es ist der letzte Tag, der heiligen großen Verwandlung. Hast du recht ernsthaft über diese gewaltige, sichere letzte Stunde hier auf Erden nachgedacht?

Einst war ein Mann, ein Strenggläubiger, wie er genannt wurde, ein Kämpfer für das Wort, das ihm Gesetz war, ein eifernder Diener seines eifernden Gottes. – Der Tod stand nun an seinem Lager, der Tod mit dem strengen, himmlischen Antlitz.

»Die Stunde ist gekommen, du mußt mir folgen!« sagte der Tod und berührte mit eiskaltem Finger seine Füße, und sie erstarrten, der Tod berührte seine Stirn, dann sein Herz, und es brach, und die Seele folgte dem Engel des Todes.

Aber in wenigen Sekunden der Einweihung vom Fuß bis zur Stirn und zum Herzen ging wie die großen schwarzen Wellen eines Meeres alles, was das Leben gebracht und geweckt hatte, über den Sterbenden hin. So schaut er mit einem Blick in die schwindelnde Tiefe und umfaßt mit einem Gedankenblitz den unermeßlichen Weg; so sieht er mit einem Blick, in einer Summe, das zahllose Sternengewimmel, Himmelskörper und Welten in dem weiten Raum erkennend.

In einem solchen Augenblick erschauert der erschrockene Sünder, er hat nichts, woran er sich halten kann, es ist, als versinke er in eine unendliche Leere! – Aber der Fromme legt ruhig sein Haupt an Gott und ergibt sich wie das Kind in ›Dein Wille geschehe mit mir!‹

Dieser Sterbende aber hatte nicht den Sinn des Kindes, er fühlte, daß er ein Mann war. Ihn schauderte nicht wie den Sünder, er wußte, er war der Rechtgläubige. Er hatte sich an die Formen der Religion in all ihrer Strenge gehalten; Millionen, wußte er, mußten den breiten Weg zur Verdammnis gehen; mit Feuer und Schwert hätte er hier ihre Körper vernichten können, wie ihre Seelen vernichtet waren und stets sein würden! Sein Weg war nun gen Himmel gerichtet, wo die Gnade ihm die Pforte öffnete, die verheißene Gnade.

Und die Seele folgte dem Engel des Todes, aber noch einmal schaute sie auf das Lager, wo das Bild des Staubes in dem weißen Leichenhemd lag, ein fremdes Abbild ihres eigenen Ich. – Und sie flogen und sie gingen – es war wie in einer mächtigen Halle und doch wie in einem Wald; die Natur war beschnitten, ausgespannt, aufgebunden und in Reihen gestellt, künstlich gemacht wie die alten französischen Gärten; hier war Maskerade.

»Das ist das Menschenleben!« sagte der Engel des Todes.

Alle Gestalten sah man mehr oder weniger vermummt; durchaus nicht alle, die in Samt und Gold gingen, waren die Edelsten und Mächtigsten, es waren auch nicht alle, die das Kleid der Armut trugen, die Niedrigsten und Geringsten. – Es war eine wunderliche Maskerade, und besonders seltsam war es anzusehen, wie alle unter ihrer Kleidung sorgfältig etwas voreinander verbargen; aber der eine riß an dem andern, damit es sichtbar werden könne, und dann sah man den Kopf eines Tieres hervorgucken; bei dem einen war es ein grinsender Affe, bei dem andern ein häßlicher Ziegenbock, eine feuchte Schlange oder ein matter Fisch.

Es war das Tier, das wir alle in uns tragen, das Tier, welches im Menschen festgewachsen ist; und es hüpfte, und es sprang und wollte vorwärts, und jeder hielt die Kleider dicht darum zusammen, aber die andern rissen sie zur Seite und riefen: »Siehst du! Sie, das ist er! Das ist sie!« Und der eine entblößte die Jämmerlichkeit des andern.

»Welches Tier war bei mir?« fragte die wandernde Seele; und der Engel des Todes wies vor sich auf eine stolze Gestalt. Um deren Haupt zeigte sich eine bunte Glorie mit glänzenden Farben, aber am Herzen des Mannes verbargen sich die Füße des Tieres, Füße des Pfaus; die Glorie war nur der bunte Schweif des Vogels.

Und als sie fortwanderten, schrien große Vögel häßlich von den Zweigen der Bäume; mit deutlichen Menschenstimmen schrien sie: »Du Wanderer des Todes, erinnerst du dich meiner?«

Das waren all die bösen Gedanken und Begierden aus seinen Lebenstagen, welche ihm zuriefen: »Erinnerst du dich meiner?«

Und einen Augenblick erschauerte die Seele, denn sie erkannte die Stimmen, die bösen Gedanken und Begierden, die als Gerichtszeugen auftraten.

»In unserm Fleisch, in unserer bösen Natur wohnt nichts Gutes!« sagte die Seele, »aber meine Gedanken wurden nicht zu Taten, die Welt hat nicht die böse Frucht gesehen!« Und sie beeilte sich noch mehr, um bald dem häßlichen Geschrei zu entfliehen, aber die großen schwarzen Vögel umkreisten sie und schrien und schrien, als sollte es in aller Welt gehört werden; und sie sprang wie die gejagte Hindin, und bei jedem Schritt stieß sie den Fuß gegen scharfe Kieselsteine, und sie schnitten in ihre Füße, daß es schmerzte. »Wo kommen diese scharfen Steine her? Wie welkes Laub liegen sie auf der Erde!«

»Das ist jedes unvorsichtige Wort, das du fallen ließest und das deines Nächsten Herz viel tiefer verwundete, als die Steine jetzt deinen Fuß verwunden!«

»Daran dachte ich nicht!« sagte die Seele.

»Richtet nicht, auf daß ihr nicht gerichtet werdet!« klang es durch die Luft.

»Wir alle haben gesündigt!« sagte die Seele und erhob sich wieder. »Ich habe mich an das Gesetz und das Evangelium gehalten, ich habe getan, was ich tun konnte, ich bin nicht wie die andern!«

Und sie standen an der Pforte des Himmels, und der Engel, der Wächter des Eingangs, fragte: »Wer bist du? Nenne mir deinen Glauben und zeige mir ihn in deinen Taten!«

»Ich habe alle Gebote streng erfüllt! Ich habe mich gedemütigt vor den Augen der Welt, ich habe das Böse und die Bösen gehaßt und verfolgt, sie, die den breiten Weg zur ewigen Verdammnis gehen, und ich will es noch mit Feuer und Schwert, wenn ich es vermag.«

»Du bist also einer von den Bekennern Mohammeds?« fragte der Engel.

»Ich? – Niemals!«

»›Wer zum Schwert greift, soll durch das Schwert umkommen‹, sagt der Sohn. Seinen Glauben hast du nicht. Bist du vielleicht ein Sohn Israels, der mit Moses sagt: ›Auge um Auge, Zahn um Zahn‹, ein Sohn Israels, dessen eifernder Gott nur deines Volkes Gott ist?«

»Ich bin ein Christ!«

»Das erkenne ich nicht in deinem Glauben und in deinen Taten. Christi Lehre ist Versöhnung, Liebe und Gnade!«

»Gnade!« klang es durch den unendlichen Raum, und die Pforte des Himmels öffnete sich, und die Seele schwebte der offenen Herrlichkeit entgegen.

Aber das ausströmende Licht war so blendend, so durchdringend, daß die Seele wie vor einem gezogenen Schwert zurückwich; und die Töne erklangen so weich und ergreifend, wie keine irdische Zunge es auszusprechen vermag, und die Seele bebte und neigte sich tiefer und immer tiefer; aber die himmlische Klarheit drang in sie ein, und da fühlte und vernahm sie, was sie früher niemals gefühlt hatte, die Last ihres Hochmuts, ihrer Härte und Sünde. – Es wurde klar in ihrem Innern.

»Was ich Gutes auf der Welt tat, das tat ich, weil ich nicht anders konnte; aber das Böse – das kam aus mir selbst!«

Und die Seele fühlte sich geblendet von dem reinen himmlischen Licht, sie sank ohnmächtig zusammen, so schien es, tief in sich selbst zusammengekrümmt, niedergedrückt, unreif für das Himmelreich; und im Gedanken an den strengen, den gerechten Gott wagte sie nicht ›Gnade‹ zu stammeln.

Und dann war die Gnade da, die nicht erwartete Gnade! Gottes Himmel war im ganzen unendlichen Raum, Gottes Liebe durchströmte ihn in unerschöpflicher Fülle!

»Heilig, herrlich, liebreich und ewig werde du, Menschenseele!« klang es und sang es. Und alle, alle werden wir am letzten Tag unseres Erdenlebens, wie die Seele hier, zurückbeben vor dem Glanz und der Herrlichkeit des Himmelreiches, wir werden uns tief beugen, demütig niedersinken und doch von seiner Liebe getragen, von seiner Gnade aufrechterhalten sein, schwebend in neuen Bahnen, geläutert, edler und besser, uns mehr und mehr der Herrlichkeit des Lichtes nähern, und durch ihn gestärkt, vermögen wir aufzusteigen in die ewige Klarheit.

Es ist ganz gewiß

»Das ist eine entsetzliche Geschichte!« sagte eine Henne, und zwar auf der Seite des Dorfes, wo die Geschichte nicht passiert war. »Das ist eine entsetzliche Geschichte im Hühnerhaus! Ich wage heute nacht nicht allein zu schlafen! Es ist gut, daß wir zu so vielen auf der Stiege sitzen!«

Und dann erzählte sie, so daß die Federn der andern Hühner sich sträubten und der Hahn den Kamm fallenließ. Es ist ganz gewiß!

Aber wir wollen mit dem Anfang beginnen, und der war in einem Hühnerhaus auf der anderen Seite des Dorfes. Die Sonne ging unter, und die Hühner flogen auf; eine Henne, weißgefiedert und kurzbeinig, legte ihre vorschriftsmäßigen Eier und war als Henne in jeder Weise respektabel; als sie auf die Stiege flog, zupfte sie sich mit dem Schnabel, und eine kleine Feder fiel ihr aus.

»Da geht sie hin!« sagte sie, »je mehr ich mich zupfe, um so schöner werde ich!« Und das war nur im Scherz gesagt, denn sie war der Spaßvogel unter den Hühnern, übrigens, wie gesagt, sehr respektabel; darauf schlief sie ein.

Dunkel war es ringsumher, Henne saß bei Henne, aber die, die ihr am nächsten saß, schlief nicht; sie hörte und hörte auch nicht, wie es ja in dieser Welt sein soll, wenn man seine Ruhe haben will; aber ihrer anderen Nachbarin mußte sie es doch erzählen: »Hast du gehört, was hier gesagt wurde? Ich nenne keinen, aber hier ist eine Henne, die sich rupfen will, um gut auszusehen! Wäre ich ein Hahn, ich würde sie verachten!«

Und gerade über den Hühnern saß die Eule mit dem Eulenmann und den Eulenkindern; diese Familie hat scharfe Ohren, sie hörten jedes Wort, das die Nachbarhenne sagte; sie rollten mit den Augen, und die Eulenmutter schlug mit den Flügeln und sprach: »Hört nur nicht darauf! Aber ihr habt wohl doch gehört, was dort gesagt wurde? Ich hörte es mit meinen eigenen Ohren, und man muß viel hören, ehe sie einem abfallen! Da ist eine unter den Hennen, die in solchem Grade vergessen hat, was sich für eine Henne schickt, daß sie sich alle Federn ausrupft und es den Hahn sehen läßt!«

»Prenez garde aux enfants!« sagte der Eulenvater, »das ist nichts für die Kinder!«

»Ich will es doch der Nachbareule erzählen, das ist eine sehr achtbare Eule im Umgang!« Und darauf flog die Mutter davon.

»Huhu! Huhu!« schrien die beiden in den Taubenschlag des Nachbars zu den Tauben hinein. »Habt ihr's gehört? Habt ihr's gehört? Uhuh! Da ist eine Henne, die sich des Hahnes wegen alle Federn ausgerupft hat; sie wird erfrieren, wenn sie nicht schon erfroren ist. Uhuh!«

»Wo? Wo?« gurrten die Tauben.

»Im Hof des Nachbarn! Ich habe es so gut wie selbst gesehen! Es ist beinahe unpassend, die Geschichte zu erzählen. Es ist ganz gewiß!«

»Glaubt, glaubt jedes einzelne Wort!« sagten die Tauben und gurrten in ihren Hühnerhof hinunter: »Da ist eine Henne, ja, einige sagen, daß es zwei sind, die sich alle Federn ausgerupft haben, um nicht so wie die andern auszusehen und um die Aufmerksamkeit des Hahnes zu erwecken. Das ist ein gewagtes Spiel, man kann sich erkälten und am Fieber sterben, und sie sind beide gestorben!«

»Wacht auf! Wacht auf!« krähte der Hahn und flog auf die Planke; der Schlaf saß ihm noch in den Augen, aber er krähte dennoch: »Da sind drei Hennen vor unglücklicher Liebe zu einem Hahn gestorben! Sie hatten sich alle Federn ausgerupft! Das ist eine häßliche Geschichte; ich will sie nicht für mich behalten, laßt sie weitergehen!«

»Laßt sie weitergehen!« pfiffen die Fledermäuse, und die Hühner gluckten und die Hähne krähten: »Laßt sie weitergehen! Laßt sie weitergehen!« Und so ging die Geschichte von Hühnerhaus zu Hühnerhaus und kehrte zuletzt an die Stelle zurück, von der sie eigentlich ausgegangen war.

»Da sind fünf Hühner«, hieß es, »die haben sich alle Federn ausgerupft, um zu zeigen, welche von ihnen aus Liebesgram um den Hahn am magersten geworden sei – und dann hackten sie sich gegenseitig blutig und fielen tot nieder, zu Schimpf und Schande für ihre Familie und zum großen Verlust des Besitzers!«

Die Henne, welche die lose kleine Feder verloren hatte, kannte natürlich ihre eigene Geschichte nicht wieder, und da sie eine respektable Henne war, sagte sie: »Ich verachte jene Hühner; aber es gibt mehrere dieser Art! So etwas soll man nicht verschweigen, und ich werde das meinige dazu tun, daß die Geschichte in die Zeitung kommt, dann verbreitet sie sich im ganzen Land; das haben diese Hühner verdient, und ihre Familie auch.«

Es kam in die Zeitung, und es wurde gedruckt, und es ist ganz gewiß: Eine kleine Feder kann wohl zu fünf Hühnern werden!

Das Schwanennest

Zwischen der Ostsee und der Nordsee liegt ein altes Schwanennest, und das wird Dänemark genannt; dort wurden und werden Schwäne geboren, deren Namen niemals sterben sollen.

In der Vorzeit flog eine Schar von Schwänen über die Alpen nach Mailands grünen Ebenen, wo es sich herrlich wohnen ließ; diese Schwanenschar wurde Langobarden genannt.

Eine andere Schar mit glänzendem Gefieder und treuen Augen schwang sich nach Byzanz, setzte sich dort um den Thron des Kaisers und breitete ihre großen weißen Schwingen als Schilde aus, um ihn zu beschirmen. Sie erhielt den Namen Wäringer.

Von Frankreichs Küste erscholl ein Schrei der Angst vor den

blutigen Schwänen, die mit Feuer unter den Flügeln aus dem Norden kamen, und das Volk betete: ›Gott befreie uns von den wilden Normannen!‹

Auf Englands frischem Rasen stand der dänische Schwan am offenen Strand, mit dreifacher Königskrone auf dem Haupt, sein goldenes Zepter streckte er über das Land.

Die Heiden an Pommerns Küste beugten das Knie, und die dänischen Schwäne kamen mit der Fahne des Kreuzes und mit gezogenem Schwert.

›Das war in uralten Tagen!‹ sagst du.

Auch in jüngerer Zeit sah man mächtige Schwäne dem Nest entfliegen.

Es leuchtete durch die Luft, es leuchtete über die Länder der Welt; der Schwan zerstreute durch seine starken Flügelschläge den dämmernden Nebel, und der Sternenhimmel wurde sichtbarer, es war, als ob er der Erde näher käme; das war der Schwan Tycho Brahe.

›Ja, damals!‹ sagst du, ›aber in unseren Tagen!‹

Da sahen wir Schwan neben Schwan in herrlichem Flug. Einer ließ seine Schwingen über die Saiten der Goldharfe gleiten, und es klang durch den Norden; Norwegens Felsen erhoben sich höher im Sonnenlicht der Vorzeit; es rauschte in Tanne und Birke; des Nordens Götter, Helden und edle Frauen zeigten sich auf dem tiefen dunklen Waldgrund.

Wir sahen einen Schwan mit dem Flügel gegen den Marmorfelsen schlagen, daß er barst, und die im Stein gebundenen Schönheitsgestalten schritten in den sonnenhellen Tag, und die Menschen in den Ländern ringsumher hoben die Köpfe, um diese mächtigen Gestalten zu schauen.

Wir sahen einen dritten Schwan den Gedankendraht spinnen, der nun von Land zu Land rund um die Erde läuft, so daß das Wort mit der Schnelligkeit und Blitzes durch die Länder fliegt.

Der liebe Gott hat das alte Schwanennest zwischen Ost- und Nordsee lieb. Laßt nur mächtige Vögel durch die Luft kommen, um es zu zerreißen: ›Das wird niemals geschehen!‹ Selbst die federlosen Jungen stellen sich im Kreis auf den Rand des Nestes, das haben wir gesehen, sie lassen sich in die junge Brust stoßen, daß ihr Blut fließt; sie schlagen mit Schnabel und Klaue.

Jahrhunderte werden noch vergehen, Schwäne werden dem Nest entfliegen, man wird sie ringsumher in der Welt sehen und hören, ehe die Zeit kommt, wo man im Geist und in Wahrheit sagen kann: ›Das ist der letzte Schwan, der letzte Gesang aus dem Schwanennest!‹

Gute Laune

Von meinem Vater habe ich das beste Erbteil erhalten: ich habe gute Laune bekommen. Und wer war mein Vater? Ja, das geht die Laune nichts an! Er war lebhaft und wohlbeleibt, dick und rund, sein Äußeres und sein Inneres standen im völligen Widerspruch zu seinem Amt. Und was war sein Amt, seine Stellung in der Gesellschaft? Ja, wenn es am Anfang eines Buches sogleich niedergeschrieben und gedruckt würde, so würden vermutlich mehrere, wenn sie es lesen, das Buch zur Seite legen und sagen: ›Es sieht mir so unheimlich aus, von der Art will ich nichts haben.‹ Und doch war mein Vater weder Schinder noch Scharfrichter, im Gegenteil, sein Amt stellte ihn oft an die Spitze der allerehrenwertesten Männer der Stadt, und er war dort ganz in seinem Recht, ganz an seinem Platz; er mußte ganz vorn sein, vor dem Bischof, vor den Prinzen von Geblüt – und er war ganz vorn – er war Leichenwagenkutscher.

Nun ist es heraus! Und das kann ich sagen, wenn man meinen Vater hoch oben auf dem Omnibus des Todes sitzen sah, in seinem langen, weiten, schwarzen Mantel, mit dem schwarzbefransten, dreieckigen Hut auf dem Kopf, und dazu sein Gesicht sah, das leibhaftig war, wie man die Sonne zeichnet, rund und lachend, dann konnte man nicht an Trauer und Grab denken; das Gesicht sagte: ›Es macht nichts, es wird viel besser, als man glaubt!‹

Seht, von ihm habe ich meine gute Laune und die Gewohnheit, oft auf den Kirchhof zu gehen; und das ist sehr vergnüglich, wenn man nur mit guter Laune dorthin kommt – und dann halte ich den Anzeiger, wie auch er es tat.

Ich bin nicht mehr ganz jung – ich habe weder Weib noch Kinder noch eine Bibliothek, aber wie gesagt, ich halte den Anzeiger, der ist mir genug, er ist mir das liebste Blatt, und das war er meinem Vater auch; er ist nützlich und bringt alles, was einer wissen muß; wer in den Kirchen predigt und wer in den neuen Büchern predigt, wo man Häuser, Dienstleute, Kleider und Nahrung bekommt, wer ›Ausverkauft‹ hält, und wer selbst von dannen geht, und dann sieht man soviel Wohltätigkeit und so viele unschuldige Verse, die keinem etwas zuleide tun, Ehen, die man sucht, und Stelldichein, die man annimmt oder nicht annimmt, alles einfach und natürlich! Man kann wahrlich sehr gut und glücklich leben und sich begraben lassen, wenn man den Anzeiger hält – und dann hat man am Ende seines Lebens so herrlich viel Papier, daß man weich darauf liegen kann, wenn man nicht gern auf Hobelspänen ruht.

Der Anzeiger und der Kirchhof sind und waren immer jene Spaziergänge, die meinen Geist am stärksten belebten, meine beliebtesten Badeanstalten für die gute Laune.

Jeder kann nun den Anzeiger durchwandern; aber geht mit mir auf den Kirchhof, laßt uns dorthin gehen, wenn die Sonne scheint und die Bäume grün sind, laßt uns zwischen den Gräbern wandeln! Jedes ist wie ein geschlossenes Buch mit dem Rücken nach oben, man kann den Titel lesen, der sagt, was das Buch enthält, und doch nichts sagt; aber ich weiß Bescheid, weiß es von meinem Vater und von mir selbst. Ich habe es in meinem Grabbuch, und das ist ein Buch, das ich selbst zum Nutzen und Vergnügen gemacht habe; dort liegen sie alle beisammen und noch einige mehr!

Nun sind wir auf dem Kirchhof!

Hier, hinter dem weißbemalten Stabgitter, wo einst ein Rosenstrauch stand – nun ist er fort, aber ein wenig Immergrün vom Grab des Nachbarn streckt seine grünen Finger hinein, um doch etwas Staat zu machen –, ruht ein sehr unglücklicher Mann, und doch stand er sich, als er lebte, gut, wie man zu sagen pflegt, hatte sein gutes Auskommen und noch ein wenig mehr, aber er nahm sich die Welt, das heißt die Kunst, zu sehr zu Herzen. Saß er eines Abends im Theater, um mit ganzer Seele zu genießen, so war er außer sich, wenn nur der Maschinenmeister ein zu starkes Licht in eine der Wangen des Mondes setzte oder die Luftsoffitten vor den Kulissen hingen, wenn sie dahinter hängen sollten, oder wenn eine Palme auf unserem Amager, ein Kaktus in Tirol und Buchen hoch oben in Norwegen erschienen! Kann das nicht einerlei sein? Wer denkt darüber nach? Es ist ja Komödie, bei der man sich vergnügen soll. – Bald klatschte ihm das Publikum zuviel, bald klatschte es zuwenig. »Das ist nasses Holz«, sagte er, »es will heute abend nicht zünden!« Und dann wandte er sich um, um zu sehen, was für Leute es wären, und dann sah er, daß sie zur falschen Zeit lachten, an Stellen, wo sie nicht lachen sollten, und darüber ärgerte er sich und litt dabei und war ein unglücklicher Mensch, und nun ruht er im Grabe.

Hier ruht ein sehr glücklicher Mensch, das heißt, ein sehr vornehmer Mann, von hoher Geburt, und das war sein Glück, denn sonst wäre nie etwas aus ihm geworden, aber alles ist in der Natur so weise eingerichtet, daß es ein Vergnügen ist, daran zu denken. Er war hinten und vorn bestickt und gehörte zur guten Stube, wie der kostbare, perlengestickte Klingelzug dazugehört, hinter dem immer eine gute, dicke Schnur hängt, die den Dienst tut; er hatte auch eine gute Schnur hinter sich, einen Ersatzmann, der den Dienst tat und ihn noch hinter einem anderen neuen, gestickten Klingelzug tut. Alles ist so weise eingerichtet, daß man wohl gute Laune haben kann.

Hier ruht – ja, das ist nun sehr traurig –, hier ruht ein Mann, der siebenundsechzig Jahre darüber nachgedacht hat, wie er auf einen guten Einfall käme; er lebte nur, um auf einen guten Einfall zu kommen, und dann hatte er nach eigener Überzeugung wirklich einen und freute sich so sehr darüber, daß er starb, vor Freude starb, daß es ihm eingefallen war, und keiner hatte Nutzen davon, keiner hörte den guten Einfall. Ich kann mir nun denken, daß er wegen des guten Einfalls nicht einmal Ruhe im Grabe hat; denn gesetzt, es wäre ein Einfall, den man nur beim Frühstück sagen dürfte, wenn er von Wirkung sein sollte, und er als Toter kann der allgemeinen Meinung nach nur um Mitternacht erscheinen, so paßt der Einfall nicht zu der Zeit, niemand lacht, und der Mann kann mit seinem guten Einfall wieder ins Grab steigen. Das ist ein trauriges Grab.

Hier ruht eine sehr geizige Frau; als sie lebte, stand sie in der Nacht auf und miaute, damit die Nachbarn glauben sollten, daß sie sich Katzen hielte, so geizig war sie.

Hier ruht ein Fräulein aus guter Familie; es mußte in Gesellschaften immer seine Stimme ertönen lassen, und dann sang es: ›Mi manca la voce!‹ Das war die einzige Wahrheit in ihrem Leben!

Hier ruht eine Jungfrau von anderem Schlag! Wenn der Kanarienvogel des Herzens zu schmettern beginnt, dann steckt die Vernunft die Finger in die Ohren. Schön Jungfrau stand in der Glorie des Ehestands! – Das ist eine Alltagsgeschichte – aber es ist hübsch gesagt. Laß die Toten ruhen.

Hier ruht eine Witwe, die Schwanengesang im Munde und Eulengalle im Herzen trug. Sie lauerte in den Familien den Fehlern ihres Nächsten auf, ebenso wie in alten Tagen der ›Polizeifreund‹ umherging, um ein Rinnsteinbrett zu finden, das nicht dawar.

Hier ist eine Familiengruft; alle Glieder dieses Geschlechts hielten derart im Glauben zusammen, daß, wenn auch die ganze Welt und die Zeitung sagten: »So ist es«, und der kleine Sohn aus der Schule kam und sagte: »Ich habe es auf die Weise gehört«, die seinige die einzig richtige war, denn er gehörte zur Familie. Und es ist gewiß: traf es sich so, daß der Hofhahn der Familie um Mitternacht krähte, so war es Morgen, auch wenn der Wächter und alle Uhren der Stadt verkündeten, es sei Mitternacht.

Der große Goethe schließt seinen Faust mit ›kann fortgesetzt werden‹, das kann unsere Wanderung nach dem Kirchhof auch. Ich komme oft hierher; macht der eine oder andere meiner Freunde oder Nichtfreunde es mir zu bunt, so gehe ich hinaus, suche einen Rasenplatz und weihe ihn ihm oder ihr, wen ich gerade zu begraben wünsche, und dann begrabe ich sie sogleich, und sie liegen tot und machtlos da, bis sie als neuere und bessere Menschen zurückkommen. Ihr Leben und Wirken, von meiner Warte aus gesehen, schreibe ich in mein Grabbuch, und so sollten alle Menschen verfahren, sie sollten sich nicht ärgern, wenn jemand es ihnen zu toll treibt, sondern ihn sogleich begraben, sich an ihre gute Laune halten und auch an den Anzeiger, an dieses vom Volk selbst oft mit geführter Hand geschriebene Blatt.

Kommt die Zeit, da ich selbst mit meiner Lebensgeschichte im Grabe eingeschlossen werden soll, dann setzt mir als Inschrift: ›Gute Laune!‹

Das ist meine Geschichte.

Ein Herzeleid

Es ist eigentlich eine Geschichte in zwei Teilen, die wir hier erzählen wollen; der erste Teil könnte auch fortbleiben – aber er gibt uns einige Vorkenntnisse, und die sind nützlich!

Wir waren auf dem Land auf einem Gutshof, und da traf es sich, daß die Herrschaft für einen Tag verreist war. Da kam aus dem nächsten Städtchen eine Madam an; sie hatte ihren Mops mit und wollte, wie sie sagte, Aktien auf ihre Gerberei anbieten. Sie hatte ihre Papiere mit, und wir rieten ihr, sie in einen Umschlag zu legen und darauf die Adresse des Gutsbesitzers ›Herrn Generalkriegskommissarius Ritter usw.‹ zu schreiben.

Sie hörte auf uns, ergriff die Feder, hielt inne und bat uns, die Aufschrift zu wiederholen, aber langsam. Wir taten es, und sie schrieb; mitten im ›Generalkriegs . . .‹ blieb sie stecken, seufzte und sagte: »Ich bin nur ein Frauenzimmer!« – den Mops hatte sie, während sie schrieb, auf den Fußboden gesetzt, und er knurrte; er war ja auch seines Vergnügens und seiner Gesundheit wegen mitgekommen, und dann soll man nicht auf den Fußboden gesetzt werden. Stumpfnase und Speckrücken waren seine äußere Erscheinung. »Er beißt nicht!« sagte die Madam, »er hat keine Zähne. Er ist wie ein Mitglied der Familie, treu und knurrig, aber meine Enkel haben ihn gereizt; sie spielen Hochzeit, und er soll dabei Brautjungfer sein, und das strengt ihn an, die alte Haut!«

Und sie gab ihre Papiere ab und nahm den Mops auf den Arm. – Das ist der erste Teil – der wohl hätte fortbleiben können!

Der Mops starb. Das ist der zweite Teil.

Es war eine Woche später; wir kamen in die Stadt und kehrten im Gasthof ein. Unsere Fenster gingen auf den Hof, der durch eine Bretterwand in zwei Teile geteilt war; in dem einen hingen Felle und Häute, rohe und gegerbte; hier standen alle Geräte einer Gerberei, und die gehörte der Witwe. – Der Mops war an diesem Morgen gestorben und hier im Hof begraben worden; die Enkel der Witwe, das heißt, die der Gerberwitwe, denn der Mops war nie verheiratet gewesen, deckten das Grab zu, und es war ein schönes Grab, es mußte ein wahres Vergnügen sein, darin zu liegen.

Das Grab war mit Topfscherben eingezäunt und mit Sand bestreut; oben darauf hatten sie eine halbe Bierflasche mit dem Hals nach oben hingesetzt, und das war durchaus nicht allegorisch.

Die Kinder tanzten um das Grab herum, und der älteste Knabe, ein praktischer Jüngling von sieben Jahren, machte den Vorschlag, das Mopsgrab solle öffentlich zu besichtigen sein, und zwar für alle aus dem Gäßchen; als Eintritt solle ein Hosenknopf erhoben werden, das war etwas, was jeder Knabe hatte und was auch die kleinen Mädchen liefern konnten; und dieser Vorschlag wurde einstimmig angenommen.

Alle Kinder aus dem Gäßchen und auch aus dem Hintergäßchen kamen herbei und gaben ihren Knopf; da waren viele, die an diesem Nachmittag nur mit einem Hosenträger herumliefen, aber dafür hatte man das Mopsgrab gesehen, und das war wohl soviel wert.

Doch draußen vor dem Gerberhof, dicht an der Pforte, stand ein kleines zerlumptes Mädchen, so lieblich anzusehen, mit dem herrlichen Lockenhaar und Augen so blau und klar, daß es eine Lust war; es sprach kein Wort, es weinte auch nicht, aber jedesmal, wenn sich die Pforte öffnete, warf es einen langen Blick in den Hof. Es besaß keinen Knopf, das wußte es wohl, und darum blieb es traurig draußen stehen, bis all die andern das Grab gesehen hatten und fortgegangen waren; dann setzte es sich nieder, hielt die kleinen braunen Hände vor die Augen und brach in Tränen aus; das Mädchen hatte das Mopsgrab als einzige nicht gesehen. Es war ein Herzeleid, so groß, wie es oft ein Erwachsener nicht empfinden kann.

Wir sahen es von oben – und von oben gesehen – ja, da können wir über dieses wie über manches eigene und fremde Leid lächeln! – Das ist die Geschichte, und wer sie nicht versteht, der mag sich eine Aktie in der Gerberei der Witwe kaufen.

Alles auf seinen Platz!

Es ist über hundert Jahre her!

Hinter dem Wald, am großen See, lag ein alter Herrenhof, und ringsherum waren tiefe Gräben, in denen Schilf und Rohrkolben wuchsen. Dicht bei der Brücke zum Einfahrtstor stand eine alte Weide, die sich über das Schilf neigte.

Drüben vom Hohlweg ertönten Hörnerklang und Pferdegetrappel, und darum beeilte sich das kleine Gänsemädchen, die Gänse von der Brücke auf die Seite zu treiben, bevor die Jagdgesellschaft herangaloppiert kam; sie kam aber in solcher Hast heran, daß das Mädchen, um nicht über den Haufen geritten zu werden, schnell auf einen hohen Stein an der Brücke springen mußte. Es war noch ein halbes Kind, fein und schmächtig, aber mit einem lieben Ausdruck im Gesicht und zwei schönen klaren Augen; aber das sah der Gutsherr nicht. Bei seinem fliegenden Ritt drehte er die Peitsche in der Hand um und stieß es aus roher Lust mit dem Stiel vor die Brust, so daß es hintenüber fiel.

»Alles auf seinen Platz!« rief er, »in den Schmutz mit dir!« Und dabei lachte er, denn das sollte nun lustig sein, und die anderen lachten mit; die ganze Gesellschaft schrie und lärmte, und die Jagdhunde bellten, es war wahrlich so: ›Reiche Vögel kommen angesaust!‹ – Gott weiß, wie reich er damals noch war.

Das arme Gänsemädchen griff im Fallen um sich und bekam einen herabhängenden Weidenzweig zu fassen, an dem hielt es sich über dem Sumpf fest, und als Herrschaft und Hunde durch das Tor verschwunden waren, versuchte es sich emporzuziehen, aber der Zweig brach an der Krone ab, und das Gänsemädchen fiel schwer in das Schilf zurück, als im selben Augenblick eine kräftige Hand es von oben ergriff. Es war ein Hausierer, der ein Stückchen weiter zugesehen hatte und nun herbeieilte, um Hilfe zu leisten.

»Alles auf seinen Platz«, sagte er, den gnädigen Herrn nachäffend, und zog das Mädchen aufs Trockene; den abgebrochenen Zweig stellte er dahin, wo er abgebrochen war, aber ›alles an seinen Platz‹, das geht nicht immer, und darum steckte er den Zweig in die weiche Erde. »Wachse, wenn du kannst, und schneide denen dort oben auf dem Herrenhof eine gute Flöte!« Er gönnte dem Gutsherrn und den Seinen einen tüchtigen Spießrutenlauf, und dann ging er zum Herrenhof, aber nicht in den Festsaal hinauf, dazu war zu gering! – in die Gesindestube zu den Leuten kam er, und die beschauten seine Waren und handelten; aber oben von der herrschaftlichen Tafel schallte Geschrei und Gebrüll, das Gesang sein sollte, sie konnten es eben nicht besser. Dort erschallte Gelächter und Hundegeheul, dort gab es großes Prassen und Zechen; Wein und altes Bier schäumten in Gläsern und Krügen, und die Leibhunde fraßen mit; manche Bestie wurde von den Junkern sogar geküßt, nachdem man ihr erst mit den langen Hängeohren die Schnauze abgewischt hatte. Der Hausierer wurde mit seinen Waren heraufgerufen, aber nur um

Scherz mit ihm zu treiben. Der Wein war ihnen in die Köpfe gestiegen, der Verstand verflogen. Sie gossen ihm Bier in einen Strumpf, daß er mittrinken könne, aber schnell! Das sollte nun so außerordentlich witzig und zum Lachen sein. Ganze Viehherden, Bauern und Bauernhöfe wurden auf eine Karte gesetzt und verspielt.

»Alles auf seinen Platz!« sagte der Hausierer, als er wieder wohlbehalten aus Sodom und Gomorrha heraus war, wie er es nannte. »Die offene Landstraße ist mein rechter Platz, dort oben war ich nicht in meinem Element.« Und das kleine Gänsemädchen nickte ihm vom Feldrain freundlich zu.

Und Tage und Wochen vergingen, und es zeigte sich, daß der abgebrochene Weidenzweig, den der Hausierer am Wassergraben in die Erde gesteckt hatte, immer frisch und grün blieb, ja sogar junge Zweige trieb; das kleine Gänsemädchen sah, daß er Wurzeln geschlagen hatte, und freute sich herzlich darüber; es kam ihm vor, als sei es sein Baum.

Ja, mit dem Baum ging es vorwärts, aber mit allem andern auf dem Hof ging es durch Trunk und Spiel entschieden rückwärts; sind es doch zwei Rollen, auf denen niemand sicher steht.

Es waren noch nicht sechs Jahre vergangen, als der Gutsherr mit Sack und Stock als armer Mann vom Hof wanderte und der Herrensitz von einem reichen Hausierer gekauft wurde, und gerade von dem, der dort zum Spott und Gelächter gedient, dem man Bier in den Strumpf gegossen hatte; aber Ehrlichkeit und Regsamkeit geben guten Fahrwind, und nun war der Hausierer Herr des Hofes; aber von Stund an wurde dort kein Kartenspiel mehr geduldet. »Das ist eine böse Lektüre«, sagte er, »die kommt daher, weil der Teufel, als er zum erstenmal die Bibel sah, ein Zerrbild schaffen wollte, das ihr gleiche, und da erfand er das Kartenspiel!«

Der neue Gutsherr nahm sich eine Frau, und wer war es? Es war das kleine Gänsemädchen, das stets ehrlich, gut und fromm gewesen und in den neuen Kleidern so fein und schön aussah, als wäre es eine vornehme Dame. Und wie geschah das alles? – Ja, das ist eine zu lange Geschichte in unserer geschäftigen Zeit, aber es war so, und das Wichtigste kommt hinterher.

Trefflich und gut ging es dort auf dem alten Hof zu; die Mutter selbst stand dem Hauswesen, der Vater der äußeren Wirtschaft vor; es war als ströme der Segen herbei. Wo Wohlstand ist, kehrt Wohlstand ein! Das alte Herrenhaus wurde abgeputzt und gestrichen, die Gräben wurden gereinigt und Obstbäume angepflanzt; freundlich und gut sah es dort aus, und die Fußböden waren blank wie ein Spickbrett. In dem großen Saal saß an den Winterabenden die Hausfrau mit ihren Mägden am Spinnrad und spann Wolle und Flachs; und jeden Sonntagabend wurde aus der Bibel vorgelesen, und zwar vom Justizrat selbst, denn der Hausierer war Justizrat geworden, wenn auch erst in seinen alten Tagen. Die Kinder wuchsen auf – denn Kinder waren gekommen –, und sie erhielten alle guten Unterricht, aber ihre Köpfe waren nicht alle gleich gut, wie es in jeder Familie der Fall ist.

Aber der Weidenzweig draußen war ein prächtiger Baum geworden, der frei und ungestutzt dastand. »Er ist unser Stammbaum!« sagten die alten Leute, und diese Weide müsse geachtet und geehrt werden, sagten sie zu den Kindern, auch zu denen, die gerade keinen guten Kopf hatten. Und nun waren hundert Jahre vergangen.

Es war in unserer Zeit; aus dem See war ein Moor geworden, und der alte Herrenhof war wie fortgewischt; eine längliche Wasserpfütze mit ein wenig Steineinfassung an der Seite war der Rest der tiefen Gräben, und hier stand noch ein prächtiger alter Baum mit herabhängenden Zweigen, das war der Stammbaum; er stand hier und zeigte, wie schön eine Weide sein kann, wenn man sie sich selbst überläßt. Der Stamm war zwar mittendurch gespalten, von der Wurzel bis zur Krone, der Sturm hatte ihn etwas gebeugt, aber er stand, und aus allen Ritzen und Spalten, in die Wind und Wetter fruchtbare Erde getragen hatten, wuchsen Gras und Blumen. Und ganz oben, wo die großen Zweige sich teilten, war gleichsam ein ganzer, kleiner hängender Garten mit Himbeeren und Vogelgras, ja selbst ein winzig kleiner Vogelbeerstrauch hatte hier Wurzeln geschlagen und stand schlank und fein mitten in der alten Weide, die sich im schwarzen Wasser spiegelte, wenn der Wind die Wasserlinsen in einen Winkel der Pfütze trieb. – Ein Feldweg führte dicht an dem Baum vorüber.

Hoch am Waldeshügel, mit herrlicher Aussicht, lag der neue Herrenhof, groß und prächtig, mit Glasscheiben, so klar, daß man glauben konnte, es seien gar keine da. Die große Treppe vor dem Tor sah aus, als sei sie eine Laube von Rosen und großblättrigen Pflanzen. Der Rasenplatz war so grün, als ob morgens und abends nach jedem Halm gesehen würde. Drinnen im Saal hingen kostbare Gemälde, standen seidene und samtene Stühle und Sofas, die fast auf ihren eigenen Beinen gehen konnten, Tische mit blanken Marmorplatten und Bücher in Saffian und mit Goldschnitt . . . ja, es waren freilich reiche Leute, die hier wohnten, es waren vornehme Leute, hier wohnten Barons.

Eins entsprach dort dem andern. ›Alles auf seinen Platz!‹ hieß es auch hier, und deshalb hingen all die Gemälde, die einst zu Schmuck und Ehren auf dem alten Herrenhof gewesen, jetzt im Gang zur Gesindestube; richtiges Gerümpel war es, besonders zwei alte Porträts, das eine ein Mann in rosenrotem Rock und mit Perücke, das andere eine Dame mit gepudertem, aufgestecktem Haar und einer roten Rose in der Hand, aber beide von einem großen Kranz aus Weidenzweigen umgeben. Es waren so viele runde Löcher in den beiden Bildern, und das kam daher, daß die kleinen Barone immer mit ihren Flitzbogen auf die beiden alten Leute schossen. Es waren der Justizrat und die Justizrätin, von denen das ganze Geschlecht abstammte.

»Aber sie gehören nicht recht zu unserer Familie!« sagte einer der kleinen Barone. »Er war Hausierer und sie eine Gänsemagd. Sie waren nicht wie Papa und Mama!«

Die Bilder seien altes Gerümpel, und »Alles auf seinen Platz!« sagte man, und darum kamen Urgroßvater und Urgroßmutter auf den Gang zur Gesindestube.

Der Pfarrerssohn war Hauslehrer auf dem Hof. Eines Tages ging er mit den kleinen Baronen und deren ältester Schwester, die kürzlich eingesegnet worden war, über den Feldweg, der an dem alten Weidenbaum vorüberführt, und unterwegs band sie einen Strauß von Feldblumen: ›Alles an seinen Platz‹, und es wurde etwas ganz Schönes daraus. Indessen hörte sie doch sehr gut, was alles gesprochen wurde, und es freute sie sehr, den Pfarrerssohn von den Naturkräften, von den großen Männern und Frauen der Geschichte erzählen zu hören; sie war eine gesunde, herrliche Natur, adlig in Seele und Gedanken, und mit einem Herzen, das alles von Gott Geschaffene mit Liebe umfing.

An dem alten Weidenbaum machten sie halt, der kleinste Baron wollte so gern eine Flöte davon geschnitten haben, wie er sie früher von anderen Weiden bekommen hatte, und der Pfarrerssohn brach einen Zweig ab.

»Oh, tun Sie es nicht!« sagte die junge Baronesse; aber es war schon geschehen. »Das ist ja unser alter, berühmter Baum! Ich liebe ihn sehr! Ja, darum werde ich sogar zu Hause ausgelacht, aber das ist einerlei! Es gibt eine Sage von diesem Baum!«

Und nun erzählte sie alles, was wir gehört haben, vom Baum, vom alten Herrenhof, vom Hausierer und dem Gänsemädchen, die sich hier zum erstenmal trafen und die Stammeltern des vornehmen Geschlechtes und der jungen Baronesse wurden.

»Sie wollten sich nicht adeln lassen, die alten biedernen Leute!« sagte sie. »Sie hatten das Sprichwort: ›Alles auf seinen Platz!‹, und dahin glaubten sie nicht zu kommen, wenn sie sich für Geld erhöhen ließen. Ihr Sohn, mein Großvater, wurde Baron, er soll ein sehr gelehrter Mann, hoch angesehen und beliebt bei Prinzen und Prinzessinnen und bei all ihren Festen zugegen gewesen sein. Ihn lieben die andern zu Hause am meisten, aber ich weiß es selbst nicht, es ist etwas an jenem alten Paar, das mein Herz anzieht! Wie gemütlich, wie patriarchalisch muß es auf dem alten Hof gewesen sein, wo die Hausmutter mit ihren Mägden am Spinnrad saß und spann und der alte Herr aus der Bibel vorlas!«

»Das waren prächtige Leute, vernünftige Leute!« sagte der Pfarrerssohn, und dann waren sie mitten im Gespräch über Adel und Bürgertum, und es war fast, als gehöre der Pfarrerssohn nicht dem Bürgerstand an, so sprach er über die Bedeutung des Adels.

»Es ist ein Glück, einem Geschlecht anzugehören, das sich ausgezeichnet hat, und dadurch gleichsam von seinem Blut angespornt zu werden in allem, was tüchtig ist, vorwärtszuschreiten. Herrlich ist es, einen Namen zu tragen, der als Eintrittskarte in die höchsten Kreise gilt. Adel bedeutet edel, es ist die Goldmünze, die geprägt wurde nach dem, was sie selber wert ist. – Es ist der Ton der Zeit, und viele Poeten schlagen ihn natürlich an, daß alles, was adlig ist, auch schlecht und dumm sein muß, daß aber bei den Armen, je niedriger man steige, alles um so mehr glänze. Aber das ist nicht meine Ansicht, denn sie ist völlig irrig, völlig falsch. In den höheren Ständen findet man viele ergreifend schöne Züge; meine Mutter hat mir von einem solchen erzählt, und ich könnte mehrere wiedergeben. Sie war auf Besuch in einem vornehmen Haus in der Stadt; meine Großmutter, glaube ich, hatte die gnädige Frau als Kind gestillt. Meine Mutter stand mit dem alten hochadligen Herrn im Zimmer; da sah dieser, daß unten im Hof eine alte Frau auf Krücken hereinkam; jeden Sonntag kam sie und erhielt ein paar Schillinge. ›Das ist die arme Alte‹, sagte der Herr, ›es wird ihr das Gehen so sauer‹ – und ehe noch meine Mutter es verstand, war er aus der Tür und die Treppe hinunter, die siebzigjährige Exzellenz war selbst zu der alten Frau hinuntergegangen, um ihr den beschwerlichen Gang nach der Gabe zu ersparen. Das ist zwar nur ein kleiner Zug, aber wie ›das Scherflein der Witwe‹ hat er einen Klang aus der Tiefe des Herzens, einen Klang aus der menschlichen Natur; und darauf soll der Dichter zeigen, gerade in unserer Zeit soll er davon singen, es tut gut, es mildert und versöhnt! Aber wo ein Stückchen Mensch, weil es von Geblüt ist und einen Stammbaum hat, wie die arabischen Pferde auf den Hinterbeinen steht und auf der Straße wiehert und im Zimmer sagt: ›Hier sind Leute von der Straße gewesen!‹, wenn ein Bürgerlicher dort war – da ist der Adel in Verwesung begriffen, zur Maske geworden, von der Art, wie Thespis sie schuf, und man lacht über die Person und überläßt sie der Satire!«

Das war die Rede des Pfarrerssohns; sie war etwas lang, aber nun war auch die Flöte geschnitten.

Auf dem Hof war große Gesellschaft, viele Gäste aus der Umgebung und der Hauptstadt, Damen mit Geschmack und ohne Geschmack gekleidet; der große Saal war ganz voll von Menschen. Die Pfarrer aus der Umgegend standen ehrerbietigst und aneinandergedrückt in einer Ecke, als sei hier ein Begräbnis, und es war doch ein Freudenfest, es war nur noch nicht im Gange.

Ein großes Konzert sollte es geben, und darum hatte der kleine Baron auch seine Weidenflöte mitgebracht, aber er konnte keinen Ton hervorbringen, das konnte auch Papa nicht, und darum taugte sie nichts.

Es gab Musik und Gesang von der Art, über die sich die Ausführenden am meisten freuen, aber sonst ganz reizend! »Sie sind auch Virtuose?« sagte ein Kavalier, der echte Sohn seiner Eltern,

»Sie blasen die Flöte, Sie schneiden sie selbst; das Genie ist beherrschend – ihm gebührt der Ehrenplatz! – Gott bewahre! Ich gehe immer mit der Zeit, das muß man schon! Nicht wahr? Sie werden uns alle durch das kleine Instrument entzücken!«

Und mit diesen Worten reichte er dem Pfarrerssohn die Flöte, die aus der Weide bei der Wasserpfütze geschnitten war, und verkündete laut und deutlich, daß der Hauslehrer ihnen ein Solo auf der Flöte schenken wolle.

Man wollte ihn zum Narren halten, das war leicht zu verstehen, und der Hauslehrer wollte darum auch nicht blasen, obgleich er es konnte, doch sie drangen in ihn, sie bestürmten ihn, und so nahm er die Flöte und setzte sie an die Lippen.

Das war eine wunderliche Flöte; es erklang ein Ton, so anhaltend wie der von der Lokomotive, ja viel stärker; er klang über den ganzen Hof, den Garten und den Wald meilenweit ins Land hinaus, und mit dem Ton kam ein Sturmwind und brauste: »Alles auf seinen Platz!« – und dabei flog Papa wie vom Winde getragen aus dem Schloß und geradewegs in das Haus des Viehknechts, und der Viehknecht flog – nicht in den Saal, dorthin konnte er nicht kommen, nein, in die Dienerkammer unter die feine Dienerschaft, die in seidenen Strümpfen ging; und die stolzen Diener waren wie von der Gicht gelähmt, daß eine so geringe Person es wagte, sich mit ihnen zu Tisch zu setzen.

Aber in der Halle flog die junge Baronesse an den Ehrenplatz der Tafel, wo sie zu sitzen würdig war, und der Pastorssohn erhielt seinen Sitz neben ihr, und dort saßen sie beide, als seien sie ein Brautpaar. Ein alter Graf aus dem ältesten Geschlecht des Landes blieb unverrückt auf seinem Ehrenplatz, denn die Flöte war gerecht, und das muß man sein. Der witzige Kavalier, der an dem Flötenspiel schuld und seiner Eltern Kind war, flog kopfüber zwischen die Hühner, aber nicht allein.

Eine ganze Meile weit ins Land ertönte die Flöte, und man vernahm große Ereignisse. Eine reiche Großhändlerfamilie, die mit vier Pferden fuhr, wurde aus dem Wagen geblasen und bekam nicht einmal hinten einen Platz; zwei reiche Bauern, die in unserer Zeit über ihr eigenes Kornfeld hinausgewachsen waren, wurden in den Schlammgraben geblasen; es war eine gefährliche Flöte; glücklicherweise zersprang sie bei dem ersten Ton, und das war gut, dann kam sie wieder in die Tasche: ›Alles auf seinen Platz!‹

Am Tag darauf sprach man nicht über dieses Ereignis, darum gibt es die Redensart: ›Die Flöte einstecken!‹ Alles war auch wieder in seiner alten Ordnung, nur die beiden alten Bilder, der Hausierer und das Gänsemädchen, hingen im Festsaal, dort an die Wand waren sie hinaufgeblasen worden, und da einer der wirklichen Kunstkenner sagte, sie seien von Meisterhand gemalt, so blieben sie auch hängen und wurden instand gesetzt, man wußte ja vorher nicht, daß sie etwas taugten, und wie sollte man das auch wissen. Nun hingen sie auf dem Ehrenplatz. ›Alles auf seinen Platz!‹ – und dahin wird es auch kommen! Die Ewigkeit ist lang, länger als diese Geschichte!

Der Kobold bei dem Höker

Es war einmal ein richtiger Student, der wohnte in einer Dachkammer und besaß nichts. Und es war einmal ein richtiger Höker, der wohnte zu ebener Erde und besaß das ganze Haus, und zu ihm hielt sich der Kobold, denn hier bekam er jeden Weihnachtsabend eine Schüssel Grütze mit einem großen Klumpen Butter! Das konnte der Höker geben; und darum blieb der Kobold im Hökerladen, und das war sehr lehrreich.

Eines Abends kam der Student durch die Hintertür, um selbst Licht und Käse zu kaufen; er hatte niemand zum Schicken, und so ging er selbst; er bekam, was er verlangte, er bezahlte es, und der Höker und die Madam nickten ihm Guten Abend zu, und sie war eine Frau, die mehr als nur nicken konnte, sie hatte Beredtsamkeit! – Und der Student nickte wieder und blieb stehen und begann das Papier zu lesen, in das der Käse eingewickelt war. Es war ein Blatt, aus einem alten Buch herausgerissen, das nicht verdiente, zerrissen zu werden, ein altes Buch voller Poesie.

»Dort liegt noch mehr davon!« sagte der Höker, »ich habe einer alten Frau ein paar Kaffeebohnen dafür gegeben; wenn Sie mir acht Schillinge geben, sollen Sie den Rest haben.«

»Danke«, sagte der Student, »geben Sie mir das Buch anstatt des Käses! Ich kann mein Butterbrot ohne Käse essen! Es wäre ja

Sünde, wenn das ganze Buch in Fetzen zerrissen würde. Sie sind ein prächtiger Mann, ein praktischer Mann, aber von Poesie verstehen Sie nicht mehr als das Faß dort.«

Und das war unartig gesprochen, besonders gegen das Faß, aber der Höker lachte, und der Student lachte, es war ja nur aus Spaß gesagt. Doch der Kobold ärgerte sich, daß man einem Höker, der Hauswirt war und die beste Butter verkaufte, so etwas zu sagen wagte.

Als es Nacht wurde, der Laden geschlossen war und bis auf den Studenten alle zu Bett waren, ging der Kobold hinein und nahm Madam das Mundwerk ab; das brauchte sie nicht, wenn sie schlief; und wenn er es irgendeinem Gegenstand in der Stube aufsetzte, bekam dieser Sprache und Stimme und konnte seine Gedanken und Gefühle ebensogut aussprechen wie Madam, aber immer nur einer konnte es haben, und das war eine Wohltat, sie hätten sonst alle durcheinander geredet.

Und der Kobold legte das Mundwerk auf das Faß, worin die alten Zeitungen lagen. »Ist es wirklich war«, fragte er, »daß Sie nicht wissen, was Poesie ist?«

»Doch, ich weiß es«, sagte das Faß, »das ist so etwas, was in den Zeitungen unter dem Strich steht und ausgeschnitten wird! Ich möchte behaupten, daß ich mehr davon in mir habe als der Student, und ich bin doch nur ein geringes Faß gegen den Höker.«

Und der Kobold setzte der Kaffeemühle das Mundwerk auf, nein, wie die ging! Und er setzte es dem Butterfaß und dem Geldkasten auf – alle waren sie derselben Ansicht wie das Faß, und das, worüber die Mehrzahl einig ist, muß man respektieren.

»Nun will ich es dem Studenten zeigen!« Und damit ging der Kobold ganz leise die Hintertreppe zur Dachkammer hinauf, wo der Student wohnte. Dort war noch Licht, und der Kobold guckte durchs Schlüsselloch und sah den Studenten in dem zerrissenen Buch aus dem Laden lesen. Aber wie hell es darin war! Aus dem Buch kam ein heller Strahl, der wuchs zu einem Stamm, zu einem mächtigen Baum empor, der seine Zweige weit über den Studenten ausbreitete. Jedes Blatt war frisch, und jede Blüte war ein schöner Mädchenkopf, einige mit Augen, dunkel und strahlend, andere mit blauen und wunderbar klaren; jede Frucht war ein glänzender Stern, und es sang und klang gar wunderherrlich.

Nein, an eine solche Herrlichkeit hatte der kleine Kobold noch nie gedacht, geschweige denn sie gesehen und vernommen. Er blieb auf den Zehenspitzen stehn, guckte und guckte – bis drinnen das Licht erlosch; der Student blies seine Lampe aus und ging zu Bett, aber der kleine Kobold blieb trotzdem stehen, denn der Gesang ertönte noch immer weich und herrlich, ein liebliches Wiegenlied für den Studenten, der sich zur Ruhe gelegt hatte.

»Hier ist es doch unvergleichlich!« sagte der Kobold, »das hätte ich nicht erwartet! – Ich möchte bei dem Studenten bleiben!« Und er dachte – und dachte vernünftig, und dann seufzte er: »Der Student hat keine Grütze!« Und darauf ging er – ja, dann ging er wieder zum Höker hinunter; und es war gut, daß er kam, denn das Faß hatte Madams Mundwerk fast ganz verbraucht, es hatte von der einen Seite schon alles, was es in sich faßte, ausgesprochen und war im Begriff, sich umzukehren, um dasselbe von der andern Seite von sich zu geben, als der Kobold kam und Madam das Mundwerk wieder anlegte. Aber der ganze Laden, vom Geldkasten bis zum Kienholz, war von der Zeit an derselben Ansicht wie das Faß und alle achteten es in hohem Grade und trauten ihm so viel zu, daß sie glaubten, es käme aus dem Faß, wenn später der Höker des Abends die Kunst- und Theaterkritiken aus seiner Zeitung vorlas.

Aber der kleine Kobold saß nicht länger ruhig und lauschte nur all der Weisheit und dem Verstand dort unten, nein, sobald das Licht aus der Dachkammer schimmerte, war ihm zumute, als wären die Strahlen starke Ankertaue, die ihn hinaufzögen, und er mußte fort und durchs Schlüsselloch gucken, und dort umbrauste ihn eine Größe, wie wir sie am rollenden Meer empfinden, wenn Gott im Sturm darüber hinfährt, und er brach in Tränen aus, er wußte selbst nicht, warum er weinte, aber in diesen Tränen war so etwas Wohltuendes! – Wie unvergleich schön mußte es doch sein, mit dem Studenten unter jenem Baum zu sitzen, aber das konnte nicht geschehen – er war schon froh am Schlüsselloch. Dort stand er noch auf dem kalten Flur, als der Herbstwind durch die Bodenluke blies, und es war kalt, sehr kalt, aber das empfand der Kleine erst, wenn das Licht in der Dachkammer erlosch und die Töne vor dem Wind erstarben. Hu! dann fror er und kroch wieder hinab in seinen warmen Winkel, dort war es gemütlich und behaglich! – Und als die Weihnachtsgrütze mit dem großen Klumpen Butter kam – ja, da war der Höker obenauf!

Aber mitten in der Nacht erwachte der Kobold durch einen entsetzlichen Radau an den Fensterladen. Leute donnerten dagegen, der Nachtwächter pfiff, es war eine große Feuersbrunst; die ganze Straße stand in hellen Flammen. War es hier im Hause oder bei dem Nachbarn? Wo? Das war ein Schreck! Die Hökermadam war so verdutzt, daß sie ihre goldenen Ohrringe aus den Ohren nahm und sie in die Tasche steckte, um doch etwas zu retten; der Höker lief nach seinen Obligationen und die Magd nach ihrem Seidenumhang, denn den konnte sie sich leisten! Jeder wollte das Beste retten, und das wollte auch der kleine Kobold, und in wenigen Sprüngen war er die Treppe hinauf und drinnen beim Studenten, der ganz ruhig am offenen Fenster stand und auf das Feuer sah, das im Nachbarhof gegenüber wütete. Der kleine Kobold ergriff das wunderbare Buch vom Tisch, steckte es in seine rote Mütze und hielt sie mit beiden Händen fest; der beste Schatz des Hauses war gerettet! Und nun eilte er auf und davon, auf das Dach hinaus, ganz nach oben auf den Schornstein, und dort saß er, beleuchtet von dem brennenden Haus gegenüber, beide Hände fest um seine rote Mütze gepreßt, in welcher der Schatz lag. Nun kannte er die wahre Neigung seines Herzens, wußte, wem es eigentlich gehörte. Aber als das Feuer gelöscht war und er wieder zur Besinnung kam – ja: »Ich will mich zwischen beide teilen«, sagte er, »ich kann den Höker nicht ganz aufgeben, der Grütze wegen!«

Und das war ganz menschlich! Wir andern gehen auch zum Höker – der Grütze wegen.

In Jahrtausenden

Ja, in Jahrtausenden kommen sie auf den Flügeln des Dampfes durch die Luft über das Weltmeer herüber. Die jungen Bewohner Amerikas besuchen das alte Europa. Sie kommen zu den Denkmälern und den versinkenden Städten, wie wir in unserer Zeit zu den verfallenden Herrlichkeiten Südasiens ziehen.

In Jahrtausenden kommen sie!

Die Themse, die Donau, der Rhein rollen noch dahin, der Montblanc steht noch mit seinem Schneegipfel da, die Nordlichter strahlen noch über die Länder des Nordens; aber Geschlecht auf Geschlecht ist Staub geworden, ganze Reihen der Mächtigen des Augenblicks sind vergessen, wie jene, die nun schon unter dem Hügel schlummern, wo der wohlhabende Mehlhändler, auf dessen Grund er sich befindet, eine Bank gezimmert hat, um dort zu sitzen und über sein flaches wogendes Kornfeld zu sehen.

»Nach Europa!« rufen die jungen Söhne Amerikas – »nach dem Land der Väter, dem herrlichen Land der Denkmäler und der Phantasie, nach Europa!«

Das Luftschiff kommt; es ist mit Reisenden überfüllt, denn die Fahrt ist schneller als zur See, der elektromagnetische Draht unter dem Weltmeer hat bereits telegraphiert, wie groß die Luftkarawane ist. Schon ist Europa in Sicht, es ist die Küste von Irland, die man überblickt, aber die Passagiere schlafen noch, sie wollten erst geweckt werden, wenn sie über England sind; dort betreten sie den Boden Europas im Lande Shakespeares, wie es bei den Söhnen des Geistes heißt, im Lande der Politik, im Lande der Maschinen, so nennen es andere.

Hier verweilt man einen ganzen Tag, soviel Zeit hat das ge-

schäftige Geschlecht auf das große England und Schottland zu verwenden.

Die Fahrt geht weiter durch den Kanaltunnel nach Frankreich, dem Land Karls des Großen und Napoleons; Molière wird genannt, die Gelehrten sprechen von einer klassischen und romantischen Schule des fernen Altertums, und man jubelt Helden, Dichtern und Männern der Wissenschaft zu, die unsere Zeit nicht kennt, die aber auf dem Krater Europas, Paris, geboren werden.

Der Luftdampfer fliegt über das Land, von dem Columbus auszog, wo Cortez geboren wurde und wo Calderon Dramen in wogenden Versen sang; herrliche, schwarzäugige Frauen wohnen noch in den blühenden Tälern, und die ältesten Lieder nennen den Cid und die Alhambra.

Durch die Luft über das Meer nach Italien, dorthin, wo das alte, ewige Rom lag, es ist ausgelöscht, die Campagna eine Wüste; von der Peterskirche wird ein einsamer Mauerrest gezeigt, aber man zweifelt an seiner Echtheit.

Nach Griechenland, um eine Nacht in dem reichen Hotel hoch auf dem Gipfel des Olymps zu schlafen, dann ist man dagewesen; die Fahrt geht weiter zum Bosporus, um dort einige Stunden auszuruhen und die Stätte zu sehen, wo Byzanz lag; dort, wo die Sage vom Garten des Harems zur Zeit der Türken erzählt, legen arme Fischer ihre Netze aus.

Über die Reste mächtiger Städte an der gewaltigen Donau, Städte, die unsere Zeit nicht kannte, fliegt man dahin, aber hier und da – an erinnerungsreichen Stätten, die entstehen und von der Zeit geboren werden –, hier und da läßt die Luftkarawane sich nieder und erhebt sich wieder.

Dort unten liegt Deutschland – das einst von dem dichtesten Netz von Eisenbahnen und Kanälen umspannt war –, die Länder, wo Luther sprach, Goethe sang und Mozart zu seiner Zeit das Zepter der Töne trug! Große Namen leuchten in Wissenschaft und Kunst, Namen, die wir nicht kennen. Einen Tag Aufenthalt für Deutschland und einen Tag für den Norden, für das Vaterland Örsteds und für das Linnés und für Norwegen, das Land der alten Helden und der jungen Norweger. Island wird auf der Rückfahrt mitgenommen; der Geiser kocht nicht mehr, die Hekla ist erloschen, aber, eine ewige Steintafel der Saga, steht die starke Felseninsel inmitten des brausenden Meeres.

»In Europa ist viel zu sehen!« sagt der junge Amerikaner; »und wir haben es in acht Tagen gesehen, und das läßt sich machen, wie der große Reisende« – ein Name wird genannt, der in ihre Zeit gehört – »in seinem berühmten Werk ›Europa in acht Tagen gesehen‹ gezeigt hat.«

Unter dem Weidenbaum

Die Gegend um Köge ist sehr kahl; die Stadt liegt zwar am Meeresstrand, und das ist immer schön, aber dort könnte es doch schöner sein, als es ist: ringsumher flache Felder, und bis zum Wald ist es weit. Doch wenn man an einem Ort recht zu Hause ist, so findet man dort immer irgend etwas Schönes, nach dem man sich später am schönsten Ort der Welt sehnen kann. Und wir müssen auch gestehen, daß es im Sommer ganz lieblich am Rande von Köge sein kann, wo sich ein paar ärmliche Gärten bis zu dem kleinen Bach erstrecken, der dort ins Meer mündet; und das fanden besonders die beiden Nachbarskinder Knud und Johanne, die hier spielten und durch die Stachelbeersträucher zueinander krochen. In dem einen Garten stand ein Fliederbaum, in dem andern ein alter Weidenbaum, und unter diesem spielten die Kinder besonders gern, und das war ihnen erlaubt, obwohl der Baum in der Nähe des Baches stand und sie leicht ins Wasser fallen konnten; aber das Auge Gottes ruht ja auf den Kleinen – sonst sähe es schlimm aus! Sie waren auch sehr vorsichtig, ja, der Knabe war so wasserscheu, daß man ihn im Sommer nicht an den Strand locken konnte, wo doch die andern Kinder so gern umherplantschten; er wurde darum auch verspottet und mußte es sich gefallen lassen. Einmal träumte Nachbars kleine Johanne, sie segle in einem Boot in der Kögebucht und Knud wate zu ihr hinaus, und das Wasser stieg ihm erst bis an den Hals und dann bis über den Kopf; und von dem Augenblick an, wo Knud diesen Traum erfuhr, duldete er nicht länger, daß man ihn wasserscheu nannte, sondern wies nur auf Johannes Traum hin; der war sein Stolz, aber ins Wasser ging er nicht.

Die armen Eltern kamen oft zusammen, und Knud und Johanne spielten in den Gärten und auf der Landstraße, die an den Gräben entlang mit einer ganzen Reihe von Weidenbäumen bestanden war; schön waren sie nicht, denn ihre Kronen waren wie abgehackt, aber sie standen dort nicht zum Schmuck, sondern um Nutzen zu bringen; schöner war die alte Weide im Garten, und unter ihr saßen sie manches liebe Mal, wie man sagt. – In Köge selbst ist ein großer Marktplatz, und zur Jahrmarktzeit standen dort ganze Straßen von Zelten, mit seidenen Bändern, Stiefeln und allem Möglichen; es war ein Gedränge und gewöhnlich Regenwetter, und dann roch man den Dunst der Bauernröcke, aber auch den schönen Duft der Honigkuchen, von denen eine ganze Bude voll dastand, und was das herrlichste war: der Mann, der sie verkaufte, wohnte in der Jahrmarktzeit immer bei den Eltern des kleinen Knud, und dann gab es natürlich einen kleinen Honigkuchen, von dem auch Johanne ihren Anteil bekam; aber was fast noch schöner war: der Honigkuchenhändler wußte fast von allen Dingen Geschichten zu erzählen, selbst von seinen Honigkuchen; ja von denen erzählte er eines Abends eine Geschichte, die einen so tiefen Eindruck auf die beiden Kinder machte, daß sie sie niemals wieder vergaßen, und darum ist es wohl am besten, daß wir sie auch hören, um so mehr, da sie nur kurz ist.

»Auf dem Ladentisch«, erzählte er, »lagen zwei Honigkuchen, der eine sah aus wie ein Mann mit Hut, der andere wie ein Frauenzimmer ohne Hut, aber mit einem Klecks Goldschaum auf dem Kopf; sie hatten das Gesicht auf der Seite, die nach oben gekehrt war, und von der sollte man sie auch ansehen, nicht von der Kehrseite, von der man niemals einen Menschen ansehen soll. Der Mann hatte auf der linken Seite eine bittere Mandel, die sein Herz war, das Frauenzimmer dagegen war lauter Honigkuchen; sie lagen beide als Proben auf dem Ladentisch, lagen dort lange, und dann liebten sie einander; aber keiner sagte es dem andern, und das muß man, wenn etwas daraus werden soll.

›Er ist ein Mann, er muß das erste Wort sagen‹, dachte sie, aber wäre doch schon zufrieden gewesen, wenn sie nur gewußt hätte, daß ihre Liebe erwidert würde.

Seine Gedanken waren nun viel raubgieriger, und das sind die Mannsleute immer; er träumte, er sei ein lebendiger Straßenjunge und besitze vier Schillinge und kaufe das Frauenzimmer und esse es auf.

Und so lagen sie Tage und Wochen auf dem Ladentisch und wurden trocken, und die Gedanken des Frauenzimmers wurden immer zarter und weiblicher: ›Es genügt mir schon, daß ich mit ihm auf dem Tisch gelegen habe!‹ dachte sie und brach mitten durch.

›Hätte sie nur meine Liebe gekannt, sie hätte wohl etwas länger gehalten!‹ dachte er.

Und das ist die Geschichte, und hier sind sie alle beide«, sagte der Kuchenhändler. »Sie sind bemerkenswert durch ihren Lebenslauf und die stumme Liebe, die nie zu etwas führt. Seht, da habt ihr sie!«

Und damit gab er Johanne den Mann, der heil war, und Knud bekam das zerbrochene Frauenzimmer; aber die Kinder waren so von der Geschichte ergriffen, daß sie es nicht übers Herz brachten, die Liebesleute aufzuessen.

Am folgenden Tag gingen sie mit ihnen auf den Friedhof, wo

die Kirchenmauer mit dem herrlichsten Efeu überwachsen ist, der Sommer und Winter wie ein reicher Teppich über die Mauer hängt; hier stellten sie die Honigkuchen zwischen die grünen Ranken in den Sonnenschein und erzählten nun einer Schar anderer Kinder die Geschichte von der stummen Liebe, die nichts wert sei, daß heißt die Liebe, denn die Geschichte sei allerliebst, der Meinung waren sie alle; und als sie wieder auf das Honigkuchenpaar sahen, ja, da hatte ein großer Knabe – und zwar aus Bosheit – das zerbrochene Frauenzimmer aufgegessen; die Kinder weinten darüber, und nachher – das geschah wahrscheinlich, damit der arme Mann nicht allein in der Welt stehen sollte –, nachher aßen sie auch ihn auf, doch die Geschichte vergaßen sie nie.

Immer waren die Kinder beisammen am Fliederbaum und unter dem Weidenbaum, und das kleine Mädchen sang mit silberglockenklarer Stimme die schönsten Lieder, in Knud dagegen steckten keine Töne, aber er wußte die Worte, und das ist immerhin etwas. Die Leute in Köge, selbst die Eisenkrämermadam, standen still und hörten Johanne zu. »Sie hat eine süße Stimme, die Kleine!« sagten sie.

Es waren herrliche Tage, aber sie währten nicht ewig. Die Nachbarn trennten sich; die Mutter des kleinen Mädchens war gestorben, der Vater wollte sich in Kopenhagen wieder verheiraten und konnte dort Arbeit finden; er sollte Bote werden, und das würde ein sehr einträgliches Amt sein. Und die Nachbarn trennten sich unter Tränen, und besonders weinten die Kinder, aber die Eltern gelobten sich, einander wenigstens einmal jährlich zu schreiben.

Und Knud kam in die Schuhmacherlehre; denn sie konnten doch den großen Knaben nicht länger faulenzen lassen. Und er wurde nun auch konfirmiert.

Ach, wie gern wäre er an diesem Festtag in Kopenhagen gewesen, um die kleine Johanne zu sehen, aber er kam nicht dorthin und war nie dort gewesen, obwohl es nur fünf Meilen von Köge entfernt ist; doch über die Bucht hatte Knud bei klarem Wetter die Türme gesehen, und am Konfirmationstag sah er deutlich das goldene Kreuz auf der Frauenkirche glänzen.

Ach, wie dachte er an Johanne! Ob sie sich seiner wohl erinnerte? Ja! – Gegen Weihnachten kam ein Brief von ihrem Vater an Knuds Eltern, es gehe ihnen sehr gut in Kopenhagen, und Johanne würde durch ihre schöne Stimme ein großes Glück zuteil; sie sei am Theater, in dem gesungen wird, angestellt, etwas Geld verdiene sie schon dabei, und davon sende sie den lieben Nachbarsleuten in Köge einen ganzen Taler für einen vergnügten Weihnachtsabend; sie sollten auf ihre Gesundheit trinken, und das hatte sie eigenhändig in einer Nachschrift hinzugefügt, und darin stand: ›Freundlichen Gruß an Knud!‹

Sie weinten alle, und doch war das Ganze ja sehr erfreulich, aber sie weinten vor Freude. Jeden Tag war Johanne in Knuds

Gedanken gewesen, und nun sah er, daß sie auch an ihn dachte, und je näher die Zeit heranrückte, wo er Geselle werden sollte, um so klarer stand es vor ihm, daß er Johanne sehr liebhatte und daß sie seine Frau werden müsse, und dabei spielte ein Lächeln um seine Lippen, und er zog den Draht noch rascher, während der Fuß den Knieriemen spannte; er stach den Pfriemen tief in den einen Finger, aber das tat nichts! Er würde gewiß nicht stumm sein wie die beiden Honigkuchen, die Geschichte war ihm eine gute Lehre.

Und dann wurde er Geselle, und das Ränzel war geschnürt. Endlich, zum erstenmal in seinem Leben, sollte er nach Kopenhagen, und dort hatte er schon einen Meister. Wie würde Johanne überrascht und erfreut sein! Sie zählte jetzt siebzehn Jahre und er neunzehn.

Schon in Köge wollte er einen goldenen Ring für sie kaufen, aber dann bedachte er, daß man ihn gewiß viel schöner in Kopenhagen bekäme; und nun wurde Abschied von den Eltern genommen, und an einem Herbsttag machte er sich zu Fuß bei Regen auf den Weg; die Blätter fielen von den Bäumen, bis auf die Haut durchnäßt kam er im großen Kopenhagen und bei seinem neuen Meister an.

Am nächsten Sonntag wollte er Besuch bei Johannes Vater machen. Die neuen Gesellenkleider wurden hervorgeholt und auch der neue Hut aus Köge, der ihm so gut stand, früher hatte er immer nur eine Mütze getragen. Und er fand das Haus, das er suchte, stieg die vielen Stufen hinauf, es war zum Schwindligwerden, wie die Menschen in dieser verworrenen Stadt übereinandergepackt waren.

In der Stube sah es ganz wohlhabend aus, und Johannes Vater empfing ihn sehr freundlich, der Frau jedoch war er fremd, aber sie reichte ihm die Hand und schenkte ihm Kaffee ein.

»Johanne wird sich freuen, dich zu sehen«, sagte der Vater, »du bist ja ein sehr netter junger Mann geworden! – Nun sollst du sie sehen; ja, sie ist ein Mädchen, das mir Freude macht und mit Gottes Hilfe noch mehr machen wird! Sie hat ihre eigene Stube, und die bezahlt sie uns!« Und der Vater selbst klopfte ganz höflich an die Tür, als wäre er ein fremder Mann, und darauf traten sie ein – wie hübsch war es dort! Ein solches Stübchen gab es sicher in ganz Köge nicht, die Königin selbst konnte es nicht schöner haben! Da waren Teppiche, da waren Fenstervorhänge bis zum Fußboden herab, ein wirklicher Samtstuhl und ringsum Blumen und Gemälde und ein Spiegel, in den man fast hineingetreten wäre, denn er war so groß wie eine Tür. Knud sah das alles mit einem Blick und sah doch nur Johanne; sie war ein erwachsenes Mädchen und ganz anders, als Knud sich gedacht hatte, aber viel schöner; in ganz Köge gab es kein einziges Mädchen wie sie, und wie fein war sie! Aber wie wunderlich fremd blickte sie Knud an, doch nur einen Augenblick, dann stürzte sie auf ihn zu, als wollte sie ihn küssen, sie tat es zwar nicht, aber war nahe daran. Ja, sie war richtig froh, den Freund ihrer Kindheit zu sehen! Standen nicht Tränen in ihren Augen? Und dann hatte sie so viel zu fragen und zu erzählen, von Knuds Eltern bis zum Flieder- und Weidenbaum, und sie nannte sie Fliedermutter und Weidenvater, als ob sie auch Menschen wären, doch das konnten sie auch ebensogut sein wie die Honigkuchen; von diesen sprach sie auch und von deren stummer Liebe, wie sie auf dem Ladentisch lagen und entzweigingen, und dabei lachte sie herzlich – aber das Blut brannte in Knuds Wangen, und sein Herz schlug stärker als sonst! – Nein, sie war gar nicht stolz geworden! – Sie war auch schuld daran – das merkte er wohl –, daß ihre Eltern ihn baten, den ganzen Abend dortzubleiben, und sie schenkte den Tee ein und reichte ihm selbst eine Tasse, und später nahm sie ein Buch zur Hand und las vor, und es war Knud, als wenn das, was sie las, gerade von seiner Liebe handele, so sehr stimmte es mit all seinen Gedanken überein; und dann sang sie ein einfaches Lied, aber es wurde durch sie zu einer ganzen Geschichte, es war, als ströme ihr eigenes Herz davon über. Ja, sie hatte Knud gewiß lieb. Die Tränen rollten ihm über die Wangen, er konnte nicht dafür, und er konnte kein einziges Wort sagen, er kam sich selbst sehr dumm vor, und doch drückte sie ihm die Hand und sagte: »Du hast ein gutes Herz, Knud! Bleibe immer, wie du bist!«

Das war ein unvergleichlich schöner Abend; darauf zu schlafen, war unmöglich, und Knud schlief auch nicht.

Beim Abschied hatte Johannes Vater gesagt: »Ja, nun wirst du uns doch nicht ganz vergessen! Laß nicht den ganzen Winter verstreichen, bis du uns wieder besuchst!« – Und so konnte er ja gut am Sonntag wieder kommen, und das wollte er auch. Aber jeden Abend nach der Arbeit, und es wurde auch noch bei Licht gearbeitet, ging Knud in die Stadt; er ging durch die Straße, wo Johanne wohnte, sah zu ihrem Fenster hinauf, das fast immer erleuchtet war, und an einem Abend sah er ganz deutlich den Schatten ihres Gesichtes am Fenstervorhang – das war ein schöner Abend. Die Frau Meisterin liebte es nicht, daß er immer des Abends unterwegs sein müsse, wie sie es nannte, und sie schüttelte den Kopf, aber der Meister lächelte: »Er ist ein junger Mensch!« sagte er.

»Am Sonntag sehen wir uns, und ich sage ihr, daß sie in all meinen Gedanken ist und daß sie meine Frau werden muß; ich bin zwar nur ein armer Schuhmachergesell, aber ich kann Meister werden, ich werde arbeiten und streben – ja, ich sage es ihr; es kommt nichts bei der stummen Liebe heraus, das habe ich von den Honigkuchen gelernt!«

Und der Sonntag kam und Knud kam, aber wie unglücklich; alle waren eingeladen, und sie mußten es ihm sagen. Johanne drückte seine Hand und fragte: »Bist du im Theater gewesen? Du mußt einmal hingehen! Ich singe Mittwoch, und wenn du da Zeit hast, dann will ich dir ein Billett senden, mein Vater weiß, wo dein Meister wohnt!«

Wie liebevoll war das von ihr! Und am Mittwoch kam auch ein versiegeltes Papier ohne Worte, aber das Billett lag darin, und am Abend ging Knud zum erstenmal in seinem Leben ins Theater, und was sah er? – ja, er sah Johanne, so schön, so anmutig; sie wurde zwar an eine fremde Person verheiratet, aber das war Komödie, etwas, das sie vorstellten, das wußte Knud, sonst hätte sie es auch nicht übers Herz gebracht, ihm ein Billett zu senden, damit er es sehe; und alle Leute klatschten und riefen laut, und Knud rief hurra!

Selbst der König lächelte Johanne zu, als wenn er seine Freude an ihr hätte. Gott, wie fühlte Knud sich so klein, aber er liebte sie so innig, und sie hatte ja auch ihn lieb, aber der Mann muß das erste Wort sagen, so dachte ja auch die Honigkuchenjungfrau; in dieser Geschichte lag sehr viel.

Sobald der Sonntag kam, ging Knud wieder dorthin, er war so

feierlich gestimmt wie beim Abendmahl. Johanne war allein und empfing ihn, er konnte es nicht glücklicher treffen.

»Es ist gut, daß du kommst!« sagte sie, »fast hätte ich Vater zu dir geschickt, aber ich ahnte, daß du heute abend noch kommen würdest; ich muß dir sagen, daß ich am Freitag nach Frankreich reise; ich muß es, damit etwas Tüchtiges aus mir wird!«

Und Knud schien es, als drehe sich die Stube, als wolle sein Herz zerspringen; zwar trat keine Träne in seine Augen, aber es war deutlich zu sehen, wie betrübt er wurde. »Du ehrliche treue Seele!« sprach sie – und damit war Knuds Zunge gelöst, und er sagte ihr, wie innig lieb er sie habe und daß sie seine Frau werden müsse; und als er das sagte, sah er Johanne erblassen, sie ließ seine Hand fallen und sagte ernst und betrübt: »Mach nicht dich selbst und mich unglücklich, Knud! Ich werde dir stets eine gute Schwester sein, auf die du dich verlassen kannst – aber auch nicht mehr!« Und sie strich mit ihrer weichen Hand über seine heiße Stirn. »Gott gibt uns zu vielem Kraft, wenn wir nur selbst wollen!«

Da trat im selben Augenblick ihre Stiefmutter ins Zimmer.

»Knud ist ganz außer sich, weil ich verreise!« sagte Johanne. »Sei doch ein Mann!« Und dabei klopfte sie ihm auf die Schulter; es war, als hätten sie nur von der Reise und von nichts anderem gesprochen. »Kind!« sagte sie. »Und nun mußt du gut und vernünftig sein, wie unter dem Weidenbaum, als wir noch Kinder waren!«

Und Knud war es, als sei die Welt aus den Fugen gegangen, seine Gedanken waren wie ein loser Faden, der im Winde hin und her flattert. Er blieb, er wußte nicht, ob sie ihn darum gebeten hatten; aber sie waren freundlich und gut, und Johanne schenkte ihm den Tee ein und sang; es war nicht der alte Klang und doch so unendlich schön, das Herz hätte ihm zerspringen können; darauf trennten sie sich. Knud reichte ihr nicht die Hand, aber sie ergriff die seinige und sagte: »Du gibst doch deiner Schwester die Hand zum Abschied, mein alter Spielbruder!« Und sie lächelte unter Tränen, die ihr über die Wangen rollten, und sie wiederholte das Wort Bruder. Ja, das war ein schöner Trost! – So war der Abschied.

Sie fuhr nach Frankreich, Knud ging auf den schmutzigen

Straßen Kopenhagens umher. – Die anderen Gesellen in der Werkstatt fragten ihn, weshalb er so grübelnd umhergehe, er solle mit ihnen zu einem Vergnügen gehen, er sei ja ein junges Blut.

Und sie gingen zusammen auf den Tanzboden; und dort waren viele schöne Mädchen, aber freilich keins wie Johanne, und hier, wo er gehofft, sie zu vergessen, gerade hier stand sie am lebhaftesten vor seinen Gedanken; ›Gott gibt uns zu vielem Kraft, wenn wir nur selbst wollen!‹ hatte sie gesagt, und eine Andacht kam in seinen Sinn, er faltete die Hände – und die Violinen spielten auf, und die Mädchen tanzten im Kreis herum; er erschrak, es schien ihm, als wäre er an einem Ort, wohin er Johanne nicht führen könnte, denn sie war doch mit ihm in seinem Herzen – und so ging er hinaus, lief durch die Straßen und ging an dem Haus vorüber, wo sie gewohnt hatte; dort war es dunkel, überall war es dunkel, leer und einsam; die Welt ging ihren Gang und Knud den seinigen.

Und es wurde Winter, und die Gewässer froren zu, es war, als wenn alles sich zum Begräbnis einrichtete.

Als aber der Frühling kam und das erste Dampfschiff ging, da ergriff ihn eine Sehnsucht, weit, weit in die Welt zu wandern, aber nicht nach Frankreich.

Er schnürte sein Ränzel und wanderte nach Deutschland, von Stadt zu Stadt, ohne Rast und Ruh; als er zur alten prächtigen Stadt Nürnberg kam, war es, als würde er wieder Herr seiner Füße; dort konnte er bleiben.

Das ist eine wunderbare alte Stadt, wie aus einer Bilderchronik ausgeschnitten. Die Straßen liegen, wie sie wollen; die Häuser lieben es nicht, in Reih und Glied zu stehen; Erker mit kleinen Türmen, Schnörkeln und Bildsäulen springen über den Bürgersteig vor, und hoch von den wunderlich gespitzten Dächern laufen Dachrinnen bis über die Mitte der Straße, geformt wie Drachen und Hunde mit langen Leibern.

Auf dem Marktplatz stand . Knud mit dem Ränzel auf dem Rücken; er stand an einem der alten Brunnen, wo die herrlichen biblischen und historischen Erzfiguren zwischen den springenden Wasserstrahlen stehen. Ein schönes Dienstmädchen schöpfte eben Wasser, es gab Knud einen Labetrunk; und da es die Hand voll Rosen hatte, gab es ihm auch eine Rose, und das schien ihm ein gutes Vorzeichen zu sein.

Von der nahen Kirche brausten Orgeltöne zu ihm hinaus, sie klangen so heimatlich, als kämen sie aus der Kirche zu Köge, und er trat in den großen Dom; die Sonne schien durch die gemalten Scheiben zwischen die hohen schlanken Säulen; Andacht erfüllte seine Gedanken, und stiller Friede kam in seinen Sinn.

Er suchte und fand einen guten Meister in Nürnberg, bei ihm blieb er und erlernte die Sprache.

Die alten Gräben um die Stadt sind in kleine Gemüsegärten verwandelt, aber die hohen Mauern stehen noch da mit ihren schweren Türmen. Der Seiler dreht sein Seil auf dem von Balken erbauten Gang, der an der Mauer entlang in die Stadt führt, und hier, ringsum aus Ritzen und Spalten, wächst der Flieder; er streckt seine Zweige über die kleinen niedrigen Häuser, die unten liegen, und in einem von ihnen wohnte der Meister, bei dem Knud arbeitete; über das kleine Dachfenster, unter dem Knud schlief, senkte der Fliederbaum seine Zweige.

Hier wohnte er einen Sommer und einen Winter, aber als der Frühling kam, konnte er es nicht länger aushalten; der Flieder blühte und duftete so heimatlich, daß es ihm war, als sei er wieder im Garten von Köge – und da zog Knud von seinem Meister fort zu einem andern, weiter in die Stadt hinein, wo kein Fliederbaum stand.

Seine Werkstatt lag in der Nähe einer der alten gemauerten Brücken, gerade über einer immer brausenden niedrigen Wassermühle; draußen flog nur ein reißender Fluß, eingezwängt von Häusern, die alle mit alten morschen Erkern behängt waren; es sah aus, als wollten sie die ins Wasser schütteln. Hier wuchs kein Flieder, hier stand nicht einmal ein Blumentopf mit etwas Grün, aber genau gegenüber stand ein großer alter Weidenbaum, der sich gleichsam am Hause festhielt, um nicht vom Fluß fortgerissen zu werden; er streckte seine Zweige über den Fluß, gerade wie der Weidenbaum im Garten bei Köge über den Bach.

Ja, er war nun freilich von der Fliedermutter zum Weidenvater gezogen; der Baum hier hatte besonders an Mondscheinabenden etwas, wobei er sich fühlte ›– so dänisch im Sinn, im Mondenschein!‹ Aber es war durchaus nicht der Mondenschein, sondern der alte Weidenbaum.

Er konnte es nicht aushalten – und warum nicht? Frag die Weide, frag den blühenden Flieder! – Und so sagte er dem Meister und Nürnberg Lebewohl und zog weiter.

Zu niemandem sprach er von Johanne, in seinem Innern verbarg er seinen Kummer, und eine tiefe Bedeutung legte er der Geschichte von den Honigkuchen bei; jetzt verstand er, warum dieser Mann eine bittere Mandel auf der linken Seite hatte, er selbst hatte einen bitteren Geschmack davon, und Johanne, die stets so mild und freundlich war, sie war lauter Honigkuchen. Es war, als schnüre ihn der Riemen seines Ränzels so, daß er kaum atmen konnte; er löste ihn, aber es half nichts; nur die halbe Welt sah er um sich, die andere Hälfte trug er in sich, so stand es mit ihm!

Erst als er die hohen Berge erblickte, wurde die Welt für ihn größer, seine Gedanken wandten sich nach außen, Tränen traten in seine Augen. Die Alpen schienen ihm die zusammengefalteten Flügel der Erde zu sein – als ob sie sich entfaltete, die großen Schwingen ausbreitete mit ihren bunten Bildern von schwarzen Wäldern, brausenden Wassern, Wolken und Schneemassen! »Am Jüngsten Tage erhebt die Erde die großen Flügel, fliegt zu Gott und zerplatzt wie eine Seifenblase in seinen hellen Strahlen. Oh, wäre es nur der Jüngste Tag!« seufzte er.

Still wanderte er durch das Land, das ihm wie ein rasenbedeckter Obstgarten erschien; von den hölzernen Altanen der Häuser nickten ihm klöppelnde Mädchen zu, die Berggipfel glühten in der roten Abendsonne, und als er die grünen Seen zwischen den dunklen Bäumen sah – da dachte er an die Küste der Kögebucht, und Wehmut, aber nicht Schmerz, erfüllte seine Brust.

Dort, wo der Rhein wie eine lange Woge dahinrollt, stürzt, zerstäubt und sich in schneeweiße, klare Wolkenmassen verwandelt, als wäre hier die Schöpfung der Wolken – der Regenbogen flattert wie ein loses Band darüberhin –, da dachte er an die Wassermühle bei Köge, wo das Wasser brauste und schäumte.

Gern wäre er in der stillen Rheinstadt geblieben, aber es gab hier zu viele Flieder- und Weidenbäume, und so zog er weiter über die hohen, mächtigen Berge, durch zersprengte Felswände und auf Wegen, die wie Schwalbennester an der Bergwand klebten. Das Wasser brauste in der Tiefe, die Wolken lagen unter ihm; über blanke Disteln, Alpenrosen und Schnee ging er in der warmen Sommersonne dahin – und dann sagte er den Ländern des Nordens Lebewohl und kam unter blühende Kastanienbäume, durch Weingärten und Maisfelder. Die Berge waren eine Mauer zwischen ihm und all seinen Erinnerungen, und so sollte es sein.

Vor ihm lag eine große, prächtige Stadt, sie nannten sie Milano, und hier fand er einen deutschen Meister, der ihn in Arbeit nahm; es war ein altes, ehrsames Ehepaar, in dessen Werkstatt er arbeitete. Und die beiden Alten gewannen den stillen Gesellen lieb, der wenig sprach, aber desto mehr arbeitete und fromm und christlich war. Ihm schien es auch, als habe Gott die schwere Last von seinem Herzen genommen.

Seine größte Freude war es, dann und wann auf die mächtige Marmorkirche zu steigen, die schien ihm wie aus dem Schnee der Heimat geschaffen und zu Bildern, spitzen Türmen, buntgeschmückten, offenen Hallen geformt; von jedem Winkel, jeder Spitze, jedem Bogen lächelten ihn die weißen Bildsäulen an. Über sich hatte er den blauen Himmel, unter sich die Stadt und die weitgedehnte, grüne lombardische Ebene und gegen Norden die hohen Berge mit dem ewigen Schnee – da dachte er an die Kirche von Köge mit ihren roten, von Efeu umrankten Mauern, aber er sehnte sich nicht fort; hier hinter den Bergen wollte er begraben sein.

Ein Jahr hatte er hier gelebt, es waren drei Jahre vergangen, seitdem er die Heimat verließ; da führte sein Meister ihn eines Tages in die Stadt, nicht zur Arena, um die Kunstreiter zu sehen, nein, in die große Oper – und dort war auch ein Saal, der sehenswert war. – In sieben Rängen hingen dort seidene Vorhänge, und vom Fußboden bis schwindelnd hoch zur Decke hinauf saßen die feinsten Damen mit Blumensträußen in den Händen, als wenn sie zum Ball gehen wollten, und die Herren waren in vollem Staat und viele von ihnen mit Gold und Silber geschmückt; es war dort so hell wie im klarsten Sonnenschein, und die Musik brauste so stark und herrlich, es war viel prächtiger als das Theater in Kopenhagen, aber dort war Johanne, und hier – ja, es war wie ein Zauber, der Vorhang ging auf, und auch hier stand Johanne in Gold und Seide, mit der Goldkrone auf dem Kopf, sie sang, wie nur ein Engel Gottes singen kann, sie trat so weit hervor, wie sie konnte, sie lächelte, wie nur Johanne lächeln konnte; sie sah gerade auf Knud herab.

Der arme Knud ergriff die Hand seines Meisters und rief laut »Johanne!«, doch kein anderer hörte es, die Musik übertönte alles, nur der Meister nickte mit dem Kopf. »Ja, gewiß, sie heißt Johanne!« – und dabei zog er ein gedrucktes Blatt hervor und zeigte Knud ihren Namen, ihren vollen Namen.

Nein, es war kein Traum! Und alle Menschen jubelten und warfen ihr Blumen und Kränze zu, und jedesmal, wenn sie abging, riefen sie wieder nach ihr; sie ging und kam immer wieder.

Auf der Straße scharten die Menschen sich um ihren Wagen und zogen ihn davon. Und Knud war in der vordersten Reihe und am allerglücklichsten; und als sie zu ihrem prächtig erleuchteten Haus kamen, stand Knud an der Wagentür, die wurde geöffnet, und sie trat heraus, und das Licht schien gerade auf ihr liebes Gesicht, und sie lächelte und dankte freundlich und war tief gerührt; und Knud blickte ihr gerade in das Gesicht, und sie blickte Knud gerade in das Gesicht – aber sie erkannte ihn nicht. Ein Herr mit einem Stern auf der Brust reichte ihr den Arm – sie seien verlobt, sagte man.

Und dann ging Knud nach Hause und schnürte sein Ränzel; er wollte, er mußte heim, zum Flieder, zur Weide – ach, unter den Weidenbaum! In einer Stunde kann man ein ganzes Menschenleben durchlaufen.

Sie baten ihn zu bleiben; kein Wort konnte ihn zurückhalten; sie sagten ihm, daß der Winter komme, daß der Schnee schon in den Bergen gefallen sei; aber in der Spur des langsam fahrenden Wagens – und dem mußte doch der Weg gebahnt werden – könne er gehen, mit dem Ränzel auf dem Rücken, gestützt auf seinen Stab.

Und er ging in die Berge, hinauf und hinab; müde war er und sah noch kein Dorf, kein Haus; er schritt gegen Norden. Die Sterne blinkten über ihm, es wankten ihm die Füße, es schwindelte ihm der Kopf; tief im Tal blinkten auch Sterne, es war, als hätte sich der Himmel auch unter ihm ausgestreckt. Er fühlte sich krank. Die Sterne dort unten wurden mehr und mehr und immer heller, sie bewegten sich hin und her. Es war eine kleine Stadt, in der die Lichter flimmerten, und als er das erkannte, strengte er seine letzten Kräfte an und erreichte dort eine ärmliche Herberge.

Eine ganze Nacht und einen Tag blieb er dort, denn sein Körper brauchte Ruhe und Pflege; es taute und es regnete im Tal. Am Morgen kam ein Leiermann, der spielte eine Melodie von daheim aus Dänemark, und dann konnte Knud es nicht länger aushalten – er ging Tage, viele Tage lang mit einer Hast, als gelte es, heimzukommen, bevor dort alle gestorben seien; aber zu niemandem sprach er von seiner Sehnsucht, niemand hätte ihm den Kummer seines Herzens, den tiefsten, den man haben kann, geglaubt, denn der ist nicht für die Welt, er ist nicht lustig, nicht einmal für die Freunde, und er hatte keine Freunde. Fremd ging er durch fremdes Land heim nach Norden. In dem einzigen Brief von zu Hause, den die Eltern vor Jahr und Tag geschrieben hatten, stand: ›Du bist kein rechter Däne wie wir andern hier! Wir sind es so ungeheuer! Du liebst nur fremde Länder!‹ So konnten die Eltern schreiben – ja, wie wenig kannten sie ihn!

Es war Abend; er ging auf der offenen Landstraße, es begann zu frieren, das Land selbst wurde immer flacher mit Feldern und Wiesen; da stand am Weg ein großer Weidenbaum; alles sah so heimatlich, so dänisch aus, er setzte sich unter den Baum, er fühlte sich sehr ermüdet, sein Kopf senkte sich, seine Augen schlossen sich zur Ruhe, aber er empfand doch, wie der Weidenbaum seine Zweige über ihn breitete; der Baum schien ihm ein alter, mächtiger Mann zu sein, es war der Weidenvater selbst, der ihn auf seine Arme hob und ihn, den müden Sohn, heimtrug in das dänische Land, an den offenen, hellen Strand, nach Köge, in den Garten seiner Kindheit. Ja, es war der Weidenbaum von Köge selbst, der in die Welt gewandert war, um ihn zu suchen und zu finden; und nun hatte er ihn gefunden und in den kleinen Garten am Bach heimgebracht, und hier stand Johanne in all ihrer Pracht mit der Goldkrone auf dem Kopf, wie er sie zuletzt gesehen, und rief: ›Willkommen!‹

Und gerade vor ihm standen zwei wunderliche Gestalten, aber sie sahen viel menschlicher aus als in seiner Kindheit, auch sie hatten sich verändert; es waren die zwei Honigkuchen, der Mann und das Frauenzimmer, die wendeten ihm die rechte Seite zu und sahen gut aus.

›Wir danken dir!‹ sagten die beiden zu Knud, ›du hast uns die Zunge gelöst, du hast uns gelehrt, daß man für seine Gedanken aussprechen soll, sonst kommt nichts dabei heraus, und nun ist etwas dabei herausgekommen: – wir sind verlobt!‹

Und dann gingen sie Hand in Hand durch die Straßen von Köge und sahen auch sehr anständig auf der Kehrseite aus, da war nichts an ihnen auszusetzen. Und sie schritten gerade auf die Kirche zu, und Knud und Johanne folgten; auch sie gingen Hand in Hand, und die Kirche stand da wie früher mit ihren roten Mauern und dem herrlichen Efeu, und die große Tür der Kirche öffnete sich nach beiden Seiten, die Orgel brauste, und die Mannsleute und die Frauenzimmer schritten den Kirchengang entlang. ›Die Herrschaften zuerst!‹ sagten sie, die Honigkuchenbrautleute machten Knud und Johanne Platz, und die beiden knieten am Altar nieder; sie beugte ihr Haupt über sein Antlitz, und eiskalte Tränen rollten aus ihren Augen, es war das Eis um ihr Herz, das durch seine starke Liebe schmolz; die Tränen fielen auf seine brennenden Wangen, und – er erwachte dabei, und saß unter dem alten Weidenbaum im fremden Land, am winterkalten

Abend; aus den Wolken fiel eisiger Hagel und peitschte sein Gesicht.

»Das war die schönste Stunde meines Lebens!« sagte er, »und sie war ein Traum! – Gott, laß mich ihn wieder träumen!« Und er schloß die Augen, er schlief, er träumte.

Gegen Morgen fiel Schnee und stiebte über seine Füße, er schlief. Dorfleute gingen zur Kiche; dort saß ein Handwerksbursche, er war tot, erfroren – unter dem Weidenbaum.

Fünf aus einer Schote

Es waren fünf Erbsen in einer Schote, die waren grün, und die Schote war grün, also glaubten sie, die ganze Welt sei grün, und das war ganz richtig! Die Schote wuchs, und die Erbsen wuchsen; sie richteten sich nach der Lage der Wohnung ein, gerade in einer Reihe saßen sie. – Draußen schien die Sonne und erwärmte die Schote, der Regen machte sie klar; es war warm und gemütlich, hell am Tage und dunkel des Nachts, wie es sein sollte. Die Erbsen wurden, wie sie so dasaßen, größer und immer nachdenklicher, denn etwas mußten sie doch tun.

»Müssen wir denn ewig hier sitzenbleiben?« fragten sie, »wenn wir nur nicht durch das lange Sitzen hart werden. Ist uns doch, als gäbe es draußen irgend etwas, wir haben so ein Gefühl davon.«

Und Wochen vergingen, die Erbsen wurden gelb, und die Schote wurde gelb. »Die ganze Welt wird gelb!« sagten sie, und das durften sie wohl behaupten.

Plötzlich spürten sie einen Ruck in der Schote; sie wurden abgerissen, sie kamen in Menschenhände und rutschten in eine Jakkentasche hinab mit mehreren andern gefüllten Schoten. – »Nun wird bald aufgemacht!« – sagten sie, und darauf warteten sie.

»Wissen möchte ich nun, wer es von uns am weitesten bringt!« sagte die kleinste der fünf. »Ja, das wird sich jetzt bald zeigen.«

»Es komme, was kommen muß!« sagte die größte.

Krach! die Schote platzte, und alle fünf Erbsen rollten hinaus in den hellen Sonnenschein. Da lagen sie in einer Kinderhand, ein kleiner Knabe hielt sie fest und sagte, es seien ordentliche Erbsen für seine Knallbüchse, und sogleich tat er eine hinein und schoß sie weg.

»Jetzt fliege ich in die weite Welt! Hasche mich, wenn du kannst!« Und damit war sie davon.

»Ich«, sagte die zweite, »ich fliege gerade in die Sonne hinein; das ist eine richtige Schote und gerade passend für mich!«

Weg war sie.

»Wir schlafen, wohin wir kommen«, sagten die zwei nächsten, »aber wir werden schon vorwärts rollen!« Und dann rollten sie erst auf den Boden, bevor sie in die Knallbüchse kamen, aber hinein kamen sie doch. »Wir werden es am weitesten bringen!«

»Es komme, was kommen muß!« sagte die letzte und wurde in die Luft geschossen, und sie flog hinauf zu dem alten Brett unter dem Dachkammerfenster, in eine Ritze, die mit Moos und weicher Erde ausgefüllt war und das Moos schloß sich um sie zusammen; da lag sie verborgen, aber nicht vergessen vom lieben Gott.

»Es komme, was kommen muß!« sagte sie.

Drinnen in der kleinen Dachkammer wohnte eine arme Frau, die am Tage ausging, um Öfen auszuputzen, Holz zu sägen und schwere Arbeit zu tun, denn sie war stark und auch fleißig; aber sie blieb doch immer arm. Zu Hause, in der kleinen Kammer lag ihre halberwachsene einzige Tochter, die sehr fein und zart war;

ein ganzes Jahr hatte sie zu Bett gelegen und schien weder leben noch sterben zu können.

»Sie geht zu ihrer kleinen Schwester!« sagte die Frau. »Ich hatte nur zwei Kinder, und es war schwer genug, für beide zu sorgen, aber der liebe Gott teilte mit mir und nahm das eine zu sich; nun möchte ich doch das andere behalten, das mir noch geblieben ist, aber er will sie wohl nicht getrennt sehen, und es wird zu seiner kleinen Schwester dort oben gehen!«

Aber das kranke Mädchen blieb, wo es war; es lag geduldig und still den langen Tag, während die Mutter außer Haus ihrem Verdienst nachging.

Es war Frühling, und in einer frühen Morgenstunde, gerade als die Mutter zur Arbeit gehen wollte, schien die Sonne so schön durch das kleine Fenster auf den Fußboden, und das kranke Mädchen sah auf die unterste Glasscheibe.

»Was mag doch das Grüne sein, das dort an der Scheibe hervorguckt? Es bewegt sich im Wind!«

Die Mutter ging an das Fenster und öffnete es halb. »Ach!« sagte sie, »das ist wahrhaftig eine kleine Erbse, die hier gekeimt hat und ihre grünen Blätter treibt. Wie mag die in die Ritze gekommen sein? Da hast du ja einen kleinen Garten, an dem du dich erfreuen kannst!«

Das Bett der Kranken wurde näher ans Fenster gerückt, damit sie die sprossende Erbse sehen könnte, und die Mutter ging zur Arbeit.

»Mutter, ich glaube, ich werde wieder gesund!« sagte am Abend das kleine Mädchen. »Die Sonne hat heute so warm zu mir hereingeschienen. Die kleine Erbse gedeiht so gut, und ich werde wohl auch gedeihen und aufstehen und hinaus in den Sonnenschein kommen!«

»Möge es nur so sein!« sagte die Mutter, aber sie glaubte nicht, daß es geschehen würde; doch das sprießende Grün, das dem Kind die frohen Lebensgedanken eingegeben hatte, stützte sie mit einem Stäbchen, damit es nicht vom Wind geknickt würde; sie band ein Endchen Bindfaden an das Fensterbrett und an den oberen Teil des Rahmens, damit die Erbsenranke etwas hatte, an dem sie sich halten konnte, wenn sie emporschoß, und das tat sie; man konnte sehen, wie sie mit jedem Tag wuchs.

»Nein, sie setzt ja Blüten an!« sagte die Frau eines Morgens, und nun hoffte und glaubte auch sie, daß das kleine kranke Mädchen genesen werde; sie entsann sich, daß das Kind in der letzten Zeit lebhafter gesprochen hatte, daß es sich selbst die letzten Tage im Bett aufgerichtet und dort gesessen und mit strahlenden Augen den kleinen Erbsengarten aus einer einzigen Erbse betrachtet hatte. Eine Woche später blieb die Kranke zum erstenmal eine volle Stunde auf. Glücklich saß sie im warmen Sonnenschein; das Fenster war geöffnet, und draußen stand eine weißrote Erbsenblüte, völlig aufgesprungen. Das kleine Mädchen beugte sich herab und küßte leise die zarten Blätter Dieser Tag war wie ein Festtag.

»Der liebe Gott selbst hat sie gepflanzt und gedeihen lassen, um dir, mein liebes Kind, und auch mir Hoffnung und Freude zu geben!« sagte die frohe Mutter und lächelte die Blüte an, als sei sie ein guter Engel Gottes.

Aber nun die andern Erbsen! – Ja, die hinaus in die weite Welt flog: »Hasch mich, wenn du kannst!«, fiel in die Dachrinne und kam in einen Taubenkropf, und dort lag sie wie Jonas im Walfischbauch. Die zwei Faulen brachten es ebensoweit, auch sie wurden von Tauben verschluckt, und das heißt wenigstens auf solide Weise nützen; aber die vierte, die hinauf in die Sonne wollte – die fiel in den Rinnstein und blieb dort im schmutzigen Wasser Tage und Wochen liegen und quoll richtig auf.

»Ich werde so herrlich dick!« sagte die Erbse. »Ich zerplatze dabei, und weiter, glaube ich, hat es keine Erbse gebracht oder wird es je bringen. Ich bin die merkwürdigste von den fünfen aus der Schote!«

Und der Rinnstein stimmte ihr zu.

Aber das junge Mädchen am Dachfenster stand dort mit leuchtenden Augen, den rosigen Schimmer der Gesundheit auf den Wagen, und faltete seine zarten Hände über der Erbsenblüte und dankte dem lieben Gott für sie.

»Ich lobe mir meine Erbse!« sagte der Rinnstein.

Ein Blatt vom Himmel

Hoch oben in der dünnen klaren Luft flog ein Engel mit einer Blume aus dem Garten des Himmels, und als er einen Kuß auf die Blume drückte, fiel ein ganz kleines Blättchen herab auf die feuchte Erde mitten im Wald und schlug sogleich Wurzeln und trieb Schößlinge mitten unter den anderen Gewächsen.

»Das ist ein komischer Steckling, der da«, sagten sie. Und niemand wollte ihn anerkennen, weder Disteln noch Brennesseln.

»Das wird wohl eine Art Gartenpflanze sein«, sagten sie und grinsten, und nun wurde sie als Gartengewächs ausgelacht; aber sie wuchs und wuchs wie keine der andern und trieb ihre Zweige in langen Ranken weit umher.

»Wo willst du hin?« sagten die hohen Disteln, die auf jedem Blatt Stacheln hatten. »Du läufst in die verkehrte Richtung, das ist hier nicht am Platz! Wir können dich nicht dulden!«

Der Winter kam, der Schnee bedeckte die Pflanze, sie aber gab der Schneedecke einen Glanz, als würde sie auch von unten vom Sonnenlicht durchströmt. Im Frühling stand hier ein blühendes Gewächs, herrlich wie kein anderes im Wald.

Dann kam der botanische Professor, der es schwarz auf weiß hatte, daß er war, was er war. Er besah die Pflanze, er kostete sie, aber sie stand nicht in seiner Pflanzenlehre; er konnte nicht herausfinden, in welche Klasse sie gehörte.

»Das ist eine Abart!« sagte er. »Ich kenne sie nicht. Sie ist nicht in das System aufgenommen.«

»Nicht in das System aufgenommen!« sagten Disteln und Brennesseln.

Die großen Bäume, die ringsum standen, hörten, was da gesagt wurde, und sie sahen auch, daß es kein Baum von ihrer Art war; aber sie sagten nichts, weder Böses noch Gutes, und das ist immer am sichersten, wenn man dumm ist.

Da kam durch den Wald ein armes unschuldiges Mädchen; sein Herz war rein, sein Verstand groß durch den Glauben; sein ganzes Erbteil in dieser Welt war eine alte Bibel, aber aus ihren Blättern sprach Gottes Stimme zu ihr: ›Wenn die Menschen dir Böses zufügen wollen, dann denke an die Geschichte von Joseph: Sie dachten Böses in ihrem Herzen, doch Gott lenkte es zum Guten. Leidest du Unrecht, wirst du verkannt und verhöhnt, so denke an ihn, den Reinsten, den Besten, an ihn, den sie verspotteten und ans Kreuz schlugen, wo er betete: Vater, vergib ihnen, denn sie wissen nicht, was sie tun!«

Das Mädchen blieb vor der wunderbaren Pflanze stehen, deren grüne Blätter süß und erquickend dufteten, deren Blüten im klaren Sonnenschein wie ein ganzes Farbenfeuerwerk strahlten, und aus jeder klang es, als verberge sie den tiefen Born der Melodien, der sich in Jahrtausenden nicht erschöpft. Mit frommer Andacht sah sie auf all diese Herrlichkeit Gottes, sie bog einen Zweig zu sich herab, um recht die Blüte zu beschauen und ihren Duft einzuatmen, und es wurde hell in ihrem Sinn, es tat ihrem Herzen so wohl; gern hätte sie eine Blüte besessen, aber sie konnte es nicht übers Herz bringen, sie abzubrechen, sie würde ja bald bei ihr verwelken; und sie nahm nur ein einziges der grünen Blätter, trug es heim und legte es in ihre Bibel, und dort lag es frisch, allzeit frisch und unverwelkt.

Zwischen den Blättern der Bibel lag es verborgen; mit der Bibel wurde es unter den Kopf des jungen Mädchens gelegt, als es nach einigen Wochen in seinem Sarg lag, mit dem heiligen Ernst des Todes auf dem frommen Gesicht, als ob sich in dem irdischen Staub abzeichne, daß es jetzt vor seinem Gott stehe.

Aber draußen im Walde blühte die wunderbare Pflanze; sie war fast wie ein Baum anzusehen, und alle Zugvögel beugten sich vor ihr, besonders die Schwalbe und der Storch.

»Das ist ausländisches Getue«, sagten Disteln und Kletten, »so können wir uns hierzulande doch nie betragen.«

Und die schwarzen Waldschnecken spuckten den Baum an.

Dann kam der Schweinehirt; er sammelte Disteln und Ranken, um Asche daraus zu brennen. Der ganze wunderbare Baum samt allen Wurzeln wurde ausgerissen und kam mit in das Bündel: »Der soll auch nutzbar werden«, sagte er, und so war es geschehen!

Doch seit Jahr und Tag litt der König des Landes an der tiefsten Schwermut; er war fleißig und arbeitsam, es half ihm nichts; man las ihm tiefsinnige Schriften vor, man las die allerleichtesten, die man finden konnte, es half nichts! – Da kam Botschaft von einem der weisesten Männer der Welt, an den man sich gewandt hatte, und er ließ sie wissen, daß es doch ein sicheres Mittel gebe, den Leidenden zu stärken und zu heilen: »Im eigenen Reich des Königs wächst im Wald eine Pflanze himmlischen Ursprungs; so und so sieht sie aus, man kann sich nicht irren.« – Und hier folgte eine Zeichnung der Pflanze, die leicht zu erkennen war! – »Sie grünt Winter und Sommer; nehmt jeden Abend ein frisches Blatt von ihr und legt es dem König auf die Stirn, dann werden seine Gedanken hell, und ein herrlicher Traum zur Nacht wird ihn für den kommenden Tag stärken!«

Das war nun deutlich genug, und alle Doktoren und der botanische Professor gingen in den Wald hinaus. – Ja, aber wo war die Pflanze?

»Sie ist wohl mit in mein Bündel gekommen«, sagte der Schweinehirt, »und schon lange zu Asche geworden, aber ich wußte es nicht besser.«

»Wußtest es nicht besser!« sagten sie alle. »Unwissenheit! Unwissenheit!« Und diese Worte konnte sich der Schweinehirt zu Herzen nehmen; ihm und keinem andern galten sie.

Kein Blatt war mehr zu finden; das einzige lag in dem Sarg der Toten, und davon wußte niemand etwas.

Und der König selbst wanderte in seinem Mißmut in den Wald hinaus nach jenem Ort.

»Hier hat der Baum gestanden!« sagte er, »es ist eine heilige Stätte!«

Und der Platz wurde mit einem goldenen Gitter eingezäunt, und eine Schildwache wurde dort aufgestellt und mußte Tag und Nacht stehen!

Der botanische Professor schrieb eine Abhandlung über die himmlische Pflanze, und dafür wurde er vergoldet, und das war ihm ein großes Vergnügen; die Vergoldung stand ihm und seiner Familie gut, und das ist das Erfreulichste bei der ganzen Geschichte; denn die Pflanze war fort, und der König war mißmutig und betrübt – »aber das war er auch vorher!« sagte die Schildwache.

›Sie taugte nichts‹

Der Stadtrichter stand am offenen Fenster; er war in feinem Manschettenhemd, mit Brustnadel in der Hemdkrause, und außerordentlich glatt rasiert, eigenhändige Arbeit; doch hatte er sich einen kleinen Schnitt beigebracht, aber darauf klebte ein Stückchen Zeitung.

»Hör mal, du Kleiner!« rief er.

Und der Kleine war kein anderer als der Sohn der Waschfrau, der gerade vorüberging und ehrerbietig seine Mütze zog; ihr Schirm war in der Mitte gebrochen, und die Mütze war so eingerichtet, daß man sie in die Tasche stecken konnte. In seinen ärmlichen aber reinen, gutgeflickten Kleidern und schweren Holzschuhen stand der Knabe ehrerbietig da, als stünde er vor dem König selbst.

»Du bist ein guter Junge«, sagte der Stadtrichter. »Du bist ein höflicher Junge. Deine Mutter spült wohl Wäsche unten am Fluß; dort mußt du wohl das hinbringen, was du in der Tasche hast. Das ist eine schlimme Sache mit deiner Mutter; wieviel hast du darin?«

»Ein halbes Maß«, sagte der Knabe erschrocken, mit halblauter Stimme.

»Und heute morgen bekam sie ebensoviel«, fuhr der Mann fort.

»Nein, das war gestern!« antwortete der Knabe.

»Zwei halbe machen ein ganzes! – Sie taugt nichts! Es ist traurig mit dieser Klasse von Leuten! – Sag deiner Mutter, sie solle sich schämen! Und werde du nur kein Trunkenbold; aber das wirst du schon werden! Armes Kind! Geh nun!«

Und der Knabe ging; die Mütze behielt er in der Hand, und der Wind blies ihm in sein gelbes Haar, daß es in langen Büscheln abstand. Er bog um die Straßenecke in die kleine Gasse ein, die nach dem Fluß führte, wo die Mutter an der Waschbank stand und mit dem Schlegel die schwere Wäsche schlug. Das Wasser hatte starke Strömung, denn die Schleusen der Mühle waren aufgezogen, das Bettlaken trieb mit dem Strom und war nahe daran, die Bank umzureißen. Die Waschfrau mußte sich dagegenstemmen.

»Bald wäre ich davongesegelt!« sagte sie, »es ist gut, daß du kommst, denn meine Kräfte brauchen etwas Hilfe! Es ist kalt hier im Wasser, sechs Stunden stehe ich schon hier. Hast du etwas für mich?«

Der Knabe zog die Flasche hervor, und die Mutter setzte sie an den Mund und trank einen Schluck.

»Ach, wie das wohltut! Wie das wärmt! Das ist so gut wie warmes Essen und nicht so teuer! Trink, mein Junge! Du siehst ganz blaß aus, du frierst doch in den dünnen Sachen! Es ist ja auch Herbst. Hu! Wie ist das Wasser kalt! Wenn ich nur nicht krank werde! Aber das werde ich nicht. Gib mir noch einen Schluck und trink du auch, aber nur ein Tröpfchen, du darfst dich nicht daran gewöhnen, mein armes Kind!«

Und sie ging um die Brücke, wo der Knabe stand, und kam ans Ufer; das Wasser troff von der Schilfmatte, die sie um den Leib trug, das Wasser floß aus ihrem Rock.

»Ich schinde und quäle mich, daß mir das Blut fast unter den Nägeln hervorquillt! Aber das ist einerlei, wenn ich dich nur ehrlich durchbringen kann, mein liebes Kind!«

In diesem Augenblick trat eine etwas ältere Frau heran, arm in Kleidung und Aussehen, mit lahmen Beinen und mit einer riesengroßen falschen Locke über dem einen Auge, das von der Locke verdeckt werden sollte, aber sie machte den Fehler dadurch nur auffallender. Es war eine Freundin der Waschfrau, ›Humpel-Maren mit der Locke‹ nannten sie die Nachbarn.

»Du Arme, wie du dich schindest und quälst und in dem kalten Wasser stehst! Du hast es wohl nötig, dich ein bißchen zu erwärmen, und doch gönnt man dir den Tropfen nicht, den du trinkst!« – Und nun war der Waschfrau bald die ganze Rede des Stadtrichters an ihren Jungen hinterbracht, denn Maren hatte alles gehört, und es hatte sie geärgert, daß er so zu dem Kind von seiner eigenen Mutter und von dem Tropfen sprach, den sie zu sich nahm, und das gerade, wo der Stadtrichter selbst einen großen Mittagsschmaus gab mit Wein flaschenweise! »Feine Weine und starke Weine! Etwas über den Durst bei vielen! Aber das nennt man nicht trinken! Die taugen etwas, aber du taugst nichts!«

»So, er hat mit dir gesprochen, Kind?« sagte die Waschfrau, und ihre Lippen zitterten: »Du hast eine Mutter, die nichts taugt! Vielleicht hat er recht! Aber dem Kind sollte er es nicht sagen! Doch von diesem Haus kommt viel über mich!«

»Ihr habt ja dort gedient, als die Eltern des Stadtrichters noch lebten und dort wohnten; das ist viele Jahre her! Seitdem sind viele Scheffel Salz gegessen, und man kann schon Durst haben.« Und Maren lachte. »Heute ist großes Essen beim Stadtrichter, es sollte eigentlich abgesagt werden, aber es wurde ihnen nun zu spät, und das Essen war auch schon fertig. Ich habe es vom Hausknecht gehört. Vor einer Stunde ist ein Brief gekommen, daß der jüngere Bruder in Kopenhagen gestorben ist!«

»Gestorben!« rief die Waschfrau und wurde leichenblaß.

»Ei doch!« sagte Maren. »Nehmt Ihr Euch das so zu Herzen? Nun, Ihr kanntet ihn aus der Zeit, als Ihr dort im Hause dientet.«

»Ist er tot! Er war so ein lieber, herzensguter Mann! Der liebe Gott bekommt nicht viele, die so sind wie er!« Und die Tränen rollten ihr über die Wangen. »Oh, mein Gott, es dreht sich alles um mich her – das ist, weil ich die Flasche leerte – das habe ich nicht vertragen können –, ich fühle mich so schlecht!« Und sie lehnte sich an die Planke.

»Herrgott! Ihr seid ganz krank, Mutter«, sagte die andere Frau. »Seht zu, daß das wieder vorübergeht! – Nein, Ihr seid wirklich krank! Es ist das beste, ich bringe Euch nach Hause!«

»Aber die Wäsche dort.«

»Das laßt mich nur machen! – Nehmt meinen Arm! Der Junge kann hierbleiben und solange aufpassen, bis ich wiederkomme und den Rest wasche, das ist ja nur noch eine Kleinigkeit!«

Und der Waschfrau wankten die Knie. »Ich habe zu lange in dem kalten Wasser gestanden; seit heute morgen habe ich weder Essen noch Trinken bekommen! Das Fieber steckt mir im Körper. Oh, Herr Jesus, hilf mir, daß ich nach Hause komme! Mein armes Kind!«

Und sie weinte. Auch der Knabe weinte, und bald saß er allein am Fluß bei der nassen Wäsche. Die beiden Frauen gingen langsam, die Waschfrau schwankend, das Gäßchen hinauf, um die Straßenecke, am Haus des Stadtrichters vorüber, und gerade davor sank sie auf das Straßenpflaster nieder. Leute sammelten sich an. Humpel-Maren lief ins Haus nach Hilfe. Der Stadtrichter und seine Gäste sahen aus dem Fenster.

»Das ist die Waschfrau!« sagte er, »die hat ein bißchen über den Durst getrunken; sie taugt nichts! Es ist schade um den hübschen Jungen, den sie hat. Ich mag den Jungen wahrlich gern. Die Mutter taugt nichts!«

Und die Waschfrau kam wieder zu sich und wurde in ihre armselige Wohnung gebracht, wo sie zu Bett ging. Die gute Maren kochte eine Schale Warmbier mit Butter und Zucker; diese Medizin, glaubte sie, sei die beste, und darauf ging sie zur Spülbank, spülte sehr schlecht, doch gut gemeint, zog eigentlich nur die nasse Wäsche ans Land und legte sie in einen Korb.

Gegen Abend saß sie in der ärmlichen Stube bei der Waschfrau. Ein paar geröstete Kartoffeln und ein schönes fettes Stück Schinken hatte sie von der Köchin des Stadtrichters für die Kranke bekommen, daran taten Maren und der Knabe sich gütlich; die Kranke erfreute sich am Geruch, der sei sehr nahrhaft, meinte sie.

Und der Knabe ging zu Bett, in dasselbe Bett, in dem die Mutter lag, aber er hatte seinen Platz quer zu ihren Füßen und deckte sich mit einer alten Matte zu, die aus blauen und roten Streifen zusammengenäht war.

Mit der Waschfrau ging es etwas besser; das Warmbier hatte sie gestärkt und der Geruch des feinen Essens ihr wohlgetan.

»Hab Dank, du gute Seele!« sagte sie zu Maren. »Ich will dir auch alles erzählen, wenn der Knabe schläft. Ich glaube, er tut es schon. Wie süß und fromm er aussieht mit geschlossenen Augen! Er weiß nicht, wie es um seine Mutter steht, Gott gebe, daß er es nie erfährt! – Ich diente beim Kammerrat, bei den Eltern des Stadtrichters; es traf sich nun, daß der jüngste Sohn, der Student, nach Hause kam; damals war ich jung, ein wildes Mädchen, aber ehrbar, das darf ich vor Gott sagen!« erzählte die Waschfrau, »der Student war lustig und fröhlich, lieb und brav! Jeder Blutstropfen in ihm war gut und rechtschaffen; es gab keinen besseren Menschen auf Erden. Er war Sohn im Hause, ich nur Magd, aber wir liebten uns, in Zucht und Ehren; ein Kuß ist doch keine Sünde, wenn man sich recht liebt. Und er sagte es seiner Mutter; sie war für ihn wie der liebe Herrgott hier auf Erden! Und sie war so klug, zärtlich und liebevoll! – Er reiste fort, und seinen goldenen Ring steckte er mir an den Finger; und als er kaum fort war, rief meine Herrin mich zu sich. Ernst und doch milde stand sie da und sprach, wie nur der liebe Gott sprechen könnte; sie machte mir den Abstand klar zwischen ihm und mir, im Geist und in Wahrheit. ›Jetzt sieht er darauf, wie gut du aussiehst, aber das Aussehen wird vergehn! Du bist nicht erzogen wie er, ihr seid einander nicht gleich im Reich des Geistes, und darin liegt das Unglück. Ich achte den Armen‹, sagte sie, ›bei Gott kann er vielleicht einen höheren Platz als mancher Reiche einnehmen; aber hier auf Erden muß man sich hüten, in ein falsches Gleis zu geraten, wenn man vorwärts fährt, sonst schlägt der Wagen um, und ihr beide werdet umschlagen! Ich weiß, daß ein braver Mann, ein Handwerker, um dich angehalten hat, ich meine Erik, den Handschuhmacher; er ist Witwer, hat keine Kinder, steht sich gut; überleg dir das!‹ Jedes Wort, das sie sagte, schnitt wie ein Messer in mein Herz, aber die Frau hatte recht! Und das lastete schwer auf mir! – Ich küßte ihre Hand und weinte bittere Tränen und weinte noch mehr, als ich in meine Kammer kam und mich auf mein Bett warf. Es war eine schwere Nacht, die folgte, der liebe Gott weiß, wie ich litt und stritt. Sonntags darauf ging ich zum Tisch des Herrn, damit es hell in mir werde. Es war wie eine Fügung; als ich aus der Kirche trat, begegnete ich dem Handschuhmacher Erik. Und nun war kein Zweifel mehr in meiner Seele; wir paßten zueinander nach Stand und Verhältnissen, ja er war sogar ein wohlhabender Mann; und ich trat auch auf ihn zu, nahm seine Hand und sagte: ›Denkst du noch an mich?‹ – ›Ja, immer und ewig!‹ sagte er. ›Willst du ein Mädchen nehmen, das dich achtet und ehrt, aber nicht liebt – doch das kann wohl noch kommen!‹ – ›Das wird kommen!‹ sagte er, und darauf gaben wir einander die Hand. Ich ging nach Hause zu meiner Herrin, den goldenen Ring, den mir der Sohn gegeben hatte, trug ich an meinem Herzen, ich konnte ihn nicht am Tage, nur jeden Abend an den Finger stecken, wenn ich mich niederlegte. Ich küßte den Ring, daß mir die Lippen bluteten, und darauf gab ich ihn meiner Herrin und sagte ihr, daß ich in der nächsten Woche mit dem Handschuhmacher aufgeboten würde. Da nahm mich meine Herrin in die Arme und küßte mich – sie sagte nicht, daß ich nichts tauge, aber damals war ich vielleicht auch besser, obwohl ich noch nicht so viel vom Unglück der Welt gespürt hatte. Zu Lichtmeß war die Hochzeit; und im ersten Jahr ging es gut, wir hatten einen Gesellen und einen Lehrjungen, und du, Maren, dientest bei uns.«

»Oh, Ihr wart eine liebe, gute Hausmutter!« sagte Maren, »nie vergesse ich, wie gütig Ihr und Euer Mann wart!«

»Ja, das war in den guten Jahren, als du bei uns warst! Kinder hatten wir noch nicht – den Studenten sah ich nie! – Doch! ich sah ihn, aber er sah mich nicht. Er war hier zum Begräbnis seiner Mutter. Ich sah ihn am Grabe stehen, er war so kreideweiß und sehr betrübt, aber das war um die Mutter. Später, als der Vater starb, war er in fremden Ländern und kam nicht hierher und ist auch später nicht mehr hiergewesen. Er heiratete nie, das weiß ich; er wurde Advokat, glaube ich! – Mich hatte er vergessen, und wenn er mich auch gesehen hätte, er hätte mich doch gewiß nicht wiedererkannt, so garstig sehe ich aus. Und das ist ja auch gut!«

Sie sprach von den schweren Tagen der Prüfung und erzählte, wie das Unglück gleichsam über sie hereinbrach. Sie besaßen fünfhundert Taler, und weil damals in der Straße ein Haus für zweihundert zu kaufen war und es sich lohnen mußte, es abzutragen und ein neues zu bauen, so wurde es gekauft. Der Maurer- und Zimmermeister machten den Überschlag, und der neue Bau sollte tausendundzwanzig kosten. Kredit hatte der Handschuhmacher Erik, das Geld lieh er sich aus Kopenhagen – aber der Schiffer, der es bringen sollte, ging unter und das Geld mit.

»Damals war es, daß mein lieber Junge, der hier schläft, geboren wurde. Der Vater fiel in eine schwere, langwierige Krankheit, dreiviertel Jahre mußte ich ihn an- und ausziehen. Wir kamen immer mehr zurück, wir machten Schulden über Schulden; all unsere Habe ging verloren, und der Vater starb. Ich habe geschafft und geschuftet, gestrebt und gestritten um des Kindes willen; Treppen gescheuert, Wäsche gewaschen, grobe und feine, aber ich soll es nicht besser haben, es ist so Gottes Wille! Doch er wird mich schon zu sich nehmen und für den Knaben sorgen!«

Und dann schlief sie ein.

Gegen Morgen fühlte sie sich gestärkt und kräftig genug, wie sie glaubte, um wieder an ihre Arbeit zu gehen. Sie war gerade in das kalte Wasser gestiegen, da befiel sie ein Zittern, eine Ohnmacht; krampfhaft griff sie mit der Hand in die Luft, tat einen Schritt und fiel um. Der Kopf lag auf dem trockenen Land, aber die Füße im Fluß; ihre Holzschuhe, mit denen sie auf dem Grund gestanden hatte – in jedem war ein Strohwisch –, trieben mit dem Strom; so fand Maren sie, als sie ihr den Kaffee bringen wollte.

Vom Stadtrichter war unterdessen ein Bote im Haus gewesen; sie möge sogleich zu ihm kommen, er habe ihr etwas zu sagen. Es war zu spät! Ein Barbier wurde zum Aderlaß geholt; die Waschfrau war tot.

»Sie hat sich totgetrunken!« sagte der Stadtrichter.

In dem Brief, der die Nachricht vom Tod des Bruders brachte, war der Inhalt des Testaments angegeben, und darin stand, daß sechshundert Taler der Handschuhmacherwitwe vermacht seien, die einst seinen Eltern gedient habe. Nach bestem Ermessen sollte das Geld in größeren oder kleineren Teilen ihr oder ihrem Kind gegeben werden!

»Da ist so eine Sache zwischen meinem Bruder und ihr gewesen«, sagte der Stadtrichter. »Gut, daß sie aus dem Wege ist; der Knabe bekommt jetzt das Ganze, und ich werde ihn bei braven Leuten unterbringen; er kann ein tüchtiger Handwerker werden!« – Und in diese Worte legte der liebe Gott seinen Segen.

Der Stadtrichter ließ den Knaben kommen, versprach, für ihn

zu sorgen, und sagte ihm, wie gut es sei, daß seine Mutter gestorben, sie taugte nichts.

Auf den Kirchhof trug man sie, auf den Kirchhof der Armen, Maren pflanzte einen kleinen Rosenstock auf das Grab, der Knabe stand neben ihr.

»Meine liebe Mutter!« sagte er, und seine Tränen flossen. »Ist es denn wahr, daß sie nichts taugte?«

»Doch, sie taugte etwas!« sagte die alte Magd und blickte zum Himmel. »Ich weiß es seit vielen Jahren und seit der letzten Nacht. Ich sage dir, sie taugte etwas, und Gott im Himmel sagt es auch, laß die Welt nur sagen: ›Sie taugte nichts!‹ «

Die letzte Perle

Es war ein reiches Haus, ein glückliches Haus; alle, die Herrschaft, das Gesinde und auch die Freunde, waren glücklich und froh, denn heute war ein Erbe, ein Sohn geboren, und Mutter und Kind befanden sich wohl.

Die Lampe in der gemütlichen Schlafkammer hatte man zur Hälfte verdeckt, und die Fenster waren mit schweren, seidenen Vorhängen aus kostbaren Stoffen dich verhängt. Der Teppich war dick und weich wie Moos, alles lud zum Schlummer, zum Schlaf, zur herrlichen Ruhe ein, und das empfand denn auch die Wärterin – sie schlief, und das konnte sie auch, denn hier war alles gut und gesegnet. Der Schutzgeist des Hauses stand am Kopfende des Bettes; über das Kind an der Mutter Brust breitete sich gleichsam ein Netz leuchtender Sterne in reicher Fülle, jeder Stern war eine Perle des Glücks. Alle guten Feen des Lebens hatten dem Neugeborenen ihre Gaben dargebracht; hier funkelten Gesundheit, Reichtum, Glück und Liebe, kurz alles, was sich der Mensch auf Erden wünscht.

»Alles ist hier dargebracht!« sagte der Schutzgeist. »Nein!« ertönte eine Stimme in der Nähe, es war der gute Engel des Kindes. »Eine Fee hat ihre Gabe noch nicht gebracht, aber sie bringt sie, bringt sie einmal, wenn auch Jahre darüber vergehen. Die letzte Perle fehlt noch!«

»Fehlt! Hier darf nichts fehlen, und ist es wirklich so, dann läßt sie uns suchen, die mächtige Fee, laßt uns zu ihr gehen!«

»Sie kommt, sie kommt einmal! Ihre Perle muß dasein, damit der Kranz gebunden werden kann!«

»Wo wohnt sie? Wo ist ihr Heim? Sag es mir, ich will gehen und die Perle holen!«

»Du willst es!« sagte der gute Engel des Kindes, »ich führe dich zu ihr, wo sie auch sein mag! Sie hat keine bleibende Stätte, sie kommt ins Schloß des Kaisers und zum ärmsten Bauern, an keinem Menschen geht sie spurlos vorüber, allen bringt sie ihre Gabe dar, sei diese eine Welt oder ein Spielzeug! Auch zu diesem Kind muß sie kommen! Du meinst, die Zeit sei gleich lang, aber nicht gleich nützlich, wohlan, wir werden die Perle holen, die letzte Perle in diesem Reichtum!«

Und Hand in Hand schwebten sie zu jenem Ort, der im Augenblick das Heim der Fee war.

Es war ein großes Haus mit dunklen Gängen, leeren Stuben und seltsam still; eine Reihe Fenster stand offen, daß die rauhe Luft recht eindringen konnte; die langen weißen herabhängenden Vorhänge bewegten sich in dem Luftzug.

Inmitten der Stube stand ein offener Sarg, in ihm lag die Leiche einer Frau, noch im besten Alter, und die herrlichsten frischen Rosen breiteten sich über sie aus, so daß nur die gefalteten feinen Hände und das im Tode verklärte Antlitz mit dem hohen, edlen Ernst der Weihe in Gott sichtbar waren.

An dem Sarg standen der Mann und die Kinder, eine ganze Schar, das jüngste Kind saß auf dem Arm des Vaters; sie brachten der Mutter das letzte Lebewohl; der Mann küßte ihre Hand, die nun wie dürres Laub war und die sie bis vor kurzem mit Kraft und Liebe gehegt und gepflegt hatte. Bittere, schwere Tränen fielen in großen Tropfen nieder, aber kein Wort wurde gesprochen. Das Schweigen barg hier eine Welt voll Schmerzen. Still und schluchzend gingen sie hinaus.

Ein Licht stand da, die Flamme flackerte im Zugwind, der lange rote Docht ragte hoch. Fremde Leute traten ein, sie legten den Deckel über die Tote, sie schlugen die Nägel ein, und die Schläge des Hammers hallten laut durch die Stuben und Gänge des Hauses, hallten wider in den blutenden Herzen.

»Wohin führst du mich?« fragte der Schutzgeist, »hier wohnt keine Fee, deren Perle zu den besten Gaben des Lebens gehört.«

»An diesem Ort wohnt sie, hier in dieser heiligen Stunde«, sagte der Schutzengel und zeigte in einen Winkel, und dort, wo bei ihren Lebzeiten die Mutter zwischen Blumen und Bildern gesessen hatte, wo sie als segnende Fee des Hauses dem Mann, den Kindern, den Freunden liebevoll zugenickt, wo sie als Sonnenstrahl des Hauses Freude verbreitet und Halt und Herz des Ganzen gewesen – dort saß nun eine fremde Frau, angetan mit langen, weiten Gewändern; es war die Trauer, hier die Herrin, Mutter jetzt an der Toten Stelle. Eine heiße Träne rollte in ihren Schoß und wurde zu einer Perle, die funkelte in allen Farben des Regenbogens, und der Engel ergriff sie, und die Perle leuchtete wie ein Stern von siebenfarbigem Glanz.

»Die Perle der Trauer, die letzte, die nicht fehlen darf! Sie erhöht den Glanz und die Macht der andern. Siehst du den Schimmer des Regenbogens, der die Erde mit dem Himmel verbindet? Für jedes unserer Lieben, das im Tode von uns geht, haben wir einen Freund im Himmel mehr, nach dem wir uns sehnen. Durch die Nacht der Erde schauen wir hinauf zu den Sternen, nach der

Vollendung! Blick sie an, die Perle der Trauer, in ihr liegen die Flügel der Psyche, die uns von hinnen tragen!«

Zwei Jungfern

Hast du jemals eine Jungfer gesehen? Das heißt, was die Steinsetzer eine Jungfer nennen, ein Ding, mit dem sie das Straßenpflaster feststampfen. Sie ist ganz und gar aus Holz, unten breit und ringsherum mit Eisenringen, oben schmal und querdurch mit einem Stock versehen, das sind ihre Arme.

Drinnen im Gerätehof standen zwei solche Jungfern, sie standen zwischen Schaufeln, Klaftermaßen und Schubkarren, und zu ihnen war das Gerücht gedrungen, daß die ›Jungfern‹ nicht länger ›Jungfern‹, sondern ›Stempel‹ heißen sollten, was in der Steinsetzersprache die neueste und einzig richtige Benennung ist für das, was wir alle in alten Zeiten eine Jungfer nannten.

Nun gibt es unter uns Menschen etwas, was man ›emanzipierte Frauenzimmer‹ nennt, wozu Institutsvorsteherinnen, Hebammen, Tänzerinnen, die von Amts wegen auf einem Bein stehen können, Modistinnen und Wärterinnen gerechnet werden, und dieser Reihe ›Emanzipierter‹ schlossen sich auch die zwei Jungfern im Gerätehof an; sie waren Jungfern beim Straßenwesen, und sie wollten auf keine Weise ihren guten alten Namen aufgeben und sich ›Stempel‹ nennen lassen.

»Jungfer ist ein Menschenname«, sagten sie, »aber Stempel ist ein Ding, und wir lassen uns nicht Ding nennen, das heißt uns beschimpfen!«

»Mein Verlobter ist imstande, die Verlobung aufzulösen!« sagte die Jüngere, die mit einem Rammbock verlobt war; das ist so eine große Maschine, die Pfähle in die Erde treibt, also im Groben das tut, was die Jungfer im Feinen tut. »Er will mich als Jungfer haben, aber als Stempel vielleicht nicht, und also lasse ich mich auch nicht umtaufen.«

»Ja, ich lasse mir eher beide Arme abbrechen!« sagte die Ältere.

Der Schubkarren war jedoch anderer Ansicht, und der Schubkarren war schon etwas, er betrachtete sich als eine viertel Kutsche, weil er auf einem Rad lief.

»Ich muß Ihnen jedoch sagen, daß die Bezeichnung Jungfer ziemlich gewöhnlich ist und bei weitem nicht so fein wie Stempel, denn durch das Führen dieses Namens kommt man auf eine Stufe mit den Petschaften, und denken Sie nur an das Petschaft bei Gesetzen, das erst das Siegel dazu gibt. An Ihrer Stelle würde ich die ›Jungfer‹ aufgeben.«

»Niemals! Dazu bin ich zu alt!« sagte die Ältere.

»Sie kennen wohl nicht, was man die ›europäische Notwendigkeit‹ nennt!« sagte das ehrliche alte Klaftermaß. »Man muß in seinen Grenzen bleiben, sich unterordnen, sich der Zeit und der Notwendigkeit fügen, und gibt es ein Gesetz, daß die Jungfer Stempel heißen soll, so muß sie Stempel heißen. Jedes Ding hat sein Klaftermaß!«

»Dann möchte ich mich doch lieber Fräulein nennen lassen, wenn's schon sein muß«, sagte die Jüngere, »Fräulein schmeckt doch immer ein wenig nach Jungfer!«

»Ich aber lasse mich lieber zu Kleinholz hacken!« sagte die alte Jungfer.

Nun ging es zur Arbeit; die Jungfern fuhren, sie wurden in den Schubkarren gelegt, und das war immerhin eine zarte Behandlung, aber Stempel wurden sie doch genannt.

»Jung—!« sagten sie, während sie auf das Steinpflaster stampften, »Jung—!« Und waren nahe daran, das ganze Wort ›Jungfer‹

auszusprechen, aber sie verbissen es sich, schluckten es wieder in sich hinein, denn sie fanden, daß sie nicht einmal antworten dürften. Aber gegenseitig sprachen sie sich immer mit dem Namen Jungfer an und priesen die guten alten Tage, da man jedes Ding bei seinem rechten Namen nannte und Jungfer genannt wurde, wenn man Jungfer war. Und das blieben sie alle beide, der Rammbock, die große Maschine, löste wirklich die Verlobung mit der Jüngeren, denn er wollte sich nicht mit einem Stempel einlassen.

Am äußersten Meer

Ein paar große Schiffe waren hinauf nach dem Nordpol gesandt worden, um dort die äußersten Grenzen des Landes gegen das Meer zu finden und zu versuchen, wieweit die Menschen vorzudringen vermöchten. Schon Jahr und Tag waren sie durch Nebel und Eis gesteuert und hatten viele Mühseligkeiten ausgestanden; nun war der Winter gekommen und die Sonne verschwunden; viele, viele Wochen würde nun eine lange Nacht sein; alles ringsum war ein einziges Eisstück; jedes der Schiffe war daran vertäut, der Schnee lag hoch, und aus dem Schnee selbst waren bienenkorbförmige Häuser errichtet worden, einige groß wie unsere Hünengräber, andere nicht größer, als daß sie zwei oder vier Männer beherbergen konnten; aber dunkel war es nicht, die Nordlichter leuchteten rot und blau, es war ein ewiges, großartiges Feuerwerk, und der Schnee flimmerte; die Nacht war hier eine lange, flammende Dämmerung. In der hellsten Zeit kamen Scharen von Eingeborenen heran, wunderlich anzusehen in ihren haarigen Pelzkleidern, auf ihren Schlitten, die aus Eisstücken gezimmert waren; sie brachten Felle in großen Bündeln, und die Schneehäuser bekamen dadurch warme Teppiche; die Felle dienten als Decken und Kissen, mit denen die Matrosen sich unter der Schneekuppel Betten bauten, während es draußen so klirrend fror, wie wir es selbst in unserer strengsten Winterzeit nicht kennen. Bei uns war es noch Herbst, und daran dachten sie dort oben; sie erinnerten sich der Sonnenstrahlen in der Heimat und des rotgelben Laubes, das an den Bäumen hing. Die Uhr zeigte, daß es Abend und Schlafenszeit war, und in einer der Schneehütten streckten sich schon zwei zur Ruhe aus. Der Jüngere hatte seinen besten, teuersten Schatz aus der Heimat bei sich, den ihm die Großmutter vor der Abreise geschenkt hatte, das war die Bibel. Jede Nacht lag sie unter seinem Kopf, und aus den Kinderjahren wußte er, was in ihr geschrieben stand; jeden Tag las er ein Stück, und auf seinem Lager kamen ihm oft so tröstend die heiligen Worte in den Sinn: ›Nähme ich Flügel der Morgenröte und bliebe am äußersten Meer, so würde mich doch deine Hand daselbst führen und deine Rechte mich halten!‹ – Und unter diesen Worten der Wahrheit schloß er die Augen, der Schlaf kam und der Traum kam, die Offenbarung des Geistes in Gott; die Seele war lebendig, während der Körper ruhte; er empfand es, ihm war, als erklängen alte, liebe bekannte Weisen, es atmete so mild, so sommerwarm, und von seinem Lager sah er es über sich glänzen, als strahle es von außen durch die Schneekuppel herein; er hob den Kopf, das strahlende Weiß war nicht Wand noch Decke, es waren die großen Flügel an den Schultern eines Engels, in dessen mildes, leuchtendes Angesicht er emporschaute. Wie aus dem Kelch einer Lilie hob der Engel sich aus den Blättern der Bibel, breitete seine Arme weit aus, und die Wände der Schneehütte versanken ringsum wie ein luftiger, leichter Nebelschleier; die grünen Wiesen und Hügel der Heimat mit den rotbraunen Wäldern lagen rings um ihn im stillen Sonnenglanz eines schönen Herbsttages; das Nest des Storches war leer, aber noch hingen Äpfel an dem wilden Apfelbaum, obwohl die Blätter schon gefallen waren; die roten Hagebutten glänzten, und der Star pfiff in dem kleinen grünen Bauer über dem Fenster des Bauernhauses, wo er seine geliebte Heimat hatte; der Star pfiff, wie er es gelernt hatte, und die Großmutter hing Vogelgras an das Bauer, wie der Enkel es immer getan hatte; und die Tochter des Schmieds, so jung und so schön, stand am Brunnen und schöpfte Wasser, nickte der Großmutter zu, und die Großmutter winkte ihr und zeigte ihr einen Brief, der von weither gekommen war. An diesem Morgen war er aus den kalten Landen hoch oben vom Nordpol eingetroffen, wo der Enkel war – in Gottes Hand. – Und sie lachten und weinten, und er, der unter Eis und Schnee in der Welt des Geistes unter den Fittichen des Engels das alles sah und hörte, lachte mit ihnen und weinte mit ihnen. Und es wurden aus dem Brief selbst die Worte der Bibel vorgelesen: ›Am äußersten Meer, seine Rechte mich halten wird‹. – Wie herrlicher Choralgesang erklang es ringsum, und der Engel ließ seine Flügel wie einen Schleier über den Schlafenden herab – der Traum war zu Ende, es war finster in der Schneehütte, aber die Bibel lag unter seinem Kopf, Glaube und Hoffnung wohnten in seinem Herzen. Gott war mit ihm und die Heimat war mit ihm – ›am äußersten Meer‹.

Das Geldschwein

In der Kinderstube lag eine Menge Spielzeug umher; ganz oben auf dem Schrank stand die Sparbüchse, die war aus Ton und hatte die Gestalt eines Schweines, das natürlich einen Spalt im Rücken hatte, und mit einem Messer war dieser Spalt so erweitert worden, daß auch Silbertaler hineingingen, und es waren auch schon außer vielen Schillingen zwei hineingegangen. Das Geldschwein war so vollgestopft, daß es nicht mehr klappern konnte, und das ist das Höchste, wozu es ein Geldschwein bringen kann. Da stand es nun oben auf dem Schrank und blickte auf alles in der Stube herab; es wußte wohl, daß es mit dem, was es im Magen hatte, das Ganze kaufen könnte, und das nennt man ein gutes Bewußtsein haben.

Daran dachten auch die andern Dinge, wenn sie es auch nicht aussprachen; es gab ja manches andere zu besprechen. Der Kommodenkasten war halb aufgezogen, und darin erhob sich eine große Puppe, die schon alt und am Hals genietet war; sie schaute heraus und sagte: »Jetzt wollen wir Menschen spielen, das ist doch immer etwas!« Und nun geriet alles in Aufruhr, selbst die Bilder an der Wand drehten sich um und zeigten, daß sie auch eine Kehrseite hatten, und dagegen ließ sich nichts sagen.

Es war mitten in der Nacht, der Mond schien durch das Fenster und gab freie Beleuchtung. Nun sollte das Spiel beginnen, und alle wurden eingeladen, selbst der Kinderwagen, der doch zu dem gröberen Spielzeug zählte. »Jeder hat seinen besonderen Wert!« sagte er, »wir können nicht alle von Adel sein Einer muß Nutzen bringen, wie man sagt.« Das Geldschwein war das einzige, das eine schriftliche Einladung bekam, es stand zu hoch, als daß man glauben konnte, es würde die mündliche Einladung hören, es gab auch keine Antwort, ob es käme, und es kam auch nicht; wenn es mit dabeisein solle, müsse es das Spiel vom Hause aus genießen, danach könnten sie sich richten, und das taten sie denn.

Das kleine Puppentheater wurde nun schnell so aufgestellt, daß das Geldschwein gerade hineinschauen konnte; sie wollten mit Theater anfangen, und nachher sollte es Teegesellschaft und

Verstandesübung geben, und sie begannen gleich damit; das Schaukelpferd sprach von Training und Vollblut, der Kinderwagen von Eisenbahnen und Dampfkraft – das war doch alles etwas, was in ihr Fach gehörte und worüber sie sprechen konnten. Die Stubenuhr sprach von Politik– tik–tik! Sie wußte, was die Glocke geschlagen hatte, aber man sagte, sie ginge nicht richtig; der Rohrstock stand da und war stolz auf seine Messingzwinge und auf seinen silbernen Knopf, er war doch oben und unten beschlagen; auf dem Sofa lagen zwei gestickte Kissen, niedlich und dumm – und so konnte die Komödie beginnen.

Alle saßen da und schauten zu, und es wurde gebeten, man möge knallen, klatschen und lärmen, wenn man daran Vergnügen finde. Aber die Reitpeitsche sagte, sie knalle nie für die Alten, immer nur für die Unverlobten. »Ich knalle für alles«, sagte die Knallerbse. »Irgendwo muß man doch sein!« meinte der Spucknapf. Das waren so die Gedanken, die jeder hegte, während er der Komödie zuschaute. Das Stück taugte nichts, aber es wurde gut gespielt; sämtliche Spieler kehrten die bemalte Seite nach außen, sie waren so gemacht, daß man sie nur von dieser Seite und nicht von der Kehrseite sehen durfte; und sie spielten alle ausgezeichnet, sogar vor der Rampe, der Draht war ein wenig zu lang, aber so konnte man sie besser sehen. Die genietete Puppe war so gerührt, daß sich der Niet löste, und das Geldschwein war auf seine Weise so gerührt, daß es beschloß, etwas für einen der Künstler zu tun und ihn in seinem Testament zu bedenken als denjenigen, der mit ihm zusammen in der Familiengruft beigesetzt werden sollte, wenn die Zeit gekommen war.

Es war ein solcher Genuß, daß man auf den Tee verzichtete und es bei der Verstandesübung bewenden ließ; das nannte man Menschen spielen, und darin lag durchaus keine Bosheit, denn sie spielten nur – und jeder dachte an sich und daran, was wohl das Geldschwein dächte, und das Geldschwein dachte am längsten, es dachte ja an Testament und Begräbnis und wann es wohl so weit wäre – immerhin viel eher, als man es erwartete. – Knack! Da fiel es vom Schrank herunter, fiel auf den Fußboden und zersprang in Scherben, und die Schillinge tanzten und hüpften, die kleinsten schnurrten, die großen rollten umher, besonders der eine Silbertaler wollte richtig in die Welt hinaus. Und das kam er auch, und das kamen sie alle, und die Scherben des Geldschweins kamen in das Kehrichtfaß, aber auf dem Schrank stand am nächsten Tag wieder ein neues Geldschwein aus Ton; es hatte noch nicht einen Schilling in seinem Innern, weshalb es auch nicht klappern konnte, und hierin glich es dem anderen, das war immerhin ein Anfang – und mit dem wollen wir ein Ende machen.

Ib und Christinchen

In der Nähe von Gudenaa, im Wald von Silkeborg, erhebt sich ein Landrücken wie ein großer Wall, den man »Aasen« nennt. Westlich davon lag, ja, da liegt es noch, ein kleines Bauernhaus, umgeben von magerem Ackerland; der Sand schimmert durch die spärlichen Roggen- und Gerstenhalme, die hier wachsen. Es ist nun einige Jahre her; die Leute, die hier wohnten, bebauten ihr kleines Anwesen, hielten dazu drei Schafe, ein Schwein und zwei Ochsen; kurz, sie hatten ihr gutes Auskommen, wenn man es nimmt, wie es kommt, ja, sie hätten es wohl auch dahin bringen können, zwei Pferde zu halten, aber sie sagten wie die anderen Bauern dort: »Das Pferd frißt sich selber!« – es zehrt soviel, wie es nährt. Jeppe-Jäns bestellte im Sommer sein kleines Feld und war im Winter ein flinker Holzschuhmacher. Dann hatte er auch einen Gehilfen, einen Burschen, der es verstand, Holzschuhe zu schnitzen, die stark und leicht waren und Fasson hatten; sie schnitzten auch allerlei Löffel, und das brachte Geld; man konnte Jeppe-Jänsens nicht arme Leute nennen.

Der kleine Ib, der siebenjährige Knabe, das einzige Kind im Haus, saß dabei und sah zu, schnitzte an einem Stock und schnitt sich wohl auch in die Finger; aber eines Tages hatte er zwei Stück Holz zurechtgeschnitzt, die wie kleine Holzschuhe aussahen, die wollte er, wie er sagte, Christinchen schenken, das war die kleine Tochter des Prahmführers; sie war so fein und zart wie ein Herrenkind; hätte sie Kleider getragen, die nach ihrer Gestalt zugeschnitten waren, würde niemand geglaubt haben, daß sie aus der Torfhütte von der Seisheide käme. – Dort wohnte ihr Vater, der Witwer war und sich davon ernährte, daß er Brennholz aus dem Wald nach dem Aalwehr von Silkeborg, ja oft auch weiter hinauf nach Randers fuhr. Er hatte niemand, der Christinchen hätte in seine Obhut nehmen können, und darum war sie auch fast immer bei ihm auf dem Boot oder zwischen Heidekraut und Heidelbeerbüschen; mußte er einmal ganz nach Randers hinauf, ja, dann kam Christinchen, die ein Jahr jünger war als Ib, hinüber zu Jeppe-Jänsens.

Ib und Christinchen vertrugen sich gut beim Spielen und beim Essen, sie wühlten und gruben, sie krochen und liefen überall umher, und eines Tages wagten sie sich allein fast ganz auf den Landrücken hinauf und ein Stück in den Wald hinein, und dort fanden sie Schnepfeneier, und das war ein großes Ereignis.

Ib war noch niemals auf der Seisheide gewesen, und er war noch niemals durch die Seen nach Gudenaa gefahren, aber nun sollte es geschehen: er war von dem Prahmführer dazu eingeladen worden, und am Abend vorher begleitete er ihn nach seinem Haus.

Auf den Brennholzstücken, die im Prahm hoch aufgestapelt waren, saßen schon früh am Morgen die beiden Kinder und aßen Brot und Himbeeren. Der Prahmführer und sein Gehilfe stakten vorwärts, sie fuhren mit dem Strom, und in schneller Fahrt ging es den Fluß hinab, durch die Seen, die durch Wald und Schilf voneinander abgeschlossen schienen, aber es gab doch immer eine Durchfahrt, wenn auch die alten Bäume sich weit hinüberneigten und die Eichen ihre abgeschälten Zweige ausstreckten, als hätten sie die Ärmel aufgestreift und wollten ihre knorrigen nackten Arme zeigen; alte Erlen, die der Strom vom Ufer gelöst hatte, hielten sich mit ihren Wurzeln am Boden fest und sahen gerade wie kleine Waldinseln aus; die Seerosen wiegten sich auf dem Wasser; es war eine herrliche Fahrt! – Und dann kam man zum Aalwehr, wo das Wasser durch die Schleusen brauste; da gab es etwas zu sehen für Ib und Christinchen!

Damals war dort noch keine Fabrik und auch kein Dorf, dort stand nur das alte Gehöft, der Viehbestand war nicht groß, das Brausen des Wassers durch die Schleuse und das Schreien der Wildenten war damals hier das ganze Leben. – Nachdem das Brennholz ausgeladen war, kaufte Christinchens Vater ein Bündel Aale und ein geschlachtetes Ferkel, was alles zusammen in einen Korb getan und hinten in das Boot gestellt wurde. Dann ging es stromaufwärts heim, aber der Wind war günstig, und als sie die Segel setzten, war es ebensogut, als hätten sie zwei Pferde vorgespannt.

Als sie mit dem Prahm so weit in den Wald geraten waren, daß der Gehilfe nur eine kurze Strecke bis nach Hause hatte, gingen er und Christinchens Vater an Land, schärften aber den Kindern ein, sich ruhig und vorsichtig zu verhalten. Doch das taten sie nicht lange, sie mußten in den Korb gucken, in dem die Aale und das Ferkel lagen, und das Ferkel mußten sie herausheben und in der Hand halten, und weil sie es beide haben wollten, ließen sie es fallen, und gerade ins Wasser; dort trieb es nun mit der Strömung davon; es war ein entsetzliches Ereignis!

Ib sprang an Land und lief ein Stückchen, dann kam auch Christinchen. »Nimm mich mit!« rief sie, und bald waren sie tief im Gebüsch, sie sahen nichts mehr, weder das Boot noch den

Fluß; sie liefen noch ein Stückchen weiter, da fiel Christinchen hin und weinte; Ib hob sie wieder auf.

»Komm mit!« sagte er. »Dort drüben liegt das Haus!« Aber es lag nicht drüben. Sie gingen immer weiter, über dürres Laub, trockene herabgefallene Zweige, und es knackte unter ihren kleinen Füßen; dann hörten sie ein lautes Rufen – sie standen still und lauschten; darauf schrie ein Adler, es war ein häßlicher Schrei, und sie erschraken sehr, aber vor ihnen, im Wald, wuchsen die schönsten Blaubeeren in unglaublichen Mengen; das war allzu einladend, um nicht dortzubleiben, und sie blieben und aßen und wurden ganz blau um Mund und Wangen. Nun hörten sie es wieder rufen.

»Es setzt was für das Ferkel!« sagte Christinchen

»Wir wollen zu uns nach Hause gehen!« sagte Ib. »das ist hier im Wald!« Und sie gingen weiter und kamen auf einen Fahrweg, aber nach Hause führte er nicht, es wurde dunkel, sie fürchteten sich. Die wunderliche Stille ringsum wurde unterbrochen durch häßliche Schreie der großen Waldohreule oder durch Laute von Vögeln, die sie nicht kannten; endlich saßen sie in einem Busch fest, Christinchen weinte und Ib weinte, und als sie eine Weile geweint hatten, legten sie sich ins Laub und schliefen ein.

Die Sonne stand hoch am Himmel, als sie erwachten; sie froren, aber auf dem Hügel dicht bei ihnen schien die Sonne durch die Bäume, dort, meinte Ib, könnten sie sich erwärmen, und von dort aus würden sie das Haus seiner Eltern sehen können; aber sie waren weit davon entfernt, in einem ganz andern Teil des Waldes. Sie kletterten auf den Hügel und befanden sich auf einem Abhang an einem klaren, durchsichtigen See; die Fische standen in Schwärmen darin, von den Sonnenstrahlen beleuchtet; es war ein ganz unerwarteter Anblick, und dicht daneben war ein großer Strauch voller Nüsse, ja, sogar sieben doppelte; und sie pflückten sie und knackten sie und aßen die feinen Kerne, die sich eben bildeten – und dann kam noch eine Überraschung, ein Schrecken. Aus dem Busch trat eine große alte Frau hervor, deren Gesicht so braun und deren Haar schwarz und glänzend war; das Weiße in ihren Augen leuchtete wie bei Mohren; sie hatte ein Bündel auf dem Nacken und in der Hand einen Knotenstock – es war eine Zigeunerin. Die Kinder verstanden nicht gleich, was sie sagte; und sie zog drei große Nüsse aus der Tasche, in denen, wie sie erzählte, die herrlichsten Dinge steckten, es seien Wünschelnüsse.

Ib sah sie an, sie war sehr freundlich, und so nahm er sich zusammen und fragte sie, ob sie ihm die Nüsse geben wollte, und die Frau gab sie ihm und pflückte sich von denen auf dem Strauch eine ganze Tasche voll.

Ib und Christinchen sahen die drei Wünschelnüsse mit großen Augen an.

»Ist wohl in dieser ein Wagen mit Pferden davor?« fragte Ib.

»Darin ist eine goldene Kutsche mit goldenen Pferden!« sagte die Frau.

»Dann gib sie mir«, sagte Christinchen, und Ib gab sie ihr, und die Frau knüpfte die Nuß in Christinchens Halstuch ein.

»Ist in dieser so ein kleines hübsches Halstuch wie Christinchen da hat?« fragte Ib.

»Darin sind zehn Halstücher!« sagte die Frau, »darin sind feine Kleider, Hut und Strümpfe.«

»Dann will ich die auch haben!« sagte Christinchen, und der kleine Ib gab ihr auch die zweite Nuß; die dritte war klein und schwarz.

»Die sollst du behalten«, sagte Christinchen, »und die ist auch schön.«

»Und was ist darin?«

»Das Allerbeste für dich!« antwortete die Zigeunerin. Und Ib hielt die Nuß fest. Die Frau versprach, sie auf den rechten Weg nach Hause zu führen, und sie gingen, aber freilich in eine ganz andere Richtung, als sie hätten gehen müssen; trotzdem darf man die Frau nicht beschuldigen, daß sie die Kinder stehlen wollte.

In dem weglosen Wald begegneten sie dem Waldhüter Chraen, der kannte Ib, und mit seiner Hilfe kam Ib mit Christinchen nach Hause, wo man ihretwegen in großer Angst war; es wurde ihnen verziehen, obwohl sie beide eine gehörige Tracht Prügel verdient hätten, erstens, weil sie das Ferkel ins Wasser hatten fallen lassen, und zweitens, weil sie davongelaufen waren.

Christinchen kam heim in die Heide, und Ib blieb in dem kleinen Waldhaus. Das erste, was er am Abend tat, war, die Nuß hervorzuholen, die das ›Allerbeste‹ in sich schloß; er legte sie zwischen Tür und Türrahmen, klemmte die Tür zu, die Nuß knackte auf, aber kein fester Kern war darin zu sehen, sie war wie mit Schnupftabak oder Torferde gefüllt; sie war taub oder wurmstichig, es war der Wurm hineingekommen, wie man zu sagen pflegt.

»Ja, das konnte ich mir wohl denken!« meinte Ib, »wie sollte in dieser kleinen Nuß Platz sein für das Allerbeste! Christinchen bekommt aus ihren zwei Nüssen weder feine Kleider noch die goldene Kutsche!«

Der Winter kam und das neue Jahr kam.

Und es vergingen mehrere Jahre. Nun sollte Ib eingesegnet werden, und der Pfarrer wohnte weit entfernt. Um diese Zeit kam eines Tages der Prahmführer und erzählte Ibs Eltern, daß Christinchen nun fort solle, um selbst ihr Brot zu verdienen, und daß es ein wahres Glück für sie sei, daß sie in so gute Hände komme und bei so braven Leuten in Dienst gehe; man denke, sie solle zu den reichen Wirtsleuten in der Gegend von Herning, nach Westen; dort solle sie der Mutter zur Hand gehen, und später, wenn sie sich schicke und dort eingesegnet sei, wollten sie sie bei sich behalten.

Und Ib und Christinchen nahmen Abschied voneinander – Liebesleute nannte man sie –, und sie zeigte ihm beim Abschied, daß sie noch die zwei Nüsse hatte, die sie damals von ihm bekommen, als sie sich im Wald verlaufen hatten, und sie sagte, daß sie in ihrer Kleidertruhe die kleinen Holzschuhe aufbewahre, die er als Knabe geschnitzt und ihr geschenkt hatte. Und darauf trennten sie sich.

Ib wurde eingesegnet, aber er blieb im Haus seiner Mutter, denn er war ein flinker Holzschuhmacher geworden, und im Sommer bestellte er das kleine Anwesen; seine Mutter hatte nur ihn dafür, Ibs Vater war gestorben.

Nur selten, und auch dann nur durch einen Postillion oder einen Aalbauern, hörte man von Christinchen; es ging ihr gut bei den reichen Wirtsleuten, und als sie eingesegnet war, schrieb sie einen Brief an ihren Vater mit einem Gruß an Ib und seine Mutter; im Brief stand von sechs neuen Hemden und einem schönen

Kleid, die Christinchen von ihrer Herrschaft bekommen hatte. Das waren freilich gute Nachrichten.

Im nächsten Frühjahr klopfte es eines schönen Tages an Ibs und seiner Mutter Tür, es war der Prahmführer mit Christinchen; sie war für einen Tag auf Besuch gekommen; es war gerade eine Fahrgelegenheit nach Them und zurück, und die benutzte sie nun. Sie war schön wie ein feines Fräulein, und hübsche Kleider hatte sie an; die waren gut genäht und paßten zu ihr. Im vollen Staat stand sie da und Ib in den alten Werktagskleidern. Er konnte kein Wort hervorbringen; wohl nahm er ihre Hand, hielt sie fest und freute sich von Herzen, aber den Mund konnte er nicht in Gang bringen; das konnte aber Christinchen, sie sprach und erzählte, und sie küßte Ib gerade auf den Mund.

»Du kennst mich wohl nicht mehr?« sagte sie; aber selbst als sie beide allein waren und er noch immer dastand und ihre Hand hielt, war alles, was er sagen konnte, nur: »Du bist ganz wie eine feine Dame geworden, und ich sehe so struppig aus! Wie habe ich an dich und an die alten Zeiten gedacht, Christinchen!«

Und sie gingen Arm in Arm den großen Landrücken hinauf und schauten über Gudenaa zur Seisheide mit ihren Heidekrauthügeln, und Ib sagte nichts; doch als sie sich trennten, war es ihm klargeworden, daß Christinchen seine Frau werden müsse, hatte man sie doch schon als Kinder Liebesleute genannt; sie waren, so schien es ihm, ein verlobtes Paar, auch wenn keiner von ihnen es ausgesprochen hatte.

Nur noch einige Stunden konnten sie beisammenbleiben, bevor sie wieder nach Them zurück mußte, von wo der Wagen am nächsten Morgen zeitig nach Westen zurückfahren sollte. Der Vater und Ib begleiteten sie nach Them, es war heller Mondschein, und als sie ankamen, hielt Ib noch immer Christinchens Hand und konnte sie nicht lassen; seine Augen leuchteten, aber die Worte fielen nur spärlich, und doch kam ihm jedes Wort aus dem Herzen. »Wenn du es nicht zu fein gewohnt bist«, sagte er, »und du dich dareinfinden kannst, in Mutters Haus mit mir als Ehemann zu leben, so werden wir beide einmal Mann und Frau! – Aber wir können ja noch ein wenig warten.«

»Ja, wir können ja noch einige Zeit abwarten, Ib!« sagte sie, und dabei drückte sie seine Hand, und er küßte sie auf den

Mund. »Ich vertraue dir, Ib!« sagte Christinchen, »und ich glaube, daß ich dich liebhabe – aber laß es mich beschlafen!«

Und dann trennten sie sich. Und Ib sagte dem Schiffer, daß er und Christinchen nun so gut wie verlobt seien, und der Schiffer meinte, daß er sich das immer schon gedacht habe; und er begleitete Ib nach Hause und schlief mit ihm in seinem Bett, und dort wurde dann nichts mehr von der Verlobung gesprochen.

Ein Jahr war vergangen; zwei Briefe waren zwischen Ib und Christinchen gewechselt worden. »Treu bis in den Tod!« lautete die Unterschrift. – Eines Tages trat der Prahmführer zu Ib herein, er hatte einen Gruß von Christinchen für ihn; mit dem, was er sonst noch zu sagen hatte, ging es ein wenig langsam, aber das war, daß es Christinchen wohlerging, mehr als wohl, sie war ja ein hübsches Mädchen, geachtet und beliebt. Der Sohn der Wirtsleute war auf Besuch zu Hause gewesen, er war bei irgend etwas Großem in Kopenhagen angestellt, in einem Kontor; ihm gefiel Christinchen sehr, sie fand ihn auch nach ihrem Sinn, seine Eltern waren wohl nicht abgeneigt, aber nun lag es Christinchen doch am Herzen, daß Ib wohl sehr an sie denke, und so hatte sie daran gedacht, das Glück von sich zu stoßen, so sagte der Prahmführer.

Anfänglich sagte Ib kein Wort, aber er wurde so weiß wie ein Laken, er schüttelte ein wenig den Kopf, und dann sagte er: »Christinchen darf das Glück nicht von sich stoßen!«

»Schreib ihr ein paar Worte«, sagte der Prahmführer.

Und Ib schrieb, aber er konnte die Worte nicht so setzen, wie er wollte, und er strich aus und zerriß – aber am Morgen war doch ein Brief an Christinchen fertig, und hier ist er:

Den Brief, den Du Deinem Vater geschrieben hast, habe ich gelesen und sehe daraus, daß es Dir in allen Dingen gut geht und daß Du es noch besser bekommen kannst. Frage Dein Herz, Christinchen, und überlege Dir wohl, worauf Du Dich einläßt, wenn Du mich nimmst; was ich habe, ist nur wenig. Denk nicht an mich oder daran, wie es mir ergehen wird, sondern denk an Dein eigenes Wohl! An mich bist Du durch kein Versprechen gebunden, und hast Du es mir in Deinem Herzen gegeben, so entbinde ich Dich dessen. Alles Glück der Welt sei mit Dir, Christinchen! Der liebe Gott hat wohl Trost für mein Herz.

Immer Dein inniger Freund Ib.

Und der Brief wurde abgesandt, und Christinchen bekam ihn.

Um Martini wurden sie aufgeboten, in der Kirche auf der Heide und in Kopenhagen, wo der Bräutigam wohnte, und dorthin reiste sie mit ihrer Hausmutter ab, weil der Bräutigam seiner vielen Geschäfte wegen nicht so weit bis Jütland kommen konnte. Christinchen war, wie verabredet, in dem Dorf Funder mit ihrem Vater zusammengetroffen, ihr Weg führte sie dort hindurch, und für ihn war es der nächste Treffpunkt; hier nahmen die beiden voneinander Abschied. Darüber fielen gelegentlich einige Worte, aber Ib sagte nichts dazu; er sei so nachdenklich geworden, sagte seine alte Mutter; ja, nachdenklich war er, und darum kamen ihm auch die drei Nüsse in den Sinn, die er als Kind von der Zigeunerin geschenkt bekommen und von denen er Christinchen zwei gegeben hatte; es waren Wünschelnüsse, in der einen lag ja eine goldene Kutsche mit Pferden, in der andern die prächtigsten Kleider; das traf nun ein! All die Herrlichkeit bekam sie nun in Kopenhagen. Für sie ging es in Erfüllung! Für ihn war in der Nuß nur die schwarze Erde. ›Das Allerbeste‹ für ihn, hatte die Zigeunerin gesagt – ja, auch das ging in Erfüllung! Die schwarze Erde war für ihn das beste. Nun verstand er deutlich, was die Frau gemeint hatte: in der schwarzen Erde, in der Geborgenheit des Grabes, war es für ihn am allerbesten.

Und es vergingen Jahre, nicht viele, aber lange, so schien es Ib; die alten Wirtsleute starben, einer kurz nach dem andern; der ganze Wohlstand, viele tausend Taler, ging auf den Sohn über. Ja, jetzt konnte Christinchen die goldene Kutsche und feine Kleider genug bekommen.

In zwei langen Jahren, die nun folgten, kam kein Brief von Christinchen, und als der Vater dann einen bekam, war er durchaus nicht in Wohlstand und Freuden geschrieben. Das arme Christinchen! Weder sie noch ihr Mann hatten es verstanden, mit dem Reichtum hauszuhalten, er verging, wie er gekommen war, es lag kein Segen auf ihm, weil sie es selbst nicht wollten.

Und das Heidekraut stand in Blüte, und das Heidekraut verdorrte; der Schnee hatte viele Winter über die Seisheide, über den Landrücken gefegt, in dessen Schutz Ib wohnte; die Frühlingssonne schien, und Ib setzte den Pflug in die Erde, da stieß er, wie er glaubte, an einen Feuerstein, es kam so etwas wie ein großer schwarzer Hobelspan aus der Erde, und als Ib ihn aufhob, merkte er, daß es ein Stück Metall war, und wo der Pflug hineingeschnitten hatte, schimmerte es blank. Es war ein schwerer, großer goldener Armring aus heidnischer Vorzeit; ein Hünengrab war hier eingeebnet, sein kostbarer Schmuck gefunden worden. Ib zeigte ihn dem Pfarrer, der ihm sagte, wie wertvoll er sei, und deshalb ging Ib damit zum Amtmann, der einen Bericht darüber nach Kopenhagen gab und Ib den Rat erteilte, selbst den kostbaren Fund zu überbringen.

»Du hast in der Erde das Beste gefunden, was du finden konntest«, sagte der Amtmann.

›Das Beste!‹ dachte Ib. ›Das Allerbeste für mich – und in der Erde! Dann hat die Zigeunerin doch recht, wenn dies das Beste ist!‹

Und Ib fuhr mit der Fähre nach Aarhus nach Kopenhagen; es war wie eine Reise über das Weltmeer für ihn, der bisher nur über den Gudenaa gekommen war, und Ib kam in Kopenhagen an.

Der Wert des gefundenen Goldes wurde ihm ausgezahlt, es war eine große Summe, sechshundert Taler. Da ging nun Ib aus dem Wald bei der Seisheide in dem großen wirren Kopenhagen umher.

Gerade an dem Abend, bevor er mit einem Schiffer zurück nach Aarhus wollte, verirrte er sich in den Straßen und schlug eine andere Richtung ein, als er wollte, und war über die Knippelsbrücke nach Christianshavn gekommen, anstatt zum Wall beim Westertor. Er hatte sich ganz richtig nach Westen gehalten, aber doch nicht so, wie er sollte. Kein Mensch war auf der Straße zu sehen. Da kam ein ganz kleines Mädchen aus einem ärmlichen Haus; Ib fragte es nach dem Weg, den er suchte; es stutzte, sah zu ihm auf und weinte heftig. Nun fragte er, was ihm fehle; es sagte etwas, das er nicht verstand, und als sie beide gerade unter einer Laterne waren und das Licht dem kleinen Mädchen ins Gesicht schien, wurde ihm wunderlich zumute, denn er sah leibhaftig Christinchen vor sich, ganz wie er sich ihrer erinnerte, als sie noch Kinder waren.

Und er ging mit dem kleinen Mädchen in das ärmliche Haus, die schmale wacklige Treppe hinauf, in eine kleine schräge Kammer hoch oben unter dem Dach. Dort drinnen war eine schwere, dumpfe Luft, es brannte kein Licht, in einem Winkel seufzte und atmete es schwer. Ib strich ein Schwefelhölzchen an. Es war die Mutter des Kindes, die auf dem ärmlichen Bett lag.

»Kann ich Euch mit etwas helfen?« fragte Ib. »Die Kleine hat mich heraufgeführt, aber ich bin selbst fremd in der Stadt. Sind hier keine Nachbarn oder sonst jemand, den ich rufen könnte?« – Und er richtete ihr den Kopf auf.

Es war Christinchen von der Seisheide.

Seit Jahren war daheim in Jütland ihr Name nicht genannt worden, das würde Ibs stille Gedanken verstört haben, und was das Gerücht und die Wahrheit erzählten, war auch nichts Gutes; das viele Geld, das ihr Mann von seinen Eltern geerbt, hatte ihn übermütig und zügellos gemacht; er hatte seine feste Stellung aufgegeben, war ein halbes Jahr in fremden Ländern umhergereist, war zurückgekehrt und hatte Schulden gemacht und doch auf großem Fuß gelebt; der Wagen neigte sich immer mehr, und zuletzt schlug er um. Seine vielen lustigen Tischfreunde sagten von ihm, er habe es so verdient, er habe ja wie ein Toller gelebt! – Seine Leiche war eines Morgens im Kanal des Schloßparks gefunden worden.

Christinchen trug schon den Tod im Herzen, ihr jüngstes Kind, nur wenige Wochen alt, in Wohlstand getragen, in Elend geboren, lag bereits im Grab, und nun war es mit Christinchen so weit, daß sie todkrank, verlassen in einer elenden Kammer lag, so elend, wie sie es in ihren jungen Jahren auf der Seisheide hätte ertragen können, deren Elend sie jetzt richtig fühlte, wo sie Besseres gewöhnt war. Es war ihr ältestes Kind, auch ein Christinchen, das mit ihr Not und Hunger litt und das Ib hinaufgeführt hatte.

»Ich fürchte, daß ich dem armen Kind wegsterbe«, seufzte sie, »wo in aller Welt soll es dann hin!« – mehr konnte sie nicht sagen.

Und Ib strich wieder ein Schwefelhölzchen an und fand ein

Stückchen Licht, das brannte und die elende Kammer beleuchtete.

Und Ib sah das kleine Mädchen an und dachte an Christinchen in ihren jungen Tagen; um Christinchens willen konnte er dieses Kind, das er nicht kannte, liebhaben. Die Sterbende sah ihn an, ihre Augen wurden größer und größer – erkannte sie ihn? Er wußte es nicht, kein Wort hörte er sie sagen.

Und es war im Wald bei Gudenaa, nahe der Seisheide; die Luft war grau, das Heidekraut trug keine Blüten, Weststürme trieben das gelbe Laub aus dem Wald in den Fluß, über die Heide, wo die Torfhütte stand, in der nun fremde Leute hausten; aber unter dem Landrücken, gut im Schutz hoher Bäume, stand das kleine Haus, geweißt und angestrichen; in der Stube brannte der Heidetorf im Ofen, in der Stube war Sonnenschein, der aus zwei Kinderaugen strahlte, der Lerchenton des Frühlings klang in der Rede des lächelnden Kindermundes, dort war Leben und Frohsinn, dort war Christinchen, sie saß auf Ibs Knien; Ib war für sie Vater und Mutter, die ihr entschwunden waren, wie das Traumbild dem Kind und dem Erwachsenen entschwindet. Ib saß in dem hübschen geputzten Haus, ein wohlhabender Mann, die Mutter des kleinen Mädchens ruhte auf dem Friedhof der Armen bei Kopenhagen.

Ib hatte Geld im Kasten, sagte man, Geld aus der Erde, und er hatte ja auch Christinchen.

Tölpel-Hans

Eine alte Geschichte neu erzählt

Draußen auf dem Lande lag ein alter Herrenhof; dort lebte ein alter Gutsherr, der zwei Söhne hatte, die so witzig waren, daß die Hälfte genügt hätte; diese wollten um die Königstochter freien, und das durften sie; denn sie hatte kundtun lassen, sie wolle denjenigen zum Ehegemahl nehmen, der seine Worte am besten zu setzen wisse.

Die beiden bereiteten sich nun acht Tage lang vor, das war die längste Zeit, die ihnen dafür vergönnt war, aber das war auch genug, denn sie hatten Vorkenntnisse, und die sind nützlich. Der eine wußte das ganze lateinische Wörterbuch und drei Jahrgänge der Stadtzeitung auswendig, und das von vorn und von hinten. Der andere hatte sich mit allen Artikeln der Zunftordnung und mit dem, was jeder Aldermann wissen muß, bekannt gemacht; so konnte er von Staatsdingen mitreden, meinte er, außerdem verstand er Gurte zu besticken, denn er war fein und fingerfertig.

»Ich bekomme die Königstochter!« sagten sie alle beide, und darum gab ihr Vater jedem ein prächtiges Pferd. Der, welcher das Wörterbuch und die Zeitungen auswendig konnte, bekam ein kohlschwarzes, der Aldermannskluge, der sticken konnte, ein milchweißes, und dann schmierten sie sich die Mundwinkel mit Lebertran ein, damit sie recht geschmeidig würden. Alle Dienstleute waren im Hof, um sie zu Pferde steigen zu sehen; da kam auch der dritte Bruder hinzu, denn es waren ihrer drei, aber niemand zählte ihn mit zu den Brüdern, weil er nicht so gelehrt war wie die beiden andern, und man nannte ihn Tölpel-Hans.

»Wo wollt ihr hin in eurem Sonntagsstaat?« fragte er.

»An den Hof, uns die Königstochter zu erschwatzen! Hast du nicht gehört, was im ganzen Land ausgetrommelt wird?« Und nun erzählten sie es ihm.

»Potztausend, da muß ich mit dabeisein!« sagte Tölpel-Hans; und die Brüder lachten ihn aus und ritten davon.

»Vater, gib mir ein Pferd!« rief Tölpel-Hans. »Ich bekomme solch eine Lust zum Heiraten! Nimmt sie mich, so nimmt sie mich, und nimmt sie mich nicht, so nehm ich sie trotzdem!«

»Das ist Geschwätz!« sagte der Vater. »Dir gebe ich kein Pferd. Du kannst ja nicht reden! Nein, deine Brüder, das sind Prachtkerle!«

»Wenn ich kein Pferd haben kann«, sagte Tölpel-Hans, »dann nehme ich den Ziegenbock, der gehört mir, und der kann mich gut tragen!« Und so setzte er sich rittlings auf den Ziegenbock, stieß ihm die Hacken in die Weichen und sprengte auf der Landstraße davon. Hui, wie das ging! »Hier komme ich!« sagte Tölpel-Hans, und dann sang er, daß es widerhallte.

Aber die Brüder ritten ganz still voraus; sie sprachen kein Wort, sie mußten sich all die guten Einfälle überlegen, die sie vorbringen wollten, denn es sollte wohldurchdacht sein!

»Hallo!« rief Tölpel-Hans, »hier komme ich! Seht mal, was ich auf der Landstraße gefunden habe!« Und er zeigte ihnen eine tote Krähe, die er gefunden hatte.

»Tölpel!« sagten sie, »was willst du mit der?«

»Die will ich der Königstochter schenken!«

»Ja, das tu nur!« sagten sie, lachten und ritten weiter.

»Hallo! Hier komme ich! Seht, was ich jetzt gefunden habe, das findet man nicht jeden Tag auf der Landstraße!«

Und die Brüder kehrten um und wollten sehen, was es war. »Tölpel!« sagten sie, »das ist ja ein alter Holzschuh, dem das Oberteil fehlt; soll die Königstochter das auch haben?«

»Das soll sie!« sagte Tölpel-Hans; und die Brüder lachten, und sie ritten und kamen weit voran.

»Hallo! Hier bin ich!« rief Tölpel– Hans, »nein, es wird immer ärger! Holla! Das ist unvergleichlich!«

»Was hast du nun wieder gefunden?« fragten die Brüder.

»Oh«, sagte Tölpel-Hans, »das ist gar nicht zu sagen! Wie wird sie sich freuen, die Königstochter!«

»Pfui!« sagten die Brüder, »das ist ja Schlamm, der gerade aus dem Graben geworfen ist!«

»Ja, freilich ist es das!« sagte Tölpel-Hans, »und es ist die feinste Sorte, man kann ihn gar nicht halten!« Und dann füllte er seine Tasche damit.

Aber die Brüder ritten, was das Zeug hielt, und darum kamen sie eine ganze Stunde früher an und hielten am Stadttor; dort bekamen alle Freier Nummern, je nach ihrer Ankunft, und wurden in Reih und Glied gestellt, sechs in jede Reihe, und so dicht, daß sie die Arme nicht bewegen konnten, und das war nun sehr gut, denn sonst hätten sie einander wohl die Kleider in Fetzen gerissen, nur weil der eine vor dem andern stand.

Alle übrigen Bewohner des Landes standen rings um das königliche Schloß, gerade bis zu den Fenstern, um die Königstochter die Freier empfangen zu sehen; und sobald einer von diesen in den Saal trat, versagte seine Redegabe.

»Taugt nichts!« sagte die Königstochter. »Weg!«

Nun kam die Reihe an denjenigen der Brüder, der das Wörterbuch auswendig konnte, aber er hatte es ganz vergessen, als er in Reih und Glied stand; und der Fußboden knarrte, und die Decke war aus Spiegelglas, so daß er sich selber auf dem Kopf sah, und an jedem Fenster standen drei Schreiber und ein Aldermann, und jeder schrieb alles nieder, was gesprochen wurde, damit es sofort in die Zeitung käme und für zwei Schillinge an der Straßenecke verkauft würde. Es war entsetzlich, und dabei hatten sie so in den Ofen hineingefeuert, daß er glühte.

»Hier ist eine drückende Hitze!« sagte der Freier.

»Das kommt daher, weil mein Vater heute junge Hähne brät!« sagte die Königstochter.

»Bäh!« da stand er, diese Rede hatte er nicht erwartet; kein Wort wußte er zu sagen, obwohl er etwas Witziges hatte sagen wollen. »Bäh!«

»Taugt nichts!« sprach die Königstochter. »Weg!« Und so mußte er hinaus. Nun kam der andere Bruder.

»Hier ist eine entsetzliche Hitze!« sagte er.

»Ja, wir braten heute junge Hähne!« sagte die Königstochter.

»Wie bi – wie?« sagte er, und alle Schreiber schrieben: wie bi – wie!

»Taugt nichts!« sagte die Königstochter. »Weg!«

Nun war Tölpel-Hans an der Reihe; er ritt auf dem Ziegenbock gerade in den Saal hinein. »Das ist ja eine glühende Hitze hier!« sagte er.

»Das kommt daher, weil ich junge Hähne brate!« sagte die Königstochter.

»Das ist ja schön!« sagte Tölpel-Hans, »dann kann ich wohl eine Krähe gebraten bekommen?«

»Das können Sie gern!« sagte die Königstochter, »aber haben Sie etwas, worin sie gebraten werden kann, denn ich habe weder Topf noch Tiegel.«

»Das habe ich!« sagte Tölpel-Hans. »Hier ist ein Kochgeschirr mit Zinnbügel«, und da zog er den alten Holzschuh hervor und legte die Krähe mitten hinein.

»Das ist ja eine ganze Mahlzeit«, sagte die Königstochter, »aber wo nehmen wir die Brühe her?«

»Die habe ich in der Tasche!« sagte Tölpel-Hans. »Ich habe so viel, daß ich sogar etwas davon wegwerfen kann!« Und nun goß er etwas Schlamm aus der Tasche.

»Das gefällt mir!« sagte die Königstochter. »Du kannst doch antworten und du kannst reden, und dich will ich zum Mann haben! – Aber weißt du auch, daß jedes Wort, das wir sprechen und gesprochen haben, niedergeschrieben wird und morgen in die Zeitung kommt? An jedem Fenster siehst du drei Schreiber und einen alten Aldermann stehen, und dieser alte Aldermann ist der schlimmste, denn er kann nichts verstehen!« Und das sagte sie nur, um ihn bange zu machen. Und alle Schreiber wieherten und spritzten einen Tintenklecks auf den Fußboden.

»Das ist also die Herrschaft!« sagte Tölpel-Hans; »nun, so werde ich dem Aldermann das Beste geben!« Und damit kehrte er seine Taschen um und warf ihm den Schlamm gerade ins Gesicht.

»Das war fein gemacht!« sagte die Königstochter, »das hätte ich nicht tun können! Aber ich werde es schon lernen!«

Und so wurde Tölpel-Hans König, bekam eine Frau und eine Krone und saß auf einem Thron, und das haben wir gerade aus der Zeitung des Aldermanns – und auf die ist nicht zu bauen.

Der Dornenpfad der Ehre

Es gibt ein altes Märchen; ›der Dornenpfad der Ehre, von einem Schützen namens Bryde, der wohl zu großen Ehren und Würden kam, aber erst nach langen und vielen Widerwärtigkeiten und Fährnissen des Lebens‹. Mancher von uns hat es gewiß als Kind gehört, als Erwachsener vielleicht gelesen und seines eigenen stillen Dornenpfades und seiner vielen ›Widerwärtigkeiten‹ gedacht. Das Märchen und die Wirklichkeit liegen einander so nahe, aber das Märchen hat seine harmonische Auflösung hier auf Erden, die Wirklichkeit schiebt sie meist über das Erdenleben in Zeit und Ewigkeit hinaus.

Die Weltgeschichte ist eine Laterna magica, die uns auf Lichtbildern den dunklen Grund der Gegenwart zeigt, wie die Wohltäter der Menschheit, die Märtyrer der Weisheit, den Dornenpfad der Ehre wandern.

Aus allen Zeiten, aus allen Ländern leuchten diese Glanzbilder hervor, jedes nur einen Augenblick, aber doch als ein ganzes Leben, ein Lebensalter mit seinen Kämpfen und Siegen. Laßt uns hier und dort einzelne aus dieser Märtyrerschar, die nicht endet, ehe die Erde vergeht, betrachten.

Wir sehen ein gefülltes Amphitheater. Die ›Wolken‹ des Aristophanes schicken Ströme von Spott und Heiterkeit in die Menge; auf der Bühne wird der bemerkenswerteste Mann Athens, der dem Volk ein Schild gegen die dreißig Tyrannen war, geistig und körperlich lächerlich gemacht: Sokrates, er, der im Getümmel der Schlacht Alkibiades und Xenophon rettete, er, dessen Geist sich über die Götter des Altertums emporschwang, er selbst ist hier zugegen; er hat sich erhoben von der Bank des Zuschauers und ist hervorgetreten, damit die lachenden Athener sehen können, ob er und sein Zerrbild auf der Bühne sich gleichen; da steht er aufgerichtet vor ihnen, hoch über sie alle erhoben.

Du saftiger grüner, giftiger Schierling solltest hier Athens Wahrzeichen sein, nicht der Ölbaum.

Sieben Städte stritten um die Ehre, Homers Geburtsort zu sein, das heißt, nachdem er tot war! Seht ihn bei Lebzeiten! – Da geht er durch diese Städte und spricht seine Verse her, um zu leben;

der Gedanke an den morgigen Tag macht sein Haar ergrauen. – Er, der mächtigste Seher, ist blind und einsam, der spitze Dorn reißt den Mantel des Dichterkönigs in Fetzen! – Seine Gesänge leben noch, und durch sie allein leben die Götter und Helden des Altertums.

Bild auf Bild taucht empor aus Morgenland und Abendland, so fern voneinander in Zeit und Raum und doch immer dieselbe Wegstrecke des Dornenpfades der Ehre, wo die Distel erst dann zur Blüte kommt, wenn das Grab geschmückt werden soll.

Unter Palmen ziehen die Kamele dahin, reich beladen mit Indigo und anderen kostbaren Schätzen; sie werden von dem Herrscher des Landes demjenigen gesandt, dessen Gesänge die Freude des Volkes, der Ruhm des Landes sind; er, den Lüge und Neid in die Verbannung schickten, er ist gefunden – die Karawane nähert sich der kleinen Stadt, in der er eine Freistatt fand, eine arme Leiche wird zum Tor hinausgetragen und gebietet der Karawane Halt. Der Tote ist eben der, den sie sucht: Firdusi – beendet ist der Dornenpfad der Ehre!

Der Afrikaner mit den plumpen Gesichtszügen, den dicken Lippen, dem schwarzen, wolligen Haar sitzt auf den Marmorstufen des Palastes in der Hauptstadt Portugals und bettelt – er ist der treuergebene Sklave des Damões; ohne ihn und ohne die Kupfermünzen, die ihm zugeworfen werden, würde sein Herr, der Sänger der Lusiaden, Hungers sterben.

Jetzt erhebt sich ein kostbares Denkmal auf dem Gab des Camões.

Ein neues Bild!

Hinter dem eisernen Gitter zeigt sich ein Mann, totenblaß, mit langem, wirrem Bart. »Ich habe eine Erfindung gemacht, die größte seit Jahrhunderten!« ruft er, »und man hat mich mehr als zwanzig Jahre hier eingesperrt gehalten!« – »Wer ist er?« – »Ein Wahnsinniger!« sagte der Wärter. »Auf was ein Mensch doch kommen kann! Er glaubt, man könne sich durch Dampf vorwärts bewegen!« Salomon de Caus, der Entdecker der Dampfkraft, dessen unklare Worte der Ahnung von einem Richelieu nicht verstanden wurden, stirbt in der Irrenanstalt.

Hier steht Columbus, den einst die Gassenjungen verfolgten und verspotteten, weil er eine neue Welt entdecken wollte – er

hat sie entdeckt! Die Glocken des Jubels läuten ihm bei seiner erfolgreichen Heimkehr entgegen, aber die Glocken des Neides tönen bald lauter. Der Weltentdecker, der das amerikanische Goldland aus dem Meere hob und es seinem König gab, wird mit eisernen Ketten belohnt, die er mit in seinen Sarg zu nehmen wünscht, sie sollen von der Welt und von der Wertschätzung in seiner Zeit Zeugnis abgeben.

Bild reiht sich an Bild, reich ist der Dornenpfad der Ehre.

Hier sitzt in Nacht und Finsternis der, welcher die Höhe der Mondberge ausmaß, der in den Weltenraum zu Sternen und Planeten vordrang, der Mächtige, der den Geist der Natur sah und hörte, der empfand, daß die Erde sich unter ihm bewegte: Galilei. Blind und taub sitzt er, ein Greis, gespießt auf den Dorn des Leidens, in den Qualen der Verleugnung, kaum noch kräftig genug, den Fuß zu heben, mit dem er einst im Schmerz seiner Seele, als man die Worte der Wahrheit auslöschte, auf die Erde stampfte und ausrief: »Und sie bewegt sich doch!«

Hier steht ein Weib mit kindlichem Gemüt, Begeisterung und Glauben – dem kämpfenden Heer trägt sie das Banner voran und bringt ihrem Vaterland Sieg und Rettung. Jubel schallt – und der Scheiterhaufen flammt: Jeanne d'Arc, die Hexe, wird verbrannt. – Ja, das kommende Jahrhundert spuckt aus vor der weißen Lilie: Voltaire, der Satyr des Verstandes, singt von ›La pucelle‹.

Auf dem Thing zu Viborg verbrennt der dänische Adel die Gesetze des Königs – sie leuchten in der Flamme, beleuchten Zeit und Gesetzgeber, werfen einen Glorienschein in den dunklen Gefangenenturm, wo er sitzt, ergraut, gebeugt, mit den Fingern Furchen in den Steintisch ritzend, er, einst Herrscher über drei Königreiche, der volkstümliche König, der Freund des Bürgers und des Bauern: Christian II., mit dem harten Sinn in einer harten Zeit. Feinde schrieben seine Geschichte nieder. – Seiner siebenundzwanzigjährigen Gefangenschaft wollen wir gedenken, wenn wir uns seiner Blutschuld erinnern.

Dort segelt ein Schiff von Dänemark ab; am hohen Mast steht ein Mann, er blickt zum letzten Mal auf die Insel Hveen: Tycho Brahe, der den Namen Dänemarks zu den Sternen hob, und man belohnte ihn dafür mit Kränkung und Verdruß – er zieht nach einem fremden Land: ›Der Himmel ist überall, was brauche ich mehr!‹ sind seine Worte; er segelt dahin, unser berühmtester Mann, geehrt und frei in einem fremden Land!

›Ach frei, und wäre es nur von den unleidlichen Schmerzen des Leibes!‹ seufzt es durch die Zeiten zu uns. Welch ein Bild! – Griffenfeld, ein dänischer Prometheus, gefesselt an die Felseninsel Munkholm.

Wir sind in Amerika, an einem der großen Flüsse; eine Menschenmenge hat sich versammelt, ein Schiff soll gegen Wind und Wetter, den Elementen trotzend, segeln können; Robert Fulton heißt er, der das zu können glaubt. Das Schiff beginnt die Fahrt, plötzlich bleibt es stehen – der Haufe lacht, pfeift und zischt, sein eigener Vater pfeift: »Hochmut! Tollheit! Das ist verdienter Lohn! Hinter Schloß und Riegel mit dem wahnsinnigen Kopf!« – Da bricht ein kleiner Nagel, der für Augenblicke die Maschine hemmte, die Räder drehen sich, die Schaufeln brechen den Widerstand des Wassers, das Schiff fährt! – Die Weberspule des Dampfes verwandelt Stunden zu Minuten zwischen den Ländern der Welt!

Menschengeschlecht, begreifst du die Seligkeit in einer solchen Minute des Bewußtwerdens, dieses Durchdrungenseins des Geistes von seiner Mission, diesen Augenblick, in dem alle Wunden vom Dornenpfad der Ehre – selbst die durch eigene Schuld – sich in Heilung, Gesundheit, Kraft und Klarheit auflösen, die Disharmonie sich in Harmonie verwandelt, die Menschen die Offenbarung der Gnade Gottes sehen, dem einzelnen erwiesen und durch ihn allen dargebracht!

So zeigt sich der Dornenpfad als Ehre als ein Glorienschein, der die Erde umstrahlt; glückselig, hier zum Wanderer auserkoren zu sein und ohne Verdienst eingereiht zu werden unter die Baumeister der Brücke zwischen dem Menschengeschlecht und Gott.

Auf mächtigen Flügeln schwebt der Geist der Geschichte durch die Zeiten und zeigt – zur Ermutigung und zum Trost, zur Nachdenken erweckenden Milde – auf nachtschwarzem Grund in leuchtenden Bildern der Dornenpfad der Ehre, der nicht, wie im Märchen, in Glanz und Freude hier auf Erden endet, sondern über sie hinaus in Zeit und Ewigkeit weist!

Das Judenmädchen

In der Armenschule war unter den anderen Kindern auch ein kleines Judenmädchen, aufgeweckt und gut, das flinkste von allen; aber an einer der Lehrstunden durfte es nicht teilnehmen, das war die Religionsstunde; es war ja in einer christlichen Schule.

Es durfte sein Geographiebuch vornehmen und darin lesen oder auch seine Rechenaufgabe fertigmachen, aber das war bald getan und die Aufgabe gelernt; ein Buch lag zwar aufgeschlagen vor ihm, aber es las nicht darin, es saß und hörte zu, und bald merkte der Lehrer, daß es folgte wie fast keins der andern.

»Lies in deinem Buch!« sagte er mild und ernst, aber die Kleine sah ihn mit ihren schwarzen, strahlenden Augen an, und als er sie auch einmal fragte, wußte sie besser Bescheid als all die andern. Sie hatte gehört, begriffen und in sich aufgenommen.

Ihr Vater war ein armer, braver Mann; als er das Kind in die Schule brachte, hatte er die Bedingung gestellt, daß es nicht im christlichen Glauben unterrichtet würde. Aber es hätte vielleicht gestört oder Gedanken und Stimmungen bei den andern erweckt, wenn man es während jener Unterrichtsstunden fortgehen ließ, und so blieb es da; doch das durfte nicht länger sein.

Der Lehrer ging zu dem Vater und sagte ihm, er möchte entweder seine Tochter aus der Schule nehmen oder sie Christin werden lassen. »Ich kann es nicht aushalten, diese brennenden Augen, diese Innigkeit und Sehnsucht der Seele nach dem Wort des Evangeliums zu sehen«, sagte der Lehrer.

Da brach der Vater in Tränen aus: »Ich selbst weiß nur wenig von unserer Religion, aber ihre Mutter war eine Tochter Israels, stark und fest in ihrem Glauben, ihr gab ich auf dem Sterbebett das Versprechen, daß unser Kind niemals christlich getauft werden solle. Ich muß mein Versprechen halten, es ist mir wie ein Bund mit Gott!«

Und das kleine Judenmädchen wurde aus der Schule der Christen genommen.

Es waren Jahre vergangen.

In einem der kleinsten Marktflecken Jütlands diente in einem geringen bürgerlichen Haus ein armes Mädchen mosaischen Glaubens, es war Sara; ihr Haar war schwarz wie Ebenholz, ihr Auge so dunkel und doch voll Glanz und Licht, wie es den Töchtern des Orients eigen ist. Der Gesichtsausdruck des nun erwachsenen Mädchens war noch immer der des Kindes, als es auf der Schulbank saß und nachdenklich zuhörte.

Jeden Sonntag klang aus der Kirche die Orgel und der Gesang der Gemeinde; es klang über die Straße in das Haus hinein, wo das Judenmädchen, fleißig und in allem getreu, bei seiner Arbeit stand. »Du sollst den Sabbat heilighalten!« hieß ihr Gebot, aber ihr Sabbat war bei den Christen ein Arbeitstag, sie konnte ihn nur ihrem Herzen heilighalten, und das schien ihr nicht genug zu sein. Aber was sind vor Gott Tag und Stunde? Dieser Gedanke war in ihrer Seele erwacht, und am Sonntag der Christen blieb ihre Andachtsstunde ungestört; drangen dann der Orgelklang und der Choralgesang hinüber zu ihr in die Küche, wurde selbst dieser Ort heilig und still. Dann las sie im Alten Testament, dem Schatz und Hort ihres Volkes, und nur in diesem, denn was der Vater und der Lehrer ihr gesagt hatten, als sie aus der Schule genommen wurde, lag tief in ihrem Sinn: das Versprechen, welches der sterbenden Mutter gegeben wurde, daß Sara niemals Christin werden, niemals den Glauben der Väter verlassen solle. Das Neue Testament sollte und mußte ihr ein verschlossenes Buch bleiben, und doch wußte sie vieles daraus, es leuchtete in Kindheitserinnerungen. Eines Abends saß Sara in einem Winkel der Stube und hörte ihren Dienstherrn vorlesen, sie durfte wohl darauf hören, denn es war nicht das Evangelium, sondern ein altes Geschichtsbuch, aus dem er las, da durfte sie wohl bleiben. Das Buch erzählte von einem ungarischen Ritter, der von einem türkischen Pascha gefangengenommen wurde, der ihn zu seinen Ochsen vor den Pflug spannen, ihn mit Peitschenhieben antreiben und ihn unsäglich verhöhnen und fast verschmachten ließ. Die Frau des Ritters verkaufte all ihr Geschmeide und verpfändete Burg und Land, seine Freunde brachten große Summen zusammen, denn fast unerschwinglich war das geforderte Lösegeld, aber es wurde zusammengebracht und er aus Sklaverei und Schmach erlöst. Krank und leidend erreichte er seine Heimat. Bald jedoch escholl ein allgemeiner Aufruf zum Kampf gegen die Feinde der Christenheit; der Kranke hörte davon und hatte nun weder Rast noch Ruh, er ließ sich auf sein Streitroß heben; seine Wangen röteten sich wieder, seine Kräfte schienen zurückzukehren, und er zog hinaus zum Sieg. Gerade der Pascha, welcher ihn vor den Pflug hatte spannen, verhöhnen und leiden lassen, wurde nun sein Gefangener und von ihm in sein Burgverlies geführt. Aber schon in der ersten Stunde kam der Ritter und fragte seinen Gefangenen: „Was glaubst du wohl, das deiner harrt?«

»Ich weiß es«, antwortete der Türke, »Vergeltung!« »Ja, die Vergeltung des Christen!« sagte der Ritter. »Christi Lehre gebietet uns, dem Feind zu vergeben, unsern Nächsten zu lieben, denn Gott ist Liebe! Ziehe in Frieden in deine Heimat und zu deinen Lieben, werde mild und menschlich gegen die, welche leiden!«

Da brach der Gefangene in Tränen aus: »Wie hätte ich solches für möglich halten können! Marter und Qual schienen mir gewiß, und darum nahm ich ein Gift, das mich in wenigen Stunden töten wird. Ich muß sterben, es gibt keine Hilfe! Aber ehe ich sterbe, verkündige mir die Lehre, die eine solche Fülle von Liebe und Gnade in sich birgt, sie ist groß und göttlich! Laß mich in ihr sterben, sterben als Christ!« Und seine Bitte wurde erfüllt.

Das war die Legende, die Geschichte, die vorgelesen wurde. Alle hörten mit Teilnahme zu; aber am meisten erfüllte sie mit Glut und Leben jene, die im Winkel saß, die Magd Sara, das Judenmädchen; große Tränen traten in ihre leuchtenden, schwarzen Augen; da saß sie nun mit kindlichem Gemüt im Winkel, wie sie einst auf der Schulbank gesessen hatte, und empfand die Größe des Evangeliums. Die Tränen rollten ihr über die Wangen.

›Laß mein Kind keine Christin werden!‹ waren der Mutter letzte Worte auf dem Sterbebett, es klang ihr durch Herz und Seele mit den Worten des Gebotes: ›Du sollst Vater und Mutter ehren!‹

»Ich bin ja keine Christin! Sie nennen mich das Judenmädchen, das riefen mir die Knaben des Nachbarn noch am letzten Sonntag zum Spott nach, als ich vor der offenen Kirchentür stehenblieb und hineinschaute, wo die Altarkerzen brannten und die Gemeinde sang. Von der Schulzeit an bis auf den heutigen Tag spürte und spüre ich eine Kraft des Christentums, die wie ein Sonnenstrahl, wenn ich auch die Augen vor ihm schließe, mir doch gerade in das Herz scheint! Aber ich werde dich nicht in deinem Grab betrüben, Mutter, ich werde nicht dem Gelübde des Vaters untreu werden, ich will die christliche Bibel nicht lesen! Ich habe ja den Gott meiner Väter, bei dem ich Trost suchen kann!«

Und Jahre vergingen.

Der Hausherr starb. Die Hausfrau geriet in bedrängte Verhältnisse; auf das Dienstmädchen mußte man verzichten, aber Sara ging nicht fort, sie war die Hilfe in der Not, sie hielt das Ganze zusammen, arbeitete bis in die Nacht hinein, schaffte das tägliche Brot durch ihrer Hände Fleiß; kein naher Verwandter nahm sich der Familie an, und die Frau wurde von Tag zu Tag schwächer, blieb monatelang ans Krankenlager gefesselt. Sara wachte, pflegte arbeitete sanft und fromm, ein Segen in dem armen Haus.

»Dort liegt die Bibel«, sagte die Kranke, »lies mir diesen langen Abend etwas daraus vor, ich sehne mich so innig danach, Gottes Wort zu hören!«

Und Sara senkte den Kopf; sie faltete die Hände um die Bibel, schlug sie auf und las der Kranken vor; oft traten ihr Tränen in die Augen, aber sie wurden klarer, und in ihrer Seele wurde es klarer: ›Mutter, dein Kind darf nicht die Taufe der Christen empfangen, nicht in die Gemeinde aufgenommen werden, du hast es so gewollt, und ich werde deinen Willen ehren, wir sind darüber einig hier auf Erden, aber darüber – ist die Einigkeit größer in Gott, er geleitet und führt uns über den Tod hinaus! – Er steigt auf die Erde herab, und wenn er sie hat schmachten lassen, macht er sie reich! Ich verstehe es! – Ich weiß selbst nicht, wie es kam! – Es ist durch ihn, in ihm: Christus!‹

Sie bebte, als sie den heiligen Namen nannte, und eine Taufe von Feuerflammen durchströmte sie stärker, als der Körper ertragen konnte, und er beugte sich kraftloser als der der Kranken, bei der sie wachte.

»Die arme Sara!« hieß es, »sie ist durch Arbeit und Wachen überanstrengt!«

Man brachte sie in das Armenkrankenhaus; dort starb sie, und von dort wurde sie begraben, aber nicht auf dem Kirchhof der Christen, dort war keine Stätte für das Judenmädchen, nein, draußen vor der Mauer bekam sie ihr Grab.

Und Gottes Sonne, die auf die Gräber der Christen scheint, wirft ihren Schein auch hinüber auf das Grab des Judenmädchens da draußen, und die Kirchenlieder, die auf dem Kirchhof der Christen ertönen, klingen auch über ihrem Grab, und auch zu diesem tönte die Verkündigung: ›Es gibt eine Auferstehung in Christo!‹ in ihm, dem Herrn, der zu seinen Jüngern sprach: ›Johannes hat euch mit Wasser getauft, ich aber werde euch mit dem Heiligen Geist taufen!‹

Der Flaschenhals

In der engen, winkeligen Gasse stand zwischen mehreren ärmlichen Häusern ein sehr schmales und hohes Haus aus Fachwerk, das aus allen Fugen ging. Arme Leute wohnten darin, und am ärmlichsten sah es in der Dachkammer aus, wo vor dem kleinen Fenster im Sonnenschein ein altes verbogenes Vogelbauer hing, das nicht einmal ein ordentliches Trinknäpfchen hatte, sondern nur einen umgekehrten, mit Wasser gefüllten Flaschenhals mit einem Pfropfen unten. Eine alte Jungfer stand am offenen Fenster, sie hatte soeben das Bauer mit Vogelgras geschmückt; darin hüpfte ein kleiner Hänfling von Sprosse zu Sprosse und sang, daß es widerhallte.

›Ja, du hast gut singen!‹ sagte der Flaschenhals, ja, er sagte es nicht so, wie wir es sagen können, denn ein Flaschenhals kann nicht sprechen, aber er dachte es so bei sich, wie wenn wir Menschen mit uns selber reden. ›Ja, du hast gut singen, du hast deine heilen Glieder. Du solltest nur probieren, ohne Unterteil zu sein, nur Hals und Mund und obendrein einen Propfen darin zu haben wie ich, dann würdest du nicht singen. Aber es ist doch gut, daß jemand vergnügt ist! Ich habe keinen Grund zu singen, und ich kann es auch nicht! Das konnte ich damals, als ich eine ganze Flasche war und man mich mit dem Propfen rieb; man nannte mich die rechte Lerche, die große Lerche! – Als ich mit der Kürschnersfamilie im Wald war und die Tochter sich verlobte – ja, das weiß ich noch, als wäre es gestern gewesen! Ich habe viel erlebt, wenn ich es recht bedenke! Ich bin im Feuer und im Wasser, unten in der schwarzen Erde und höher gewesen als die meisten, und nun schwebe ich draußen vor dem Vogelbauer in Luft und Sonnenschein! Oh, es könnte sich wohl lohnen, meine Geschichte zu hören, aber ich rede nicht laut davon, denn ich kann nicht!‹

Und in sich hinein erzählte er, oder bei sich selbst dachte er seine Geschichte, die merkwürdig genug war, und der kleine Vogel sang lustig seine Weise, und unten auf der Straße war ein Gefahre und Gelaufe, jeder dachte an das seine oder dachte gar nicht, der Flaschenhals aber dachte.

Er dachte an den flammenden Schmelzofen in der Fabrik, wo er ins Leben geblasen wurde; er entsann sich noch, daß er ganz warm gewesen war, daß er in den bullernden Ofen, das Heim seines Ursprungs, hineingesehen und solche Lust empfunden hatte, wieder in ihn hineinzuspringen, daß er aber nach und nach, als er abgekühlt war, sich dort, wo er war, recht wohl befand. Er stand in Reih und Glied mit einem ganzen Regiment von Brüdern und Schwestern, alle aus demselben Ofen, aber einige waren zu Champagnerflaschen, andere zu Bierflaschen geblasen, und das macht einen Unterschied! Später draußen in der Welt, kann freilich eine Bierflasche den köstlichsten Lacrimae Christi enthalten und eine Champagnerflasche mit Schuhwichse gefüllt sein, aber an der Schablone ist es doch zu sehen, wozu man geboren ist, Adel bleibt Adel, selbst mit Wichse im Leib.

Sämtliche Flaschen wurden bald verpackt, und unsere Flasche

auch. Damals dachte sie nicht daran, als Flaschenhals zu enden, sich zum Vogelnapf hinaufzudienen, was immerhin ein ehrenwertes Dasein ist, man ist doch etwas! Sie sah erst das Tageslicht wieder, als sie mit den übrigen Kameraden im Keller des Weinhändlers ausgepackt und zum erstenmal gespült wurde; das war ein komisches Gefühl. Da lag sie nun leer und pfropfenlos und fühlte sich so wunderlich flau, es fehlte ihr etwas, aber sie wußte selbst nicht, was ihr fehlte. Nun wurde sie mit einem guten, herrlichen Wein gefüllt, sie bekam einen Pfropfen und wurde zugelackt, ›Prima Sorte‹ wurde daraufgeklebt, es war gerade, als hätte sie die erste Zensur beim Examen bekommen, aber der Wein war auch gut, und die Flasche war gut; ist man jung, ist man Lyriker! Es sang und klang in ihr von Dingen, die sie gar nicht kannte, von den grünen, sonnigen Bergen, wo der Wein wächst, wo fröhliche Mädchen und lustige Gesellen singen und küssen; es ist herrlich zu leben! Von alledem sang und klang es in der Flasche wie in den jungen Poeten, die oft auch nichts davon kennen.

Eines Morgens wurde sie gekauft. Der Kürschnerlehrling sollte eine Flasche Wein von der besten Sorte bringen; und sie kam in den Eßkorb neben Schinken, Wurst und Käse, dort war die feinste Butter, das feinste Brot; die Kürschnerstochter packte es selbst ein; sie war so jung und schön, die braunen Augen lachten, ein Lächeln lag um den Mund; sie hatte feine, weiche Hände, die sehr weiß waren, doch waren Hals und Brust noch viel weißer, man sah sogleich, daß sie eines der schönsten Mädchen der Stadt war und doch noch nicht verlobt!

Der Eßkorb stand auf ihrem Schoß, als die Familie in den Wald fuhr; der Flaschenhals blickte hervor zwischen den Zipfeln des weißen Tischtuches; an dem Pfropfen war roter Lack, und der sah dem Mädchen gerade ins Gesicht; er sah aber auch den jungen Steuermann an, der neben dem Mädchen saß; es war ein Jugendfreund, der Sohn des Porträtmalers; seine Steuermannsprüfung hatte er vor kurzem gut und ehrenvoll bestanden und sollte morgen mit dem Schiff fortfahren, weithin nach fernen Ländern; davon war beim Einpacken viel gesprochen worden, und während des Gespräches hatten Augen und Mund der schönen Kürschnerstochter nicht gerade froh ausgesehen.

Die beiden jungen Leute gingen in den grünen Wald, sie sprachen miteinander – wovon sprachen sie? Ja, das hörte die Flasche nicht, sie stand im Eßkorb. Es währte seltsam lange, bis sie hervorgeholt wurde, aber als es geschah, waren auch fröhliche Dinge geschehen; alle Augen lachten, auch die der Kürschnerstochter lachten, aber sie sprach weniger, und ihre Wangen glühten wie zwei rote Rosen.

Der Vater nahm die volle Flasche und den Korkenzieher zur Hand. – Ja, es ist wunderlich, so zum erstenmal aufgezogen zu werden! Der Flaschenhals hatte später niemals diesen feierlichen Augenblick vergessen können, es hatte ordentlich ›schwupp‹ in ihm gesagt, als der Pfropfen herausfuhr, und dann gluckerte es, als der Wein in die Gläser strömte.

»Auf das Wohl der Verlobten!« sagte der Vater, und jedes Glas wurde bis auf den Boden geleert, und der junge Steuermann küßte seine schöne Braut.

»Glück und Segen!« sagten die beiden Alten, und der junge Mann füllte noch einmal die Gläser: »Rückkehr und Hochzeit heute übers Jahr!« rief er, und als die Gläser geleert waren, nahm er die Flasche und hob sie hoch empor: »Du bist an dem schönsten Tag meines Lebens mit dabeigewesen, du sollst keinem anderen mehr dienen!«

Und er warf sie hoch in die Luft. Die Kürschnerstochter dachte damals nicht daran, daß sie sie noch öfter sollte fliegen sehen, aber so sollte es kommen. Nun fiel die Flasche damals in das dichte Röhricht eines kleinen Waldsees nieder; der Flaschenhals entsann sich noch sehr lebhaft, wie er dort gelegen und nachgedacht hatte. ›Ich gab ihnen Wein, und sie gaben mir Sumpfwasser, aber es war gut gemeint!‹ Er konnte die Verlobten und die vergnügten Alten nicht mehr sehen, aber er hörte sie noch lange jubeln und singen. Dann kamen zwei kleine Bauernjungen, guckten in das Röhricht, sahen die Flasche und nahmen sie mit; nun war sie versorgt.

Daheim im Waldhaus, wo sie wohnten, war gestern ihr ältester Bruder, ein Seemann, gewesen und hatte Lebewohl gesagt, da er auf eine der größeren Reisen gehen sollte; die Mutter stand nun da und packte noch dieses und jenes ein, was der Vater abends mit in die Stadt nehmen sollte, um noch einmal den Sohn vor der Abreise zu sehen und ihm seinen und der Mutter Gruß zu bringen. Eine kleine Flasche mit gewürztem Branntwein war schon in das Paket gelegt, da kamen die Knaben mit einer größeren, stärkeren Flasche, die sie gefunden hatten; in diese ging mehr hinein als in die kleine, und das war geradeso ein guter Schnaps für einen schlechten Magen, denn ihm war Hypericum zugesetzt. Es war nicht wie früher roter Wein, den die Flasche bekam, sie bekam bittere Tropfen, aber auch die sind gut – für den Magen. Die neue Flasche und nicht die kleine sollte mit – und so ging die Flasche wieder auf die Wanderung, sie kam an Bord zu Peter Jensen, und gerade auf dasselbe Schiff, auf dem der junge Steuermann fuhr; aber der sah die Flasche nicht und hätte sie auch nicht wiedererkannt oder gar gedacht: Das ist die, aus der wir die Verlobung und die Heimkehr getrunken haben.

Es war freilich kein Wein mehr in ihr, aber es war etwas ebenso Gutes; sie wurde auch stets, wenn Peter Jensen sie hervorholte, von den Kameraden ›der Apotheker‹ genannt; sie schenkte die gute Medizin, die dem Magen half, und sie half, solange ein Tropfen in ihr war. Das war eine vergnügte Zeit, und die Flasche sang, wenn man sie mit dem Pfropfen strich; damals bekam sie den Namen große Lerche, ›Peter Jensens Lerche‹.

Lange Zeit war vergangen, sie stand leer in einem Winkel; da geschah es – ja, ob es auf der Ausreise oder Heimreise war, das wußte die Flasche nicht so genau, denn sie war noch nicht an Land gewesen –, da erhob sich ein Sturm; große Wogen wälzten sich schwarz und schwer heran, sie hoben und warfen das Schiff, der Mast zerbrach, eine Woge schlug eine Planke ein, die Pumpen konnten nichts mehr ausrichten; es war stockfinstere Nacht; das Schiff sank, aber in den letzten Minuten schrieb der junge Steuermann auf ein Blatt: ›In Jesu Namen, wir gehen unter!‹ Er schrieb den Namen seiner Braut, seinen eigenen und den des Schiffes dazu, steckte das Blatt in eine leere Flasche, die dastand, preßte den Pfropfen fest ein und warf die Flasche in die tobende See hinaus. Er wußte nicht, daß es die Flasche war, aus der ihm und ihr der Becher der Freude und der Hoffnung geschenkt worden war – nun schaukelte sie auf den Wogen mit Gruß und Todesbotschaft.

Das Schiff sank, die Mannschaft ertrank, die Flasche flog wie ein Vogel, sie hatte doch ein Herz, einen Liebesbrief in sich. Und die Sonne ging auf, und sie ging unter, für die Flasche sah sie aus wie der rote, glühende Ofen zur Zeit ihrer Entstehung; sie hatte Sehnsucht, wieder hineinzufliegen. – Sie erlebte Meeresstille und neue Stürme; sie stieß nicht gegen eine Klippe, sie wurde nicht von einem Hai verschlungen, sie trieb sich Jahr und Tag umher, bald gen Norden, bald gen Süden, wie die Strömungen sie führten. Sie war im übrigen ihr eigener Herr, aber dessen kann man auch überdrüssig werden.

Das beschriebene Blatt, das letzte Lebewohl des Bräutigams an die Braut, würde nur Trauer bringen, wenn es einmal in die rechten Hände käme; aber wo waren die Hände, die so weiß geschimmert hatten, als sie das Tischtuch auf dem frischen Rasen, im grünen Wald am Tage der Verlobung ausgebreitet hatten? – Wo war die Kürschnerstochter? Ja, wo war das Land, und welches Land lag wohl am nächsten? Die Flasche wußte es nicht; sie trieb

und trieb und wurde endlich auch des Treibens überdrüssig, denn es war nicht ihre Bestimmung, aber sie trieb trotzdem, bis sie endlich Land, fremdes Land erreichte. Sie verstand nicht ein Wort von dem, was hier gesprochen wurde, es war nicht die Sprache, die sie früher hatte sprechen hören, und es geht einem viel verloren, wenn man die Sprache nicht versteht.

Die Flasche wurde aufgehoben und betrachtet; der Zettel darin wurde gesehen, hervorgeholt, gedreht und gewendet, aber sie verstanden nicht, was dort geschrieben stand; sie begriffen wohl, daß die Flasche über Bord geworfen war und daß etwas davon auf dem Papier stand, aber was dort stand, das war das Sonderbare – und der Zettel wurde wieder in die Flasche gesteckt und diese oben in einen großen Schrank gestellt, in einer großen Stube, in einem großen Haus.

Jedesmal, wenn Fremde kamen, wurde der Zettel hervorgenommen, gedreht und gewendet, so daß die Schrift, die nur mit Bleistift geschrieben war, immer unleserlicher wurde; zuletzt konnte niemand mehr sehen, daß es Buchstaben waren. Und die Flasche stand noch ein Jahr im Schrank, kam dann auf den Boden und wurde von Staub und Spinnweben verborgen; da dachte sie zurück an bessere Tage, als sie in dem frischen, grünen Wald den roten Wein ausschenkte und als sie auf den Wogen schaukelte und ein Geheimnis, einen Brief, einen Abschiedsseufzer zu tragen hatte.

Und nun stand sie zwanzig Jahre auf dem Boden; sie hätte noch länger dort stehen können, wäre das Haus nicht umgebaut worden. Das Dach wurde abgetragen, die Flasche gesehen, und es wurde über sie gesprochen, aber sie verstand die Sprache nicht; die lernt man nicht dadurch, daß man auf dem Boden steht, selbst in zwanzig Jahren nicht. ›Wäre ich unten in der Stube geblieben‹, meinte sie zwar, ›dann hätte ich sie wohl gelernt!‹

Sie wurde nun gewaschen und ausgespült, es tat ihr not; sie fühlte sich ganz klar und durchsichtig, sie war auf ihre alten Tage wieder jung, aber der Zettel, den sie getragen hatte, der war beim Waschen draufgegangen.

Man füllte die Flasche mit Sämereien, sie wußte nicht, was das eigentlich war; man pfropfte sie zu und wickelte sie gut ein; sie sah weder Licht noch Luft, geschweige denn Sonne und Mond, und etwas müsse man doch sehen, wenn man auf Reisen gehe, meinte die Flasche, aber sie sah nichts, doch das Wichtigste tat sie – sie reiste und kam dorthin, wohin sie sollte, und wurde dort ausgepackt.

»Was sie sich dort im Ausland mit der Flasche für Mühe gegeben haben!« sagte man, »und sie ist wohl trotzdem zerbrochen«, aber sie war nicht zerbrochen. Die Flasche verstand jedes Wort, das gesprochen wurde; es war die Sprache, die sie am Schmelzofen und beim Weinhändler und im Wald und auf dem Schiff vernommen hatte, die einzige, richtig gute alte Sprache, die man verstehen konnte; sie war heimgekehrt in ihr Land, sie bekam den

Willkommensgruß. Vor lauter Freude wäre sie ihnen beinahe aus den Händen gesprungen, sie bemerkte es kaum, daß der Pfropfen herausgezogen, sie ausgeschüttet und in den Keller gestellt wurde, und dort aufgehoben und vergessen zu werden; in der Heimat ist es am besten, selbst im Keller! Es fiel ihr niemals ein, darüber nachzudenken, wie lange sie wohl dort lag, sie lag gut und schon jahrelang, als eines Tages Leute hinunterkamen, die Flaschen holten und sie auch.

Draußen im Garten war ein großes Fest; brennende Lampen hingen in Girlanden, Papierlaternen strahlten wie große durchsichtige Tulpen, es war auch ein herrlicher Abend, das Wetter still und klar, die Sterne schimmerten so blank, und es war Neumond, eigentlich sah man den ganzen runden Mond wie eine blaugraue Kugel mit goldenem Halbrand; es sah gut aus, für gute Augen.

In den entlegenen Gängen gab es auch eine Illumination, wenigstens so viel, daß man sehen konnte, wie man vorwärts kam; zwischen den Hecken waren Flaschen aufgestellt, jede mit einem Licht; hier stand auch die Flasche, die wir kennen, die einst als Flaschenhals, als Vogelnapf enden sollte; sie fand in diesem Augenblick alles so unvergleichlich herrlich, sie war wieder im Grünen, war wieder mit bei Fest und Freude, vernahm Gesang und Musik und das Summen und Murmeln der vielen Menschen, besonders aus der Ecke des Gartens, wo die Lampen brannten und die Papierlaternen ihre Farben zeigten, sie selbst stand zwar in einem entlegenen Gang, aber gerade das hatte etwas Besinnliches; die Flasche trug ihr Licht, stand hier zum Nutzen und Vergnügen, und das ist das Rechte; in einer solchen Stunde vergißt man zwanzig Jahre auf dem Boden – und das zu vergessen ist gut.

Dicht an ihr vorüber ging ein einzelnes Paar Arm in Arm wie das Brautpaar draußen im Wald, der Steuermann und die Kürschnerstochter; es war der Flasche, als erlebe sie alles wieder aufs neue. Im Garten waren Gäste, und dort gingen auch Leute, die sich diese Pracht mitansehen durften, und unter ihnen eine alte Jungfer, die ohne Verwandte, aber nicht ohne Freunde war ; sie dachte genau dasselbe wie die Flasche, sie dachte an den grünen Wald und an ein junges Brautpaar, das sie viel anging, an dem sie teilhatte, ja dessen einer Teil sie gewesen war in ihrer glücklichsten Stunde, und die vergißt man nie, selbst wenn man eine noch so alte Jungfer wird. Aber sie erkannte die Flasche nicht, und diese erkannte sie nicht, so geht man in der Welt aneinander vorbei – bis man sich wieder begegnet, und das taten die beiden, sie waren ja in der Stadt zusammengekommen.

Die Flasche kam vom Garten zum Weinhändler, wurde wieder mit Wein gefüllt und an den Luftschiffer verkauft, der am nächsten Sonntag mit dem Ballon aufsteigen sollte. Da war ein Gewimmel von Menschen, die zusehen wollten, da gab es Regimentsmusik und viele Veranstaltungen; die Flasche sah es von einem Korb aus, in dem sie neben einem lebendigen Kaninchen lag, das ganz verzagt war, weil es wußte, es sollte mit hinauf, um mit dem Fallschirm niederzugehen; die Flasche aber wußte weder vom Hinauf noch Hinab; sie sah, daß der Ballon anschwoll, so groß, so groß, und als er nicht größer werden konnte, begann er sich höher und höher zu heben und sehr unruhig zu werden; die Taue, die ihn hielten, wurden durschnitten, und er schwebte mit dem Luftschiffer, dem Korb, der Flasche und dem Kaninchen in die Höhe; die Musik erklang, und alle Menschen riefen hurra!

›Es ist wunderlich, so in die Höhe zu schweben!‹ dachte die Flasche, ›das ist eine neue Segelfahrt; hier oben kann man doch nicht auflaufen!‹

Und viele tausend Menschen schauten dem Ballon nach, und die alte Jungfer sah ihm auch nach; sie stand an ihrem offenen Dachkammerfenster, wo das Bauer mit dem kleinen Hänfling hing, der damals noch kein Wassernäpfchen hatte, sondern sich mit einer Tasse begnügen mußte. Im Fenster stand ein Myrtenstock, der ein wenig beiseite gerückt war, um nicht hinauszufallen, während die alte Jungfer sich aus dem Fenster beugte, um zuzusehen; sie sah deutlich den Luftschiffer im Ballon, der das Kaninchen mit dem Fallschirm niedergehen ließ und dann auf das Wohl aller Menschen trank und die Flasche hoch in die Luft warf; die alte Jungfer dachte nicht daran, daß sie gerade diese Flasche für sich und ihren Freund hatte hoch emporfliegen sehen, an dem Freudentag im grünen Wald, in ihrer Jugendzeit.

Die Flasche hatte keine Zeit zu denken, für sie kam es so unerwartet, mit einemmal auf dem Höhepunkt ihres Lebens zu sein.

Türme und Dächer lagen tief unten, die Menschen sahen so winzig klein aus.

Dann sank sie, und das in einer andern Fahrt als das Kaninchen; die Flasche schlug Kobolz in der Luft, sie fühlte sich so jung, so ausgelassen, sie war noch halb voll Wein, aber nicht lange. Welche Reise! Die Sonne schien auf die Flasche, alle Menschen sahen ihr nach, der Ballon war schon weit weg, und bald war auch die Flasche weg, sie fiel auf eines der Dächer herab, und damit war sie entzwei, aber die Stücke hatten noch einen solchen Schwung, daß sie nicht liegenbleiben konnten, sie sprangen und rollten, bis sie den Hof erreichten und dort in kleineren Stücken liegenblieben, nur der Flaschenhals hielt, und der war wie mit einem Diamanten abgeschnitten.

»Der ließe sich gut als Vogelnapf verwenden!« sagte der Mann im Keller, aber er selbst hatte weder einen Vogel noch einen Bauer, und es wäre zuviel verlangt, sich das anzuschaffen, weil er nun den Flaschenhals hatte, der als Napf zu gebrauchen wäre; die alte Jungfer unterm Dach konnte ihn gebrauchen, und so kam der Flaschenhals hinauf, bekam einen Pfropfen hinein, und was er früher nach oben wandte, war nun nach unten gekehrt, wie es oft bei Veränderungen geschieht; er bekam frisches Wasser und wurde vor das Bauer des kleinen Vogels gehängt, der sang, daß es widerhallte.

›Ja, du hast gut singen!‹ sagte der Flaschenhals; und ihm war es ja merkwürdig ergangen, er war im Ballon gewesen – mehr wußte man von seiner Geschichte nicht. Nun hing er da als Vogelnapf, konnte die Leute unten auf der Straße rummeln und rumoren hören und die Rede der alten Jungfer in der Kammer, es war gerade Besuch da, eine gleichaltrige Freundin, sie sprachen miteinander – nicht vom Flaschenhals, sondern von dem Myrtenstock im Fenster.

»Du sollst wirklich nicht zwei Reichstaler für den Brautstrauß deiner Tochter hinauswerfen!« sagte die alte Jungfer, »du sollst von mir einen niedlichen ganz aus Blüten bekommen! Siehst du, wie herrlich das Bäumchen dort steht. Ja, es ist eigentlich ein Ableger des Myrtenstockes, den du mir am Tag nach meiner Verlobung schenktest und von dem ich mir selbst, wenn das Jahr um wäre, meinen Brautstrauß nehmen sollte, aber der Tag kam nicht! Die Augen schlossen sich, die mir in diesem Leben zur Freude und zum Segen leuchten sollten. Auf dem Meeresgrund schläft er süß, die Engelsseele! – Das Bäumchen wurde ein alter Baum, aber ich wurde noch älter, und als der Baum verwelkte, nahm ich den letzten grünen Zweig, setzte ihn in die Erde, und aus dem Zweig ist nun so ein großer Baum geworden und kommt nun endlich doch zum Hochzeitsstaat, wird ein Brautstrauß für deine Tochter.«

Und es standen große Tränen in den Augen der alten Jungfer; sie sprach von dem Freund ihrer Jugend, von der Verlobung im Wald; sie dachte an das Wohl, das dort ausgebracht wurde, dachte an den ersten Kuß – aber das sagte sie nicht, sie war ja eine alte Jungfer, sie dachte an so vieles, aber daran dachte sie nicht, daß sich gerade vor ihrem Fenster noch eine Erinnerung an jene Zeit befand: der Hals der Flasche, der ›schwupp!‹ sagte, als der Pfropfen zur Verlobung knallte. Doch der Flaschenhals erkannte sie auch nicht, denn er hörte nicht auf das, was sie erzählte, sintemal und alldieweil er allein an sich selbst dachte.

Der Stein der Weisen

Du kennst doch die Geschichte von Holger Danske; wir wollen sie dir nicht erzählen, sondern nur fragen, ob du dich dessen erinnerst, daß ›Holger Danske das große Land Indien östlich bis an das Ende der Welt gewann, bis zu dem Baum, welcher der Baum der Sonne genannt wird‹, wie Christen Pedersen es erzählt; kennst du Christen Pedersen? Es ist nicht so wichtig, daß du ihn kennst. Holger Danske gab dort dem Priester Jon Macht und Herrscherwürde über das Land Indien. Kennst du den Priester Jon? Ja, es ist auch nicht wichtig daß du ihn kennst, denn er kommt in dieser Geschichte gar nicht vor; hier sollst du vom Baum der Sonne hören ›im Lande Indien, östlich am Ende der Welt‹, wie die es damals glaubten, die nicht Geographie gelernt hatten, wie wir sie gelernt haben; aber das ist auch nicht so wichtig!

Der Baum der Sonne war ein prächtiger Baum, wie wir niemals einen gesehen haben und du auch niemals einen zu sehen bekommen wirst; die Krone erstreckte sich mehrere Meilen weit, sie war eigentlich ein ganzer Wald, jeder von ihren kleinsten Zweigen war wieder ein ganzer Baum; da waren Palmen, Buchen, Pinien, Platanen, ja alle Arten von Bäumen, die sich ringsum in der Welt finden, trieben hier als kleine Zweige aus den großen Zweigen hervor, und diese glichen mit ihren Krümmungen und Knoten Tälern und Höhen, sie waren mit samtweichen Grün bekleidet, das von Blumen wimmelte; jeder Zweig war wie eine ausgedehnte blühende Wiese oder der lieblichste Garten; die Sonne schien mit wohltuenden Strahlen hernieder, es war ja der Baum der Sonne, und die Vögel von allen Enden der Welt versammelten sich hier, die Vögel aus den Urwäldern des fernen Amerika, aus den Rosengärten von Damaskus, aus den Waldwüsten des inneren Afrika, wo Elefant und Löwe sich einbilden, daß sie allein regieren; die Polarvögel kamen, und Storch und Schwalbe kamen natürlich auch; aber die Vögel waren nicht die einzigen lebendigen Geschöpfe, die hierherkamen, der Hirsch, das Eichhörnchen, die Antilope und hundert andere Tiere, beweglich und schön, waren hier zu Hause; ein großer duftender Garten war ja die Krone des Baumes, und wo sich die allergrößten Zweige wie grüne Höhen ausdehnten, lag ein Schloß aus Kristall, mit einer Aussicht auf alle Länder der Welt; jeder Turm erhob sich wie eine Lilie, man konnte durch den Stiel hinaufgehen, denn es waren Treppen darin; so kannst du wohl auch verstehen, daß man auf die Blätter treten konnte, die Altane waren, und ganz oben in der Blume selbst war der herrlichste strahlende Rundsaal, der kein anderes Dach hatte als den blauen Himmel mit Sonne oder Sternen; ebenso herrlich, nur auf eine andere Weise, waren die weiten Säle unten im Schloß, hier spiegelte sich ringsum an den Wänden die ganze Welt ab; man konnte alles sehen, was geschah, so daß man keine Zeitungen zu lesen brauchte, und die hatten sie hier auch nicht. Alles war in lebenden Bildern zu sehen, hätte man es nur ansehen können oder ansehen mögen, denn zuviel ist zuviel, selbst für den weisesten Mann, und hier wohnte der weiseste Mann. Sein Name ist so schwer auszusprechen, daß du ihn nicht aussprechen kannst, und darum kann es auch einerlei sein. Er wußte alles, was ein Mensch wissen kann und je auf dieser Erde wissen wird, jede Erfindung, die gemacht worden war und gemacht werden wird, aber auch nicht mehr, denn alles hat seine Grenzen. Der weise König Salomo war nur halb so klug, und er war doch sehr klug; er herrschte über die Naturkräfte, über mächtige Geister, ja, selbst der Tod mußte ihm jeden Morgen Nachricht bringen und eine Liste derer, die an dem Tag sterben sollten, aber König Salomo selbst mußte auch sterben, und das war der Gedanke, der oft seltsam lebhaft den Forscher, den mächtigen Herrn auf dem Schloß in dem Baum der Sonne erfüllte. Auch er, soweit er auch die Menschen an Weisheit überragte, würde einmal sterben, das wußte er, auch seine Kinder würden sterben; wie das Laub des Waldes würden sie fallen und zu Staub werden. Das Menschengeschlecht sah er verwehen wie Blätter des Baumes, und neue kamen an ihre Stelle, aber die Blätter, die fielen, wuchsen niemals wieder, sie gingen über in Staub, in andere Pflanzenteile. Was geschah mit den Menschen, wenn der Engel des Todes kam? Was hieß es, zu sterben? Der Körper löste sich auf, und die Seele – ja, was war sie? Was wurde sie? Wohin ging sie? ›Zum ewigen Leben‹, sagte der Trost der Religion; aber wie war der Übergang? Wo lebte man und wie? »Dort oben, im Himmel!« sagten die Frommen, »dort hinauf gehen wir!« — »Dort hinauf!« wiederholte der Weise und sah zu Sonne und Sternen empor. »Dort hinauf!« Und er erkannte an der runden Kugel der Erde, daß Oben und Unten ein und dasselbe waren, je nachdem, wo man auf der schwebenden Kugel stand; und stieg er hinauf, so hoch wie die höchsten Berge der Erde ihre Gipfel erheben, so wurde die Luft, die wir hier unten klar und durchsichtig nennen, ›der klare Himmel‹, zu einem kohlschwarzen Dunkel, dich wie ein Tuch, und die Sonne war glühend, ohne Strahlen zu sehen, unsere Erde lag in einen orangefarbenen Nebel gehüllt. Wie begrenzt war doch das Auge des Körpers, wie wenig vermochte das Auge der Seele zu sehen, wie gering war unser Wissen, selbst der Weiseste wußte nur wenig von dem, was für uns das Wichtigste ist.

In der Geheimkammer des Schlosses lag der Erde größter Schatz: ›Das Buch der Wahrheit‹. Blatt für Blatt las er es. Das war ein Buch, in dem jeder Mensch zu lesen vermag, aber nur stückweise, vor manchem Auge zittert die Schrift, so daß es die Worte nicht entziffern kann; auf einzelnen Blättern wird die Schrift oft so blaß, so verwischt, daß fast nur ein leeres Blatt zu sehen ist; je weiser man ist, desto mehr kann man lesen, und der Weiseste liest das allermeiste; er wußte dazu das Sternenlicht, das Sonnenlicht, das Licht der verborgenen Kräfte und das Licht des Geistes zu sammeln, in diesem helleren Schein trat für ihn noch mehr von der Schrift der Blätter hervor, aber bei dem Abschnitt des Buches, der die Überschrift ›Das Leben nach dem Tode‹ trägt, war nicht einmal soviel wie ein Tüpfelchen zu sehen. Das machte ihn traurig — sollte es nicht in seinen Kräften stehen, hier auf dieser Erde ein Licht zu finden, mit dem für ihn sichtbar würde, was hier im Buch der Wahrheit stand?

Wie der weise König Salomo verstand er die Sprache der Tiere, hörte ihren Gesang und ihre Rede, aber damit wurde er in dieser Frage nicht klüger; er entdeckte die Kräfte in Pflanzen und Metallen, Kräfte, um Krankheiten fernzuhalten, um den Tod fernzuhalten, aber keine, um ihn zu vernichten. In allem, was erschaffen war und was er erreichen konnte, suchte er nach dem Licht, das die Gewißheit eines ewigen Lebens zu beleuchten vermochte, aber er fand es nicht, das Buch der Wahrheit lag vor ihm wie mit unbeschriebenen Blättern. Das Christentum zeigte ihm in der Bibel das Trostwort von einem ewigen Leben, aber er wollte es in seinem Buch lesen, und in dem sah er nichts.

Fünf Kinder hatte er, vier Söhne, gebildet, wie nur der weiseste Vater seine Kinder bilden kann, und eine Tochter, schön, sanft und klug, aber blind, doch das schien ihr kein Mangel zu sein; der Vater und die Brüder waren ihre Augen, und ihr inneres Gefühl machte sie sehend.

Niemals hatten sich die Söhne weiter vom Saal des Schlosses entfernt, als sich die Zweige des Baumes erstreckten, die Schwester noch weniger; sie waren glückliche Kinder im Hause der Kindheit, im Lande der Kindheit, in dem herrlichen, duftenden Baum der Sonne. Wie alle Kinder hörten sie gern erzählen, und der Vater erzählte ihnen vieles, was andere Kinder nicht verstanden hätten, aber diese waren ja ebenso klug wie bei uns die meisten alten Menschen; er erklärte ihnen, was sie als lebende Bilder an den Wänden des Schlosses sahen, das Tun der Menschen und den Gang der Begebenheiten in allen Ländern der Erde, und oft wünschten die Söhne, auch dort draußen zu sein und an all den Großtaten teilzunehmen, und der Vater sagte ihnen dann, daß es schwer und bitter in der Welt sei, daß sie nicht ganz so sei, wie sie sie von ihrer herrlichen Kinderwelt aus sähen. Er sprach zu ihnen von dem Schönen, Wahren und Guten, sagte, daß diese drei Dinge die Welt zusammenhielten und daß sie unter dem Druck, den sie erlitten, zu einem Edelstein würden, klarer als das Wasser des Diamanten; sein Glanz habe Wert vor Gott, er überstrahle alles und sei eigentlich das, was man den ›Stein der Weisen‹ nenne. Er sagte ihnen, so, wie man durch das Erschaffene zur Gewißheit Gottes komme, so komme man auch durch die Menschen selbst zu der Gewißheit, daß es einen solchen Edelstein gebe; mehr konnte er ihnen nicht darüber sagen, mehr wußte er nicht. Diese Erzählung wäre nun für andere Kinder schwer zu verstehen gewesen, aber diese verstanden sie, und später werden die andern sie wohl auch verstehen.

Sie fragten den Vater nach dem Schönen, Wahren und Guten, und er erklärte es ihnen, sagte ihnen so vieles, sagte auch, daß Gott, als er den Menschen aus Erde erschuf, seinem Geschöpf fünf Küsse gab, Feuerküsse, Herzensküsse, innige Gottesküsse, und die sind das, was wir nun die fünf Sinne nennen; durch sie wird das Schöne, Wahre und Gute gesehen, empfunden und verstanden, durch sie wird es geschätzt, beschirmt und gefördert; fünf Sinneskräfte sind uns gegeben, innerlich und äußerlich, Wurzel und Gipfel, Körper und Seele.

Darüber dachten die Kinder nun viel nach, Tag und Nacht lebte es in ihren Gedanken; da träumte der älteste der Brüder einen herrlichen Traum, und seltsam genug, der zweite Bruder träumte ihn auch, und der dritte träumte ihn und der vierte, jeder von ihnen träumte das gleiche; er träumte, daß er in die Welt hinauszöge und den Stein der Weisen fände; wie eine leuchtende Flamme strahlte er auf seiner Stirn, als er im Morgenschimmer auf seinem pfeilschnellen Roß über die samtgrünen Wiesen im Garten der Heimat in das väterliche Schloß zurückritt, und der Edelstein warf ein so himmlisches Licht und einen solchen Glanz über die Blätter des Buches, daß sichtbar wurde, was dort geschrieben stand über das Leben jenseits des Grabes. Die Schwester träumte nicht davon, in die weite Welt hinauszukommen, es kam ihr nicht in den Sinn, ihre Welt war ihres Vaters Haus.

»Ich reite in die weite Welt hinaus!« sagte der älteste, »erproben muß ich doch ihr Tun und Treiben und mich zwischen den Menschen tummeln; nur das Gute und das Wahre will ich, damit werde ich das Schöne beschützen. Vieles soll anders werden, wenn ich komme!« Ja, er dachte kühn und groß, wie wir alle es zu Hause im Ofenwinkel tun, bevor wir in die Welt hinauskommen und Wind und Wetter und Dornen fühlen.

Die fünf Sinne waren innerlich und äußerlich bei ihm wie bei den anderen Brüdern äußerst fein entwickelt, aber jeder von ihnen hatte einen Sinn, der an Stärke und Entwicklung alle andern Sinne übertraf; bei dem ältesten war es das Gesicht, das ihm besonders zugute kommen sollte. Er hatte Augen für alle Zeiten, sagte er, Augen für alle Völker, Augen die in die Erde sehen konnten, wo die Schätze lagen, und in die Menschenbrust, als sei nur eine Glasscheibe davor – das soll heißen, er sah mehr, als wir auf der Wange sehen können, die errötet und erbleicht, und im Auge, das weint oder lacht. Hirsch und Antilope begleiteten ihn bis an die westliche Grenze, und dort kamen die wilden Schwäne und flogen nach Nordwesten, ihnen folgte er, und so war er draußen in der weiten Welt, fern vom Lande des Vaters, das sich ›östlich bis an das Ende der Welt‹ erstreckt.

Ja, wie er die Augen aufriß! Da war vieles zu sehen, und es ist immer etwas anderes, die Städte und Dinge selbst zu sehen, als sie auf Bildern zu betrachten, mögen sie auch noch so gut sein, und sie waren außerordentlich gut, die Bilder daheim in seines Vaters Schloß. Er war nahe daran, im ersten Augenblick beide Augen zu verlieren vor Erstaunen über all den Plunder, all den Fastnachtsrutenschmuck, der als das Schöne aufgestellt war, aber er verlor sie nicht, er hatte eine andere Bestimmung für sie.

Gründlich und ehrlich wollte er bei der Erkenntnis des Schönen, Wahren und Guten zu Werke gehen, aber wie stand es damit? Er sah, wie oft das Häßliche den Kranz bekam, wo ihn das Schöne haben sollte, wie das Gute oft nicht bemerkt und die Mittelmäßigkeit gerühmt und nicht gerügt wurde. Die Leute sahen den Namen und nicht den Nutzen, sie sahen das Kleid und nicht den Mann, den Ruf und nicht die Berufung. Das konnte nun nicht anders sein.

›Ja, ich werde wohl ordentlich zupacken müssen!‹ dachte er, und er packte zu. Aber während er das Wahre suchte, kam der Teufel, welcher der Vater der Lüge und die Lüge selber ist; gern hätte er dem Seher beide Augen ausgeschlagen, aber das wäre zu grob gewesen; der Teufel geht feiner zu Werke, er ließ ihn das Wahre suchen und es sehen und das Gute auch, aber während der älteste Bruder sah, blies ihm der Teufel einen Splitter in das Auge, in beide Augen, einen Splitter und noch einen Splitter, das ist nicht gut für das Gesicht, auch nicht für das beste Gesicht; der Teufel blies den Splitter auf, so daß aus ihm ein Balken wurde, und da war es mit den Augen vorbei, da stand der Seher als blinder Mann mitten in der weiten Welt, und er traute ihr nicht mehr; er gab seine gute Meinung über sie und sich selber auf, und wenn man die Welt und sich selber aufgibt, ja, dann ist es mit einem vorbei.

›Vorbei!‹ sangen die wilden Schwäne, die über das Meer nach Osten flogen. ›Vorbei!‹ sangen die Schwalben, die ostwärts, nach dem Baum der Sonne flogen, und das waren keine guten Nachrichten für die daheim.

»Wohl ist es dem Seher übel ergangen!« sagte der zweite Bruder, »doch kann es dem Hörer besser ergehen!« Der Gehörsinn war es, den er besonders geschärft hatte, er konnte das Gras wachsen hören, soweit hatte er es gebracht.

Er nahm herzlich Abschied und ritt mit guten Gaben und guten Vorsätzen davon. Die Schwalben folgten ihm, und er folgte den Schwänen, und dann war er fern von der Heimat, weit draußen in der weiten Welt.

Man kann nun auch zuviel des Guten haben, diese Wahrheit mußte er bald erfahren, das Gehör war bei ihm zu fein, er hörte ja das Gras wachsen, aber so hörte er auch jedes Menschenherz in Freude und Schmerz schlagen; es war für ihn, als ob die ganze Welt eine große Uhrmacherwerkstatt sei, wo alle Uhren gingen, ›tik, tik!‹ und alle Turmuhren schlugen, ›kling, klang!‹ Nein, es war nicht auszuhalten! Aber er hielt die Ohren steif, solange er konnte; zuletzt wurde all der Lärm und das Geschrei zu gewaltig für einen einzigen Menschen; da kamen Straßenjungen von sechzig Jahren, das Alter macht es ja nicht immer; sie schrien und lärmten, darüber konnte man noch lachen, aber dann kamen Klatsch und Tratsch, das zischelte durch alle Häuser, Gassen und Straßen bis auf die Landstraße hinaus; die Lüge hatte die lauteste Stimme und spielte die Herrschaft, die Narrenschelle klingelte und sagte, sie sei die Kirchenglocke; das wurde dem Hörer zu toll, er steckte die Finger in beide Ohren – aber er hörte immer noch falschen Sang und bösen Klang, Klatsch und Tratsch; zähe Behauptungen, nicht einen sauren Hering wert, schwirrten über die Zunge, so daß es ›knick, knack‹ bei einer solchen Behandlung sagte. Da waren Laute und Töne, Gepolter und Krach, äußerlich und innerlich, bewahre uns, es war nicht auszuhalten, es war allzu toll! Er steckte die Finger tiefer in beide Ohren, immer tiefer, und da platzte ihm das Trommelfell; nun hörte er gar nichts, auch nicht das Schöne, Wahre und Gute, für das das Gehör eine Brücke zu seinen Gedanken sein sollte, und er wurde still und mißtrauisch, traute niemandem, traute zuletzt sich selbst nicht mehr, und das ist ein großes Unglück; er würde den mächtigen Edelstein nicht mehr finden und heimbringen, und er gab es auf und sich selbst auch, und das war nun das Allerschlimmste. Die Vögel, die nach Osten flogen, brachten Botschaft davon, als sie das Schloß des Vaters im Baum der Sonne erreichten; ein Brief kam nicht an, es ging ja auch keine Post dorthin.

»Nun will ich es versuchen!« sagte der dritte, »ich habe eine feine Nase!« Das war zwar nicht fein gesagt, aber so sprach er nun einmal, und man muß ihn nehmen, wie er war, er war die gute Laune selbst, und er war ein Poet, ein richtiger Poet, er konnte singen, was er nicht sagen konnte; an Gedankenschnelle war er den anderen weit voraus. »Ich rieche Lunte!« sagte er, und es war auch der Geruchssinn, der bei ihm in hohem Grade entwickelt war und der ihm ein großes Gebiet im Reich des Schönen schenkte. »Einer liebt Äpfelduft und einer liebt Stallduft«, sagte er, »jedes Duftgebiet im Reich des Schönen hat sein Publikum. Einige fühlen sich zu Hause in der Kneipenluft, beim qualmenden Docht des Talglichts, wo der Schnapsgestank sich mit schlechtem Tabaksrauch mischt, andere sitzen lieber im schwülen Jasminduft und reiben sich mit dem stärksten Nelkenöl ein, das man nur riechen kann. Einige suchen den scharfen Seewind, die frische Brise auf oder steigen auf die hohen Bergesgipfel und sehen auf das geschäftige Alltagstreiben!«

Ja, so sagte er; es war, als wäre er schon früher draußen in der Welt gewesen, hätte mit den Menschen gelebt und sie erkannt, aber er hatte diese Weisheit aus sich selbst, es war der Poet in ihm, das, was der liebe Gott ihm als Geschenk in die Wiege gelegt hatte.

Nun sagte er dem väterlichen Heim im Baum der Sonne Lebewohl und ging durch die Herrlichkeiten der Heimat, aber draußen setzte er sich auf den Strauß, der schneller läuft als ein Pferd, und als er dann die wilden Schwäne sah, schwang er sich auf den Rücken des stärksten; er liebte die Veränderung, und darum flog er über das Meer hinaus in fremde Länder mit großen Wäldern, tiefen Seen, mächtigen Bergen und stolzen Städten, und wohin er kam, war es, als ginge ein Sonnenschein über das Land; jede Blume und jeder Busch duftete stärker in dem Gefühl, daß ein Freund, ein Beschützer nahte, der ihn schätzte und verstand, ja, der verkrüppelte Rosenstrauch erhob seine Zweige, entfaltete seine Blätter und trug die lieblichste Rose, jeder konnte sie sehen, selbst die schwarze, nasse Waldschnecke bemerkte ihre Schönheit.

»Ich will der Blume mein Zeichen aufdrücken!« sagte die Schnecke, »nun habe ich auf sie gespuckt, etwas anderes kann ich nicht tun!«

»So geht es mit dem Schönen in der Welt!« sagte der Poet, und er sang ein Lied davon, sang es auf seine Weise, aber niemand hörte darauf; darum gab er dem Trommelschläger zwei Schillinge und eine Pfauenfeder, und der setzte dann das Lied für die Trommel um und trommelte es in der Stadt in allen Straßen und Gassen aus; nun hörten es die Leute und sagten, sie verständen es, es sei so tief! Und nun konnte der Poet mehr Lieder singen, und er sang von dem Schönen, dem Wahren und dem Guten, und sie hörten es in der Kneipe, wo das Talglicht qualmte, sie hörten es auf der frischen Kleewiese, im Wald und auf der offenen See; es schien, als habe dieser Bruder größeres Glück als die beiden anderen; aber das konnte der Teufel nicht leiden, und darum kam er sogleich mit dem Königsweihrauch und dem Kirchenweihrauch und allem Ehrenweihrauch, der zu finden war, und als Teufel versteht er zu destillieren, den allerstärksten Weihrauch, der alles andere erstickt und selbst einen Engel taumelig machen kann, erst recht einen armen Poeten; der Teufel weiß wohl, wie man die Leute zu nehmen hat; den Dichter nahm er mit Weihrauch, so daß er ganz außer sich war und seine Sendung, sein Vaterhaus – alles, auch sich selbst vergaß; er ging auf in Rauch und Weihrauch.

Alle Vögelchen trauerten, als sie das hörten, und sangen drei Tage lang nicht. Die schwarze Waldschnecke wurde noch schwärzer, aber nicht vor Trauer, sondern vor Neid. »Ich bin es«, sagte sie, »die beräuchert werden sollte, denn ich war es, die ihm die Idee zu seinem berühmtesten Lied, dem für die Trommel, vom Gang der Welt gab! Ich war es, die auf die Rose spuckte, dafür kann ich Zeugen bringen.«

Aber daheim im Lande Indien verlautete nichts davon; alle Vögelchen trauerten ja und schwiegen drei Tage lang, und als die Trauerzeit um war, ja, da war die Trauer so stark gewesen, daß sie vergessen hatten, worüber sie trauerten. So geht es!

»Nun muß ich wohl auch in die Welt hinaus und fortbleiben wie die andern!« sagte der vierte Bruder. Er hatte eine ebenso gute Laune wie der vorhergehende Bruder, aber er war kein Poet, und so hatte er erst recht allen Grund, eine gute Laune zu haben; die beiden hatten Fröhlichkeit ins Schloß gebracht, nun ging die letzte Fröhlichkeit mit ihm davon. Das Gesicht und das Gehör sind von den Menschen immer als die beiden bedeutendsten Sinne angesehen worden, die man sich besonders stark und geschärft wünscht, die drei anderen Sinne werden für weniger we-

sentlich gehalten, doch der Ansicht war dieser Sohn durchaus nicht, er hatte besonders den Geschmack entwickelt, in all den Bedeutungen, die er haben kann, und er hat eine große Macht und führt ein mächtiges Regiment. Er regiert über das, was durch den Mund und durch den Geist geht, darum kostete der Sohn von allem, was in Pfanne und Topf, in Flasche und Schüssel war; das sei das Grobe in seinem Beruf, sagte er; jeder Mensch sei für ihn eine Pfanne, in der es koche, jedes Land eine ungeheure Küche, geistig genommen, das sei das Feine, und nun wolle er hinaus und das Feine probieren.

»Vielleicht ist mir das Glück günstiger, als es meinen Brüdern war!« sagte er. »Ich reise nun! Aber welches Beförderungsmittel soll ich wählen? Sind die Luftballons schon entdeckt?« fragte er seinen Vater, der ja von allen Erfindungen wußte, die gemacht waren oder gemacht werden sollten. Aber die Luftallons waren noch nicht erfunden, auch nicht die Dampfschiffe und Eisenbahnen. »Ja, ich nehme einen Luftballon!« sagte er, »mein Vater weiß, wie sie gemacht und gelenkt werden müssen, und ich lerne es! Niemand kennt die Erfindung, und dann werden sie glauben, es sei eine Lufterscheinung; wenn ich den Ballon gebraucht habe, werde ich ihn verbrennen, deshalb mußt du mir einige Stücke von dieser zukünftigen Erfindung mitgeben, die chemische Schwefelhölzer genannt werden.«

Das alles bekam er, und dann flog er davon, und die Vögel folgten ihm länger, als sie den anderen Brüdern gefolgt waren, denn sie wollten gern sehen, wie dieser Flug ablief, und immer mehr kamen hinzu, denn sie waren neugierig, sie glaubten, es sei ein neuer Vogel, der da flog; ja, er bekam wahrlich ein Gefolge! Die Luft wurde schwarz von Vögeln, sie kamen wie eine große Wolke, wie ein Heuschreckenschwarm über Ägypten, und dann war er draußen in der weiten Welt.

»Ich habe einen guten Freund und Helfer an dem Ostwind gehabt!« sagte er.

»Ostwind und Westwind, meinst du wohl!« sagten die Winde, »wir sind zu zweit gewesen, um uns abzulösen, sonst wärst du nicht nach Nordwesten gekommen!«

Aber er hörte nicht, was die Winde sagten, und das war ja auch einerlei. Die Vögel folgten ihm nun auch nicht länger; als sie am zahlreichsten waren, wurde einigen die Fahrt langweilig. Es würde zuviel aus der Sache gemacht, sagten sie, er würde noch eingebildet werden, »es lohnt sich nicht, hinterherzufliegen, es ist doch nichts, es ist albern!« Und dann blieben sie zurück, sie blieben alle zurück; das Ganze war ja nichts.

Und der Ballon ging über einer der größten Städte nieder; dort setzte sich der Luftschiffer auf den höchsten Platz, das war der Kirchturm. Der Ballon ging wieder in die Luft, das sollte er nicht; wo er blieb, ist nicht leicht zu sagen, aber das ist einerlei, er war ja noch nicht erfunden.

Da saß er nun also oben auf dem Kirchturm, die Vögel flogen nicht zu ihm heran, sie waren seiner überdrüssig, und er war ihrer überdrüssig. Alle Schornsteine der Stadt rauchten und dufteten.

»Das sind Altäre, die für dich errichtet sind!« sagte der Wind, der ihm etwas Angenehmes sagen wollte. Reichlich keck saß er da und sah hinunter auf die Leute in den Straßen; einer ging dort, der war stolz auf seinen Geldbeutel, einer stolz auf seinen Schlüssel, obwohl er nichts aufzuschließen hatte; einer war stolz auf seinen Rock, in dem die Motten saßen, und einer stolz auf seinen Leib, an dem die Würmer nagten.

»Eitelkeit! Ja, ich muß wohl bald hinunter, um den Topf umzurühren und zu kosten!« sagte er, »aber ich will hier doch noch ein wenig sitzen, der Wind kitzelt mich so schön am Rücken, mir ist sehr behaglich zumute. Ich bleibe hier sitzen, solange der Wind weht. Ich will ein wenig Ruhe haben; es ist gut, am Morgen lange liegenzublieben, wenn man viel zu tun hat, sagt der Faule; aber die Faulheit ist die Wurzel allen Übels, und Übles gibt es nicht in unserer Familie, das sage ich, und das sagt jeder Sohn auf der Straße! Ich bleibe sitzen, solange dieser Wind bläst, das schmeckt mir!«

Und er blieb sitzen, aber er saß auf dem Wetterhahn der Turmspitze, der sich mit ihm drehte und drehte, so daß er glaubte, es sei immer derselbe Wind; er blieb sitzen, und da konnte er lange sitzen und schmecken.

Aber im Lande Indien, im Schloß auf dem Baum der Sonne, war es leer und still geworden, als die Brüder so einer nach dem andern fortgezogen waren.

»Es geht ihnen nicht gut!« sagte der Vater. »Niemals bringen sie den leuchtenden Edelstein heim; er ist nicht zu finden für mich, sie sind fort, tot –!« Und er beugte sich über das Buch der Wahrheit, starrte auf das Blatt, wo er vom Leben nach dem Tode lesen sollte, aber dort war für ihn nichts zu sehen und zu erfahren.

Die blinde Tochter war sein Trost und seine Freude; innig und zärtlich schloß sie sich ihm an; um seiner Freude, seines Glückes willes wünschte sie, das kostbare Juwel möchte gefunden und heimgebracht werden. In Trauer und Sehnsucht gedachte sie der Brüder. Wo waren sie? Wo lebten sie? So innig wünschte sie, von ihnen träumen zu können, aber seltsam, selbst im Traum konnte sie ihnen nicht begegnen. Endlich träumte ihr eines Nachts, daß ihre Stimmen zu ihr klängen, daß sie riefen, daß sie draußen in der weiten Welt nach ihr riefen, und sie mußte hinaus, weit, weit fort, und doch schien es ihr, als sei sie noch in ihres Vaters Haus, die Brüder traf sie nicht, aber in ihrer Hand fühlte sie es wie Feuer brennen, doch es schmerzte nicht, sie hielt den leuchtenden Edelstein und brachte ihn ihrem Vater. Als sie erwachte, glaubte sie im ersten Augenblick, daß sie ihn noch hielte; es war ihr Rocken, den ihre Hand umklammerte. In den langen Nächten hatte sie unablässig gesponnen, der Faden auf ihrer Spindel war feiner als das Gewebe der Spinne; Menschenaugen hätten den einzelnen Faden nicht entdecken können; sie hatte ihn mit ihren Tränen genetzt, und er war stark wie ein Ankertau. Sie erhob sich, ihr Beschluß war gefaßt, der Traum mußte verwirklicht werden. Es war Nacht, ihr Vater schlief, sie küßte seine Hand, nahm dann ihre Spindel und band das Ende des Fadens fest an das Haus ihres Vaters, sonst würde sie, die Blinde ja niemals wieder heimfinden können; an den Faden wollte sie sich halten, auf ihn verließ sie sich und nicht auf sich selbst und andere. Sie pflückte vier Blätter vom Baum der Sonne, die wollte sie Wind und Wetter als Brief und Gruß an die Brüder übergeben, wenn sie sie nicht draußen in der weiten Welt nicht treffen sollte.

Wie würde es ihr dort wohl ergehen, dem armen blinden Kind? Doch sie hatte den unsichtbaren Faden, um sich daran zu halten; vor allen andern besaß sie eine Eigenschaft: Innigkeit, und dadurch hatte sie gleichsam Augen in den Fingerspitzen und Ohren im Herzen.

Und so ging sie in die laute, lärmende, wunderliche Welt hinaus, und wohin sie kam, wurde der Himmel sonnenklar, sie konnte die warmen Strahlen spüren, der Regenbogen spannte sich aus der schwarzen Wolke über die blaue Luft; sie hörte den Gesang der Vögel, sie spürte den Duft der Orangen- und Apfelgärten so stark, daß sie glaubte, ihn schmecken zu können. Weiche Töne und lieblicher Gesang erreichten sie, aber auch Heulen und Schreien; seltsam standen Gedanke und Urteil im Streit miteinander. Im Winkel des Herzens ertönten Herzensklänge und Gedankenklänge der Menschen; es brauste im Chor:

Das Leben ist vergänglich Rauch
und Nacht, in der man weint.

Aber es tönte auch der Gesang:

Das Leben ist ein Rosenstrauch,
auf den die Sonne scheint.

Und klang es bitter:

Ein jeder denkt an sich allein,
die Wahrheit ist gegeben.

So lautete es als Antwort:

Die Liebe geht mit hellem Schein
durch unser Erdenleben.

Wohl hörte sie die Worte:

Die Welt ist nichtig, Glied um Glied,
und Wahn sind unsere Taten.

Aber sie vernahm auch:

Viel Gutes, Edles doch geschieht,
die Welt kann's kaum erraten.

Und es sang ringsum im brausenden Chor:

Halt all's zum Narren, lach und spott,
und lach in Teufels Namen!

So klang es in des blinden Mädchens Herzen:

Halt an dich selbst, halt fest an Gott,
sein Will' geschehe, Amen!

Und wo sie im Kreis von Männern und Frauen, bei Jungen und Alten erschien, da leuchtete in den Seelen die Erkenntnis des Wahren, Guten und Schönen; wohin sie kam, in die Werkstatt des Künstlers, in den reichen festlichen Saal und in die Fabrik zwischen die schnurrenden Räder, überall war es, als ob der Sonnenstrahl käme, die Saite erklänge, die Blume dufte und der erfrischende Tautropfen auf das verschmachtende Blatt fiele.

Aber darein konnte sich der Teufel nicht finden; er hat ja mehr Verstand als zehntausend Männer, und darum wußte er sich zu helfen. Er ging zum Sumpf, nahm Blasen aus dem modrigen Wasser, ließ das siebenfache Echo vom Wort der Lüge über sie schallen, um sie kräftiger zu machen; er stieß bezahlte Lobesverse und Leichenpredigten zu Pulver, so viele, wie zu finden waren, kochte sie in Tränen, die der Neid geweint, streute Schminke obendrauf, von einer fahlen Jungfernwange gekratzt, und schuf hieraus ein Mädchen, in Gestalt und Bewegung wie das blinde, segensreiche; den ›milden Engel der Innigkeit‹ nannten es die

Leute, und so war des Teufels Spiel im Gange. Die Welt wußte nicht, welche von beiden die Richtige war, und wie sollte die Welt das auch wissen!

»Halt an dich selbst, halt fest an Gott,
sein Will geschehe, Amen!«

sang die Blinde in vollem Vertrauen. Die vier grünen Blätter vom Baum der Sonne übergab sie Wind und Wetter als Brief und Gruß an ihre Brüder, und sie war dessen gewiß, daß es erfüllt würde, ja, auch das Juwel würde gefunden werden, das alle irdische Herrlichkeit überstrahlte; von der Menschheit Stirn würde es bis zu ihres Vaters Haus strahlen.

»Bis zu meines Vaters Haus!« wiederholte sie, »ja, auf der Erde ist der Ort des Edelsteines, und ich bringe mehr als die Gewißheit davon mit; ich fühle seine Glut, stärker und stärker schwillt sie in meiner geschlossenen Hand. Jedes Wahrheitskörnchen, so fein, daß es der scharfe Wind führte und trug, fing ich auf und bewahrte es; ich ließ es vom Duft alles Schönen durchdringen, es gibt so viel davon in der Welt, selbst für den Blinden; ich nahm den Klang vom Herzen des Menschen, wenn es im Guten schlug, und legte ihn dazu; Staubkörnchen ist alles, was ich bringe, aber doch in reicher Fülle der Staub des gesuchten Edelsteines, meine ganze Hand ist damit gefüllt!« Und sie streckte sie aus – dem Vater entgegen. Sie war in der Heimat; mit dem Flug des Gedankens hatte sie sie erreicht, während sie den unsichtbaren Faden nach des Vaters Haus nicht losließ.

Die bösen Mächte fuhren mit dem Brausen des Orkans über den Baum der Sonne hin, drangen mit einem Windstoß durch die offene Tür in die geheime Kammer.

»Es verweht!« rief der Vater und griff um die Hand, die sie geöffnet hatte.

»Nein!« rief sie in sicherem Bewußtsein, »es kann nicht verwehen! Ich spüre die Strahlen warm in meiner Seele.«

Und der Vater sah eine leuchtende Flamme, wo der funkelnde Staub aus ihrer Hand über das weiße Blatt des Buches flog, das über die Gewißheit des ewigen Lebens Kunde geben sollte; in blendendem Glanz stand dort eine Schrift, ein einziges sichtbares Wort nur, das eine Wort: Glaube.

Und bei ihnen waren wieder die vier Brüder; Sehnsucht nach der Heimat hatte sie ergriffen und geführt, als das grüne Blatt auf ihre Brust gefallen war; sie waren gekommen, die Zugvögel folgten ihnen und Hirsch, Antilope und alle Tiere des Waldes; sie wollten auch an der Freude teilnehmen, und warum sollten es die Tiere nicht, wenn sie es können?

Wir haben oft gesehen, daß sich eine leuchtende Staubsäule dreht, wenn ein Sonnenstrahl durch ein Loch in der Tür in die staubige Stube fällt, gerade so, nur nicht so plump und armselig – selbst der Regenbogen ist schwer und in den Farben nicht kräftig genug gegen den Anblick, der sich hier zeigte – erhob sich aus dem Blatt des Buches, von dem leuchtenden Wort Glaube jedes Wahrheitskörnchen mit dem Glanz des Schönen, mit dem Klang des Guten, stärker strahlend als die Feuersäule in der Nacht, als Moses und das Volk Israel nach dem Lande Kanaan zogen; vom Wort Glaube ging die Brücke der Hoffnung zur Alliebe in das Unendliche.

Suppe aus einem Wurstspeiler

I

›Suppe aus einem Wurstspeiler‹

»Das war gestern ein ausgezeichnetes Mittagessen!« sagte eine alte Mäusefrau zu einer, die nicht bei dem Schmaus gewesen war. »Ich saß einundzwanzig Plätze von dem alten Mäusekönig entfernt; das ist doch gar nicht schlecht! Wenn ich Ihnen nun etwas über die Gänge sagen soll, so waren sie sehr gut zusammengestellt! Schimmliges Brot, Speckschwarte, Talglicht und Wurst – und dann dasselbe wieder von vorn; das war so gut, als hätten wir zwei Mahlzeiten bekommen. Es war eine behagliche Stimmung und gemütlicher Unsinn wie in einem Familienkreis; nicht das Allergeringste außer den Wurstspeilern blieb übrig; über die sprachen wir dann und auch davon, Suppe aus einem Wurstspeiler zu kochen; gehört davon hatte ja jeder, aber keiner hatte die Suppe gekostet, geschweige denn verstanden sie zu kochen. Es wurde ein allerliebster Toast auf den Erfinder ausgebracht, er verdiene Armenhausvorsteher zu sein! War das nicht witzig? Und der alte

Mäusekönig erhob sich und gelobte, daß diejenige von den jungen Mäusen, welche die erwähnte Suppe am wohlschmeckendsten kochen könne, seine Königin sein solle, Jahr und Tag sollten sie Bedenkzeit haben.«

»Das ist gar nicht so übel!« sagte die andere Maus, »aber wie kocht man die Suppe?«

»Ja, wie kocht man sie, das fragten auch die andern Mäusedamen, junge und alte. Alle wollten sie gern Königin sein, aber ungern wollten sie sich die Mühe machen, in die weite Welt hinauszugehen, um es zu lernen, und das würde wohl notwendig werden! Aber es ist auch nicht jedem gegeben, die Familie und die alten Winkel zu verlassen; nicht alle Tage kommt man draußen zu Käserinde und Speckschwartengeruch, nein, man muß manchmal Hunger leiden, ja, vielleicht wird man gar lebendig von einer Katze gefressen!«

Diese Gedanken waren es wohl auch, welche die meisten abschreckten, auf Erkundung auszuziehen. Es stellten sich nur vier Mäuse zur Abreise ein, jung und flink, aber arm; sie wollten jede an eins der vier Enden der Welt gehen, dann kam es darauf an, wem das Glück zur Seite stand. Jede von ihnen nahm einen Wurstspeiler mit, um sich zu erinnern, weshalb sie reise; er sollte ihr Wanderstab sein.

Anfang Mai zogen sie fort, und erst im Mai des folgenden Jahres kamen sie zurück, jedoch nur drei, die vierte meldete sich nicht, ließ gar nichts von sich hören, und nun war der Tag der Entscheidung da.

»Ja, dem besten Vergnügen hängt doch stets irgendein Kummer an«, sagte der Mäusekönig, aber er gab Befehl, alle Mäuse im Umkreis vieler Meilen einzuladen; sie sollten sich in der Küche versammeln; die drei Reisemäuse standen in einer Reihe für sich; für die vierte, die fehlte, war ein Wurstspeiler mit schwarzem Trauerflor aufgestellt. Niemand wagte seine Meinung zu sagen, bevor die drei gesprochen hatten und der Mäusekönig bestimmt hatte, was weiter gesagt werden solle.

Nun werden wir hören!

2

Was die erste kleine Maus auf der Reise gesehen und gelernt hatte

»Als ich in die weite Welt hinauszog«, sagte die kleine Maus, »glaubte ich wie so viele in meinem Alter, ich hätte schon alles Wissen der Welt verschlungen, aber das hat man nicht, es gehört Jahr und Tag dazu, ehe das geschieht. Ich ging sogleich zur See; ich fuhr mit einem Schiff, das gen Norden sollte; ich hatte gehört, daß der Schiffskoch sich auf dem Meer zu helfen wissen müsse, aber es ist leicht, sich zu helfen, wenn man Speckseiten, Tonnen voll Pökelfleisch und schimmliges Mehl hat; man lebt delikat, aber man lernt dabei nicht, wie man eine Suppe aus einem Wurstspeiler kochen kann. Wir segelten viele Nächte und Tage, wir schlingerten und wurden tüchtig naß. Als wir dorthin kamen, wohin wir sollten, verließ ich das Fahrzeug; es war hoch oben im Norden.

Es ist wunderlich, aus seinem eigenen Winkel zu Hause herauszukommen, mit einem Schiff zu fahren, das auch eine Art Winkel ist, und dann plötzlich über hundert Meilen fort zu sein und in einem fremden Land zu stehen. Dort gab es unwegsame Wälder mit Tannen und Birken, die so stark dufteten! Ich habe das gar nicht gern! Die wilden Kräuter dufteten so würzig, ich nieste, ich dachte an Wurst. Dort waren große Waldseen, das Wasser sah in der Nähe ganz klar aus, aber aus der Ferne wie schwarze Tinte; weiße Schwäne schwammen dort, ich hielt sie für Schaum, so still lagen sie, aber ich sah sie fliegen, und ich sah sie gehen, da erkannte ich sie; sie gehören zum Geschlecht der Gänse, das sieht man schon am Gang, niemand kann seine Verwandtschaft verleugnen! Ich hielt mich an meine Art, ich schloß mich den Wald- und Feldmäusen an, die übrigens sehr wenig wissen, besonders was die Bewirtung angeht, und das war es ja gerade, weshalb ich ins Ausland reiste. Der Gedanke, Suppe aus einem Wurstspeiler zu kochen, war ihnen ein so außerordentlicher Gedanke, daß er sofort durch den ganzen Wald ging, aber die Aufgabe zu lösen, das hielten sie für ein Ding der Unmöglichkeit. Damals dachte ich am wenigsten daran, daß ich dort, und noch in derselben Nacht, in die Zubereitung eingeweiht werden sollte. Es war Mittsommer, und darum duftete der Wald so stark, sagten sie, darum seien die Kräuter so würzig, die Seen so klar und doch so dunkel mit ihren weißen Schwänen. Am Saum des Waldes, zwischen drei, vier Häusern, war eine Stange errichtet, so hoch wie der Großmast eines Schiffes, und ganz oben hingen Kränze und Bänder, es war der Maibaum. Knechte und Mägde tanzten rundherum und sangen dazu mit der Fiedel des Spielmannes um die Wette. Es ging lustig her bei Sonnenuntergang und im Mondenschein, aber ich nahm nicht teil, was soll eine kleine Maus auf dem Waldball! Ich saß in dem weichen Moos und hielt meinen Wurstspeiler fest. Der Mond schien besonders auf einen Fleck, wo ein Baum mit einem so feinen Moos stand, ja, ich darf wohl sagen, so fein wie das Fell des Mäusekönigs, aber es

war von grüner Farbe und eine Wohltat für die Augen. Da kamen auf einmal die lieblichsten kleinen Leute aufmarschiert, nicht größer als daß sie mir bis ans Knie reichten, sie sahen aus wie Menschen, aber sie waren besser proportioniert, sie nannten sich Elfen und hatten feine Kleider aus Blütenblättern mit Fliegen- und Mückenflügelbesatz, gar nicht übel. Es war mir gleich, als ob sie etwas suchten, ich wußte nicht was, aber dann kamen einige auf mich zu, der Vornehmste zeigte auf meinen Wurstspeiler und sagte: ›Das ist gerade so einer, wie wir ihn brauchen! Der ist zugespitzt, der ist ausgezeichnet!‹ Und je länger er meinen Wanderstab betrachtete, desto entzückter wurde er.

›Nur leihen, aber nicht behalten!‹ sagte ich.

›Nicht behalten!‹ sagten sie alle, faßten den Wurstspeiler, den ich losließ, und tanzten mit ihm zu dem feinen Moosfleck, wo sie den Wurstspeiler mitten im Grünen aufrichteten. Sie wollten auch einen Maibaum haben, und der, den sie nun hatten, war denn auch, als sei er für sie zugeschnitten. Nun wurde er geschmückt – ja, da bekam er erst ein Aussehen!

Kleine Spinnen bespannen ihn mit Golddraht, behängten ihn mit wehenden Schleiern und Fahnen, so fein gewebt, so schneeweiß im Mondenschein gebleicht, daß es mir die Augen blendete; sie nahmen Farben von den Flügeln des Schmetterlings und streuten diese über das weiße Linnen, und Blumen und Diamanten flimmerten darauf, ich erkannte meinen Wurstspeiler nicht wieder; ein solcher Maibaum fand gewiß nicht seinesgleichen auf der ganzen Welt. Und nun erst kam die richtige große Elfengesellschaft, die war ganz ohne Kleider, feiner konnte es nicht sein, und mich lud man ein, das Fest mit anzusehen, aber aus einiger Entfernung, denn ich war ihnen zu groß.

Nun begann dort ein Spiel! Es war, als klängen Tausende von Glasglocken, so voll und stark, daß ich glaubte, es wären die Schwäne, die sangen, ja, es schien mir, als könnte ich auch den Kuckuck und die Drossel hören, es war zuletzt, als klänge der ganze Wald, da waren Kinderstimmen, Glockenklang und Vogelsang, die lieblichsten Melodien, und all die Herrlichkeit klang aus dem Maibaum der Elfen, der war ein ganzes Glockenspiel und war doch nur mein Wurstspeiler. Daß so viel aus ihm herauskommen könnte, hätte ich nie geglaubt, aber es kommt wohl darauf an, in welche Hände er gerät. Ich war wirklich sehr gerührt; ich weinte, wie eine kleine Maus weinen kann, vor lauter Vergnügen.

Die Nacht war allzu kurz, aber sie ist nun einmal dort oben um diese Zeit nicht länger. In der Morgendämmerung kam ein Lüftchen, der Wasserspiegel des Waldsees kräuselte sich, all die feinen schwebenden Schleier und Fahnen flogen in der Luft davon; die schaukelnden Lauben aus Spinnweb, die Hängebrücken und Balustraden und wie sie nun heißen, die von Blatt zu Blatt errichtet waren, flogen davon, wie nichts; sechs Elfen brachten mir meinen Wurstspeiler wieder und fragten, ob ich irgendeinen Wunsch hätte, den sie mir erfüllen könnten; da bat ich sie, mir zu sagen, wie man Suppe aus einem Wurstspeiler kocht.

›Wie wir es tun?‹ sagte der Vornehmste und lachte, ›das hast du ja doch soeben gesehen! Du kanntest ja kaum deinen Wurstspeiler wieder!‹

›So meinen Sie es!‹ sagte ich und erzählte geradeheraus, warum ich auf Reisen sei und was man sich zu Hause davon verspreche. ›Welchen Nutzen‹, fragte ich, ›haben der Mäusekönig und unser ganzes mächtiges Reich dadurch, daß ich diese Herrlichkeit gesehen habe? Ich kann sie nicht aus dem Wurstspeiler schütteln und sagen: Seht, hier ist der Wurstspeiler, und nun kommt die Suppe! Das wäre höchstens eine Art Gericht – wenn man satt wäre!‹

Da tauchte der Elf seinen kleinen Finger in den Kelch eines blauen Veilchens und sagte zu mir: ›Gib acht! Hier bestreiche ich deinen Wanderstab, und wenn du nach Hause zum Schloß des Mäusekönigs kommst, dann berühre mit dem Stab die warme Brust deines Königs und es werden Veilchen sprießen, den ganzen Stab bedecken, selbst zur kältesten Winterzeit. Sieh, dann hast du doch etwas zu Hause und noch ein bißchen dazu!‹« Aber bevor die kleine Maus sagte, was dieses bißchen sei, richtete sie ihren Stab auf die Brust des Königs, und wirklich, da sproß der herrlichste Blumenstrauß hervor, der so stark duftete, daß der Mäusekönig befahl, die Mäuse, welche dem Schornstein am nächsten standen, sollten sofort ihre Schwänze ins Feuer stecken, damit man einen brandigen Geruch verspüre, denn der Veilchenduft sei nicht auszuhalten, der sei nicht die Sorte, die man liebe.

»Aber was war das bißchen, von dem du sprachst?« fragte der Mäusekönig.

»Ja« sagte die kleine Maus, »das ist das, was man wohl den Effekt nennt!« Und darauf kehrte sie den Wurstspeiler um, und keine Blume war mehr da, sie hielt nur den nackten Speiler, und diesen hob sie wie einen Taktstock.

»Veilchen, sagte mir der Elf, sind für die Augen, für den Geruch und das Gefühl, aber es bleibt noch übrig, für das Gehör und den Geschmack zu sorgen!« Nun schlug sie den Takt; das war eine Musik, nicht wie sie im Walde beim Fest der Elfen erklang, nein wie sie in der Küche zu hören ist. Na, das war ein Durcheinander! Es kam plötzlich, gerade als ob der Wind durch alle Essen brauste; Kessel und Töpfe kochten über, die Feuerschaufel donnerte gegen den Messingkessel, und dann wurde es auf einmal still; man hörte den gedämpften Gesang des Teekessels, so wunderlich, daß man gar nicht wußte, ob er aufhörte oder begann; der kleine Topf kochte und der große Topf kochte, einer kümmerte sich nicht um den andern, es war, als sei keine Vernunft im Topf. Und die kleine Maus schwang ihren Taktstock immer wilder – die Töpfe schäumten, brodelten, kochten über, der Wind sauste, der Schornstein pfiff – huha! Es wurde so entsetzlich, daß die kleine Maus selbst den Stock verlor.

»Das war eine schwere Suppe!« sagte der Mäusekönig, »kommt nun nicht bald die Mahlzeit?«

»Das war das Ganze!« sagte die kleine Maus und verneigte sich.

»Das Ganze! Ja, dann laßt uns hören, was die Nächste zu berichten hat!« sagte der König.

3

Was die zweite kleine Maus zu erzählen wußte

»Ich bin in der Schloßbibliothek geboren«, sagte die zweite Maus, »ich und mehrere aus meiner Familie haben nie das Glück gekannt, in das Speisezimmer, geschweige denn in die Speisekammer zu kommen; erst auf meiner Reise und heute hier sah ich eine Küche. Wir litten wirklich oft Hunger in der Bibliothek, aber wir erwarben viele Kenntnisse. Zu uns hinauf gelangte das Gerücht von dem königlichen Preis, der dafür ausgesetzt war, Suppe aus einem Wurstspeiler zu kochen, und da war es meine alte Großmutter, die ein Manuskript hervorsuchte, das sie zwar nicht lesen konnte, das sie aber hatte vorlesen hören, und darin stand: ›Ist man ein Dichter, so kann man Suppe aus einem Wurstspeiler kochen.‹ Sie fragte mich, ob ich ein Dichter sei. Ich wußte mich frei davon, und sie sagte, dann müsse ich sehen, daß ich es würde; was dazu erforderlich sei, fragte ich, denn es war für mich ebenso schwierig, das herauszufinden, wie die Suppe zu kochen; doch Großmutter war sehr belesen, sie sagte, es seien drei Hauptbestandteile notwendig: ›Verstand, Phantasie und Gefühl, kannst du diese in dich hineinbekommen, so bist du ein Dichter, und dann kommst du wohl auch mit dem Wurstspeiler zurecht!‹

Und dann ging ich gen Westen in die weite Welt hinaus, um Dichter zu werden.

Verstand ist bei jedem Ding das wichtigste, das wußte ich, die beiden anderen Teile genießen nicht dieselbe Achtung! Ich suchte also zuerst den Verstand. Ja, wo wohnt der wohl? Geh zur Ameise und werde weise! hat ein großer König im Judenland gesagt, das wußte ich aus der Bibliothek, und ich hielt nicht an, bevor ich zu dem ersten großen Ameisenhaufen kam, dort legte ich mich auf die Lauer, um weise zu werden.

Die Ameisen sind ein sehr respektables Volk, sie sind lauter Verstand. Alles bei ihnen ist wie ein richtiges Rechenexempel, das aufgeht. Arbeiten und Eierlegen, sagen sie, heißt in der Zeit leben und für die Nachwelt sorgen, und das tun sie denn. Sie teilen sich in die sauberen Ameisen und die schmutzigen; der Rang besteht in einer Nummer, die Ameisenkönigin ist Nummer eins, und ihre Ansicht ist die einzig richtige, sie hat alle Weisheit geschluckt, und das zu wissen war für mich von Wichtigkeit! Sie sagte so vieles, und das war so klug, daß es mir dumm vorkam. Sie sagte, ihr Ameisenhaufen sei das Höchste in dieser Welt, aber dicht bei dem Haufen stand ein Baum, der höher, viel höher war, daß ließ sich nicht leugnen, und so sprach man nicht davon. Eines Abends hatte sich eine Ameise dorthin verirrt, war den Stamm hinaufgekrochen, nicht einmal bis zur Krone, aber doch höher, als vorher irgendeine Ameise gekommen war, und als sie umkehrte und wieder nach Hause kam, erzählte sie im Haufen von etwas viel Höherem draußen, aber das fanden die Ameisen beleidigend für die ganze Gesellschaft, und die Ameise wurde deshalb zu Maulkorb und immerwährender Einsamkeit verurteilt. Aber kurze Zeit darauf kam eine andere Ameise zu dem Baum und machte dieselbe Reise und Entdeckung, sie sprach davon vorsichtig und undeutlich, wie man sagte, und da sie außeraußerdem eine geachtete Ameise und eine der sauberen war, so glaubte man ihr, und als sie starb, setzten sie ihr eine Eierschale als Denkmal, denn sie achteten die Wissenschaften. Ich sah«, sagte die kleine Maus, »daß die Ameisen unaufhörlich mit ihren Eiern auf dem Rücken umherliefen; eine von ihnen verlor das ihrige, sie gab sich große Mühe, es wieder aufzuheben, aber es wollte ihr nicht gelingen, da kamen zwei andere hinzu und halfen ihr aus Leibeskräften, so daß sie beinahe ihre eigenen Eier dabei verloren hätten, aber da ließen sie es augenblicklich wieder sein, denn man ist sich selbst am nächsten; und die Ameisenkönigin sagte darüber, hier sei Herz und Verstand gezeigt worden. ›Diese beiden stellen uns Ameisen auf die höchste Stufe unter den Vernunftwesen. Der Verstand soll und muß das Überwiegende sein, und ich habe den größten!‹ Und dabei erhob sie sich auf die hintersten Beine, so war sie zu erkennen – ich konnte nicht fehlgehen – und ich verschlang sie. Geh zur Ameise und werde weise! Nun hatte ich die Königin!

Ich ging nun näher an den erwähnten großen Baum heran, es war eine Eiche, sie hatte einen hohen Stamm, eine mächtige Krone und war sehr alt; ich wußte, hier wohnt ein lebendiges Geschöpf, ein Weib, Dryade wird es genannt, es wird mit dem Baum geboren und stirbt auch mit ihm; ich hatte davon in der Bibliothek gehört; nun sah ich einen solchen Baum, sah ein solches Eichenmädchen; es stieß einen entsetzlichen Schrei aus, als es mich so nahe erblickte; es fürchtete sich wie alle Frauen sehr vor Mäusen, aber es hatte doch auch mehr Grund dazu als die anderen, denn ich hätte den Baum durchnagen können, und an ihm hing ja sein Leben. Ich sprach es freundlich und herzlich an, flößte ihm Mut ein, und es nahm mich in seine feine Hand, und als es erfuhr, warum ich in die weite Welt gegangen sei, versprach es mir, ich solle vielleicht schon am selben Abend einen der zwei Schätze erhalten, die ich noch suchte. Es erzählte mir, daß Phantasus sein sehr guter Freund sei, daß er so schön wie der Liebesgott sei und daß er manche Stunde hier unter den belaubten Zweigen des Baumes ruhe, die dann noch kräftiger über den beiden rauschten. Er nenne sie seine Dryade, sagte sie, den Baum seinen Baum, die knorrige, mächtige schöne Eiche sei gerade nach seinem Sinn, die Wurzel breitete sich tief und fest in der Erde aus, der Stamm und die Krone erhoben sich hoch empor in die frische Luft und kannten den fegenden Schnee, die scharfen Winde und den warmen Sonnenschein, wie man sie kennen soll. Ja, so sprach sie: ›Die Vögel singen dort oben und erzählen von fremden Ländern! Und auf dem einzigen dürren Zweig hat der Storch sein Nest gebaut, das putzt schön, und man bekommt auch etwas aus dem Land der Pyramiden zu hören. Das alles kann Phantasus gut leiden, es ist ihm noch nicht einmal genug, ich selbst muß ihm von dem Leben im Wald erzählen, als ich noch klein war und der Baum so zart, daß eine Brennessel ihn verdeckte, bis jetzt, wo er so groß und mächtig geworden ist. Setz dich nun dort unter den grünen Waldmeister und gib wohl acht, ich werde, wenn Phantasus kommt, schon Gelegenheit finden, ihn in den Flügel zu kneifen und eine kleine Feder auszurupfen, nimm sie, eine bessere hat kein Dichter bekommen – dann hast du genug!‹

Und Phantasus kam, die Feder wurde ausgerupft, und ich nahm sie«, sagte die kleine Maus, »ich hielt sie ins Wasser, damit sie weich würde! – Sie war noch sehr schwer verdaulich, aber ich habe sie doch aufgenagt! Es ist durchaus nicht leicht, sich zum Dichter zu nagen, es gibt so vieles, was man in sich aufnehmen muß. Nun hatte ich ja die zwei Dinge, Verstand und Phantasie, und durch diese wußte ich nun, daß das dritte Ding in der Bibliothek zu finden sei, denn ein großer Mann hat gesagt und geschrieben, daß es Romane gibt, die allein dazu dasind, um die Menschen von den überflüssigen Tränen zu befreien, also eine Art Schwamm sind, um die Gefühle aufzusaugen. Ich erinnerte mich an einige dieser Bücher, die mir immer ganz appetitlich ausgesehen hatten, sie waren so zerlesen, so fettig, sie müssen eine unendliche Flut in sich aufgenommen haben.

Ich ging heim in die Bibliothek, fraß gleich so gut wie einen ganzen Roman, das heißt das Weiche, das Eigentliche, die Kruste dagegen, den Einband, ließ ich liegen. Als ich ihn verdaut hatte, und noch einen dazu, vernahm ich schon, wie es sich in meinem Innern regte, ich fraß noch ein wenig von dem dritten, und dann war ich ein Dichter, das sagte ich mir selbst und sagte es auch den andern; ich hatte Kopfschmerzen und Leibschmerzen, ich weiß nicht, was ich alles für Schmerzen hatte; ich dachte nur darüber nacht, welche Geschichten wohl in Beziehung zu einem Wurstspeiler gebracht werden könnten, und sehr viele Speiler und andere Hölzchen kamen mir in den Sinn, die Ameisenkönigin hat einen außergewöhnlichen Verstand gehabt; ich erinnerte mich des Mannes, der ein weißes Hölzchen in den Mund nahm, und dann war er mitsamt dem Hölzchen unsichtbar; ich dachte an

›vom Hölzchen aufs Stöckchen kommen‹, an ›den Stab über einen brechen‹ und andere Sprüche. Alle meine Gedanken gingen in Speilern und Hölzchen auf! Und davon müßte auch gedichtet werden können, wenn man ein Dichter ist, und der bin ich, ich habe mich geschunden, bis ich es endlich geworden bin. Ich werde Ihnen somit an jedem Tag der Woche mit einem Speiler, einer Geschichte aufwarten können – ja, das ist meine Suppe!«

»Laßt uns nun die dritte hören!« sagte der Mäusekönig.

»Piep, piep!« sagte es in der Küchentür, und eine kleine Maus, es war die vierte von ihnen, diejenige, welche man tot wähnte, schoß herein wie ein Pfeil; sie rannte den Wurstspeiler mit dem Trauerflor um, sie war Tag und Nacht gelaufen, war auf der Eisenbahn mit dem Güterzug gefahren, wozu sie Gelegenheit gefunden hatte, und doch war sie fast zu spät gekommen; sie drängte sich hervor, sah zerzaust aus, hatte ihren Wurstspeiler verloren, aber nicht die Sprache, sie ergriff sofort das Wort, als wenn man nur auf sie gewartet hätte, nur sie anhören wollte, als wenn alles andere in der Welt die Welt nichts anginge; sie sprach sofort, sprach sich aus; sie kam so unerwartet, daß niemand Zeit gewann, sich über sie und über ihre Rede aufzuhalten, während sie sprach. Nun, wir wollen hören!

4
Was die vierte Maus, bevor die dritte gesprochen hatte, zu erzählen wußte

»Ich ging sogleich in die größte Stadt«, sagte sie »der Name ist mir entfallen, ich habe ein schlechtes Namengedächtnis. Von der Eisenbahn kam ich mit konfiszierten Gütern aufs Rathaus, und dort lief ich zum Schließer; er sprach von seinen Gefangenen, besonders von einem, der unbesonnene Worte gesprochen hatte, und über diese war wieder gesprochen und gesprochen, gelesen und geschrieben worden. ›Das Ganze ist Suppe aus einem Wurstspeiler!‹ sagte er, ›aber die Suppe kann ihn den Kopf kosten!‹ Das flößte mir nun Interesse für den Gefangenen ein«, sagte die kleine Maus, »ich benutzte die Gelegenheit und huschte zu ihm hinein; ein Mauseloch findet sich immer hinter verschlossenen Türen! Er sah blaß aus, hatte einen großen Bart und große funkelnde Augen. Die Lampe qualmte, und die Wände waren daran gewöhnt, sie wurden nicht schwärzer. Der Gefangene ritzte Bilder und Verse mit Weiß auf Schwarz, ich las sie nicht. Ich glaubte, er langweilte sich; ich war ein willkommener Gast. Er lockte mich mit Brotkrümeln, mit Pfeifen und sanften Worten; er freute sich so über mich, ich faßte Vertrauen zu ihm, und so wurden wir Freunde. Er teilte Brot und Wasser mit mir, gab mir Käse und Wurst; ich lebte flott; aber es war doch, muß ich sagen, besonders der gute Umgang, der mich hielt. Er ließ mich auf seiner Hand, auf seinem Arm, ganz in den Ärmel hinauflaufen; er ließ mich in seinem Bart umherkriechen, nannte mich seinen kleinen Freund; ich gewann ihn ordentlich lieb – so etwas ist wohl gegenseitig! Ich vergaß meinen Auftrag in der weiten Welt, vergaß meinen Wurstspeiler in einer Ritze im Fußboden, dort liegt er noch. Ich wollte bleiben, wo ich war; ginge ich fort, dann hätte ja der arme Gefangene gar niemanden, und das ist zu wenig in dieser Welt! – Ich blieb, er blieb nicht! Er sprach das letztemal recht traurig zu mir, gab mir doppelt so viel Brot und Käserinde wie sonst und warf mir dann Kußhände zu; er ging und kam nie wieder. Ich kenne seine Geschichte nicht. ›Suppe aus einem Wurstspeiler!‹ sagte der Schließer, und zu diesem ging ich nun, doch ihm hätte ich nicht trauen sollen; er nahm mich zwar in seine Hand, aber er steckte mich in einen Käfig, in eine Tretmühle; das ist entsetzlich! Man läuft und läuft und kommt nicht weiter und ist nur zum Gelächter da!

Die Enkelin des Schließers war eine allerliebste Kleine, mit goldgelben Lockenhaar, fröhlichen Augen und lachendem Mund. ›Arme kleine Maus!‹ sagte sie, guckte in meinen häßlichen Käfig hinein, zog den Eisenstab heraus – und ich sprang aufs Fensterbrett und in die Dachrinne hinaus. Frei! Frei! Daran allein dachte ich und nicht an das Ziel der Reise!

Es war dunkel, es war Nachtzeit, ich suchte Obdach in einem alten Turm; dort wohnten ein Wächter und eine Eule; ich traute keinem von beiden, am wenigsten der Eule; sie gleicht einer Katze und hat den großen Fehler, daß sie Mäuse frißt; aber man kann sich irren, und das tat ich; sie war eine respektable, außerordentlich gebildete alte Eule, sie wußte mehr als der Wächter und ebensoviel wie ich; die Eulenjungen machten von jedem Ding ein Aufheben. ›Kocht nur keine Suppe aus einem Wurstspeiler!‹ sagte sie, das war das Allerhärteste, was sie sagen konnte, sie war so herzlich zu ihrer eigenen Familie. Ich faßte ein solches Vertrauen zu ihr, daß ich ihr aus der Spalte, in der ich saß, ›piep‹ zurief; dieses Zutrauen gefiel ihr sehr, und sie versicherte mir, daß ich unter ihrem Schutz stehen solle; keinem Tier solle es erlaubt sein, mir Böses anzutun, das wolle sie selbst zum Winter tun, wenn es schmale Kost gebe.

Sie war in allem klug; sie bewies mir, daß der Wächter ohne das Horn, das lose an seiner Seite hing, nicht tuten könnte; ›Er bildete sich entsetzlich viel darauf ein, er glaubt, er sei eine Eule im Turm. Etwas Großes soll es sein, aber es ist wenig! Suppe aus einem Wurstspeiler!‹ Ich bat sie, mir das Rezept zu geben, und nun erklärte sie es mir: ›Suppe aus einem Wurstspeiler ist nur eine menschliche Redensart und ist auf verschiedene Weise zu verstehen, und ein jeder hält seine Weise für die richtigste; aber das Ganze ist eigentlich nichts!‹

›Nichts!‹ sagte ich. Das traf mich. Die Wahrheit ist nicht immer angenehm, aber die Wahrheit ist das Höchste! Das sagte auch die alte Eule. Ich dachte darüber nach und sah ein: wenn ich das Höchste brächte, dann brächte ich viel mehr als Suppe aus einem Wurstspeiler. Und dann eilte ich fort, damit ich noch zur rechten

Zeit nach Hause käme und das Höchste und Beste brächte: die Wahrheit. Die Mäuse sind ein aufgeklärtes Volk, und der Mäusekönig steht über ihnen allen. Er ist imstande, mich um der Wahrheit willen zur Königin zu machen!«

»Deine Wahrheit ist Lüge!« sagte die Maus, die noch nicht Erlaubnis zum Sprechen bekommen hatte. »Ich kann die Suppe kochen, und das werde ich auch tun!«

5
Wie sie gekocht wurde

»Ich bin nicht gereist«, sagte die dritte Maus, »ich bin im Land geblieben, das ist das Richtige! Man braucht nicht zu reisen, man kann hier alles ebensogut bekommen. Ich blieb! Ich habe das Meinige nicht von übernatürlichen Wesen gelernt, es mir nicht angefressen oder mit Eulen gesprochen. Ich habe das Meinige durch Selbstdenken erworben. Wollen Sie nun den Kessel aufsetzen, Wasser hineinfüllen! Ganz voll! Feuer anmachen! Brennen lassen, bis das Wasser kocht – es muß sprudelnd kochen! Nun den Speiler hineinwerfen! – Wollen der Mäusekönig nun geruhen, seinen Schwanz in das sprudelnd Kochende hineinzustecken und umzurühren! Je länger Er umrührt, desto kräftiger wird die Suppe; es kostet nichts! Sie bedarf keiner Zutaten – nur umrühren!«

»Kann das nicht ein anderer tun?« fragte der König.

»Nein«, sagte die Maus, »die Kraft ist nur im Schwanz des Mäusekönigs!«

Und das Wasser kochte und sprudelte, und der Mäusekönig stellte sich dicht daran, es war beinah gefährlich, und er streckte den Schwanz aus, so wie es die Mäuse in der Milchkammer tun, wenn sie den Rahm aus einem Napf abschöpfen und sich darauf den Schwanz ablecken, aber er bekam den seinigen nur bis in den heißen Dampf hinein dann sprang er sofort herunter.

»Natürlich, du bist meine Königin!« sagte er, »mit der Suppe wollen wir bis zu unserer goldenen Hochzeit warten, denn so haben die Armen meines Reiches etwas, worauf sie sich freuen können, und eine lange Freude!«

Und dann hielten sie Hochzeit; aber mehrere Mäuse sagten, als sie nach Hause kamen: »Das konnte man doch nicht Suppe aus einem Wurstspeiler nennen, das war eher Suppe aus einem Mäuseschwanz!« – Dieses und jenes von dem, was erzählt worden war, fanden sie ganz gut; das Ganze aber hätte anders sein können! »Ich hätte es nun so und so erzählt –!«

Das war die Kritik, und die ist immer so klug – hinterdrein.

Und diese Geschichte ging um die Welt, die Meinungen über sie waren geteilt, aber die Historie selbst blieb ganz; und das ist das richtigste, im Großen wie im Kleinen und bei der Suppe aus einem Wurstspeiler; man muß nur keinen Dank dafür erwarten.

Die Nachtmütze des Hagestolzes

Es gibt in Kopenhagen eine Straße, die den sonderbaren Namen ›Hyskengasse‹ trägt, und weshalb heißt sie so, und was hat das zu bedeuten? Es soll deutsch sein, aber hier hat man dem Deutschen Unrecht getan: ›Häuschen‹ müßte man sagen, und das bedeutet: kleine Häuser; damals, und zwar viele Jahre lang, waren sie weiter nichts als hölzerne Buden, fast wie wir sie jetzt auf den Jahrmärkten aufgestellt sehen; ja, ein wenig größer waren sie wohl und hatten Fenster, aber die Scheiben waren aus Horn oder Tierblase, denn in jener Zeit war es zu teuer, in allen Häusern Glasscheiben zu haben, aber es ist auch so lange her, daß Urgroßvaters Urgroßvater, wenn er davon erzählte, es auch schon die alten Zeiten nannte; es ist mehrere hundert Jahre her.

Die reichen Kaufleute in Bremen und Lübeck trieben Handel in Kopenhagen; selbst kamen sie nicht herauf, sie sandten ihre Handlungsdiener, und diese wohnten in den hölzernen Buden in der Hyskengasse und verkauften Bier und Gewürz. Das deutsche Bier war so herrlich, und es gab so viele Sorten, Bremer und Prüssinger und Emser Bier, ja Braunschweiger Mumme, und dann all die Gewürze, Safran, Anis, Ingwer und besonders Pfeffer; ja, der war hier nun das bedeutendste, und deshalb bekamen auch die deutschen Handlungsdiener in Dänemark den Namen Pfeffergesellen,* und sie mußten in der Heimat die Verpflichtung eingehen, sich hier nicht zu verheiraten; viele von ihnen wurden sehr alt; sie mußten selbst für sich sorgen, selbst aufräumen, selbst ihr Feuer löschen, wenn sie Feuer hatten, einige wurden recht vereinsamte alte Knaben mit eigenen Gedanken und eigenen Gewohnheiten; nach ihnen nennt man nun jeden unverheirateten Mann, der einigermaßen in das gesetzte Alter gekommen ist, einen Pfeffergesellen; das alles muß man wissen, um die Geschichte zu verstehen.

Man macht sich über den Pfeffergesellen oder, wie er auf deutsch heißt, den Hagestolz lustig und sagt, er solle die Nachtmütze aufsetzen, sie über die Augen ziehen und sich hinlegen.

Schneide, schneide Holz,
O weh, du Hagestolz –
Die Nachtmütze geht mit dir zu Bett,
Doch kein Schätzchen fein und nett!

Ja, so singt man von ihnen! Man verspottet den Hagestolz und seine Nachtmütze – gerade weil man ihn und sie so wenig kennt –, ach, diese Nachtmütze soll man sich doch niemals wünschen! Und warum nicht? Ja, hört nur!

Die Hyskengasse war in alten Zeiten nicht gepflastert, die Leute traten von einem Loch ins andere, wie in einem ausgefahrenen Hohlweg, und eng war es dort; die Buden standen dicht aneinander und sich so nahe gegenüber, daß im Sommer oft ein Seil von einer Bude zur andern über die Gasse gespannt wurde, und

* Wiedergabe von dänisch Pebersvend = Hagestolz.

dann roch es dazwischen so würzig nach Pfeffer, Safran und Ingwer. Hinter den Tischen standen nicht viele junge Leute, nein, es waren meist alte Knaben, und sie waren gar nicht so gekleidet, wie wir uns wohl denken, mit Perücke oder Nachtmütze, mit Plüschhosen, die Weste und den Rock bis oben hin zugeknöpft, nein, so war wohl Urgroßvaters Urgroßvater gekleidet, und so ist er auch gemalt; die Pfeffergesellen hatten nicht die Mittel, sich malen zu lassen, und es wäre doch wohl wert, jetzt ein Bild von einem von ihnen zu besitzen, wie er dort hinter dem Tisch stand oder an Festtagen zur Kirche wanderte. Der Hut war hoch und breitkrempig, und zuweilen steckte einer der jüngsten Gesellen eine Feder daran, das wollene Hemd verbarg sich unter einem umgeschlagenen leinenen Kragen, die Jacke lag eng an und war zugeknöpft, der Mantel hing lose darüber, und die Beinkleider gingen bis zu den breitschnabeligen Schuhen, denn Strümpfe trugen sie nicht. Im Gürtel steckten Tischmesser und Löffel, ja, dort steckte noch ein ganz großes Messer zur Verteidigung, und das mußte man in jenen Zeiten oft gebrauchen. Genauso gekleidet ging an den Festtagen der alte Anton, einer der ältesten Hagestolze der Häuschen, nur trug er keinen hohen Hut, sondern eine Kapuze und darunter eine gestrickte Mütze, eine richtige Nachtmütze, an die er sich so sehr gewöhnt hatte, daß sie immer auf dem Kopf saß, und er besaß zwei von dieser Art. Er war wie geschaffen zum Malen, er war spindeldürr, ganz runzelig um Mund und Augen, hatte lange knochige Finger und graue, buschige Augenbrauen; über das linke Auge hing ein ganzes Büschel herab, schön war das nicht, aber das machte ihn leicht kenntlich. Man wußte von ihm, daß er aus Bremen war, und doch war er eigentlich nicht von dort, dort wohnte nur sein Herr; er selbst stammte aus Thüringen, aus der Stadt Eisenach, dicht unter der Wartburg; hiervon sprach der alte Anton nicht viel, aber er dachte um so mehr daran!

Die alten Handlungsdiener der Straße kamen nicht oft zusammen, jeder blieb in seiner Bude, die früh am Abend geschlossen wurde, und dann sah es dort ganz finster aus, nur ein matter Lichtschimmer drang durch die kleine Hornscheibe am Dach, und drinnen in der Bude saß der alte Bursche wie gewöhnlich mit seinem deutschen Gesangbuch auf dem Bett und sang sein

Abendlied, oder er ging noch bis tief in die Nacht umher und machte sich allerlei zu schaffen; unterhaltsam war das gewiß nicht; fremd in fremden Land ist ein bitterer Stand! Niemand kümmert sich um einen, außer wenn man ihm im Wege steht.

Oft, wenn es draußen richtig schwarze Nacht war und regnete, konnte es hier recht unheimlich und öde sein; Laternen sah man nicht, außer einer einzigen, sehr kleinen, die an dem einen Ende der Straße vor dem Bild der heiligen Jungfrau hing, das dort an die Mauer gemalt war. Man hörte das Wasser ordentlich gegen das nahe Bollwerk platschen und klatschen, nach dem Schloßholm zu, gegen das andere Ende der Straße zu. Solche Abende wurden lang und einsam, wenn nan sich nicht etwas vornahm; auspacken und einpacken, Tüten drehen, die Waagschalen polieren ist nicht alle Tage nötig, aber dann nimmt man sich etwas anderes vor, und das tat auch der alte Anton, er besserte selbst seine Sachen aus und flickte seine Schuhe. Wenn er dann endlich ins Bett ging, ja, dann behielt er nach seiner Gewohnheit die Nachtmütze auf, zog sie noch etwas tiefer herab, doch bald schob er sie wieder in die Höhe, um nachzusehen, ob das Licht auch gut gelöscht sei; er betastete es, drückte den Docht zusammen, und dann legte er sich auf die andere Seite und zog wieder die Nachtmütze herab; aber oft kam ihm dann plötzlich der Gedanke, ob wohl in dem kleinen Feuertopf unten im Laden auch jede Kohle ganz ausgebrannt und gehörig gedämpft sei; ein kleiner Funken könnte noch übriggeblieben sein, er könnte zünden und Schaden anrichten; und so erhob er sich aus dem Bett, kroch die Leiter – denn Treppe war das nicht zu nennen – hinab, und wenn er dann zum Feuertopf kam, war kein Funken zu sehen, und er konnte wieder umkehren; aber oft war er schon auf halbem Wege, als er unsicher wurde, ob auch die Eisenstange vor die Tür geschoben, ob die Krampen vor den Fensterläden waren; ja, da mußte er auf den dünnen Beinen noch einmal hinunter; er fror und ihm klapperten die Zähne, wenn er wieder ins Bett kroch, denn die Kälte ist erst richtig grimmig, wenn sie weiß, daß man sie vertreiben muß. Das Deckbett zog er höher über sich, die Nachtmütze noch tiefer über die Augen herab und wandte nun die Gedanken vom Handel und den Mühen des Tages ab, aber es wurde doch nicht behaglich, denn nun kamen alte Erinnerungen und hängten ihre

Gardinen auf, und die haben bisweilen Stecknadeln, an denen man sich sticht; au! sagt man da; und stechen sie ins blutige Fleisch und brennen, so kann man dadurch Tränen in die Augen bekommen, und das geschah auch dem alten Anton oft, es kamen heiße Tränen, die klarsten Perlen; sie fielen auf das Deckbett oder auf den Fußboden, und dann klangen sie so herzbewegend, als zerspränge eine Schmerzenssaite. Sie verdunsteten wohl, sie loderten in Flammen auf, aber sie beleuchteten ihm dann ein Lebensbild, das niemals aus seinem Herzen schwand; trocknete er dann die Augen mit der Nachtmütze, ja, da wurden die Träne und das Bild zerdrückt, aber ihre Quelle blieb, sie lag in seinem Herzen. Die Bilder erschienen nicht, wie sie in der Wirklichkeit aufeinanderfolgten, am häufigsten kamen die schmerzlichsten, auch die wehmütig frohen leuchteten auf, aber gerade diese warfen dann die größten Schatten.

›Herrlich sind die Buchenwälder Dänemarks‹, sagt man, aber herrlicher noch erhob sich für Anton der Buchenwald in der Gegend um die Wartburg; mächtiger und ehrwürdiger erschienen ihm die alten Eichen droben um die stolze Ritterburg, wo die Schlingpflanzen über die Steinblöcke des Felsens hingen; süßer dufteten dort die Blüten des Apfelbaumes als im dänischen Land; er fühlte und empfand es noch lebhaft, eine Träne rollte, klang und leuchtete, er sah deutlich darin zwei Kinder spielen, einen Knaben und ein Mädchen, der Knabe hatte rote Wangen, gelbes, gelocktes Haar, ehrliche, blaue Augen, es war der Sohn des reichen Kaufmanns, der kleine Anton, er selbst; das kleine Mädchen hatte braune Augen und schwarzes Haar, keck und klug sah es aus, es war des Bürgermeisters Tochter Molly. Diese beiden spielten mit einem Apfel, sie schüttelten ihn und hörten die Kerne darin klappern; den Apfel schnitten sie durch, und jeder bekam ein Stück; sie teilten die Kerne unter sich und aßen sie bis auf einen, den wollten sie in die Erde legen, meinte das kleine Mädchen.

›Dann wirst du sehen, was herauskommt, es kommt etwas, an das du gar nicht gedacht hast, es kommt ein ganzer Apfelbaum heraus, aber noch nicht gleich!‹

Und den Kern legten sie in einen Blumentopf, beide waren sehr eifrig dabei; der Knabe grub mit seinem Finger ein Loch in die

Erde, das kleine Mädchen legte den Kern hinein, und beide deckten Erde darüber.

›Nun darfst du ihn morgen nicht herausnehmen, um zu sehen, ob er Wurzel geschlagen hat‹, sagte Molly, ›das darf man nicht! Das tat ich nur zweimal mit meinen Blumen, ich wollte sehen, ob sie wachsen, damals verstand ich es nicht besser, und die Blumen starben!‹

Der Blumentopf blieb bei Anton, und jeden Morgen, den ganzen Winter hindurch, sah er nach ihm, doch nur die schwarze Erde war zu sehen; dann aber kam der Frühling, die Sonne schien warm, da guckten zwei kleine grüne Blätter aus dem Topf hervor.

›Das bin ich und Molly!‹ sagte Anton, ›das ist allerliebst, das ist wunderschön!‹

Bald kam ein drittes Blatt – wen bedeutet das? Ja, es kam noch eins und noch eins! Jeden Tag, jede Woche wurde die Pflanze größer und größer, sie wurde nun ein ganzer Baum. Und dies alles spiegelte sich nun in einer einzigen Träne, die zerdrückt wurde und verschwand, aber sie konnte wiederkehren aus der Quelle – aus dem Herzen des alten Anton.

In der Nähe von Eisenach erstreckt sich eine Reihe steiniger Berge, einer von ihnen ist abgerundet und hat weder Bäume, Büsche noch Gras; er heißt der Venusberg; darin wohnt Frau Venus, eine Göttin aus heidnischer Zeit, Frau Holle nannte man sie, das wußte und weiß noch jedes Kind in Eisenach; sie hatte den edlen Ritter Tannhäuser, den Minnesänger aus dem Wartburger Sängerkreis, zu sich in den Berg gelockt.

Die kleine Molly und Anton standen oft an diesem Berg, und einmal sagte sie: ›Wagst du anzuklopfen und zu sagen: Frau Holle! Frau Holle! Macht auf, hier ist Tannhäuser?‹ Aber das wagte Anton nicht; Molly wagte es; doch nur die Worte: ›Frau Holle! Frau Holle!‹ sagte sie laut und deutlich, den Rest sprach sie so undeutlich in den Wind, daß Anton überzeugt war, sie habe eigentlich nichts gesagt; so keck sah sie dabei aus, so keck, wie manchmal, wenn sie ihn mit anderen kleinen Mädchen im Garten traf und sie ihn dann alle küssen wollten, gerade weil er nicht geküßt sein wollte und um sich schlug, und sie allein es wagte.

›Ich darf ihn küssen!‹ sagte sie dann stolz und schlang beide

Arme um seinen Hals; darin lag ihre Eitelkeit, Anton fand sich darein und dachte nicht darüber nach. Wie war sie allerliebst, wie war sie keck! Frau Holle im Berg sollte auch schön sein, aber ihre Schönheit, sagte man, sei die verführerische Schönheit des Bösen; die höchste Schönheit dagegen sei die der heiligen Elisabeth, der Schutzheiligen des Landes, der frommen thüringischen Fürstin, deren gute Taten durch Sage und Legende hier so manchen Ort verherrlichen; in der Kapelle hing ihr Bild, umgeben von silbernen Lampen – doch Molly glich sie gar nicht.

Der Apfelbaum, den die zwei Kinder gepflanzt hatten, wuchs Jahr für Jahr; er wurde so groß, daß er in den Garten, in die frische Luft gepflanzt werden mußte, wo der Tau fiel, die Sonne warm herniederschien und er Kräfte bekam, um dem Winter zu widerstehen, und nach dem harten Druck des Winters war es gerade, als setze er vor Freude im Frühling Blüten an; im Herbst trug er zwei Äpfel, einen für Molly, einen für Anton; weniger hätten es nicht gut sein können.

Der Baum war schnell gewachsen, Molly wuchs wie der Baum, sie war frisch wie eine Apfelblüte; aber lange sollte er diese Blüte nicht mehr sehen. Alles ändert sich, alles wechselt! Mollys Vater verließ die alte Heimat, und Molly zog mit ihm, weit fort – ja, in unserer Zeit ist es durch den Dampf nur eine Reise von einigen

Stunden, aber damals brauchte man mehr als einen Tag und eine Nacht, um so weit nach Osten von Eisenach zu gelangen, an die äußerste Grenze von Thüringen, nach der Stadt, die noch jetzt Weimar heißt.

Und Molly weinte und Anton weinte – all diese Tränen flossen nun in eine einzige Träne zusammen, und diese trug den roten, herrlichen Schimmer der Freude. Molly hatte ihm gesagt, daß sie ihn lieber hätte als alle Herrlichkeit Weimars.

Es verging ein Jahr, es vergingen zwei, drei Jahre, und in dieser ganzen Zeit kamen zwei Briefe; den einen brachte der Fuhrmann, den anderen hatte ein Reisender bei sich; es war ein Weg, lang, schwer und krumm, an Städten und Dörfern vorbei.

Wie oft hatten nicht Anton und Molly zusammen die Geschichte von Tristan und Isolde gehört, und gar oft hatte er dabei an sich und Molly gedacht, obwohl der Name Tristan bedeuten sollte, daß ›er ihnen in Kummer geboren war‹, und das paßte nicht auf Anton, er würde auch niemals wie Tristan denken können: ›Sie hat mich vergessen!‹ Doch Isolde vergaß ja auch nicht den Freund ihres Herzens, und als sie beide gestorben waren und jeder auf einer Seite der Kirche begraben war, wuchsen die Linden von ihren Gräbern über das Kirchendach, und blühend trafen sie sich dort; das erschien Anton so schön und doch so traurig – aber traurig konnte es mit ihm und Molly nicht werden, und darum pfiff er ein Lied des Minnesängers Walther von der Vogelweide:

Unter der Linde,
an der Heide –!

Und besonders schön erklang es darin:

Vor dem Wald in einem Tal
Tandaradei!
Sang so schön die Nachtigall

Dieses Lied lag ihm stets auf der Zunge, er sang und pfiff es in der mondhellen Nacht, als er zu Pferde in dem tiefen Hohlweg ritt, um nach Weimar zu gelangen und Molly zu besuchen. Er wollte unerwartet kommen, und er kam unerwartet.

Er bekam den Willkommensgruß, den Becher, bis zum Rand

gefüllt, mit Wein, fröhliche Gesellschaft, vornehme Gesellschaft, eine gemütliche Stube und ein gutes Bett, und doch war es dort durchaus nicht so, wie er es sich gedacht und erträumt hatte; er verstand sich selbst nicht, er verstand die andern nicht, aber wir können es verstehen! Man kann im Hause, in der Familie sein und wurzelt doch nicht fest, man spricht miteinander, wie man in einem Postwagen spricht, kennt einander, wie man sich in einem Postwagen kennt, ist einander im Wege, wünscht, daß man fort wäre oder daß der gute Nachbar fort wäre. Ja, so etwas verspürte Anton.

›Ich bin ein ehrliches Mädchen‹, sagte Molly zu ihm, ›ich will es dir selbst sagen! Vieles hat sich geändert, seitdem wir als Kinder beisammen waren, es ist anders geworden, äußerlich und innerlich, Gewohnheit und Wille haben keine Macht über unser Herz! Anton, ich möchte keinen Feind an dir haben, nun, wo ich bald weit von hier fort sein werde – glaube mir, ich bin dir in Gedanken gut, aber dich lieben, wie ich nun weiß, daß man einen andern Menschen lieben kann, das habe ich nie getan! – Darein mußt du dich finden! – Lebe wohl, Anton!‹

Und Anton sagte auch Lebwohl. Keine Träne trat ihm in die Augen, doch er fühlte, daß er nicht länger Mollys Freund war. Die glühende Eisenstange und die eiskalte Eisenstange reißen die Haut von unserer Lippe, und wir haben dasselbe Gefühl, wenn wir sie küssen, und er küßte gleich stark in Liebe wie in Haß.

Nicht einen Tag brauchte Anton, um wieder heim nach Eisenach zu gelangen, aber das Pferd, das er ritt, war auch zugrunde gerichtet.

›Was hat das schon zu sagen!‹ sprach er, ›ich bin zugrunde gerichtet, und ich will alles zugrunde richten, was mich an sie erinnern könnte, Frau Holle, Frau Venus, du heidnisches Weib! – Den Apfelbaum werde ich abbrechen und zerstören, mit der Wurzel ausreißen, nimmermehr soll er Blüten und Früchte tragen!‹

Aber der Baum wurde nicht zerstört, er selbst wurde zerstört, im Fieber lag er zu Bett. Was vermochte wohl, ihm wieder aufzuhelfen? – Da kam eine Medizin, die es vermochte, die bitterste Medizin, die es gibt, die den kranken Körper, die gedrückte Seele aufrüttelt: Antons Vater war nicht mehr der reichste Kaufmann. Schwere Tage, Tage der Prüfung standen vor der Tür; das Unglück wälzte sich heran; wie große Wogen brach es in das einst so reiche Haus ein. Der Vater wurde ein armer Mann, Kummer und Unglück lähmten ihn, da mußte Anton an anderes denken als an Liebesgram und an seinen Zorn auf Molly, er mußte nun Vater und Mutter im Haus ersetzen, mußte ordnen helfen, tüchtig zupacken, mußte sogar in die weite Welt hinaus, um sein Brot zu verdienen.

Er kam nach Bremen, lernte Not und schwere Tage kennen, und die machen den Sinn hart oder weich, oft allzu weich. Wie waren doch die Welt und die Menschen so ganz anders, als er sie sich in seiner Kindheit gedacht hatte.

Was waren ihm nun die Lieder der Minnesänger – ein Klingklang, ein leeres Gerede! Ja, so dachte er zuweilen, doch zu andern Zeiten klangen diese Weisen ihm in die Seele hinein, und er wurde frommen Sinnes.

›Gottes Wille ist der beste!‹ sagte er dann, ›gut war es, daß der liebe Gott mich Mollys Herz nicht behalten ließ, wohin hätte das geführt, da das Glück sich nun so gewendet hat. Sie ließ ab von mir, ehe sie an einen solchen Umschlag des Wohlstandes dachte oder wußte, was bevorstand. Das war eine Gnade, des Herrn gegen mich, alles ist zum besten geschehen! Alles geschieht in weiser Absicht! Sie konnte nicht dafür, und ich bin ihr so bitter feind gewesen!‹

Und Jahre vergingen; Antons Vater war gestorben, fremde Menschen wohnten in dem elterlichen Haus. Anton sollte es dennoch wiedersehen. Sein reicher Herr sandte ihn auf Geschäftsreisen, und so kam er durch seine Geburtsstadt Eisenach. Die alte Wartburg stand unverändert dort oben auf dem Felsen mit ›dem Mönch und der Nonne‹ im Gestein; die mächtigen Eichen gaben dem Ganzen den gleichen Rahmen wie in seiner Kindheit. Der Venusberg schimmerte nackt und grau ins Tal hinab. Gern hätte er gesagt: ›Frau Holle, Frau Holle! Schließt auf den Berg! Dann bleibe ich doch auf dem Boden der Heimat!‹

Das war ein sündhafter Gedanke, und er bekreuzigte sich; da sang ein kleiner Vogel aus dem Gebüsch, und das alte Minnelied kam ihm in den Sinn:

Vor dem Wald in einem Tal
Tandaradei!
Sang so schön die Nachtigall.

Vieles tauchte hier in der Stadt seiner Kindheit, die er durch Tränen wiedersah, in seiner Erinnerung auf. Das elterliche Haus stand da wie früher, aber der Garten war verändert, ein Feldweg führte über eine Ecke des alten Gartens, und der Apfelbaum, den er nicht hatte zerstören können, stand dort, aber außerhalb des Gartens, an der anderen Seite des Weges, doch die Sonne schien auf ihn wie früher, der Tau fiel auf ihn wie früher, er trug reiche Frucht, so daß die Zweige sich zur Erde neigten.

›Er gedeiht!‹ sagte er, ›er kann es!‹

Einer der großen Zweige war jedoch gebrochen, mutwillige Hände hatten es getan, denn der Baum stand ja am offenen Fahrweg.

›Man bricht von seinen Blüten, ohne Dank zu sagen, man stiehlt die Früchte und zerbricht die Zweige; hier könnte man sagen, wenn man von einem Baum wie von einem Menschen sprechen kann: Es war dem Baum nicht an seiner Wiege gesungen, daß er einst so dastehen sollte. Er hat seine Geschichte so hübsch begonnen, und was kam dabei heraus? Verlassen und vergessen, ein Gartenbaum am Graben, am Feld und an der Landstraße! Da steht er ohne Schutz, zerzaust und zerbrochen! Er verwelkt zwar darum nicht, aber mit den Jahren werden die Blüten weniger, die Früchte bleiben aus und zuletzt – ja, dann ist die Geschichte aus.‹

Das dachte Anton unter dem Baum, das dachte er manche Nacht in der kleinen einsamen Kammer des hölzernen Hauses im fremden Land, in der Hyskengasse in Kopenhagen, wohin sein reicher Herr, der Kaufmann in Bremen, ihn gesandt und sich dabei ausbedungen hatte, daß er nicht heirate.

»Heiraten! Ho, ho!« lachte er tief und seltsam.

Der Winter war zeitig gekommen, es fror scharf; draußen tobte ein Schneesturm, so daß jeder, der es konnte, im Hause blieb; daher kam es auch, daß Antons Nachbarn gegenüber nicht bemerkten, daß sein Laden volle zwei Tage nicht geöffnet wurde und daß er selbst sich gar nicht zeigte, denn wer ging in dem Wetter aus, wenn er nicht mußte.

Das waren graue, dunkle Tage, und in dem Häuschen, wo die Fenster ja nicht aus Glas waren, herrschten nur Dämmerlicht und pechschwarze Nacht. Der alte Anton hatte seit zwei Tagen sein Bett gar nicht verlassen, er besaß nicht mehr die Kraft dazu; das harte Wetter draußen hatte er lange in seinen Gliedern gespürt. Verlassen lag der alte Hagestolz und konnte sich nicht helfen, er konnte kaum den Wasserkrug erreichen, den er vor das Bett gestellt hatte, und der letzte Tropfen war auch ausgetrunken. Nicht Fieber, nicht Krankheit, sondern das Alter war es, das ihn lähmte. Es war gleichsam immerwährende Nacht um ihn dort, wo er lag. Eine kleine Spinne, die er nicht sehen konnte, spann zufrieden und emsig ihr Netz über ihn, als sollte dort ein bißchen neuer frischer Trauerflor wehen, falls der Alte seine Augen schließe.

So lang und einschläfernd leer war die Zeit; Tränen hatte er nicht, Schmerzen auch nicht; Molly lebte nicht mehr in seinen Gedanken; er hatte das Gefühl, als gingen die Welt und ihr Treiben ihn nichts mehr an, als liege er außerhalb der Welt, als denke niemand an ihn. Einen Augenblick war es ihm, als verspüre er Hunger, auch Durst –, ja, er verspürte ihn! Aber niemand kam, ihn zu erquicken, niemand wollte kommen. Er dachte an jene, die einst verschmachteten, erinnerte sich der heiligen Elisabeth, der Heiligen seiner Heimat und Kindheit, der edlen Landgräfin von Thüringen, der vornehmen Frau, wie sie in der Zeit ihres Erdenwandels selbst in die ärmste Hütte trat und den Kranken Hoffnung und Erquickung brachte. Ihre frommen Taten leuchteten in seine Gedanken, er dachte daran, wie sie zu denen, die litten, Worte des Trostes sprach, die Wunden der Leidenden badete, den Hungrigen Speise reichte, obwohl ihr strenger Gemahl ihr deshalb zürnte. Er erinnerte sich der Sage, wie einst, als sie mit dem Korb voll Wein und Speise daherkam, ihr Gemahl, der ihre Schritte bewachte, hervortrat und zornig fragte, was sie trage, und wie sie da voll Schrecken antwortete: Es sind Rosen, die ich im Garten gepflückt –, wie er das Tuch fortriß und wie der frommen Frau das Wunder geschehen war: Wein und Brot, alles im Korb war in Rosen verwandelt.

So lebte die Heilige in den Gedanken des alten Anton, so stand sie leibhaftig vor seinem matten Blick, vor seinem Bett in der geringen hölzernen Bude im dänischen Land. Er entblößte sein

Haupt, schaute ihr in die milden Augen, und alles ringsum war voller Glanz und Rosen, ja, die Rosen breiteten sich duftend aus, er spürte einen eigentümlich lieblichen Duft von Äpfeln, er sah einen blühenden Apfelbaum, der seine Zweige über ihn ausstreckte, es war der Baum, den er mit Molly als kleinen Kern gepflanzt hatte.

Und der Baum streute die duftenden Blätter über seine heiße Stirn und kühlte sie; sie fielen auf seine verschmachtenden Lippen, und es war wie stärkender Wein und Brot, sie fielen auf seine Brust, und er fühlte sich so leicht, so wohlig müde.

»Nun schlafe ich!« flüsterte er leise vor sich hin, »der Schlaf tut wohl! Morgen bin ich frisch und wieder richtig obenauf! Herrlich, herrlich! Den Apfelbaum, gepflanzt in Liebe, sehe ich in Herrlichkeit!«

Und er schlief.

Tags darauf, es war der dritte Tag, daß der Laden geschlossen war, hatte das Schneegestöber aufgehört, sah ein Nachbar nach dem alten Anton, der sich noch immer nicht zeigte. Er lag ausgestreckt auf seinem Lager, tot, seine alte Nachtmütze fest zwischen den Händen. Die setzte man ihm im Sarg nicht auf, er hatte ja noch eine, rein und weiß!

Wo waren nun die Tränen, die er geweint hatte? Wo waren die Perlen? – In der Nachtmütze blieben sie – die echten gehen in der Wäsche nicht aus –, mit der Mütze wurden sie verwahrt und vergessen – die alten Gedanken, die alten Träume, ja, die blieben noch immer in der Nachtmütze des Hagestolzes. Wünsche sie dir nicht! Sie würde deine Stirn allzu heiß machen, den Puls stärker schlagen lassen, dir Träume bringen, als wären sie Wirklichkeit; das erfuhr schon der erste, der sie aufsetzte, und das war doch ein halbes Jahrhundert später, und es war der Bürgermeister selbst, der mit Frau und elf Kindern behäbig in seinen vier Wänden saß; ihm träumte sogleich von unglücklicher Liebe, von Bankrott und Nahrungssorgen.

»Huh, wie die Nachtmütze wärmt!« sagte er und riß sie vom Kopf herunter, und dabei rollte eine Perle und wieder eine Perle heraus, die klangen und leuchteten. »Das ist die Gicht!« sagte der Bürgermeister, »es flimmert mir vor den Augen!«

Es waren Tränen, vor einem halben Jahrhundert geweint von dem alten Anton aus Eisenach.

Jeder, der später diese Nachtmütze aufsetzte, bekam Gesichte und Träume, seine eigene Geschichte verwandelte sich in Antons Geschichte, sie wurde ein ganzes Märchen, es wurden viele daraus, die andere erzählen mögen, wir haben nun das erste erzählt, und mit ihm ist unser letztes Wort: Wünsche dir niemals die Nachtmütze des Hagestolzes.

›Etwas‹

»Ich will etwas sein!« sagte der Älteste von fünf Brüdern, »ich will etwas nützen in der Welt; mag es eine noch so geringe Stellung sein, wenn nur das, was ich ausrichte, etwas Gutes ist, dann ist es doch etwas. Ich will Mauersteine machen, die sind nicht zu entbehren, und dann habe ich wirklich etwas gemacht!«

»Aber etwas allzu Geringes!« sagte der zweite Bruder, »das, was du tust, ist so gut wie nichts, das ist Handlangerarbeit, die durch eine Maschine verrichtet werden kann. Nein, dann lieber Maurer sein, das ist doch etwas, das will ich sein. Das ist ein Stand! Damit wird man in die Innung aufgenommen, wird Bürger, bekommt seine eigene Fahne und sein eigenes Wirtshaus; ja, wenn alles gut geht, kann ich Gesellen halten, werde Meister genannt, und meine Frau wird Meisterin; das ist doch etwas!«

»Das ist gar nichts!« sagte der dritte, »dann stehst du außerhalb der oberen Klassen, und es gibt viele Klassen in einer Stadt, die weit über dem Handwerksmeister stehen. Du kannst ein braver Mann sein, aber du bist als Meister doch nur das, was man ›simpel‹ nennt! Nein, da weiß ich etwas Besseres! Ich will Baumeister sein, will den Weg der Kunst, des Denkens gehen, will zu den

Höherstehenden im Reich des Geistes aufsteigen; wohl muß ich von unten auf beginnen, ja, ich sage es geradeheraus: ich muß als Zimmerlehrling anfangen; muß mit der Mütze gehen, obwohl ich daran gewöhnt bin, einen seidenen Hut zu tragen, muß den gewöhnlichen Gesellen Schnaps und Bier holen, und sie werden du zu mir sagen, das ist beschwerlich; aber ich werde mir einbilden, daß das Ganze eine Makerade ist, daß es Maskenfreiheit ist! Morgen – das heißt, wenn ich Geselle bin, gehe ich meinen Weg, die andern gehen mich nichts an! Ich gehe auf die Akademie, lerne zeichnen, heiße Architekt! – Das ist etwas! Das ist viel! Ich kann Wohlgeboren und Hochwohlgeboren werden, ja sogar vorn und hinten noch etwas dazubekommen, und ich baue und baue, wie die andern vor mir! Das ist immer etwas, worauf man sich verlassen kann! Das Ganze ist etwas!«

»Ich aber mache mir aus diesem Etwas gar nichts!« sagte der vierte; »ich will nicht im Kielwasser schwimmen, will nicht Kopie sein, ich will ein Genie sein, will tüchtiger sein als ihr alle zusammen! Ich schaffe einen neuen Stil, ich gebe die Idee zu einem Gebäude, das dem Klima und dem Material des Landes, dem Nationalgefühl des Landes, der Entwicklung des Zeitalters entspricht und daher noch ein Stockwerk mehr für mein eigenes Genie ist!«

»Wenn nun aber das Klima und das Material nichts taugen?« sagte der fünfte, »das wäre schlimm, denn sie haben Einfluß! Das Nationalgefühl kann sich auch aufblähen, daß es affektiert wird, die Entwicklung des Zeitalters kann mit dir durchgehen, wie die Jugend oft durchgeht. Ich sehe schon, daß keiner von euch eigentlich etwas werden wird, wie sehr ihr es auch selbst glaubt! Aber tut, was ihr wollt, ich werde euch nicht gleichen, ich halte mich außerhalb, ich will darüber räsonieren, was ihr ausrichtet! An jedem Ding ist etwas Verkehrtes, das werde ich heraustüfteln und besprechen, das ist etwas!«

Und das tat er, und die Leute sagten von dem fünften: »An dem ist bestimmt etwas dran! Er ist ein guter Kopf! Aber er tut nichts!« – Doch gerade dadurch war er etwas.

Seht, das ist nur eine kleine Geschichte, und doch hat sie kein Ende, so lange die Welt steht!

Aber wurde denn weiter nichts aus den fünf Brüdern? Das war ja noch nichts! Hört nur weiter, es ist ein ganzes Märchen!

Der älteste Bruder, der Mauersteine machte, merkte, daß von jedem fertigen Stein ein kleiner Schilling rollte, zwar nur aus Kupfer, doch viele kleine Kupferschillinge, aufeinandergelegt, werden zu einem blanken Taler, und wo man mit ihm anklopft, beim Bäcker, Schlächter, Schneider, ja bei allen, da fliegt die Tür auf, und man bekommt, was man braucht; seht, das werfen die Mauersteine ab; einige zerbröckelten zwar oder brachen mittendurch, aber auch solche konnte man gebrauchen.

Oben auf dem Deich wollte Mutter Margrethe, die arme Frau, sich so gern ein Häuschen bauen; sie bekam alle zerbröckelten Steine und auch ein paar ganze, denn ein gutes Herz hatte der älteste Bruder, wenn er es auch in der Tat nicht weiterbrachte, als Mauersteine zu machen. Die arme Frau baute selbst ihr Häuschen; schmal war es, das eine Fenster saß schief, die Tür war zu niedrig, und das Strohdach hätte besser gelegt werden können, aber Schutz und Schirm gab es, und man konnte von dort weit über das Meer hinaussehen, dessen Gewalt sich an dem Deich brach, die salzigen Tropfen spritzten über das ganze Haus, das noch stand, als der, welcher die Mauersteine gemacht hatte, tot und begraben war.

Der zweite Bruder, ja, der verstand nun anders zu mauern, er hatte es ja auch gelernt. Als er sein Gesellenstück geliefert hatte, schnürte er seinen Ranzen und sang das Handwerkerlied:

»Weil ich jung bin, will ich wandern,
draußen will ich Häuser baun,
ziehn von einem Ort zum andern;
mein junger Sinn gibt mir Vertraun.

Und kehr ich heim ins Vaterland,
wos Liebchen harret mein,
hurra, richt ich mit froher Hand
das eigne Haus mir ein!«

Und das tat er auch. Als er in die Stadt zurückgekommen und Meister geworden war, mauerte er Haus neben Haus, eine ganze Straße; als sie stand, gut aussah und der Stadt Ansehen gab, bauten die Häuser für ihn ein kleines Haus, das sein eigen sein sollte; doch wie können die Häuser bauen? Ja, frag sie nur, und sie werden nicht antworten, aber die Leute antworten und sagen: »Ja, gewiß hat die Straße ihm sein Haus gebaut!« Klein war es und mit Lehmfußboden, aber als er mit seiner Braut darauf tanzte, wurde der Fußboden blank und gebohnert, und aus jedem Stein in der Wand sprang eine Blume hervor, das war ebensogut wie eine kostbare Tapete. Es war ein hübsches Haus und ein glückliches Ehepaar. Die Innungsfahne wehte davor, und Gesellen und Lehrjungen riefen hurra! Ja, der war etwas! Und dann starb er, das war auch etwas!

Nun kam der Architekt, der dritte Bruder, der erst Zimmerlehrling gewesen und mit der Mütze gegangen war und den Laufburschen gespielt hatte, aber von der Akademie bis zum Baumeister emporgestiegen war, ›Wohlgeboren und Hochwohlgeboren!‹ Ja, hatten die Häuser der Straße für den Bruder, der Maurermeister war, ein Haus gebaut, so erhielt nun die Straße seinen Namen, und das schönste Haus der Straße wurde sein eigenes, das war etwas, und er war etwas – und das mit einem langen Titel vorn und hinten. Seine Kinder nannte man vornehme Kinder, und als er starb, war seine Witwe von Stand – das ist etwas! Und sein Name blieb beständig an der Straßenecke stehen und lebte in aller Munde als Straßenname – ja, das ist etwas!

Dann kam das Genie, der vierte Bruder, der etwas Neues, etwas Apartes und noch ein Stockwerk darüber erfinden wollte, aber es brach unter ihm zusammen, und er fiel herunter und brach sich den Hals – aber er bekam ein schönes Begräbnis mit Innungsfahnen und Musik, Blumen in der Zeitung und auf dem Straßenpflaster, und man hielt ihm drei Leichenreden, die eine länger als die andere, und das würde ihn sehr erfreut haben, denn er hatte es sehr gern, wenn von ihm gesprochen wurde; auf seinem Grab wurde ein Denkmal errichtet, nur ein Stockwerk hoch, aber das ist immerhin etwas!

Er war nun gestorben wie die drei anderen Brüder, aber der letzte, der räsonierte, überlebte sie alle, und das war ja das Richtige, denn so hatte er das letzte Wort, und es war für ihn von großer Wichtigkeit, das letzte Wort zu behalten. Er war ja der gute Kopf! sagten die Leute. Nun schlug auch seine Stunde, er starb und kam an die Pforte des Himmelreiches. Hierin kommen immer zwei und zwei! Da stand er nun mit einer anderen Seele, die auch gern hineinwollte, und das war gerade die alte Mutter Margrethe aus dem Deichhäuschen.

»Es geschieht wohl des Kontrastes wegen, daß ich und diese elende Seele zur gleichen Zeit hierherkommen müssen!« sagte der Räsoneur. »Na, wer ist Sie denn, Mütterchen? Will Sie hier auch hinein?« fragte er.

Die alte Frau verneigte sich, so gut sie konnte; sie glaubte, es sei Petrus selbst, der sprach. »Ich bin ein armes einfältiges Weib, ohne alle Familie, die alte Margrethe aus dem Deichhäuschen.«

»Nun, was hat Sie dort unten getan und ausgerichtet?«

»Ich habe eigentlich gar nichts in dieser Welt ausgerichtet! Nichts, das mir hier Eingang verschaffen könnte! Es wird eine wahre Gnade sein, wenn ich hier durch die Tür kommen darf!«

»Wie hat Sie diese Welt verlassen?« fragte er, nur um etwas zu sagen, da es ihn langweilte, dort zu stehen und zu warten.

»Ja, wie ich sie verließ, das weiß ich nicht! Krank und elend war ich während der letzten Jahre, und ich habe es wohl nicht vertragen können, aus dem Bett zu kriechen und in Frost und Kälte hinauszukommen. Es ist ja ein harter Winter, aber nun habe ich es doch überstanden. Es war ein paar Tage lang windstill, aber bitterlich kalt, wie Euer Ehrwürden wohl selbst wissen; die Eisdecke lag so weit über dem Meer, wie man nur sehen konnte; alle Leute aus der Stadt zogen auf das Eis hinaus, dort war, wie sie es nannten, Schlittschuhlaufen und Tanz, glaube ich, auch Musik und Bewirtung gab es draußen; ich konnte es in meiner ärmlichen Stube hören, in der ich lag. Da war es so gegen Abend, der Mond war schon aufgegangen, aber noch nicht zu Kräften gekommen, als ich von meinem Bett durch das Fenster weit über das Meer hinaussah, und dort, am Rande vom Himmel und Meer, kam eine wunderliche, weiße Wolke herauf; ich lag und sah sie an, ich sah den schwarzen Punkt in ihrer Mitte, der größer und größer wurde; und nun wußte ich, was das zu bedeuten hatte – ich bin alt und erfahren – obwohl man das Zeichen nicht oft sieht. Ich kannte es, und mich überkam ein Grauen. Zweimal vorher hatte ich in meinem Leben das Ding kommen sehen, und ich wußte, daß es einen entsetzlichen Sturm mit Springflut geben würde, die würde die armen Menschen draußen überfallen, die jetzt tranken und sprangen und jubilierten; jung und alt, die ganze Stadt war draußen; wer sollte sie warnen, wenn niemand dort sah und erkannte, was ich nun erkannte. Mir wurde angst, ich wurde so lebendig wie seiner Zeit nicht mehr! Ich kam aus dem Bett heraus und bis zum Fenster, weiter konnte ich mich nicht schleppen. Das Fenster bekam ich noch auf; ich sah die Menschen draußen auf dem Eis laufen und springen, sah die hübschen Flaggen, hörte, wie die Knaben hurra riefen und Knechte und Mägde sangen, es ging lustig her, höher und höher stiegen die weiße Wolke mit dem schwarzen Punkt; ich rief, so laut ich konnte, aber niemand hörte mich, ich war zu weit entfernt. Bald würde das Unwetter losbrechen, das Eis platzen, in Stücke gehen, und alle dort draußen würden ohne Rettung versinken. Mich hören, konnten sie nicht, zu ihnen hinauszugelangen, vermochte ich nicht; könnte ich sie doch an Land bekommen! Da gab der liebe Gott mir den Gedanken ein, mein Bett in Brand zu stecken, lieber das Haus niederbrennen zu lassen, als daß die vielen so jämmerlich umkämen. Ich zündete das Feuer an, ich sah die rote Flamme – ja, ich kam noch zur Tür hinaus, aber dort blieb ich liegen, ich konnte nicht mehr; die Flamme schlug hinter mir hoch, zum Fenster hinaus, über das Dach empor; sie sahen es dort draußen, und alle liefen, was sie konnten, um mir Armen zu helfen, denn sie glaubten, ich mußte verbrennen; da war nicht einer, der woandershin lief; ich hörte sie kommen, aber ich vernahm auch, wie es mit einemmal in der Luft brauste, ich hörte es donnern wie schwere Kanonenschüsse, die Springflut hob das Eis und zerbrach es; aber sie erreichten den Deich, wo die Funken über mich hinflogen; ich bekam sie alle in Sicherheit; aber ich habe die Kälte und den Schreck nicht vertragen können, und so bin ich hierher an die Pforte des Himmels gekommen; sie sagen, es wird auch so einer Armen, wie ich bin, aufgetan! Und nun habe ich ja kein Haus mehr auf dem Deich – doch das verschafft mir hier wohl keinen Einlaß.«

Da öffnete sich die Pforte des Himmelreiches, und der Engel führte die alte Frau hinein; sie verlor einen Strohhalm draußen, von dem Stroh, das in ihrem Bett gelegen und das sie angezündet hatte, um die vielen zu retten, und er hatte sich in reines Gold verwandelt, aber in Gold, das wuchs und sich in den schönsten Verzierungen emporrankte.

»Sieh, das brachte die arme Frau!« sagte der Engel. »Was bringst du? Ja, ich weiß es wohl, du hast nichts ausgerichtet, nicht einmal einen Mauerstein gemacht; könntest du nur wieder zurückgehen und wenigstens so viel bringen; wahrscheinlich würde er nichts taugen, wenn du ihn gemacht hättest, doch mit gutem Willen gemacht, wäre es doch immerhin etwas; aber du kannst nicht zurück, und ich kann nichts für dich tun!«

Da bat die arme Seele, die Frau aus dem Deichhäuschen, für ihn: »Sein Bruder hat mir alle Steine und Brocken geschenkt, aus denen ich mein armseliges Haus gebaut habe, das war sehr viel für mich Arme! Könnten nun nicht all die Brocken und Stücke als ein Mauerstein für ihn gelten? Es ist eine Gnade! Er hat sie nun so nötig, und hier ist doch das Heim der Gnade!«

»Dein Bruder, er, den du den geringsten nanntest«, sagte der Engel, »er, dessen Tun in aller Ehrlichkeit dir als das niedrigste erschien, schenkt dir sein Himmelsscherflein. Du sollst nicht abgewiesen werden; es soll dir erlaubt sein, hier draußen zu stehen und nachzusinnen und deinem Leben dort unten aufzuhelfen, aber hinein gelangst du nicht, bevor du mit guter Tat etwas ausgerichtet hast!«

›Das hätte ich besser sagen können!‹ dachte der Räsoneur, aber er sagte es nicht laut, und das war wohl schon etwas!

Der letzte Traum der alten Eiche

Ein Weihnachtsmärchen

Da stand im Wald, hoch auf dem Abhang an der Meeresküste so eine richtige alte Eiche, die genau dreihundertfünfundsechzig Jahre alt war, aber die lange Zeit war für den Baum nicht mehr als ebenso viele Tage für uns Menschen. Wir wachen am Tage, schlafen in der Nacht und haben dann unsere Träume; mit dem Baum ist es anders, er durchwacht die drei Jahreszeiten, erst gegen den Winter findet er seinen Schlaf, der Winter ist seine Ruhezeit, er ist seine Nacht nach dem langen Tag, der Frühling, Sommer und Herbst heißt.

An manchem warmen Sommertag hatte die Eintagsfliege um seine Krone getanzt, gelebt, geschwebt und sich glücklich gefühlt, und ruhte dann das kleine Geschöpf einen Augenblick in stiller Glückseligkeit auf einem der großen frischen Eichenblätter aus, dann sagte der Baum stets: »Arme Kleine! Nur ein einziger Tag ist dein ganzes Leben! Wir kurz nur! Es ist traurig!«

»Traurig?« antwortete dann stets die Eintagsfliege, »was meinst du damit? Alles ist ja so wunderbar hell, so warm und schön, und ich bin so froh!«

»Aber nur einen Tag, und dann ist alles vorbei!«

»Vorbei!« sagte die Eintagsfliege. »Was ist vorbei? Bist du auch vorbei?«

»Nein, ich lebe vielleicht Tausende von deinen Tagen, und mein Tag umfaßt ganze Jahreszeiten! Das ist etwas so Langes, daß du es gar nicht ausrechnen kannst!«

»Nein, denn ich verstehe dich nicht! Du hast Tausende von meinen Tagen, aber ich habe Tausende von Augenblicken, um darin froh und glücklich zu sein! Hört denn alle Herrlichkeit dieser Welt auf, wenn du stirbst?«

»Nein«, sagte der Baum, »die währt gewiß viel länger, unendlich länger, als ich zu denken vermag.«

»Aber dann haben wir ja gleich viel, nur daß wir verschieden rechnen!«

Und die Eintagsfliege tanzte und schwang sich in die Luft, freute sich an ihren feinen kunstvollen Flügeln, an ihrem Flor und

Samt, freute sich der warmen Luft, die so gewürzt war vom Duft des Kleefeldes und der wilden Rosen, des Flieders und Geißblattes am Zaun, ganz zu schweigen vom Waldmeister, den Schlüsselblumen und der wilden Krauseminze; es war ein Duft, so stark, daß die Eintagsfliege glaubte, davon einen kleinen Rausch zu haben. Der Tag war lang und herrlich, voll Freude und süßen Gefühls, und als dann die Sonne sank, fühlte sich die kleine Fliege immer so behaglich müde von all der Lust. Die Flügel wollten sie nicht länger tragen, und ganz leise glitt sie auf den weichen, wiegenden Grashalm nieder, nickte mit dem Kopf, wie sie eben nicken kann, und schlief so fröhlich ein, das war der Tod.

»Arme kleine Eintagsfliege!« sagte die Eiche, »das war doch ein allzu kurzes Leben!«

Und an jedem Sommertag wiederholte sich derselbe Tanz, dieselbe Rede, die Antwort und das Hinüberschlummern; es wiederholte sich durch ganze Geschlechter von Eintagsfliegen, und alle fühlten sie sich gleich glücklich, gleich froh. Die Eiche stand wach an ihrem Frühlinsmorgen, Sommermittag und Herbstabend; nun nahte ihre Schlafenszeit, ihre Nacht, der Winter kam.

Schon sangen die Stürme: »Gute Nacht, gute Nacht! Hier fiel ein Blatt, dort fiel ein Blatt. Wir pflücken, wir pflücken! Sieh zu, daß du schlafen kannst! Wir singen dich in Schlaf, wir schütteln dich in Schlaf, aber nicht wahr, es tut wohl in den alten Zweigen! Sie knacken dabei vor lauter Vergnügen! Schlaf süß, schlaf süß! Es ist deine dreihundertundfünfundsechzigste Nacht, eigentlich bist du doch nur ein Guck-in-die-Welt! Schlaf süß! Die Wolke streut Schnee, das wird ein ganzes Laken, ein warmes Deckbett um deine Füße! Schlaf süß und träume gut!«

Die Eiche war all ihres Laubes entkleidet, um den ganzen langen Winter zu ruhen und manchen Traum zu träumen, immer etwas Erlebtes, wie in den Träumen der Menschen.

Der Baum war auch einmal klein gewesen, ja, eine Eichel war seine Wiege gewesen; nach Menschenrechnung lebte er nun in seinem viertel Jahrhundert; er war der größte und mächtigste Baum im Wald, mit seiner Krone ragte er hoch über alle anderen Bäume hinaus und wurde weit draußen auf der See gesehen, diente den Schiffen als Zeichen; er ahnte nicht, wie viele Augen ihn suchten. Hoch oben in seiner grünen Krone baute die Waldtaube ihr Nest, ließ der Kuckuck seinen Ruf ertönen, und im Herbst, wenn die Blätter aussahen wie gehämmerte Kupferplatten, kamen die Zugvögel und rasteten dort, bevor sie über die See davonflogen; aber nun war es Winter, der Baum stand entblättert da, man konnte gut sehen, wie krumm und knorrig sich die Zweige ausstreckten. Krähen und Dohlen kamen und ließen sich dort wechselweise nieder und sprachen von der beginnenden strengen Zeit und wie schwer es sei, im Winter Nahrung zu finden.

Es war gerade um die heilige Weihnachtszeit, da träumte der Baum seinen schönsten Traum; den wollen wir hören.

Der Baum empfand deutlich, daß es eine festliche Zeit war, er meinte die Glocken ringsum von allen Kirchen läuten zu hören, und ihm war zumute wie an einem schönen, milden und warmen Sommertag; frisch und grün breitete er seine mächtige Krone aus, die Sonnenstrahlen guckten zwischen Blättern und Zweigen hindurch, die Luft war erfüllt vom Duft der Kräuter und Büsche; bunte Schmetterlinge spielten Haschen, und die Eintagsfliegen tanzten, als sei alles nur dazu da, damit sie tanzen und sich freuen sollten. Alles, was der Baum Jahre hindurch erlebt und um sich her gesehen hatte, zog wie in einem ganzen Festzug vorüber. Er sah aus alter Zeit Ritter und Damen zu Pferde, mit Federn am Hut und den Falken auf der Hand, durch den Wald reiten; das Jagdhorn erklang, und die Hunde bellten; er sah feindliche Soldaten in bunten Kleidern, mit blanken Waffen, mit Spießen und Hellebarden, Zelte aufschlagen und wieder abbrechen; das Wachtfeuer flammte, und man sang und schlief unter den ausgebreiteten Zweigen des Baumes; er sah, wie sich Liebesleute in stillem Glück hier im Mondschein trafen und den ersten Buchstaben ihrer Namen in die graugrüne Rinde schnitten. Zither und Äolsharfe waren einmal – ja, es lagen Jahre dazwischen – von munteren fahrenden Gesellen in den Zweigen der Eiche aufgehängt worden, nun hingen sie wieder dort, nun klangen sie dort wieder so lieblich. Die Waldtauben gurrten, als wollten sie erzählen, was der Baum dabei empfand, und der Kuckuck rief ihm zu, wieviel Sommertage er noch leben sollte.

Da war es, als durchriesele ihn ein neuer Lebensstrom von den kleinsten Wurzelfasern bis in die höchsten Zweige, bis in die Blätter hinein. Der Baum fühlte, daß er sich dabei reckte und streckte, ja, er fühlte es in seinen Wurzeln, daß auch unten in der Erde Leben und Wärme war; er fühlte seine Kraft zunehmen, er wuchs höher und höher, der Stamm schoß empor, da war kein Stillstand, er wuchs immer mehr und mehr, die Krone wurde voller. breitete sich aus, richtete sich empor – und je mehr der Baum wuchs, desto mehr wuchs auch sein Wohlbefinden, seine beglükkende Sehnsucht, immer höher zu reichen, ganz hinauf bis in die leuchtende warme Sonne.

Schon war er hoch über die Wolken hinaufgewachsen, die wie dunkle Scharen von Zugvögeln oder große weiße Schwärme von Schwänen unter ihm dahinzogen.

Und jedes Blatt des Baumes konnte sehen, als hätte es Augen, um zu schauen; die Sterne wurden bei Tag sichtbar, groß und blank, jeder von ihnen leuchtete wie ein Augenpaar, so sanft, so klar; sie erinnerten an bekannte liebe Augen, an Kinderaugen, an die Augen Liebender, wenn sie sich unter dem Baum begegneten. Es war ein glückseliger Augenblick, so voller Freude! Und doch, in dieser Freude empfand der Baum eine Sehnsucht danach, daß alle anderen Bäume des Waldes dort unten, alle Büsche, Kräuter und Blumen sich mit ihm erheben könnten, um auch diesen Glanz und diese Freude zu empfinden und zu fühlen. Die mächtige Eiche war im Traum all ihrer Herrlichkeit doch nicht vollkommen glücklich, wenn sie sie nicht alle, groß und klein, bei sich hatte, und dieses Gefühl bebte durch alle Zweige, alle Blätter so innig und stark, wie in einer Menschenbrust.

Der Baum bewegte seine Krone, als suche und vermisse er etwas, er schaute zurück, und da spürte er den Duft des Waldmeisters und bald den noch stärkeren Duft des Geißblattes und des Veilchens, und er glaubte, er höre den Kuckuck antworten.

Ja, durch die Wolken guckten die grünen Wipfel des Waldes, unter sich sah er die anderen Bäume wachsen und sich erheben wie er; Büsche und Kräuter schossen hoch auf, einzelne rissen sich mit der Wurzel los und flogen noch schneller. Die Birke war am schnellsten; wie ein weißer Blitzstrahl schoß ihr schlanker Stamm empor, die Zweige wallten wie grüne Schleier und Fahnen, die ganze Waldnatur, selbst das braungefiederte Rohr wuchs mit, und die Vögel folgten und sangen, und auf dem

Halm, der wie ein langes grünes Seidenband lose flatterte und flog, saß der Grashüpfer und spielte mit dem Flügel auf seinem Schienbein; die Maikäfer brummten, und die Bienen summten, jeder Vogel sang, wie ihm der Schnabel gewachsen war, alles war Gesang und Freude bis in den Himmel.

»Aber die kleine blaue Blume am Wasser, die sollte auch mit!« sagte die Eiche, »und die rote Glockenblume und das Gänseblümchen!«

Ja, die Eiche wollte sie alle um sich haben.

»Wir sind da! Wir sind da!« sang und klang es.

»Aber der schöne Waldmeister vom vorigen Sommer – und im vorigen Jahr war hier doch ein Flor von Maiglöckchen! – Der wilde Apfelbaum, wie blühte er so herrlich – und all die Waldespracht seit Jahren, seit vielen Jahren! Wäre sie bis heute am Leben geblieben, so hätte sie doch auch dabei sein können!«

»Wir sind da! Wir sind da!« sang und klang es noch höher, es war, als seien sie vorangeflogen.

»Nein, das ist gar zu schön, unglaublich schön!« jubelte die alte Eiche. »Ich habe sie alle! Klein und groß! Nicht einer ist vergessen! Wie ist doch all die Glückseligkeit möglich und denkbar!«

»In Gottes Himmelreich ist sie möglich und denkbar!« erklang es.

Und der Baum, der immerfort wuchs, fühlte, daß seine Wurzeln sich aus der Erde lösten.

»Das ist nun das allerbeste!« sagte der Baum, »jetzt halten mich keine Bande mehr! Ich kann zum Allerhöchsten in Licht und Glanz emporfliegen! Und alle Lieben sind bei mir! Kleine und Große! Alle!«

»Alle!«

Das war der Traum der Eiche, und während sie träumte, ging ein gewaltiger Sturm über Land und Meer – in der heiligen Weihnacht; die See wälzte schwere Wogen gegen den Strand, der Baum knarrte, krachte und wurde mit der Wurzel ausgerissen, gerade als er träumte, daß seine Wurzeln sich lösten. Er fiel. Seine dreihundertundfünfundsechzig Jahre waren jetzt wie ein Tag der Eintagsfliege.

Am Weihnachtsmorgen, als die Sonne aufging, hatte sich der

Sturm gelegt; alle Kirchenglocken läuteten festlich, und aus jedem Schornstein, selbst aus dem kleinsten auf dem Dach des Kätners, erhob sich bläulich der Rauch, wie beim Fest der Druiden der Rauch des Dankopfers vom Altar. Die See wurde stiller und stiller, und draußen auf einem großen Schiff, das in der Nacht das harte Wetter gut überstanden hatte, wurden nun alle Flaggen gehißt, weihnachtlich und schön.

»Der Baum ist fort! Die alte Eiche, unser Zeichen an der Küste!« sagten die Seeleute. »Er ist in dieser Sturmnacht gefallen! Wer wird ihn ersetzen können? Das kann keiner!«

Eine solche Leichenrede, kurz, aber wohlgemeint, bekam der Baum, der auf der Schneedecke am Ufer hingestreckt lag; und über ihn hin erklang der Choralgesang vom Schiff, ein Lied von der Weihnachtsfreude und von der Erlösung der Menschenseele in Christo und dem ewigen Leben:

»Sing laut zum Himmel, Christenschar:
es ist erfüllt! – Sie ihn gebar,
Der Freud ist ohnegleichen!
  Halleluja! Halleluja!

So lautete das alte Lied, und jeder auf dem Schiff draußen fühlte sich in seiner Weise durch das Lied und das Gebet erhoben, wie der alte Baum sich erhoben gefühlt hatte in seinem letzten, seinem schönsten Traum in der Weihnachtsnacht.

Das Abc-Buch

Es war einmal ein Mann, der einige neue Verse für das Abc-Buch geschrieben hatte, immer zwei Verse zu jedem Buchstaben, geradeso wie in dem alten Abc-Buch; er meinte, man müsse etwas Neues haben, die alten Verse seien so abgenutzt, und seine eigenen gefielen ihm so gut. Das neue Abc lag bis jetzt nur geschrieben vor und war an die Seite des alten gedruckten in den großen Bücherschrank gestellt, in dem so viele gelehrte und unterhaltende Bücher standen, aber das alte Abc wollte doch nicht Nachbar des neuen sein und war darum aus dem Fach gesprungen und hatte im selben Augenblick dem neuen einen Stoß gegeben, so daß es nun auch auf dem Fußboden lag und alle seine losen Blätter ringsum verstreut hatte. Das alte Abc hatte seine erste Seite nach oben gewendet, und die war das Wichtigste an ihm; dort standen alle Buchstaben, die großen und die kleinen. Dieses Blatt hatte nun alles, von dem die andern Bücher leben, das ganze Alphabet, die Buchstaben, die doch die Welt regieren. Eine entsetzliche Macht haben sie! Es kommt allein darauf an, wie man sie kommandiert; sie können Leben geben, totschlagen, erfreuen und betrüben. Einzeln aufgestellt bedeuten sie nichts, aber in Reih und Glied gestellt! – Ja, als der liebe Gott ihnen seine Gedanken unterlegen ließ, vernahmen wir mehr, als wir zu ertragen vermochten, wir beugten uns tief, aber die Buchstaben vermögen es zu tragen.

Da lagen sie nun nach oben gewendet. Und der Hahn in dem großen A erstrahlte in roten, blauen und grünen Federn. Er brüstete sich, denn er wußte, was die Buchstaben bedeuteten, und er war der einzige Lebende unter ihnen.

Als das alte Abc-Buch auf den Fußboden fiel, schlug er mit den Flügeln, flog auf und setzte sich auf eine Kante des Bücherschrankes, glättete mit dem Schnabel sein Gefieder und krähte, daß es schmetterte. Jedes Buch im Schrank, das sonst Tag und Nacht, wenn es nicht im Gebrauch war, wie in einem Dämmerschlaf stand, vernahm diesen Trompetenstoß — und dann sprach der Hahn laut und vernehmlich von dem Unrecht, das dem würdigen alten Abc-Buch angetan worden war.

»Alles soll jetzt neu sein, anders sein!« sagte er. »Alles soll vorwärtsstreben, die Kinder sind so klug, daß sie lesen können, bevor sie die Buchstaben kennen. ›Sie sollen etwas Neues haben!‹ sagte der, welcher die neuen Abc-Verse schrieb, die dort verstreut auf dem Fußboden liegen. Ich kenne sie! Mehr als zehnmal habe ich gehört, wie er sie sich selbst vorlas, das war ihm solch ein Vergnügen; nein, ich möchte um meine eigenen bitten, die guten alten mit Xanthos, und die Bilder, die dazu gehören; für sie will ich kämpfen, für sie will ich krähen; jedes Buch im Schrank kennt sie wohl!

Nun werde ich die neuen geschriebenen vorlesen, sie in aller Ruhe vorlesen; laßt uns dann darüber einig werden, daß sie nichts taugen!

A. *Amme*
Die Amme geht in Sonntagspracht,
ein fremdes Kind ihr Ehre macht.

B. *Bauer*
Der Bauer hatte Müh und Plag,
nun lebt er einen guten Tag.

Diesen Vers finde ich nun herzlich fade«, sagte der Hahn, »aber ich lese weiter.

C. *Columbus*
Columbus reiste übers Meer,
die Erde weitete sich sehr.

D. *Dänemark*
Von Dänemark gibt's manche Sage,
Gott auf das Land die Hand nicht schlage.

Das werden nun viele sehr schön finden«, sagte der Hahn, »aber das tue ich nicht! Ich finde daran nun gar nichts Schönes! Weiter!

E. *Elefant*
Der Elefant geht ohne Schwung,
jedoch sein Herz, das ist noch jung.

F. *Finsternis*
Auf Erden Finsternis entsteht,
wenn unser Mond mit Nachtmütz geht.

G. *Gorilla*
Wird man Gorillas auch am Ringe führen,
so lernen sie doch nie Manieren.

H. *Hurra*
Ja, häufig kann auf Erden
ein Hurra schädlich werden.

Wie soll ein Kind das nun verstehen!« sagte der Hahn. »Dort auf dem Titelblatt steht freilich: ›Abc-Buch für Große und Kleine‹, aber die Großen haben anderes zu tun, als Abc-Verse zu lesen, und die Kleinen können das nicht verstehen! Für alles gibt es eine Grenze! Weiter!

J. *Jammertal*

Die Mutter Erde ist ein Jammertal,
zu dieser Mutter gehn wir all einmal.

Das ist aber roh!« sagte der Hahn.

K. *Kuh, Kalb*

Im Tierreich Mutter ist die Kuh,
das Kalb wird auch einmal dazu.

Wie soll man den Kindern nun diese Verwandtschaft erklären?

L. *Löwe, Lorgnette*

Der wilde Löwe hat keine Lorgnette,
die hat der zahme im Theaterparkette.

M. *Morgensonne*

Golden die Morgensonn aufgeht,
jedoch nicht, weil der Hofhahn kräht.

Nun bekomme ich Grobheiten!« sagte der Hahn, »aber ich bin da in guter Gesellschaft, in Gesellschaft der Sonne! Weiter!

N. *Neger*

Schwarz ist der Neger in Ländern heiß,
man kann ihn niemals waschen weiß.

O.Ö. *Ölblatt*

Das beste Blatt, ja, wißt ihr's gar?
das Ölblatt von der Taube war.

P. *Prophet*

Hat der Prophet im Kopf die ganze Welt
und noch mehr gar, als diese selbst enthält.

Q. *Quark*

Quark als Gericht, der schmeckt uns fein,
doch möchte man's nicht selber sein.

R. *Runder Turm*

Bist du als Runder Turm auserkoren,
so bist du doch nicht wohlgeboren.

S. *Schwein*

Du brauchst dich deshalb nicht stolz zu zeigen,
nennst du viel Schweine im Wald dein eigen.

Gestatten Sie nun, daß ich krähe!« sagte der Hahn. »Es geht über die Kräfte, soviel zu lesen! Man muß Luft holen!« – Und dann krähte er, daß es wie eine Messingtrompete schmetterte, und das zu hören war ein Vergnügen – für den Hahn. »Weiter!

T. *Teekessel, Teemaschine*

Teekessel hat nur Schornsteinrang
und doch der Teemaschine Sang.

U. *Uhr*

Obwohl die Uhr stets schlägt und geht,
man mitten in der Ewigkeit steht.

Das soll nun tief sein«, sagte der Hahn, »aber ich kann es nicht finden, auch wenn ich bis auf den Grund gehe.

V. *Vieh*

Vieh zu besitzen, ist sehr fein,
weit weniger, selbst Vieh zu sein.

W. *Waschbär*

Der Waschbär wäscht das, was er frißt,
bis nichts mehr davon übrig ist.

Xanthippe

Hier hat er nichts Neues finden können!

Im Ehstandssee gibt's eine Klippe,
von Sokrates genannt Xanthippe

Er mußte doch Xanthippe nehmen! Xanthos ist aber besser!

Y. *Yggdrasilbaum*

Unter Yggdrasil lebten die Götter im Norden,
tot ist der Baum nun, stumm sind die Götter geworden.

Nun sind wir bald fertig!« sagte der Hahn. »Das ist immerhin ein Trost! Weiter im Text!

Z. Zephir
Auf dänisch ist Zephir der Wind aus West,
auch durch den Pelz er dich frieren läßt.

Nun ist es aus! Aber es ist noch nicht überstanden! Nun soll es gedruckt werden! Und dann soll es gelesen werden! Das soll an Stelle der würdigen alten Buchstabenverse in meinem Buch geboten werden! Was sagt die Versammlung, gelehrte und ungelehrte, einzelne und gesammelte Schriften? Was sagt der Bücherschrank? Ich habe gesprochen – nun können die anderen handeln!«

Und die Bücher standen und der Schrank stand, aber der Hahn flog wieder in sein großes A hinunter und sah sich stolz um. »Ich sprach gut, ich krähte gut –! Das macht das neue Abc-Buch mir nicht nach! Das stirbt bestimmt! Es ist gestorben! Es hat keinen Hahn!«

Inhalt des ersten Bandes

Das Feuerzeug 5
Der kleine Klaus und der große Klaus 12
Die Prinzessin auf der Erbse 25
Die Blumen der kleinen Ida 26
Däumelinchen 34
Der unartige Knabe 45
Der Reisekamerad 47
Die kleine Seejungfrau 67
Des Kaisers neue Kleider 90
Die Galoschen des Glücks 95
Das Gänseblümchen 125
Der standhafte Zinnsoldat 129
Die wilden Schwäne 134
Der Paradiesgarten 150
Der fliegende Koffer 164
Die Störche 170
Das Metallschwein 175
Der Freundschaftsbund 187
Eine Rose vom Grabe Homers 195
Ole Luköie 197
Der Rosenelf 210
Der Schweinehirt 215
Der Buchweizen 220
Der Engel 222
Die Nachtigall 225
Das Liebespaar 235
Das häßliche junge Entlein 237
Der Tannenbaum 247
Die Schneekönigin 256
Fliedermütterchen 288

Die Stopfnadel 296
Die Glocke 299
Großmutter 304
Elfenhügel 306
Die roten Schuhe 313
Die Springer 318
Die Hirtin und der Schornsteinfeger 321
Holger Danske 326
Das kleine Mädchen mit den Schwefelhölzchen 331
Ein Bild vom Festungswall 334
Aus einem Fenster in Vartou 335
Die alte Straßenlaterne 337
Die Nachbarfamilien 344
Der kleine Tuk 353
Der Schatten 358
Das alte Haus 371
Der Wassertropfen 378
Die glückliche Familie 380
Die Geschichte einer Mutter 384
Der Halskragen 389
Der Flachs 392
Vogel Phönix 397
Eine Geschichte 398
Das stumme Buch 403
Es gibt keinen Unterschied 405
Der alte Grabstein 409
Die lieblichste Rose der Welt 412
Die Geschichte des Jahres 414
Am letzten Tag 423
Es ist ganz gewiß 427
Das Schwanennest 430
Gute Laune 432

Ein Herzeleid 436
Alles auf seinen Platz! 438
Der Kobold bei dem Höker 446
In Jahrtausenden 450
Unter dem Weidenbaum 452
Fünf aus einer Schote 468
Ein Blatt vom Himmel 472
›Sie taugte nichts‹ 475
Die letzte Perle 482
Zwei Jungfern 485
Am äußersten Meer 487
Das Geldschwein 489
Ib und Christinchen 492
Tölpel-Hans 503
Der Dornenpfad der Ehre 508
Das Judenmädchen 512
Der Flaschenhals 516
Der Stein der Weisen 527
Suppe aus einem Wurstpeiler 542
Die Nachtmütze des Hagestolzes 556
›Etwas‹ 570
Der letzte Traum der alten Eiche 576
Das Abc-Buch 582